Grenzüberschreitende Organschaft kraft Gemeinschaftsrecht

Trierer Studien zum Internationalen Steuerrecht

Herausgegeben von Gabriele Burmester

Band 2

PETER LANG

Frankfurt am Main · Berlin · Bern · Bruxelles · New York · Oxford · Wien

Svenja Kaufer

Grenzüberschreitende Organschaft kraft Gemeinschaftsrecht

Übernimmt Österreich für Deutschland eine Vorreiterrolle?

PETER LANG
Europäischer Verlag der Wissenschaften

Bibliografische Information Der Deutschen Bibliothek
Die Deutsche Bibliothek verzeichnet diese Publikation in der Deutschen Nationalbibliografie; detaillierte bibliografische Daten sind im Internet über <http://dnb.ddb.de> abrufbar.

Zugl.: Trier, Univ., Diss., 2006

D 385
ISSN 1861-695X
ISBN 3-631-55882-1

www.peterlang.de

Meinen Eltern

– gewidmet in Dankbarkeit und Liebe

Vorwort

Die vorliegende Arbeit wurde im Sommersemester 2006 vom Fachbereich Rechtswissenschaft der Universität Trier als Dissertation angenommen. Gesetzgebung, Rechtsprechung und Literatur konnten bis Mai 2006 berücksichtigt werden.

Die Veröffentlichung meiner Dissertation möchte ich dazu nutzen, all denjenigen meinen herzlichen Dank zukommen zulassen, die zum Gelingen dieser Arbeit beigetragen haben.

Mein besonderer Dank gilt insoweit meiner Doktormutter, Frau Prof. Dr. Gabriele Burmester, die mir auf ihre stets freundliche Art wertvolle und lehrreiche Unterstützung – auch im Rahmen meiner Tätigkeit an Ihrem Lehrstuhl – hat zukommen lassen. Herrn Prof. Dr. Walter F. Lindacher möchte ich für die rasche Erstellung des Zweitgutachtens ebenso danken wie für die lange und interessante Zeit, die ich an seinem Lehrstuhl arbeiten durfte.

Bedanken darf ich mich im Weiteren bei dem Präsidenten der Universität Trier für das mir während der Promotion gewährte Stipendium nach dem Landesgraduiertenförderungsgesetz Rheinland-Pfalz.

Herzlich danke ich meinen Eltern, meinen Großeltern Margarete und Wilhelm Geldmacher, meinen Patentanten Ilona Kaufer und Christa Eichler, meinem Onkel Heinrich Kaufer sowie meinem Patenonkel Joachim Geldmacher, die mir durch ihre Großzügigkeit die Veröffentlichung dieser Arbeit erleichtert haben.

Schließlich möchte ich mich bei meinem Freund Udo Olgemöller von Herzen dafür bedanken, dass er während der schönen und anstrengenden Zeit des Promovierens immer für mich da war.

Koblenz, Juli 2006 Svenja Kaufer

Inhaltsverzeichnis

Abkürzungsverzeichnis

a.A.	Anderer Ansicht
ABl. EG	Amtsblatt der Europäischen Gemeinschaften
Abs.	Absatz
AG	Aktiengesellschaft (Zeitschrift)
AktG	Aktiengesetz
AO	Abgabenordnung
AStG	Außensteuergesetz
BB	Betriebs-Berater
Bd.	Band
BFH	Bundesfinanzhof
BFH/NV	Sammlung amtlich nicht veröffentlichter Entscheidungen des Bundesfinanzhofs
BFHE	Amtliche Sammlung der Entscheidungen des Bundesfinanzhofs
BGB	Bürgerliches Gesetzbuch
BGBl.	Bundesgesetzblatt
BGHZ	Amtliche Sammlung der Entscheidungen des Bundesgerichtshofs in Zivilsachen
BR-Drs.	Drucksachen des Deutschen Bundesrates
BStBl.	Bundessteuerblatt
BT-Drs.	Drucksachen des Deutschen Bundestags
BVerfGE	Amtliche Sammlung von Entscheidungen des Bundesverfassungsgerichts
DB	Der Betrieb (Zeitschrift)
DBA	Doppelbesteuerungsabkommen
DStJG	Veröffentlichungen der Deutschen Steuerjuristischen Gesellschaft e.V.
DStR	Deutsches Steuerrecht (Zeitschrift)
DStR	Deutsches Steuerrecht (Zeitschrift)
DStZ	Deutsche Steuer-Zeitung (Zeitschrift)
DVBl.	Deutsches Verwaltungsblatt (Zeitschrift)
EC Tax Journal	The EC Tax Journal (Zeitschrift)
EStG	Einkommensteuergesetz
EStR	Einkommensteuer-Richtlinien
ET	European Taxation (Zeitschrift)
EU	Europäische Union
EuGH	Europäischer Gerichtshof

EuGHE	Sammlung der Rechtsprechung des Gerichtshofes und des Gerichts erster Instanz
EuR	Europarecht (Zeitschrift)
EuZW	Europäische Zeitschrift für Wirtschaftsrecht (Zeitschrift)
EWS	Europäisches Wirtschafts- und Steuerrecht (Zeitschrift)
FR	Finanz-Rundschau (Zeitschrift)
FS	Festschrift
GbR	Gesellschaft bürgerlichen Rechts
GewStG	Gewerbesteuergesetz
GG	Grundgesetz
GmbHG	Gesetz betreffend die GmbH
GmbHR	GmbHRundschau (Zeitschrift)
GrS	Großer Senat
GS	Gedächtnisschrift
H/H/R	Herrmann/Heuer/Raupach, Kommentar zur Einkommensteuer und Körperschaftsteuer
i.d.F.	in der Fassung
i.d.R.	in der Regel
i.H.v.	in Höhe von
IBFD Bull.	Bulletin of the International Bureau of Fiscal Documentation, Amserdam
IFST-Schrift	Schriftenreihe des Instituts für Finanzen und Steuern, Bonn
INF	Die Information für Steuer und Wirtschaft (Zeitschrift)
IPRax	Praxis des internationalen Privat- und Verfahrensrechts (Zeitschrift)
IStR	Internationales Steuerrecht (Zeitschrift)
IWB	Internationale Wirtschafts-Briefe (Zeitschrift)
JZ	Juristenzeitung (Zeitschrift)
KStG	Körperschaftsteuergesetz
KStR	Körperschaftsteuerrichtlinien
m.w.N.	mit weiteren Nachweisen
NJW	Neue Juristische Wochenschrift (Zeitschrift)
NWB	Neue Wirtschaft-Briefe (Zeitschrift)
NZG	Neue Zeitschrift für Gesellschaftsrecht (Zeitschrift)
OECD-MA	OECD-Musterabkommen zur Vermeidung der Doppelbesteuerung des Einkommens und des Vermögens
OFD	Oberfinanzdirektion

öEStG	Österreichisches Einkommensteuergesetz
öEStR	Österreichische Einkommensteuerrichtlinien
öKStG	Österreichisches Körperschaftsteuergesetz
öKStR	Österreichische Körperschaftsteuerrichtlinien
ÖStZ	Österreichische Steuerzeitung (Zeitschrift)
R.D.A.I.	Revue de droit des affaires internationales (Zeitschrift)
RabelsZ	(Rabels) Zeitschrift für ausländisches und internationales Privatrecht (Zeitschrift)
Rd.	Randnummer
RdW	Österreichisches Recht der Wirtschaft (Zeitschrift)
RIW	Recht der Internationalen Wirtschaft, bis 1974 AWD (Zeitschrift)
S.	Seite
Stbg.	Die Steuerberatung (Zeitschrift)
StbJb	Steuerberater-Jahrbuch
StuB	Steuern und Bilanzen (Zeitschrift)
StuW	Steuer und Wirtschaft (Zeitschrift)
SWI	Steuer & Wirtschaft International (Zeitschrift)
SWK	Steuer und Wirtschaftskartei (Zeitschrift)
TS	Teilstrich
UStG	Umsatzsteuergesetz
VZ	Veranlagungszeitraum
WPg	Die Wirtschaftsprüfung (Zeitschrift)
Z	Ziffer
ZEuP	Zeitschrift für Europäisches Privatrecht (Zeitschrift)
ZGR	Zeitschrift für Unternehmens- und Gesellschaftsrecht (Zeitschrift)
ZIP	Zeitschrift für Wirtschaftsrecht (Zeitschrift)

1. Teil: Einleitung

I. Problemstellung

Die Untersuchung befasst sich mit einem Kernproblem der deutschen Unternehmensbesteuerung: der Verlustverrechnung zwischen mehreren, unter einheitlicher Leitung stehenden rechtlich selbständigen Unternehmen[1], einem sog. Konzern[2]. In der Bundesrepublik gibt es kein Konzernsteuerrecht. Vielmehr wird nach dem Trennungsprinzip jede rechtlich selbständige Kapitalgesellschaft[3] als selbständiges Steuersubjekt angesehen und individuell besteuert. Dies gilt grundsätzlich auch für Unternehmen die wirtschaftlich durch Vertrag oder kapitalmäßige Beherrschung verbunden sind und einen Konzern bilden, auch wenn sie nach handelsrechtlichen Rechnungslegungsvorschriften eine konsolidierte Bilanz aufzustellen haben.[4] Daher können Verluste, die eine Tochtergesellschaft erlitten hat, grundsätzlich nicht mit Gewinnen eines anderen Steuersubjekts innerhalb des Konzerns verrechnet werden. Unter Verlusten sind negative Einkünfte des einzelnen Unternehmens zu verstehen, die sich durch einen Überschuss der betrieblichen Aufwendungen über die Erträge ergeben.[5]

Eine Ausnahme vom Trennungsprinzip konstituiert das Rechtsinstitut der Organschaft, mittels welchem trotz der rechtlichen Selbständigkeit der in einem Konzern verbundenen Unternehmen ein Verlustausgleich ermöglicht wird. Im Rahmen des Organschaftsverhältnisses verpflichtet sich eine Tochtergesellschaft – die sog. Organgesellschaft – in einem Gewinnabführungsvertrag, ihren ge-

---

[1] Unter einem Unternehmen ist in Übereinstimmung mit dem Gesellschaftsrecht ein Verbund von Personen und sächlichen Mitteln zu verstehen, wobei der Unternehmensträger Zuordnungssubjekt von Rechten und Pflichten ist; vgl. K. Schmidt, Handelsrecht, § 4 IV 2.

[2] Vgl. § 18 AktG. Der etymologische Ursprung des Begriffs *Konzern* liegt im Lateinischen *concernere* = zusammenschließen, zusammenfügen. Der Begriff wurde aus dem englischen Wort *concern* abgeleitet, was als Substantiv *Unternehmen* oder *Geschäft* bedeutet, ohne dass hierdurch eine bestimmte Organisationsform bestimmt wird, B. Großfeld, Aktiengesellschaft, Unternehmenskonzentration und Kleinaktionär, 1968, S. 150 ff.

[3] Vgl. die Legaldefinition des § 1 Abs. 1 Nr. 1 KStG.

[4] Vgl. § 290 AktG; H.-H. Krebühl, Hefte zur internat. Besteuerung, Heft 135, 2001, S. 1.

[5] Bei Kapitalgesellschaften sind Verluste das *negative Einkommen* welches sich nach den *steuerlichen Vorschriften über die Gewinnermittlung* ergeben hat. Ist der Organträger ein Einzelgewerbetreibender (natürliche Person) liegen Verluste vor, wenn negative Einkünfte bei der Ermittlung des Gesamtbetrags der Einkünfte nicht ausgeglichen werden können, § 2 Abs. 3 EStG bis VZ 2003 und § 10d EStG. Bei Personengesellschaften führt ein sich nach den steuerlichen Vorschriften über die Gewinnermittlung ergebender Verlust der Personengesellschaft anteilig bei ihren Gesellschaftern zu negativen Einkünften i.S.d. genannten Verlustdefinition, vgl. M. Orth, in: Herzig (Hrsg.), Organschaft, 2003, S. 167, 168.

samten Gewinn an die Muttergesellschaft – den sog. Organträger – abzuführen. Rechtsfolge der Organschaft ist die steuerliche Zurechnung des negativen oder positiven Einkommens der Organgesellschaft zum Organträger. Hauptzweck der Begründung eines Organschaftsverhältnisses ist die Verlustverrechnung. Erwirtschaftet z.B. eine Tochter-Kapitalgesellschaft einen Verlust, wird dieses negative Einkommen dem Organträger zugerechnet und auf dessen Ebene mit den positiven und negativen Einkommen der anderen Organgesellschaften oder des Organträgers verrechnet. Damit kann die Steuerbelastung der Unternehmensgruppe gemindert werden, denn es kommt erst dann zu einer ertragsteuerlichen Belastung, wenn insgesamt ein positives Ergebnis erzielt wird. Die Institution der Organschaft mindert folglich die sich aufgrund der rechtlichen Verselbständigung der einzelnen Konzernunternehmen ergebenden steuerlichen Nachteile, indem sie für Besteuerungszwecke ein einheitliches Unternehmen fingiert, ohne dass die einzelnen Mitglieder des Organkreises ihre zivilrechtliche Selbständigkeit aufgeben.[6]

Allerdings ist im deutschen Steuerrecht keine grenzüberschreitende Organschaft in dem Sinne vorgesehen, dass Gewinne und Verluste verbundener Unternehmen auch grenzüberschreitend verrechnet werden könnten. Daher ist es nicht möglich, Verluste, die im europäischen Ausland errichtete Tochtergesellschaften erleiden, mit Gewinnen des Organkreises im Inland zu verrechnen. Diese Begrenzung des deutschen Organschaftsrechts könnte gegen die europäischen Diskriminierungsverbote verstoßen, die untersagen, dass grenzüberschreitende Investitionen gegenüber inländischen Investitionen benachteiligt werden. Die Frage, ob eine grenzüberschreitende Verlustverrechnung im Konzern europarechtlich geboten ist, wurde dem Europäischen Gerichtshof (EuGH) durch den Vorlagebeschluss des High Court of Justice (England & Wales) in der Rechtssache *Marks and Spencer* vorlegt.[7] Genauso wie die deutsche Organschaft kennt die britische Gruppenbesteuerung – sog. *group relief* – keine Verrechnung von Gewinnen der Inlandsmuttergesellschaft mit Verlusten der Auslandstochtergesellschaft. Diese Binnenorientierung erachtet der Gerichtshof grundsätzlich für europarechtskonform; ein Verstoß gegen Gemeinschaftsrecht sei nur anzunehmen, wenn bezüglich verlustträchtiger inländischer Tochtergesellschaften eine Verlustverrechnung innerhalb des Konzerns möglich ist und eine Verlustnutzung im Ausland ausscheidet.[8] Angesichts dieser Parallele ist die Entscheidung des EuGH auch für die deutsche Organschaftsbesteuerung von entscheidender Bedeutung. Demgemäß wird im Rahmen der Bearbeitung umfassend untersucht, ob und inwieweit die Ausweitung der deutschen Organschaft

---

[6] Der Grundsatz der steuerrechtlichen Selbständigkeit juristischer Personen wird daher nur abgeschwächt.

hin zu einer grenzüberschreitenden Organschaft „kraft Gemeinschaftsrecht" geboten ist.

Die Problematik der fehlenden Möglichkeit einer steuerlichen Berücksichtigung von im Ausland erlittenen Verlusten weist neben dieser rechtlichen auch eine wirtschaftliche Dimension auf, die durch folgende Parameter gekennzeichnet ist. Aufgrund des zunehmenden Abbaus der Binnengrenzen innerhalb der Europäischen Union (EU) und der Verringerung von Handelsbeschränkungen im Rahmen der Welthandelsorganisation wurde der Zugang zu ausländischen Märkten erheblich erleichtert. Zudem wird aufgrund der weltweit zunehmenden Homogenisierung der Bedürfnisse der Konsumenten und des starken Preis- und Kostendrucks auf der Angebotsseite auf dem europäischen Binnen- und dem Weltmarkt aus Wettbewerbsgründen eine wirtschaftliche Orientierung über die nationalen Grenzen hinaus zunehmend erforderlich. Dies veranlasst nicht mehr nur multinationale Konzerne, sondern auch bisher lediglich regional oder national tätige Unternehmen zur Gründung von Tochtergesellschaften im Ausland. Da mit jeder Auslandsinvestition das Risiko einer Verlusterzielung einhergeht, besteht angesichts der verminderten Leistungsfähigkeit nicht nur ein steuerrechtspolitisches sondern auch ein wirtschaftliches Bedürfnis diese Verluste im Inland einkommensmindernd berücksichtigen zu können.

Angesichts der seitens des europäischen Binnenmarktes und des internationalen Wettbewerbs gestellten Anforderungen und der deutschen Besteuerungsrealität, deren Handlungsspielraum infolge der schwierigen wirtschaftlichen Lage erheblich eingeschränkt ist, ist es das Ziel dieser Abhandlung, die vor über 100 Jahren entwickelte Organschaft[9] um eine grenzüberschreitende Verlustverrechnung zu ergänzen.

Österreich hat auf die dargestellten wirtschaftlichen Herausforderungen und die mögliche Europarechtswidrigkeit bereits reagiert und seine auf nationale Sachverhalte beschränkte, dem deutschen Organschaftsregime vergleichbare Organschaft durch ein neues System der Besteuerung verbundener Unternehmen – sog. Gruppenbesteuerung – ersetzt. Die dort seit dem 1. Januar 2005 geltende Neuregelung ermöglicht eine Verlustverrechnung über nationale Grenzen hinweg. Folglich könnte Österreich eine Vorreiterrolle für eine Reform der Organschaft in Deutschland übernehmen.

---

[7] Rs. C-446/03, *Marks & Spencer plc gegen David Halsey* (HM Inspector of Taxes).

[8] Vgl. 3. Teil, II. Kapitel, 3. a., S. 94.

[9] Die (gewerbesteuerliche) Organschaft wurde erstmalig vom Preußischen OVG im Urt. v. 31.05.1902, VI G 38/01, OVGSt. 10, 391 ff. anerkannt.

II. Gang der Untersuchung

Da allein auf Grundlage des geltenden steuerrechtlichen Organschaftsregimes dessen europarechtliche Konformität verständig gewürdigt werden kann, werden im anschließenden zweiten Teil zunächst Voraussetzungen, Rechtsfolgen und Spezifikationen des Instituts der deutschen Organschaft dargestellt. Zudem werden dessen grenzüberschreitende Bezüge und möglicherweise gegen Gemeinschaftsrecht verstoßende Bestimmungen herausgearbeitet. Das System der Organschaft ist mit teilweise unterschiedlichen Zielsetzungen, Voraussetzungen und Wirkungsweisen sowohl im Körperschaftsteuergesetz als auch im Umsatz- und Gewerbesteuerrecht kodifiziert.[10] Die für die vorliegende Bearbeitung relevante Problematik der grenzüberschreitenden Verlustverrechnung stellt sich jedoch allein im Rahmen der körperschaftsteuerlichen Organschaft, sodass sich die Ausführungen auf diese beschränken werden.[11]

Im dritten Teil werden sodann die in europarechtlicher Hinsicht problematischen Organschaftsbestimmungen auf ihre Vereinbarkeit mit den Anforderungen des Gemeinschaftsrechts überprüft. Dabei wird sich zeigen, dass das Konzept unter mehreren Aspekten mit den Anforderungen des Europarechts konfligiert. Auf den resultierenden Reformbedarf sollte der Gesetzgeber aus wirtschafts- und steuerpolitischen Gründen mit der Ausweitung des Organschaftsregimes um eine grenzüberschreitende Verlustverrechnung reagieren.

Vor dem Hintergrund dieser europarechtlichen und weltwirtschaftlichen Anforderungen hat der österreichische Gesetzgeber seine dem deutschen Organschaftskonzept entsprechende Organschaft zum 1.1.2005 durch eine Gruppenbesteuerung ersetzt. Das neue System wird im vierten Teil der Arbeit dargestellt. Anhand der aufgeführten Voraussetzungen und Rechtsfolgen und deren Gegenüberstellung mit denen der deutschen Konzeption wird aufgezeigt, dass auch weiterhin eine inhaltliche Nähe zum deutschen Organschaftsregime besteht, sodass es sich anbietet die österreichischen Regelungen dahingehend zu untersuchen, ob und inwieweit sie als Vorbild einer Reform der deutschen Organschaft in Betracht kommen.

Der fünfte Teil ist den Reformbemühungen auf europäischer Ebene gewidmet. Die unter Leitung der Europäischen Kommission diskutierten Modelle ei-

---

[10] Die Voraussetzungen der gewerbesteuerlichen und der körperschaftsteuerlichen Organschaft stimmen seit dem VZ 2002 überein.

[11] Da Gewerbebetriebe der Gewerbesteuer nur insoweit unterliegen, als sie im Inland betrieben werden,
§ 9 Nr. 3 GewStG, vgl. M. Orth, in: Herzig (Hrsg.), Organschaft, 2003, S. 167, 169.

ner grenzüberschreitenden Organschaft werden vorgestellt, kommentiert und es wird ermittelt, ob sich bereits Folgerungen für die Unternehmensbesteuerung in Deutschland ableiten lassen.

Im anschließenden sechsten Teil der Dissertation werden die Anforderungen dargestellt, die an die Regelung einer grenzüberschreitenden Organschaft de lege ferenda zu stellen sind.

Eine thesenartige Zusammenfassung der Ergebnisse beschließt die Arbeit (7. Teil).

2. Teil: Verlustverrechnung im Rahmen der deutschen Organschaft de lege lata

I. Die Organschaft als Ausdruck der Besteuerung nach der wirtschaftlichen Leistungsfähigkeit

Primärziel der Errichtung einer körperschaftsteuerlichen Organschaft ist der hierdurch mögliche Verlustausgleich im Konzern, welcher eine Minderung der Steuerbelastung der Unternehmensgruppe bewirken kann, da es erst dann zu einer ertragsteuerlichen Belastung kommt, wenn insgesamt ein positives Ergebnis erzielt wird.[1] Die Institution der Organschaft mindert die sich aufgrund der rechtlichen Verselbständigung der einzelnen Konzernunternehmen ergebenden steuerlichen Nachteile, indem sie für Besteuerungszwecke ein einheitliches Unternehmen fingiert. Auf diese Weise wird der wirtschaftlichen Leistungsfähigkeit des Konzerns Rechnung getragen. Denn das Leistungsfähigkeitsprinzip als Fundamentalprinzip des Einkommensteuerrechts, welches im Gleichheitssatz und den Freiheitsrechten verfassungsrechtlich verankert ist, erfordert eine gleichmäßige Besteuerung nach der wirtschaftlichen Leistungsfähigkeit der Steuersubjekte.[2] Wirtschaftlich betrachtet handelt es sich bei den unter einheitlicher Leitung stehenden Unternehmen um *ein* einheitliches Unternehmen, sodass eine Steuerbelastung erst gerechtfertigt erscheint, wenn die wirtschaftliche Einheit einen Gewinn erzielt.

Um rechtlich selbständige Steuersubjekte als wirtschaftliche Einheit fiskalisch zu erfassen hat bereits das Preußische Oberverwaltungsgericht in rechtsschöpferischer Anwendung der wirtschaftlichen Betrachtungsweise das Rechtsinstitut der Organschaft entwickelt.[3] Hieran knüpfte die ständige Rechtsprechung des Bundesfinanzhofs an.[4] Die erstmalige Kodifizierung der Organschaftsbestimmungen im Körperschaftsteuergesetz erfolgte 1969 in Anlehnung an die von der Rechtsprechung entwickelten Grundsätze[5], welche auch im Zuge der Körperschaftsteuerreform 1977 keine inhaltlichen Veränderungen erfahren haben.[6]

---

[1] BFH-Urt. v. 25.01.1984, I R 32/79, BStBl. II 1984, 382.

[2] Artt 3 Abs. 1, 12, 14 Abs. 1 GG; K. Tipke, Die Steuerrechtsordnung, Bd. I, 2000, S. 479 ff.

[3] OVG-Urt. v. 31.05.1902, VI G 38/01, OVGSt. 10, 391 ff. Dabei diente die erstmalige Anerkennung der gewerbesteuerlichen Organschaft der Verhinderung von Ergebnismanipulationen und somit der Verhinderung von Steuerumgehungen; vgl. W. Jurkat, Die Organschaft im Körperschaftsteuerrecht, 1975, S. 37 ff. Bei der Körperschaftsteuer hatte die Organschaft im sog. klassischem System bis Ende 1976 die Funktion, die wirtschaftliche Doppelbelastung von konzerninternen Beteiligungserträgen zu vermeiden.

[4] Vgl. BFH-Urt. v. 24.11.1953, I Z 109/53 U, BStBl. III 1954, 21; 08.03.1955, II Z 3/54 U, BStBl. III 1955, 187.

[5] Gesetz v. 15.08.1969, BStBl. I 1969, 1183, aufgrund von Zweifeln an der fehlenden gesetzlichen Grundlage, vgl. näher: W. Winter in: H/H/R, KStG, Vor § 14 Anm. 4 ff.

[6] Dabei ist ein Wandel der Bedeutung der Organschaft im Zeitablauf zu verzeichnen, vgl. N. Herzig, in: Ders. (Hrsg.), Organschaft, 2003, S. 1, 6.

Durch die Unternehmensteuerreform 2000 wurden die Tatbestandsvoraussetzungen der Organschaft vereinfacht und das körperschaftsteuerliche Anrechnungsverfahren durch das Halbeinkünfteverfahren ersetzt, wodurch ein erheblicher Bedeutungszuwachs des Regimes zu verzeichnen war.[7] Dies resultiert daraus, dass Dividendeneinnahmen der Muttergesellschaft – teilweise – steuerfrei vereinnahmt werden können[8] und die Muttergesellschaft eigene Verluste nicht mehr vollständig mit Gewinnausschüttungen einer Tochterkapitalgesellschaft verrechnen kann. Um Verlustverrechnungspotenzial zu schaffen, bedarf es daher einer Zurechnung des positiven Einkommens der Tochtergesellschaft durch die Begründung einer Organschaft.

Dabei sind die Wirkungen des Systems auf das Inland beschränkt: Eine grenzüberschreitende Organschaft in dem Sinne, dass bei der Besteuerung der Muttergesellschaft sämtliche positiven und negativen Ergebnisse des grenzüberschreitenden Konzerns berücksichtigt werden, ist im geltenden deutschen Organschaftsregime nicht vorgesehen. Allerdings wird bestimmten grenzüberschreitenden Sachverhalten Rechnung getragen. Im Folgenden werden die Voraussetzungen und Rechtsfolgen der Organschaft dargestellt, wobei das besondere Augenmerk auf die internationalen Bezüge des Konzepts zu richten sein wird.

II. Voraussetzungen der körperschaftsteuerlichen Organschaft

Die durch eine Organschaft verbundenen Gesellschaften bilden einen Organkreis. Die Muttergesellschaft als Anteilseignerin der Tochtergesellschaften wird dabei als Organträger und die Tochtergesellschaft als Organgesellschaft bezeichnet. Die körperschaftsteuerlichen Regelungen zur Organschaft befinden sich in den §§ 14 bis 19 KStG.

Eine Besteuerung im Rahmen dieses Regimes setzt eine finanzielle Eingliederung der Organgesellschaft in den Organträger und den Abschluss sowie die tatsächliche Durchführung eines Gewinnabführungsvertrags voraus. Ferner müssen die Unternehmen spezifische Voraussetzungen erfüllen, um als Organträger oder als Organgesellschaft fungieren zu können.

1. Organträger

Da § 14 Abs. 1 Satz 1 Nr. 2 KStG keine besondere Rechtsform vorschreibt, kommt jeder inländische Inhaber eines gewerblichen Unternehmens als Organträger in Betracht.[9] Dabei kann der Kreis der in Betracht kommenden Unternehmen in vier Gruppen untergliedert werden: Zunächst kommen nicht steuerbefreite Körperschaften, Personenvereinigungen oder Vermögensmassen im Sinne des § 1 KStG mit Geschäftsleitung im Inland als Organträger in Betracht.

[7] Vgl. H.-H. Krebühl, DStR 2002, 1241 ff.
[8] Vgl. § 8b Abs. 1 und Abs. 5 KStG, § 3 Nr. 40 EStG.
[9] Vgl. D. Koths, in: Herzig (Hrsg.), Organschaft, 2003, S. 63.

Des Weiteren können sich unbeschränkt einkommensteuerpflichtige natürliche Personen und Personengesellschaften im Sinne des § 15 Abs. 1 Satz 1 Nr. 2 EStG mit Geschäftsleitung im Inland qualifizieren. Viertens kann eine Betriebstätte eines ausländischen gewerblichen Unternehmens nach § 18 KStG Organträger sein.

In Abhängigkeit von der Rechtsform des Organträgers werden dabei unterschiedliche Anforderungen an die Gewerblichkeit und den Inlandsbezug der Unternehmen gestellt, welche im Folgenden darzustellen sind:

a. Körperschaften, Personenvereinigungen und Vermögensmassen

Körperschaften, Personenvereinigungen und Vermögensmassen im Sinne des § 1 KStG können Organträger sein, wenn sie ihre Geschäftsleitung im Inland haben, nicht von der Körperschaftsteuer befreit sind und ein gewerbliches Unternehmen betreiben.

Der Rechtsform nach kommen daher neben rechtsfähigen Körperschaften auch nichtrechtsfähige Vereine, Stiftungen und Zweckvermögen in Betracht, sofern sie Körperschaftsteuersubjekte sind. Auch eine Vorgesellschaft kann Organträger sein, da sie mit der durch die Eintragung in das Handelsregister entstehenden Kapitalgesellschaft im Sinne des § 1 Abs. 1 Nr. 1 KStG identisch und daher auch als solche anzusehen ist.[10] Demgegenüber fehlt es an der Identität zu einer Vorgründungsgesellschaft; diese kann allenfalls als Personengesellschaft Organträgerin sein.[11] Ebenfalls kommt die als Kapitalgesellschaft zu qualifizierende sog. Europäische Aktiengesellschaft (Societas Europaea, SE)[12] als Organträgerin in Betracht.

Um der „zunehmenden internationalen Verflechtung der deutschen Wirtschaft“ Rechnung zu tragen und gegenüber den „Entwicklungen im Zivilrecht offen“ zu sein, ist für den Organträger kein doppelter Inlandsbezug mehr erforderlich.[13] Ausreichend ist vielmehr, dass eine inländische Geschäftsleitung besteht. Diese ist in § 10 AO als „Mittelpunkt der geschäftlichen Oberleitung“ legal definiert und durch die BFH-Rechtsprechung dahingehend konkretisiert, dass es darauf ankommt, wo der für die Geschäftsführung maßgebende Wille gebildet wird und bedeutende Maßnahmen für Rechnung der Gesellschaft angeordnet werden. Bei einer Körperschaft ist das regelmäßig der Ort, an dem die

---

[10] Vgl. BFH-Urt. v. 08.11.1989, I R 174/86, BStBl. II 1990, 91.

[11] Diese geht mit notarieller Beurkundung des Gesellschaftsvertrages unter, vgl. S. Neumann, in: Gosch, KStG, § 14 Rd. 95.

[12] Die auf der Basis der Verordnung des Rates über das Statut der Europäischen Gesellschaft (SE) v. 08.10.2001, Nr. 2157/2001 errichtet wurde, ABl. EG Nr. L 294/1 v. 10.11.2001.

[13] Mit Wirkung zum VZ 2002, vgl. Bundesregierung, RegEntw. UntStFG, BT-Drs. 14/6882 S. 24, 37; es geht um die künftige Maßgeblichkeit von Sitz- oder Gründungstheorie in der EU, vgl. U. Forsthoff, DB 2002, 2471.

zur Vertretung der juristischen Person befugten Personen die laufenden Geschäftsführungstätigkeiten entfalten.

Nach ausländischem Recht gegründete Gesellschaften kommen somit als Organträger in Betracht, wenn sie entweder von Beginn an ihre Geschäftsleitung im Inland ausüben oder den Ort ihrer Geschäftsleitung unter Aufrechterhaltung des ausländischen Sitzes in das Inland verlegen und hierdurch doppelt ansässig werden.[14] Mit dem Erfordernis der inländischen Geschäftsleitung will der Gesetzgeber sicherstellen, „dass über eine Organschaft ... das Besteuerungsrecht für das Organeinkommen nicht verloren geht".[15] Da doppelt ansässigen Gesellschaften im Ausland aufgrund des ausländischen Satzungssitzes und im Inland aufgrund des inländischen Ortes der Geschäftsleitung unbeschränkt steuerpflichtig sein werden (vgl. § 1 Abs. 1 KStG), wird zur Vermeidung einer Doppelbesteuerung[16] im Rahmen eines bilateralen völkerrechtlichen Staatsvertrages, einem sog. Doppelbesteuerungsabkommen (DBA), regelmäßig dem Besteuerungsrecht eines der Staaten der Vorrang eingeräumt und der andere Staat verzichtet ganz oder teilweise auf seine Besteuerungsbefugnis.[17] Nach den im internationalen Steuerrecht geltenden Grundsätzen, hat das Besteuerungsrecht desjenigen Staates den Vorrang, in dem sich der Ort der tatsächlichen Geschäftsleitung befindet, vgl. Art 4 Abs. 3 OECD-MA.[18] Aus diesen Gründen vermag das Kriterium des inländischen Geschäftsleitungsortes die Besteuerung des Organeinkommens im Inland zu gewährleisten.

Voraussetzung für die Organträgereignung einer nach ausländischen Rechtsvorschriften gegründeten Kapitalgesellschaft ist neben der inländischen Geschäftsleitung, dass sie nach einem Vergleich der Gesellschaftsstruktur – sog. Typenvergleich[19] – den Körperschaften im Sinne des § 1 KStG entspricht[20].

---

[14] Wobei von 1974 bis Ende der 1980er Jahre ausländische Rechtsträger mit inländischem Ort der Geschäftsleitung als Organträger in Betracht kamen, vgl. W. Meilicke, DB 2002, 911.

[15] Vgl. Bundesregierung, RegEntw UntStFG, BT-Drs. 14/6882, S. 37.

[16] Eine Doppelbesteuerung ist gegeben, wenn dasselbe Steuersubjekt mit demselben Besteuerungsgegenstand (Steuerobjekt) in demselben Veranlagungszeitraum von verschiedenen Staaten zu gleichartigen Steuern herangezogen wird, vgl. J. Lang, in: Tipke/ Lang, Steuerrecht, 2002, § 2 Rd. 41, S. 31.

[17] DBA sind völkerrechtliche Verträge, die durch Zustimmungsgesetz unmittelbar anwendbares nationales Recht werden, Art 59 Abs. 2 GG; vgl. M.M. Sauren/ M. Schulze, RIW 1989, 553 m.w.N.

[18] Mehrere Institutionen haben Abkommensmuster für die DBA erstellt, von denen das bekannteste das OECD-MA ist. Es ist für die Staaten nicht bindend, ebenso wie der hierzu herausgegebene Musterkommentar, der Struktur wird jedoch weitgehend gefolgt.

[19] Ausgangspunkt für die steuersystematische Einordnung ausländischer Wirtschaftsgebilde sind die zivilrechtlichen Gegebenheiten im Ausland. Die ausländischen Qualifikationen werden jedoch nicht undifferenziert übernommen. Vielmehr ist zu prüfen, ob die materielle Struktur der ausländischen Gesellschaft (Realtypus) entweder den Körperschaften oder den

Zudem darf die Körperschaft nicht persönlich steuerbefreit sein, um sich als Organträgerin zu qualifizieren, denn sonst bliebe das Organeinkommen im Ergebnis unbesteuert. Daher können beispielsweise gemeinnützige Körperschaften[21] und solche des öffentlichen Rechts grundsätzlich keine Organträger sein[22].

Da Kapitalgesellschaften nach § 2 Abs. 2 GewStG kraft Rechtsform als Gewerbebetrieb qualifiziert werden, kann eine Organschaft in den Fällen sowohl der Betriebsaufspaltung als auch vermögensverwaltender Kapital-Holdinggesellschaften begründet werden.[23]

b. Natürliche Personen

Diese qualifizieren sich als Organträger, wenn sie unbeschränkt einkommensteuerpflichtig sind und einen Gewerbebetrieb im Sinne des § 2 GewStG[24] betreiben, an welchen der Gewinn der Organgesellschaft abgeführt werden kann. Voraussetzungen der unbeschränkten Steuerpflicht sind gemäß § 1 EStG ein inländischer Wohnsitz (§ 8 AO) und oder ein gewöhnlicher Aufenthalt (§ 9 AO) im Inland. Durch das Erfordernis des Betreibens eines gewerblichen Unternehmens soll sichergestellt werden, dass der Gewerbeertrag der Organgesellschaft beim Organträger der Gewerbesteuer unterliegt.[25] Folglich scheiden Land- und Forstwirte oder Freiberufler als Organträger aus. Die Gewerblichkeit kann sich dabei sowohl aus dem Betrieb eines inländischen als auch eines ausländischen gewerblichen Unternehmens ergeben. Daher ist es einer Organgesellschaft möglich mit einem ausländischen Betrieb einen Gewinnabführungsvertrag abzuschließen; das Einkommen wird jedoch dem unbeschränkt steuerpflichtigen Einzelkaufmann als Inhaber des ausländischen Organträger-Unternehmens zugerechnet.[26]

c. Personengesellschaften

Auch eine Personengesellschaft im Sinne des § 15 Abs. 1 Satz 1 Nr. 2 EStG mit Geschäftsleitung im Inland kann Organträger sein, wenn sie Einkünfte aus Gewerbebetrieb erzielt. Eine Personengesellschaft kann allerdings nur insoweit Or-

---

Personengesellschaften zugeordnet werden kann, sog. zweistufiger Typenvergleich, vgl. O.H. Jacobs, Internat. Unternehmenbest., 2002, S. 499 ff.

[20] Vgl. die Übersicht in: Blümlich, EStG/KStG, § 1 Rd. 146 und Anlage zu § 23 UmwStG.

[21] Unterhält sie einen wirtschaftlichen Geschäftsbetrieb, ist sie partiell steuerpflichtig und die Begründung einer Organschaft zu diesem steuerpflichtigen Bereich möglich, vgl. § 5 Abs. 1 Nr. 9 Satz 2 KStG.

[22] Unterhält sie einen Betrieb gewerblicher Art, ist sie insoweit körperschaftsteuerpflichtig und organträgerfähig, §§ 1 Abs. 1 Nr. 6, 4 KStG, G. Witt, in: D/E/J/W, KStG, § 14 Rn. 34.

[23] Vgl. BMF-Schr. v. 26.08.2003, IV A 2 – S 2770 – 18/03, DB 2003, 1982 Rn. 3, 4.

[24] Vgl. Abschn. 48 Abs. 1 KStR.

[25] E. Dötsch, DK 2003, 21 f.

[26] Vgl. G. Witt in D/E/J/W, KStG, § 14 Rn. 28.

ganträgeren sein, als sie Mitunternehmerschaft und ihre Gesellschafter Mitunternehmer sind, das heißt die Gesellschafter müssen Mitunternehmerinitiative entfalten und Mitunternehmerrisiko tragen[27]. Bei Nichterfüllen dieser Merkmale durch einzelne Gesellschafter, kann eine Organschaft nur zu den übrigen Mitunternehmern bestehen.

Da es auf die inländische Geschäftsleitung im Sinne des § 10 AO ankommt, können auch nach ausländischem Recht errichtete Personengesellschaften Organträger sein. Für deren Qualifikation als Mitunternehmerschaft im Sinne des § 15 Abs. 1 Satz 1 Nr. 2 EStG müssen sie im Rahmen des Typenvergleichs nach deutschem Recht als solche eingeordnet werden, so dass auch ausländische juristische Personen als Mitunternehmerschaften angesehen werden können[28].

Des Weiteren müssen Personengesellschaften eine originär gewerbliche Tätigkeit im Sinne des § 15 Abs. 1 Satz 1 Nr. 1 EStG ausüben, um sich als Organträger zu qualifizieren, § 14 Abs. 1 Satz 1 Nr. 2 Satz 2 KStG.[29] Daher kommen gewerblich geprägte Personengesellschaften, die nach ihrer gesetzlichen Definition in § 15 Abs. 3 Nr. 2 EStG gerade keine gewerbliche Tätigkeit in diesem Sinne ausüben, nicht mehr als Organträger in Betracht, obwohl sie weiterhin als gewerblich tätig gelten. Fraglich ist jedoch, ob gewerbliche Tätigkeiten von ganz untergeordneter Bedeutung ausreichend sind, um eine Gewerblichkeit in diesem Sinne zu begründen. Die überwiegende Auffassung stellt auf den Wortlaut des § 14 Abs. 1 Satz 1 Nr. 2 Satz 2 KStG ab, der lediglich *eine Tätigkeit* fordert und keinen Mindestumfang vorgibt. Hieraus ist richtigerweise abzuleiten, dass der Umfang der gewerblichen Tätigkeit für organschaftliche Zwecke unerheblich ist.[30] Daher kann auch eine Personengesellschaft als Besitzgesell-

---

[27] Näher hierzu: L. Schmidt, in: Ders., EStG, § 15 Rd. 261 ff.; K. Olbing, in: Streck, KStG, § 14 Anm. 38.

[28] Vgl. BMF-Schr. v. 24.12.1999, IV B 4 – S 1300 – 111/99, BStBl. I 1999, 1076, Rd. 1.1.5.2.

[29] Mit Wirkung ab dem VZ 2000, vgl. StVergAbG v. 16.05.2003, BGBl. I 2003, 660.

[30] Ebenso: G. Rautenstrauch/ G. Adrian, DB 2005, 1018, 1020; W. Blumers/ D. Georg, BB 2003, 2203, 2204; N. Neu/ A. Lühn, DStR 2003, 61, 63; G. Förster, DB 2003, 899, 903; D. Schulze zur Wiesche, WPg 2003, 586, 588; a.A. R. Füger, BB 2003, 1755, 1758; E. Dötsch/ A. Pung DB 2003, 1970, 1971; BMF-Schr. v. 10.11.2005, IV B 7 – S 2770 – 11/04, DB 2005, 2547, Rd. 17. Die von der Rechtsprechung zur Abfärberegelung nach § 15 Abs. 3 Nr. 1 EStG entwickelte Einschränkung, dass die gewerbliche Tätigkeit nicht von völlig untergeordneter Bedeutung sein darf (vgl. BFH-Urt. v. 11.08.1999, IX R 12/98, BStBl. II 2000, 229, 230 (1,25 % reichen nicht aus); Urt. v. 29.11.2001, IV R 91/99, BStBl. II 2002, 221; Beschl. v. 08.03.2004, IV B 212/03, BFH/NV 2004, 954) dienten allein dazu, unverhältnismäßige Belastungen für den Steuerpflichtigen zu vermeiden. Da der Fähigkeit, sich als Organträger zu qualifizieren, keine belastende Wirkung zukommt, sollte diese Rechtsprechung nicht auf die Frage der Organträgereignung übertragen werden, vgl. N. Fatouros, DStZ 2003, 179, 180 ; a.A U. Ley/ M. Strahl, DStR 2002, 2057, 2061; D. Schulze zur Wiesche, WPg 2003, 586, 588; M. Orth, DB 2005, 741, 742. Zudem besteht für diese zusätzliche quantitative Voraussetzung weder eine Rechtsgrundlage, noch lässt sich die Abgrenzung zweifelsfrei durchfüh-

schaft im Rahmen einer Betriebsaufspaltung Organträgerin sein. Aufgrund ihrer originär gewerblichen Tätigkeit kommt in Übereinstimmung mit der ständigen Rechtsprechung und Literatur[31], aber entgegen der neueren Ansicht der Finanzverwaltung[32], zudem eine geschäftsleitende Holding-Personengesellschaft als Organträgerin in Frage. Somit kann auch ein multinationaler Konzern sein inländisches Engagement über eine Landesholding steuerlich koordinieren. Demgegenüber beschränken sich vermögensverwaltende Holdinggesellschaften auf die Funktion der Beteiligungsverwaltung und Finanzierung und üben keine originär gewerbliche Tätigkeit im Sinne des § 15 Abs. 1 Satz 1 Nr. 1 KStG aus. Auch das Halten einer Beteiligung an einer gewerblich tätigen Personengesellschaft kann nicht als gewerbliche Tätigkeit angesehen werden.[33]

d. Ausländischer Organträger

Nach § 18 KStG kann schließlich ein ausländisches gewerbliches Unternehmen Organträger sein, wenn es im Inland eine im Handelsregister eingetragene Zweigniederlassung unterhält und der Gewinnabführungsvertrag unter der Firma der Zweigniederlassung abgeschlossen wird. Letztbenannte Voraussetzung ist von Bedeutung, wenn die Zweigniederlassung einen spezifischen Firmenzusatz führt.[34] Ferner ist erforderlich, dass die für die finanzielle Eingliederung not-

---

ren. Auch der Normzweck, der in der Verhinderung der Errichtung von Umgehungsstrukturen infolge der Abschaffung der Mehrmütterorganschaft besteht (BT-Drs. 15/119); erfordert allein, dass gewerblich geprägte Personengesellschaften ohne jegliche Substanz von der Organträgereignung ausgeschlossen werden.

[31] Eine geschäftsleitende Holding (Management-Holding) übt für den gesamten Konzern- bzw. Organkreis eine einheitliche Konzernleitung aus, indem sie neben der reinen Verwaltung ihrer Beteiligungen auch strategische Vorgaben trifft. Vgl. das Grundsatzurteil BFH-Urt. v.17.12.1969, I 252/64, BStBl. II 1970, 257; G. Witt, in: D/E/J/W, KStG, § 14 Rd. 40.

[32] Vgl. BMF-Schr. v. 10.11.2005, IV B 7 – S 2770 – 11/04, DB 2005, 2547, Rd. 18 im Gegensatz zu Abschn. 50 Abs. 2 Nr. 3 KStR 1995. Allerdings übt eine geschäftsleitende Holding eine gewerbliche Tätigkeit aus, wenn sie Dienstleistungen und Lieferungen innerhalb des Konzerns gegen gesondertes Entgelt und wie gegenüber fremden Dritten erbringt, Rd. 19.

[33] Zwar erzielt eine vermögensverwaltende Personengesellschaft (sog. Obergesellschaft) durch ihre Beteiligung an einer gewerblich tätigen Personengesellschaft (Untergesellschaft) Einkünfte aus Gewerbebetrieb, § 15 Abs. 1 Satz 1 Nr. 2 EStG. Das Gesetz unterscheidet aber in § 15 Abs. 1 EStG innerhalb der Einkünfte aus Gewerbebetrieb solche aus gewerblichen Unternehmen (Nr. 1) von den Gewinnanteilen der Gesellschafter (Nr. 2 und 3), woraus gefolgert wird, dass die Obergesellschaft keine originär gewerbliche Tätigkeit ausübt. Die von der Untergesellschaft erzielten Einkünfte sind nicht der Organträger-Personengesellschaft selbst, sondern ihren Gesellschaftern als Mitunternehmer der Untergesellschaft anteilig zuzurechnen. Daher werden nur die Gesellschafter der Obergesellschaft gewerblich tätig, BFH-Beschl. v. 06.11.2003, IV ER -S- 3/03, DK 2005, 116, ff. entgegen Urt. v. 08.12.1994, IV R 7/92, BStBl. II 1996, 264, 265). Ebenso: E. Dötsch/ A. Pung, DB 2003, 1970, 1971; a.A. Finanzverwaltung in: R 138 Abs. 5 Satz 4 EStR; W. Blumers/ D. Goerg, BB 2003, 2203, 2205.

[34] Vgl. S. Pache, in: H/H/R, KStG, § 18 Rd. 20.

wendige, mehr als 50%-ige Stimmrechtsbeteiligung an der Organgesellschaft zum Betriebsvermögen der Zweigniederlassung gehört.[35]

Wann ein Unternehmen als ausländischer Organträger in diesem Sinne anzusehen ist, wird dabei von § 18 KStG nicht bestimmt. Die h.M. leitet aus der Formulierung der Rechtsfolge in § 18 Satz 1 KStG – wonach „das Einkommen der Organgesellschaft den beschränkt steuerpflichtigen Einkünften aus der inländischen Zweigniederlassung zuzurechnen" ist – ab, dass ausschließlich beschränkt steuerpflichtige Organträger erfasst werden. Als ausländische Organträger kommen daher folgende Unternehmen in Betracht: Erstens natürliche Personen, wenn sie weder Wohnsitz noch gewöhnlichen Aufenthalt im Inland haben, § 1 Abs. 4 EStG. Des Weiteren können Kapitalgesellschaften ohne inländischen Sitz oder Geschäftsleitungsort als Organträger fungieren. Hieraus folgert die h.M., dass eine Gesellschaft, die über einen inländischen Sitz und eine Geschäftsleitung im Ausland verfügt, kein Organträger sein, da in diesem Fall „das Einkommen der Organgesellschaft nicht den *beschränkt* steuerpflichtigen Einkünften aus der inländischen Zweigniederlassung zuzurechnen" ist.[36] Drittens kommen Personengesellschaften, die weder einen inländischen Sitz noch Geschäftsleitungsort haben, als Organträger in Betracht. Vor dem Hintergrund, dass nicht die Personengesellschaft als solche, sondern ihre Gesellschafter Steuersubjekte sind, ist jedoch umstritten, ob darüber hinaus auch der Gesellschafterkreis lediglich beschränkt steuerpflichtig sein darf. Eine Ansicht sieht den als Rechtsfolge formulierten Part des § 18 KStG „so ist das Einkommen ... den beschränkt steuerpflichtigen Einkünften ... zuzurechnen" als Tatbestandsvoraussetzung an, und vertritt, dass Personengesellschaften mit ausschließlich unbeschränkt steuerpflichtigen Gesellschaftern keine Organträger sein können.[37] Andere halten den Inlandsbezug des Gesellschafterkreises für die Anwendung des § 18 KStG für unerheblich.[38] Die letztbenannte Ansicht überzeugt im Hinblick auf den Sinn und Zweck der Norm, das Einkommen der Organgesellschaften im Inland zu erfassen. Aufgrund der Einkommenszurechnung zu der inländischen Zweigniederlassung wird die Besteuerung entweder bei den unbeschränkt oder den beschränkt steuerpflichtigen Gesellschaftern der ausländischen Personengesellschaft regelmäßig sichergestellt. Mithin können sich auch Personengesellschaften, die weder einen inländischen Sitz noch Geschäftsleitungsort haben, mit unbeschränkt steuerpflichtigen Gesellschaftern als Organträger qualifizieren.

---

[35] Vgl. §§ 13 ff. HGB, 12 Satz 2 Nr. 2 AO.

[36] Vgl. E. Dötsch, DK 2004, 531, 532. A.A. S. Neumann, in: Gosch, KStG, § 18 Rd. 6; G. Frotscher, in: Ders./ Maas, KStG, § 18 Rd. 6; vgl. 3. Teil, II. Kapitel, 1. d., S. 91.

[37] Vgl. S. Pache, in: H/H/R, KStG, § 18 Rd. 14, 19.

[38] So: G. Witt, in: D/E/J/W, KStG, § 18 Rd. 4; D. Kohts, in: Herzig (Hrsg.), Organschaft, 2003, S. 63, 71.

Viertens können den inländischen Körperschaften im Typ vergleichbare ausländische Rechtsträger Organträger sein.[39]

Die h.M. fordert des Weiteren, dass die inländische Zweigniederlassung die Voraussetzungen der Gewerblichkeit erfüllt. Dem Wortlaut nach bezieht sich die Gewerblichkeit zwar auf die Tätigkeit der ausländischen Hauptniederlassung, in Ansehung des Regelungszwecks der Norm – das zugerechnete Einkommen als Einkünfte aus Gewerbebetrieb zu besteuern – ist es jedoch als ausreichend zu bewerten, wenn das ausländische Unternehmen über die inländische Zweigniederlassung gewerblich tätig wird.[40]

e. Mehrmütter-Organschaft nach § 14 Abs. 2 KStG a.F.

Als solche ist der Zusammenschluss mehrerer gewerblicher Unternehmen zu einer Gesellschaft bürgerlichen Rechts zum Zweck einer einheitlichen Willensbildung gegenüber einer Organgesellschaft zu verstehen, welche gegenüber dieser als Organträger fungiert, § 14 Abs. 2 KStG a.F. Die Gewinne oder Verluste der Organgesellschaft werden für die Zwecke der Körperschaftsteuer anteilig den einzelnen Mutter-Unternehmen zugerechnet, wodurch eine Gewinn- und Verlustverrechnung auf Ebene dieser möglich ist. Insbesondere bei Joint-Venture-Gesellschaften zwischen gleichberechtigten Partnern konnte so ein direkter Transfer von Verlusten des Gemeinschaftsunternehmens auf die Ebene der Partnerunternehmen erfolgen. Die Mehrmütterorganschaft, die erstmals durch das UntStFG vom 20.12.2001[41] normiert wurde[42], ist mit Wirkung zum Veranlagungszeitraum 2003 wieder abgeschafft worden.[43]

f. Auslandsbezüge und Europarecht

Im Ausland gegründete Unternehmen können sich als Organträger qualifizieren, wenn sie entweder einen inländischen Ort der Geschäftsleitung oder eine inländische Zweigniederlassung unterhalten. Fehlt es hieran, kommen sie nicht als Organträger in Betracht. Ebenfalls ausgeschlossen von der Organträgereignung sind nach inländischem Recht errichtete Rechtsträger mit Geschäftsleitung im Ausland, obwohl diese mit ihrem Welteinkommen der Besteuerung im Inland unterliegen.

---

[39] S. Neumann, in: Gosch, KStG, § 18 Rd. 9.

[40] S. Grotherr, in: Ders. (Hrsg.), Hb. der internationalen Steuerplanung, 2003, S. 651, 657; W. Danelsing, in: Blümlich, KStG, § 18 Rd. 6; a.A. S. Pache, in: H/H/R, KStG, § 18 Rd. 15.

[41] BGBl. I 2001, 3858.

[42] Vor der Normierung war sie bis zu dem BFH-Urt. v. 09.06.1999, I R 43/97, BStBl. II 2000, 695 anerkannt, Urt. v. 14.04.1993, I R 128/90, BStBl II 1994, 124; Abschn. 52 VI KStR.

[43] Vgl. StVergAbG v. 11.04.2003, BGBl. 2003, 660. Rechtspolitisch wird dies aufgrund ihrer Bedeutung für die mittelständige Wirtschaft kritisiert und ihre Wiedereinführung gefordert, vgl. P. Kirchhof/ A. Raupach, DB 2001, Beilage Nr. 3, S. 1, 6; B. Jonas, in: Herzig (Hrsg.), Organschaft 2003, S. 306 f., 320.

Der Ausschluss dieser Gesellschaften könnte sich als europarechtswidrig erweisen.[44]

2. Organgesellschaft

a. Voraussetzungen

Nach § 14 Abs. 1 Satz 1 KStG kommen allein die AG und die KGaA[45] als Organgesellschaften in Betracht. Über § 17 Satz 1 KStG werden auch Kapitalgesellschaften in der Rechtsform der GmbH zugelassen. Als Organgesellschaften können sich folglich nur Kapitalgesellschaften qualifizieren – im Gegensatz zum Organträger, dessen Funktion jedes gewerbliche Unternehmen unabhängig von der Rechtsform des Unternehmensinhabers übernehmen kann.[46] Daher kommt auch die Europäische Aktiengesellschaft als Organgesellschaft in Betracht.[47] Des weiteren kann eine Vorgesellschaft einer Kapitalgesellschaft, anders als die Vorgründungsgesellschaft, als solche fungieren.

Die Organgesellschaft kann jede Tätigkeit ausüben, denn sie wird schon kraft Rechtsform gewerblich tätig.[48] Allein steuerbefreite Kapitalgesellschaften und Lebens- sowie Krankenversicherungsunternehmen sind ausgeschlossen, § 14 Abs. 2 KStG.[49]

Weitere Tatbestandsvoraussetzungen für die Qualifikation als Organgesellschaft sind gemäß § 14 Abs. 1 Satz 1 KStG beziehungsweise § 17 Satz 1 KStG ein inländischer Sitz *und* Ort der Geschäftsleitung, sog. doppelte Inlandsanbindung. Im Gegensatz zur Organträgereignung ist ein inländischer Geschäftsleitungsort nicht ausreichend. Da die Organschaft die zivil- und steuerrechtliche Subjektfähigkeit der Organgesellschaft unberührt lässt, hat jede in den Organkreis einbezogene Gesellschaft grundsätzlich einen eigenen Ort der Geschäftsleitung.[50] Nach § 11 AO hat die Kapitalgesellschaft ihren Sitz an dem Ort, der durch die Satzung oder den Gesellschaftsvertrag bestimmt ist, sog. statutarischer Sitz.[51]

---

[44] Vgl. 3. Teil, II. Kapitel, 1. und 2., S. 69 ff.

[45] Da die KGaA eine hybride Struktur aufweist, kann sie nur bzgl. des Bereichs der Kommanditaktionäre Organgesellschaft sein, vgl. G. Frotscher, DK 2005, 139, 141.

[46] Die in § 1 Abs. 1 Nr. 2 bis 6 KStG genannten Körperschaften und Personengesellschaften wie die GmbH & Co. KG können keine Organgesellschaften sein. Möglich ist aber eine Organschaft zwischen der Komplementär-GmbH und der GmbH & Co. KG.

[47] Vgl. S. Neumann, in: Gosch, KStG, § 17 Rd. 3.

[48] BFH-Urt. v. 21.01.1970, I R 90/67, BStBl. II 1970, 348. vgl. zum kommunalen Bereich: R. Seer, in: Herzig (Hrsg.), Organschaft, 2003, S. 373 ff.

[49] Vgl. bzgl. letzterer J. Hey, in: Herzig (Hrsg.), Organschaft, 2003, S. 507-524.

[50] In Ausnahmefällen, in denen der Organträger die laufende Geschäftsführung der Organgesellschaft ausübt, indem er ständig in die Tagespolitik eingreift und Entscheidungen von einigem Gewicht trifft, ist dessen Geschäftsleitungsort maßgebend, BFH-Urt. v. 26.05.1970, II ZR 29/65, BStBl II 1970, 759, 760; H. Schaumburg, Internat. Steuerrecht, 1998, Rd. 6.5.

[51] Vgl. zu dem Begriff des Geschäftsleitungsorts, 2. Teil, II. Kapitel, 1. a., S. 9 f.

b. Auslandsbezüge und Europarecht

Aufgrund der Voraussetzung der doppelten Inlandsanbindung werden im Rahmen der Qualifikation als Organgesellschaft keine grenzüberschreitenden Bezüge berücksichtigt. Daher können sich weder unbeschränkt steuerpflichtige Kapitalgesellschaften mit einem inländischen Ort der Geschäftsleitung und einem ausländischen Sitz als Organgesellschaften qualifizieren, noch kommen ausländische Kapitalgesellschaften die eine inländische Zweigniederlassung unterhalten, als solche in Betracht. Demgegenüber könnten sich entsprechende Gesellschaften als Organträger qualifizieren. Nach ausländischen Rechtsvorschriften gegründete Kapitalgesellschaften könnten nur unter der Voraussetzung als Organgesellschaft fungieren, dass sie sowohl ihren Sitz als auch den Ort der Geschäftsleitung ins Inland verlegen. Dies ist jedoch gesellschaftsrechtlich nicht möglich, da nahezu jede Rechtsordnung davon ausgeht, dass die Verlegung des Satzungssitzes in einen anderen Staat die Auflösung der Gesellschaft nach sich zieht.[52] Zudem fallen ausländische Tochtergesellschaften – mit ausländischem Sitz und Geschäftsleitungsort – nicht in den subjektiven Anwendungsbereich der Organschaft.

Die fehlende Eignung als Organgesellschaft stellt sich im Hinblick auf die Anforderungen des Europarechts als problematisch dar.[53] Dabei löst gerade der Ausschluss von Auslandstochtergesellschaften die europarechtliche Problematik aus, wie sie als Streitgegenstand der Rechtssache Marks & Spencer zu Grunde liegt.

3. Finanzielle Eingliederung

Weitere Voraussetzung für die Organschaft ist die finanzielle Eingliederung der Organgesellschaft in das Unternehmen des Organträgers.[54] Dies ist gemäß § 14 Abs. 1 Satz 1 Nr. 1 KStG der Fall, wenn der Organträger von Beginn des Wirtschaftsjahres der Organgesellschaft an im Besitz der Stimmrechtsmehrheit an der Organgesellschaft ist.[55] Auf diese Weise soll sichergestellt werden, dass der Organträger im gewöhnlichen Geschäftsverkehr die Möglichkeit besitzt, seinen Willen in der Organgesellschaft durchzusetzen.[56] Bis Veranlagungszeitraum

---

[52] Vgl. S. Pache, GmbHR 2002, 299, 301 f.; H. Kallmeyer, DB 2002, 2521, 2522.

[53] Vgl. 3. Teil, II. Kapitel, 3. bis 6., S. 94 ff. und O. Thömmes, in: Herzig (Hrsg.), Organschaft, S. 525, 536; G. Frotscher, DK 2003, 98, 100; H. Eversberg, in: Herzig (Hrsg.), Organschaft, 2003, S. 75, 80; U. Löwenstein/ J. Maier, IStR 2002, 185, 193; W. Meilicke, DB 2002, 911, 912; S. Pache, GmbHR 2002, 299, 304.

[54] Diese Voraussetzung ist Ausdruck ihrer wirtschaftlichen Unselbständigkeit, die es bei Hinzutreten eines Gewinnabführungsvertrags rechtfertigt, das Einkommen der Organgesellschaft dem Organträger zuzurechnen, vgl. G. Förster, in: Herzig (Hrsg.), Organschaft, 2003, S. 83.

[55] Die Beteiligungen, welche die Stimmrechtsmehrheit vermitteln, müssen dabei ununterbrochen während des gesamten Wirtschaftsjahres der Organgesellschaft bestehen.

[56] Vgl. BFH-Urt. v. 24.01.1968, I 95/65, BStBl. II 1968, 315.

2001 war darüber hinaus noch eine wirtschaftliche[57] und organisatorische[58] Eingliederung erforderlich.[59]

Für die Frage des Vorliegens der Stimmrechtsmehrheit sind die gesellschaftsrechtlichen Vorschriften über allgemeine Beschlüsse maßgebend. Grundsätzlich genügt hierfür die einfache Mehrheit, das heißt mehr als 50% der abgegebenen Stimmen, §§ 133 Abs. 1 AktG, 47 Abs. 1 GmbHG.[60] Es dürfen aber nur solche Stimmrechte Berücksichtigung finden, die dem Organträger als zivilrechtlichem oder wirtschaftlichem Eigentümer zustehen[61]. Nicht ausreichend ist indes die Ausübung einer Stimmrechtsvollmacht oder -bindung für fremde Anteile.[62]

Ist der Organträger eine Personengesellschaft muss die finanzielle Eingliederung unmittelbar gegenüber dieser bestehen, das heißt die für die Stimmrechtsmehrheit an der Organgesellschaft notwendigen Beteiligungen müssen zum Gesamthandsvermögen der Personengesellschaft gehören.[63]

Auch mittelbare Beteiligungen dürfen in die Organschaft mit einbezogen werden, § 14 Abs. 1 Satz 1 Nr. 1 Satz 2 KStG. Allerdings werden nur *qualifizierte* mittelbare Beteiligungen berücksichtigt, namentlich solche, welche ihrerseits die Voraussetzungen zur finanziellen Eingliederung in das Unternehmen des Organträgers erfüllen. Demgemäß ist die Mehrheit der Stimmrechte an jeder vermittelnden Gesellschaft erforderlich, welche „die Herrschaft über die Untergesellschaft" ermöglichen.[64] Die vermittelnde Zwischen-Gesellschaft (ZG) braucht ihrerseits keine Stimmrechtsmehrheit an der Tochtergesellschaft (TG) zu halten.

---

[57] Dies erforderte eine wirtschaftliche Abhängigkeit, d.h. das herrschende Unternehmen musste eigene Zwecke verfolgen, denen sich das beherrschte Unternehmen unterordnen konnte.

[58] Hierdurch sollte sichergestellt sein, dass der Wille des Organträgers durchgesetzt wird, was bei einem Beherrschungsvertrag oder einer Eingliederung (§§ 291 ff., 319 ff. AktG) unterstellt wurde.

[59] Vgl. StSenkG v. 23.10.2000, BGBl. I 2000, 1433.

[60] Schreibt die Satzung oder der Gesellschaftsvertrag der Organgesellschaft für Gesellschafterbeschlüsse jedoch *generell* eine größere Mehrheit vor, muss diese gegeben sein, BFH-Urt. v. 22.11.2001, V R 50/00, BStBl. II 2002, 167. Eine unter 50% liegende Beteiligung kann bei entsprechenden Mehrheitsstimmrechten zur finanziellen Eingliederung führen, vgl. G. Förster, in: Herzig (Hrsg.), Organschaft, 2003, S. 83, 90.

[61] § 39 Abs. 2 Nr. 1 AO. Bei Treuhandverhältnissen kann nur der Treugeber, bei der Verpfändung nur der Verpfänder und bei der Sicherungsübereignung nur der Sicherungsgeber Organträger sein, wenn er über die Stimmrechte verfügen kann, § 14 Abs. 1 Satz 1 Nr. 1 KStG.

[62] K. Obling, in: Streck, KStG, § 14 Rn 15.

[63] Seit VZ 2003, R 58 KStR 2003. Die restlichen Anteile können auch im Sonderbetriebsvermögen gehalten werden, vgl. G. Förster, DB 2003, 899, 904 m.w.N. in Fn. 30.

[64] BFH-Urt. v. 12.01.1977, I R 204/75, BStBl. II 1977, 357, 358.

Beispiel 1:

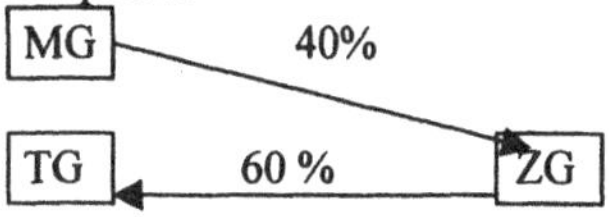

Beispiel 2[65]:

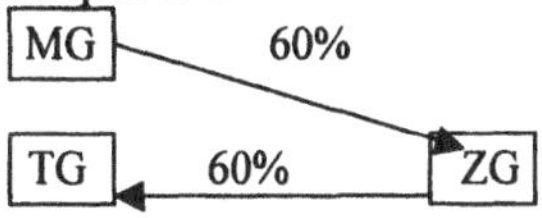

Da die Muttergesellschaft (MG) nur im Beispiel 2 die Zwischengesellschaft finanziell beherrscht, ist nur diese mittelbare Beteiligung für die Beurteilung des Vorliegens der finanziellen Eingliederung relevant.

Bei der Berechnung des Stimmrechtsanteils können die Anteile mehrerer vermittelnder Gesellschaften entweder multipliziert oder die mittelbare Beteiligung kann in der Höhe berücksichtigt werden, mit der die Zwischengesellschaft an der Tochtergesellschaft beteiligt ist. Die letztbenannte Methode überzeugt, da der Organträger aufgrund seiner Stimmrechtsmehrheit seinen Willen in der nachgeordneten Gesellschaft durchsetzen kann und somit die Möglichkeit hat, dass die vermittelnde Gesellschaft in der Gesellschafterversammlung der Organgesellschaft mit allen ihr zustehenden Stimmen den Willen des Organträgers vertritt.[66]

Beispiel 3:

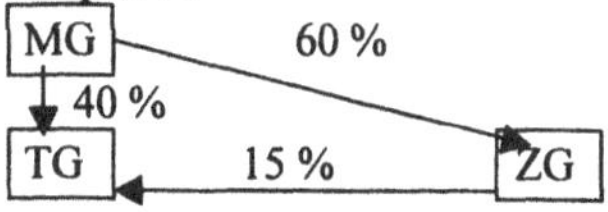

Die mittelbare Beteiligung kann mit der unmittelbaren Beteiligung addiert werden (15% + 40% = 55%), sodass die Tochtergesellschaft mit einem Stimmrechtsanteil von 55% in die Muttergesellschaft finanziell eingegliedert ist.

Eine mittelbare finanzielle Eingliederung ist auch über eine Gesellschaft möglich, die selbst nicht Organgesellschaft sein könnte.[67] Daher kommt auch eine Personengesellschaft[68] oder eine ausländische Tochtergesellschaft als Zwischengesellschaft in Betracht[69]. Die Zwischenschaltung einer ausländischen Tochtergesellschaft führt jedoch zu keiner grenzüberschreitenden Organschaft. Die finanzielle Eingliederung besteht auch in diesem Fall unmittelbar zwischen der Organgesellschaft und dem Organträger, sodass die Zurechnung des Einkommens der Organgesellschaft an den Organträger unter *Umgehung* der zwi-

[65] Vgl. G. Förster, in: Herzig (Hrsg.), Organschaft, 2003, S. 83, 92.
[66] Vgl. E. Dötsch, DK 2003, 21, 23 f.; S. Pache, in: H/H/R, KStG, § 14 Rd. R 18.
[67] Dies ist sachgerecht, da die Rechtsform der zwischengeschalteten Gesellschaft für Frage, ob der Organträger seinen Willen in der Organgesellschaft durchsetzen kann, irrelevant ist.
[68] BFH-Urt. v. 02.11.1977, I R 143/75, BStBl. II 1978, 75; Abschn. 49 Satz 3 KStR 1995.
[69] Diesbezüglich besteht noch keine endgültige Klarheit, vgl. J. Röhrbein/ K. Eiker, BB 2005, 465, 477.

schengeschalteten Gesellschaft und folglich zwischen den im Inland ansässigen Konzerngesellschaften erfolgt.

4. Der Gewinnabführungsvertrag

Zur Begründung einer Organschaft muss sich die Organgesellschaft durch einen Gewinnabführungsvertrag im Sinne des § 291 Abs. 1 Satz 1 AktG zur Abführung ihres ganzen Gewinns an den Organträger verpflichten, § 14 Abs. 1 Satz 1 KStG.[70] Als gesamter Gewinn ist dabei grundsätzlich der Jahresüberschuss zu verstehen. Um einer möglichen Substanzaufzehrung der Organgesellschaft vorzubeugen, ist in § 301 AktG ein Höchstbetrag der Gewinnabführung festgelegt, der sich folgendermaßen berechnet: Vom handelsrechtlichen Jahresüberschuss[71] sind Verlustvorträge aus vorvertraglicher Zeit zu subtrahieren, soweit die Organgesellschaft im ersten Vertragsjahr über einen Verlustvortrag verfügt.[72] Gleichermaßen ist eine Minderung der Gewinnabführung um eine Zuführung zur gesetzlichen Rücklage zulässig.[73] Der Höchstbetrag der Gewinnabführung kann durch die Bildung freier Rücklagen reduziert werden, § 301 Satz 2 AktG. Für steuerrechtliche Zwecke muss deren Bildung allerdings bei vernünftiger kaufmännischer Beurteilung geboten sein, § 14 Abs. 1 Satz 1 Nr. 4 KStG.[74] Die Gewinnabführung ist um Entnahmen aus anderen Gewinnrücklagen zu erhöhen.[75]

Gesetzliche Konsequenz des Vertrages ist die Pflicht zur Verlustübernahme durch den Organträger, wenn und soweit die Organgesellschaft Verluste erzielt, § 302 AktG.[76] Des weiteren ist er zur Zahlung einer Mindestdividende oder Barabfindung an außenstehende Anteilseigner (§§ 304 f. AktG) und zur Sicherheitsleistung gegenüber Gläubigern der Organgesellschaft verpflichtet, § 305 AktG, was für den Organträger zu einer zivilrechtlichen Haftungserweiterung führen kann.

---

[70] Als solcher gilt auch ein Vertrag, durch den eine AG oder KGaA es übernimmt, ihr Unternehmen für Rechnung eines anderen Unternehmens zu führen, vgl. § 291 Abs. 1 AktG.

[71] §§ 266 Abs. 3 A, 275 Abs. 2 Nr. 20 HGB.

[72] Vgl. §§ 301, 324 Abs. 3 AktG.

[73] § 300 Abs. 1 AktG i.V.m. § 158 Abs. 1 Nr. 4 a AktG.

[74] Z.B. bei geplanter Betriebsverlegung, Werkserneuerung, Kapazitätsausweitung oder Verbesserung der Kapitalstruktur, R 60 Abs. 5 Nr. 3 Satz 3 KStR 2003.

[75] Gewinne aus der Auflösung von Kapitalrücklagen können nicht abgeführt, sondern nur ausgeschüttet werden, vgl. BFH-Urt. v. 08.08.2001, I R 25/00, DB 2002, 408; vgl. zum Ganzen: E. Dötsch, in: Herzig (Hrsg.), Organschaft, 2003, S. 98, 104.

[76] Daher wird ein Gewinnabführungsvertrag in der Praxis zumeist mit einem Beherrschungsvertrag kombiniert. Zwar besteht seit dem Wegfall der Voraussetzung der organisatorischen Eingliederung kein steuerliches Bedürfnis mehr für den Vertragsschluss, allerdings können hierdurch ein beherrschender Einfluss ausgeübt und die Haftungsnormen der §§ 316, 317 AktG ausgeschlossen werden, wodurch die Risiken infolge der Verlustübernahmepflicht minimiert werden können, vgl. A. Cahn/ S. Simon, DK 2003, 1, 2 ff.

Steuerrechtlich ist der Gewinnabführungsvertrag – der teilweise auch als Ergebnisabführungsvertrag beziehungsweise Ergebnisübernahmevertrag bezeichnet wird[77] – nur anzuerkennen, wenn er mindestens für eine Laufzeit von fünf Jahren notariell abgeschlossen und während der gesamten Geltungsdauer tatsächlich durchgeführt wird, § 14 Abs. 1 Satz 1 Nr. 3 KStG.[78] Diesbezüglich sind gesellschaftsrechtliche Vorschriften, insbesondere des Konzernrechts (§§ 291 ff. AktG) maßgebend.[79] Um der Anforderung der tatsächlichen Durchführung zu genügen, hat die Organgesellschaft den ganzen Gewinn im oben aufgeführten Sinne und keinen hiervon abweichenden höheren oder geringeren Betrag abzuführen.[80] Korrespondierend ist der Verlust seitens des Organträgers tatsächlich zu übernehmen und die Organgesellschaft darf hierauf nicht verzichten oder den Anspruch stunden.[81] Andernfalls wird die Organschaft nicht anerkannt, mit der Folge, dass Organträger und Gesellschaft so zu besteuern sind, wie dies außerhalb des Regimes der Fall wäre. Nach Fristablauf steht der Gewinnabführungsvertrag zur Disposition der Parteien und kann jährlich verlängert oder gekündigt werden.[82]

Durch den Gewinnabführungsvertrag wird maßgeblich der Zeitpunkt der Begründung der Organschaft bestimmt, da das Einkommen der Organgesellschaft dem Organträger erstmals für das Kalenderjahr zuzurechnen ist, in dem das Wirtschaftsjahr endet, in welchem der Gewinnabführungsvertrag wirksam wird, § 14 Abs. 1 Satz 2 KStG. Zivilrechtliche Wirksamkeit erlangt der Gewinnabführungsvertrag mit der Eintragung in das Handelsregister.[83] Unter Beachtung dieses Umstandes ist es erforderlich, dass ein Vertrag, der im Jahr 2006 erstmals angewendet werden soll, nicht nur in demselben Jahr abgeschlossen, sondern auch eingetragen wird. Die Eintragung hängt jedoch von der Arbeitslage der

---

77 An dem Terminus Gewinnabführungsvertrag wird im Rahmen dieser Arbeit in Übereinstimmung mit dem Sprachgebrauch in § 14 KStG und § 291 AktG festgehalten, auch wenn der Begriff des *Ergebnisübernahmevertrages* treffender ist, vgl. U. Hüffer, in: Ders., AktG, § 291 Rn. 23.

78 Ist dies nicht der Fall, ist er entgegen § 41 AO steuerlich unbeachtlich, auch wenn ihn die Parteien tatsächlich durchführen (um steuerrechtlichen Missbräuchen zu begegnen).

79 In Bezug auf die gesellschaftsrechtlichen Anforderungen die an die Wirksamkeit dieses Vertrages zu stellen sind vgl. J.-H. Priester, in: Herzig (Hrsg.), Organschaft, 2003, S. 39, 46.

80 In der Praxis bilanzieren Organträger und Organgesellschaft in ihren Jahresabschlüssen entsprechende Forderungen bzw. Verbindlichkeiten, die in angemessener Zeit tatsächlich beglichen werden müssen.

81 Sofern nicht eine angemessene Verzinsung vereinbart ist oder Sicherheiten eingeräumt werden. Unschädlich ist, wenn der Organträger die Gewinnabführung als Gesellschaftereinlage in die Organgesellschaft zurückgibt (Führ-ab-Hol-zurück-Verfahren) und grds., wenn der Anspruch in ein Darlehen umgewandelt wird (Novation), M. Suchanek/ C. Herbst, FR 2005, 665, 670 ff.; K. Obling, in: Streck, KStG, § 14 Anm. 74.

82 Vgl. W. Walter, GmbHR 1995, 649.

83 Bzgl. vor dem 20.11.2002 abgeschlossene Verträge, vgl. L. Richter, StuW 2004, 51, 55 ff.

Registergerichte ab, sodass für die Vertragsparteien nur in begrenztem Umfang die Möglichkeit besteht, den Beginn der Organschaft zielgenau zu determinieren.[84] Dies erschwert die Vereinbarung des Zeitpunkts, zu dem erstmalig die Gewinnabführung erfolgen soll.[85]

Ebenso wie für die Begründung ist der Gewinnabführungsvertrag für die Beendigung der Organschaft von wesentlicher Bedeutung.[86] Beendet werden kann der Gewinnabführungsvertrag durch Ablauf der festgelegten Laufzeit, durch Kündigung, durch einvernehmliche Aufhebung oder durch Eröffnung des Insolvenzverfahrens über das Vermögen der Organgesellschaft beziehungsweise des Organträgers.[87] Eine Beendigung des Gewinnabführungsvertrags vor Ablauf der Fünf-Jahres-Frist führt zu einer Nichtanerkennung der Organschaft von Beginn an, es sei denn, es liegt ein wichtiger Grund vor, der die vorzeitige Kündigung oder die Beendigung im gegenseitigen Einvernehmen rechtfertigt, § 14 Abs. 1 Satz 1 Nr. 3 Satz 2 KStG.[88]

In Anbetracht des Umstandes, dass auch ausländische sowie doppelt ansässige gewerbliche Unternehmen als Organträger in Betracht kommen, ist zu prüfen, ob diese auch einen wirksamen Gewinnabführungsvertrag abschließen können.

a. Vertragsschluss durch einen ausländischen Organträger

Verpflichtet sich eine inländische Organgesellschaft[89] gegenüber einem ausländischen Organträger[90] zur Abführung ihres ganzen Gewinns, sind für die Frage der Wirksamkeit dieser vertraglichen Vereinbarung zwei Ebenen zu unterscheiden. Zunächst ist aufgrund der sog. Auslandsberührung im Sinne des § 3 Abs. 1 Satz 1 EGBGB die international-privatrechtliche Vorfrage zu beantworten, wel-

---

[84] Vgl. G. Förster, DB 2003, 904.

[85] Auch ist es nicht mehr möglich, den Beginn des Vertrags aufschiebend zu bedingen, da Abschn. 55 Abs. 3 KStR gestrichen wurde, vgl. N. Herzig/ T. Wagner, DStR 2003, 225, 228.

[86] Vgl. N. Herzig, in: Ders. (Hrsg.), Organschaft, 2003, S. 3, 11.

[87] E. Dötsch, in: Herzig (Hrsg.), Organschaft, 2003, S. 98, 112.

[88] Vgl. § 297 AktG; R 60 Abs. 6 KStR 2004.

[89] Dabei herrscht Uneinigkeit darüber, wie der Begriff des inländischen Unternehmens zu definieren ist. Nach BFH-Urt. v. 10.11.1998, I R 91, 102/97, BStBl. II 1999, S. 306, 307 f. übt ein inländisches Unternehmen die Geschäftsleitung im Inland aus. Im internationalen Gesellschaftsrecht gilt, dass je nachdem, ob die Gesellschaft einem in- oder ausländischem Gesellschaftsstatut unterliegt von einer „inländischen" oder einer „ausländischen" Gesellschaft gesprochen wird. Da hierfür auf den Verwaltungssitz abzustellen ist, der regelmäßig mit dem Ort der Geschäftsleitung übereinstimmt, ist eine weitgehende Übereinstimmung zwischen den beiden Begriffen festzustellen. In Österreich kommt es demgegenüber auf einen inländischen Sitz an. Für die vorliegende Prüfung wird argumentum e contrario aus § 18 KStG unter einer inländischen Gesellschaft eine mit Sitz und Geschäftsleitung im Inland verstanden. Allein im 4. Teil ist in den ersten vier Kapiteln die in Österreich geltende Definition maßgebend.

[90] Mit Geschäftsleitung und Sitz im Ausland.

che nationale Rechtsordnung zur Anwendung berufen ist (aa). In einem zweiten Schritt ist zu untersuchen, ob die Sachvorschriften des anwendbaren Rechts grenzüberschreitende Gewinnabführungsverträge für zulässig erklären (bb).[91]

aa. Kollisionsrechtliche Behandlung grenzüberschreitender Gewinnabführungsverträge

Mangels expliziter international-privatrechtlicher Regelung ist das anwendbare Recht nach derjenigen Kollisionsregel zu bestimmen, die bei Unternehmensverträgen – als gesellschaftsrechtlichem Sachverhalt – allgemein herangezogen wird.[92] Da jedes Unternehmen kollisionsrechtlich seinem eigenen Gesellschaftsstatut unterliegt, ist zu entscheiden, welchem Statut die Konzernrechtsbeziehungen unterfallen. Das auf die grenzüberschreitende Unternehmensverbindung anwendbare Recht ist jenes der jeweils hauptbetroffenen Gesellschaft. Charakteristischer Inhalt des durch den Gewinnabführungsvertrag begründeten Rechtsverhältnisses ist die Ergebnisabführung und die Ausrichtung der Geschäftstätigkeit der abhängigen Gesellschaft am Konzerninteresse.[93] Da hiervon die Interessen der Untergesellschaft selbst, ihrer außenstehenden Aktionäre und Gläubiger betroffen sind, ist nach herrschender Meinung das Statut der abhängigen, „schwächeren" Gesellschaft maßgebend.[94]

Die Bestimmung des sog. Gesellschaftsstatuts der abhängigen Gesellschaft, das heißt die Festlegung sowohl der Rechtsordnung nach der eine Gesellschaft „entsteht, lebt und vergeht" als auch welches Recht auf gesellschaftsrechtliche Beziehungen Anwendung findet, richtet sich nach den Regeln des Internationalen Gesellschaftsrechts.[95] Das EGBGB enthält diesbezüglich keine ausdrücklichen Kollisionsnormen. Daher herrscht Uneinigkeit darüber, ob die Bestimmung des maßgebenden Rechts an Hand der Gründungs- oder der Sitztheorie erfolgen soll.[96] Nach ersterer kommt es entscheidend darauf an, nach welchem Recht die

---

[91] Strittig ist, ob neben dem Kollisionsrecht noch eine materiell rechtliche Betrachtung anzustellen ist, vgl. zum Meinungsstreit: P. Kindler, in: MüKo, IntGesR, Rd. 555 ff.

[92] Mangels nach Art 3 Abs. 2 EGBGB vorrangiger Staatsverträge sind die Kollisionsnormen des deutschen internationalen Privatrechts heranzuziehen. Nach allgemeinem privatrechtlichen Verständnis ist der Lebenssachverhalt *grenzüberschreitender Gewinnabführungsvertrag* zunächst unter einen kollisionsrechtlichen Anknüpfungsgegenstand zu subsumieren, (Qualifikation). Sodann ist das maßgebliche Anknüpfungsmoment zu ermitteln, B. v. Hoffmann/ K. Thorn, Internat. Privatrecht, 2005, § 4 A. II. Rd. 4.

[93] Vgl. W. Bayer, Der grenzüberschreitende Beherrschungsvertrag, 1988, S. 73; H. Selzner/ M. Sustmann, DK 2003, 85, 90.

[94] B. v. Hoffmann/ K. Thorn, Internat. Privatrecht, 2005, § 7 Rd. 36; H. Altmeppen, in: MüKo, AktG, Einl. §§ 291 ff. Rd. 38, 39, 50.

[95] Welches als Teil des Internationalen Privatrechts Kollisionsrecht (Rechtsanwendungsrecht) darstellt vgl. B. Großfeld in: Staudinger, IntGesR, Rd. 1.

[96] Zudem werden Abwandlungen beider Theorien vertreten, vgl. hierzu: P. Kindler, in: MüKo, IntGesR, Rd. 264 ff.

Gründer die juristische Person errichtet haben und wo der Satzungssitz verortet ist. Demgegenüber bestimmt sich das Gesellschaftsstatut gemäß der Sitztheorie nach dem Ort des „Verwaltungssitzes".[97] Unter dem gesetzlich nicht definierten Verwaltungssitz wird der „Tätigkeitsort" der „Geschäftsführung und der dazu berufenen Vertretungsorgane, also der Ort verstanden, wo die grundlegenden Entscheidungen der Unternehmensleitung effektiv in laufende Geschäftsführungsakte umgesetzt werden".[98] Dies ist anhand der tatsächlichen Gegebenheiten im Einzelfall festzustellen. Der BGH und das überwiegende Schrifttum folgen der Sitztheorie.[99]

Dabei stimmt der international-privatrechtliche Begriff des Verwaltungssitzes im Wesentlichen mit dem steuerrechtlichen Begriff der Geschäftsleitung im Sinne des § 10 AO überein[100]: denn die Geschäftsleitung umfasst das Treffen der für die Geschäftsführung notwendigen Maßnahmen von einiger Wichtigkeit und es kommt auf den Ort der internen Willensbildung an. Die Willensbildung selbst ist jedoch nicht feststellbar; sie wird daher dort lokalisiert, wo die Geschäftsführungsmaßnahmen im Tagesgeschäft angeordnet werden.[101] Auch im Internationalen Privatrecht besteht der Inhalt des Verwaltens in der Umsetzung entsprechender Willensbildung nach außen. Folglich werden der Ort der Geschäftsleitung im Sinne des § 10 AO und der Ort des tatsächlichen Verwaltungssitzes im international-privatrechtlichen Sinne regelmäßig übereinstimmen.[102]

Organgesellschaften müssen ihre Geschäftsleitung im Inland ausüben, um sich als Organgesellschaft qualifizieren zu können, sodass auch ihr Verwaltungssitz im Inland belegen sein wird. Mithin beurteilen sich Zulässigkeit und Wirksamkeit grenzüberschreitender Gewinnabführungsverträge zwischen einer

---

97 Dieser wird auch als tatsächlicher oder effektiver Verwaltungssitz, als Sitz der Hauptverwaltung oder siège réel bezeichnet, vgl. B. Großfeld, in: Staudinger, IntGesR, Rn. 36; P. Kindler, in: MüKo, IntGesR, Rd. 264 ff., 313.

98 Z.B. BGH-Urt. v. 21.03.1986, V ZR 10/85, BGHZ 97, 269, 271 f.

99 Seit BGH-Urt. v. 21.03.1986, V ZR 10/85, BGHZ 97, 269; vgl. zum Meinungsstand B. Großfeld, in: Staudinger, IntGesR, Rn. 36 ff.

100 Ebenso: D.J. Aiger/ G.W. Kofler/ M. Tumpel, Zuzug und Wegzug von Kapitalgesellschaften, 2004, S. 54; H. F. Hügel, ZGR 1999, 71, 76; H. Debatin, GmbHR 1991, 164; T. Ebenroth/ T. Auer, RIW 1992, Beilage 1, S. 1, 15; E. Dötsch, DB 1989, 2296; R. Oppermann, DB 1988, 1469; F. Wassermeyer, DB 1990, 244; M. Lehner, RIW 1988, 201, 209.

101 Z.B. BFH-Urt. v. 23.01.1991, I R 22/90, BStBl. II 1991, 554, 555.

102 Vgl. BFH-Urt. v. 13.11.1991, I B 72/91, BStBl. II 1992, 263. Ein Auseinanderfallen ist bei Domizilgesellschaften möglich, wenn ein deutscher Unternehmer eine Kapitalgesellschaft in England gründet, Geschäftsführer bestellt und diesen konkrete Anweisungen bzgl. der auszuführenden Geschäfte erteilt, denn dann treten die Direktoren als Leitungsgremium gegenüber der *Außenwelt* auf, sodass der Verwaltungssitz in England zu verorten ist. Im Innenverhältnis führen die Direktoren jedoch nur die Anweisungen des Gesellschafters aus, sodass der Ort der Geschäftsleitung in Deutschland liegt.

inländischen Organgesellschaft und einem ausländischen Organträger nach deutschem Recht.[103]

bb. Zulässigkeit und Wirksamkeit grenzüberschreitender Gewinnabführungsverträge

Vertragspartner eines Gewinnabführungsvertrags sind ein abhängiges, zur Gewinnabführung verpflichtetes, sowie ein herrschendes berechtigtes Unternehmen. Nach dem Wortlaut des § 291 AktG kann „ein anderes Unternehmen" herrschende Gesellschaft sein. Dies spricht dafür, dass auch ausländische Rechtsträger als Partner eines Gewinnabführungsvertrags in Betracht kommen. Hierfür lässt sich auch der systematische Zusammenhang mit § 305 Abs. 2 AktG anführen, der anders als § 291 AktG explizit einen inländischen Sitz der herrschenden Gesellschaft fordert. Demgegenüber können abhängige Unternehmen nur inländische Kapitalgesellschaften sein, um einen derartigen Vertrag abschließen zu können. Daher bestehen keine Bedenken an der Zulässigkeit eines grenzüberschreitenden Gewinnabführungsvertrags zwischen einer deutschen abhängigen Gesellschaft und einem ausländischen herrschenden Unternehmen.[104] Ausländische Rechtsträger können auch wirksame Gewinnabführungsverträge abschließen.[105]

b. Vertragsschluss durch einen doppelt ansässigen Organträger

Lässt das ausländische Gesellschaftsrecht die Gründung einer Kapitalgesellschaft mit Sitz im Gründungsstaat und einem inländischen Ort der Geschäftsleitung zu oder verlegt eine im Ausland gegründete Kapitalgesellschaft allein ihre Geschäftsleitung nachträglich ins Inland, kann sie sich als Organträger qualifizieren. Vor Klärung der Frage, ob die Kapitalgesellschaft einen wirksamen Gewinnabführungsvertrag abschließen kann, ist zunächst wiederum das anwendbare Recht zu bestimmen. Da das Statut der abhängigen Gesellschaft maß-

---

[103] Allerdings existiert kein allgemeines „Konzernstatut", so dass für die Verhältnisse zwischen der ausländischen herrschenden Gesellschaft und deren Gesellschaftern und für die selbständige Teilfrage, ob der Gewinnabführungsvertrag der Zustimmung der Haupt- beziehungsweise der Gesellschafterversammlung des ausländischen Unternehmens bedarf, das Heimatrecht des Organträgers Anwendung findet. (Bei einer Teilfrage handelt es sich i.d.R. um eine Tatbestandsvoraussetzung, die von dem Rechtsverhältnis abgespalten und einem gesonderten Gesellschaftsstatut unterstellt werden kann.) Dies steht mit dem deutschen Gesellschaftsrecht in Einklang, da es nicht dessen Aufgabe ist, die Interessen der ausländischen Gesellschafter zu schützen, D. Einsele, ZGR 1996, 40, 49 f.; sog. Holzmüller-Doktrin, BGH-Urt. v. 25.02.1982, II ZR 174/80, BGHZ 83, 122.

[104] Vgl. z.B. BGH-Urt. v.15.06.1992, II ZR 18/91, BGHZ 119, 1 ff.; H. Altmeppen, in: MüKo, AktG, Einl. §§ 291 ff. Rd. 46 ff. m.w.N.; H. Selzner/ M. Sustmann, DK 2005, 85, 90 ff.

[105] Hat eine nach dem Recht eines ausländischen Staates gegründete Gesellschaft dort ihren effektiven Verwaltungssitz, so wird sie in der BRD als wirksam gegründet angesehen, vgl. P. Kindler, in: MüKo, IntGesR, Rd. 312 ff., 385.

gebend ist und eine Organgesellschaft eine doppelte Inlandsanbindung aufweisen muss, entscheiden sich die Fragen der Zulässigkeit sowie Wirksamkeit des Gewinnabführungsvertrags nach deutschem Gesellschaftsrecht.

Nach § 291 AktG kommen auch doppelt ansässige Organträger als herrschende Unternehmen in Betracht. Folglich ist ein derartiger Vertragsschluss als zulässig zu werten.

Allerdings steht die Wirksamkeit des Abschlusses eines Gewinnabführungsvertrags in Frage, da es an der Rechtsfähigkeit der doppelt ansässigen Gesellschaft fehlen könnte. Welches Recht für die Beurteilung der Rechtsfähigkeit berufen ist, bestimmt sich gemäß der herrschenden Sitztheorie nach dem Recht des Staates, an dem die Gesellschaft ihren Verwaltungssitz hat. Da der Ort der Geschäftsleitung mit dem des Verwaltungssitzes weitgehend übereinstimmt, befinden sich Geschäftsleitung und Verwaltungssitz im Inland, so dass der doppelt ansässige Organträger einem inländischen Gesellschaftsstatut unterliegt. Nach den aufgrund des inländischen Gesellschaftsstatuts maßgebenden deutschen Rechtsnormen ist die Handelsregistereintragung konstitutive Voraussetzung für die Erlangung der Rechtsfähigkeit, vgl. §§ 11 Abs. 1 GmbHG, 41 Abs. 1 AktG. Da § 5 AktG beziehungsweise § 4a GmbHG einen inländischen Satzungssitz voraussetzen, die Eintragung des Satzungssitzes aber wiederum eine Gründung nach deutschem Recht erfordert, ist die konstitutive Eintragung einer ausländischen Kapitalgesellschaft nicht möglich.[106] Folglich werden ausländische Kapitalgesellschaften für den deutschen Rechtsverkehr nicht als eigenständige juristische Person anerkannt[107]; der Zuzug durch die Verlegung des Verwaltungssitzes aus dem ausländischen Gründungsstaat in das Inland führt zum Untergang als Kapitalgesellschaft. Um nach deutschem Recht rechtsfähig zu sein, muss sich die ausländische Gesellschaft neu gründen.[108] Wird die Gesellschaft jedoch nicht beendet, kann sie im Inland als nicht rechtsfähiger Verein[109], Vorgesellschaft[110] oder Personengesellschaft[111] durch Teilnahme am Rechtsverkehr eigene Rechte und Pflichten begründen. Da sowohl nach § 14 Abs. 1 Satz 1 Nr. 2 KStG als auch gemäß § 291 AktG für das herrschende Unternehmen Rechtsformenneu-

---

[106] Vgl. T. Ebenroth/ T. Auer, RIW 1992, Beilage zu Heft 3, S. 7 f.

[107] Juristische Personen können als Zusammenfassung von Personen und Sachen zu einer rechtlich geregelten Organisationseinheit umschrieben werden, denen die Rechtsordnung Rechtsfähigkeit verleiht.

[108] BGH-Beschl. v. 30.03.2000, VII Z R 370/99, DB 2000, 1114.

[109] Infolge einer körperschaftlichen Struktur ist sie als nicht rechtsfähiger Verein einzuordnen, BFH-Urt. v. 23.06.1992, IX R 182/87, DB 1992, 2067, 2069. Erwirbt der Verein durch Teilnahme am Rechtsverkehr Rechte und Pflichten, ist er wie eine GbR partiell rechtsfähig, H. Heinrichs, in: Palandt, BGB, § 54 Rd. 2.

[110] Echte Vorgesellschaft ist sie im Falle einer Anpassung an deutsches Recht und bei Anstrebung einer Handelsregistereintragung, H. Dinkhoff, Kapitalgesellschaften, 2001, S. 135 ff.

[111] Vgl. OLG Frankfurt-Beschl. v. 04.12.2001, 20 W 31/01, DB 2002, 316.

tralität besteht, kommen folglich neben Kapitalgesellschaften auch Vorgesellschaften, nicht rechtsfähige Vereine sowie Personengesellschaften als herrschende Unternehmen in Betracht. Somit können auch zugezogene Gesellschaften wirksame Gewinnabführungsverträge abschließen.[112]

Im Anwendungsbereich des EG-Vertrages erfordert bereits die Niederlassungsfreiheit eine Anerkennung der nach dem Recht des ausländischen Sitzstaates verliehenen Rechtsfähigkeit als Kapitalgesellschaft.[113] Folglich können die als Organträger in Betracht kommenden Unternehmen auch wirksame Gewinnabführungsverträge abschließen.

III. Rechtsfolgen und Methodik der Verlustverrechnung

Ist der Tatbestand des § 14 Abs. 1 KStG erfüllt, liegt ein Organschaftsverhältnis vor. Rechtsfolge ist die Zurechnung des Einkommens der Organgesellschaft zum Organträger und dessen Besteuerung bei diesem. Lediglich Ausgleichszahlungen werden von der Einkommenszurechnung nicht erfasst und sind von der Organgesellschaft selbst zu versteuern.[114]

Sämtliche Gesellschaften des Organkreises bleiben ob ihrer organschaftlichen Einbindung zivil- und körperschaftsteuerrechtlich selbständige Rechtsträger und sind eigenständig subjektiv steuerpflichtig.[115] Dementsprechend ist das dem Organträger zuzurechnende Einkommen der Organgesellschaft zunächst getrennt nach den Vorschriften des Körperschaftsteuergesetzes so zu ermitteln, als ob keine Organschaft bestünde.

1. Einkommensermittlung der Organgesellschaft

Bei der Berechnung findet das zweistufige Gewinnermittlungsschema des § 4 Abs. 1 EStG Anwendung[116]: Auf der ersten Stufe ist der Gewinn im Sinne des § 4 Abs. 1 Satz 1 EStG zu ermitteln. Hierbei schlägt das Handelsrecht gemäß dem Maßgeblichkeitsprinzip auf das Steuerrecht durch und die Gewinnabführung wird in der handelsrechtlichen Gewinn- und Verlustrechnung[117] unter einem gesonderten Posten als Aufwand, beziehungsweise die Verlustübernahme als Ertrag, erfasst. Die Organgesellschaft weist somit handelsrechtlich grundsätzlich keinen Bilanzgewinn aus. Daher scheidet das handelsrechtliche Ergebnis der Organgesellschaft auch als Basis zur Bestimmung des dem Organträger zuzurechnenden Einkommens aus.[118] Auf der zweiten Stufe der Gewinnermittlung ist

---

[112] Vgl. S. Neumann, in: Gosch, KStG, § 14 Rd. 190; a.A. BGH-Beschl. v. 30.03.2000, VII Z R 370/99, DB 2000, 1114.
[113] Vgl. 3. Teil, II. Kapitel, 4. b., S. 134 f.
[114] Vgl. die Ausführungen zu 2. Teil, III. Kapitel, 3. e., S. 35.
[115] BFH-Urt. v. 01.08.1984, I R 99/80, BStBl. II 1985 S. 18. R 29 Abs. 1 Zeile 10 KStR 2004.
[116] BFH-Urt. v. 18.12.2002, I R 51/01, DB 2003, 586.
[117] Gemäß § 277 Abs. 3 HGB.
[118] Vgl. A. Herlinghaus, in: Herzig, Organschaft, 2003, S. 119, 121.

außerhalb der Handels- und Steuerbilanz, aufgrund eines sich aus dem Wesen der Organschaft ergebenden Korrekturbetrags, die Gewinnabführung dem Einkommen der Organgesellschaft wieder hinzuzurechnen beziehungsweise die Verlustübernahme ist wieder herauszurechnen.[119] Ausgehend von diesem Betrag wird das zuzurechnende Einkommen nach steuerlichen Vorschriften ermittelt.[120]

2. Einkommenshinzurechnung des Organeinkommens beim Organträger

Da auch der Organträger zivil- und steuerrechtlich selbständig bleibt, ist sein Einkommen gleichfalls nach den Grundsätzen des § 8 Abs. 1 KStG und der §§ 4, 5 EStG zu ermitteln. Konsequenz der getrennten Einkommensberechnung ist vor allem die Erfassung sämtlicher im Rahmen von konzerninternen Transaktionen verwirklichter Erfolgsbeiträge. Eine Eliminierung dieser sog. Zwischenerfolge ist nicht vorgesehen. Vielmehr sind Lieferungen von Wirtschaftsgütern und Leistungen im Organkreis nach Fremdvergleichgrundsätzen abzuwickeln, das heißt zu Bedingungen, die fremde Dritte untereinander vereinbart hätten.

Auf der ersten Stufe der Gewinnermittlung des Organträgers wirken sich die Ergebnisse der organschaftlich verbundenen Tochtergesellschaften aus. Die Gewinnabführung der Organgesellschaften beziehungsweise die Verlustübernahme sind in der Handelsbilanz ausgewiesen und finden über den Maßgeblichkeitsgrundsatzes auch Eingang in die Steuerbilanz.[121] Auf der zweiten Stufe der Gewinnermittlung tritt neben die Erfassung der Gewinnabführung gemäß § 14 Abs. 1 Satz 1 KStG zudem noch das zuzurechnende Organeinkommen. Um eine Doppelbelastung des wirtschaftlich identischen Gewinns zu vermeiden, ist die handelsrechtliche Gewinnabführung herauszurechnen, sodass diese außerhalb der Steuerbilanz durch die steuerliche Hinzurechnung des Organeinkommens ersetzt wird.[122] Zu versteuern ist mithin nicht der abzuführende Gewinn als solcher, sondern das zuzurechnende Einkommen, § 14 KStG. Insofern ist eine Divergenz zwischen dem Tatbestand der Organschaft – der handelsrechtlichen Abführung des ganzen Gewinns – und der Rechtsfolge zu verzeichnen, die in der Zurechnung des nach steuerlichen Vorschriften ermittelten Einkommens besteht.

Die getrennt ermittelten Einkommen der Organgesellschaft werden dem Organträger für das Kalenderjahr zugerechnet, in welchem es die Organgesellschaft bezogen hat.[123] Folglich kann der Organträger das zugerechnete Organeinkommen mit dem seinen in dem Veranlagungszeitraum verrechnen, in welchem es die Organgesellschaft bei Nichtbestehen des Gewinnabführungsvertrags

---

[119] Vgl. F. Wassermeyer, GmbHR 2003, 313, 314 f.
[120] Vgl. R 61 Abs. 1 KStR 2003; zum Berechnungsschema vgl. S. Neumann, in: Gosch, KStG, § 14 Rd. 393 ff.; W. Winter in H/H/R, KStG, § 14 Rn. 63.
[121] Vgl. N. Herzig, in: Ders. (Hrsg.), Organschaft, 2003, S. 3, 12.
[122] Vgl. T. Rödder/ A. Schumacher, DStR 2002, 1163, 1164.
[123] Bei abweichenden Wirtschaftsjahren vgl. E. Dötsch, DK 2003, 21, 35.

selbst zu versteuern hätte, sog. phasengleiche Vereinnahmung.[124] Erzielt entweder eine Organgesellschaft oder der Organträger einen Verlust, wird infolge der Verrechnung ein Ausgleich innerhalb eines Veranlagungszeitraums ermöglicht. Durch die Anwendung des § 14 KStG wird daher eine Art „Einkommenseinheit"[125] zwischen der Organgesellschaft und dem Organträger hergestellt. Der Einkommenssaldo ist der Steuerart und dem Tarif zu unterwerfen, welche für den Organträger maßgebend sind.[126] Können infolge der Einkommenszurechnung steuerliche Vergünstigungen, z.B. gemäß §§ 34c, 34d EStG, § 26 KStG, § 12 AStG von der Organgesellschaft nicht genutzt werden, sieht § 19 KStG deren Nutzung durch den Organträger vor.[127]

3. Bei der Einkommensermittlung zu beachtende organschaftliche Besonderheiten

a. Teilwertabschreibungen auf die Organbeteiligung

Ist der Teilwert, das heißt der Wert, den ein Erwerber des Betriebs der Tochtergesellschaft für seine Beteiligung ansetzen würde, dauerhaft geringer als die aufgewendeten Anschaffungskosten, kann grundsätzlich dieser niedrigere Wert angesetzt werden.[128]

Dabei ist zu beachten, dass eine Teilwertabschreibung nicht allein deshalb gerechtfertigt ist, weil die Organgesellschaft ständig Verluste erleidet, sonst würden diese doppelt berücksichtigt: zunächst über die Verlustzurechnung und sodann über die Teilwertabschreibung.[129] Demgemäß ist eine Teilwertabschreibung lediglich unter der Voraussetzung zulässig, dass die Verluste auf Umständen beruhen, welche nicht bereits zu einer Ausgleichsverpflichtung geführt haben. Beispielsweise wenn die Organgesellschaft für den Organträger ihre funktionale Bedeutung verloren hat oder sich Güter des Anlagevermögens aufgrund fehlender Auslastung als unrentabel erweisen.[130] Tatsächlich wirken sich Teilwertabschreibungen des Organträgers auf seine Beteiligung an der Organgesell-

---

[124] H 62 KStH 2003; M. Orth, WPg Sonderheft 2003, S. 13, 19.

[125] Vgl. A. Herlinghaus, in: Herzig (Hrsg.), Organschaft, 2003, S. 139.

[126] Für Organträger in der Rechtsform einer Personengesellschaft mit natürlichen Personen als Mitunternehmern oder für natürliche Personen unterliegt der Saldo der Einkommensteuer. Er unterliegt der Körperschaftsteuer, soweit der Organträger körperschaftsteuerpflichtig ist oder an einer Organträger-Personengesellschaft Körperschaften als Gesellschafter beteiligt sind; vgl. L. Schmidt/ T. Müller/ E.E. Stöcker, Die Organschaft, 2003, Rd. 474.

[127] Auf Ebene der Organgesellschaft ist zu entscheiden, ob und ggf. in welcher Höhe ausländische Einkünfte i.S.d. §§§ 34c, 34d EStG, 26 KStG erzielt wurden. Zudem muss der Organträger die Tarifvergünstigungen selbst in Anspruch nehmen können, vgl. G. Frotscher, in: Ders./ Maas, KStG, § 19 Rd. 5 ff.

[128] § 253 Abs. 2 Satz 3 HGB, § 6 Abs. 1 Nr. 1 Satz 2 und 3 EStG (i.V.m. § 8 Abs. 1 KStG).

[129] Zudem bleibt der Beteiligungsbuchwert regelmäßig unverändert, da der Organträger zur Verlustübernahme verpflichtet ist.

[130] Vgl. U. Anmeldung/ S. Pletschacher/ H. Jarathe, GmbHR 1997, 97, 108.

schaft allerdings steuerlich nur noch bei natürlichen Personen oder Personengesellschaften mit natürlichen Personen als Mitunternehmern hälftig aus, §§ 3c Abs. 2, 3 Nr. 40 EStG. Für Organträger in der Rechtsform einer Kapitalgesellschaft sind sie steuerlich nicht mehr zu berücksichtigen, § 8b Abs. 3 KStG.[131]

b. Ausgleichsposten für Mehr- und Minderabführungen

Mehr- und Minderabführungen liegen vor, wenn das handelsbilanzielle Ergebnis der Organgesellschaft, welches aufgrund des Gewinnabführungsvertrags an den Organträger abgeführt wird, von dem nach § 14 KStG zuzurechnenden steuerlichen Einkommen abweicht. Beim Ausgleich vorvertraglicher Verluste (§ 301 AktG) oder im Falle einer von der Handelsbilanz abweichenden Bewertung von Aktiv- oder Passivposten in der Steuerbilanz sowie bei innerorganschaftlicher Rücklagenbildung[132] ist die handelsbilanzielle Ergebnisabführung niedriger als die steuerliche Zurechnung, sog. Minderabführung.[133] Daher versteuert der Organträger Vermögensmehrungen der Organgesellschaft, die nicht abgeführt wurden. Um für den Fall der Veräußerung oder der späteren Abführung der Erträge eine doppelte Erfassung zu vermeiden, ist ein aktiver Ausgleichsposten als Korrekturposten zum Beteiligungsbuchwert im Verhältnis der Beteiligung des Organträgers am Nennkapital der Organgesellschaft zu bilden.[134]

1. Beispiel zur Minderabführung:
Der Organträger ist zu 90% an der Organgesellschaft beteiligt. Die Organgesellschaft führt 80.000 € des Einkommens des VZ 2004 in Höhe von 100.000 € an den Organträger ab, die Gewinnrücklage erhöht sie zulässigerweise um 20.000 €.

Der Organträger muss 100.000 € als Einkommen versteuern. In Höhe von 18.000 € (90% von 20.000 €) ist ein aktiver Ausgleichsposten zu bilden. Die restlichen 2.000 € der Rücklage entfallen auf die Minderheitsbeteiligungen.[135]

Bei Veräußerung oder späterer Abführung der Erträge ist der aktive Ausgleichsposten erfolgswirksam aufzulösen und mindert – nachträglichen Anschaffungskosten auf die Beteiligung vergleichbar – den Veräußerungsgewinn, um eine Doppelbesteuerung zu vermeiden.

---

[131] Dies gilt seit dem VZ 2002.
[132] In Form einer gesetzlichen (§ 300 Nr. 1 AktG) oder einer Gewinnrücklage, § 14 Abs. 1 Nr. 4 KStG.
[133] BMF-Schr. v. 26.08.2003, IV A 2 – S 2770 – 18/03, DB 2003, 1982, 1986, Rd. 41.
[134] Vgl. BMF-Schr. v. 26.08.2003, IV A 2 – S 2770 – 18/03, DB 2003, 1982, Rn. 43, er teilt das steuerliche Schicksal der Organbeteiligung, G. Frotscher, in: Ders./ Maas, KStG, § 14 Rd. 310 m.w.N.; a.A. L. Schmidt/ T. Müller/ E.E. Stöcker, Die Organschaft, 2003, Rd. 647.
[135] Vgl. H. Sell, in: Dötsch u.a. (Hrsg.), Körperschaftsteuer, 2004, Kap. 10.4.5.1. S. 310.

2. Beispiel:

Der Organträger bildet im VZ 04 einen aktiven Ausgleichsposten i.H.v. 200.000 € wegen zulässiger Rücklagenbildung. Vor Auflösung dieser Rücklage bei der Organgesellschaft veräußert der Organträger die Beteiligung an der Organgesellschaft im VZ 05 für 500.000 €. Der Buchwert beträgt 100.000 €. Der Veräußerungsgewinn ist nach § 8b Abs. 4 KStG steuerpflichtig.

Von dem Veräußerungspreis ist der Buchwert der Beteiligung abzuziehen (500.000 – 100.000= 400.000) und der Veräußerungsgewinn ist um die Auflösung des Ausgleichsposten zu mindern, da der Erwerber die schon versteuerten Rücklagen im Kaufpreis vergütet und der Organträger daher einen höheren Veräußerungsgewinn erzielt (400.000 – 200.000 = 200.000). Folglich ergibt sich ein steuerpflichtiger Veräußerungsgewinn i.H.v. 200.000 €.[136]

Angesichts des Halbeinkünfteverfahrens, nach welchem der Veräußerungsgewinn gemäß § 8b Abs. 2 KStG grundsätzlich steuerfrei ist, kann dem Ausgleichsposten nur noch Bedeutung zukommen, wenn diese Regelung nicht eingreift.[137] Dies ist bei Organträgern, die nicht in der Rechtsform einer Kapitalgesellschaft geführt werden, sowie wenn einbringungsgeborene Anteile im Sinne des § 8b Abs. 4 KStG vorliegen, der Fall.[138]

Bei Mehrabführungen ist der handelsrechtlich abgeführte Gewinn höher als das steuerrechtlich zuzurechnende Einkommen, z.B. wenn die oben genannten innerorganschaftlich gebildeten Rücklagen wieder aufgelöst werden oder die Organgesellschaft in ihrer Handelsbilanz Aufwendungen für die Erweiterung des Geschäftsbetriebs aktiviert (§ 269 HGB), die in der Steuerbilanz nicht aktiviert werden dürfen.[139] Entsprechend sind passive Ausgleichsposten zu bilden, um eine Nichterfassung des Organeinkommens zu vermeiden.[140]

Bei der Organgesellschaft mindern Mehrabführungen das Einlagenkonto und Minderabführungen erhöhen es, § 27 Abs. 6 KStG.[141]

Haben Mehr- beziehungsweise Minderabführungen ihre Ursache in der Zeit vor Abschluss des Gewinnabführungsvertrags, sind Mehrabführungen nach § 14 Abs. 3 KStG als Gewinnausschüttung der Organgesellschaft an den Organträger

---

136 Vgl. das Beispiel und die Ausführungen hierzu von E. Dötsch/ A. Pung, DB 2003, 1970, 1981. A.A. BMF-Schr. v. 28.04.2003, BStBl. I 2003, 292, Rd. 26.

137 Trotzdem ist nach dem BMF-Schr. v. 26.08.2003, IV A 2 – S 2770 – 18/03, DB 2003, 1982, Rn. 43 bei der Bildung von Ausgleichsposten nicht danach zu differenzieren, ob je nach Besteuerungssituation ein voller, halber oder überhaupt kein Ausgleichsposten erforderlich wäre, vgl. E. Dötsch, DK 2003, 21, 29.

138 Vgl. E. Dötsch, DK 2003, 21, 29; Ders./ A. Pung, DB 2003, 1970, 1981.

139 G. Witt, in: D/E/J/W, KStG, KStG, § 14 Rn. 148.

140 BMF-Schr. v. 28.04.2003, BStBl I 2003, 292, Rd. 16; Kritisch insoweit: S. Neumann, in: Gosch, KStG, § 14 Rd. 459.

141 Vgl. N. Herzig, in: Ders. (Hrsg.), Organschaft, 2003, S. 3, 17.

und Minderabführungen als Einlage durch den Organträger in die Organgesellschaft zu qualifizieren.[142] Eine vorvertragliche Ursache ist gegeben, wenn in der Zeit vor Beginn der Organschaft eine abweichende Bewertung von Positionen in der Handels- und in der Steuerbilanz erfolgt und deswegen in vertraglicher Zeit die Gewinnabführung und der zuzurechnende Steuerbilanzgewinn der Organgesellschaft auseinanderfallen.[143]

c. Bruttomethode

Eine weitere Besonderheit ergibt sich, wenn die Organgesellschaft ihrerseits an Kapitalgesellschaften beteiligt ist und Einkünfte im Sinne des § 8b Abs. 1 bis 3 KStG erzielt. In diesem Fall sind die § 8b Abs. 1 bis 6 KStG im Rahmen der Gewinnermittlung auf der Ebene der Organgesellschaft nicht anwendbar. Folglich ist das Einkommen brutto, das heißt inklusive der Beteiligungserträge, dem Organträger zuzurechnen, sog. Bruttomethode[144]. Erst auf Ebene des Organträgers finden die einschlägigen Freistellungsvorschriften Anwendung, sodass es von der Rechtsform des Organträgers abhängt, inwieweit die Bezüge freigestellt und Betriebsausgaben abgezogen werden können.

Für Kapitalgesellschaften sind die Erträge gemäß § 8b KStG steuerfrei. Allerdings gelten nach § 8b Abs. 5 KStG 5% der jeweiligen Bezüge als nicht abziehbare Betriebsausgaben.[145] Die Betriebsausgaben der Organgesellschaft, wie etwa Finanzierungsaufwendungen können vollständig abgezogen werden, § 8b Abs. 5 Satz 2.[146]

Beispiel:

Die A-GmbH ist eine 100%-ige Tochtergesellschaft der B-GmbH, zwischen ihnen besteht ein Organschaftsverhältnis. Die A-GmbH erzielt aus Beteiligungen Dividendeneinnahmen i.H.v. 10.000 €. Im Zusammenhang mit diesen Einkünften hat sie Betriebsausgaben i.H.v. 1.000 €.

Das der B-GmbH gem. § 14 KStG zuzurechnende Einkommen beträgt (10.000 € – 1.000 € =) 9.000 €. § 8b Abs. 1 KStG wird nicht berücksichtigt. Die Organgesellschaft A-GmbH erklärt als Einkommen vor Zurechnung 9.000 €. Ferner wird nachrichtlich mitgeteilt, dass die Höhe der inländischen Bezüge im Sinne des § 8b Abs. 1 KStG

---

[142] Dies gilt für Mehrabführungen von Organgesellschaften deren Wirtschaftsjahr nach dem 31.12.2003 endet und für Minderabführungen ab dem 01.01.2005. Bzgl. vorangehender Wirtschaftsjahre, vgl. BMF-Schr. v. 22.12.2004, IV B 7 - S. 2770 – 9/04; E. Dötsch/ A. Pung, DK 2005, 37, 38 f., 42.

[143] Vgl. E. Dötsch/ A. Pung, DB 2005, 10, 12. Kritisch: T. Rödder, DStR 2005, 217, 219 ff.; A. Schumacher, DStR 2006, 310 ff.

[144] Vgl. BMF-Schr. v. 26.08.2003, IV A 2 – S 2770 – 18/03, DB 2003, 1982, 1984, Rd. 22.

[145] Daher sind Beteiligungserträge der Organgesellschaft, die einem Organträger in der Rechtsform einer Körperschaft zugerechnet werden, im Ergebnis zu 95 % steuerbefreit.

[146] Seit der Einführungen des Satzes 2 zum VZ 2004.

10.000 € beträgt. Die Betriebsausgaben von 1000 € werden auf der Ebene der Organgesellschaft abgezogen, § 8b Abs. 5 S. 2 KStG.

Auf der Ebene des Organträgers werden nach § 15 Satz 1 Nr. 2 KStG vom zuzurechnenden Einkommen nach § 14 KStG i.H.v. 9.000 € die steuerfreien Bezüge nach § 8b Abs. 1 KStG um 10.000 € gekürzt und nach § 8b Abs. 5 KStG um 500 € (5% von 10.000 €) erhöht. Das verbleibende zuzurechnende Einkommen beträgt -500 €.[147]

Bei Organträgern in der Rechtsform einer natürlichen Person können die Beteiligungserträge zur Hälfte steuerfrei vereinnahmt werden, § 3 Nr. 40 EStG; Betriebsausgaben der Organgesellschaft sind gemäß § 15 Satz 1 Nr. 2 Satz 2 KStG auf der Ebene des Organträgers zur Hälfte abziehbar, § 3c Abs. 2 EStG.

Ist der Organträger eine Personengesellschaft, ist auf die Mitunternehmer abzustellen. Der auf sie entfallende Anteil am festgestellten Gewinn der Personengesellschaft muss folglich um die darin enthaltenen, nach § 8b Abs. 1, 2, 5 KStG oder § 3 Nr. 40 EStG (teilweise) steuerfreien Dividendenerträge beziehungsweise Gewinne aus der Veräußerung von Kapitalbeteiligungen gekürzt werden.[148]

Die Bruttomethode gilt auch für Übernahmegewinne nach § 4 Abs. 7 UmwStG und Erträge aus ausländischen Beteiligungen, die durch die Vorschriften der DBA außer Ansatz bleiben, sog. Schachteldividenden.[149] Die letztbenannten Einnahmen sind daher auf Ebene der Organgesellschaft als steuerpflichtiger Gewinn zu erfassen und erst auf Ebene des Organträgers wird geprüft, ob die persönlichen und sachlichen Voraussetzungen des DBA erfüllt sind. Entscheidend ist mithin, dass der Organträger zu dem abkommensrechtlich begünstigten Personenkreis gehört.[150]

Auf ausländische Betriebstättengewinne einer Organgesellschaft, die nach einem DBA „von der Besteuerung auszunehmen sind", findet die Bruttomethode keine Anwendung, da sich diese lediglich auf „Gewinnanteile aus der Beteiligung an einer ausländischen Gesellschaft" bezieht, § 15 Satz 2 KStG. Folglich sind die Betriebstätteneinkünfte bereits auf der Ebene der Organgesellschaft freizustellen.[151] Diese Regelung ist vor dem Hintergrund als sachgerecht zu werten, dass die Bruttomethode der systemkonformen Umsetzung des Halbeinkünfteverfahrens im Rahmen der Organschaft dient. Dividenden- und Veräuße-

---

[147] Angelehnt an das Beispiel im BMF-Schr. v. 26.08.2003, IV A 2 – S 2770 – 18/03, DB 2003, 1982, 1984, Rd. 25.

[148] Vgl. zur Anwendung E. Dötsch/ A. Pung, DB 2003, 1970, 1977 f.

[149] Mit Wirkung ab VZ 2003, vgl: E. Dötsch/ A. Pung, DB 2003, 1979 ff.

[150] Für die Dividendenfreistellung (Art 10 OECD-MA) ist daher maßgebend, ob der Organträger eine Kapitalgesellschaft mit qualifizierter Beteiligung (mind. 10%) ist. § 8b Abs. 1, 5 KStG geht der Anwendung des DBA- Schachtelprivilegs vor, da § 15 Satz 2 i.V.m. Satz 1 Nr. 2 generell auf § 8b KStG verweist, T. Rödder/ A. Schumacher, DStR 2003, 805, 810. A.A. H. Schaumburg, in: Herzig (Hrsg.), Organschaft, 2003, S. 419, 425.

[151] S. Neumann, in: Gosch, KStG, § 15 Rd. 35; E. Dötsch/ A. Pung, DB 2003, 1970, 1979.

rungsgewinne der Organgesellschaft aus Beteiligungen an weiteren Kapitalgesellschaften sollen nur dann steuerbefreit vereinnahmt und im Wege der Gewinnabführung steuerfrei in die Sphäre des Organträgers transferiert werden können, wenn es sich bei diesem ebenfalls um eine Kapitalgesellschaft handelt beziehungsweise an einer Organträger-Personengesellschaft Kapitalgesellschaften beteiligt sind. Ist der Organträger eine natürliche Person oder eine Personengesellschaft mit natürlichen Personen als Gesellschaftern, soll die hälftige Besteuerung nach § 3 Nr. 40 EStG sichergestellt werden. Die Steuerfreiheit ausländischer Betriebstättengewinne ist abkommensrechtlich jedoch unabhängig von der Rechtsform des begünstigten inländischen Rechtsträgers vorgesehen.[152]

d. Abziehbarkeit von Beteiligungsaufwendungen des Organträgers

Finanzierungskosten des Organträgers für seine Beteiligungen an der Organbeteiligung sind betrieblich veranlasst und können daher grundsätzlich nach § 4 Abs. 4 EStG als Betriebsausgaben abgezogen werden. Nach § 3c EStG – der über § 8 Abs. 1 KStG auch für die Ermittlung des körperschaftsteuerlichen Einkommens gilt – dürfen Betriebsausgaben jedoch dann nicht abgezogen werden, wenn sie mit steuerfreien Einnahmen in unmittelbarem wirtschaftlichen Zusammenhang stehen. Da der von der Organgesellschaft abgeführte Gewinn auf der zweiten Stufe der Gewinnermittlung außerbilanziell abzuziehen ist und somit formal nicht besteuert wird, hält *Thiel*[153] das Abzugsverbot des § 3c EStG für anwendbar.

Diese Ansicht wurde vom überwiegenden Schrifttum zu Recht abgelehnt.[154] Die formale Nichtbesteuerung des abgeführten Gewinns beruht darauf, dass der Organträger steuerrechtlich anstelle des abgeführten Gewinns das zuzurechnende Einkommen der Organgesellschaft zu versteuern hat. Damit der Organträger nicht die Gewinnabführung *und* das zuzurechnende Einkommen versteuern muss, wird die Gewinnabführung nicht erfasst. Dies verstehen der BFH, die Verwaltung sowie die Literatur als technischen Reflex zur Vermeidung einer Doppelerfassung, dessen gesetzliche Grundlage § 14 KStG und nicht § 8b KStG ist.[155] Weil aber die Einkommenszurechnung unstreitig steuerpflichtig ist, liegt bei wirtschaftlicher Betrachtung keine steuerfreie Einnahme im Sinne des § 3c EStG vor; die Sichtweise *Thiels* überzeugt nicht.[156] Daher können Finanzierungsaufwendungen des Organträgers sowohl für die Organbeteiligung als auch für nachgelagerten Gesellschaften vollständig einkommensmindernd berück-

---

[152] Vgl. R. Heurung/ S. Möbus, BB 2003, 766, 768 f.

[153] DB 2002, 1340.

[154] Vgl. H. Schnittker/ F. Schmitz-Herscheidt, FR 2002, 1163 m.w.N. in Fn. 1.

[155] BFH-Urt. v. 29.10.1974, I R 240/72, BStBl. II 1975, 126; T. Rödder/ A. Schumacher, DStR 2002, 1163; H.-H. Krebühl, DStR 2002, 1241, 1248.

[156] Ebenso: BMF-Schr. v. 26.08.2003, IV A 2 – S 2770 – 18/03, DB 2003, 1982, 1984, Rn. 23, 24.Vgl. zu weiteren Argumenten: W. Schön, FR 2001, 381, 385.

sichtigt werden.[157] Für die Abziehbarkeit von Finanzierungsaufwendungen ist es daher entscheidend, ob diese auf der Ebene der Organgesellschaft oder des Organträgers anfallen.

Da die Einkommenszurechnung gesetzlich auf § 14 KStG und nicht auf § 8b KStG basiert, ist ein Gewinntransfer ohne Ausschüttung möglich[158] und somit findet das pauschale Betriebsausgabenabzugsverbot in Höhe von 5% der Erträge nach § 8b Abs. 5 Satz 2 KStG keine Anwendung. Folglich lassen sich durch die Begründung einer Organschaft sog. Kaskadeneffekte vermeiden.[159]

e. Ausgleichszahlungen an außenstehende Anteilseigner

Ausgleichzahlungen sind nach der Legaldefinition des § 304 Abs. 1 Satz 1 AktG auf die Nennbeträge der Anteile bezogene wiederkehrende Geldleistungen, die zu zahlen sind, wenn neben dem Organträger auch Minderheitsgesellschafter an der Organgesellschaft beteiligt sind. Infolge der Abführung des gesamten Gewinns an den Organträger kann mangels Bilanzgewinn keine Dividende ausgeschüttet werden. Die Ausgleichszahlung tritt daher an deren Stelle und ermöglicht es dem außenstehenden Aktionär auch wirtschaftlich, in der Gesellschaft zu verbleiben. Daher ist ein Gewinnabführungsvertrag, der überhaupt keinen Ausgleichsanspruch vorsieht, nichtig; demgegenüber führt eine unangemessene Höhe zu einer gerichtlichen Bestimmung, § 304 Abs. 3 S. 1 AktG.[160]

§ 16 KStG bestimmt, dass die Organgesellschaft ihr Einkommen in Höhe von 4/3 der geleisteten Ausgleichszahlungen selbst zu versteuern hat. Diese Ausnahme von dem Grundsatz, dass das Organeinkommen von dem Organträger zu versteuern ist, soll sicherstellen, dass die an die Minderheitsgesellschafter zu leistenden Beträge einer 25%-igen Definitivbelastung mit Körperschaftsteuer unterliegen; denn die Organgesellschaft ist im Gegensatz zum Organträger zwingend in der Rechtsform einer Kapitalgesellschaft zu führen.[161]

---

[157] Ebenso: z.B. J. Haun / M. Golücke / M. Franz, GmbHR 2002, 1002, 1003; G. Frotscher, DB 2002, 1522, 1523; E. Dötsch, DK 2003, 21, 31; T. Rödder/ A. Schumacher, DStR 2002, 1163, 1164; F. Wassermeyer, GmbHR 2003, 313, 315.

[158] Dies ist attraktiv, da die phasengleiche Aktivierung der Gewinnausschüttung im Konzern erheblich eingeschränkt wurde, U. Prinz, in: Herzig (Hrsg.), Organschaft, 2003, S. 545, 550.

[159] Bei Ausschüttungen im Konzern gelten ansonsten auf jeder Ebene 5% der Bezüge als nicht abziehbare Betriebsausgaben (§ 8b Abs. 5 KStG). Zudem fällt keine Kapitalertragsteuer an.

[160] Aus diesem Grunde sind Ausgleichszahlungen häufig Gegenstand gerichtlicher Verfahren, vgl. A. Schumacher, in: Herzig (Hrsg.), Organschaft, 2003, S. 193.

[161] Die 4/3 der geleisteten Zahlung entsprechen dem Einkommen, welches für die Ausgleichszahlung an die außenstehenden Gesellschafter und die hierauf anfallende Körperschaftsteuer bei einem Steuersatz von 25% notwendig ist.

f. Besonderheiten bei Personengesellschaften als Organträger

Bei Organträgern in der Rechtsform einer Personengesellschaft wird das Einkommen der Organgesellschaft der Personengesellschaft selbst und nicht direkt den Gesellschaftern zugerechnet. Gleichwohl unterbleibt eine *Zusammenrechnung*, vielmehr tritt das Einkommen der Organgesellschaft als selbständige Besteuerungsgrundlage neben den Gewinn der Personengesellschaft und ist als solches im Feststellungsbescheid einheitlich und gesondert festzustellen.[162] Die Aufteilung auf die Mitunternehmer richtet sich generell nach dem Gewinnverteilungsschlüssel der Personengesellschaft, weil mit ihr auch der Gewinnabführungsvertrag geschlossen wurde. Dabei wird der den Gesellschaftern der Personengesellschaft im Wege der einheitlichen und gesonderten Gewinnfeststellung zugerechnete Verlust der Organgesellschaft nicht nur mit den positiven gewerblichen Einkünften der Personengesellschaft verrechnet, sondern mit ihrem gesamten positiven zu versteuernden Einkommen. Umgekehrt wird ein zugerechnetes positives Einkommen der Organgesellschaft nur insoweit mit negativen Einkünften der Personengesellschaft verrechnet, als diese nicht bereits mit anderen positiven Einkünften der Gesellschafter bei einer Personengesellschaft bei der Ermittlung ihres Gesamtbetrags der Einkünfte ausgeglichen worden sind.

IV. Umfang und Beschränkungen der Verlustnutzung

1. Der Verlustausgleich im Organkreis

Die Verlustverrechnung findet innerhalb eines Veranlagungszeitraums – intraperiodisch – durch Verlustausgleich und veranlagungszeitraumübergreifend – interperiodisch – durch Verlustabzug mittels Verlustrücktrag sowie Verlustvortrag statt, vgl. § 10d EStG i.V.m. § 8 Abs. 1 KStG. Intraperiodisch findet im Rahmen des Besteuerungsmodells der Organschaft zunächst auf Ebene sowohl jeder Organgesellschaft als auch des Organträgers ein Ausgleich von negativen und positiven Einkünften innerhalb einer Einkunftsart statt, sog. horizontaler Verlustausgleich. Sodann werden die verbleibenden positiven und negativen Einkünfte verschiedener Einkunftsarten ausgeglichen, sog. vertikaler Verlustausgleich, § 2 Abs. 1, 2 EStG. Bei körperschaftsteuerpflichtigen Organgesellschaften und Organträgern, die nach den Vorschriften des Handelsgesetzbuchs zur Buchführung verpflichtet sind[163], ist nur ein horizontaler Verlustausgleichs möglich, da sie nur Einkünfte aus Gewerbebetrieb erzielen, § 8 Abs. 2 KStG.

Einschränkende Sonderregelungen gelten für Verluste aus bestimmten Einkunftsquellen, z.B. §§ 2a, 15 Abs. 4, 15a, 15b, 22 Nr. 3 und 23 Abs. 3 EStG.[164] Erleiden der Organträger oder die Organgesellschaften Verluste aus derartigen

---

[162] S. Neumann, in: Gosch, KStG, § 14 Rd. 513.

[163] Vgl. §§ 6 Abs. 1, 238 HGB i.V.m. § 3 Abs. 1 AktG bzw. § 13 Abs. 3 GmbHG.

[164] M. Orth, WP-Sonderheft 2003, S. 13, 22.

Einkunftsquellen, gelten die Verlustverrechnungsbeschränkungen im Rahmen ihrer Einkommensermittlung, soweit sie solche Einkünfte erzielen können.

In einem weiteren Schritt erfolgt die organschaftliche Verlustverrechnung, indem die positiven und negativen Einkommen der Organgesellschaft und des Organträgers zusammengerechnet werden. Partizipieren an einem Organkreis mehrere Organgesellschaften, wird über die Einkommenszurechnung zum Organträger indirekt auch eine Verlustverrechnung zwischen Schwestergesellschaften im Konzern ermöglicht. Gleichfalls ist es möglich, verschiedene Mutter-Tochterverhältnisse über mehrere Konzernstufen zu verbinden und eine sog. Organschaftskette zu bilden.[165] Hierdurch können die positiven und negativen Einkommen sämtlicher in den Organkreis einbezogener Gesellschaften auf den Organträger übertragen und dort einer Saldierung zugeführt werden.

Die dem Organträger während der Organschaft zugerechneten Verluste sind dabei allein auf Ebene des Organträgers im Wege der interperiodischen Verlustverrechnung gemäß § 10d EStG verwertbar. Wird im Erstjahr der Organschaft ein negativer Betrag ermittelt, kann allein der Organträger Verluste durch Verlustrücktrag in den Veranlagungszeitraum vor Beginn der Organschaft zurücktragen. Dies gilt auch für den Fall der Beendigung der Organschaft, sodass lediglich der Organträger zum einen die Verluste, die im Erstjahr nach Beendigung entstehen, mit dem Einkommen im letzten Veranlagungszeitraum des Bestehens der Organschaft verrechnen kann. Zum anderen ist er allein berechtigt die Verluste „des Organkreises" vorzutragen und mit positiven Einkommen der folgenden Veranlagungszeiträume zu verrechnen.[166] Der interperiodische Verlustausgleich unterliegt dabei mannigfachen Beschränkungen:

2. Beschränkungen des Verlustabzugs

a. Betragsmäßige Begrenzungen des Verlustabzugs nach § 10d EStG

§ 10d Abs. 1 EStG beschränkt den Verlustrücktrag zeitlich auf ein Jahr und betragsmäßig auf 511.500 €. Dieser Höchstbetrag wird bei dem Organträger auf die Summe der Ergebnisse aller Mitglieder des Organkreises angewandt.[167]

Nicht ausgeglichene negative Einkünfte, die infolge des Rücktrags nicht abgezogen werden können, sind nach § 10d Abs. 2 EStG zeitlich unbegrenzt in zukünftige Perioden vorzutragen, sog. Verlustvortrag.

Seit dem Veranlagungszeitraum 2004 unterliegt der Verlustvortrag ebenfalls einer betragsmäßigen Begrenzung, wobei ein Sockelbetrag von einer Million

---

[165] Vgl. S. Grotherr, StuW 1995, 124, 141.

[166] Vgl. BFH-Urt. v. 27.06.1990, I R 83/85, BStBl. II 1990, 916.

[167] Handelt es sich um eine Kapitalgesellschaft oder um einen Einzelgewerbetreibenden, wird der Höchstbetrag einmal gewährt, bei einer Personengesellschaft kann er von jedem Beteiligten beansprucht werden.

Euro ausgenommen ist, § 10d Abs. 2 EStG.[168] Mithin können Verlustvorträge bis zu einem Gesamtbetrag der Einkünfte von einer Million Euro unbeschränkt verrechnet werden. Die diesen Betrag übersteigenden Einkünfte des folgenden Veranlagungszeitraums sind jedoch nur zu 60% mit Verlustvorträgen verrechenbar, sodass mindestens 40% der Einkünfte der Besteuerung unterworfen werden, sog. Mindestbesteuerung.[169] Im Organkreis kann das Eingreifen der Verrechnungsbeschränkung daher vermieden werden, wenn die partizipierenden Gesellschaften gegenläufige steuerliche Ergebnisse erzielen und infolge des Verlustausgleichs negative Einkünfte von weniger als einer Million Euro erzielt werden.

b. Vor- und außerorganschaftliche Verluste

Für die Verrechenbarkeit von vororganschaftlichen Verlusten, also Verlusten, die vor der Begründung der Organschaft entstanden sind, ist danach zu differenzieren, ob diese bei der jetzigen Organgesellschaft oder beim jetzigen Organträger entstanden sind.

Der Letztbenannte kann die bei ihm akkumulierten Verluste und Verlustvorträge auch während der Organschaft entweder mit eigenem Einkommen oder mit zugerechnetem Einkommen der Organgesellschaften verrechnen.

Für einen Verlustvortrag, der vororganschaftlich bei der Organgesellschaft entstanden ist, schließt § 15 Satz 1 Nr. 1 KStG während des Bestehens der Organschaft eine Verrechnung sowohl beim Organträger als auch bei der Organgesellschaft aus, indem die Norm bestimmt, dass ein Verlustabzug im Sinne des § 10d EStG bei der Ermittlung des Einkommens der Organgesellschaft nicht zulässig ist.[170] Die Regelung ist Ausdruck des Gedankens, dass nur solche Verluste das Einkommen mindern dürfen, die der Organträger auch wirtschaftlich getragen hat.[171] Konsequenz dessen ist, dass die Verluste für die Dauer der Organschaft *eingeschlossen* bleiben. Erst nach deren Beendigung können sie von der Organgesellschaft im Wege des Verlustvortrags von dem nach Beendigung der Organschaft ermittelten Einkommen der bisherigen Organgesellschaft abgezogen werden. Bei Vorhandensein eines steuerlichen Verlustvortrags einer Or-

---

[168] Um den Interessen des Mittelstandes Rechnung zu tragen.

[169] Die Regelung ist zu Recht auf Kritik gestoßen, vgl. J. Lang/ J. Englisch, StuW 2005, 3, 24; N. Herzig/ T. Wagner, DStR 2003, 225, 226 ff.

[170] Verluste der Organgesellschaft aus nachvertraglicher Zeit können nicht im Wege des Verlustrücktrags in die vertragliche Zeit rückgetragen und daher auch nicht das infolge von Ausgleichszahlungen während der Organschaft von der Organgesellschaft selbst zu versteuernde Einkommen mindern, vgl. M. Orth, WPg-Sonderheft 2003, S. 13, 22.

[171] N. Herzig, in: Ders. (Hrsg.), Organschaft, 2003, S. 3, 13.

gangesellschaft bietet sich daher ein Aufschieben des Abschlusses des Gewinnabführungsvertrags an.[172]

Erzielt ein Organmitglied während der Organschaft *außerorganschaftliche* Verluste, das heißt Verluste aus Quellen, die außerhalb des Organkreises liegen, beispielsweise aufgrund der Beteiligung an einer Personengesellschaft, werden diese wie laufende Verluste aus der Beteiligung an einer Mitunternehmerschaft mit dem sonstigen Ergebnis der Organgesellschaft oder des Organträgers verrechnet.[173]

V. Grenzüberschreitende Bezüge der Organschaft und Möglichkeiten einer grenzüberschreitenden Verlustverrechnung de lege lata

Im Folgenden gilt es zu untersuchen, ob und wenn ja, inwieweit die Möglichkeit besteht, Verluste inländischer Organträger oder Organgesellschaften aus Auslandsengagements beziehungsweise ausländischer Unternehmen aus Inlandsengagements im Rahmen der Organschaft zu verrechnen. Im Anschluss an die Darstellung wird im dritten Teil der Arbeit geprüft werden, ob die im Rahmen des deutschen Organschaftsregimes vorgesehenen Bestimmungen der Verlustverrechnung europarechtskonform ausgestaltet sind.

Die Möglichkeit einer grenzüberschreitenden Verlustverrechnung hängt von der gewählten Handlungsalternative zur Verwirklichung der Auslandsaktivität ab. Hierfür kommen neben dem Direktgeschäft, das durch Lieferungs-, Leistungs- und Vertragsbeziehungen mit ausländischen Geschäftspartnern ohne ausländische Repräsentanz gekennzeichnet ist[174] und im Folgenden vernachlässigt werden soll, Direktinvestitionen in Betracht. Diese sind durch feste Geschäftseinrichtungen im Ausland entweder in Form rechtlich unselbständiger

---

[172] Der Gewinnabführungsvertrag kann seit der Streichung des Abschn. 55 Abs. 3 KStR nicht mehr unter der aufschiebenden Bedingung der vollständigen Verlustverrechnung bei der Tochtergesellschaft abgeschlossen werden, H. Altmeppen, in: MüKo, AktG, § 293 Rn. 26.

[173] § 15 Satz 1 Nr. 1 KStG steht dem nicht entgegen, vgl. S. Neumann, in: Gosch, KStG, § 15 Rd. 10, 11. Des weiteren ist die Verlustverrechnungsbeschränkung des § 8 Abs. 4 KStG zu beachten, insbesondere da für die Frage, ob mehr als die Hälfte der Anteile an der Kapitalgesellschaft, die den Verlust erlitten hat, übertragen werden auch Anteilsübertragungen innerhalb eines Konzerns erfasst werden, (BFH-Urt. v. 20.08.2003, I R 81/02, BStBl. II 2004, 614; Zustimmend: OFD Frankfurt, Verfügung v. 05.10.2004, S 2745 A – 22 – St II 1.01, GmbHR 2004, 1488. A.A. M. Orth, DK 2003, 441, 450 f.) Lediglich mittelbare Anteilsübertragungen auf höheren Konzernebenen bleiben bei Feststellung der wirtschaftlichen Identität der Organgesellschaft außer Betracht. (BFH-Urt. v. 20.08.2003, I R 81/02, BStBl. II 2004, 614). Was unter der Zuführung überwiegend neuen Betriebsvermögens zu verstehen ist, ist im Einzelnen umstritten, vgl. E. Dötsch, in: D/E/J/W, KStG, § 8 Rn. 75; M. Orth, in Herzig (Hrsg.), Organschaft, 2003, S. 167, 189. Zudem begrenzen die § 12 Abs. 3 Satz 2 und § 15 Abs. 4 UmwStG das Verlustvortragsrecht.

[174] Z.B. Kooperationsformen ohne Kapitalbeteiligung, wie die Auftragsfertigung und das Franchising.

Betriebstätten oder mit eigener Rechtspersönlichkeit ausgestatteter Gesellschaften gekennzeichnet. Dabei steht die Gründung rechtlich selbständiger Kapitalgesellschaften – sog. Tochtergesellschaften – im Vordergrund des grenzüberschreitenden Engagements, um insbesondere von der Haftungsbegrenzung auf das eingesetzte Kapital, den flexibleren Möglichkeiten eines Gesellschafterwechsels sowie von günstigeren Finanzierungsmöglichkeiten zu profitieren. Vorteilhaft ist im Weiteren die sog. Abschirmwirkung, derzufolge ein Gewinn der im Ausland errichteten Kapitalgesellschaft beim inländischen Organträger grundsätzlich erst bei dessen Ausschüttung steuerpflichtig ist.[175]

Als dritte Handlungsalternative kommt die Gründung einer Personengesellschaft in Betracht. Diese wird aus Sicht des deutschen innerstaatlichen Steuerrechts lediglich als Gewinnermittlungssubjekt, nicht jedoch als eigenes Steuersubjekt qualifiziert[176] (sog. Transparenzprinzip), während andere Staaten das Kapitalgesellschaftskonzept vertreten und derartige Personengesellschaften als mit Steuersubjektfähigkeit ausgestattete juristische Personen betrachten. Schließlich eröffnen diverse Rechtsordnungen Personengesellschaften die Wahlmöglichkeit zwischen dem Transparenz- und dem Kapitalgesellschaftsprinzip. Aufgrund der international unterschiedlichen Konzepte der ertragsteuerliche Behandlung von Personengesellschaften wird diese Form des Auslandsengagements im Weiteren nicht behandelt.

Zu untersuchen ist, inwieweit Verluste von Auslandsbezüge aufweisenden Mutter- (1.) und Tochtergesellschaften (2.) sowie Betriebstätten (3.) im Rahmen der Organschaftsbesteuerung de lege lata berücksichtigt werden können.

1. Muttergesellschaften mit Auslandsbezug

Wie bereits festgestellt, scheiden nach inländischem Recht errichtete Rechtsträger, die den Ort ihrer Geschäftsleitung ins Ausland verlegen, als Organträger aus. Gleiches gilt für Gesellschaften mit Sitz und Geschäftsleitung im Ausland, die über keine inländische Zweigniederlassung verfügen. Erleiden diese Gesellschaften Verluste, können diese mangels organschaftlicher Einbindung nicht mit Gewinnen ihrer Tochtergesellschaften verrechnet werden.

Demgegenüber kommen nach ausländischem Recht errichtete Rechtsträger, die ihren Sitz und Ort der Geschäftsleitung im Ausland haben und eine inländische Zweigniederlassung unterhalten, als Organträger in Betracht, § 18 KStG. Ein ausländischer Organträger kann folglich die durch die Tätigkeit in der inländischen Zweigniederlassung verursachten Verluste mit dem positiven und nega-

---

[175] Vorteilhaft ist das Auftreten als ansässiges Unternehmen und die Abgrenzung auf dem Gebiet des Rechnungswesens. Als Nachteile sind bestehende Formvorschriften bei der Gründung, Mitbestimmungspflichten, umfassende Publizitäts- und Prüfungsvorschriften und damit verbundene Kosten zu nennen, vgl. O.H. Jacobs, Internat. Unternehmensbest., 2002, S. 499 f.
[176] Steuersubjekt sind ihre Gesellschafter, § 15 Abs. 1 Satz 1 Nr. 2 EStG.

tiven Einkommen der inländischen Organgesellschaften verrechnen. Dies führt jedoch zu keiner grenzüberschreitenden Verlustverrechnung, da der ausländische Organträger die an seinem ausländischen Sitz und Geschäftsleitungsort erlittenen Verluste nicht im Inland mit Gewinnen verrechnen kann.

Eine grenzüberschreitende Verlustverrechnung ist allenfalls möglich, wenn nach ausländischem Recht errichtete Rechtsträger ihre Geschäftsleitung im Inland ausüben oder dorthin verlegen, da doppelt ansässige Organträger auch im Ausland erlittene Verluste grundsätzlich mit dem Einkommen ihrer inländischen Tochtergesellschaften im Rahmen der Organschaft verrechnen können. Allerdings ist insoweit § 14 Abs. 1 Satz 1 Nr. 5 KStG zu beachten.

a. Beschränkung der Verlustverrechnung nach § 14 Abs. 1 Satz 1 Nr. 5 KStG

Demgemäß bleibt ein negatives Einkommen des Organträgers im Rahmen der inländischen Besteuerung unberücksichtigt, soweit es in einem ausländischen Staat im Rahmen einer der deutschen Besteuerung des Organträgers entsprechenden Besteuerung berücksichtigt wird.[177] Nach dem Willen des Gesetzgebers soll „bei doppelt ansässigen Gesellschaften verhindert werden, dass Verluste im In- und Ausland doppelt aufgrund entsprechender nationaler Regelungen ausländischer Staaten (z.B. in den USA) stets zu Lasten der BRD berücksichtigt werden".[178]

Seit ihrer Einführung wird die Norm als in Tatbestand und Rechtsfolge unklar und daher als kaum anwendbar kritisiert. Des Weiteren wird eine gesetzliche Konzeption vermisst und angemerkt, dass die Norm systematisch besser in § 15 KStG verortet worden wäre.[179]

aa. Betroffene Organträger

Entgegen der Begründung im Regierungsentwurf[180] nimmt der Gesetzestext keinen Bezug auf die Doppelansässigkeit des Organträgers. Unter den Wortlaut des § 14 Abs. 1 Satz 1 Nr. 5 KStG fallen somit auch Organträger, die sowohl ihren Sitz als auch den Ort der Geschäftsleitung im Inland ausüben (§§ 10, 11 AO), aber zugleich in die steuerliche Konsolidierung eines ausländischen Staates –

---

[177] Dies gilt seit dem VZ 2001, vgl. UntStFG, BGBl. I 2001, 3858.

[178] Vgl. Bundesregierung, Begründung des Regierungsentwurfs zum UntStFG, BT-Drs. 14/6882, S. 37.

[179] C. Schreiber/ P. Meiisel, IStR 2002, 581, 585. Des weiteren wird sie als verfassungswidrig qualifiziert. Vor dem Hintergrund, dass die Norm die Verlustberücksichtigung dem ausländischen Staat überlassen will, obwohl ein umfassendes Besteuerungsrecht entsprechender Gewinne in Anspruch genommen werde.

[180] Vgl. Bundesregierung, Begründung des Regierungsentwurfs zum UntStFG, BT-Drs. 14/6882, S. 37.

beispielsweise in Dänemark, Österreich, Italien oder Frankreich – miteinbezogen sind.[181]

Allerdings widerspräche eine Erfassung dieser Fälle dem Sinn und Zweck der Vorschrift: Ursache für die Einführung der Regelung war die mit der Ausweitung der Organschaftsbesteuerung auf doppelt ansässige Organträger einhergehende Befürchtung, dass international agierende Unternehmen im Verlustfall „unberechtigte Vorteile“ durch eine doppelte Verlustnutzung erlangen und sich somit Outbound- gegenüber Inbound-Investitionen als attraktiver darstellen könnten.[182] Dies ist vor dem Hintergrund zu sehen, dass im grenzüberschreitenden Konzernaufbau doppelt ansässige Gesellschaften insbesondere zu dem Zweck der Erzielung eines doppelten Verlustausgleichs eingesetzt werden.[183] Lediglich in Deutschland ansässige Organträger können jedoch selbst im Falle einer Einbeziehung in ein ausländisches Gruppenbesteuerungssystem keine derartigen Vorteile erzielen, sodass es keines Eingreifens der Verlustabzugsbeschränkung nach § 14 Abs. 1 Satz 1 Nr. 5 KStG bedarf. Denn die im Verlustentstehungsjahr gewährten Begünstigungen aufgrund der doppelten Verlustnutzung werden im Wege der im österreichischen, dänischem, italienischen oder französischen System vorgesehenen Anrechnungs- beziehungsweise Nachversteuerungsmethode wieder ausgeglichen, sodass allenfalls Liquiditätsgewinne erwirtschaftet werden können.[184] Folglich fallen Organträger mit Sitz und Geschäftsleitungsort in Deutschland nicht in den Anwendungsbereich der Norm.[185]

Im Weiteren lassen sich Betriebstätten ausländischer gewerblicher Unternehmen unter den Wortlaut des § 14 Abs. 1 Satz 1 Nr. 5 KStG subsumieren, da auch sie als Organträger in Betracht kommen. Eine doppelte Verlustverrechnung ist möglich, wenn der ausländische Sitzstaat entweder das Anrechnungsverfahren anwendet[186] oder unter Geltung der Freistellungsmethode in der Bundesrepublik erlittene Verluste berücksichtigt werden, wie es beispielsweise in Österreich gemäß § 2 Abs. 8 öEStG vorgesehen ist. Ist das österreichische Stammhaus zugleich Gruppenträger einer österreichischen steuerlichen Gruppe, könnte

---

[181] Vgl. K. Hirschler/ C.P. Schindler, IStR 2004, 505, 506 ff.

[182] Nr. 1 der Erklärung der Bundesregierung zur Vermittlungsempfehlung zum StVergAbG v. 09.04.2003.

[183] Und um steuerbefreite Schachteldividenden zu nutzen oder Quellensteuern zu vermeiden, C. Staringer, Besteuerung doppelt ansässiger Kapitalgesellschaften, 1999, S. 341; T. Kollrus, IStR 2004, 735, 741.

[184] Wenn der Organträger dauerhaft Verluste erzielt, unterbleibt regelmäßig eine Nachversteuerung bei gleichzeitiger Verrechnung mit Gewinnen der Organgesellschaften in Deutschland. In diesem Fall ist die Verlustverrechnung bei im Inland erlittenen Verlusten jedoch vorrangige Aufgabe des deutschen Steuerrechts und ein Ausschluss über § 14 Abs. 1 Satz 1 Nr. 5 KStG daher nicht gerechtfertigt.

[185] Ebenso D. Endres/ A. Thies, RIW 2002, 275, 278.

[186] Vgl. z.B. die USA: Sec. 901 ff. Internal Revenue Code sowie die von den USA abgeschlossenen DBA.

dies als Berücksichtigung der Verluste „im Rahmen" einer der deutschen Besteuerung des Organträgers entsprechenden Besteuerung zu qualifizieren sein. Das Gesetz fordert jedoch einen kausalen Zusammenhang zwischen der Verlustverrechnung und dem der deutschen Organschaft entsprechenden Verfahren; eine Berücksichtigung „gelegentlich" einer der Organschaft entsprechenden Besteuerung genügt diesen Anforderungen nicht. Da die Berücksichtigung der Betriebstättenverluste bei dem Betriebstätteninhaber nicht auf eine organschaftliche Zurechnung zurückzuführen ist – im Fall der DBA-Freistellung beruht sie auf einer entsprechenden Auslegung der Freistellungsmethode beziehungsweise einer nationalen Regelung und im Rahmen des Anrechnungsverfahrens auf dem Welteinkommensprinzips – ist § 14 Abs. 1 Satz 1 Nr. 5 KStG nicht erfüllt. Zudem werden auch bezüglich ausländischer Betriebstätten die im Verlustentstehungsjahr gewährten Vorteile einer doppelten Verlustnutzung im Wege der Anrechnungs- beziehungsweise der Nachversteuerungsmethode regelmäßig wieder ausgeglichen, sodass die Einbeziehung von Betriebstätten in den Anwendungsbereich der Vorschrift aus steuersystematischen Gründen nicht erforderlich ist.

Ebenfalls keine Konsequenz der Gruppenbesteuerung ist es, wenn ausländische Gesellschafter einer Organträger-Personengesellschaft deren Verluste sowohl im Rahmen der beschränkten Steuerpflicht in Deutschland als auch bei der Welteinkommensbesteuerung im Ausland berücksichtigen können, da der ausländische Staat auf unilateraler oder bilateraler Ebene die Anrechnungsmethode anwendet oder trotz Freistellungsmethode unilateral eine Verlustverrechnung vorsieht. Mithin ist die Norm auch bei Personengesellschaften nicht anwendbar.[187]

Optiert ein inländischer Organträger in der Rechtsform einer unbeschränkt steuerpflichtigen GmbH nach den *check-the-box-rules* des US-Steuerrechts wie eine inländische Betriebstätte seines Alleingesellschafters und damit transparent behandelt zu werden, um das Ergebnis seinem Gesellschafter zurechnen zu können[188], beruht die doppelte Verlustverrechnungsmöglichkeit – selbst wenn der Gesellschafter Mitglied einer *Consolidated Group* ist – nicht auf „einer der deutschen Besteuerung des Organträgers entsprechenden Besteuerung".[189] Ein Bedürfnis für die Anwendbarkeit lässt sich auch mit dem Argument verneinen, dass nicht nur die Verluste des Organträgers im Ausland berücksichtigt werden, sondern auch etwaige spätere Gewinne und somit die Vorteile – ebenso wie unter Geltung der Anrechnungsmethode – kompensiert werden.

---

[187] Vgl. C. Schreiber/ P. Meisel, IStR 2002, 581, 583; U. Prinz/ S. Simon, DK 2003, 104, 109; a.A. G. Frotscher, in: Ders./ Maas, KStG, § 14 Rd. 240.

[188] In den USA erfolgt eine grenzüberschreitende Verlustverrechnung mittels der *sog. check the box-rules*.

[189] A.A. M. Orth, IStR 2002, Beihefter zu Heft 9, 1, 16

Schließlich fallen doppelt ansässige natürliche Personen unter den Wortlaut des § 14 Abs. 1 Satz 1 Nr. 5 KStG. Besitzt eine im Inland wohnende natürliche Person beispielsweise einen amerikanischen Pass, ist sie sowohl in Deutschland als auch in den USA unbeschränkt steuerpflichtig. Betreibt sie ein gewerbliches Unternehmen im Ausland, kommt sie als deutsche Organträgerin in Betracht und kann mit weiteren im Inland gegründeten Kapitalgesellschaften einen Organkreis bilden. Die Verluste des ausländischen Unternehmens werden „im Rahmen einer der deutschen Besteuerung entsprechenden Besteuerung" im ausländischen Staat berücksichtigt, wenn der Einzelunternehmer auch im Ausland steuerlich relevanter Träger eines Konsolidierungskreises mit seinen im Ausland errichteten Kapitalgesellschaften wird.[190] Insoweit sind doppelt ansässige natürliche Personen mit doppelt ansässigen Kapitalgesellschaften vergleichbar. Angesichts der auch bei natürlichen Personen bestehenden Gefahr der doppelten Verlustnutzung im Rahmen einer Gruppenbesteuerung ist § 14 Abs. 1 Satz 1 Nr. 5 KStG anwendbar.[191]

Der subjektive Anwendungsbereich der Norm ist entgegen des weit formulierten Wortlauts nur bei doppelt ansässigen Organträgern eröffnet. Hierfür spricht auch der Entstehungszusammenhang, wonach die Einführung des § 14 Abs. 1 Satz 1 Nr. 5 KStG zeitgleich mit der Aufgabe der doppelten Inlandsanbindung bezüglich der Organträgerfähigkeit erfolgte.[192] Da die Möglichkeit einer doppelten Verlustnutzung in den Fällen der Organträger-Personengesellschaft oder -Betriebstätte, den *check-the-box-rules* oder ausländischer Systeme weltweiter Besteuerung, die auch Organträger mit doppeltem Inlandsbezug erfassen, schon vor Einführung der Norm bekannt waren, legt dies die Annahme nahe, dass der Gesetzgeber – wie in der Gesetzesbegründung geäußert – diese Fälle nicht erfassen wollte.[193]

Der Anwendungsbereich des § 14 Abs. 1 Satz 1 Nr. 5 KStG ist teleologisch dahingehend zu reduzieren, dass die Vorschrift nur auf doppelt ansässige Organträger-Kapitalgesellschaften mit Geschäftsleitung im Inland und Sitz im Ausland sowie auf doppelt ansässige natürliche Personen als Organträger anwendbar ist.[194]

bb. Negatives Einkommen

Die Anwendung des § 14 Abs. 1 Satz 1 Nr. 5 KStG setzt des Weiteren ein negatives Einkommen des Organträgers voraus. Unter einem negativen Einkommen

---

[190] Vgl. W. Meilicke, DB 2002, 911, 916.

[191] Vgl. S. Neumann, in: Gosch, KStG, § 14 Rd. 486; a.A. M. Orth, IStR 2002, Beihefter zu Heft 9, S. 1, 16 f.

[192] F.E.F. Hey, BB 2002, 915, 916; U. Löwenstein/ J. Maier, IStR 2002, 185, 190.

[193] M.P. Scheunemann, Grenzüberschreitende konsolidierte Konzernbesteuerung, 2005, 153 f.

[194] Ebenso U. Löwenstein/ J. Maier, IStR 2002, 185, 189 f; D. Endres/ A. Thies, RIW 2002, 275, 276.

ist ein steuerlicher Verlust zu verstehen, der sich als Ergebnis der Einkommensermittlung ergibt.[195] Mangels gesetzlicher Definition ist jedoch ungewiss, ob unter dem Begriff des negativen Einkommens des Organträgers das eigene Einkommen des Organträgers zu verstehen ist. Des gleichen könnte auch das im Organkreis erzielte Gesamteinkommen nach Zurechnung des Einkommens der Organgesellschaften gemeint sein.[196] Drittens käme das negative Einkommen der Organgesellschaftenin Frage, welches dem Organträger zugerechnet wurde.[197] Der insoweit nicht eindeutige Wortlaut ist mithin im Wege der Auslegung zu bestimmen.

Die Verwendung des Terminus des Organträgers spricht jedenfalls gegen die Auslegungsvariante, unter dem negativen Einkommen des Organträgers das zugerechnete Einkommen der Organgesellschaften zu verstehen[198]; zumal in den parlamentarischen Beratungen der Begriff der Organgesellschaft gerade durch den des Organträgers ersetzt wurde.[199] Diese Auslegung ist daher abzulehnen.

Die Verwendung des Terminus Organträger, welcher sich sprachlich sowohl von dem des Organkreises als auch von der Begrifflichkeit Organgesellschaft unterscheidet, als auch der Umstand, dass das Gesetz dem Organträger und den -gesellschaften nicht jedoch dem Organkreis als solchem Steuersubjektqualität verleiht, lässt sich dafür anführen, dass unter dem negativen Einkommen des Organträgers das eigene Einkommen des Organträgers zu verstehen ist.

Ausweislich der Regierungsbegründung soll durch § 14 Abs. 1 Satz 1 Nr. 5 KStG in Fällen doppelter Ansässigkeit eine mehrfache Verlustberücksichtigung verhindert werden.[200] Eine Gefahr doppelter Verlustverwertung besteht jedoch nur bezüglich des eigenen Einkommens, da nur die Verluste des Organträgers auf Grund seiner doppelten Ansässigkeit auch im Ausland Gegenstand der Besteuerung sind. Bei Organgesellschaften ist hingegen eine mehrfache Verlustberücksichtigung *infolge doppelter Ansässigkeit* regelmäßig nicht möglich, da diese einen inländischen Sitz und Ort der Geschäftsleitung aufweisen müssen und daher nicht doppelt ansässig sein werden.[201]

Zugunsten einer Gesamtbetrachtung wird auf das Berechnungsschema der Finanzverwaltung zur Ermittlung des zu versteuernden Einkommens verwiesen

---

[195] Vgl. M. Keslter/ M. Weger, GmbHR 2003, 156, 159; T. Rödder, DStR 2002, 1800, 1802.

[196] So: W. Meilicke, DB 2002, 911, 914; U. Löwenstein/ J. Maier, IStR 2001, 185, 191.

[197] So: S. Neumann, in: Gosch, KStR, § 14 Rd. 478; D. Endres/ A. Thies, RIW 2002, 275.

[198] Vgl. G. Frotscher, in: Ders./ Maas, KStG, § 14 Rd. 243.

[199] Bericht des Finanzausschusses des Deutschen Bundestages v. 07.11.2002, BT-Drs. 14/7344, S. 22.

[200] Vgl. Bundesregierung, Begründung des Regierungsentwurfs zum UntStFG, BT-Drs. 14/6882, S. 37.

[201] Vgl. M. Orth, IStR 2002, Beihefter zu Heft 9, S. 1, 14. zu Ausnahmen, vgl. K. Schmidt, RIW 1987, 35, 36. Möglich ist eine doppelte Verlustberücksichtigung aus anderen Gründen, z.B. im Rahmen der check-the-box-rules, vgl. auch 2. Teil, V. Kapitel, 1. a. aa., S. 43.

und argumentiert, dass die Zurechnung des Einkommens der Organgesellschaft bereits vor der Ermittlung des Einkommens des Organträgers erfolge, sodass in dem Einkommen des Organträgers auch dieses enthalten sei.[202] Allerdings erfolgt die Zurechnung des Organgesellschaftseinkommens allein zum Zwecke der Besteuerung, nicht jedoch zur Ermittlung des originären Einkommens des Organträgers. Zudem ist das Einkommen der Organgesellschaften nach dem Wortlaut des § 14 Abs. 1 Satz 1 KStG dem Träger des Unternehmens und nicht dem Einkommen des Organträgers zuzurechnen. Diese Zurechnung ist lediglich als steuertechnische Notwendigkeit zu bewerten, die der Ermöglichung des Verlustausgleichs dient und nichts an der Qualifikation des zugerechneten Einkommens als Fremdeinkommen ändert.[203] Schließlich widerspricht ein Abstellen auf das negative Gesamtergebnis des Organkreises dem Leistungsfähigkeitsprinzip, da der Verlust des Organkreises bei körperschaftsteuerlichen Organträgern mangels anderer Einkünfte im Inland im Entstehungsjahr nicht genutzt und auch nicht vor- und zurückgetragen werden könnte.[204] Die Gesamtbetrachtung ist folglich abzulehnen. Unter dem negativen Einkommen des Organträgers sind die von ihm erzielten Verluste zu verstehen.[205]

cc. Anforderungen an die Art der Berücksichtigung im Ausland

Nach § 14 Abs. 1 Satz 1 Nr. 5 KStG hat die Verlustberücksichtigung „im Rahmen einer der deutschen Besteuerung des Organträgers entsprechenden Besteuerung“ zu erfolgen. Zentraler Punkt der Norm ist daher die Frage, in welcher Form eine entsprechende Besteuerung als steuerliche Einbeziehung des negativen Einkommens im Ausland geschehen muss. Da die Vorschrift lediglich für den Organträger gilt und für dessen Besteuerung kennzeichnend ist, dass er nicht nur sein eigenes Einkommen, sondern auch das ihm zugerechnete Einkommen einer oder mehrerer Organgesellschaften besteuert, ist die Norm dahingehend auszulegen, dass es sich im Ausland jedenfalls um eine der Organschaft vergleichbare Besteuerung, das heißt um eine Gruppenbesteuerung, handeln muss.[206] Wie das ausländische Steuerrecht diese im Einzelnen ausgestaltet, ist demgegenüber unerheblich.[207] Dabei sehen z.B. Australien, Dänemark, Frank-

---

[202] Abschn. 29 Abs. 1 Satz 2 KStR 2004; M. Kestler/ M. Weger, GmbHR 2003, 156, 159; U. Löwenstein/ J. Maier, IStR 2002, 185, 191; C. Schreiber/ P. Meiisel, IStR 2002, 581 f.
[203] M. Kestler/ M. Weger, GmbHR 2003, 156, 159.
[204] Vgl. J. Lüdicke, in: Herzig (Hrsg.), Organschaft, 2003, S. 436, 446.
[205] Ebenso T. Töben/ B. Schulte-Rummel, FR 2002, 425, 435; M. Orth, IStR 2002, Beihefter zu Heft 9, S. 1, 13; U. Prinz/ S. Simon, DK 2003, 104, 110.
[206] Vgl. D. Endres/ A. Thies, RIW 2002, 277; M. Orth, IStR 2002, Beihefter zu Heft 9, S. 1, 15. A.A. U. Prinz/ S. Simon, DK 2003, 104, 111; J. Thiel, WPg-Sonderheft 2003, S. 13, 33: die die Norm bei jeglicher Berücksichtigung im Ausland anwenden wollen.
[207] Ebenso D. Endres/ A. Thies, RIW 2002, 275, 277; M. Orth, IStR 2002, Beihefter zu Heft 9, S. 1, 15.

reich, Deutschland, Italien, Island, Japan, Litauen, Luxemburg, Malta, Mazedonien, Mexiko, die Niederlande, Neuseeland, Österreich, Polen, Singapur, Portugal, Spanien, Finnland, Norwegen, Schweden, Slowenien, die USA, das Vereinigte Königreich und Zypern Systeme der Verrechnung positiver und negativer Einkommen zwischen Gruppengesellschaften mit entsprechender Steuerersparnis vor[208], so dass der Verlust des Organträgers im Ausland mit den positiven Einkünften anderer Steuersubjekte verrechnet werden kann. Die genannten Staaten ermöglichen regelmäßig auch die Einbeziehung doppelt ansässiger Gesellschaften.

Nach dem Wortlaut ist eine Besteuerung im Ausland nach Organschaftsregeln entscheidend, nicht jedoch die Organträgerschaft im Ausland, falls eine solche überhaupt vorgesehen sein sollte.[209] Diese Auslegung entspricht auch dem Telos der Norm, da es im Hinblick auf das Ziel, die doppelte Verlustberücksichtigung zu unterbinden keinen Unterschied machen kann, ob das negative Einkommen des Organträgers im Ausland bei diesem oder gemäß den Gruppenbesteuerungsregelungen auf Ebene einer anderen Gesellschaft berücksichtigt wird. Der Organträger kann im Ausland mithin auch einfaches Mitglied der Gruppe sein.[210]

Infolge des Erfordernisses der Berücksichtigung im Rahmen einer Gruppenbesteuerung reichen Verlustberücksichtigungen – wie Teilwertabschreibungen oder infolge einer Option nach den *check-the-box-rules* sowie über einen negativen Progressionsvorbehalt – die sich nur *zufällig* im Rahmen einer Gruppenbesteuerung auswirken, nicht aus. Der Anwendungsbereich der Norm ist daher nur eröffnet, wenn die doppelte Verlustberücksichtigung Folge einer mehrfachen Einbindung in ein Gruppenbesteuerungsregime ist.

dd. Tatsächliche Verlustberücksichtigung

Des weiteren muss das negative Einkommen des Organträgers in einem ausländischen Staat berücksichtigt werden, § 14 Abs. 1 Satz 1 Nr. 5 KStG. Diesbezüglich ist unklar, ob die Vorschrift nur in denjenigen Fällen eingreifen soll, in denen der Verlust im Ausland tatsächlich zum Abzug zugelassen wird, oder ob allein die Tatsache, dass das Steuerrecht des ausländischen Staates die Möglichkeit einer entsprechenden Verlustverrechnung vorsieht, als ausreichend anzusehen ist.

Der Wortlaut der Norm „berücksichtigt wird" spricht für ersteres. Auch deren Sinn und Zweck scheint mit dieser Auslegung überein zu stimmen, da nur bei

---

208 Vgl. J. Kesti, IBFD, European Tax Handbook, 2003, 16 ff. In Argentinien, Belgien, Kanada, Tschechischen Republik, Ungarn, Indien, Korea, Peru, Südafrika, der Schweiz und Uruguay gibt es kein Gruppenbesteuerungssystem, Y. Masui, in: IFA, Cahiers de droit fiscal international 89b, 2004, S. 23, 26 ff.

209 Vgl. C. Schreiber/ P. Meiisel, IStR 2002, 581, 585.

210 Ebenso C. Schreiber/ P. Meiisel, IStR 2002, 585; S. Neumann, in: Gosch, KStG, § 14 Rd. 487; A.A. J. Lüdicke, in: Herzig (Hrsg.), Organschaft, 2003, S. 436, 450 f.

dessen tatsächlicher Erfassung im Ausland eine doppelte Verlustnutzung stattfindet. Ausweislich der Gesetzesbegründung sollen aber auch diejenigen Fälle erfasst werden, in denen die Berücksichtigung eines Verlustes „auf Grund entsprechender nationaler Regelungen ausländischer Staaten (z.B. in den USA) stets zu Lasten der BRD geht". Der Klammerzusatz ist dabei als Verweis auf die US-amerikanische *Mirror Rule* zu verstehen. Hiernach kann ein Dual Consolidated Loss[211] in den USA immer schon dann nicht mehr geltend gemacht werden, wenn das ausländische Steuerrecht ebenfalls Regelungen enthält, die einen Verlustabzug für den Fall ausschließen, dass die Gesellschaft in einem anderen Staat entweder auf Grund ihres Sitzes oder nach dem Welteinkommensprinzip der Besteuerung unterliegt.[212] Daher wird die Mirror Rule bei in den USA und Deutschland ansässigen Gesellschaften bewirken, dass eine Verlustberücksichtigung in den USA ausscheidet.[213] Den Umstand einbeziehend, dass der Wortlaut der deutschen, im Gegensatz zur US-amerikanischen, Vorschrift[214] ausdrücklich auf die tatsächliche Verlustberücksichtigung im Ausland abstellt, müsste die Norm im Verhältnis zu den USA gerade dazu führen, dass sich doppelt abziehbare Verluste stets zu Lasten des deutschen Steueraufkommens auswirken. Damit bewirkt die Norm genau das Gegenteil dessen, was gemäß der Gesetzesbegründung mit ihrer Einführung erreicht werden sollte. Allerdings bildet der Wortlaut die Grenze einer jedweder Auslegung.[215] Mithin kann die Verlustverrechnungsbeschränkung nur zur Anwendung gelangen, wenn ein Verlustabzug im Ausland tatsächlich stattfindet.[216]

Um diese Voraussetzung zu erfüllen, muss der Verlust des Organträgers in einem ausländischen Staat tatsächlich und zeitgleich zu einer Minderung der positiven Bemessungsgrundlage und damit zu einer Steuerminderung geführt haben.[217] Wird der Verlust im Ausland allein bei der Bemessungsgrundlage berücksichtigt und trifft er dort mit anderweitigem negativen Einkommen oder mit einem geringeren Gewinn zusammen, wirkt sich der Verlust im Entstehungsjahr im Fall des negativen Einkommens gar nicht und bei verhältnismäßig geringeren Gewinnen nicht in voller Höhe aus, sondern ist jeweils lediglich vortragsfähig. Ein Verlustausschluss im Inland würde sich daher als unverhältnismäßig dar-

---

211 Hierunter ist ein Verlust zu verstehen, den eine in den USA ansässige Kapitalgesellschaft erleidet, die auch in einem ausländischen Staat der unbeschränkten Steuerpflicht unterliegt.

212 Sog. Dual Resident Corporation, Section 1503 (d) Internal Revenue Code, vgl. M. Orth, IStR 2002, Beihefter zu Heft 9, S. 1, 13.

213 Vgl. C. Schreiber/ P. Meiisel, IStR 2002, 581, 583 (Fn. 14), 586.

214 Nach der Mirror Rule ist ein Abzug des Dual Consolidated Loss ausgeschlossen, wenn andere Staaten der Dual Consolidated Loss Rule vergleichbare Vorschriften eingeführt haben.

215 Vgl. BFH-Urt. v. 14.05.1991, VIII R 31/88, BStBl. II 1992, 167, m.w.N. Um den Willen des Gesetzgebers praeter legem umsetzen zu können, bedürfte es einer Regelungslücke.

216 Vgl. T. Töben/ B. Schulte-Rummel, FR 2002, 425, 426.

217 Vgl. J. Lüdicke, in: Herzig (Hrsg.), Organschaft, 2003, S. 436, 449 f.

stellen, zumal ungewiss ist, ob im Ausland jemals verrechenbare Gewinne erzielt werden können.[218]

In diesem Zusammenhang ist schließlich zu beachten, dass jeder Staat das zu versteuernde Einkommen nach seinen eigenen steuerrechtlichen Vorschriften ermittelt. Folglich ist es praktisch ausgeschlossen, dass der sich nach deutschen Normen ergebende Verlustbetrag dem nach ausländischen Regeln ermittelten negativen Einkommen entspricht. Aufgrund des Wortlauts *soweit* und dem Sinn und Zweck der Unterbindung einer doppelten Verlustnutzung kann sich der Ausschluss somit lediglich auf den im Ausland tatsächlich berücksichtigten Verlustbetrag beziehen.[219]

ee. Rechtsfolgen des § 14 Abs. 1 Satz 1 Nr. 5 KStG

Diese bestehen in der Versagung der steuerlichen Berücksichtigung des negativen Einkommens des Organträgers im Rahmen der inländischen Besteuerung. Folglich kann der eigene Verlust des Organträgers vor Zurechnung des Einkommens der Organgesellschaften im Entstehungsjahr nicht mit positivem zuzurechnenden Einkommen der Organgesellschaften ausgeglichen werden. Die Norm findet indes auf Organgesellschaften keine Anwendung, sodass deren positive und negative Einkommen auf Ebene des Organträgers konsolidiert werden können.

Der Wortlaut schließt sowohl den Vortrag der eigenen Organträgerverluste als auch deren Rücktrag aus.[220] Wird der im Ausland zunächst mit positiven Einkünften verrechnete Verlust jedoch später rückwirkend korrigiert, ist dies als rückwirkendes Ereignis im Sinne des § 175 Abs. 1 Satz 1 Nr. 2 AO anzuerkennen, um einen Verstoß gegen das Leistungsfähigkeitsprinzip zu vermeiden.[221]

ff. Zusammenfassung

Der zum Veranlagungszeitraum 2001 in das deutsche Recht eingeführte § 14 Abs. 1 Satz 1 Nr. 5 KStG wirft sowohl in Bezug auf seine Anwendungsvoraussetzungen als auch seine Rechtsfolgen beziehungsweise Wechselwirkungen zum Ausland erhebliche Probleme auf – zu denen sich auch die Finanzverwaltung noch nicht geäußert hat. Im Wege der Auslegung wurde der Anwendungsbereich der Verlustverrechnungsbeschränkung zunächst teleologisch auf doppelt ansässige Organträger in der Rechtsform juristischer und natürlicher Personen beschränkt. Ein negatives Einkommen des Organträgers ist bei einem negativen

---

[218] Vgl. M. Orth, IStR 2002, Beihefter zu Heft 9, S. 1, 14; U. Prinz/ S. Simon, DK 2003, 104, 110; W. Meilicke, DB 2002, 911, 914; G. Frotscher, in: Ders./ Maas, KStG, § 14 Rd. 249.

[219] Der nach inländischen Vorschriften ermittelte Verlust bildet dabei die Obergrenze für die Nichtberücksichtigung im Inland, U. Löwenstein/ J. Maier, IStR 2002, 185, 191.

[220] D. Endres/ A. Thies, RIW 2002, 278; M. Orth, IStR 2002, Beihefter zu Heft 9, S. 1, 17.

[221] Vgl. F.E.F. Hey, BB 2002, 915, 916; S. Neumann, in: Gosch, KStG, § 14 Rd. 491, 498.

eigenen Einkommen des Organträgers gegeben. Die Tatbestandsvoraussetzung der Berücksichtigung im Rahmen einer der deutschen Besteuerung des Organträgers entsprechenden Besteuerung wird im Sinne einer Verlustverrechnung infolge einer Einbindung in ein ausländisches Gruppenbesteuerungssystem verstanden. Dabei wird die Verlustverrechnung allein in der Höhe beschränkt, in der die Verluste tatsächlich durch einen ausländischen Staat im Rahmen einer Gruppenbesteuerung im selben Veranlagungszeitraum mit positiven Einkünften anderer Steuersubjekte verrechnet werden können und zu einer Steuerminderung führen. In diesem Fall ist sowohl die Verrechnung der Organträger-Verluste mit Gewinnen der inländischen Organgesellschaften als auch ein Verlustvor- oder -rücktrag ausgeschlossen, um eine doppelte Verlustnutzung zu verhindern.

In den Anwendungsbereich fallen mithin allein doppelt ansässige Kapitalgesellschaften und natürliche Personen, wenn sie im Inland als Organträger fungieren und gleichzeitig in ein ausländisches Gruppenbesteuerungssystem eingebunden sind und die von ihnen selbst erlittenen Verluste im In- und Ausland zeitgleich mit Gewinnen anderer Gruppenmitglieder verrechnen können.

Auch in Dänemark, den USA, Großbritannien und Finnland bestehen entsprechende Bestimmungen zur Beschränkung eines doppelten Verlustausgleichs.[222]

2. Tochter-Kapitalgesellschaften mit Auslandsbezug

Nachdem festgestellt wurde, dass nur bei doppelt ansässigen Organträgern eine grenzüberschreitende Verlustverrechnung in den Grenzen des § 14 Abs. 1 Satz 1 Nr. 5 KStG in Betracht kommt, ist nunmehr zu prüfen, inwieweit diese Möglichkeit bei grenzüberschreitende Bezüge aufweisenden Organgesellschaften besteht. Erwirtschaftet eine im Ausland gegründete Tochterkapitalgesellschaft, an der die Muttergesellschaft die Stimmrechtsmehrheit hält, einen Verlust, so kann dieser aufgrund des Trennungsprinzips, als Folge der rechtlichen Selbständigkeit der Tochterkapitalgesellschaft, nicht direkt bei dem inländischen Mutterunternehmen berücksichtigt werden. Denn auch im deutschen Internationalen Steuerrecht gilt der Grundsatz, dass die gesonderte Rechtspersönlichkeit der einzelnen Kapitalgesellschaften unabhängig von ihrer wirtschaftlichen Verbundenheit mit dem Mutter-Unternehmen und ihrer Stellung innerhalb eines multinationalen Konzerns als selbständiges Rechts- und Steuersubjekt sowohl vom Heimat- als auch vom Tätigkeitsstaat anerkannt wird.[223] Daher ist für jedes rechtlich selbständige Konzernunternehmen das steuerpflichtige Welteinkommen zu ermitteln und von ihm zu besteuern.[224] Ausnahmen sind lediglich be-

---

[222] Vgl. Y. Masui, in: IFA, Cahiers de Droit Fiscal International, Volume 89b, 2004, S. 21, 63.

[223] J.M. Mössner, RIW 1986, 208, 209 f.; H. Schaumburg, Internat. Steuerrecht, 1998, Rd. 10.2, S. 411.

[224] Konzept der Einzelgewinnermittlung. Dabei sind innerkonzernliche Geschäftsvorfälle auf Grundlage von Preisen abzurechnen, die unabhängige Dritte bei ansonsten vergleichbaren

züglich sog. Basisgesellschaften vorgesehen, deren Errichtung allein der Erzielung von Steuereinsparungen infolge der Verlagerung von Einkünften in Niedrigsteuerländer dient, §§ 39, 41, 42 AO und §§ 7-14 AStG.[225]

Während das Trennungsprinzip bei organschaftlich verbundenen Konzerngesellschaften im nationalen Bereich durchbrochen wird, können aufgrund der Voraussetzung des doppelten Inlandsbezuges Tochterkapitalgesellschaften mit Sitz und Geschäftsleitung im Ausland nicht als Organgesellschaften fungieren. Dieser Ausschluss ist insoweit von großer wirtschaftlicher Relevanz, als deutsche Direktinvestitionen zumeist in der Rechtsform rechtlich eigenständiger Auslands-Tochterkapitalgesellschaften ausgeübt werden.[226] Gleichfalls ausgeschlossen von der Organträgereignung sind Tochtergesellschaften, die einen grenzüberschreitenden Bezug aufweisen, also über einen ausländischen Sitz oder Ort der Geschäftsleitung verfügen. Durch den Ausschluss dieser Gesellschaften vom subjektiven Anwendungsbereich der Organschaft können die von ihnen erlittenen Verluste auch nicht im Rahmen der organschaftlichen Ergebnisverrechnung berücksichtigt werden. Eine grenzüberschreitende Organschaft ist im derzeitigen Recht nicht vorgesehen.

Die bis zum Veranlagungszeitraum 1989 zulässige Bildung einer steuerfreien Rücklage für Anlaufverluste von ausländischen Tochtergesellschaften nach § 3 AIG a.F. ist durch das Steuerreformgesetz 1990 entfallen.[227]

Verluste von Auslandsbezüge aufweisenden Tochtergesellschaften können sich beim Mutterunternehmen im Inland allenfalls im Wege einer Abschreibung des Wertansatzes der Beteiligung auswirken.[228] Durch diese vermindert sich die Steuerbemessungsgrundlage des inländischen Mutterunternehmens, sodass dieses wegen der Verluste der Tochtergesellschaft einen eigenen Wertverlust erleidet.[229] Ausgangspunkt ist dabei ein dauerhaftes Absinken des Teilwerts der Be-

---

Bedingungen vereinbart hätten (sog. Fremdvergleichgrundsatz), um jedem Staat das Ergebnis zuweisen zu können, das innerhalb seines Hoheitsgebiets erwirtschaftet wird. Die Besteuerungspraxis hat den Fremdvergleichsgrundsatz in Verrechnungspreismethoden übertragen, wobei sich transaktionsbezogene Standardmethoden und Gewinnmethoden unterscheiden lassen. Vgl. T. Borsell, in: Grotherr (Hrsg.), Handbuch der internationalen Steuerplanung, 2003, S. 323, 343. Werden durch unangemessene Verrechnungspreise zwischen wirtschaftlich verbundenen Konzerngesellschaften Gewinnverlagerungen vorgenommen, ist eine Ergebniskorrektur nach nationalem und Abkommensrecht möglich, vgl. die Regelungen über verdeckte Gewinnausschüttungen, verdeckte Einlagen, § 1 AStG und Art 9 OECD-MA, der den Vertragsstaaten die Ermächtigung hierzu einräumt.

225 Vgl. O.H. Jacobs, Internat. Unternehmensbest., 2002, S. 507 ff. Selbst im Rahmen der §§ 7-14 AStG finden ausländische Verluste keine Berücksichtigung, § 10 Abs. 1 Satz 3 AStG.

226 Vgl. 2. Teil, V. Kapitel, S. 39 f.

227 Bundesregierung, Begründung des Entwurfs eines StRefG 1990, BT-Drs. 11/2157, S. 184.

228 Vgl. hierzu ausführlich: M. Groh, in: Piltz/Schaumburg (Hrsg.), Aufwand und Verluste bei internationalen Steuersachverhalten, 1999, S. 87 ff.

229 Unabhängig von einer Verlustkompensation im Ausland, vgl. K. Manke, DStZ 1990, 4 ff.

teiligung an der ausländischen Tochtergesellschaft[230] unter den in der Steuerbilanz angesetzten Wert.[231] Aufgrund dem Erfordernis der Dauerhaftigkeit ist eine Berücksichtigung von Verlusten innerhalb der fünfjährigen *Anlaufphase* der ausländischen Tochtergesellschaft ausgeschlossen.[232] Zudem muss die ausländische Gesellschaft einer aktiven Tätigkeit im Sinne des § 2a Abs. 2 Satz 1 EStG nachgehen, und die Wertminderung darf nicht auf eine Ausschüttung zurückzuführen sein. Folglich ist die Teilwertabschreibung der Höhe nach auf den Wert des Beteiligungsansatzes und zeitlich auf die Dauer der Wertminderung beschränkt.[233]

Zudem ist zu beachten, dass sich die Teilwertabschreibung aufgrund des Halbeinkünfteverfahrens lediglich bei Gesellschaftern hälftig auswirkt, die der Einkommensteuer unterliegen, vgl. §§ 3 Nr. 40, 3c Abs. 2 Satz 1 EStG. Mithin können nur Organträger in der Rechtsform eines Einzelunternehmens oder einer Personengesellschaft mit natürlichen Personen als Gesellschaftern eine steuerlich wirksame Teilwertabschreibung vornehmen. Organgesellschaften können demgegenüber verlustbedingte Beteiligungs-Wertminderungen steuerlich nicht berücksichtigen, da sie zwingend in der Rechtsform einer Kapitalgesellschaft zu führen sind und somit § 8b Abs. 3 KStG eingreift.

Angesichts dieser Restriktionen und der zusätzlich bestehenden Unsicherheit bei der Ermittlung des Teilwerts sowie der Komplexität der Beweisführung aufgrund der Fülle der heranzuziehenden Kriterien, stellt sich die Teilwertabschreibung als schwer umsetzbares Instrument der grenzüberschreitenden Verlustverrechnung dar.[234] Eine der Organschaft entsprechende Berücksichtigung der Verluste auslandsansässiger Tochtergesellschaften wird auf diese Weise nicht gewährleistet. Daher stellt sich die Frage der Europarechtskonformität des Ausschlusses ausländischer Tochtergesellschaften von dem Organschaftsregime stellt.[235]

---

230 Als Betrag, den der Erwerber des ganzen Betriebs im Rahmen des Gesamtkaufpreises für die Beteiligung ansetzen würde (§ 6 Abs. 1 Nr. 1 Satz 3 EStG).

231 Unter Berücksichtigung des Umstandes, dass der inländische Gesellschafter für den Erwerb der Beteiligung keinen höheren Preis zu zahlen bereit sein wird, als diese ihm wert ist, sind Beteiligungen an einer ausländischen Kapitalgesellschaft (abgesehen von Fehlmaßnahmen) mit den Anschaffungskosten anzusetzen, § 8 Abs. 1 KStG i.V.m. § 6 Abs. 1 Nr. 2 Satz 2 EStG. Fehlmaßnahmen setzen voraus, dass der wirtschaftliche Nutzen bei objektiver Betrachtung deutlich hinter dem für den Erwerb getätigten Aufwand zurückbleibt, BFH-Urt. v. 31.10.1978, VIII R 124/74, BFHE 126, 288.

232 Den Regelsatz von fünf Jahren leitet der BFH aus den Rechtsgedanken der §§ 1 Abs. 1 und 3 Abs. 1 AIG a.F. ab, BFH-Urt. v. 23.09.1969, I R 71/67, BStBl. II 1970, 87.

233 Bei späterer Werterhöhung ist nach dem Wertaufholungsgebot eine erfolgswirksame Zuschreibung erforderlich, § 6 Abs. 1 Nr. 1 Satz 4 i.V.m. § 6 Abs. 1 Nr. 2 Satz 3 EStG.

234 Vgl. B. Oesterle/ H. Gauß, WPg 1991, 327 ff.

235 3. Teil, II. Kapitel, 3., S. 94 ff.

3. *Verrechnungsmöglichkeiten von ausländischen Betriebstättenverlusten*

Sowohl die Organgesellschaft als auch der Organträger können eine ausländische Betriebstätte begründen, indem sie im Ausland eine feste Geschäftseinrichtung oder Anlage errichten, die der Tätigkeit ihres Unternehmens dient, § 12 Satz 1 AO. Für die Frage einer Einbeziehung der Betriebstättenergebnisse in die Besteuerung des inländischen Stammhauses und somit in die Einkommensermittlung des Organkreises ist danach zu differenzieren, ob die Bundesrepublik Deutschland mit dem Betriebstättenstaat ein DBA abgeschlossen hat oder nicht.

a. *Wurde kein DBA abgeschlossen*

Betriebstätten sind durch ihre rechtliche Unselbständigkeit gekennzeichnet, die dazu führt, dass sie steuerrechtlich in Übereinstimmung mit dem Zivilrecht als Einheit mit dem Stammhaus betrachtet werden. Sind der Organträger oder die Organgesellschaft unbeschränkt steuerpflichtig unterliegen sie mit ihren weltweit erzielten positiven und negativen Einkünften der inländischen Steuerpflicht, vgl. §§ 1 Abs. 1, 2 Abs. 1 EStG beziehungsweise § 1 Abs. 1 und 2 KStG. Das Welteinkommen umfasst auch die in der ausländischen Betriebstätte erwirtschafteten Einkünfte und somit auch die dort erzielten Verluste.[236] Diese sind daher im Feststellungszeitpunkt mit den Einkünften aus dem inländischen Stammhaus auszugleichen.[237] Folglich ist die Berücksichtigung in- und ausländischer Betriebstättenverluste dem System der Welteinkommensbesteuerung immanent.[238]

Indes erfordert § 2a EStG als weitere Voraussetzung für die Verrechnung zwischen negativen ausländischen Betriebstätteneinkünften mit den Ergebnissen des inländischen Stammhauses, dass die Verluste aus einer aktiven Tätigkeit im Ausland stammen. Dies ist gemäß § 2a Abs. 2 Satz 1 EStG der Fall, wenn die Betriebstätte „ausschließlich oder fast ausschließlich[239] die Herstellung oder Lieferung von Waren außer Waffen, die Gewinnung von Bodenschätzen sowie die Bewirkung gewerblicher Leistungen zum Gegenstand hat, soweit diese nicht in der Errichtung oder dem Betrieb von Anlagen, die dem Fremdenverkehr dienen, oder in der Vermietung oder Verpachtung von Wirtschaftsgütern einschließlich

[236] BFH-Beschl. v. 11.03.1970, I B 50/68, I B 3/69, I B 50/68, BStBl. II 1970, 569, 571. Zur Ermittlung der der Betriebstätte zuzurechnenden Ergebnisse dem Grunde und der Höhe nach ist eine verursachungsgerechte Erfolgs- und Vermögensabgrenzung zwischen dem inländischen Stammhaus und der ausländischen Betriebstätte erforderlich, vgl. ausführlich hierzu: O.H. Jacobs, Internat. Unternehmenbest., 2002, 629 ff.

[237] Übersteigende Betriebstättenverluste sind rück- beziehungsweise vortragbar, §§ 8 Abs. 1 KStG i.V.m. 10d EStG

[238] W. Haarmann, in: Lüdicke, Dt. Steuerrecht im europäischen Rahmen, 2004, S. 169, 174.

[239] Eine ausschließliche Tätigkeit liegt vor, wenn sie zu 100% den Gegenstand der Betriebstätte bildet; für eine fast ausschließliche Betätigung muss sie mindestens 90% erreichen, Abschn. 76 Abs. 9 KStR 1995 i.V.m. R 5 Abs. 3 EStR 2001

der Überlassung von Rechten und Plänen, Mustern, Verfahren, Erfahrungen und Kenntnissen bestehen".[240] Im Falle passiver Tätigkeit ist eine Verlustverrechnung mit inländischen Gewinnen des Stammhauses ausgeschlossen. Die ausländischen Verluste dürfen nur mit Einkünften derselben Art aus demselben Staat ausgeglichen und gegebenenfalls von Gewinnen nachfolgender Jahre derselben Art und aus demselben Staat abgezogen werden, vgl. § 2a Abs. 1 Satz 3 EStG. Da die im Rahmen des § 2a EStG vorgenommene Differenzierung zwischen aktiven und passiven Einkünften allein in Bezug auf ausländische Verluste gilt, ist zu prüfen, ob diese gemeinschaftsrechtskonform ist.[241]

b. Bestehen eines DBA

Errichtet der Organträger oder die Organgesellschaft eine Betriebstätte in einem Staat mit dem die Bundesrepublik ein DBA abgeschlossen hat, wird nach deutscher Abkommenskonzeption grundsätzlich nach dem Betriebstättenprinzip verfahren.[242] Das heißt, die durch die Kollision der Besteuerung der Betriebstätteneinkünfte drohende Doppelbesteuerung im Betriebstättenstaat, wo die inländische Organgesellschaft oder der Organträger mit den Betriebstätteneinkünften beschränkt steuerpflichtig sein wird[243], und im Stammhausstaat, welcher die Betriebstätteneinkünfte im Rahmen der Welteinkommensbesteuerung erfasst, wird durch Zuweisung des ausschließlichen Besteuerungsrechts an den der Betriebstätte[244] zuzurechnenden Gewinnen zum Betriebstättenstaat und der Freistellung der Ergebnisse in der Bundesrepublik gelöst, sog. Freistellungsmethode, vgl. Art 7 i.V.m. 23 A Abs. 1 OECD-MA.[245] Welche Ergebnisse der Betriebstätte zuzurechnen und somit von der inländischen Besteuerung auszunehmen sind, ist in der Regel mit Hilfe der direkten (Art 7 Abs. 2 OECD-MA) und subsidiär nach der indirekten Methode zu ermitteln (Art 7 Abs. 4 OECD-MA). Bei Anwendung der direkten Methode wird die Betriebstätte für Zwecke der steuerlichen Gewinnermittlung wie ein selbständiger Gewerbebetrieb behandelt

---

240 Vgl. E. Wied, in: Blümlich, EStG, § 2a Rn. 80 ff.

241 Vgl. 3. Teil, II. Kapitel, 9., S. 158. Hierneben begegnen der Norm in verfassungs- und abkommensrechtlicher Hinsicht Bedenken und Kritik, vgl. V. Weinreich, Verlustausgleich über die Grenze, 1994, S. 29 ff, 94 ff.; H. Schaumburg, in: FS für K. Tipke, 1995, S. 125, 133 ff.

242 Alle Doppelbesteuerungsabkommen zwischen der Bundesrepublik und den EG-Staaten sehen für die deutsche Seite die Freistellung ausländischer Einkünfte unter Progressionsvorbehalt vor, vgl. Debatin/ Wassermeyer, Übersicht, Stand der DBA 1. Januar 2005, S. 3.

243 Vgl. § 2 KStG bzw. § 1 Abs. 4 EStG i.V.m. § 49 EStG.

244 Dabei ist für die Anwendung des Abkommens auf den in den DBA verwendeten Betriebstättenbegriff (Art 5 OECD-MA) abzustellen, der dort eine eigenständige, von § 12 AO zu trennende strengere Regelung gefunden hat, vgl. H. Debatin, DB 1989, 1692 ff.

245 Vgl. O.H. Jacobs, Internat. Unternehmenbest., 2002, 492-499, 599-613. Zu beachten ist, dass nicht sämtliche Einkünfte aus Gewerbebetrieb i.S.d. § 15 Abs. 1 EStG als Unternehmensgewinne i.d.S. zu qualifizieren sind. Vgl. Art 7 Abs. 7, 10 Abs. 4, 11 Abs. 4, Art 12 Abs. 3 OECD-MA; F. Wassermeyer, in: Debatin/ Wassermeyer, OECD-MA, Art 7 Rd. 397.

und die Erfolgsteile des Gesamtunternehmens werden nach der funktionalen Zugehörigkeit auf Betriebstätte und Stammhaus aufgeteilt.[246] Die indirekte Methode geht demgegenüber vom Gesamtergebnis des Unternehmens aus und verteilt dieses anhand branchenüblicher Zerlegungsschlüssel, beispielsweise der Umsatz-, Lohn oder Gewinnverhältnisse, auf die Unternehmensteile Betriebstätte und Stammhaus. In Ansehung des Umstandes, dass die Zuordnung der Ergebnisse des Gesamtunternehmens zu den Unternehmensbereichen letztendlich darüber entscheidet, welcher Staat diese besteuern darf, kommt dieser besondere Bedeutung zu.[247]

Die Freistellung der Ergebnisse der ausländischen Betriebstätte von der inländischen Besteuerung versteht die ständige Rechtsprechung seit einem Urteil des Reichfinanzhofs aus dem Jahre 1933[248] im Sinne einer sachlichen Steuerbefreiung mit der Folge, dass nicht nur positive, sondern auch negative Betriebstätteneinkünfte aus der inländischen Steuerbemessungsgrundlage ausgeschieden werden. Dies wird damit begründet, dass nach Art 23 A OECD-MA die „Einkünfte" von der Besteuerung auszunehmen seien, die nach diesem Abkommen im anderen Vertragsstaat besteuert werden. Zur Bestimmung des Begriffs der „Einkünfte" sei das nationale Einkommensteuerrecht heranzuziehen.[249] Da der nationale Einkünftebegriff sowohl positive als auch negative Einkünfte erfasse, seien bei Anwendung der Freistellungsmethode nicht nur Gewinne, sondern auch Verluste der ausländischen Betriebsstätte aus der inländischen Steuerbemessungsgrundlage auszunehmen. Zudem seien spiegelbildlich zu den Gewinnen auch ausländische Betriebstättenverluste „freizustellen", sog. Symmetriethese.[250] Daher können ausländische Betriebstättenverluste nicht mit inländischen Gewinnen verrechnet werden, sie finden lediglich bei der Errechnung des inländischen Steuersatzes im Rahmen des negativen Progressionsvorbehalts bei einkommensteuerpflichtigen Organträgern Berücksichtigung, da nur bei diesen eine Minderung des Steuersatzes möglich ist, § 32b EStG, Art 23A Abs. 3 OECD-MA.[251] Voraussetzung ist, dass die Betriebstätte eine aktive Tätigkeit im Sinne des § 2a Abs. 2 Satz 1 EStG ausübt. Betriebstättenverluste inländischer Körperschaften werden steuerlich daher nicht berücksichtigt.

---

246 Insb. bei unternehmensinternen Beziehungen zwischen Betriebstätte und Stammhaus stellen sich dabei Probleme bzgl. der Gewinn- und Verlustrealisierung, vgl. G. Burmester, Probleme der Gewinn- und Verlustrealisierung, 1986, S. 79 f., 94 ff.

247 Vgl. O.H. Jacobs, Internat. Unternehmensbest., 2002, S. 549 ff. und 572 ff.

248 Vgl. RFH-Urt. v. 25.01.1933, VI A 199/32, RStBl. 1933, 478, 478; BFH-Beschl. v. 13.11.2002, I R 13/02, BFHE II 2003, 795.

249 Vgl. Art 3 Abs. 2 OECD-MA.

250 Diese Rspr. hat der BFH fortgesetzt, Urt. v. 11.03.1970, I B 50/68, I B 3/69, BStBl. II 1970, 569, 571; Beschl. v. 13.11.2002, I R 13/02, BFHE II 2003, 795.

251 Da die Steuerprogression nur im Einkommensteuergesetz geregelt ist, vgl. zu den Einzelheiten statt aller: U. Probst, in: H/H/R, EStG, § 32b Rn. 101 ff., 110 ff.

Diese Auslegung der Freistellungsmethode in dem Sinne, dass Verluste aus in DBA-Staaten belegenen Betriebstätten, deren Gewinne von der deutschen Steuer freigestellt sind, bei der Besteuerung des inländischen Stammhauses nicht zum Abzug gelangen dürfen, vermag jedoch nicht zu überzeugen. Zu Recht wird ihr entgegengebracht, dass es dem Leistungsfähigkeitsprinzip widerspreche, allein aufgrund der Existenz eines DBA, welches eine Pflicht zur Freistellung ausländischer Einkünfte enthält, ausländische Betriebstättenverluste nicht von inländischen Gewinnen abziehen zu können. Denn Konsequenz einer dahingehenden Auslegung ist, dass ausschließlich das im Sitzstaat erzielte Ergebnis der Besteuerung zu Grunde gelegt wird und das betroffene Stammhausunternehmen eine im Verhältnis zu seinem Welteinkommen überhöhte Steuer zu entrichten hat.[252] Des Weiteren widerspricht es dem Telos der DBA, die auf eine Vermeidung der Doppelbesteuerung zielen, dass die Verluste, die nach deutschem innerstaatlichen Recht im Inland berücksichtigt werden können, erst infolge des DBA von der Verrechnung ausgeschlossen sind. Denn infolge dieser Auslegung wird durch das DBA eine nach innerstaatlichem Recht gar nicht bestehende Steuerpflicht „überhaupt erst begründet".[253] Zudem ist in steuersystematischer Hinsicht Kritik an dieser Auslegung zu üben: Infolge der Nichtberücksichtigung von Verlusten aus Betriebstätten die in Staaten belegen sind, mit denen ein DBA mit Freistellungsmethode abgeschlossen wurde, werden diese gegenüber solchen Betriebstätten benachteiligt, die in Staaten errichtet werden, mit denen kein DBA besteht oder abkommensrechtlich die Anrechnungsmethode vereinbart wurde.[254] Denn in diesen Fällen werden die ausländischen Betriebstätteneinkünfte unter Anrechnung der im Ausland gezahlten Steuern im Rahmen der Besteuerung des Stammhauses, mithin dem Organträger- beziehungsweise der Organgesellschaft, berücksichtigt, Art 23B, 34c, 34d EStG i.V.m. § 26 KStG. Unter der Voraussetzung einer aktiven Tätigkeit im Sinne des § 2a Abs. 2 EStG finden somit auch ausländische Betriebstättenverluste Eingang in die Einkommensermittlung des Organkreises.[255]

---

252 Vgl. W. Kessler, in: Lehner, (Hrsg.), Verluste im nationalen und Internationalen Steuerrecht, 2004, S. 83, 109; H. Schaumburg, in: FS für K. Tipke, 1995, S. 125, 151 f.

253 Vgl. K. Vogel, in: Ders./ Lehner, DBA, Art 23A Rd. 73, 59 m.w.N.; F. Freudling, AWD 1972, 287, 287 und die Kontroverse von W. Kessler/ C.P. Schmitt/ G. Janson, IStR 2001, 729 ff.; dies. IStR 2003, 307 ff. und H. Hahn, IStR 2002, 681 ff.; ders. IStR 2003, 734 ff.

254 Vgl. J. Schuch, Verluste im Recht der Doppelbesteuerungsabkommen, 1998, S. 168 ff.

255 Z.B. das DBA mit Liechtenstein. Findet das Betriebstättenprinzip nur bei Betriebstätten mit begünstigten Sachziel – sog. aktiven Betriebstätten – Anwendung (vgl. Art 24 Abs. 1 Nr. 1 a DBA-Schweiz), können die Erfolge sog. passiv tätiger Betriebstätten im Inland besteuert werden. Somit können Verluste sog. passiv tätiger Betriebstätten i.S. eines DBA die jedoch nicht als passiv tätig i.S.d. § 2a Abs. 2 EStG gelten, im Inland Berücksichtigung finden. (§ 20 Abs. 2 AStG findet auf passive niedrig besteuerte Verluste keine Anwendung, vgl. § 10 Abs. 1 Satz 3 AStG). Vgl. T. Pyszka, IStR 2002, 342, 343.

Schließlich ist diese Auslegung als gemeinschaftsrechtlich bedenklich zu qualifizieren. Unter Beachtung des Umstandes, dass die Verluste der im Sitzstaat des Unternehmens belegenen Betriebstätten von den Gewinnen des Stammhauses abgezogen werden und somit in die Ergebnisverrechnung des Organkreises einfließen können, werden ausländische Betriebstätten schlechter behandelt.[256]

VI. Resümee

Die Organschaftsregeln sind von dem Prinzip geprägt, dass eine Zurechnung des Einkommens der Organgesellschaften zum Organträger lediglich dann möglich ist, wenn dessen Besteuerung im Inland gewährleistet ist. Ausgehend von diesem Grundsatz ist der Kreis der in Frage kommenden Organträger auf solche Rechtsträger begrenzt, die aufgrund ihrer inländischen Geschäftsleitung oder ihres inländischen Wohnsitzes unbeschränkt steuerpflichtig sind. Beschränkt steuerpflichtige ausländische Rechtsträger, bei denen der Besteuerungszugriff auf das Einkommen der Organgesellschaften im Inland gewahrt bleibt, können sich ebenfalls als Organträger qualifizieren.

Des Weiteren setzt das deutsche Konzept der Organschaft voraus, dass die Organgesellschaften ebenfalls der inländischen Steuerpflicht unterliegen, wobei sie eine doppelte Inlandsanbindung in Form eines inländischen Sitzes und Geschäftsleitungsortes aufweisen müssen.

Verluste, die unbeschränkt steuerpflichtige Organträger oder die Organgesellschaften in einer Auslandsbetriebstätte erzielen, können infolge der abkommensrechtlich regelmäßig vereinbarten Freistellungsmethode nicht in die Verlustverrechnung im Organkreis einbezogen werden.

Zusammenfassend wird grenzüberschreitenden Konzernstrukturen lediglich im Bereich der Tatbestandsvoraussetzungen für die Organträgereignung ansatzweise Rechnung getragen, indem eine Ergebniskonsolidierung über eine doppelt ansässige Kapitalgesellschaft, über eine Landesholding oder über eine inländische Betriebstätte möglich ist. In diesen Fällen können jedoch nur die im Inland erzielten Ergebnisse einer Verlustverrechnung zugeführt werden, sodass nicht von einer grenzüberschreitenden Organschaft gesprochen werden kann.[257]

Zu prüfen ist daher im Folgenden, ob die deutsche Organschaft europarechtskonform ausgestaltet ist, oder ob sich die im Rahmen dieses Teils herausgearbeiteten Bedenken in gemeinschaftsrechtlicher Hinsicht erhärten lassen.

---

[256] Vgl. 3. Teil, II. Kapitel, 8., S. 150 ff.

[257] Denn diese erfordert die mit der Einbeziehung von im Ausland errichteten Gesellschaften einhergehende Möglichkeit einer grenzüberschreitenden Verlustverrechnung. Ebenso: G. Frotscher, DK 2003, 98, 103; M. Orth, in: IFA, Cahiers de droit fiscal international, Volume 83a, 1998, 475, 486.

3. Teil: Grenzüberschreitende Organschaft kraft Gemeinschaftsrecht?

Wie bereits im 2. Teil angemerkt wurde, stoßen die deutschen Organschaftsbestimmungen unter mehreren Aspekten auf gemeinschaftsrechtliche Bedenken. Bevor hierauf einzugehen ist, sind zunächst Ursache und Umfang des Einflusses des Gemeinschaftsrechts auf das direkte Steuerrecht der Mitgliedstaaten aufzuzeigen (I). Sodann ist die Frage zu beantworten, ob die deutsche Organschaft europarechtskonform ausgestaltet ist oder ob das Gemeinschaftsrecht die Einführung einer grenzüberschreitenden Organschaft erfordert (II).

I. Ursache und Umfang des Einflusses des Gemeinschaftsrechts auf die direkten Steuern

Bevor die gemeinschaftsrechtlichen Implikationen auf nationales Steuerrecht zu analysieren und kritisch zu würdigen sind, ist eine Klärung der relevanten Begrifflichkeiten vorzunehmen.

Unter dem Begriff des Gemeinschaftsrechts ist das Recht der Europäischen Gemeinschaft als Europarecht im engeren Sinne zu verstehen, das heißt das Rechtssystem, welches auf dem Vertrag zur Gründung der Europäischen Gemeinschaft (EG-Vertrag, EGV) fußt.[1] Der Terminus der direkten Steuern ist im EG-Vertrag nicht definiert. Der EuGH versteht unter dem Begriff der Steuern in Übereinstimmung mit dem international üblichen Sprachgebrauch Geldleistungen ohne Gegenleistung, auferlegt von einem öffentlich-rechtlichen Gemeinwesen zur Erzielung von Einnahmen nach Tatbeständen eines Steuergesetzes.[2] Direkte Steuern werden als Steuern vom Einkommen, Ertrag und Vermögen definiert.[3]

Explizit enthält der EG-Vertrag keine Bestimmungen über direkte Steuern, da diese weder vom Anwendungsbereich der speziellen Harmonisierungsregelungen der Art 90 bis 93 EGV[4] noch von den Vorschriften der Art 23 bis 25 EGV über die Ein- und Ausfuhrzölle erfasst werden.[5] Allein Art 293 EGV erwähnt

---

[1] Der Vertrag ist in seiner ursprünglichen Fassung als Vertrag von Rom am 01.01.1958 in Kraft getreten, (BGBl. II 1958, S. 1) und wurde durch den Vertrag von Maastricht (1992), Amsterdam (1997) und Nizza (2001) verändert und ergänzt blieb jedoch in seiner hier relevanten Grundstruktur unbeeinträchtigt.

[2] Vgl. EuGH-Urt. 13.02.1996, Rs. C-197/94 und Rs. 252/94, *Bautiaa und Société française maritime*, EuGHE 1996, I-505 Rd. 39. Der Begriff stimmt mit § 3 AO überein.

[3] Da der Begriff autonom nach Gemeinschaftsrecht zu bestimmen ist, vgl. § 1 Abs. 2 der Amtshilfe-Richtlinie 77/799/EWG v. 19.12.1977, ABl. EG 1977 Nr. L 336/15 ff.; A. Cordewener, Europäische Grundfreiheiten und nationales Steuerrecht, 2002, S. 4 ff., 8 f.

[4] Aus Art 92 EGV folgt, dass nur indirekte Steuern vom Anwendungsbereich des seinem Wortlaut nach zunächst weitgefassten Art 90 EGV, der von „Abgaben auf Waren" spricht, erfasst sind. Daher findet auch die Harmonisierungsermächtigung des Art 93 EGV nur auf indirekte Steuern Anwendung.

[5] Die sich ausschließlich auf den Grenzübertritt von Waren beziehen.

den Terminus der direkten Steuern, bestimmt jedoch lediglich, dass es Aufgabe der Mitgliedstaaten ist, die Doppelbesteuerung zu beseitigen, und begründet somit ebenfalls keine gemeinschaftlichen Kompetenzen. Schließlich verfügt die EU über keine eigene Steuerhoheit – abgesehen von der Besteuerung der Gehälter ihrer Bediensteten und einigen Gebühren.[6] Folglich bestätigt die Kompetenzordnung des EG-Vertrages die fiskalische Souveränität der Mitgliedstaaten auf dem Gebiet der direkten Steuern, sodass jeder Mitgliedstaat entsprechend seiner Vorstellungen über Steuergerechtigkeit, steuerliche Wirtschaftslenkung oder Verteilung der Steuerbelastung für in seinem Hoheitsgebiet ansässige Personen und Unternehmen selbst entscheiden kann, ob und welche Steuern vom Einkommen und Vermögen er erhebt, wie er die Bemessungsgrundlage und den Steuersatz festlegt und das Besteuerungsverfahren regelt.[7]

Diese Freiheit zur Ausgestaltung der nationalen Steuerrechtsordnungen wird jedoch dadurch begrenzt, dass sich die Mitgliedstaaten im EG-Vertrag dazu verpflichtet haben einen Gemeinsamen Markt zu errichten, vgl. Art 2 EGV. In der Einheitlichen Europäischen Akte von 1986 wurde die Verwirklichung eines Binnenmarktes als Vertragsziel proklamiert, Art 14 und Art 3 Abs. 1 c EGV. Sowohl der Gemeinsame Markt als auch der Binnenmarkt sind im Kern durch die Beseitigung aller faktischen und rechtlichen Hindernisse für den freien Personen-, Dienstleistungs- und Kapitalverkehr gekennzeichnet.[8] Dabei wurden die Steuern vom Einkommen und Vermögen bereits 1960 als Ursache begrenzender Wirkungen analysiert, die der freien Niederlassung, der vollen Entfaltung des Güter- und Dienstleistungsangebots und der damit angestrebten effizienten Allokation der Ressourcen entgegenstehen.[9] Ursprünglich sollten diese Beschränkungen der Grundfreiheiten mittels sekundärrechtlicher Harmonisierungsmaßnahmen abgebaut werden. Zu diesem Zweck hat die für das Erarbeiten von Harmonisierungsvorschlägen zuständige Kommission der Europäischen Gemeinschaften (Europäische Kommission) auf Grundlage des Art 94 EGV diverse Richtlinienvorschläge unterbreitet.[10] Für den Erlass von Sekundärrecht, basierend auf Art 94 EGV gilt jedoch das Prinzip der Einstimmigkeit aller Mitgliedstaaten. Daher konnten sich nur wenige Harmonisierungsinitiativen – wie bei-

---

[6] Vgl. hierzu allgemein auch H. Debatin, DB 1973, 683, 685.

[7] Vgl. BFH-Urt. v. 18.09.2003, X R 2/00, FR 2004, 82 ff., 85 f. zur „Gewerbesteuer“.

[8] Dabei wird einerseits vertreten, dass der Binnenmarkt ein „mehr“ an Integration umfasst. Nach a.A. betrifft er nur einen Teilbereich des Gemeinsamen Marktes, da die Definition des Binnenmarktes nicht die Wettbewerbspolitik enthält, vgl. Nachweise bei N. Zorn, in: Pelka (Hrsg.), DStJG Bd. 23, S. 227, 231. Die Grundfreiheiten sind dabei konstitutive Elemente beider Begriffe.

[9] Vgl. 5. Teil, I. Kapitel, S. 243.

[10] Vgl. 5. Teil, I. Kapitel, S. 243 ff.

spielsweise die Amtshilfe- und die Beitreibungs-Richtlinie[11] – gegen die an einer Sicherung ihrer nationalen Besteuerungs- und Ertragshoheit interessierten Mitgliedstaaten durchsetzen. Infolgedessen hat die Europäische Kommission ihre auf eine Harmonisierung der Regelungen zur Körperschaftsteuer ausgerichtete Politik zu Beginn der neunziger Jahre auf das für das Funktionieren des Binnenmarktes *unerlässliche Mindestmaß* beschränkt und sich insoweit auf den Grundsatz der Subsidiarität berufen, der knapp zwei Jahre später im heutigen Art 5 EGV explizit verankert wurde. Eine Angleichung der nationalen Steuerrechtsordnungen sollte nunmehr dadurch erfolgen, dass die nationalen Steuersysteme in Wettbewerb zu einander treten und die Steuersubjekte durch ihre Allokationsentscheidungen politischen Druck ausüben. Auf Grundlage dieser am Subsidiaritätsprinzip orientierten Neuausrichtung konnten fünf Richtlinien verabschiedet werden: im Jahre 1990, die bereits Ende der sechziger Jahre ausgearbeiteten Kommissionsvorschläge über die Fusionsrichtlinie[12], die Mutter-Tochter-Richtlinie[13] und die Schiedsverfahrenskonvention[14], 1997 der rechtlich unverbindliche Verhaltenskodex, der auf die Beseitigung im Steuerwettbewerb schädlicher Regelungen bei der Unternehmensbesteuerung zielt sowie im Jahre 2003 die Zinsbesteuerungs-Richtlinie[15] und die Richtlinie zur Abschaffung von Quellensteuern auf Zinsen und Lizenzgebühren bei verbundenen Unternehmen[16]. Den Umstand einbeziehend, dass die Mitgliedstaaten zur Umsetzung dieser Richtlinien in nationales Recht verpflichtet sind, begrenzen diese die Freiheit zur Ausgestaltung ihrer nationalen Steuerrechtsordnungen.

In Reaktion auf die minimalen eine Marktintegration bewirkenden Aktivitäten auf Gemeinschaftsebene hat der EuGH den Grundfreiheiten eine mitgliedstaatliche Verpflichtung zur Unterlassung beziehungsweise zur Abschaffung nationaler steuerrechtlicher Regelungen entnommen, welche der Verwirklichung des freien Warenverkehrs (Art 23 ff. EGV), der Freizügigkeit der Arbeitnehmer (Art

[11] RL 77/799/EWG v. 19.12.1977, ABl. EG v. 27.12.1977 Nr. L. 336 S. 15; RL Nr. 76/308/EWG v. 15.03.1976, ABl. EG Nr. L 78, S. 18 geändert durch RL 2001/44/EG v. 15.06.2001, ABl. EG Nr. 175, S. 17 ff.

[12] Richtlinie 90/434/EWG v. 23.07.1990 über das gemeinsame Steuersystem für Fusionen, Spaltungen, die Einbringung von Unternehmensteilen und den Austausch von Anteilen, die Gesellschaften verschiedener Mitgliedstaaten betreffen, Abl. EG 1990 Nr. L 225/1 ff.

[13] Richtlinie 90/435/EWG v. 23.07.1990 über das gemeinsame Steuersystem der Mutter- und Tochtergesellschaften verschiedener Mitgliedstaaten, Abl. EG 1990 Nr. L 225/6 ff.

[14] Richtlinie 90/436/EWG v. 23.07.1990, Übereinkommen über die Beseitigung der Doppelbesteuerung im Falle von Gewinnberichtigung zwischen verbundenen Unternehmen, ABl. EG 1990 Nr. L 225/10 ff.

[15] RL 2003/49/EG des Rates v. 03.06.2003 zur Gewährleistung einer effektiven Besteuerung von Zinserträgen innerhalb der Gemeinschaft, ABl. EG 2003 Nr. L 157, 38.

[16] RL 2003/48/EG des Rates v. 03.06.2003 über eine gemeinsame Steuerregelung für Zahlungen von Zinsen und Lizenzgebühren zwischen verbundenen Unternehmen verschiedener Mitgliedstaaten, ABl. EG 2003 Nr. L 157, 49.

39 EGV), der Niederlassungs- und Dienstleistungsfreiheit der Selbständigen, (Art 43, 48 beziehungsweise Art 49 EGV) und dem freien Kapital- und Zahlungsverkehr (Art 56 EGV) entgegenstehen.[17] Hiermit korrespondierend hat der Gerichtshof den Marktteilnehmern ein individuelles Recht auf Durchsetzung ihrer primärrechtlich verankerten Grundfreiheiten zugesprochen: Denn diese sind nicht nur abstrakt geeignet, dem Einzelnen Rechte zu verleihen, sog. unmittelbare Geltung, sondern verleihen diese Rechte auch aufgrund ihrer konkreten inhaltlichen Gestaltung, sog. unmittelbare Anwendbarkeit.[18] Der einzelne Bürger kann sich daher seit 1970 vor nationalen Gerichten auf einen Verstoß nationaler Normen gegen seine gemeinschaftsrechtlichen Grundfreiheiten berufen.[19] Ergeben sich aus Sicht des nationalen Gerichts bei der Überprüfung eines solchen Verstoßes Zweifel bezüglich der Auslegung des Gemeinschaftsrechts, sind diese im Wege des Vorabentscheidungsersuchens gemäß Art 234 EGV dem EuGH vorzulegen, um eine einheitliche Auslegung des Gemeinschaftsrechts sicherzustellen.[20] Zur Durchsetzung der subjektiven Rechte des einzelnen Marktbürgers bedarf es jedoch neben der unmittelbaren Anwendbarkeit der Grundfreiheiten auch deren uneingeschränkten Vorrang gegenüber nationalem Recht, sog. Anwendungsvorrang.[21] Aus diesen Gründen sind es nunmehr die Grundfreiheiten selbst, die unmittelbar den Handlungsspielraum der Mitgliedstaaten beschränken und im Rahmen ihres jeweiligen Schutzbereiches die nationalen Märkte für grenzüberschreitende wirtschaftliche Betätigungen öffnen.[22] Dementsprechend ist Ausgangspunkt aller Entscheidungen des EuGH zum direkten Steuerrecht die Feststellung, dass die Befugnis zur Ausgestaltung der

---

[17] Dem steuerrechtlich grundsätzlich relevanten allgemeinem Freizügigkeitsrecht (Art 18 EGV), Art 12 EGV und den Beihilfevorschriften (Art 87, 88 EGV) kommen für diese Arbeit keine Bedeutung zu.

[18] Da sie „klare und unbedingte" Verpflichtungen enthalten und es zur Umsetzung keiner weiteren Maßnahme mehr bedarf, EuGH-Urt. v.05.02.1963, Rs. 26/62, *Van Gend & Loos*, EuGHE 1963, I-24-27.

[19] Abgesehen von der Kapitalverkehrsfreiheit sind sie mit Ende der zwölfjährigen Übergangszeit des Art 8 Abs. 7 EWGV am 31.12.1969 unmittelbar anwendbar, vgl. EuGH-Urt. v. 05.02.1963, Rs. 26/62 *Van Gend & Loos*, EuGHE 1963, I-24-27.

[20] Das Vorabentscheidungsverfahren ist der deutschen konkreten Normenkontrolle des Art 100 GG nachgebildet.

[21] Der BFH leitet den der Einheitlichkeit und Funktionsfähigkeit des Gemeinschaftsrechts dienenden Anwendungsvorrang aus den Zustimmungsgesetzen zu den Gemeinschaftsverträgen i.V.m. Art 24 Abs. 1 GG ab, BFH-Urt. v. 21.03.1995, XI R 33/94, BFHE 177, 534. Der Vorrang wurde für das Steuerrecht durch Art 58 Abs. 1 lit. a EGV n.F. endgültig klargestellt. Indem die Norm für steuerrechtliche Regelungen einen begrenzten Vorbehalt im Bereich des Kapitalverkehrs formuliert, bestätigt sie implizit die grundsätzliche Geltung der Grundfreiheiten im Steuerrecht, W. Schön, in: Ders. (Hrsg.) GS für B. Knobbe-Keuk, 1997, S. 743, 756.

[22] A. Cordewener, Europäische Grundfreiheiten und nationales Steuerrecht, 2002, S. 53 ff.

Systeme direkter Steuern zwar in die Kompetenz der Mitgliedstaaten fällt, diese jedoch ihre Befugnis „unter Wahrung des Gemeinschaftsrechts" ausüben und sich diesbezüglich unmittelbar an den Grundfreiheiten des EG-Vertrags messen lassen müssen.[23]

Für die im Rahmen dieser Arbeit in Frage stehende Thematik der grenzüberschreitenden Unternehmenstätigkeit erweist sich die in den Art 43, 48 EGV verankerte Niederlassungsfreiheit als relevante Grundfreiheit. Denn deren Schutzbereich erfasst sowohl die Verlegung der Geschäftsleitung als auch die Begründung einer Tochtergesellschaft oder Betriebstätte im EU-Ausland. Zudem wird der Erwerb einer kontrollierenden Beteiligung an einer in einem anderen Mitgliedstaat belegenen Tochtergesellschaft geschützt.[24] Neben der Niederlassungsfreiheit wird regelmäßig der Schutzbereich der Kapitalverkehrsfreiheit gemäß Art 56 EGV eröffnet sein, denn sowohl die Errichtung als auch der Beteiligungserwerb an im Ausland ansässigen Kapitalgesellschaften erfordern den Einsatz von Kapital.[25] In diesem Zusammenhang ist zu berücksichtigen, dass nicht nur der EuGH, sondern auch die überwiegende Ansicht in der Literatur von einer weitgehenden Konvergenz der Grundfreiheiten ausgeht.[26] In Anbetracht des Umstandes, dass die Grundfreiheiten gemäß Art. 3 Abs. 1 a, 14 Abs. 2 EGV allesamt das Ziel der Herstellung eines Binnenmarktes verfolgen, ist eine überwiegend parallele Konzeption erkennbar. Daher erscheint es gerechtfertigt, eine einheitliche Auslegung der Grundfreiheiten sowohl für die Interpretation deren Schutzbereiches als auch im Rahmen der Rechtfertigungssystematik vorzunehmen und von einer Konvergenz der Grundfreiheiten zu sprechen. Da die Kapitalverkehrsfreiheit für den vorliegenden Sachverhalt der grenzüberschreitenden Verlustverrechnung keinen weitergehenden Schutz gewährt und aufgrund der Anknüpfung an die jeweilige Niederlassung lediglich mittelbar betroffen ist, sind die Regelungen der Organschaft im folgenden Kapitel allein an der Niederlassungsfreiheit zu messen.

---

[23] Ständige Rspr. seit EuGH-Urt. v. 07.05.1985, Rs. C-18/84, *Kommission/Frankreich*, EuGHE 1985, 1339 ff.

[24] Vgl. W. Schön, Steuerberater Jahrbuch 2003/04, S. 27, 29.

[25] Der Kapitalverkehrsfreiheit kam mit der Kapitalverkehrsrichtlinie (Art 6 der RL Nr. 88/361 v. 24.06.1988 zur Durchführung von Artikel 67 des Vertrages, ABl. EG Nr. L 178 v. 08.07.1988, S. 5 ff.) mit dem 01.07.1990 unmittelbare Wirkung zu. Dabei können nationale Vorschriften gleichzeitig gegen die Niederlassungs- und die Kapitalverkehrfreiheit verstoßen, EuGH-Urt. v. 06.06.2000, Rs. C-35/98, *Verkooijen*, EuGHE 2000, I-4071, Rd. 27 ff.; v. 07.09.2004, Rs. C-319/02, *Manninen*, EuGHE 2000, I-74770.

[26] Unterschiede in der Schutzintensität lassen sich, trotz Art 58 Abs. 1 a EGV nicht feststellen, vgl. EuGH-Urt. v. 06.06.2000, Rs. C-35/98, *Verkooijen*, EuGHE 2000, I-4071 Rd. 44 ff. Zur Konvergenz der Grundfreiheiten vgl. P. Behrens, EuR 1992, 145 ff.; A. Epiney, in: Callies/Ruffert, Art 28 Rd. 56 ff.

Der Einfluss des Europäischen Rechts auf das nationale Recht der direkten Steuern hat in den letzten Jahren erheblich zugenommen und hierfür sind weniger die Harmonisierungserfolge in Form von Richtlinien als vielmehr die sprunghaft gestiegene Zahl der Entscheidungen des Europäischen Gerichtshofs verantwortlich.[27] Nachdem im Jahre 1986 mit dem Urteil *avoir fiscal* die Rechtsprechung zum Einfluss der europäischen Grundfreiheiten auf das Recht der direkten Steuern ihren Anfang nahm und spätestens seit der *Schumacker*-Entscheidung vom 14.02.1995[28] auch in Deutschland breite Beachtung in der finanzgerichtlichen Rechtsprechung sowie im Schrifttum findet, werden die lange Zeit nur unter Aspekten technischer und politischer Harmonisierungsfähigkeit betrachteten nationalen Vorschriften auf ihre Vereinbarkeit mit den Grundfreiheiten diskutiert und zum Gegenstand von Vorlagebeschlüssen gemacht.[29] Diese Entwicklung wird dadurch beschleunigt, dass infolge der mit der Errichtung eines Binnenmarktes einhergehenden Beseitigung außersteuerlicher Hindernisse, beispielsweise durch Einführung der einheitlichen Währung, Transaktionskosten und Währungsrisiken entfallen und hierdurch steuerliche Einflüsse und Handelsbarrieren auf beziehungsweise für den Wirtschaftsverkehr des Binnenmarktes sichtbar werden.[30]

Angesichts der hohen seitens des Gerichtshofes an die Rechtfertigung diskriminierender Steuerrechtsregelungen gestellten Anforderungen, die nationale Rechtfertigungserfordernisse teilweise beträchtlich übersteigen, und der drohenden finanziellen Auswirkungen seiner Judikatur, mischen sich zunehmend kritische Töne in die Urteilsbesprechungen und es ist ein Wandel in der Rezeption der noch nicht einmal zwanzig Jahre alten Entscheidungspraxis zum Recht der direkten Steuern zu verzeichnen.[31] Während die ersten Urteile überwiegend positiv aufgenommen wurden[32], wird nunmehr die punktuell destruktive Wirkung der Urteile kritisiert[33], denn die Judikative kann lediglich über die vorgelegte Normpassage des nationalen Rechts entscheiden und diese invalidieren, wodurch sie zu „Insellösungen“ kommt, die steuerpolitische Zusammenhänge der Entscheidung nur begrenzt zu Grunde legt. Hierdurch würden die Mitgliedstaaten oft zur Aufgabe systematischer Wertungen gezwungen, um eine formale

---

27 Vgl. M. Tumpel, ÖStZ 2002, 969 m.w.N.; O. Thömmes, in: Herzig (Hrsg.), Organschaft, 2003, S. 525.

28 EuGH-Urt. v. 14.02.1995, Rs. C-279/93, *Schumacker*, EuGHE 1995, I-225 I-262.

29 Vgl. A. Cordewener, Europäische Grundfreiheiten und nationales Steuerrecht, 2002, S. 26.

30 Vgl. den sog. Monti-Report, Intertax 1997, 23, 25. Dies wird anschaulich als Riff-Effekt bezeichnet. Bilden traditionelle Handelsbeschränkungen den Meeresspiegel und andere Handelshindernisse Riffe, behindern diese erst den Handel, wenn der „Meeresspiegel“ insgesamt gesenkt wird, C. Ohler, EuZW 1997, 370.

31 Vgl. J. Hey, StuW 2004, 193, 196; L. Hummel, IStR 2005, 35, 36.

32 Vgl. G. Saß, StuW 1988, 362 ff.; H.W. Arndt, StuW 1990, 364, 366 f.

33 Vgl. J. Heinrich, ÖStZ 2002, 554, 559; M. Wathelet, EC Tax Review 2004, 1, 2.

Gleichbehandlung sicherzustellen[34], wie dies beispielsweise die Ersetzung des körperschaftsteuerlichen Vollanrechnungssystems durch das Halbeinkünfteverfahren in Deutschland, dem Vereinigten Königreich und Frankreich[35], sowie der Umstand veranschaulicht, dass aufgrund diverser Urteile des Gerichtshofes die Differenzierung zwischen beschränkter und unbeschränkter Steuerpflicht grundsätzlich in Frage gestellt ist[36].

Zudem wird kritisiert, dass sich der EuGH über die verwaltungspraktische Realität hinwegsetze und infolgedessen Möglichkeiten der Steuervermeidung eröffne.[37] Da sich dieser Umstand auch dadurch erklärt, dass Richter ohne speziellen steuerrechtlichen Sachverstand über zumeist hochkomplexe Fragen aus diesem Bereich zu befinden haben[38], wird spezifische Fachkunde, beispielsweise durch ein speziell für Steuern zuständiges Gericht erster Instanz oder durch eine nach Art 22 der EuGH-Satzung mögliche Einbeziehung von OECD-Experten, gefordert.[39] Schließlich wird dem EuGH vorgeworfen, dass er sich im Rahmen der institutionellen Aufgabenverteilung innerhalb der Gemeinschaft zunehmend in die Rolle eines „Ersatzgesetzgebers“ dränge.[40] In diesem Sinne wurde in der Rechtssache *Schumacker* ein steuerliches Problem statt im Wege der Gesetzgebung – der Richtlinienvorschlag der Kommission wurde zunächst im Ministerrat blockiert und dann zurückgenommen – durch die Rechtsprechung gelöst.[41] In der Regel entscheidet der Gerichtshof jedoch nur über das *ob* der Beseitigung von Diskriminierungen, das *Wie* der Umsetzung bleibt den Mitgliedstaaten überlassen und diesbezüglich vermeidet der EuGH auch regelmäßig Aussagen zur Verteilung der Verantwortlichkeiten zwischen den Mitgliedstaaten.[42] Gleichwohl wird der Gestaltungsspielraum der gewählten Volksvertreter erheblich eingeschränkt, wie die Neuregelung der Gesellschafterfremdfinanzierung in

---

[34] J. Lang, in: FS für H. Flick, 1997, 873, 884.

[35] Welches zum 1.1.2005 nach deutschem Vorbild ersetzt wurde.

[36] Dies geschah im Vorgriff auf die mittlerweile vom EuGH festgestellte Europarechtswidrigkeit des binnenwirtschaftlich neutralen Anrechnungsverfahren, vgl. hierzu J. Hey, in: H/H/R, EStG/KStG Anm. 171; dies. StuW 2004, 193, 197 und den von 78 Professoren unterzeichneten Aufruf von T. Siegel u.a., BB 2000, 1269 f.

[37] Vgl. D. W. Williams, EC Tax Law, 1998, S. 2.

[38] Vgl. J. Hey, StuW 2004, 193, 197; S. Alber, in Lüdicke (Hrsg.), Deutsches Steuerrecht im Europäischen Rahmen, 2004, S. 1, 7.

[39] Schon der Neumark-Bericht hatte einen „Community tax court“ empfohlen, vgl. P. Farmer / R. Lyal, EC Tax Law, 1994, S. 17.

[40] Ein Vorwurf, der auch der BVerfG-Rspr. begegnet, vgl. z.B. H.-M. Pawlowski, JZ 2004, 719-723; V. Krey, JR 1995, 221, 224.

[41] EuGH-Urt. v. 14.02.1995, Rs. C-279/93, *Schumacker*, Slg.1995, I-225, S. Wager, DStZ 2004, 185, 189.

[42] Ausnahme: Schumacker-Doktrin, nach der der EuGH dem Wohnsitzstaat die Verantwortlichkeit für die Gewährleistung des subjektiven Nettoprinzips zugewiesen hat; (Urt. v. 14.02.1995, Rs. C-279/93, *Schumacker*, EuGHE 1995, I-225, Rd. 31)

Deutschland zeigt. Deren Anwendungsbereich wurde infolge des Urteils *Lankhorst-Hohorst* auf Inlandsfälle ausgeweitet, da andernfalls keine Möglichkeit gesehen wurde, eine als unangemessen empfundene Gesellschafterfremdfinanzierung zu unterbinden, vgl. § 8a KStG.[43] Aus der bewussten Entscheidung der Mitgliedstaaten, die direkten Steuern nicht einheitlich regeln zu wollen, sondern dies jedem Mitgliedstaat zu überlassen, erklären sich Forderungen, die von einer Anerkennung eines gesetzgeberischen Gestaltungsspielraumes im Rahmen der Rechtfertigung bis hin zum vollständigen Entzug der Entscheidungskompetenz des EuGH in Bezug auf direkte Steuern reichen.[44] Auch wird vorgeschlagen, vorlegenden Richtern ein *Notwehrrecht* zu gewähren, damit diese in durch Steuerrechts-Systembrüchen gekennzeichneten Extremfällen die an sich für sie bindende Auslegung des Gemeinschaftsrechts durch den EuGH nicht beziehungsweise erst zeitlich verzögert umsetzen müssen.[45]

Gegen den Vorschlag, den EuGH im Bereich des direkten Steuerrechts für unzuständig zu erklären, lässt sich anführen, dass auf diese Weise die unmittelbare Anwendbarkeit der Grundfreiheiten auf dem Gebiet der direkten Steuern und damit auf einem für die Verwirklichung des Binnenmarktes wichtigen Gebiet in Frage gestellt würde. Den Kritikern ist jedoch zuzugeben, dass systematischen Argumenten umfänglich Rechnung getragen werden muss. Es lässt sich folgender Zielkonflikt ausmachen: Auf der einen Seite steht das nationale Steuerrecht als eine der letzten Bastionen nationalstaatlicher Souveränität, denn „the power to tax is the power to govern“[46], und seit der weitgehenden Harmonisierung der Umsatzsteuer können die Mitgliedsstaaten maßgebenden steuerpolitischen Einfluss auf den Wirtschaftskreislauf nur noch über die direkten Steuern nehmen. Auf der anderen Seite bilden die Grundfreiheiten das Rückgrat der auf einen Binnenmarkt gerichteten Wirtschaftsverfassung der Europäischen Gemeinschaft.[47] Zwischen diesen Polen einen Ausgleich zu finden obliegt dem Gerichtshof, der durch seine Judikatur zu den Grundfreiheiten Inhalt, Ausmaß und Intensität des Binnenmarktes ganz entscheidend mitbestimmt. Sowohl im Hinblick auf die Berücksichtigung systematischer Argumente als auch bezüglich der finanziellen Auswirkungen der Urteile sind bereits Entwicklungen zu beobachten, die dem nationalstaatlichen Interessen in größerem Umfang Rechnung tra-

---

[43] Vgl. EuGH-Urt. v. 12.12.2002, Rs. C-324/00, *Lankhorst-Hohorst*, EuGHE 2002, I-1179, J. Hey, EWS 2003, 26, 28.

[44] Vgl. C. Seiler, StuW 2005, 25, 36; J. Hey, EWS 2003, 26, 28.

[45] K.-R. Ahmann, DStZ 2005, 75, 80. Dieser Ansicht kann jedoch nicht gefolgt werden, hierfür fehlt es schon am gegenwärtigen rechtswidrigen Angriff, vgl. N. Wunderlich/ L. Albath, DStZ 2005, 547, 553.

[46] Vgl. B. Knobbe-Keuk, AG 1990, 435, 439 m.w.N in Fußnote 17; A. Cordewener, Europäische Grundfreiheiten und nationales Steuerrecht, 2002, S. 32.

[47] Vgl. P. v. Wilmowsky, JZ 1996, 590 f.; T. Kingreen/ R. Störmer, EuR 1998, 263, 266.

gen wollen.[48] Insbesondere deutet sich in der EuGH-Entscheidung *Marks & Spencer* eine Tendenz an, Verstöße gegen die Grundfreiheiten erst auf Ebene der Verhältnismäßigkeit zu sehen. Auf diesem Wege wird den Mitgliedstaaten implizit die Möglichkeit eröffnet, die in Frage stehende Regelung durch moderate Anpassungen aufrecht zu erhalten. Auch die doppelte Erwähnung der Möglichkeit, Einschränkungen der grenzüberschreitenden Verlustverrechnung als eine Steuerflucht vermeidende nationale Maßnahmen zu rechtfertigen[49], veranschaulicht, dass der EuGH derartige Befürchtungen der Mitgliedstaaten deutlich ernster nimmt, als in früheren Urteilen[50]. Es ist mithin zu fordern, dass sich der EuGH im Lichte dieser Entwicklungen um eine Berücksichtigung systematischer Argumente sowie um einen Ausgleich der widerstreitenden Interessen bemüht.

Den Mitgliedstaaten obliegt es, spürbare Gegensätze zwischen den Anforderungen der nationalen Steuersysteme einerseits und den europäischen Grundfreiheiten andererseits zu analysieren und ihr nationales Steuerrecht an die europäischen Vorgaben anzupassen. Daher sind auch die Bestimmungen der deutschen Organschaft auf ihre grundfreiheitliche Konformität zu überprüfen.

Die Frage, ob die Niederlassungsfreiheit eine grenzüberschreitende Verlustberücksichtigung gebietet, hat der EuGH erstmals in der Rechtssache *Marks & Spencer* beantwortet.[51] Gegenstand der bisherigen Entscheidungen waren allein die Verrechnung im Inland erzielter Verluste.[52] Zwar betrifft die Vorlageentscheidung unmittelbar nur die Problematik der Vereinbarkeit der Bestimmungen des britischen *group relief* mit der Niederlassungsfreiheit und wirkt nur inter partes, das heißt sie entfaltet ihre Rechtskraftwirkung nur zwischen den am Verfahren beteiligten Parteien, da der EuGH nicht über die Rechtmäßigkeit einer

---

[48] Vgl. die Ausführungen zum Kohärenzgrundsatz insbesondere 3. Teil, II. Kapitel, 3. b. (3). S. 117; EuGH-Urt. v. 05.07.2005, Rs. C-376/03, *D*, IStR 2005, 483 ff.; v. 12.07.2005, Rs. C-403/03, *Schempp*, IStR 2005, 565; GA Jacobs, Schlussanträge vom 17.03.2005, C-475/03, *Banca Popolare di Cremona*, Rd. 72 ff.; GA Tizzano, Schlussanträge v. 10.11.2005, *Meilike*.

[49] EuGH-Urt. v. 13.12.2006, Rs. C-334/03, *Marks & Spencer*, BB 2006, 23 ff. Rn. 47, 48, 57.

[50] Vgl. EuGH-Urt. v. 26.10.1999, Rs. C-294/97, *Eurowings*, EuGHE 1999, I-7447, Rn. 43-45, wo der EuGH das Steuersatzgefälle zwischen den Mitgliedstaaten noch als unbeachtlich gewertet hat; O. Thömmes, IWB Fach 11a Rspr., S. 933, 939.

[51] EuGH-Urt. v. 13.12.2006, Rs. C-334/03, *Marks & Spencer*, BB 2006, 23 ff.

[52] In der Rechtssache *Futura*, (EuGH-Urt. v. 15.05.1997, Rs. C-250/95, EuGHE 1997, I-2471) ging es um die Verlustberücksichtigung im Quellenstaat; das *ICI*-Urteil (EuGH-Urt. v. 16.07.1998, Rs. C-264/96, EuGHE 1998, I-4695) hatte den Verlustausgleich innerhalb eines britischen Konzerns zwischen britischen Gesellschaften zum Gegenstand. Auch im EuGH-Urt. v. 18.11.1999, Rs. C-200/98, *X-AB und Y-AB*, EuGHE 1999, I-8261 wurde der Verlustausgleich zwischen zwei schwedischen Gesellschaften versagt. Der Fall *AMID* betrifft den umgekehrten Sachverhalt, die Verrechnung ausländischer Betriebstättengewinne mit inländischen Verlusten (Urt. v. 14.12.2000, Rs. C-141/99, EuGHE 2000, I-11619).

nationalen Norm entscheidet und insoweit keine Verwerfungskompetenz hat.[53] Dem Urteil kommt jedoch für die Frage, ob eine grenzüberschreitende Berücksichtigung der von auslandsansässigen Tochtergesellschaften erlittenen Verluste gemeinschaftsrechtlich geboten ist, eine hohe Präjudizwirkung zu. Denn der Gerichtshof entscheidet allgemein über die Auslegung des Europarechts, sodass die Finanzgerichte ebenso wie die Finanzverwaltungen aufgrund der unmittelbaren Geltung des Gemeinschaftsrechts gehalten sind, der vom EuGH vorgegebenen Auslegung zu folgen.[54]

Mithin ist die Konformität der Organschaft nach Maßgabe der mittels EuGH-Rechtsprechung konkretisierten Anforderungen der Niederlassungsfreiheit insbesondere in der Rechtssache *Marks & Spencer* zu prüfen[55].

II. Überprüfung der deutschen Organschaft auf ihre Vereinbarkeit mit der Niederlassungsfreiheit

Wie im 2. Teil aufgezeigt, begegnen insbesondere den von § 14 KStG an den Organträger und die Organgesellschaften gestellten Anforderungen Bedenken in gemeinschaftsrechtlicher Hinsicht.

In Bezug auf die Organträger-Eignung ist daher zu prüfen, ob es gemeinschaftsrechtskonform ist, dass weder Gesellschaften mit einem inländischen Sitz und einem ausländischen Ort der Geschäftsleitung (1) noch Gesellschaften mit Sitz und Geschäftsleitungsort im Ausland als Organträger inländischer Tochtergesellschaft in Betracht kommen (2).

Der mit der Forderung eines doppelten Inlandsbezugs für eine Qualifikation als Organgesellschaft verbundene Ausschluss von ausländischen Tochtergesellschaften[56] (3), von Tochter-Kapitalgesellschaften mit ausländischem Sitz, die ihre Geschäftsleitung im Inland haben (4) und solchen mit Sitz im Inland und Geschäftsleitung im Ausland (5) ist ebenfalls auf seine Übereinstimmung mit den Anforderungen der Niederlassungsfreiheit zu untersuchen. Gleiches gilt für Betriebstätten ausländischer Tochtergesellschaften (6), die sich nach deutschem Steuerrecht ebenfalls nicht als Organgesellschaften qualifizieren. Zudem ist der Fragestellung nachzugehen, ob die Verlustverrechnungsbeschränkung des § 14 Abs. 1 Satz 1 Nr. 5 EStG (7) ebenso wie die seitens der herrschenden Meinung

---

[53] BFH-Urt. v. 21.03.1996, XI R 36/95, BStBl. II 1996, 339, 401; O.H. Jacobs, Internat. Unternehmensbest., 2002, S. 178.

[54] Aufgrund der Letztentscheidungskompetenz des EuGH tritt de facto eine umfassende Bindungswirkung ein, da erneute Vorlagen unter Verweis auf das frühere Urteil gleich beantwortet werden, vgl. S. Alber, in: Lüdicke (Hrsg.), Deutsches Steuerrecht im Europäischen Rahmen, 2004, S. 1, 11.

[55] Denn den Generalanwälten kommt die Aufgabe zu, Rechtsgutachten mit einem Urteilsvorschlag, sog. Schlussanträge, zu erstellen, die für den Gerichtshof zwar nicht verbindlich sind, denen er aber in der Mehrzahl der Fälle folgt.

[56] Mit Sitz und Geschäftsleitungsort im Ausland.

vertretene Auslegung, dass Verluste aus Betriebstättenstaaten, mit denen ein DBA mit Freistellungsmethode vereinbart wurde (8), mit der Niederlassungsfreiheit in Einklang stehen. Schließlich ist zu prüfen, ob § 2a EStG insoweit europarechtskonform ist, als Verluste bei passiver Tätigkeit einer ausländischen Betriebstätte nicht im Inland berücksichtigt werden können (9).

1. Ausschluss von Muttergesellschaften mit Sitz im Inland und dem Ort der Geschäftsleitung im Ausland

Praktisch relevant wird der Ausschluss dieser Gesellschaften von der Möglichkeit mit ihren Tochtergesellschaften einen Organkreis zu bilden, wenn die Muttergesellschaft in der Rechtsform einer Kapitalgesellschaft strukturiert ist. Denn bei Kapitalgesellschaften ist ein Auseinanderfallen des statutarischen Sitzes im Sinne des § 10 AO und dem Ort der Geschäftsleitung im Sinne des § 11 AO grundsätzlich möglich. Zwar werden sich beide bei der Gesellschaftsgründung regelmäßig an einem Ort befinden[57], allerdings kann die Geschäftsleitung später ins Ausland verlagert werden.

Eine Europäische Aktiengesellschaft kann ihren statutarischen Sitz lediglich zusammen mit der Geschäftsleitung identitätswahrend verlegen, da sich beide gemäß Art 7 und 8 der SE-VO in einem Land befinden müssen, sodass sich die hier fragliche Problematik für die SE nicht stellt.[58]

Der Sitz einer Personengesellschaft in der Rechtsform der OHG und KG befindet sich zwingend am Ort ihrer Geschäftsleitung. Folglich ist bei einer nach deutschen Rechtsvorschriften gegründeten Personengesellschaft ein Auseinanderfallen von Geschäftsleitung und Sitz ausgeschossen.[59]

a. Beeinträchtigung der Niederlassungsfreiheit

Verlegt eine im Inland errichtete und damit über einen inländischen Sitz verfügende Kapitalgesellschaft ihre Geschäftsleitung ins Ausland (sog. Wegzug), verliert sie ihre Fähigkeit, Organträger zu sein und die Organschaft wird beendet. Dies könnte sie von der Verlegung ihrer Geschäftsleitung ins Ausland abhalten und somit ihre Niederlassungsfreiheit beeinträchtigen.

aa. Anwendungsbereich der Niederlassungsfreiheit

Die Niederlassungsfreiheit wird gemäß Art 43 EGV für natürliche Personen inhaltlich bestimmt und durch Art 48 EGV unter den dort genannten Voraussetzungen auf Gesellschaften ausgedehnt. Der persönliche Anwendungsbereich

---

[57] Denn nach § 5 Abs. 2 AktG, § 4a Abs. 2 GmbHG ist der statutarische Sitz einer Gesellschaft dort, wo sich die Geschäftsleitung befindet oder die Verwaltung geführt wird; er muss in der BRD liegen, vgl. P. Kindler, in: MüKo, IntGesR, Rd. 386.

[58] Vgl. R. Diemer in: Herzig, (Hrsg.), Besteuerung der Europäischen AG, 2004, S. 35, 48.

[59] Vgl. G. Witt, in: D/E/J/W, KStG, § 14 Rn. 27.

umfasst alle natürlichen Personen, die Staatsangehörige mindestens eines Mitgliedstaates der EU sind, ohne dass es darauf ankommt, wo sich der Wohnsitz dieser Personen befindet, sowie alle Gesellschaften, die nach den Rechtsvorschriften eines Mitgliedstaates gegründet wurden und ihren satzungsmäßigen Sitz, ihre Hauptverwaltung oder ihre Hauptniederlassung innerhalb der EU haben.[60] Folglich sind sämtliche nach § 14 Abs. 1 Satz 1 Nr. 2 KStG in Betracht kommende Organträger vom persönlichen Anwendungsbereich der Niederlassungsfreiheit erfasst und somit auch eine nach deutschem Recht errichtete Kapitalgesellschaft.

Unter Niederlassung wird die dauerhafte Eingliederung in das Wirtschaftsleben eines anderen Mitgliedstaates verstanden, die natürliche Personen zumeist durch Aufnahme und Ausübung einer selbständigen Erwerbstätigkeit oder Gründung und Leitung eines Unternehmens und juristische Personen durch die Errichtung entweder einer Hauptniederlassung in einem anderen Mitgliedstaat (primäre Niederlassung) oder von Agenturen, Zweigniederlassungen oder Tochtergesellschaften (sekundäre Niederlassung) ausüben.[61] Im Rahmen der primären Niederlassungsfreiheit wird die Verlagerung der Unternehmenstätigkeit beziehungsweise des Geschäftsmittelpunktes in einen anderen EU-Mitgliedstaat geschützt.[62] Verlegt eine nach deutschen Rechtsvorschriften gegründete Gesellschaft ihren Ort der Geschäftsleitung ins EU-Ausland, um dort die Leitung ihres Unternehmens aufzunehmen, ist ein grenzüberschreitender Bezug gegeben und auch der sachliche Anwendungsbereich der Niederlassungsfreiheit eröffnet.

bb. Beeinträchtigung der Niederlassungsfreiheit

Die Beschränkungen können in drei Fallgruppen eingeteilt werden:

Zunächst wird die Niederlassungsfreiheit gemäß Art 43 Abs. 2 EGV beschränkt, wenn den Angehörigen anderer Mitgliedstaaten die Aufnahme und Ausübung selbständiger Erwerbstätigkeiten nicht „nach den Bestimmungen des Aufnahmestaates für seine Angehörigen" gestattet wird. Gemäß ihrem Wortlaut statuiert die Niederlassungsfreiheit ein Gebot der Inländergleichbehandlung. Da Kehrseite dessen ein Verbot der Diskriminierung aufgrund der Staatsangehörigkeit ist, wird die Niederlassungsfreiheit im Sinne eines Diskriminierungsverbotes verstanden, auch wenn die Norm diesen Terminus nicht gebraucht.[63] Als

---

[60] EuGH-Urt. v.19.09.2000, Rs. C-156/98, *Deutschland/Kommission*, EuGHE 2000, I-6857, Rd. 79 ff.

[61] Vgl. EuGH-Urt. v. 30.11.1995, Rs. C-55/94, *Gebhard*, EuGHE 1995, I-4165, Rd. 25; C.T. Ebenroth/ U. Eyles, DB 1989, 363, 364.

[62] GA Darmon, Schlussanträge v. 07.06.1988, Rs. C- 81/87, *Daily Mail*, EuGHE 1988, I-5500 Rd. 3. EuGH-Urt. v. 28.01.1986, Rs. C-270/83, *avoir fiscal*, EuGHE 1986, 273 Rd. 22.

[63] Es wird dabei nicht präzise zwischen dem Gleichheitssatz und Diskriminierungsverboten unterschieden. Während der Gleichheitssatz eine Gleichbehandlung vergleichbarer Situatio-

Diskriminierung ist eine Ungleichbehandlung vergleichbarer Personen zu definieren, die eine Schlechterstellung der einen gegenüber der anderen Person zur Folge hat.[64] – Ausgangspunkt der Interpretation einer grundfreiheitlichen Beeinträchtigung war dabei die *offene* Diskriminierung nach der Staatsangehörigkeit, das heißt der Umstand, dass eine mitgliedstaatliche Norm für eine Ungleichbehandlung an die ausländische Staatsangehörigkeit anknüpft. Dieses Diskriminierungsverbot wurde auf *versteckte, indirekte, verschleierte* beziehungsweise *mittelbare* Diskriminierungen ausgedehnt, mitgliedstaatliche Regelungen also, die durch Anwendung formal nicht diskriminierender Unterscheidungsmerkmale *de facto* regelmäßig oder hauptsächlich eine Benachteiligung von Angehörigen anderer Mitgliedstaaten bewirken. Eine Differenzierung nach Merkmalen, die typischerweise ausländische Staatsangehörige treffen – wie die ausländische steuerliche Ansässigkeit, also bei natürlichen Personen ein Wohnsitz oder der gewöhnliche Aufenthalt im Ausland und bei Körperschaften ein ausländischer Gesellschaftssitz oder Ort der Geschäftsleitung – führen daher häufig zu solchen *versteckten* Diskriminierungen.[65] Vor dem Hintergrund, dass die Normen des direkten Steuerrechts zumeist hiernach differenzieren, hat der EuGH durch diese Ausdehnung die Überprüfung der direkten Steuern an Hand der Grundfreiheiten überhaupt erst ermöglicht.[66]

Eine Beschränkung der freien Niederlassung ist daher zu konstatieren, wenn der Tätigkeitsstaat auf Niederlassungen von EU-Ausländern – sog. Inbound-Investitionen – unter Anknüpfung an die fremde Staatsangehörigkeit oder einen statutarischen Sitz im Ausland nicht die gleichen Rechtsvorschriften anwendet, wie auf vergleichbare Inländer.[67] Dabei eröffnet bereits die Verwendung eines dieser Kriterien in einer Weise, die abstrakt geeignet ist, den grenzüberschreitenden gegenüber dem innerstaatlichen Vorgang zu benachteiligen, den grundfreiheitlichen Schutzbereich. Eines konkreten zahlenmäßigen Nachweises bedarf es nicht.

Unter den Wortlaut des Art 43 Abs. 1 EGV „Beschränkungen der freien Niederlassung von Staatsangehörigen eines Mitgliedstaates im Hoheitsgebiet eines anderen Mitgliedstaates sind (...) verboten“, lassen sich als zweite Fallgruppe

---

nen fordert, untersagt ein Diskriminierungsverbot, dass eine Norm Kriterien festlegt, mit denen keine unterschiedlichen Rechtsfolgen verbunden sein dürfen, M. Zuleeg, in: FS für B. Börner, 1992, 473; Krit. T. Kingreen/ R. Störmer, EuR 1998, 263, 283 f.

[64] Vgl. P.C. Müller-Graff, in: Streinz, EUV/EGV, Art 43 Rd. 42; EuGH-Urt. v. 11.08.1995, Rs. C-80/94, *Wielockx*, EuGHE 1995, I-2493 Rd. 17.

[65] Vgl. EuGH-Urt. v. 28.01.1986, Rs. 270/83, *avoir fiscal*, EuGHE 1986, 273, Rd. 18; Wölker in: v.d. Groeben/ Thiesing/ Ehlermann, EU-/EG-Vertrag, Art 48 EGV Rd. 13.

[66] Vgl. G. Saß, StuW 1999, 164, 166.

[67] Da der Sitz bei juristischen Personen, ebenso wie die Staatsangehörigkeit bei natürlichen Personen, dazu dient, ihre Zugehörigkeit zur Rechtsordnung eines Staates zu bestimmen, vgl. EuGH-Urt. v. 28.01.1986, Rs. C-270/83, *avoir fiscal*, EuGHE 1986, 273, Rn. 18.

Maßnahmen subsumieren, mit denen der Herkunftsstaat Staatsangehörige oder nach dem Recht dieses Staates gegründete Gesellschaften, die im EU-Ausland eine Niederlassung errichten, gegenüber Inlandsinvestitionen benachteiligt. Eine Diskriminierung derartiger sog. Outbound-Investitionen erfolgt zumeist dadurch, dass der Herkunftsstaat an die Auslandsinvestition gegenüber einer rein binnenstaatlichen Tätigkeit Nachteile in der Weise knüpft, dass er eine Investitionsbegünstigung von einem inländischen Sitz oder einer inländischen Geschäftsleitung abhängig macht.[68] Dieser Dimension der Grundfreiheiten kommt für die vorliegende Arbeit entscheidende Bedeutung zu, weil der Herkunftsstaat hierdurch gehindert wird, Investitionen von Inländern im Ausland zu benachteiligen. In früheren Entscheidungen hat der EuGH insoweit von einem Beschränkungsverbot gesprochen, mittlerweile jedoch deutlich gemacht, dass es sich realiter um eine Diskriminierung grenzüberschreitender Aktivitäten von Inländern gegenüber binnenstaatlichen Tätigkeiten von Inländern handelt.[69]

In einer dritten Fallgruppe qualifiziert der Gerichtshof solche Normen des Tätigkeitsstaates als beschränkend im Sinne des Art 43 Abs. 1 EGV, die auf interne und grenzüberschreitende Wirtschaftsvorgänge in gleicher – und somit in nicht diskriminierender – Weise angewendet werden, letztbenannter hierdurch aber verhältnismäßig und deutlich schwerer belastet wird.[70] Basierend auf dieser Grundlage hat der EuGH das luxemburgische Erfordernis, welches den Verlustvortrag auch für ausländisch beherrschte Betriebstätten von einer Buchführung nach luxemburgischem Recht abhängig machte, als Verstoß gegen die Niederlassungsfreiheit gewertet. Denn grenzüberschreitend Tätige seien aufgrund der sowohl nach ausländischem als auch nach luxemburgischem Recht bestehenden Verpflichtung zur Führung von Büchern höheren Belastungen ausgesetzt.[71] Umstritten ist im Schrifttum, ob der Gerichtshof infolge dieser Rechtsprechung die Niederlassungsfreiheit vom Grundsatz der Inländergleichbehandlung hin zu einem allgemeinen Beschränkungsverbot ausgeweitet hat. Dies wird von der überwiegenden Literatur zu Recht bejaht.[72] Entgegen teilweise vertretener An-

---

[68] Dies allein aus Sinn und Zweck der Niederlassungsfreiheit ableitend, vgl. EuGH-Urt. v. 29.07.1988, Rs. C-81/87, *Daily Mail*, EuGHE 1988, 5483, 5510, Rd. 16.

[69] Vgl. EuGH-Urt. v. 16.07.1998, Rs. C-264/96, *ICI*, EuGHE 1998, I-4695 Rd. 21; Urt. v. 21.11.2002, Rs. C-436/00, *X und Y*, EuGHE 2002, I-10829 ff, Rd. 27; GA Maduro, Schlussanträge v. 07.04.2005, Rs. C- 446/03, *Marks & Spencer*, RIW 2005, 383 ff., Rd. 28; P. Farmer, EC Tax Review 2003, 75 ff, 76, ausführlich: A. Cordewener, Europäische Grundfreiheiten und nationales Steuerrecht, 2002, S. 104 ff., 110, 227 ff.

[70] Vgl. H.D. Jarass, EuR 2000, 705, 710.

[71] EuGH-Urt. v. 15.05.1997, *Futura*, EuGHE 1997, I-2471 Rd. 43; vgl. hierzu N. Dautzenberg, FR 1997, 570, 571.

[72] Vgl. P.-C. Müller-Graff, in: Streinz, EUV / EGV, Art 43 Rd. 57 m.w.N.

sicht[73] führt die Interpretation der Grundfreiheiten als Beschränkungsverbote jedoch nicht zu deren Erweiterung zu Freiheitsrechten, welche sich durch einen absolut wirkenden Schutzbereich auszeichnen. Denn Ursache der beschränkenden Wirkung ist auch in dieser dritten Konstellation letztlich die faktische Benachteiligung des grenzüberschreitenden gegenüber dem innerstaatlichen Sachverhalt durch eine *Mehr*belastung.[74] In systematischer Hinsicht erweist es sich jedoch als problematisch, dass die Niederlassungsfreiheit ein Gebot der Inländer*gleich*behandlung enthält[75], der Tätigkeitsstaat in dieser Fallgruppe jedoch dazu verpflichtet sein kann, ausländische gegenüber inländischen Unternehmen besser zu stellen, um den Diskriminierungsvorwurf zu entkräften, selbst wenn hierdurch Grundwertungen des nationalen Rechts unterlaufen werden.[76]

Zusammenfassend enthält die Niederlassungsfreiheit ein umfassendes Diskriminierungsverbot, welches sich einerseits an den Tätigkeitsstaat richtet und eine Inländergleichbehandlung erfordert. Subsidiär bedarf es einer Besserstellung der grenzüberschreitenden Tätigkeit durch den Tätigkeitsstaat, sollte die unterschiedslose Anwendung einer nationalen Steuerregelung den transnationalen Sachverhalt im Ergebnis unverhältnismäßig schwerer belasten. Zum anderen wendet sich die Niederlassungsfreiheit an den Herkunftsstaat und gebietet eine Gleichbehandlung grenzüberschreitender Aktivitäten seiner eigenen Staatsangehörigen mit vergleichbaren Inlandsfällen. Die entscheidende Frage bei der Prüfung einer Steuernorm ist demzufolge, ob sich die zu beurteilende Vorschrift sachlich als Benachteiligung des grenzüberschreitenden gegenüber dem rein innerstaatlichen Wirtschaftsvorgang darstellt.[77]

§ 14 Abs. 1 Satz 1 Nr. 2 KStG macht die Organträgereignung von einem inländischen Ort der Geschäftsleitung abhängig. Hierdurch werden Gesellschaften mit Sitz im Inland und Geschäftsleitung im Ausland von der Organträgereignung ausgeschlossen. Dies müsste als Benachteiligung zu qualifizieren sein. Die mit der Organträgereignung verbundene Rechtsfolge der phasengleichen Vereinnahmung der Ergebnisse der Organgesellschaften bewirkt, dass die Gewinne und Verluste bereits am Bilanzstichtag der Organgesellschaften beim Organträger erfasst und mit dem positiven und negativen Einkommen des Organträgers verrechnet werden können. Hierdurch wird eine sofortige Verlustverwertung

---

[73] A. Cordewener, Europäische Grundfreiheiten und nationales Steuerrecht, 2002, S. 249 ff., 263 ff. 300 ff.; J. Bröhmer, in: Callies/ Ruffert, Art 43 Rd. 30, 31; C.D. Classen, EWS 1995, 97, 104; P. Bauschatz, IStR 2002, 291, 295; H.D. Jarass, EuR 2000, 705, 710 f.

[74] Die Grundfreiheiten verfügen mithin über keinen absolut wirkenden Schutzbereich, wodurch sich Freiheitsrechte auszeichnen. Ebenso J. Englisch, StuW 2003, 88, 89 f; H. Hahn, DStZ 2005, 433, 437.

[75] Vgl. Art 43 Abs. 2 EGV, R. Streinz, Europarecht, § 12 II 2 a, S. 286.

[76] Vgl. Hierzu ausführlich: M. Lehner, in: Pelka (Hrsg.), DStJG Bd. 23, S. 263, 274 ff.

[77] Vgl. W. Schön, in: Ders. (Hrsg.), GS für B. Knobbe-Keuk, 1997, S. 743, 758.

und somit eine Senkung der Steuerschuld des Organkreises ermöglicht. Da die Verluste ohne Begründung einer Organschaft von der verlustverursachenden Organgesellschaft – abgesehen von Umgründungen, Gewinnverlagerungen und ähnliche Konstruktionen – nur im Wege des beschränkten Verlustvor- beziehungsweise Verlustrücktrags mit eigenen zukünftigen und in früheren Veranlagungszeiträumen erzielten Gewinnen verrechnet werden können[78], werden mittels der phasengleichen Verlustverrechnung regelmäßig nicht nur Zins- und Liquiditätsvorteile, sondern angesichts langer Verlustperioden und der beschränkten *Lebensdauer* von Kapitalgesellschaften auch dauerhafte Steuerersparnisse erzielt.[79] Zudem bewirkt die Nichtberücksichtigung der von der Unternehmensgruppe im Ausland erzielten Verluste, dass im Inland Einkünfte zu versteuern sind, die in ihrer Gesamtheit überhaupt nicht erwirtschaftet wurden und somit nicht gewährleistet ist, dass der Steuerpflichtige überhaupt über eine ausreichende Liquidität zur Steuerzahlung verfügt.[80] Infolge der mit dem Ausschluss von der Organträgereignung verbundenen finanziellen Einbußen, werden Gesellschaften benachteiligt, die ihre Geschäftsleitung ins Ausland verlegen. Da die Verlustverrechnung im Rahmen der Organschaft möglich wäre, wenn die Gesellschaft ihre Geschäftsleitung weiterhin im Inland haben würde, ist diese durch den Auslandsbezug bewirkte Schlechterstellung geeignet, die Gesellschaft von dem Gebrauch ihrer Niederlassungsfreiheit abzuhalten.[81] Durch den Ausschluss von Muttergesellschaften mit inländischem Sitz und ausländischem Ort der Geschäftsleitung beeinträchtigt der Herkunftsstaat deren Niederlassungsfreiheit.

Im Fall der Beeinträchtigung des Schutzbereichs einer Grundfreiheit obliegt es dem betroffenen Mitgliedstaat, den Diskriminierungsvorwurf zu widerlegen. Dies ist auf zweierlei Arten möglich: einerseits indem er nachweist, dass der grenzüberschreitende und der innerstaatliche Vorgang nicht miteinander vergleichbar sind, und andererseits, soweit ein sachlicher Grund für diese Ungleichbehandlung existiert.

---

[78] (§ 8 Abs. 1 KStG i.V.m.) § 10d EStG. Angesichts der sog. Mindestbesteuerung (§ 10d Abs. 2 EStG) hat der Vorteil der phasengleichen Ergebnisvereinnahmung ab dem VZ 2004 an Bedeutung gewonnen, E. Dötsch, DK 2004, 11.

[79] Vgl. P. Fußbroich, Verlustverrechnung und Verlustverwertung in der Konzernunternehmung, 2001, S. 117 f.

[80] Eine Besteuerung in der Lage, dass ausländische Verluste inländische Gewinne aufzehren würden, würde dazu führen, dass die inländischen Steuern aus der Unternehmenssubstanz aufgebracht werden müssten, vgl. N. Dautzenberg, Unternehmensbesteuerung im EG-Binnenmarkt, 1997, S. 315.

[81] Vgl. EuGH-Urt. v. 12.12.2002, Rs. C-324/00, *Lankhorst-Hohorst*, EuGHE 2002, I-11779 Rd. 32.

b. Vergleichbarkeit

Eine mitgliedstaatliche Norm besitzt nur dann diskriminierenden Charakter, wenn sie wesentlich gleiche Situationen ungleich oder wesentlich ungleiche Situationen gleich behandelt.[82] Die Vergleichbarkeit ist „im Hinblick auf Zielsetzung und System“[83], das heißt in Ansehung der Voraussetzungen und Modalitäten der fraglichen Steuernorm zu prüfen.[84] Daher müssten die benachteiligten Steuerpflichtigen, also Kapitalgesellschaften mit inländischem Sitz und ausländischem Geschäftsleitungsort, in Bezug auf System und Zielsetzung der Organschaft auf derselben Stufe wie die begünstigten, als Organträger in Betracht kommenden Mutter-Kapitalgesellschaften mit Sitz und Ort der Geschäftsleitung im Inland stehen.

Angesichts der Zielsetzung der Organschaft, mittels Durchbrechung des Subjektprinzips infolge der Einkommensverrechnung der wirtschaftlichen Leistungsfähigkeit der Konzerneinheit Rechnung zu tragen[85], ist festzustellen, dass die Nachteile, die daraus resultieren, dass das Steuerrecht an die zivilrechtliche Rechtsformenwahl anknüpft, bei Mutter-Tochter-Verbindungen generell – unabhängig von dem Ort des Sitzes und der Geschäftsleitung der Muttergesellschaft – bestehen. Mithin ist eine Vergleichbarkeit mit Blick auf die Zielsetzung der Organschaft gegeben.

Das System der Besteuerung im Rahmen der Organschaft ist dadurch gekennzeichnet, dass dem Organträger das Einkommen des Organkreises zugerechnet und von ihm im Inland versteuert wird. Mithin setzt das Organschaftsregime die inländische Steuerpflicht des Organträgers voraus.[86] Diesbezüglich wäre eine Vergleichbarkeit zu bejahen, wenn die Mutter-Kapitalgesellschaft auch nach ihrem Wegzug durch Verlegung der Geschäftsleitung ins Ausland in Deutschland gemäß § 1 Abs. 1 Nr. 1 KStG unbeschränkt körperschaftsteuerpflichtig ist. Da die in § 1 Abs. 1 Nr. 1 KStG aufgeführten Kapitalgesellschaften unmittelbar an deutsches Handelsrecht anknüpfen, ergibt sich für das Steuerrecht eine unmittelbare Bindung an die zivilrechtliche Wertung. Voraussetzung einer steuerlichen Anerkennung der ausländischen Gesellschaft als Kapitalgesellschaft ist

---

[82] Vgl. 3. Teil, II. Kapitel, 3. b. bb., S. 100 f.

[83] GA Lenz Schlussanträge v. 10.02.1994, Rs. C-1/93, *Halliburton*, EuGHE, 1994, I-1137, Rd. 27; W. Schön, in: Ders. (Hrsg.), GS für B. Knobbe-Keuk, 1997, S. 743, 760.

[84] Vgl. N. Dautzenberg, StuB 1999, 767; G. Saß, BB 1995, 1443. Zwar hat der EuGH jüngst (Urt. v. 07.09.2004, Rs. C-319/02, *Manninen*, EWS 2004, 454, 457, Rd. 34) nicht mehr auf die vergleichbare Einbeziehung in die steuerliche Bemessungsgrundlage abgestellt, sondern auf das Ziel des Entlastungsmechanismus. Hieraus kann jedoch nicht gefolgert werden, dass es nur noch auf eine Vergleichbarkeit im Hinblick auf die Zielsetzung ankommt.

[85] BMF, Bericht der Bundesregierung zur Fortentwicklung des Unternehmenssteuerrechts, Beilage zu FR 11/2001, S. 16.

[86] 2. Teil, VI. Kapitel, S. 57; BMF-Schr. v. 08.12.2004, IV B 4 – S 1301 USA – 12/04, DB 2004, 2723 f.

daher die zivilrechtliche Qualifikation als solche. Für diese kommt es wiederum darauf an, dass die im Ausland errichtete Kapitalgesellschaft als selbständiger Rechtsträger anzusehen ist – so der BFH in der sog. Liechtenstein-Entscheidung.[87] Entscheidend ist daher, ob der Wegzug einer Kapitalgesellschaft unter Aufrechterhaltung ihrer rechtlichen Identität zivilrechtlich zulässig ist.

Die Rechtsfähigkeit einer Gesellschaft bestimmt sich nach ihrem Gesellschaftsstatut, also nach dem Recht, welches auf die juristische Person anzuwenden ist.[88] Nach der im deutschen Internationalen Gesellschaftsrecht herrschenden Sitztheorie ist auf die Gesellschaft dasjenige Recht anzuwenden, welches am Ort ihres Verwaltungssitzes gilt. Verlegt eine in Deutschland gegründete Kapitalgesellschaft ihre Geschäftsleitung ins Ausland, ist dies in der Regel mit der Verlegung ihres Verwaltungssitzes verbunden[89], sodass die Gesellschaft dem Recht des Zuzugsstaates unterliegt.[90]

Nach überwiegender Ansicht tritt ein Statutenwechsel ins Ausland ein.[91] Die Verlegung des Verwaltungssitzes führt daher zur Auflösung der Gesellschaft, wobei bereits der Beschluss zur Sitzverlegung als Auflösungsbeschluss angesehen wird.[92]

Demgegenüber differenzieren einige Autoren zwischen einem Zuzug in einen Sitztheorie-Staat und einer Verlegung in einen kollisionsrechtlich der Gründungstheorie folgenden Staat.[93] Findet in dem Zuzugsstaat ebenfalls die Sitztheorie Anwendung[94], nimmt das ausländische Internationale Gesellschaftsrecht den Verweis an und erklärt die ausländische Rechtsordnung für maßgebend, sodass die Gesellschaft über ein ausländisches Gesellschaftsstatut verfügt. Der Wechsel des Gesellschaftsstatuts führt nach h.M. zwingend zur Auflösung und Abwicklung der Gesellschaft. Der Verlegungsbeschluss wird demgemäß als Auflösungsbeschluss gewertet, mit der Folge, dass die Kapitalgesellschaft als Rechtspersönlichkeit untergeht und ihre Rechtsfähigkeit verliert; ein identitätswahrender Wegzug ist nicht möglich.[95]

---

[87] Vgl. BFH-Urt. v. 23.06.1992 , IX R 182/87, BStBl. II 1992, 972, H. Debatin, GmbHR 1991, 164, 165 f; M. Streck, in: Ders., KStG, § 1 Anm. 5.

[88] Vgl. 2. Teil, II. Kapitel, 4. b., S. 23 ff.

[89] Vgl. 2. Teil, II. Kapitel, 4. b., S. 23 f.

[90] BGH-Urt. v. 21.03.1986, V AR 10/85, BGHZ 97, 269, 271; C.T. Ebenroth/ T. Auer, RIW 1992, Beilage zu Heft 3, S. 1, 6.

[91] Vgl. H. Debatin, GmbHR 1991, 164, 167 m.w.N.

[92] B. Großfeld, in: Staudinger, IntGesR, Rn. 610, 631 ff.; Nach a.A. ist der Verlegungsbeschluss nichtig, U. Hüffer, in: MüKo, AktG, § 262 Rd. 36; T. Kaligin, DB 1985, 1449, 1455.

[93] Vgl. P. Kindler, in: MüKo, IntGesR, Rd. 390, 394 f.

[94] Wie Frankreich, Belgien, Luxemburg, Österreich, Portugal, Dänemark, Polen, Griechenland und die Türkei.

[95] Vgl. § 262 Abs. 1 Nr. 2 AktG; BGH-Urt. v. 30.01.1970, V ZR 139/68, BGHZ 53, 181, 183.

Steuerrechtlich wird die weggezogene Gesellschaft – in Anbetracht des Umstandes, dass für die Subsumtion unter die Tatbestände der § 1 Abs. 1 Nr. 1 bis 5 KStG die zivilrechtlichen Wertungen maßgebend sind – von der Rechtsprechung nicht unter die Nr. 1, sondern aufgrund ihrer körperschaftlichen Struktur als nicht rechtsfähiger Verein im Sinne der Nr. 5 KStG eingeordnet werden.[96] Dabei ist die weggezogene Gesellschaft aufgrund des inländischen Satzungssitzes weiterhin unbeschränkt körperschaftsteuerpflichtig.[97] Unterfällt eine Gesellschaft mit inländischem Sitz und ausländischem Ort der Geschäftsleitung ebenso wie eine Kapitalgesellschaft mit inländischem Sitz und Ort der Geschäftsleitung gemäß § 1 Abs. 1 KStG der deutschen Steuerpflicht, und wird sie hinsichtlich des Steuertarifs sowie der Bemessungsgrundlage gleichbehandelt, ist auch eine Vergleichbarkeit im Hinblick auf die Besteuerung im System der Organschaft gegeben.[98]

Folgt der Zuzugsstaat der Gründungstheorie, ist für die Beurteilung der Rechtsfähigkeit das Recht desjenigen Staates entscheidend, nach dem sie errichtet sowie ausgestaltet worden ist.[99] Ist die in Deutschland gegründete Kapitalgesellschaft weiterhin in ein deutsches Handelsregister eingetragen und befinden sich der Satzungs- und damit der Gründungssitz im Gründungsstaat, bilden diese für die Rückverweisung (renvoi) durch das Kollisionsrecht des Zuzugsstaates den notwendigen Anknüpfungspunkt.[100] Das deutsche Recht nimmt die Rückverweisung gemäß Art 4 Abs. 1 Satz 2 EGBGB an und bricht die Verweisungskette ab.[101] Hierdurch gelangen nicht mehr die Kollisionsnormen des deutschen Internationalen Gesellschaftsrechts, sondern unmittelbar die des deutschen Sachrechts und somit auch die des Gesellschaftsrechts zur Anwendung (sog.

---

[96] Entsprechend der Rspr. zu ausländischen Kapitalgesellschaften mit inländischer Geschäftsleitung, BFH-Urt. v. 23.06.1992, IX R 182/87, BStBl. II 1992, S. 972 ff.; E. Dötsch in D/E/J/W, KStG, § 12 Rd. 7; H. Debatin, GmbHR 1991, 164, 167. A.A. C. Staringer, Besteuerung doppelt ansässiger Kapitalgesellschaften, 1999, S. 130 ff.; H. Dinkhoff, Kapitalgesellschaften, 2001, S. 252 f.: Infolge des Auflösungsbeschluss muss die Liquidation erfolgen und eine Liquidationsgesellschaft ist gem. § 1 Abs. 1 Nr. 1 KStG steuerpflichtig.

[97] Denn § 1 Abs. 1 KStG knüpft alternativ entweder an einen Inlandssitz oder an den Ort inländischer Geschäftsleitung an.

[98] Vgl. EuGH-Urt. v. 28.01.1986, Rs. 270/83, *avoir fiscal,* EuGHE 1986, 304 f, Rd. 19 f.; O. Thömmes, in: Herzig (Hrsg.), Organschaft, 2003, S. 525, 536. Angesichts der fortbestehenden unbeschränkten Steuerpflicht hat die Verlegung der Geschäftsleitung keinen Einfluss auf die steuerliche Identität der Gesellschaft, sodass hier nicht zu problematisieren ist, ob die Subsumtion unter die Nr. 5 des § 1 Abs. 1 Satz 1 KStG als solche europarechtskonform ist.

[99] Vgl. H. Debatin, GmbHR 1991, 164; T. Kaligin, DB 1985, 1449 f. Dies ist der Fall in England, den USA, Kanada, den Niederlanden, Schweiz, Liechtenstein, Italien, Ungarn, Rumänien, China, Spanien.

[100] Vgl. P. Kindler, in: MüKo, IntGesR, Rd. 387.

[101] Vgl. P. Kindler, in: MüKo, IntGesR, Rd. 387.

Sachverweisung).[102] Somit unterliegt die weggezogene Gesellschaft weiterhin deutschem Recht. Da der Wegzug keinen Statutenwechsel auslöst, ist nach dieser Meinung eine identitätswahrende Sitzverlegung möglich.[103] Aus kollisionsrechtlicher Sicht bestehen keine Bedenken gegen die Zulässigkeit der Sitzverlegung, da der Zuzugsstaat die im Inland erworbene Rechtsfähigkeit anerkennt und keine Neugründung verlangt. Nach überwiegender Ansicht stünden jedoch die sachrechtlichen Vorschriften einer Verlegung des Verwaltungssitzes ins Ausland entgegen.[104] In Anbetracht von § 5 AktG sowie § 4a GmbHG, welche am Satzungssitz eine Betriebstätte oder sonstige geschäftliche Tätigkeit fordern, überzeugt diese Ansicht nicht, wenn diese Voraussetzung erfüllt wird.[105] Daher stehen weder die kollisions- noch die sachrechtlichen Vorschriften dem Wegzug entgegenstehen, wenn an dem Ort des Satzungssitzes ein Betrieb unterhalten wird. Aus diesem Grunde ist die differenzierende Ansicht vorzuziehen und der h.M. ist im Ergebnis nur insoweit zuzustimmen, als die deutsche Gesellschaft ihren effektiven Verwaltungssitz in ein Land verlegt, dessen internationalem Kollisionsrecht die Sitztheorie zugrunde liegt. Verlegt eine Gesellschaft unter Beibehaltung ihres inländischen Satzungssitzes ihren Geschäftsleitungsort in einen Staat, welcher der Gründungstheorie folgt, ist die Gesellschaft weiterhin als rechtsfähig und somit als Kapitalgesellschaft nach § 1 Abs. 1 Nr. 1 KStG steuerpflichtig[106]; die Vergleichbarkeit ist zu bejahen.

Folglich sind Mutter-Kapitalgesellschaften, die ihren Sitz im Inland und die Geschäftsleitung in einem anderen europäischen Staat haben, im Hinblick auf Zielsetzung und System der Organschaft vergleichbar mit Mutter-Kapitalgesellschaften mit doppeltem Inlandsbezug.[107] Indem erstbenannte von der Eignung als Organträger ausgeschlossen werden, wird Gleiches ungleich behandelt. Mithin ist eine Diskriminierung zu konstatieren.

c. Rechtfertigung

Regelungen, welche den grenzüberschreitenden gegenüber dem innerstaatlichen Wirtschaftsvorgang trotz Gleichartigkeit der steuerlichen Situation des in Frage stehenden Organträgers benachteiligen, können grundsätzlich auf zweierlei Ar-

---

[102] Sog. Heimwärtsstreben des IPR, vgl. B. Großfeld, in: Staudinger, IntGesR, Rn. 608. Die international-privatrechtlichen Regeln über den renvoi schränken die Sitztheorie mithin ein.
[103] Vgl. D. Aigner/ G. Kofler/ M. Tumpel, Zuzug und Wegzug von Kapitalgesellschaften, 2004, S. 43 ff.
[104] Vgl. die Nachweise von P. Kindler, in: MüKo, IntGesR, Rd. 393, Fn. 856.
[105] Dabei kann ein Verstoß zur zwangsweisen Löschung der Gesellschaft führen, § 144 FGG. Vgl. P. Kindler, in: MüKo, IntGesR Rd. 396; A. Kraft, in: KölnerKomm., AktG, § 5 Rd. 12.
[106] So auch BFH, Urt. v. 29.01.2003, I R 6/99, BFH/NV 2003, 969.
[107] Eine Ungleichbehandlung auf Abkommensebene kann die generelle Vergleichbarkeit nicht in Frage stellen, da nicht mit allen Staaten DBA abgeschlossen wurden; sie könnte jedoch einen Rechtfertigungsgrund bilden.

ten gerechtfertigt werden: Zunächst durch die in Art 46 EGV explizit genannten Rechtfertigungsgründe der öffentliche Ordnung, Sicherheit und Gesundheit – die jedoch eng auszulegenden sind – und vorliegend nicht greifen.[108] Darüber hinaus können nach Ansicht des EuGH zwingende Erfordernisse des Allgemeininteresses – wie die Gewährleistung einer wirksamen steuerlichen Kontrolle und der Kohärenz einer Steuerregelung – Beschränkungen der Niederlassungsfreiheit rechtfertigen.[109] Umstritten ist, ob diese ungeschriebenen Rechtfertigungsgründe[110] nur bei *versteckten* Diskriminierungen oder auch im Falle einer *offenen* Diskriminierung nach der Staatsangehörigkeit zur Anwendung gelangen können. Die Rechtsprechung des EuGH ist insoweit nicht einheitlich: während der Gerichtshof zunächst betonte, dass Art 46 EGV an Art 43 EGV anknüpfe und nach dessen Wortlaut bei offenen Diskriminierungen nach der Staatsangehörigkeit keine weiteren Rechtfertigungsmöglichkeiten vorgesehen seien[111], hat er in jüngeren Entscheidungen nicht immer zwischen *offenen* und *versteckten* Diskriminierungen differenziert und wendet den Rechtsfertigungsgrund auch auf erstbenannte an.[112] Daher wird in der Literatur vertreten, der Gerichtshof wolle fortan auf diese Differenzierung verzichten.[113]

Vorliegend werden Mutterkapitalgesellschaften aufgrund ihrer im Ausland verorteten Geschäftsleitung, nicht wegen ihrer ausländischen Staatsangehörigkeit diskriminiert, sodass eine *versteckte* Diskriminierung in Frage stehen könnte. Da jedoch der Sitz einer Kapitalgesellschaft ebenso wie die Staatsangehörigkeit natürlicher Personen ihre *Zugehörigkeit* zu dem ausländischen Staat bestimmt, setzt der EuGH beide Merkmale gleich, sodass der hiernach differenzierende § 14 KStG ebenso gut als *offen* diskriminierend eingeordnet werden könnte.[114] Daher ist die Frage, ob offene Diskriminierungen einer Rechtfertigung durch ungeschriebene Rechtfertigungsgründe zugänglich sind, entscheidend.

Für eine dahingehende Rechtfertigung lässt sich der Wortlaut des Art 43 EGV anführen. Denn entgegen des oben aufgeführten Wortlautarguments verbietet

---

[108] R. Eckhoff, in: Birk, Handbuch des europäischen Steuer- und Abgabenrechts, § 19 Rd. 38.

[109] EuGH-Urt. v. 20.02.1979, Rs. C-120/78, *Cassis de Dijon*, EuGHE 1979, 649, Rd. 8 zum Warenverkehr. Ausdehnung in EuGH-Urt. v. 30.11.1995, Rs. C-55/94, *Gebhard*, EuGHE 1995, I-4165, Rd. 37.

[110] A. Cordewener, Europäische Grundfreiheiten und nationales Steuerrecht, 2002, S. 63 ff., 68; R. Sack, EWS 1994, 37, 46 f; T. Schilling, EuR 1994, 50, 52 f.

[111] Vgl. z.B. EuGH-Urt. v. 17.06.1981, Rs. C-113/80, *Kommission/Irland*, EuGHE 1981, I-1625 Rd. 10 f; v. 05.12.1989, Rs. C-3/88, *Kommission/Italien*, EuGHE 1989, 4035 Rd. 8 ff.; v. 29.04.1999, Rs. C-311/97, *Royal Bank of Scotland*, EuGHE 1999, I-2651, Rd. 29, 30.

[112] EuGH-Urt. v. 15.05.1997, C-250/95, *Futura*, EuGHE 1995, I-2471.

[113] Vgl. J. Lüdicke, in: GS für B. Knobbe-Keuk, 1997, S. 647, 652; A. Cordewener, Europäische Grundfreiheiten und nationales Steuerrecht, 2004, S. 120 ff. 246; P. Bauschatz, IStR 2002, 291, 297 ff.

[114] EuGH-Urt. v. 28.01.1986, Rs. C-270/83, *avoir fiscal*, EuGHE 1986, 273, Rd. 18.

Art 43 EGV jedwede Art der Beschränkung des freien Niederlassungsrechts und nicht nur Diskriminierungen nach der Staatsangehörigkeit.[115] Mit Blick auf den historischen Zusammenhang ist zu beachten, dass die Gründungsstaaten bei Ratifizierung des Vertrages von Rom die Auswirkungen der Grundfreiheiten auf die direkten Steuersysteme nicht vorausgesehen haben werden und daher keine expliziten Vorsorgemaßnahmen zugunsten nationaler Besteuerungsinteressen im Vertragstext treffen konnten. Vermögen ungeschriebene Rechtfertigungsgründe jede Art der Diskriminierung zu rechtfertigen, kann dem oben aufgeführten Gedanken Rechnung getragen werden einen gerechten Ausgleich zwischen den mitgliedstaatlichen Regelungsinteressen im Bereich des direkten Steuerrechts und den Grundfreiheiten im Wege der praktischen Konkordanz zu erzielen. Auf diese Weise kann den expandierenden und konvergierenden Tendenzen auf Tatbestandsseite eine *Gegenkonvergenz* auf Rechtfertigungsebene gegenüber gestellt werden.[116] Zudem stehen die richterrechtlich geschaffenen Rechtfertigungsgründe der wirksamen steuerlichen Kontrolle und der steuerlichen Kohärenz ihrer Natur nach zu dem ausdrücklich genannten Rechtfertigungsgrund der öffentlichen Ordnung in einer gewissen Nähe.[117] Zudem sollte aufgrund der Tatsache, dass die Differenzierung zwischen offen und versteckt diskriminierenden Maßnahmen nicht zweifelsfrei durchführbar ist, auf diese Unterscheidung für den Umfang der Rechtfertigungsmöglichkeiten verzichtet werden.[118] Vor dem Hintergrund der oben genannten Argumente überzeugt es, Diskriminierungen generell durch nicht ausdrücklich im EG-Vertrag vorgesehene Gründe rechtfertigen zu können. Daher kommen auch zur Rechtfertigung der vorliegenden Diskriminierung unabhängig von ihrer Einordnung als versteckt oder offen diskriminierend ungeschriebene Rechtfertigungsgründe in Betracht.

Als zwingende Erfordernisse des Allgemeininteresses hat der EuGH dabei weder den bloßen Verlust von Steueraufkommen noch die mangelnde Harmonisierung der Rechtsvorschriften der Mitgliedstaaten anerkannt, um einem Mitgliedstaat die Behinderung des europäischen Wirtschaftsverkehrs zu gestatten. Auch vermeintlich bestehende Vorteile anderer Art, welche die Diskriminierung ausgleichen könnten oder der Verweis auf ein bestehendes Doppelbesteuerungsabkommen dispensieren nicht von der Beachtung der Grundfreiheiten.[119] Dem-

---

[115] Vgl. 3. Teil, II. Kapitel, 1. a. bb., S. 70 f. sodass konsequenterweise auch diese nicht durch ungeschriebene Rechtfertigungsgründe gerechtfertigt werden können.

[116] Vgl. A. Cordewener, Europäische Grundfreiheiten und nationales Steuerrecht, 2002, S. 247. Allerdings ist ihm insoweit nicht zu folgen, als er annimmt, infolge des Kohärenz-Verständnisses des EuGH bestünde bereits ein akzeptables Fundament für eine mitgliedstaatliche Rechtfertigung.

[117] Vgl. P. Bauschatz, IStR 2002, 291, 297.

[118] Ebenso: GA Jacob, Schlussanträge v. 21.03.2002, Rs. 136/00, *Danner*, EuGHE 2002, I-8147, Rd. 40.

[119] Vgl. EuGH-Urt. v. 28.01.1986, Rs. C-270/83, *avoir fiscal,* EuGHE 1986, 273, Rd. 18-26.

gegenüber vermögen die Gewährleistung einer wirksamen steuerlichen Kontrolle, der Kohärenz einer Steuerregelung und die Verhinderung missbräuchlicher Gestaltungen Beschränkungen der Niederlassungsfreiheit zu rechtfertigen, wenn sie dem Grundsatz der Verhältnismäßigkeit genügen. Daher ist zu prüfen, ob die vorstehend festgestellte Diskriminierung gerechtfertigt werden kann.

aa. Wahrung der Kohärenz des Steuersystems

Die „Notwendigkeit, die Kohärenz der Steuerregelung zu wahren", wurde als Rechtfertigungsgrund erstmals in den Urteilen *Bachmann* und *Kommission/ Belgien* anerkannt[120] und hat sich seitdem in der Rechtsprechung des EuGH und der Literatur fest etabliert. Diesen etwas *diffusen*[121] Begriff hat der Gerichtshof dem Grunde nach im Rahmen sämtlicher Marktfreiheiten anerkannt und inhaltlich sowohl in positiver wie negativer Hinsicht präzisiert. Eine kohärente Gesamtregelung liegt hiernach vor, wenn mehrere steuerliche Vorschriften unmittelbar, sachlich und inhaltlich aufeinander bezogen sind und diese gemeinsam eine angemessene und systemgerechte Regelung bilden.[122] Grundgedanke des Kohärenz-Grundsatzes ist es, die innerhalb eines nationalen Regelungsregimes bestehende Lastengleichheit und Systemgerechtigkeit zu sichern, indem verhindert wird, dass infolge grenzüberschreitender Tätigkeiten steuerliche Vorteile in Anspruch genommen werden, ohne dass entsprechende Belastungen getragen werden müssen – und damit der *free mover* zum *free rider* wird.[123]

Voraussetzung einer systematischen Gesamtregelung ist zunächst ein unmittelbarer sachlicher Zusammenhang im Sinne einer spezifischen Konditionalität zwischen konkreten Steuervor- und Nachteilen (1). Für diese strenge Wechselbeziehung reicht eine Kompensation in außersteuerlichen Bereichen nicht aus, vielmehr ist erforderlich, dass nur durch das Zusammenwirken der grundfreiheitsbeeinträchtigenden Norm und anderen Bestimmungen der Regelungszweck erreicht wird.[124] Der unmittelbare Zusammenhang darf zudem nicht auf die Ebene eines gegenseitigen Abkommens verlagert worden sein (2). Des Weiteren müssen die Vor- und Nachteile bei einem einzigen Steuerpflichtigen (3) einem verhältnismäßigen Ausgleich zugeführt werden (4).

---

[120] Die am selben Tag ergingen; EuGH-Urt. v. 28.01.1992, Rs. C-204/90, *Bachmann*, EuGHE 1992, I-249; v. 28.01.1992, Rs. C-300/90, *Kommission/Belgien*, EuGHE 1992, I-305.

[121] Vgl. GA Kokott, Schlussanträge v. 18.03.2004, Rs. C-319/02, *Manninen*, EWS 2004, 313, 317, Rd. 51.

[122] M. Elicker, IStR 2005, 89 ff.; A. Cordewener/ M. Dahlberg/ P. Pistone/ E. Reimer/ C. Romano, ET 2004, 218, 222.

[123] Vgl. D. Williams, EC Tax Review 1997, 4, 9 ff.

[124] Vgl. H. Hahn, IStR 2000, 436, 437.

(1)Unmittelbarer Zusammenhang

In den beiden Rechtssachen *Bachmann* und *Kommission/Belgien*[125], denen dieselbe Regelung des belgischen Einkommensteuergesetzes zu Grunde lag, hat der EuGH das Bestehen eines unmittelbaren Zusammenhangs zwischen der Möglichkeit, Versicherungsbeiträge von den steuerbaren Einkünften abzuziehen und der Besteuerung der von den Versicherungsgesellschaften in Erfüllung der Versicherungsverträge zu zahlenden Beträge anerkannt. Die Kohärenz des Steuersystems setzte voraus, dass die belgischen Steuerbehörden, wenn sie die Abzugsfähigkeit der Lebensversicherungsbeiträge von den steuerlichen Einkünften zuließen, die Gewissheit besitzen mussten, dass das von den Versicherungsgesellschaften bei Ablauf des Vertrages ausbezahlte Kapital später tatsächlich besteuert werden würde. Der Vorteil durch den steuermindernden Abzug der Aufwendungen wird durch den Nachteil der späteren Besteuerung des Auszahlungsbetrags kompensiert.[126]

Dabei überprüft der EuGH das Bestehen eines kohärenten Regelungssystems im Lichte der Zielsetzung der in Frage stehenden Steuerregelung.[127]

Der deutsche Gesetzgeber führt als sachliche Begründung für die fehlende Organträgereignung von Kapitalgesellschaften mit Sitz im Inland und Geschäftsleitung im Ausland an, dass in Fällen des Abschlusses eines DBA derartige Organträger als nicht im Inland ansässig gelten, mit der Folge, dass insoweit das deutsche Besteuerungsrecht hinsichtlich des zugerechneten Einkommens nicht in vollem Umfang aufrechterhalten bliebe.[128] Dies ist vor dem Hintergrund zu sehen, dass die einzelnen Organgesellschaften ihr Einkommen nicht mehr versteuern müssen [129], weil dieses auf Ebene des Organträgers im Inland steuerlich erfasst wird. Angesichts dieser Zielsetzung ist zu prüfen, ob im Rahmen der deutschen Organschaft ein unmittelbarer Zusammenhang zwischen der Fähigkeit, sich als Organträger zu qualifizieren – als steuerliche Begünstigung[130] –, und der abkommensrechtlichen Sicherstellung des deutschen Besteuerungsrechts, als korrespondierender steuerlicher Belastung, besteht.

---

[125] EuGH-Urt. v. 28.01.1992, Rs. C-204/90, *Bachmann*, EuGHE 1992, I-249 Rd. 21-23; v. 28.01.1992, Rs. C-300/90, *Kommission/Belgien*, EuGHE 1992, I-305 Rd. 14 ff.

[126] Nur die an belgische Versicherungsgesellschaften geleisteten Beiträge konnten die steuerliche Bemessungsgrundlage mindern, da auch nur die Besteuerung der später von den belgischen Versicherungsgesellschaften zu zahlenden Pensionen, Renten oder Kapitalabfindungen gesichert war.

[127] Vgl. EuGH-Urt. v. 07.09.2004, Rs. C-319/02, *Manninen*, EWS 2004, 454 Rd. 43; v. 11.03.2004, Rs. C-9/02, *De Lasteyrie du Saillant*, IStR 2004, 236 Rd. 67 ; GA Poiares Maduro, Schlussanträge v. 07.04.2005, Rs. C- 446/03, *Marks & Spencer*, RIW 2005, 383 Rd. 71.

[128] Vgl. Bundesregierung, RegEntw UntStFG, BT-Drs. 14/6882, S. 37.

[129] Abgesehen von Ausgleichszahlungen an Minderheitsaktionäre, § 16 KStG.

[130] Die Verlustverrechnung kann eine Minderung der Steuerbelastung bewirken.

Um eine kohärente Regelung zu bilden, müsste bei allen gemäß § 14 Abs. 1 Satz 1 Nr. 2 KStG in Betracht kommenden Organträgern sichergestellt sein, dass die Besteuerung des zugerechneten Einkommens der Organgesellschaften abkommensrechtlich nicht in Frage gestellt ist.[131] Dies ist zunächst für Organträger in der Rechtsform einer Kapitalgesellschaft zu prüfen:

Eine Kapitalgesellschaft mit ausländischem Satzungssitz und inländischem Ort der Geschäftsleitung wird in beiden Staaten unbeschränkt steuerpflichtig sein, da die nationalen Steuerrechtsordnungen die Steuerpflicht von Kapitalgesellschaften als juristische Personen regelmäßig entweder an einen Sitz *oder* Ort der Geschäftsleitung in ihrem Hoheitsgebiet knüpfen, vgl. § 1 Abs. 1 KStG.[132] Haben die beiden Staaten ein DBA abgeschlossen, wird ein solcher Konflikt der doppelten unbeschränkten Steuerpflicht in beiden Vertragsstaaten in der Weise gelöst, dass einem der Vertragsstaaten der Vorrang als Ansässigkeitsstaat[133] zugewiesen wird mit der Folge, dass das Abkommen so anzuwenden ist, als wäre die Gesellschaft allein in diesem Staate ansässig.[134] Als vorrangiger Ansässigkeitsstaat im abkommensrechtlichen Sinne gilt in der Regel der Staat, an dem sich der „Ort der tatsächlichen Geschäftsleitung" befindet, Art 4 Abs. 3 OECD-MA. Da dieser Ort abkommensrechtlich häufig nicht definiert ist, ist er gemäß Art 3 Abs. 2 OECD-MA unter Zuhilfenahme des innerstaatlichen Rechts auszulegen und stimmt daher weitgehend mit dem Begriff des Ortes der Geschäftsleitung gemäß § 10 AO überein.[135] Folglich gilt eine Gesellschaft mit Geschäftsleitung in Deutschland auch für Zwecke der abkommensrechtlichen Verteilungsnormen und des Methodenartikels als in der Bundesrepublik ansässig

[131] Vgl. EuGH-Urt. v. 03.10.2002, Rs. C-136/00, *Danner*, EuGHE 2002, I-8147, Rd. 36 ff.

[132] Vgl. K. Schmidt, RIW 1987, 35, 36.

[133] In der Terminologie der DBA begründet die doppelte unbeschränkte Steuerpflicht eine doppelte Ansässigkeit, denn die Abkommen setzen bei der Bestimmung darüber, in welchem Vertragsstaat eine Gesellschaft für die Anwendung ihrer Vorschriften als ansässig zu betrachten ist, bei der unbeschränkten Steuerpflicht an, vgl. § 4 Abs. 1 OECD-MA.

[134] Als problematisch könnte sich jedoch darstellen, dass das Abkommensrecht erfordert, dass ein und dieselbe Gesellschaft in beiden Vertragsstaaten unbeschränkt steuerpflichtig ist. Vorstehend wurde jedoch erörtert, dass die Verlegung des Verwaltungssitzes in einen Staat, dessen Internationales Gesellschaftsrecht der Sitztheorie folgt, zum Untergang der Kapitalgesellschaft führt und diese folglich regelmäßig als nicht rechtsfähiger Verein qualifiziert wird. Daher könnte die Identität des Steuerpflichtigen mit der Konsequenz in Frage gezogen werden, dass die Kollisionsregel der DBA und somit der von DBA für den Fall doppelter Ansässigkeit gewährte Abkommensschutz nicht eingreifen könnte. In Anbetracht des Umstandes, dass die Gesellschaft jedoch weiterhin als Körperschaftsteuersubjekt angesehen wird und sich das Steuerstatut nicht wandelt, sprechen der Sinn und Zweck der DBA, eine Doppelbesteuerung zu vermeiden dafür, für die Kollisionsregelung von ein und derselben Gesellschaft auszugehen, vgl. H. Debatin, GmbHR 1991, 164, 169 f.

[135] Sofern der Abkommenszusammenhang nichts anderes erfordert, vgl. allgemein K. Vogel, in Ders., DBA, Art 4 Rd. 26a.

und das deutsche Besteuerungsrecht ist sichergestellt. Mithin besteht ein unmittelbarer Zusammenhang zwischen der Möglichkeit der Verlustverrechnung und der Besteuerung des Organeinkommens. Indem die Norm die Organträgereignung bei Kapitalgesellschaften an eine inländische Geschäftsleitung knüpft, ist die inländische Besteuerung abkommensrechtlich sichergestellt.

Um den Ausschluss von Kapitalgesellschaften mit ausländischer Geschäftsleitung und inländischem Sitz im zu begutachtenden Fall zu rechtfertigen, müsste das deutsche Besteuerungsrecht bezüglich des Organeinkommens abkommensrechtlich in Frage stehen. Gemäß Art 4 Abs. 3 OECD-MA ist der ausländische Geschäftsleitungs-Staat als abkommensrechtlicher Ansässigkeitsstaat zu qualifizieren, sodass der deutsche *Nicht-Ansässigkeitsstaat* auf die Besteuerung des Welteinkommens verzichtet und die Ausübung des Besteuerungsrechts auf bestimmte inländische Quelleneinkünfte, wie Unternehmensgewinne, die einer inländischen Betriebstätte zuzurechnen sind, begrenzt ist, Art 7 OECD-MA. Unterhält die Kapitalgesellschaft im Inland keine Betriebstätte, werden ihre Unternehmensgewinne von deutscher Steuer freigestellt, Art 7 OECD-MA. Wären auch die zugerechneten Einkommen der Organgesellschaften unter den Begriff der Unternehmensgewinne der Muttergesellschaft im Sinne des Art 7 OECD-MA zu subsumieren, wäre das deutsche Besteuerungsrecht auch bezüglich dieser entzogen. Vor dem Hintergrund, dass Organgesellschaften sowohl nach der Anti-Organ-Klausel des Art 7 Abs. 5 OECD-MA als auch nach innerstaatlichem Recht als selbständige Steuersubjekte anerkannt werden, ließe sich vertreten, dass es sich bei dem zugerechneten Einkommen nicht um den „Gewinn eines Unternehmens eines Vertragsstaates“ im Sinne des Art 7 Abs. 1 OECD-MA handelt.[136] Für steuerliche Zwecke werden das zugerechnete und das eigene Einkommen des Organträger jedoch als Einheit behandelt und einheitlich der Besteuerung auf Ebene des Organträgers unterworfen. Infolgedessen ist von dem Gewinn eines Unternehmens im Sinne des Art 7 OECD-MA auszugehen, sodass auch die zugerechneten Gewinne der Organgesellschaft im Inland freizustellen sind.[137]

Konsequenz der Anerkennung der Organträgereignung von Kapitalgesellschaften mit inländischem Sitz und ausländischem Ort der Geschäftsleitung wäre folglich die Gewährung einer steuerlichen Begünstigung infolge der Verlustverrechnung ohne korrelierende steuerliche Belastung. Ebenso wie in der Rechtssache *Bachmann* die Abzugsfähigkeit der Versicherungsbeiträge nicht gewährt zu werden brauchte, wenn die Besteuerung der Auszahlung der Versicherungsleistungen nicht gewährleistet werden kann, muss keine Ergebnisverrechnung ermöglicht werden, wenn die Besteuerung des Saldos im Inland nicht

[136] So: C. Staringer, Besteuerung doppelt ansässiger Kapitalgesellschaften, 1999, S. 360.
[137] Vgl. BMF-Schr. v. 08.12.2004, IV B 4 – S 1301 USA – 12/04, DB 2004, 2723 f.; M. Lang, SWI 2003, 215, 221.

sichergestellt ist, da dies die Kohärenz des nationalen Steuersystems in Frage stellen würde.

Dem Bestehen eines kohärenten Regelungszusammenhanges steht vorliegend nicht entgegen, dass die infolge des Ausschlusses von der Organträgereignung erlittenen Nachteile der Kapitalgesellschaft nicht durch anderweitige Vorteile ausgeglichen werden können.[138] Zu verlangen, dass jedweder steuerliche Nachteil durch steuerliche Vorteile kompensiert werden muss, um dem Kohärenz-Grundsatz zu genügen, würde die Systematik eines jeden nationalen Steuersystems überfordern.[139] Eine solche Forderung kann auch der Rechsprechung des EuGH nicht entnommen werden.[140] Daher ist eine Rechtfertigung zu bejahen, wenn der steuerlichen Begünstigung systemimmanent eine Belastung gegenübersteht; kann dieser Systemzusammenhang bei dem von der Begünstigung Ausgeschlossenen nicht sichergestellt werden, muss ihm auch die Begünstigung nicht gewährt werden.

Schließlich erfordert eine auf dem Kohärenz-Grundsatz basierende Rechtfertigung, dass der Zusammenhang zwischen dem steuerlichen Vor- und Nachteil konsequent verfolgt wird; genügt bereits das nationale Recht nicht den Prinzipien der Sachgerechtigkeit und der darauf aufbauenden Folgerichtigkeit, kann der Funktionszusammenhang a fortiori auch nicht durch die Grundfreiheiten zerstört werden. Um ein kohärentes Gesamtsystem zu bilden, müsste auch bei Organträgern anderer Rechtsformen, wie natürlichen Personen, Personengesellschaften und Zweigniederlassungen ausländischer Organträger die inländische Besteuerung abkommensrechtlich sichergestellt sein.[141]

Bei Organträgern in der Rechtsform einer Personengesellschaft ist der inländische Ort der Geschäftsleitung Voraussetzung für die Organträgereignung und der Zusammenhang zwischen der Organträgereignung und der abkommensrechtlichen Aufrechterhaltung des deutschen Besteuerungszugriffs ist gewahrt.[142] Demgegenüber kommen natürliche Personen auch als Organträger in Betracht, wenn sie – etwa bei doppeltem Wohnsitz ohne inländische Be-

[138] A.A. G. Laule, Auswirkungen der EuGH-Rechtsprechung auf deutsche Steuervorschriften, 2003, S. 52.

[139] Zumal der EuGH einen unmittelbaren Zusammenhang nicht anerkennt, wenn Benachteiligungen lediglich durch an anderer Stelle im Steuersystem gewährte Vergünstigungen ausgeglichen werden (Urt. v. 28.01.1986, Rs. C-270/83, *avoir fiscal*, EuGHE1986, 273, 305 Rd. 21.

[140] Vgl. EuGH-Urt. v. 08.03.2001, Rs. C-397 u C-410/98, *Metallgesellschaft Ltd. u.a. Hoechst*, EuGHE 2001, I-1727 Rd. 69 ff.; v. 11.03.2004, Rs. C-9/02, *De Lasteyrie du Saillant*, GmbHR 2004, 504 Rd. 61-67. So weist der EuGH in der Rs. *Bosal* (EuGH-Urt. v. 18.09.2003, Rs. C-168/01, EuGHE 2003, I-9401, Rd. 33) allein auf den fehlenden Kohärenzzusammenhang hin; die Muttergesellschaft kann ihre Finanzierungskosten bzgl. im Ausland ansässiger Töchter nicht abziehen, ist jedoch im Inland steuerpflichtig.

[141] Vgl. EuGH-Urt. v. 03.10.2002, Rs. C-136/00, *Danner*, EuGHE 2002, I-8147, Rd. 36 ff.; a.A. J. Englisch, IStR 2006, 22 f.

[142] Steuerpflichtig sind jedoch die Gesellschafter.

triebstätte – abkommensrechtlich als im Ausland ansässig gelten, mit der Folge, dass der deutsche Besteuerungszugriff eingeschränkt wird.[143] Die abkommensrechtliche Aufrechterhaltung des deutschen Besteuerungszugriffs ist auch für deutsche Zweigniederlassungen ausländischer gewerblicher Unternehmen als Organträger nicht immer gewährleistet: zwar ist nach § 18 KStG das Einkommen der Organgesellschaft den beschränkt steuerpflichtigen Einkünften aus der inländischen Zweigniederlassung zuzurechnen. Für die abkommensrechtliche Zuordnung ist jedoch – unabhängig hiervon – der funktionale Zusammenhang zu der in der Betriebstätte ausgeübten Tätigkeit entscheidend.[144] Unter Berücksichtigung des Umstandes, dass weder die wirtschaftliche noch die organisatorische Eingliederung der Organgesellschaft in die Betriebstätte des ausländischen Organträgers Voraussetzung der Organträgereignung ist, wird die funktionale Zuordnung zu der Betriebstätte nicht ohne Weiteres sichergestellt.[145] In der überwiegenden Zahl der Fälle werden die Besteuerungsrechte der Bundesrepublik Deutschland jedoch auch bei natürlichen Personen und Zweigniederlassungen ausländischer Organträger abkommensrechtlich nicht begrenzt werden. Diese Konstellationen vermögen den grundsätzlich bestehenden Zusammenhang zwischen der Organträgereignung und der Aufrechterhaltung des deutschen Besteuerungsrechts daher nicht in Frage zu stellen.

Mithin besteht ein kohärenter Regelungszusammenhang. Den Umstand einbeziehend, dass bei Mutter-Kapitalgesellschaften mit inländischem Sitz und ausländischem Geschäftsleitungsort nicht sichergestellt ist, dass das deutsche Besteuerungsrecht bezüglich des Einkommens des Organkreises abkommensrechtlich ausgeübt werden kann, kann diesen der Zugang zu einer Besteuerung im Rahmen der Organschaft verweigert werden, um die Kohärenz der Steuerregelung zu wahren.[146]

(2) Keine Verlagerung des Kohärenzzusammenhangs auf die Ebene eines DBA

Welche Rolle den DBA bei der Festlegung eines kohärenten Steuersystems zukommt, ist nicht abschließend geklärt. Der EuGH hat in früheren Entscheidungen vertreten, dass ein kohärentes Regime dann nicht bestehen könne, wenn der Mitgliedstaat von dem auf nationaler Ebene gegebenen unmittelbarem Zusammenhang zwischen steuerlichen Vor- und Nachteilen auf Ebene eines DBA abweiche, indem er Vorteile gewähre, ohne die korrespondierende Belastung

---

143 Kritisch insoweit: H. Schaumburg, in: Herzig (Hrsg.), Organschaft, 2003, S. 419, 429.

144 Vgl. BFH-Urt. v. 26.02.1992, I R 85/91, BStBl. II 1992, 937; D.J. Piltz, in: Debatin/ Wassermeyer, OECD-MA, Art 7, Rn. 113.

145 Vgl. H. Schaumburg, in: Herzig (Hrsg.), Organschaft, 2003, S. 419, 430.

146 Vgl. G. Saß, BB 1999, 447, 451; O. Thömmes, in: Herzig (Hrsg.), Organschaft, 2003, S. 525, 536.

sicherzustellen.[147] Hierdurch erkenne der Mitgliedstaat an, dass die besondere Belastung eines grenzüberschreitenden Vorgangs für die Systemgerechtigkeit und damit die Kohärenz der Steuerregelung nicht erforderlich sei.[148] In seiner jüngeren Rechtsprechung hat er diese Voraussetzung für die Anerkennung eines kohärenten Regelungszusammenhangs jedoch nicht mehr geprüft.[149]

Da in keinem zwischen Deutschland und einem anderen Mitgliedstaat abgeschlossenen DBA eine Ausweitung der Organschaftsbestimmungen vorgesehen ist, ist eine Derogation der intern bestehenden Kohärenz vorliegend nicht zu verzeichnen. Stattdessen berücksichtigt das nationale Organschaftsrecht im Rahmen der Regelung der Tatbestandsvoraussetzungen für die Organträgereignung die Folgen der abkommensrechtlichen Lösung des Doppelbesteuerungsproblems in Fällen doppelter Ansässigkeit und setzt diese konsequent um.[150]

(3) Identität des Steuerpflichtigen

Da der Vorteil der Verlustverrechnung auf der Ebene des Organträgers durch den Nachteil der Besteuerung des Organeinkommens auf selbiger Ebene kompensiert wird, treten Vor- und Nachteile beim selben Steuerpflichtigen ein.

(4) Verhältnismäßigkeit

Voraussetzung für eine kohärente Regelung ist schließlich, dass die vom Gesetzgeber verfolgte Intention auf verhältnismäßige Art und Weise umgesetzt wird. Daher müsste der Ausschluss von Muttergesellschaften mit Sitz im Inland und Geschäftsleitung im Ausland im Hinblick auf die Zielsetzung der abkommensrechtlichen Aufrechterhaltung des deutschen Besteuerungsrechts geeignet, erforderlich und verhältnismäßig sein, vgl. Art 5 Abs. 3 EGV.[151] Die Geeignetheit ist zu bejahen. In Frage steht jedoch die Erforderlichkeit, denn diese ist immer dann nicht gegeben, wenn eine die grenzüberschreitende Betätigung weniger belastende Maßnahme existiert, welche die Kohärenz des Steuersystems ebenfalls gewährleistet und mit der Zielsetzung der Organschaft in Einklang

---

[147] Z.B. EuGH-Urt. v. 11.08.1995, Rs. C-80/94, *Wielockx*, EuGHE 1995, I-2493, Rd. 16-23 ff.

[148] DBA können das Kohärenzargument nur entkräften, A. Cordewener, Europäische Grundfreiheiten und nationales Steuerrecht, S. 969 ff. Kritisch: J. Englisch, StuW 2003, 88, 96.

[149] Vgl. die Rechtssachen *Lenz* und *Manninen* und die Schlussanträge zur Rechtssache *Marks & Spencer*. Mit J. Englisch (IStR 2004, 684, 685) ist daher zu hoffen, dass der EuGH von der unsachgemäßen Vermengung internationaler Steuergerechtigkeit und zwischenstaatlicher Verteilungsgerechtigkeit abrückt.

[150] A.A. L. Micker, DB 2003, 2734, 2738, auf die Gewinnbesteuerung werde verzichtet.

[151] Dabei stellt der Verhältnismäßigkeitsgrundsatz einen allgemeinen Rechtsgrundsatz des Gemeinschaftsrechts dar. Er kann aus dem Rechtsstaatsprinzip abgeleitet werden und dient der Begrenzung übermäßiger Machtausübung. Der EuGH wendet den Grundsatz seit 1956 an, ohne den Ursprung zu bestimmen (Urt. v. 29.11.1956, Rs. 8/55, *Fédération Charbonnière*, EuGHE 1955-1956, 297, 311). Der Inhalt entspricht dem des Verhältnismäßigkeitsgrundsatzes im deutschen Verfassungsrecht, vgl. M. Schweitzer/ W. Hummer, Europarecht, Rn. 790 f.

steht. Der Erforderlichkeit könnte daher entgegenstehen, dass der Zweck der Sicherstellung des deutschen Besteuerungsrechts hinsichtlich des zugerechneten Einkommens nicht gefährdet wird, wenn kein DBA abgeschlossen wurde.[152] Außerdem enthalten einige von der Bundesrepublik Deutschland abgeschlossene DBA keine dem Art 4 Abs. 3 OECD-MA entsprechende Regelung.[153] Schließlich wird das deutsche Besteuerungsrecht abkommensrechtlich dann nicht in Frage gestellt, wenn die doppelt ansässige Kapitalgesellschaft am Ort ihres statutarischen Sitzes eine Betriebstätte unterhält, vgl. Art 4 Abs. 3 und 7 OECD-MA i.V.m. § 49 Abs. 1 Nr. 2a EStG. Da Art 4 Abs. 3 OECD-MA die Bundesrepublik auf eine Quellenstaatsposition verweist, besteht im Hinblick auf das deutsche Besteuerungsrecht kein Unterschied zu den Fällen des § 18 KStG, wonach Gesellschaften mit ausländischem Sitz und Geschäftsleitungsort mit einer inländischen Zweigniederlassung und somit einer Betriebstätte (§ 12 Satz 1 Nr. 2 AO) als Organträger fungieren können, obwohl sie einen geringeren Inlandsbezug aufweisen als doppelt ansässige Gesellschaften.[154] Vielmehr befinden sich beschränkt und unbeschränkt steuerpflichtige Gesellschaften in Bezug auf die Besteuerung der in Deutschland erwirtschafteten Gewinne in einer objektiv gleichen Lage, sodass der abkommensrechtliche Verzicht des Sitzstaates nicht Anlass einer Benachteiligung sein kann.

Als milderes Mittel könnte die inländische Besteuerung der Organeinkünfte in diesen Konstellationen dadurch sichergestellt werden, dass ebenso wie bei ausländischen Organträgern die für die finanzielle Eingliederung erforderliche Beteiligung an den Organgesellschaften einer im Handelsregister eingetragenen inländischen Zweigniederlassung zuzurechnen sein müssen und der Gewinnabführungsvertrag unter deren Firma abgeschossen werden muss.[155] Der Ausschluss stellt sich daher als unverhältnismäßig dar. Um die Kohärenz der Organschaftsregelung zu wahren, müssen Muttergesellschaften mit Sitz im Inland und Geschäftsleitung im Ausland mithin nicht von der Organträgereignung ausgeschlossen werden. Eine dahingehende Rechtfertigung ist nicht möglich.

bb. Wahrung der Aufteilung der Besteuerungsbefugnisse zwischen den Mitgliedstaaten

In der Rechtssache *Marks & Spencer* erkennt der EuGH das mitgliedstaatliche Interesse an der „Wahrung der Ausgewogenheit der Aufteilung der Besteuerungsbefugnisse" zwischen den Mitgliedstaaten als Rechtfertigungsgrund an. Im

---

[152] Vgl. Bundesregierung, RegEntw UntStFG, BT-Drs. 14/6882, S. 37.

[153] So die DBA mit Irland, Japan, Kuwait, den Vereinigten Arabischen Emiraten, vgl. Übersicht von M. Lehner, in: Vogel/ Lehner, DBA, Art 4 Rd. 121.

[154] Vgl. W. Meilicke DB 2002, 911; G. Frotscher, DK 2003, 98, 102; H. Schaumburg, in: Herzig (Hrsg.), Organschaft, 2003, S. 421.

[155] Vgl. insoweit auch die österreichische Rechtslage, 4. Teil, II. Kapitel, 1., S. 179.

Ergebnis sieht der Gerichtshof die ausgewogene Aufkommensverteilung gefährdet, wenn die Besteuerungsgrundlage in dem einen Mitgliedstaat erweitert und im zweiten Staat entsprechend verringert werden könnte.[156] Die Mitgliedstaaten können demnach verhindern, dass über das Instrument der Organschaft, Steuersubstrat beliebig zwischen den Mitgliedstaaten verschoben werden kann.[157]

Würde sich eine Muttergesellschaft mit Geschäftsleitung im Ausland und Sitz im Inland als Organträgerin qualifizieren, bestünde die Gefahr, dass die im Inland erwirtschafteten der Muttergesellschaft zugerechneten Gewinne der Tochtergesellschaften steuerwirksam in andere Mitgliedstaaten verlagert werden.

Allerdings könnte die inländische Besteuerung der Organeinkünfte auch dadurch sichergestellt werden, dass die für die finanzielle Eingliederung erforderliche Beteiligung an den Organgesellschaften einer im Handelsregister eingetragenen inländischen Zweigniederlassung zuzurechnen und der Gewinnabführungsvertrag unter deren Firma abgeschossen werden muss. Daher würde sich der gänzliche Ausschluss als unverhältnismäßig darstellen.

Weitere Klärung in Bezug auf die Voraussetzungen des Rechtfertigungsgrundes und der europarechtlichen Bewertung dieser Konstellation ist von der Rechtssache *Oy Esab* zu erwarten. Diese betrifft das finnische *Group Contribution-Regime*, welches den Transfer von positiven und negativen Einkommen auf andere Konzerngesellschaften vorsieht.[158]

cc. Gewinnabführungsvertrag

Der Ausschluss von Kapitalgesellschaften mit inländischem Sitz und ausländischem Ort der Geschäftsleitung von der Organträgereignung könnte dadurch gerechtfertigt sein, dass die Gesellschaft die weitere Tatbestandsvoraussetzung des Abschlusses eines wirksamen Gewinnabführungsvertrags nicht erfüllen und sich schon aus diesem Grunde nicht als Organträgerin qualifizieren kann.

Um einen Rechtfertigungsgrund zu bilden, müsste dem Erfordernis der Rang beizumessen sein, der nach Art 46 EGV mit dem dort erwähnten *ordre public* für das Allgemeininteresse gefordert wird. Angesichts des im deutschen Steuerrecht geltenden Grundsatzes der Individualbesteuerung (§§ 1 Abs. 1, 2 Abs. 1 EStG, 1 Abs. 1, 2 KStG), bedarf eine Durchbrechung dieses Prinzips der Rechtfertigung, um den Anforderungen an eine gerechte, folgerichtige und an der Leistungsfähigkeit der einzelnen Steuerpflichtigen orientierten Besteuerung zu genügen. Dementsprechend ist die im Rahmen der Organschaft infolge der gemeinsamen Besteuerung verbundener Unternehmen vorgesehene Ausnahme von

[156] EuGH-Urt. v. 13.12.2006, Rs. C-334/03, *Marks & Spencer*, BB 2006, 23 Rd. 45 f.
[157] Vgl. J. Hey, GmbHR 2006, 113, 115.
[158] Vgl. N. Herzig/ T. Wagner, DB 2005, 2374 ff.

dem Grundsatz der Individualbesteuerung zu rechtfertigen.[159] Diese Rechtfertigungsmöglichkeit dient in Ansehung der verfassungsrechtlichen Anforderungen an die Realisierung einer gerechten Besteuerung dem Allgemeininteresse.

Als Rechtfertigungsgrund kommt dabei – in Übereinstimmung mit der überwiegenden Ansicht[160] – die Kombination aus der finanziellen Eingliederung sowie dem Abschluss eines Gewinnabführungsvertrags in Betracht. Denn Inhalt eines derartigen Vertrages ist die Verpflichtung zur Gewinnabführung und dessen gesetzliche Folge besteht in einer Verlustübernahmepflicht des Organträgers. Hierdurch wird gewährleistet, dass die Gewinne der Organgesellschaften die Leistungsfähigkeit des Organträgers tatsächlich erhöhen beziehungsweise deren Verluste die steuerliche Leistungsfähigkeit mindern[161] und somit die Tätigkeit der Organgesellschaften auf Rechnung des Organträgers ausgeübt wird.[162] Aus diesem Grunde ist die Existenz eines Gewinnabführungsvertrags als tragender Grund für die Zurechnung des Einkommens der Organgesellschaften zum Organträger und der gemeinsamen Besteuerung der eigenständigen Unternehmen des Organkreises zu qualifizieren. Er vermag die Durchbrechung des Grundsatzes der Individualbesteuerung zu rechtfertigen.[163]

Um den Ausschluss zu begründen, müsste eine Muttergesellschaften mit inländischem Sitz und ausländischem Ort der Geschäftsleitung keinen wirksamen Gewinnabführungsvertrag abschließen können. Vor Klärung der Frage, ob eine doppelt ansässige Gesellschaft einen derartigen Vertrag zulässigerweise vereinbaren kann, ist zunächst das auf den Vertragsschluss anwendbare Recht zu bestimmen. Im multinational aufgestellten Konzern unterliegen die sich im Zusammenhang mit grenzüberschreitenden Gewinnabführungsverträgen stellenden Fragen dem Recht, welches für die abhängige Gesellschaft maßgebend ist.[164] Da sich deren Sitz zwingend im Inland befindet, ist das deutsche Gesellschaftsrecht (§§ 291 ff. AktG) anwendbar.

---

[159] Vgl. M. Orth, DK 2005, 79, 97. Die verfassungsrechtliche Dimension einer zusammengefassten Besteuerung zeigt auch die Rechtsentwicklung der heutigen Zusammenveranlagung von Ehegatten, § 26b EStG, vgl. K. Tipke, Die Steuerrechtsordnung, Bd. I, 2000, 515 ff.

[160] Vgl. S. Neumann, in: Gosch, KStG, § 14 Rd. 170; BMF, Bericht der Bundesregierung zur Fortentwicklung des Unternehmenssteuerrechts, Beilage zu FR 11/2001, 1, 16 f., 20 f.; G. Müller-Gatermann, in: FS für W. Ritter, 1997, S. 457, 464.

[161] Zumindest insoweit als das abgeführte handelsrechtliche Ergebnis mit dem steuerrechtlich zuzurechnenden Einkommen übereinstimmt, vgl. zu Mehr- und Minderabführungen: 2.Teil, II. Kapitel, 3. b., S. 30 f.

[162] Die Verlustübernahmeverpflichtung hebt faktisch die Haftungsbegrenzung des Organträgers auf das Eigenkapital der Organgesellschaft auf, vgl. H. Mösbauer, FR 1989, 473.

[163] Und die gesellschaftsrechtlich bewirkte Vermögensverschiebung ist der Sphäre der steuerlich relevanten Geschäftsvorfälle zuzuordnen. Vgl. S. Neumann, in: Gosch, KStG, § 14 Rd. 170; G. Müller-Gatermann, in: FS für W. Ritter, 1997, S. 457, 464; BMF, Bericht der Bundesreg. zur Fortentwicklung des Unternehmenssteuerrechts, Beilage zu FR 11/2001, 1, 16 f.

[164] Vgl. 2. Teil, II. Kapitel, 4. b. aa., S. 23.

Nach Wortlaut, systematischem Zusammenhang und Sinn und Zweck des § 291 AktG kommen auch herrschende Unternehmen, welche einem ausländischen Gesellschaftsstatut unterliegen, als Partner eines Gewinnabführungsvertrags in Betracht.[165] Voraussetzung für einen wirksamen Vertragsschluss ist weiterhin die Rechtsfähigkeit der doppelt ansässigen Kapitalgesellschaft. Wie bereits ausgeführt[166], ist ein identitätswahrender Wegzug möglich, wenn der ausländische Staat der Gründungstheorie folgt, sodass die Gesellschaft weiterhin rechtsfähig ist und einen wirksamen Gewinnabführungsvertrag abschließen kann. Findet jedoch die Sitztheorie Anwendung, vertritt die h.M., dass die Kapitalgesellschaft ihre Rechtsfähigkeit als juristische Person verliert.[167] Das nunmehr bestehende Rechtsgebilde wird von der h.M. als nicht rechtsfähiger Verein, Personengesellschaft[168] oder als Vorgesellschaft[169] eingeordnet. Auch diese kommen jeweils als Träger von Rechten und Pflichten in Betracht und können Partner eines Gewinnabführungsvertrags nach § 291 AktG sein.[170] Mithin besteht die für den Abschluss eines wirksamen Gewinnabführungsvertrags notwendige Rechtsfähigkeit trotz des Wegzugs fort. Dieses Erfordernis kann nicht zur Rechtfertigung des Ausschlusses von der Organschaft angeführt werden.

d. Ergebnis und Rechtsfolge

Die fehlende Organträgereignung von Kapitalgesellschaften, die ihre Geschäftsleitung ins Ausland verlegen und ihren inländischen Satzungssitz beibehalten, verstößt gegen ihre Niederlassungsfreiheit gemäß Art 43, 48 EGV.

Aus dem Anwendungsvorrang der Grundfreiheiten vor dem nationalen Steuerrecht folgt, dass die gegen die Niederlassungsfreiheit verstoßenden Organschaftsbestimmungen nicht nichtig, sondern lediglich im Kollisionsfall unanwendbar sind.[171] Die Regelungen sind mithin so zu interpretieren, als wären die beschränkenden Tatbestandsmerkmale nicht enthalten.[172] § 18 KStG ist daher europarechtskonform in der Weise auszulegen, dass auch Muttergesellschaften mit einem inländischem Sitz und einer Geschäftsleitung im Ausland als Organträger in Betracht kommen, wenn sie unter ihrer inländischen Zweigniederlassung einen Gewinnabführungsvertrag abschließen.

---

[165] Vgl. H.-G. Koppensteiner, in: KölnerKomm., Vorb. § 291 Rd. 6, 12.
[166] 3. Teil, II. Kapitel, 1. b., S. 77 f.
[167] 3. Teil, II. Kapitel, 1. b., S. 76 f.
[168] Vgl. BFH-Urt. v. 23.06.1992, IX R 182/87, BStBl. II 1992, S. 972 ff.; E. Dötsch; in: D/E/J/W, KStG, § 14 Rd. 7; G. Frotscher, in: Ders./ Maas, KStG, § 1 Rd. 44; H. Debatin, GmbHR 1991, 164, 167.
[169] So: C. Strainger, Besteuerung doppelt ansässiger Kapitalgesellschaften, 1999, S. 130 ff.; H. Dinkhoff, Internationale Sitzverlegung von Kapitalgesellschaften, 2001, S. 252.
[170] BGH-Urt. v. 21.03.1986, V ZR 10/85, BGHZ 97, 269 ff.
[171] Grundlegend: EuGH-Urt. v. 15.07.1964, Rs. 6/64, *Costa/ENEL*, EuGHE 1964, 1251.
[172] Vgl. A. Cordewener, DStR 2004, 6, 12.

Ein Tätigwerden des Gesetzgebers ist unter dem Aspekt des *effet utile* und der Rechtssicherheit zu fordern, um aufgrund des entgegenstehenden Wortlauts die Ausübung der Grundfreiheiten nicht zu behindern. Gleiches gilt im Anwendungsbereich des EWRA[173] und gegenüber Staaten, mit denen DBA vereinbart wurden, die dem Art 24 Abs. 5 OECD-MA entsprechende Diskriminierungsverbote enthalten.[174] Im Verhältnis zu Drittstaaten wird sich die Europarechtswidrigkeit aufgrund der Kapitalverkehrsfreiheit gemäß Art 56 EGV ergeben, da diese auch Beschränkungen des Kapitalverkehrs zwischen „den Mitgliedstaaten und dritten Ländern" verbietet und ihr somit „erga omnes-Wirkung" zukommt.[175]

2. Ausschluss von ausländischen Muttergesellschaften

a. Beeinträchtigung der Niederlassungsfreiheit

Eine Kapitalgesellschaft mit ausländischem Sitz und Ort der Geschäftsleitung, welche die Stimmrechtsmehrheit an einer im Inland ansässigen Tochtergesellschaft hält, muss zumindest eine Betriebstätte im Inland errichten, um die Ergebnisse ihrer inländischen Tochtergesellschaft mittels Organschaft verrechnen zu können.[176] Da inländische Muttergesellschaften unmittelbar mit einer Tochtergesellschaft einen Organkreis bilden können, werden an ausländische Muttergesellschaften höhere Anforderungen gestellt. Die mit deren Erfüllung verbundenen Belastungen führen zu einer Benachteiligung des grenzüberschreitenden Sachverhalts und sind geeignet, eine Muttergesellschaft mit Sitz und Geschäftsleitung im Ausland von der Ausübung ihrer Niederlassungsfreiheit abzuhalten.

---

[173] Dem Abkommen über den Europäischen Wirtschaftraum (EWRA) gehören neben den Mitgliedstaaten der EU Island, Norwegen und Liechtenstein an. Die EWR-Grundfreiheiten stellen weitgehend gleiche Anforderungen an das deutsche Steuerrecht. Daher wird ein Verstoß gegen die Grundfreiheiten des EGV auch einen Verstoß gegen die des EWRA begründen (Art 6 EWRA bzw. Art 3 des Abkommens zwischen den EFTA-Staaten zur Errichtung einer Überwachungsbehörde und eines Gerichtshofs). Vgl. A. Cordewener, FR 2005, 263, 241.

[174] Wie z.B. XXV Abs. 5 des Freundschafts-, Handels- und Schifffahrtsvertrages zwischen der BRD und den Vereinigten Staaten von Amerika v. 29.10.1954, BGBl. II 1956, S. 488, vgl. BFH-Urt. v. 29.01.2003 I R 6/99, BFH/NV 2003, 969. Kritisch: A. Rust, IStR 2003, 658 ff.

[175] So nahm das FG Düsseldorf (Urt. v. 14.09.2004, 6 K 3796/01) einen Verstoß gegen Art 56 EGV an, der jedoch durch die *Stand-still-Klausel* des Art 57 EGV gedeckt sei. Da die §§ 14 ff. KStG bereits zum 31.12.1993 bestanden haben, könnte die Klausel auch hier greifen. H. Rehm/ J. Nagler (IStR 2005, 261 ff.) vertreten demgegenüber, dass Art 57 EGV auf steuerliche Vorschriften nicht anwendbar sei, vielmehr sei Art 58 Abs. 1a EGV als lex specialis einschlägig. Bzgl. der Schutzwirkung und Rechtfertigungsmöglichkeiten im Verhältnis zu Drittstaaten liegen dem EuGH zur Vorabentscheidung die Rs. C-513/03, *van Hilton*; C-452/04 *Fidium Finanz* AG; C-492/04, *Lasertec*; C-524/04. Im Rahmen der vorliegenden Arbeit wird auf eine ausführliche Stellungnahme verzichtet.

[176] Entsprechendes würde für Organträger-Kapitalgesellschaften gelten, die Sitz und Geschäftsleitung ins Ausland verlegen. Dies ist jedoch gesellschaftsrechtlich nicht möglich, vgl. BayOLG-Beschl. v. 11.02.2004, 3 Z BR 175/03, IStR 2004, 214.

In der Nichtzulassung einer Verlustverrechnung zwischen Schwestergesellschaften kann demgegenüber keine Schlechterstellung des grenzüberschreitenden Sachverhalts gesehen werden, da im Rahmen der Organschaft auch im lediglich national aufgestellten Konzern keine derartige Verlustverrechnungsmöglichkeit besteht.[177]

b. Vergleichbarkeit

Entscheidende Frage für das Vorliegen einer Diskriminierung ist, ob Kapitalgesellschaften mit Sitz und Geschäftsleitung im Ausland im Hinblick auf System und Zielsetzung der Organschaft mit im Inland ansässigen Organträgern vergleichbar sind.

Problematisch stellt sich die Vergleichbarkeit in Bezug auf die Besteuerung im System der Organschaft dar, denn das deutsche Konzept ist dadurch gekennzeichnet, dass das gesamte Einkommen des Organkreises dem Organträger zugerechnet und bei diesem der Besteuerung unterworfen wird.[178] In Ansehung dieses Umstandes setzt die Organträgereignung voraus, dass der Organträger der inländischen Steuerpflicht unterliegt, weil nur auf diese Weise die Belastung des Organeinkommens mit deutscher Steuer gewährleistet ist.[179] Muttergesellschaften mit ausländischem Sitz und Geschäftsleitungsort unterfallen jedoch der ausländischen Steuerhoheit, für eine Zugriffsmöglichkeit des inländischen Fiskus fehlt es am erforderlichen Inlandsbezug. Daher sind solche Gesellschaften mit im Inland ansässigen und gemäß § 1 Abs. 1 KStG unbeschränkt steuerpflichtigen Kapitalgesellschaften nicht vergleichbar.

Erst nach Gründung einer inländischen Zweigniederlassung, der das Einkommen der Organgesellschaften zugerechnet werden kann, besteht infolge der beschränkten Steuerpflicht des im Ausland ansässigen Trägerunternehmens ein steuerlicher Anknüpfungspunkt, wodurch eine Vergleichbarkeit mit inländischen Sachverhalten begründet wird. Angesichts dieses Zusammenhangs stellt das Erfordernis der Unterhaltung einer inländischen Zweigniederlassung eine sachgemäße Voraussetzung für die Organträgereignung ausländischer Muttergesellschaften dar.

c. Ergebnis

Mangels Vergleichbarkeit im Hinblick auf das System der Organschaft ist auch keine Gleichbehandlung der Fälle geboten; die fehlende Organträgereignung begründet sich bereits durch die unterschiedliche steuerliche Situation, sodass es

[177] Es erfolgt eine Zurechnung der Einkommen der Organgesellschaften zum Mutterunternehmen und auf dessen Ebene auch ein Verlustausgleich zwischen Schwestergesellschaften.
[178] Abgesehen von Ausgleichszahlungen nach § 16 KStG.
[179] Vgl. BMF-Schr. v. 08.12.2004, IV B 4 – S 1301 USA – 12/04, DB 2004, 2723 f.

an einer Diskriminierung fehlt. Mangels Diskriminierung ist auch keine Beschränkung der Niederlassungsfreiheit festzustellen.[180]

3. Ausschluss von ausländischen Tochtergesellschaften

Die Frage, ob – und wenn ja unter welchen Voraussetzungen – dieser als gemeinschaftsrechtskonform zu qualifizieren ist, wurde vom EuGH in der Rechtssache *Marks & Spencer* bezüglich der Bestimmungen des britischen *group relief* beantwortet. In Ansehung der unmittelbaren Geltung der dort gefundenen Auslegung der Niederlassungsfreiheit, kommt dieser Entscheidung für die vorliegende Prüfung entscheidende Bedeutung zu. Um die Auswirkungen auf die deutsche Organschaft sachgerecht bewerten zu können, sind zunächst Sachverhalt und Begründung der *Marks & Spencer*-Entscheidung darzustellen (a), bevor geprüft werden wird, ob der Ausschluss ausländischer Tochtergesellschaften im Rahmen des deutschen Regimes europarechtskonform ausgestaltet ist (b).

a. Rechtssache Marks & Spencer

aa. Sachverhalt

Dem Urteil liegt ein Vorabentscheidungsersuchen des High Court of Justice (England & Wales), Chancery Division, bezüglich der Frage zu Grunde, ob Vorschriften eines Mitgliedstaates, wie die des britischen *group relief*, welche keinen grenzüberschreitenden Verlustausgleich vorsehen, gegen die Niederlassungsfreiheit nach den Art 43, 48 EGV verstoßen.[181]

Nach dem Steuerrecht des Vereinigten Königreichs wird jede Kapitalgesellschaft getrennt zur Körperschaftsteuer veranlagt und herangezogen. Um der Konzernverbundenheit für Zwecke des Steuerrechts Rechnung zu tragen, sieht der in den Art 402 bis 413 ICTA[182] geregelte *group relief* die Möglichkeit vor, in einem Veranlagungszeitraum erlittene Verluste im Nachhinein auf andere Konzerngesellschaften derselben Gruppe zu übertragen. Voraussetzung ist zunächst, dass die den Verlust übertragende sowie die den Antrag auf Verlustabzug stellende Gesellschaft zu demselben Konzern gehören.[183] Des Weiteren müssen beide Gesellschaften im Vereinigten Königreich ansässig oder über eine Zweigniederlassung oder Agentur dort tätig sein.[184] Im Rahmen des *group relief* kann der Verlust einer Gruppengesellschaft aufgesplittet und auf gruppenzuge-

---

[180] Des Weiteren wäre der Ausschluss ausländischer Muttergesellschaften von der Organträgereignung durch das Interesse an der Wahrung der Aufteilung der Besteuerungsbefugnisse gerechtfertigt, vgl. EuGH-Urt. v. 13.12.2006, Rs. C-334/03, *Marks & Spencer*, BB 2006, 23 Rd. 45 f. Weitere Klärung ist von der Rechtssache *Oy Esab* zu erwarten.

[181] Vom 16.07.2003, vgl. ABl. 2003 Nr. C-304/18 f.

[182] Income and Corporation Taxes Act 1988.

[183] Dies ist der Fall, wenn die Mutterkapitalgesellschaft un- oder mittelbar mindestens 75% am Nennkapital der Tochterkapitalgesellschaft hält.

[184] Section 413 (5) ICTA in der Fassung des Financial Act 2000.

hörige Tochter- sowie Schwestergesellschaften und die Muttergesellschaft – also downstream sowie sidestream und upstream – übertragen werden.[185] Die den Verlust übernehmende Gesellschaft kann ihn bei der Ermittlung ihres Einkommens als Betriebsausgabe abziehen. Hiermit korrespondierend verliert die den Verlust übertragende Gesellschaft das Recht, diesen für steuerliche Zwecke zu nutzen.

Der Einzelhandelskonzern *Marks & Spencer* mit seiner im Vereinigten Königreich ansässigen Muttergesellschaft „*Marks & Spencer plc*“ (im Folgenden *Marks & Spencer*) unterhielt Tochterkapitalgesellschaften in Belgien, Deutschland und Frankreich, die in den Geschäftsjahren 1998 bis 2001 Verluste erzielten.[186] Die französische Tochtergesellschaft wurde mit Verlust verkauft und der Betrieb in Belgien und Deutschland eingestellt. Da die Verluste somit im Ansässigkeitsstaat der jeweiligen Tochtergesellschaft keine steuerliche Berücksichtigung mehr finden konnten, beantragte *Marks & Spencer* deren Übertragung im Rahmen des britischen *group relief*. Die Anträge wurden abgelehnt, da die Regelung keine Anwendung auf Tochtergesellschaften finden könne, die im Vereinigten Königreich weder ansässig seien noch eine Zweigniederlassung unterhielten. Die gegen den ablehnenden Bescheid mit der Begründung erhobene Klage, die Bestimmungen über den *group relief* verstießen gegen die Niederlassungsfreiheit, hatte keinen Erfolg. Gegen diese Entscheidung legte *Marks & Spencer* Berufung beim High Court of Justice ein, der den EuGH um eine Vorabentscheidung ersuchte.

bb. Urteil

(1) Beschränkung der Niederlassungsfreiheit

Auf der Grundlage seiner bisherigen Rechtsprechung führt der Gerichtshof zunächst aus, dass Art 43 EGV ein an den Herkunftsstaat gerichtetes Verbot beinhaltet, die Gründung einer Niederlassung in Form einer Tochtergesellschaft im EU-Ausland gegenüber einer vergleichbaren Inlandsinvestition zu benachteiligt.[187] Der EuGH betrachtet den Konzern in seiner Gesamtheit, d.h. er vergleicht Muttergesellschaften, die Tochtergesellschaften im Vereinigten Königreich errichten, mit Muttergesellschaften, die Tochtergesellschaften im Ausland gründen, und konstatiert, dass allein ersteren eine Steuervergünstigung aufgrund

---

[185] Vgl. Section 402 (1), (2), (5) ICTA 1988; D. Endres, in: Herzig (Hrsg.), Organschaft, 2003, S. 461, 467.

[186] Dabei wurden die Tochtergesellschaften über eine in den Niederlanden ansässige Holdinggesellschaft gehalten, die von einer im Vereinigten Königreich ansässigen Tochtergesellschaft gegründet worden war. Die Beteiligungsstruktur sollte jedoch keine Auswirkungen auf die Entscheidung des vorliegenden Falls haben.

[187] EuGH-Urt. v. 13.12.2006, Rs. C-334/03, *Marks & Spencer*, BB 2006, 23 ff. Rd. 31

des *group reliefs* in Form von Liquiditätsvorteilen gewährt wird.[188] Denn durch den *group relief* können Muttergesellschaften mit Tochtergesellschaften im Vereinigten Königreich ihre Gewinne unmittelbar um die Verluste der Tochtergesellschaften mindern. Muttergesellschaften mit im Ausland ansässigen verlustträchtigen Tochtergesellschaften ist dies hingegen verwehrt. Die Nichtgewährung dieser Vergünstigung ist nach Ansicht des EuGH geeignet, die Muttergesellschaft von der Gründung von Tochtergesellschaften in einem anderen Mitgliedstaat und somit von der Ausübung ihrer Niederlassungsfreiheit abzuhalten.[189]

(2) Vergleichbarkeit der Sachverhalte

Vor dem Hintergrund, dass im Rahmen der Niederlassungsfreiheit nur wesentlich Gleiches gleich behandelt werden muss, prüft der EuGH zunächst, ob die Nichtberücksichtigung der Verluste gebietsfremder Tochtergesellschaften bereits dadurch gerechtfertigt werden könnte, dass sich Muttergesellschaften mit gebietsfremden Tochtergesellschaften hinsichtlich des britischen *group relief* nicht in der gleichen steuerrechtlichen Lage befinden wie Muttergesellschaften mit gebietsansässigen Tochtergesellschaften.

Eine Unvergleichbarkeit könnte sich im Hinblick auf das Territorialitätsprinzip ergeben. Nach diesem sowohl im Völker- als auch Gemeinschaftsrecht geltenden Prinzip können die Gewinne einer Tochterkapitalgesellschaft allein in dem Staat besteuert werden, in welchem diese wirtschaftlich tätig und ansässig ist; dem Mitgliedstaat in dem die Muttergesellschaft ansässig ist, fehlt insoweit die Steuerhoheit. Nach Ansicht des EuGH begründet der Umstand allein, dass die Gewinne gebietsfremder Tochtergesellschaften im Ansässigkeitsstaat der Muttergesellschaft nicht besteuert werden können, noch keine objektive Unvergleichbarkeit von Konzernen mit in- und ausländischen Tochtergesellschaften.

(3) Rechtfertigung durch Wahrung einer ausgewogenen Aufteilung der Besteuerungsbefugnis, Verhinderung einer doppelten Verlustberücksichtigung sowie einer Steuerflucht

Im Folgenden prüft der EuGH, ob der Territorialitätsgrundsatz vor dem Hintergrund der mit einer Ausweitung des *group relief* verbundenen Konsequenzen die Ungleichbehandlung rechtfertigen kann.[190] Dabei erkennt er als mit dem EG-Vertrag in Einklang stehende rechtfertigende Gründe das Interesse an einer aus-

[188] Auf eine Vergleichbarkeit von Tochtergesellschaften und Betriebstätten geht der EuGH nicht ein, anders: GA *Poiares Maduro*, Schlussanträge v. 07.04.2005, C- 446/03, *Marks & Spencer*, Rn. 49.

[189] EuGH-Urt. v. 13.12.2006, Rs. C-334/03, *Marks & Spencer*, BB 2006, 23 ff. Rn. 33.

[190] EuGH-Urt. v. 13.12.2006, Rs. C-334/03, *Marks & Spencer*, BB 2006, 23 ff. Rn. 41; J. Englisch, IStR 2006, 22; J. Hey, GmbHR 2006, 113, 114.

gewogenen Aufteilung der Besteuerungsbefugnis sowie an der Verhinderung einer doppelten Verlustberücksichtigung und von Steuerfluchtgefahren an.

Wären auch im Ausland ansässige Tochtergesellschaften vom Anwendungsbereich des *group relief* erfasst, könnten sie ihre Verluste entweder selbst im Ausland nutzen oder auf im Vereinigten Königreich ansässige konzernzugehörige Gesellschaften übertragen. Hierdurch wäre die ausgewogene Aufteilung der Besteuerungsbefugnis zwischen den Mitgliedstaaten gefährdet, wonach von Tochtergesellschaften erzielte steuerliche Gewinne und Verluste in ihrem Ansässigkeitsstaat zu berücksichtigen sind. Denn in diesem Fall könnte die Besteuerungsgrundlage im Ansässigkeitsstaat der Tochtergesellschaft um die übertragenen Verluste erweitert und jene im Ansässigkeitsstaat der Muttergesellschaft entsprechend verringert werden.[191] Mittels eines Ausschlusses ausländischer Tochtergesellschaften vom Anwendungsbereich des *group relief* kann eine solche Gefahr unterbunden werden.

Gleiches gilt für die Möglichkeit einer doppelten Verlustberücksichtigung, die besteht, wenn Verluste der Tochtergesellschaft sowohl im Ansässigkeitsstaat der Mutter- als auch der Tochtergesellschaft geltend gemacht werden könnten.

Als weiteren Rechtfertigungsgrund erkennt der EuGH das Ziel der Vermeidung von Steuerfluchtgefahren an. Können innerhalb des Konzerns Verluste auf Gesellschaften übertragen werden, die in Mitgliedstaaten mit den jeweils höchsten Steuersätzen ansässig sind, stehen derartige Gestaltungen in Frage.[192] Unterbunden werden können sie durch einen Ausschluss gebietsfremder Tochtergesellschaften vom *group relief*.

(4) Verhältnismäßigkeit

Der EuGH lehnt jedoch die Erforderlichkeit der Verweigerung eines grenzüberschreitenden Verlustausgleichs ab, um die vorgenannten drei Ziele im Wesentlichen zu erreichen. Denn als milderes Mittel käme in Betracht, den Abzug der im Ausland erlittenen Verluste der Tochtergesellschaft davon abhängig zu machen, dass die den Verlustabzug beantragende Muttergesellschaft nachweist, dass die ausländische Tochtergesellschaft sämtliche in ihrem Sitzstaat bestehenden gegenwärtigen und zukünftigen Möglichkeiten der Verlustverrechnung ausgeschöpft hat.[193] Ist dies der Fall, wertet es der EuGH als Verstoß gegen die Niederlassungsfreiheit, wenn die Muttergesellschaft nicht die Verluste ihrer gebietsfremden Tochtergesellschaft von ihrem steuerpflichtigen Gewinn abziehen kann.[194]

---

[191] EuGH-Urt. v. 13.12.2006, Rs. C-334/03, *Marks & Spencer*, BB 2006, 23 ff. Rd. 45 f.
[192] EuGH-Urt. v. 13.12.2006, Rs. C-334/03, *Marks & Spencer*, BB 2006, 23 ff. Rd. 49
[193] EuGH-Urt. v. 13.12.2006, Rs. C-334/03, *Marks & Spencer*, BB 2006, 23 ff. Rd. 55.
[194] EuGH-Urt. v. 13.12.2006, Rs. C-334/03, *Marks & Spencer*, BB 2006, 23 ff. Rd. 56.

Der EuGH urteilt daher:

„Die Artikel 43 EG und 48 EG stehen beim derzeitigen Stand des Gemeinschaftsrechts einer Regelung eines Mitgliedstaats nicht entgegen, die es einer gebietsansässigen Muttergesellschaft allgemein verwehrt, von ihrem steuerpflichtigen Gewinn Verluste abzuziehen, die einer in einem anderen Mitgliedstaat ansässigen Tochtergesellschaft dort entstanden sind, während sie einen solchen Abzug für Verluste einer gebietsansässigen Tochtergesellschaft zulässt. Es verstößt jedoch gegen die Artikel 43 EG und 48 EG, der gebietsansässigen Muttergesellschaft eine solche Möglichkeit dann zu verwehren, wenn die gebietsfremde Tochtergesellschaft die im Staat ihres Sitzes für den von dem Abzugsantrag erfassten Steuerzeitraum sowie frühere Steuerzeiträume vorgesehenen Möglichkeiten zur Berücksichtigung von Verlusten ausgeschöpft hat, gegebenenfalls durch Übertragung dieser Verluste auf einen Dritten oder ihre Verrechnung mit Gewinnen, die die Tochtergesellschaft in früheren Zeiträumen erwirtschaftet hat, und wenn keine Möglichkeit besteht, dass die Verluste der ausländischen Tochtergesellschaft im Staat ihres Sitzes für künftige Zeiträume von ihr selbst oder von einem Dritten, insbesondere im Fall der Übertragung der Tochtergesellschaft auf ihn, berücksichtigt werden."

b. Europarechtskonformität des Ausschlusses von ausländischen Tochtergesellschaften im deutschen Organschaftsregime

aa. Beeinträchtigung der Niederlassungsfreiheit

Der Schutzbereich der sekundären Niederlassungsfreiheit umfasst neben der Gründung von Niederlassungen in Form von Tochtergesellschaften auch die Beteiligung an Tochtergesellschaften im EU-Ausland, wenn der Anteilseigner in der Lage ist auf diese wesentlichen unternehmerischen Einfluss in Form von *Kontrolle und Leitung* auszuüben.[195] Dabei hat der EuGH noch nicht ausdrücklich entschieden, welche Beteiligungshöhe für die Erfüllung dieser Voraussetzung erforderlich ist. Im Falle einer finanziellen Eingliederung der ausländischen Tochtergesellschaften in eine inländische Muttergesellschaft kann diese aufgrund ihrer Stimmrechtsmehrheit substanziellen Einfluss auf die Geschäftsleitung der Tochter ausüben. Angesichts dieser Kontroll- und Leitungskompetenzen sind die Voraussetzungen des wesentlichen unternehmerischen Einflusses erfüllt und die Muttergesellschaft kann sich auf die Grundfreiheit berufen.

Eine Beeinträchtigung der Niederlassungsfreiheit kann im Rahmen der deutschen Organschaft – ebenso wie in der Rechtssache *Marks & Spencer* – darin gesehen werden, dass eine Besteuerung im Rahmen des Organschaftsregims für die in den Organkreis eingebundenen Gesellschaften eine *Steuervergünstigung* darstellt. Zwar sind Gruppenbesteuerungssysteme wie die Organschaft und der *group relief* nicht als Steuervergünstigungen im eigentlichen Sinne zu verstehen,

[195] Vgl. EuGH-Urt. v. 14.12.200, Rs. C-141/99, *AMID*, EuGHE 2000, I-11619; v. 13.04.2000, Rs. C-251/98, *Baars*, EuGHE 2000, I-2787; in dem Urteil v. 16.07.1998, Rs. C-264/96, *ICI*, EuGHE 1998, I-4695, hat er implizit eine 49%-ige Beteiligung für ausreichend erachtet.

da sie als Ausnahme von dem Individualsteuerprinzip der wirtschaftlichen Einheit der Mutter-Tochterverbindung Rechnung tragen. Indes erzielt der Organkreis infolge der unmittelbaren Verrechnung von Tochtergesellschaftsverlusten mit Gewinnen anderer Organgesellschaften beziehungsweise des Organträgers Zins- und Liquiditätsvorteile.[196] Errichtet der Organträger eine Tochter-Kapitalgesellschaft im EU-Ausland, eignet sich diese mangels doppelten Inlandsbezugs nicht als Organgesellschaft. Daher können die nahezu unvermeidbaren Anlaufverluste, die auch im Wege der Teilwertabschreibung nicht ausgeglichen werden können, beim inländischen Mutterunternehmen steuerlich nicht berücksichtigt werden, obwohl es die Verluste wirtschaftlich in gleicher Weise tragen muss wie im Inlandsfall. Vielmehr können die Verluste allenfalls im Ausland vorgetragen und mit späteren Gewinnen verrechnet werden. Indem die Gewährung des Steuervorteils Organträgern im Hinblick auf Verluste einer Tochtergesellschaft mit Sitz und Geschäftsleitungsort in einem anderen Mitgliedstaat vorenthalten wird, werden Muttergesellschaften „von der Gründung von Tochtergesellschaften in anderen Mitgliedstaaten abgehalten".[197]

Diese Benachteiligung wird auch nicht dadurch kompensiert, dass im Fall künftiger Gewinne die Tochtergesellschaften allein der ausländischen Steuerpflicht unterliegen, die zumeist zu einer geringeren Steuerbelastung führt. Denn der EuGH hat in der Entscheidung *AMID* konstatiert, dass es für die Bejahung einer Schlechterstellung ausreiche, wenn in bestimmten Einzelfällen der grenzüberschreitende Sachverhalt gegenüber dem inländischen benachteiligt wird, selbst wenn sich die Steuerregelung für Gesellschaften mit Auslandstätigkeit zumeist günstiger auswirke.[198] Zudem ist es keinesfalls gesichert, dass es im Ausland überhaupt zu einer die Nachteile kompensierenden späteren Gewinnsituation kommen wird, denn die Geschäftstätigkeit könnte ebenso wie in der Rechtssache *Marks & Spencer* eingestellt werden müssen. Daher stellt sich die aktuelle Nichtberücksichtigung eines Verlusts als nachteilig dar.[199] Eine Schlechterstellung ist folglich bereits zu bejahen, wenn die Ausübung der Niederlassungsfreiheit durch einen inländischen Organträger im Verlustfall beeinträchtigt wird. Eine Schlechterstellung kann des Weiteren auch nicht unter Hinweis auf die grundsätzlich bestehende Möglichkeit einer verlustbedingten Teilwertabschreibung verneint werden, denn diese bildet aufgrund der diversen Ein-

---

[196] EuGH-Urt. v. 13.12.2006, Rs. C-334/03, *Marks & Spencer*, BB 2006, 23 ff. Rd. 32

[197] EuGH-Urt. v. 13.12.2006, Rs. C-334/03, *Marks & Spencer*, BB 2006, 23 ff. Rd. 33. Das Kriterium des Sitzes der kontrollierten Tochtergesellschaft wird verwendet, um Organträger die ausländische Tochtergesellschaften gründen, steuerlich schlechter zu behandeln, vgl. EuGH-Urt. v.16.07.1998, Rs. C-264/96; *ICI*, EuGHE 1998, I-4695, Rd. 22, 23.

[198] Vgl. EuGH-Urt. v. 14.12.2000, Rs. C-141/99, *AMID*, EuGHE 2000, I-11642, Rd. 53.

[199] Vgl. EuGH-Urt. v. 27.09.1988, Rs. C-81/87, *Daily Mail*, EuGHE 1988, 5483, Rd. 16; W. Schön, in: Ders. (Hrsg.) GS für B. Knobbe-Keuk, 1997, S. 743, 758

schränkungen kein Äquivalent für die unmittelbare Verlustberücksichtigung.[200] Darüber hinaus ist zu beachten, dass es hinsichtlich der Bewertung von steuerlichen Latenzen im Rahmen der internationalen Rechungslegung europäischer Konzerne, und somit für die Wertigkeit eines steuerlichen Verlustbetrages, einen gewichtigen Unterschied macht, ob dieser bei einer vergleichsweise kleinen Tochtergesellschaft vorgetragen wird oder ob er dem Mutterunternehmen zur Verrechnung mit Gewinnen aus sonstigen Aktivitäten zur Verfügung steht. Somit ist keine Gleichwertigkeit zwischen einer organschaftlichen Verlustverrechnung und einem Verlustvortragsrechts gegeben.[201]

Folglich unterliegen Organträger, die ihr Recht auf Niederlassungsfreiheit durch Errichtung von Tochtergesellschaften im außereuropäischen Ausland ausüben und Verluste erleiden, im Vergleich zu Organträgern, die verlustträchtige inländische Tochtergesellschaften kontrollieren, im Veranlagungszeitraum der Verlustentstehung einer erhöhten Steuerlast. Infolgedessen stellt sich die Ausübung der Niederlassungsfreiheit im Vergleich mit entsprechenden Inlandsinvestitionen als weniger attraktiv dar. Die Niederlassungsfreiheit derartiger Organträger ist beeinträchtigt.

bb. Vergleichbarkeit

Vor dem Hintergrund, dass lediglich mit Blick auf das Besteuerungsmodell der Organschaft als gleich zu wertende Sachverhalte gleich zu behandeln sind, bewirkt die Benachteiligung erst dann eine rechtfertigungsbedürftige Diskriminierung, wenn eine solche Vergleichbarkeit gegeben ist.[202] Da die Ungleichbehandlung ungleicher Sachverhalte schon keiner Rechtfertigung bedarf, ist die Vergleichbarkeit der Sachverhalte entgegen der ständigen Praxis des Gerichtshofs vor eventuellen Rechtfertigungsgründen zu prüfen.[203]

Die Ungleichbehandlung ist als Diskriminierung des grenzüberschreitenden Sachverhalts zu beurteilen, wenn Organträger mit inländischen Tochtergesellschaften und Organträger mit ausländischen Tochtergesellschaften im Hinblick auf Zielsetzung und System der Organschaft vergleichbar sind.

Fraglich ist, ob hierfür ein inländischer Organträger mit einer ausländischen Tochtergesellschaft überhaupt mit einem inländischen Organträger mit einer in-

---

[200] Vgl. 2. Teil, V. Kapitel, 2., S. 51 f.

[201] Ebenso: O. Thömmes, IWB Fach 11a Rspr., S. 852, 854.

[202] 3. Teil, II. Kapitel, 1. b., S. 75.

[203] Vgl. EuGH-Urt. v. 13.12.2006, Rs. C-334/03, *Marks & Spencer*, BB 2006, 23 ff. Rd. 36. Es begründet einen qualitativen Unterschied, ob der Gesetzgeber die Legitimation für eine Ungleichbehandlung aus der konkreten steuerlichen Situation des Betroffenen, oder aus allgemeinen Erwägungen des öffentlichen Wohls herleitet, vgl. W. Schön, in: Ders. (Hrsg.) GS für B. Knobbe-Keuk, 1997, S. 743, 759. Ebenso prüft GA Léger (Schlussanträge v. 01.03.2005, Rs. C-152/03, *Ritter-Coulais*, IWB Fach 11a Rspr., S. 839, 842, Rd. 81-89) die Vergleichbarkeit vor eventuellen Rechtfertigungsgründen.

ländischen Tochtergesellschaft verglichen werden darf, denn grundsätzlich steht das Trennungsprinzip einer derartigen Gesamtbetrachtung von Gesellschafter und Gesellschaft entgegen.[204] Dieses Prinzip erfordert eine getrennte steuerliche Behandlung eigenständiger juristischer Personen und somit auch von Mutter- und Tochterunternehmen. Diese grundsätzlich bestehende Trennlinie wird jedoch im Rahmen der Organschaft – infolge der Zurechnung und Veranlagung der Einkommen der Tochtergesellschaft auf Ebene der Muttergesellschaft – aufgehoben. Sinn und Zweck des Regimes ist es gerade, der wirtschaftlichen Leistungsfähigkeit der unter einheitlicher Leitung stehenden Unternehmensgruppe Rechnung zu tragen. Daher nimmt auch der EuGH für Zwecke der Untersuchung konzernrechtlicher Zusammenhänge zu Recht eine Gesamtbetrachtung vor.[205] Mithin ist eine solche Vergleichspaarbildung möglich.

Eine Unvergleichbarkeit von inländischen Organträgern mit ausländischen Tochtergesellschaften gegenüber inländischen Organträgern mit inländischen Tochtergesellschaften in steuersystematischer Hinsicht könnte aus dem Territorialitätsprinzip im Sinne einer zwischenstaatlich praktizierten Steuerverteilungsregel[206] abgeleitet werden. Denn hiernach kann ein Staat lediglich dasjenige besteuern, was innerhalb seines Territoriums erwirtschaftet wurde. Daher ließe sich schlussfolgern, dass auch Verluste nur dort berücksichtigt werden müssen, wo diese anfallen. Demgemäß wäre sowohl die Frage der Besteuerung des Konzerngewinns als auch die einer Verlustberücksichtigung im Inland letztlich Konsequenz der territorialen Allokation der Steuerhoheit.[207] In Übereinstimmung hiermit entspricht es zwischenstaatlicher, in Art 7 OECD-MA zum Ausdruck kommender, Praxis, dass die Besteuerungskompetenz für Unternehmensgewinne ausländischer Tochtergesellschaften allein dem ausländischen Staat zugewiesen wird. Auch die das Welteinkommensprinzip einschränkende Abschirmwirkung juristischer Personen ist als Ausprägung des Territorialitätsprinzips zu verstehen.[208] Solange die von der ausländischen Kapitalgesellschaft erwirtschafteten Gewinne nicht repatriiert, sondern thesauriert werden, wird das Territorialitätsprinzip in Reinform infolge der ausschließlich im Quellenstaat erfolgenden Besteuerung verwirklicht. In Übereinstimmung mit diesen völkerrechtlichen Grundsätzen werden Tochtergesellschaften mit Sitz und Ort der Geschäftsleitung im Ausland in Deutschland nicht besteuert. Aus diesem Grunde kann auch

---

[204] Vgl. EuGH-Urt. v. 08.03.2001, Rs. C-398 u. C-410/98, *Metallgesellschaft Ltd. u.a., Hoechst*, EuGHE 2001, I-1727; I. Dörr, Intertax 2004, 180, 182

[205] EuGH-Urt. v. 13.12.2006, Rs. C-334/03, *Marks & Spencer*, BB 2006, 23 ff. Rd. 36; v. 18.09.2003, Rs. C-168/01, *Bosal*, IStR 2003, 555, Rd. 32.

[206] Der Begriff wird im Internationalen Steuerrecht demgegenüber zumeist im Zusammenhang mit dem Welteinkommensprinzip als Beschränkung des Besteuerungsrechts bei beschränkt Steuerpflichtigen auf das in dem Territorium erzielte Einkommen gebraucht.

[207] Vgl. M. Lehner, in: FS für F. Wassermeyer, 2005, 241 ff.

[208] Vgl. J. M. Mössner, RIW 1986, 208 f.

keine Gewinnzurechnung zum Organträger erfolgen. Im Gegensatz hierzu wird einem Organträger das Einkommen seiner inländischen Tochtergesellschaften zugerechnet und bei ihm versteuert. Die steuerliche Situation inländischer Organträger mit inländischen Tochtergesellschaften einerseits und ausländischen Tochtergesellschaften andererseits ist im Hinblick auf die miteinander korrelierenden Steuervor- und -nachteile im Regelungszusammenhang der Organschaft folglich nicht vergleichbar.[209]

Die auf dem Territorialitätsprinzip basierende Unvergleichbarkeit der steuerlichen Situation in Gewinnfällen lässt sich jedoch aus folgenden Gründen nicht auf den Fall der Verlusterzielung übertragen: Der Unterschied zwischen in- und ausländischen Tochtergesellschaften besteht allein darin, dass letztere im Gewinnfall dem Zugriff des ausländischen Fiskus ausgesetzt sind, während inländische Tochtergesellschaften der deutschen Besteuerung unterliegen. Im Verlustfall kommt es aber auch bei Inlandstöchtern zu keiner Steuerzahllast im Inland. Mithin wirkt sich das fehlende Besteuerungsrecht bei ausländischen Tochtergesellschaften nicht aus. Verluste in- und ausländischer Tochtergesellschaften unterscheiden sich allein darin, dass sie in zwei verschiedenen Staaten erzielt werden. Dies vermag angesichts der Zielsetzung der Organschaft, der wirtschaftlichen Leistungsfähigkeit der Unternehmensgruppe Rechnung zu tragen, keine Unvergleichbarkeit zu begründen, da die Leistungsfähigkeit des Konzerns unabhängig davon gemindert ist, ob die Tochtergesellschaften im In- oder im Ausland Verluste erleiden.

Des Weiteren erfordert der Grundsatz, dass Gewinne von Tochtergesellschaften mit Sitz und Geschäftsleitung im Ausland nicht im Inland besteuert werden dürfen, nicht im Umkehrschluss, dass auch deren Verluste nicht im Inland berücksichtigt werden dürfen. Denn in den von der Bundesrepublik abgeschlossenen DBA werden allein Gewinnbesteuerungsrechte aufgeteilt, Art 7 OECD-MA. Vereinbarungen darüber, welcher Staat für die Berücksichtigung der von ausländischen Tochtergesellschaften erzielten Verluste zuständig ist, werden nicht getroffen. Dies folgt neben dem Wortlaut der entsprechenden Abkommensbestimmungen auch daraus, dass weder in dem Schlussprotokoll noch aus den Begründungen oder aus Anlass der nationalen Zustimmungsgesetze auf die Verlustberücksichtigung hingewiesen wurde.[210] Dementsprechend führt auch der EuGH aus, der Umstand allein, dass die Gewinne gebietsfremder Tochtergesellschaften im Ansässigkeitsstaat der Muttergesellschaft nicht besteuert werden

[209] BMF-Schr. v. 08.12.2004, IV B 4 – S 1301 USA- 12/04, DB 2004, 2723, 2724. Ebenso: O. Thömmes in: Herzig (Hrsg.), Organschaft, 2003, S. 525, 531, 533. Ebenso bzgl. des britischen group relief: Special Commissioners-Entscheidung v. 25./26.11.2002, *Marks and Spencer plc v. David Halsey (HM Inspector of Taxes)*, EuLR 2003, 46, Rd. 116.

[210] Hiermit übereinstimmend stellt auch der OECD-Kommentar in § 44 zu Art 23 A Abs. 1 und § 64 zu Art 23 B OECD-MA explizit fest, dass die Lösung des Verlustproblems in erster Linie in die Kompetenz der einzelnen Vertragsstaaten falle.

können, könne keine Beschränkung des britischen *group relief* auf Verluste gebietsansässiger Tochtergesellschaften rechtfertigen.[211] Denn wie bereits Generalanwalt Maduro herausgearbeitet hat, dient der steuerliche Territorialitätsgrundsatz dazu, eine Kollision steuerlicher Zuständigkeiten zwischen den Mitgliedstaaten zu verhindern.[212] Da die Berücksichtigung der Verluste von Tochtergesellschaften mit Sitz und Geschäftsleitung im Ausland auf Ebene der inländischen Muttergesellschaft – im Gegensatz zum Gewinnfall – nicht geeignet ist, eine solche Kollision zu bewirken, ist „die Koexistenz der Steuerhoheiten der Mitgliedstaaten" nicht gefährdet. Zudem ist zu beachten, dass der EuGH das Prinzip der Territorialität in der Rechtssache *Futura* allein für den Fall der beschränkten Steuerpflicht anerkannt hat.[213] In diese Richtung gehend ist auch der Hinweis des Generalanwalts in der Rechtssache *Marks & Spencer* zu verstehen, dass bezüglich des im Inland ansässigen Organträgers die steuerliche Zuständigkeit des Mitgliedstaates aufgrund des Welteinkommensprinzips nicht beschränkt sei.[214] Lässt der Mitgliedstaat eine Verrechnung von Verlusten ausländischer Tochtergesellschaften auf Ebene der inländischen Muttergesellschaft zu, überschreitet er seine steuerlichen Zuständigkeiten somit in keiner Weise.

Gegen die Vergleichbarkeit der Sachverhalte kann somit auch nicht eingewandt werden, dass es die Symmetrie der Besteuerung erfordere, dass Verluste nur geltend gemacht werden können, wenn entsprechende Gewinne besteuert werden dürfen.[215] Denn an einer derartigen Symmetrie fehlt es immer dann, wenn die Tochtergesellschaft keine Gewinne erzielt.[216]

Mithin ist zu konstatieren, dass eine auf dem Territorialitätsprinzips basierende Unvergleichbarkeit von aus- und inländischen Tochtergesellschaften zwar im Gewinnfall, nicht jedoch bei Erzielung von Verlusten begründet werden kann.[217] Organträger, die verlusterleidende ausländische Tochtergesellschaften kontrol-

---

[211] EuGH-Urt. v. 13.12.2006, Rs. C-334/03, *Marks & Spencer*, BB 2006, 23 ff. Rn. 40.

[212] GA Maduro, Schlussanträge v. 07.04.2005, Rs. C- 446/03, *Marks & Spencer*, RIW 2005, 383, Rd. 62.

[213] In seinem Urteil stellt er fest, dass Luxemburg die Berücksichtigung der Betriebstättenverluste, welche eine französische Gesellschaft in einer in Luxemburg unterhaltenen Betriebstätte erleidet, davon abhängig machen konnte, dass die Verluste einen wirtschaftlichen Bezug zum Staatsgebiet aufwiesen. Diese Beschränkung wurde aus dem Grunde als europarechtskonform gewertet, als in Luxemburg ausschließlich einen Quellenbesteuerung erfolgte. EuGH-Urt. v. 15.05.1997, Rs. C-250/95, *Futura*, EuGHE 1997, I-2471, Rd. 20-22.

[214] GA Maduro, Schlussanträge v. 07.04.2005, Rs. C-446/03, *Marks & Spencer*, RIW 2005, 383, Rd. 63.

[215] So aber: BMF-Schr. v. 08.12.2004, IV B 4 – S 1301 USA – 12/04, DB 2004, 2723, 2724.

[216] Ebenso: P. Pistone, EC Tax Review 2003, 149, 151; P. Wattel, EC Tax Review 2003, 194, 201; A. Cordewener/ M. Dahlberg/ P. Pistone/ E. Reimer/ C.Romano, ET 2004, 218, 220.

[217] A.A. Special Commissioners, Entscheidung v. 25./26.11.2002, *Marks and Spencer plc v. David Halsey (HM Inspector of Taxes)*, EuLR 2003, 46, Rd. 116. Dies hat der deutsche Gesetzgeber mit der Einführung des § 3 AIG a.F. anerkannt.

lieren, sind mit Organträgern, die über Tochtergesellschaften mit inländischem Sitz- und Geschäftsleitungsort verfügen, in Bezug auf Zielsetzung und System der Organschaft vergleichbar.[218] Indem ausländische Tochtergesellschaften von der Eignung als Organgesellschaft und somit von der Verlustverrechnung im Organkreis ausgeschlossen sind, werden Organträger in Abhängigkeit von Sitz und Geschäftsleitung ihrer Tochtergesellschaften ungleich behandelt und somit der grenzüberschreitende Sachverhalt seitens des Herkunftsstaates diskriminiert. Die Diskriminierung bedarf der Rechtfertigung, um keinen Verstoß gegen die Niederlassungsfreiheit zu begründen.

cc. Rechtfertigung

Mangels Eingreifens der Rechtfertigungsgründe des Art 46 EGV könnte der fehlende grenzüberschreitende Verlustausgleich durch zwingende Gründe des Allgemeininteresses gerechtfertigt sein.

(1) Wahrung einer ausgewogenen Aufteilung der Besteuerungsbefugnis[219]

In der *Marks & Spencer*-Entscheidung sieht der EuGH die ausgewogene Aufteilung der Besteuerungsbefugnis zwischen den Mitgliedstaaten als beeinträchtigt an, wenn einer im Ausland ansässigen Tochtergesellschaft die Möglichkeit eingeräumt würde, für die Berücksichtigung ihrer Verluste im Mitgliedstaat ihrer Niederlassung oder aber in einem anderen Mitgliedsstaat zu optieren. Denn durch eine solche Wahl könnte sie die Besteuerungsgrundlage in ihrem Ansässigkeitsstaat beliebig um die übertragenen Verluste erweitern und im zweiten Staat entsprechend verringern.[220] [221]Fraglich ist, ob es sich hierbei um eine neue Rechtfertigungsmöglichkeit handelt oder um eine Ausprägung des Territorialitätsprinzips. Den Ausführungen des Gerichtshofs ist zu entnehmen, dass die territoriale Beschränkung des Besteuerungsanspruchs in Sachverhalten der unbeschränkten Steuerpflicht allein nicht zur Rechtfertigung ausreicht. Sie ist jedoch möglich, wenn eine Gleichstellung von Inlands- und grenzüberschreitenden

---

[218] Demgegenüber kann die Vergleichbarkeit zwischen aus- und inländischen Tochtergesellschaften nicht über den Anerkennungsgrundsatz begründet werden, (so aber R. Paetsch, Grenzüberschreitende Verlustberücksichtigung im europäischen Binnenmarkt, 2004, S. 97, 104). Eine solche Argumentation ist allein im Fall der beschränkten Steuerpflicht (§§ 2, 8 Abs. 1 KStG i.V.m. § 49 EStG) möglich, da insoweit ausländische Gesellschaften ebenfalls im Inland steuerpflichtig sind.

[219] Auch wenn der EuGH in der Rechtssache *Marks & Spencer* formuliert, dass sich die Rechtfertigung aus den drei geprüften Gründen „insgesamt" beziehungsweise „in the light of those three justifications, taken together" (Rd. 51), ergebe, kann nicht der Rückschluss gezogen werden, dass jeder Rechtfertigungsgrund für sich genommen keine Beschränkung der Niederlassungsfreiheit zu rechtfertigen vermag. A.A. wohl GA Poiares Maduro, Schlussanträge v. 31.05.2006, Rs. C-347/04, *Rewe Zentralfinanz*, Rd. 34.

[220] EuGH-Urt. v. 13.12.2006, Rs. C-334/03, *Marks & Spencer*, BB 2006, 23 ff. Rd. 45 f.

[221]

Sachverhalt zu einer Verschiebung der Besteuerungsrechte zwischen den Mitgliedstaaten führen würde.[222] Vor diesem Hintergrund kann der vorbezeichnete Rechtfertigungsgrund als Ausprägung des Territorialitätsprinzips verstanden werden, sein Eingreifen erfordert allerdings eine besondere Eingriffsintensität.

Würde einer Tochtergesellschaft mit Sitz und Geschäftsleitung im Ausland die Option zur Besteuerung im Rahmen der Organschaft eingeräumt, könnte sie ebenfalls für eine Verlustberücksichtigung auf Ebene der inländischen Muttergesellschaft optieren. Zwar unterscheiden sich das deutsche und das britische Gruppenbesteuerungssystem insoweit, als im deutschen Regime nicht in jedem Veranlagungszeitraum nach Verlustentstehung über dessen Übertragung entschieden werden kann, sondern die Option zur Organschaft im Vorhinein für fünf Jahre bindend ausgeübt werden muss, um steuerliche Wirksamkeit zu entfalten. Auch setzt die deutsche Organschaft den Abschluss eines Gewinnabführungsvertrages voraus und die Zurechnung umfasst neben Verlusten grundsätzlich auch Gewinne der Organgesellschaft.[223] Die Einkommen der Organgesellschaft können zudem nur dem Organträger zugerechnet und nicht auf Schwestergesellschaften übertragen werden. Trotz dieser Systemdifferenzen bestünde aber auch im Falle einer Ausweitung des Organschaftsregimes die Gefahr, dass ausländische Tochtergesellschaften, die voraussichtlich in den nächsten Jahren Verluste erzielen werden, für die Alternative der Einbeziehung in den Organkreis optieren, um die Besteuerungsgrundlage im Ansässigkeitsstaat der Muttergesellschaft um die zugerechneten Verluste zu verringern. Mittels eines Ausschlusses ausländischer Tochtergesellschaften vom Anwendungsbereich der Organschaft kann der Ansässigkeitsstaat der Muttergesellschaft verhindern, dass ihm über das Instrument der Organschaft beliebig Steuersubstrat entzogen und die ausgewogene Aufteilung der Besteuerungsbefugnis zwischen den Mitgliedstaaten beeinträchtigt wird.

Der Ausschluss ausländischer Tochtergesellschaften von der Organschaftsbesteuerung müsste im Hinblick auf die Zielsetzung der Organschaft auch erforderlich sein, um das vorgenannte Ziel zu erreichen. Eine Regelung stellt sich jedoch nur dann als erforderlich dar, wenn keine die grenzüberschreitende Betätigung inländischer Muttergesellschaften weniger belastende Maßnahme existiert, die ebenfalls eine ausgewogene Aufteilung der Besteuerungsrechte wahrt.

(a) Ausschöpfung sämtlicher Verlustberücksichtigungsmöglichkeiten

Als mildes Mittel könnte erwogen werden, den Abzug der im Ausland erlittenen Tochtergesellschaftsverluste – ebenso wie in der Rechtssache *Marks & Spencer* – davon abhängig zu machen, dass die den Verlustabzug beantragende Mutter-

[222] Vgl. J. Hey, GmbHR 2006, 113, 120.
[223] Vgl. 3. Teil, II. Kapitel, 3. c. (4), S. 122 ff.

gesellschaft nachweist, dass die ausländische Tochtergesellschaft sämtliche im Staat ihres Sitzes vorgesehenen Möglichkeiten zur Berücksichtigung von Verlus-ten ausgeschöpft hat, gegebenenfalls durch Übertragung dieser Verluste auf einen Dritten oder ihre Verrechnung mit Gewinnen, die die Tochtergesellschaft in früheren Zeiträumen erwirtschaftet hat, sowie dass keine Möglichkeit besteht, die Verluste für künftige Zeiträume von ihr selbst oder von einem Dritten, insbesondere im Fall der Übertragung der Tochtergesellschaft auf ihn, zu berücksichtigen.

Daher dürfte der grenzüberschreitenden Verlustausgleich zunächst ausgeschlossen sein, wenn die Tochtergesellschaft beispielsweise im Wege eines in ihrem Ansässigkeitsstaat vorgesehenen Gruppenbesteuerungssystems ihre Verluste auf eine andere Konzerngesellschaft übertragen kann, wie dies beispielsweise im Rahmen des britischen *group relief* möglich ist. Des Weiteren darf der ausländischen Tochtergesellschaft auch keine Verlustverrechnung mit in früheren Veranlagungszeiträumen erzielten Gewinnen möglich sein. Hätte beispielsweise eine in Österreich ansässige Tochtergesellschaft in dem unmittelbar vorangegangenen Veranlagungszeitraum Gewinne erzielt, könnte sie ihre Verluste zurücktragen und mit diesen verrechnen. Auch wenn die Verluste zukünftig, nach Übertragung der Tochtergesellschaft auf einen Dritten, mit dessen Gewinnen verrechnet werden können, bedarf es nach Ansicht des EuGH keines grenzüberschreitenden Verlustausgleichs. Wird die verlustträchtige ausländische Tochtergesellschaft auf eine andere Gesellschaft verschmolzen oder wird sie veräußert und kann die andere Gesellschaft die Verluste nutzen[224], dürfte der grenzüberschreitende Verlustausgleich insoweit ausgeschlossen sein. Schließlich würde ein grenzüberschreitender Verlustausgleich ausscheiden, wenn die ausländische Tochtergesellschaft die Möglichkeit hat, die Verluste mit eigenen künftigen Gewinnen zu verrechnen; dies ist der Fall, wenn der Tochtergesellschaft im Ansässigkeitsstaat ein Verlustvortragsrecht gewährt wird, denn dann können die Verluste vorgetragen und im Falle späterer Gewinne mit diesen verrechnet werden. Eine Möglichkeit des Verlustvortrags ist, abgesehen von Estland[225], in allen Mitgliedstaaten der EU vorgesehen. Dabei ermöglichen 13 der 25 EU-Mitgliedsstaaten einen zeitlich unbegrenzten Verlustvortrag.

Vor diesem Hintergrund wird die Muttergesellschaft den Nachweis, dass die Tochtergesellschaft die in ihrem Sitzstaat bestehenden, vom EuGH geforderten gegenwärtigen und zukünftigen Verlustverrechnungsmöglichkeiten ausge-

[224] Was in den meisten Mitgliedstaaten der EU eingeschränkt möglich ist, vgl. §§ 12 Abs. 3 Satz 2 UmwStG, 8 Abs. 4 KStG und die Tabelle von *M. Scheunemann*, Europaweite Verlustberücksichtigung im Konzern, IStR 2005, 303, 309.

[225] Wo es mangels eines Besteuerungsrechts für thesaurierte Gewinne systembedingt keines Verlustvortragsrechts bedarf, vgl. *M. Scheunemann*, Europaweite Verlustberücksichtigung im Konzern, IStR 2005, 303, 308.

schöpft hat, nicht im Jahr der Verlustentstehung, sondern regelmäßig erst bei Liquidation der Tochtergesellschaft führen können. Stellt die Tochtergesellschaft lediglich ihren Betrieb ein, dürfte sich die Nachweisführung für die Tochtergesellschaft bereits schwieriger darstellen. Teilweise wird, über den Fall der Liquidation hinaus, vertreten, dass der Ansässigkeitsstaat der Muttergesellschaft den noch nicht verbrauchten Verlustvortrag ausländischer Tochtergesellschaften zum Abzug zulassen müsse, wenn dieser von der Tochtergesellschaft definitiv nicht mehr genutzt werden kann. Derartige Situationen sollen eintreten, wenn der jeweilige Mitgliedstaat der Tochtergesellschaft nur einen begrenzten Verlustvortrag[226] gewährt und dieser nach Ablauf der Frist verfällt, wenn der Verlustvortrag infolge einer Umwandlung der EU-Tochtergesellschaft oder einer Beteiligungsveräußerung untergeht.[227]

Für die dem EuGH vorgelegte Rechtssache *Marks & Spencer* dürfte sich die Berücksichtigung der im Ausland erlittenen Tochtergesellschaftsverluste im Falle deren Liquidation als milderes Mittel erwiesen. Denn zumindest die in Deutschland und Belgien ansässigen Tochtergesellschaften werden sämtliche Möglichkeiten der Verlustverrechnung ausgeschöpft haben. Bezüglich der französischen Tochtergesellschaft wird der Nachweis geführt werden müssen, dass der Käufer die Verluste steuerlich nicht nutzen kann.[228]

Fraglich ist jedoch, ob diese Regelungsmöglichkeit auch im Rahmen des deutschen Organschaftsregimes als milderes Mittel qualifiziert werden kann. Denn die inländische Muttergesellschaft kann unter Berufung auf ihre Niederlassungsfreiheit grundsätzlich lediglich eine Inländergleichbehandlung einfordern, mit anderen Worten muss der ausländischen Tochtergesellschaft im Rahmen des Organschaftsregimes die gleiche Behandlung zukommen wie einer inländischen Organgesellschaft. In Ansehung dessen müsste in den oben aufgeführten Fällen ein definitiv gewordener Verlust einer inländischen Tochtergesellschaft überhaupt auf Ebene der inländischen Organträgerin Berücksichtigung finden können. Eine Verrechnung von Liquidationsverlusten ist jedoch nicht möglich. Denn wenn eine Organgesellschaft ihre Auflösung beschließt und anschließend liquidiert wird, ist der Zweck der Gesellschaft nunmehr nicht mehr auf Erwerb, sondern auf Abwicklung durch *Versilberung* des gesamten Vermögens gerichtet, welches einschließlich der Rücklagen an die Gesellschafter übertragen wird. Dieser insbesondere aus der Veräußerung des Vermögens

---

[226] Beispielsweise sieht Spanien einen 15-jährigen, Finnland einen 10-jährigen und Portugal einen 6-jährigen Verlustvortrag vor. In Griechenland, Italien, Lettland, Litauen, Polen, Slowakei, Slowenien und Tschechien ist der Verlustvortrag auf 5 Jahre beschränkt. Vgl. die Tabelle von *M. Scheunemann*, IStR 2005, 303, 309.

[227] Vgl. O. Thömmes, IWB Fach 11a Rspr., S. 938, 940; N. Herzig/ T. Wagner, DStR 2006, 1, 6; J. Hey, GmbHR 2006, 113, 115.

[228] Zudem wird es darauf ankommen, ob in Großbritannien auf diese Weise entstandene Verluste verrechnet werden können, vgl. 3. Teil, II. Kapitel, 3. a. (4), S. 97 f.

stammende Abwicklungsgewinn wird nach h.M. von der Gewinnabführungspflicht nicht erfasst.[229] Da diese Grundlage der steuerlichen Ergebniszurechnung ist, wird der Abwicklungsgewinn dem Organträger nicht zugerechnet, sondern ist von der Organgesellschaft selbst zu versteuern.[230] Dies muss ebenso für einen im Zeitraum der Abwicklung erzielten Verlust gelten.[231] Das deutsche Organschaftssystem ist mithin auf die Zurechnung der laufenden positiven und negativen Einkommen der Organgesellschaften gerichtet. Folglich können Liquidationsverluste einer Organgesellschaft dem Organträger nicht zugerechnet und somit auch nicht auf dessen Ebene mit Gewinnen des Organkreises verrechnet werden. Da der inländische Organträger gestützt auf Art 43 EGV nur eine Gleichbehandlung seiner ausländischen Tochtergesellschaften mit inländischen fordern kann[232], können auch Liquidationsverluste ausländischer Tochtergesellschaften nicht von seinem Einkommen abgezogen werden.[233]

Zu prüfen ist, ob beispielsweise im Veranlagungszeitraum 2010 definitiv gewordene Verluste der ausländischen Tochtergesellschaft auch dann als Liquidationsverluste qualifiziert werden müssen, wenn vertreten würde, dass die Verluste rückwirkend im Veranlagungszeitraum der Verlusterzielung (z.B. 2007) auf Ebene der inländischen Muttergesellschaft zu berücksichtigen wären. Denn sie könnten auch als laufende Verluste eingeordnet werden, die dem Grunde nach unter der Voraussetzung der Liquidation der Tochtergesellschaft und in Höhe des später definitiv gewordenen Verlustbetrags[234] rückwirkend in die organschaftliche Verlustverrechnung einbezogen werden. Der EuGH hat sich in der *Marks & Spencer*-Entscheidung weder bezüglich der Frage geäußert, ob die Verluste im Jahr des Verlustuntergangs oder in den jeweiligen Jahren der Verlustentstehung zu berücksichtigen sind, noch im Hinblick darauf, ob lediglich Liquidationsverluste zu berücksichtigen sind. Seinen Ausführungen gemäß ist

---

229 Vgl. BFH-Urt. v. 18.10.1967, I 262/63, BStBl. II 1968, 105, 106; Insoweit wohl auch G. Frotscher, in: Frotscher/ Maas, KStG, § 14 Rd. 354.

230 Vgl. Neumann, in: Gosch, KStG, § 14 Rd. 299, 527. Strittig ist, ob die Organschaft infolge der Nichtdurchführung endet. Dies bejaht G. Frotscher, in: Frotscher/Maas, KStG, § 14 Rd. 354. Verneinend: Neumann, in: Gosch, KStG, § 14 Rd. 298 f.

231 Vgl. E. Dötsch/ A. Pung, DK 2006, 130, 133.

232 Eine Besserstellung des grenzüberschreitenden Sachverhalt gegenüber dem inländischen Sachverhalt hat der EuGH nur im Rahmen solcher Vorschriften anerkannt, die auf interne und grenzüberschreitende Wirtschaftsvorgänge in gleicher – und somit in nicht diskriminierender – Weise angewendet werden, letztbenannter hierdurch aber verhältnismäßig und deutlich schwerer belastet wird (3. Teil, I. Kapitel, 1. b., S. 72 f.). Die Benachteilung des grenzüberschreitenden Sachverhalts beruht vorliegend jedoch bereits auf einer diskriminierenden Regelung. Bezüglich solcher Regelungen fordert der EuGH zu Recht lediglich eine Inländergleichbehandlung.

233 Im Ergebnis ebenso: E. Dötsch/ A. Pung, DK 2006, 130, 133; a.A.: G. Sass, DB 2006, 123, 126; N. Herzig/ T. Wagner, DStR 2006, 1, 6; J. Hey, GmbHR 2006, 113, 115.

234 Bzgl. des Untergang des Verlustvortrags fehlt es an der Vergleichbarkeit des „Verlusts“.

entscheidende Voraussetzung der grenzüberschreitenden Verlustverrechnung, dass die gebietsfremde Tochtergesellschaft die im Staat ihres Sitzes vorgesehenen Möglichkeiten zur Berücksichtigung von Verlusten ausgeschöpft hat. Versteht man die Ausführungen des EuGH dahingehend, dass der im Zeitpunkt der Verlustentstehung erzielte Verlustbetrag auf Ebene der inlandsansässigen Muttergesellschaft rückwirkend abgezogen werden muss, wenn feststeht dass eine Verlustverwertung im Ansässigkeitsstaat der Tochtergesellschaft ausscheidet, könnten die Verluste auch als laufende Verluste qualifiziert werden, sodass die oben aufgeführten Argumente einer grenzüberschreitenden Verlustverrechnung nicht entgegen stehen.[235] Legt man die EuGH-Entscheidung hingegen dahin aus, dass die im Jahr des Verlustuntergangs erzielten Liquidationsverluste ausländischer Tochtergesellschaften grenzüberschreitend verrechnet werden müssen, kann aus der Entscheidung keine Forderung nach einem grenzüberschreitenden Verlustausgleich abgeleitet werden.[236] Der britische *group relief* und die deutsche Organschaft sind insoweit nicht vergleichbar. Daher können auch die Erwägungen des EuGH im Hinblick auf das mildere Mittel nicht ohne weiteres auf das deutsche Regime übertragen werden.

Ohnehin ist zu bezweifeln, ob sich die grenzüberschreitende Verlustverrechnung als milderes Mittel darstellt, wenn der Verlustabzug der EU-Tochtergesellschaft im Ansässigkeitsstaat durch Zeitablauf, Umwandlung oder Anteilsveräußerung definitiv nicht mehr genutzt werden kann. In Ansehung des aus der Niederlassungsfreiheit folgenden Gebots der Inländergleichbehandlung ist auch für diese drei Fälle zu prüfen, ob derartige Verluste im Rahmen des deutschen Organschaftsregimes einkommensmindernd berücksichtigt werden können. Mit Blick auf den durch Zeitablauf untergegangenen Verlustabzug der ausländischen Tochtergesellschaft stellt sich dabei vor allem das Problem, dass im deutschen Steuerrecht Verluste nicht durch Zeitablauf untergehen können. Denn § 10d Abs. 2 EStG i.V.m. § 8 Abs. 1 KStG gewährt einen zeitlich unbeschränkten Verlustvortrag. Der grenzüberschreitende und der nationale Sachverhalt stellen sich nicht als vergleichbar dar, da derart im Auslandsfall definitiv

---

235 Allerdings würde eine Geltendmachung des Verlustes im Verlustentstehungsjahr ausscheiden, wenn in dem Zeitpunkt, in dem die Verluste im Ansässigkeitsstaat der Tochtergesellschaft definitiv geworden sind, die Veranlagung für das Jahr, in dem die Verluste entstanden sind, bereits bestandskräftig geworden ist. Wird das Definitivwerden der Verluste im Ausland als rückwirkendes Ereignis i.S.v. § 175 Abs. 1 Satz 1 Nr. 2 AO qualifiziert, hätte zur Folge, dass die Veranlagung des Verlustentstehungsjahres entsprechend geändert werden müsste. Die Festsetzungsfrist, nach deren Ablauf keine Änderung des Steuerbescheids mehr möglich ist (§ 169 Abs. 1 Satz 1 AO), beginnt im Falle von Ereignissen, die steuerliche Wirkung für die Vergangenheit haben, nach § 175 Abs. 1 Satz 2 AO erst mit Ablauf des Jahres, in dem das Ereignis eintritt. Vgl. J. Sedemund/ I. Sterner, DStZ 2006, 29, 35; T. Sanna/ S. Kaufer, ELR 2006, 30, 34 ff.; M. Scheunemann, IStR 2006, 145, 152

236 So: E. Dötsch/ A. Pung, DK 2006, 130, 134.

gewordene Verluste im Inlandsfall überhaupt nicht entstehen könnten.[237] Die aus der fehlenden Berücksichtigung der Verluste der ausländischen Tochtergesellschaft resultierende Beeinträchtigung der Niederlassungsfreiheit der inländischen Muttergesellschaft erklärt sich bereits aus der unterschiedlichen Situation, in welcher sich die ausländische Tochtergesellschaft im Vergleich zu einer inländischen Tochtergesellschaft befindet. Diese Unvergleichbarkeit in steuerrechtlicher Hinsicht rechtfertigt daher bereits die Schlechterstellung des grenzüberschreitenden Sachverhalts. Den Ansässigkeitsstaat der Muttergesellschaft trifft kein Diskriminierungsvorwurf. Auch der Rechtsprechung des EuGH ist keine Pflicht zu entnehmen, für die Ermittlung des anzuerkennenden Verlusts die steuerrechtlichen Vorschriften des Ansässigkeitsstaats der Tochtergesellschaft zu Grunde zu legen. In Ansehung der bereits aufgeführten Differenzen in den Verlustermittlungs- und Verlustverrechnungsregeln, kann der Staat der Muttergesellschaft nur nach seinen eigenen Regeln zur Verlustverrechnung verpflichtet werden.[238] Gleiche Erwägungen müssen auch für Verluste gelten, die infolge im Ausland vorgesehener Verlustvortragsbeschränkungen bei Umwandlungen und Beteiligungsveräußerungen definitiv werden und insoweit von inländischen Regelungen abweichen.[239]

---

[237] Eine Einbeziehung der im Ausland definitiv nicht mehr nutzbaren Verlustbeträge in die organschaftliche Verlustverrechnung analog „laufender Verluste" wäre demgegenüber wohl noch vertretbar.

[238] Vgl. Insoweit auch J. Hey, GmbHR 2006, 113, 115. Dieses Ergebnis ist auch insofern interessengerecht, als der deutsche Staat nicht verpflichtet werden kann, die Konsequenzen eines im Ausland zeitlich beschränkten Verlustvortrags zu tragen. Vielmehr muss das Risiko, dass der Verlustabzug infolge Zeitablaufs nicht mehr einkommensmindernd genutzt werden kann, von der sich für eine Errichtung einer Tochtergesellschaft im Ausland entscheidenden Muttergesellschaft getragen werden, die sich freiwillig dem am Investitionsstandort geltenden Steuerrecht unterwirft. Müsste die inländische Muttergesellschaft dieses Risiko nicht tragen, bestünde der Anreiz, Investitionen in Mitgliedstaaten zu tätigen, die keinen beziehungsweise nur einen eingeschränkten Verlustvortrag vorsehen, um die Verluste selbst steuerlich nutzen zu können. Dies könnte wiederum die mitgliedstaatliche Tendenz, die Regelungen über den Verlustvortrag zu beschränken, verstärken. Dies stellt sich auch insofern problematisch dar, als restriktive Verlustrück- und –vortragsregeln häufig eingesetzt werden, um niedrigere Steuersätze zu finanzieren. Im Weiteren ist zu befürchten, dass Mitgliedstaaten, die für national tätige Konzerne Verlustübertragungsmöglichkeiten vorsehen, diese einschränken oder abschaffen, um mit deren Ausdehnung auf den grenzüberschreitenden Sachverhalt verbundene Steueraufkommenseinbußen zu vermeiden. Im Lichte einer Unterbindung dieser, dem einheitlichen Binnenmarkt entgegenstehende Entwicklungen, kommt dem Kriterium der Vergleichbarkeit mithin entscheidende Bedeutung zu.

[239] Sollen sie den inländischen Regeln entsprechen, ist zu prüfen, ob derartige Umwandlungsverluste bei inländischen Organgesellschaften berücksichtigt werden können. Vgl. BMF-Schr. v. 25.03.1998, IV B 7 – S 1978 – 21/98/ IV B 2 – S 1909 – 33/98, BStBl. I 1998, 268, Tz. Org.19 bzw. Org 26.

Folglich wird die Ermöglichung einer grenzüberschreitenden Verlustverrechnung unter der Voraussetzung eines Nachweises der Muttergesellschaft, dass das Verlustvortragsrecht der ausländischen Tochtergesellschaft durch Zeitablauf, Umwandlung oder Beteiligungsveräußerung untergegangen ist, im Rahmen des deutschen Organschaftsregimes kein milderes Mittel darstellen. Denn auch in diesen Fällen dürfte ein Verlustabzug auf Ebene der Muttergesellschaft ausscheiden. Unklar ist dies, wenn die im Ansässigkeitsstaat der Tochtergesellschaft eröffneten Möglichkeiten zur Berücksichtigung von Verlusten durch Liquidation beziehungsweise Betriebseinstellung untergegangen sind. In Anbetracht dessen ist zu prüfen, ob das Ziel einer Wahrung der ausgewogenen Aufteilung der Besteuerungsrechte auch auf eine andere Weise gewährleistet werden kann, welche die Niederlassungsfreiheit von Muttergesellschaften mit ausländischen Tochtergesellschaften weniger beeinträchtigt.

(b) Nachversteuerungsmethode

Als milderes Mittel kommt eine Verlustverrechnung unter dem Vorbehalt der Nachversteuerung in Betracht. Denn in der EuGH-Rechtsprechung ist die Tendenz zu beobachtenden, dass die Erforderlichkeit einer mitgliedstaatlichen Ungleichbehandlung durch Verweis auf konkret existierende nationale oder abkommensrechtliche Regelungen verneint wird, welche bereits einen EG-rechtskonformen Zustand herstellen. Sieht der Mitgliedstaat im nationalen Steuerrecht unter speziellen Voraussetzungen eine Gleichbehandlung vor, erkenne er an, dass die Diskriminierung des grenzüberschreitenden Sachverhalts nicht erforderlich ist, um die anvisierten Ziele zu erreichen.[240] Diese Erwägungen müssen auch bezüglich außer Kraft getretener Normen gelten, es sei denn, diese wurden gerade mit dem Ziel der zukünftigen Wahrung der Aufteilung der Besteuerungsrechte unter den Mitgliedstaaten aufgehoben. Aufgrund dieser Rechtsprechung kommt als weniger belastende Maßnahme eine isolierte Berücksichtigung der Verluste ausländischer Tochtergesellschaften in Anlehnung an die bis zum 01. Januar 1990 in § 3 Auslandsinvestitionsgesetz (AIG) vorgesehene Verlustverrechnung unter Nachversteuerung in Betracht[241]. § 3 AIG a.F. ermöglichte die Bildung einer gewinnmindernden steuerfreien Rücklage für Verluste ausländischer Tochterkapitalgesellschaften auf Ebene der Inlandsmuttergesellschaft. Hierdurch konnten die negativen Einkommen ausländischer Tochtergesellschaften zunächst die Bemessungsgrundlage der sie kontrollierenden Muttergesellschaft mindern. Erzielte das ausländische Unternehmen in den folgenden Veranlagungszeiträumen Gewinne, war eine gewinnerhöhende Auflösung

[240] I. Dörr, DK 2004, 15, 18; P. Wattel, EC Tax Review 2003, 194, 197; A. Cordewener, DStR 2004, 6, 9.

[241] Die Nachversteuerungsmethode war bis einschließlich Veranlagungszeitraum 1998 in § 2a Abs. 3, 4 EStG für Betriebstätten kodifiziert

der Rücklage vorgesehen. Hierdurch wurden die inländischen Gewinne, welche zuvor infolge des Verlustabzugs steuerlich nicht erfasst werden konnten, quasi nachversteuert. Unabhängig hiervon war eine Auflösung der Rücklage nach Ablauf von fünf Jahren vorgesehen.

Zwar wäre die Einkommenszurechnung demnach im grenzüberschreitenden Sachverhalt auf eine Zurechnung negativer Einkommen beschränkt. Dies ist allerdings mit Blick auf die abkommensrechtlichen Pflichten der Bundesrepublik Deutschland geboten, weil nach Art 7 OECD-MA Gewinne von im Ausland ansässigen Tochtergesellschaften nur in diesem Staat besteuert werden können.[242] Die Nachversteuerungsmethode ist daher als ein die Niederlassungsfreiheit weniger beeinträchtigendes Mittel anzusehen.

Unter Beachtung der seitens des EuGH in der Rechtssache *Marks & Spencer* aufgestellten Grundsätze zur grenzüberschreitenden Verlustverrechnung ist gleichwohl fraglich, ob es der Einführung einer Verlustverrechnung unter Nachversteuerung bedarf, um die Verhältnismäßigkeit zu wahren. Diese wäre gemeinschaftsrechtlich nicht erforderlich, wenn den Ausführungen des EuGH zu entnehmen wäre, dass es einer grenzüberschreitenden Verlustverrechnung lediglich dann bedürfte, wenn sämtliche Verlustverrechnungsmöglichkeiten im Ansässigkeitsstaat der Tochtergesellschaft ausgeschöpft worden sind. Unter Berücksichtigung des Umstandes, dass der fehlende grenzübergreifende Verlustausgleich ein „grundlegendes Hindernis für das ordnungsgemäße Funktionieren des Binnenmarktes im Steuerbereich" begründet[243], nimmt der Gerichtshof in der Verhältnismäßigkeitsprüfung eine Abwägung zwischen den Interessen des Binnenmarktes und jenen der Mitgliedstaaten vor, wobei er einleitend feststellt, dass die mitgliedstaatlichen Ziele nur im Wesentlichen erreicht werden müssen. Der EuGH wertet das Fehlen einer grenzüberschreitenden Verlustverrechnung als Verstoß gegen die Niederlassungsfreiheit, wenn die „gebietsfremde Tochtergesellschaft die im Staat ihres Sitzes (...) vorgesehenen Möglichkeiten zur Berücksichtigung von Verlusten ausgeschöpft hat"[244]. Würde eine grenzüberschreitende Verlustverrechnung allein in den Fällen der ansonsten drohenden „Keinmalberücksichtigung" der Verluste zugelassen, könnte die zwischenstaatliche Aufteilung der Besteuerungsrechte dennoch im Wesentlichen gewahrt werden und wäre nur geringfügig betroffen. Der gefundene Kompromiss bringt die Ansicht der EuGH zum Ausdruck, dass die Ausübung der Niederlassungsfreiheit sowie das ordnungsgemäße Funktionieren des Binnenmarkt durch einen vollständigen Ausschluss jeglicher Verlustverrechnung im In- und Ausland

[242] Es sei denn sie üben in dem anderen Vertragsstaat eine Geschäftstätigkeit durch eine dort belegene Betriebstätte aus, vgl. Art 7 OECD-MA.

[243] Europäische Kommission, Mitteilung v. 24.11.2003, KOM(2003)726 endg. S. 10, und v. 23.10.2001 KOM(2001)582 endg. S. 11 f., 14 f., 43 ff.

[244] EuGH-Urt. v. 13.12.2006, Rs. C-334/03, *Marks & Spencer*, BB 2006, 23 ff. Rd. 55.

demgegenüber schwer beeinträchtigt wäre. Daher lässt der Gerichtshof das erstbenannte Interesse zurücktreten, um eine „Einmalberücksichtigung" der Verluste zu ermöglichen.[245]

Umgekehrt bedarf es wohl keines Zurückstehens der mitgliedstaatlichen Interessen, um bloße Liquiditätsnachteile mit relativ geringen Folgen für die Verwirklichung des Binnenmarktes zu vermeiden.[246] Dies ergibt der Vergleich der Begründung des EuGH bezüglich der Beeinträchtigung der Niederlassungsfreiheit, die er in Übereinstimmung mit seiner früheren Rechtsprechung[247] im Liquiditätseffekt einer sofortigen Verlustverrechnung gesehen hatte[248], und der Verhältnismäßigkeitsprüfung. Denn unter Zins- und Liquiditätsgesichtspunkten besteht ein Unterschied zwischen einem phasengleichen Verlustausgleich und der im Wege der Vorschriften über den Verlustabzug möglichen interperiodischen Verrechnung mit zukünftigen Gewinnen. Kann die ausländische Tochtergesellschaft ihre Verluste im Ansässigkeitsstaat lediglich selbst vortragen, erleidet der grenzüberschreitend tätige Konzern gegenüber einem Inlandskonzern Zins- und Liquiditätsnachteile. Dieser Differenz wird sich der EuGH bewusst gewesen sein, da er – anderes als Generalanwalt Poiares Maduro – keine gleichwertige Verlustberücksichtigung fordert. Dafür, dass Zins- und Liquiditätsnachteile nach Ansicht des EuGH lediglich dann einen Verstoß gegen die Niederlassungsfreiheit zu begründen vermögen, wenn ihnen im Rahmen einer Abwägung mit den mitgliedstaatlichen Interessen eine Vorrangstellung zukommt, spricht zudem, dass der Gerichtshof in Kenntnis der den grenzüberschreitenden Sachverhalt weniger belastenden Nachversteuerungsmethode[249], dennoch die Variante gewählt hat, die aus Sicht des Steuerpflichtigen belastender ist.

Da der EuGH generell über die Auslegung des Europarechts entscheidet, könnte vertreten werden, dass allein in Fällen eines definitiv nicht mehr im Ansässigkeitsstaat verrechenbaren Verlusts eine grenzüberschreitende Berücksichtigung der von auslandsansässigen Tochtergesellschaften erlittenen Verluste gemeinschaftsrechtlich geboten ist. Da Liquidationsverluste keinen Eingang in die organschaftliche Verlustverrechnung in Deutschland finden können, wäre mögliche Konsequenz einer dahingehenden Auslegung, dass es keiner grenzüberschreitenden Verlustverrechnung im Rahmen des Organschaftsregimes bedürfte. Aufgrund dieser Diskrepanz zwischen dem die Vorlageentscheidung betreffenden britischen *group relief* und dem deutschen auf eine Verrechnung lau-

---

245 EuGH-Urt. v. 13.12.2006, Rs. C-334/03, *Marks & Spencer*, BB 2006, 23 ff. Rd. 41, 55, J. Englisch, IStR 2006, 22, 23.

246 Vgl. J. Englisch, IStR 2006, 22, 23.

247 Vgl. 3. Teil, II. Kapitel, 3. a. (2), S. 96 f.

248 EuGH-Urt. v. 13.12.2006, Rs. C-334/03, *Marks & Spencer*, BB 2006, 23 ff. Rd. 31.

249 EuGH-Urt. v. 13.12.2006, Rs. C-334/03, *Marks & Spencer*, BB 2006, 23 ff. Rn. 54.

fender Verluste gerichteten Organschaftssystem ist es durchaus möglich, dass der EuGH betreffend die Beantwortung einer Vorlagefrage zum deutschen Organschaftsregime auf die Nachversteuerungsmethode rekurriert.[250]

Vor diesem Hintergrund ist zu untersuchen, ob die Nachversteuerungsmethode auch geeignet ist, die ausgewogene Aufteilung der Besteuerungsbefugnis zwischen den Mitgliedstaaten zu wahren. Im Falle einer späteren Gewinnerzielung durch die ausländische Tochtergesellschaft in späteren Veranlagungszeiträumen, wird der Abzug der Verluste der ausländischen Tochtergesellschaft bei der Einkommensermittlung der inländischen Muttergesellschaft wieder rückgängig gemacht, sodass die Besteuerungsgrundlage im Ansässigkeitsstaat der Muttergesellschaft nicht dauerhaft gemindert und die ausgewogene Aufteilung der Besteuerungsrechte nicht gefährdet wird. Der Nachversteuerungsmechanismus greift jedoch nicht, wenn die ausländische Tochtergesellschaft in späteren Veranlagungszeiträumen keine Gewinne erwirtschaftet. In diesen Konstellationen könnte die Geeignetheit des Mittels zur Wahrung der Aufteilung der Besteuerungsrechte mithin in Frage stehen. Allerdings muss diese nach Ansicht des EuGH in der Rechtssache *Marks & Spencer* nur „im Wesentlichen“ und nicht „ebenso gut“ erreicht werden können.[251] In Anlehnung an diese Ausführungen des Gerichtshofs kann der grenzüberschreitenden Verlustverrechnung mithin der Vorrang gegenüber dem Interesse an einer ausgewogenen Aufteilung der Besteuerungsrechte eingeräumt werden, da es in den Fällen, in denen die ausländische Tochtergesellschaft keine Gewinne erzielt, an Verrechnungspotenzial im Ansässigkeitsstaat der Tochtergesellschaft fehlt und die Verluste der Tochtergesellschaft daher dauerhaft die Bemessungsgrundlage der im anderen Mitgliedstaat ansässigen Muttergesellschaft mindern dürfen.

Grundsätzlich könnte dieses Problem ebenso wie im Rahmen des § 3 AIG a.F. dadurch gelöst werden, dass eine automatische Hinzurechnung des abgezogenen Verlustbetrages nach Ablauf einer gewissen zeitlichen Periode vorgesehen wird. Eine solche Regelung könnte sich jedoch im Hinblick auf die oben dargestellten Anforderungen der Niederlassungsfreiheit als bedenklich darstellen, wenn im Ansässigkeitsstaat der Tochtergesellschaft definitiv keine Verlust-

---

[250] In der Rechtssache *Marks & Spencer* hat der EuGH die Nachversteuerungsmethode als zweite, von *Marks & Spencer* sowie der Kommission genannte, die Niederlassungsfreiheit weniger belastende Maßnahme aufgeführt (Rn. 54), ohne näher auf diese Methode einzugehen. Zwar führt der Gerichtshof aus, dass „soweit es andere, weniger belastende Maßnahmen geben sollte, solche Maßnahmen jedenfalls einer vom Gemeinschaftsgesetzgeber zu erlassenden Harmonisierungsregelung“ bedürften (Rd. 58). Da der Gerichtshof die Formulierung „geben sollte“ verwendet, wird sich der Harmonisierungsvorbehalt nicht auf die zuvor explizit als milderes Mittel erwähnte Nachversteuerungsmethode beziehen, zumal diese wie § 3 AIG a.F. und die Rechtslage in Österreich (4. Teil, IV. Kapitel, 1. a., S. 196 ff.) zeigen, keiner Harmonisierung der nationalen Steuerrechte bedarf. A.A. N. Herzig / T. Wagner, DStR 2006, 1, 8.

[251] EuGH-Urt. v. 13.12.2006, Rs. C-334/03, *Marks & Spencer*, BB 2006, 23 ff. Rd. 55.

verrechnungsmöglichkeiten mehr bestehen. Festzustellen ist jedoch, dass auch mittels der Nachversteuerungsmethode die ausgewogene Aufteilung der Besteuerungsbefugnis zwischen den Mitgliedstaaten grundsätzlich gewahrt werden kann.

Problematisch könnte sich die Vornahme einer Nachversteuerung jedoch in tatsächlicher Hinsicht erweisen. Denn in den gesetzgeberischen Motiven bezüglich der Streichung des § 3 AIG a.F. wurde auch die komplizierte Überwachung der Einzelfälle genannt.[252] In diesem Zusammenhang ist jedoch zu beachten, dass nach Ansicht des Gerichtshofs verwaltungstechnische Schwierigkeiten der Mitgliedstaaten regelmäßig keine Diskriminierungen des grenzüberschreitenden Sachverhalts rechtfertigen können. Denn es besteht die Möglichkeit, sowohl dem Steuerpflichtigen erhöhte Nachweispflichten aufzuerlegen als auch aufgrund der Amtshilfe-Richtlinie die zuständigen Behörden des anderen Mitgliedstaates zu ersuchen, ihnen alle zur Überprüfung der im Ausland erzielten Ergebnisse erforderlichen Angaben zu liefern. Zugunsten von § 3 AIG a.F. als Verlustverrechnungsmechanismus kann angeführt werden, dass auf diesem Wege über einen Zeitraum von einundzwanzig Jahren in Deutschland Verluste ausländischer Tochtergesellschaften auf Ebene ihrer inländischen Muttergesellschaft berücksichtigt werden konnten.[253] Nicht zuletzt veranschaulicht die Einführung einer auf diesem Mechanismus beruhenden Norm in Österreich, dass er als sachgerecht gewertet werden kann.[254]

Schließlich müsste die Nachversteuerungsmethode mit der Zielsetzung der Organschaft in Einklang stehen. Im Rahmen der Nachversteuerungsmethode schlagen sich die im Ausland erlittenen Tochtergesellschaftsverluste im Zeitpunkt ihrer Entstehung steuerwirksam im Organeinkommen als Indikator der individuellen Leistungsfähigkeit nieder. Auf diese Weise kann verhindert werden, dass die Unternehmenseinheit trotz fehlender Leistungsfähigkeit aufgrund eines negativen Welteinkommens im Inland erhebliche Steuerbeträge zahlen muss. Im Wege einer auf der Nachversteuerungsmethode beruhenden grenzüberschreitenden Verlustverrechnung wird dem Zweck der Organschaft, der wirtschaftlichen Leistungsfähigkeit des Unternehmensverbundes Rechnung zu tragen, Genüge getan.

Mit einer Integration der Nachversteuerungsmethode in das Organschaftsregime könnten sich auch ausländische Tochtergesellschaften als Organgesellschaften qualifizieren, ohne dass die ausgewogene Aufteilung der Besteuerungsrechte in Frage gestellt würde. Der derzeit vorgesehene vollständige Ausschluss

---

[252] Vgl. Bundesregierung, Begründung des Entwurfs eines StRefG 1990, BT-Drs. 11/2157, S. 184, Zudem soll die Norm dem Subventionsabbau und der Vereinfachung des Steuerrechts (angesichts der Auslegung des komplizierten Gesetztextes) dienen.

[253] Sog. Anerkennungsgrundsatz.

[254] Vgl. 4. Teil, IV. Kapitel, 1. a., S. 196 ff.

dieser Gesellschaften von der Fähigkeit, sich als Organgesellschaft zu qualifizieren, ist nicht erforderlich und somit nicht gerechtfertigt.

(2) Verhinderung einer doppelten Verlustverwertung

Die fehlende Eignung ausländischer Tochtergesellschaften, sich als Organgesellschaften zu qualifizieren, könnte dadurch gerechtfertigt sein, dass die ausländischen Verluste dort phasengleich mit Gewinnen konzernverbundener Unternehmen verrechnet und zugleich in die Verlustverrechnung im Rahmen der Organschaft einbezogen werden könnten, sodass die Gefahr einer mehrfachen steuerlichen Nutzung negativer Einkommen bestünde. Die Unterbindung einer derartigen Verlustdoppelverwertung ist als zwingender Grund des Allgemeininteresses anerkannt, welcher eine Diskriminierung des grenzüberscheitenden Sachverhalts zu rechtfertigen vermag.[255]

Das Ziel der Verhinderung der doppelten Verlustnutzung basiert auf dem Konzept einer auch vom EuGH[256] anerkannten staatenübergreifenden Gesamtschau, die zwar der grundsätzlichen Kritik ausgesetzt ist, dass jeder Staat selbständig darüber entscheiden sollte, ob und in welcher Höhe er eine Verlustverrechnung für geboten erachtet[257]; diese auf den Binnenmarkt bezogene Betrachtungsweise dient aber letztlich einer gerechten Besteuerung nach der wirtschaftlichen Leistungsfähigkeit.[258]

Auch wenn die denkbare Gefahr einer doppelten steuerlichen Nutzung negativer Einkommen durch die Ablehnung einer grenzüberschreitenden Verlustverrechnung wirksam unterbunden werden kann, stellt sich der vollständige Ausschluss jeglicher von Tochtergesellschaften im Ausland erlittener negativer Einkommen von der Verrechnung im Organkreis als nicht erforderlich dar, da mehrere mildere Mittel in Betracht kommen. Einerseits besteht die Möglichkeit, die Verlustberücksichtigung auf Ebene des inländischen Organträgers in Anlehnung an die *Marks & Spencer*-Entscheidung von dem Nachweis abhängig zu machen, dass eine Verlustnutzung im Ansässigkeitsstaat der Tochtergesellschaft definitiv

---

[255] Vgl. EuGH-Urt. v. 13.12.2006, Rs. C-334/03, *Marks & Spencer,* BB 2006, 23 ff. Rd. 47; GA Maduro, Schlussanträge v. 07.04.2005, Rs. C- 446/03, *Marks & Spencer*, RIW 2005, 383, Rd. 79; E. Lechner, in: Gassner/ Lang/ Lechner (Hrsg.) DBA und EU-Recht, 1996, S. 95. Das deutsche Organschaftsrecht sucht die doppelte Verlustverrechnung mithilfe von § 14 Abs. 1 Satz 1 Nr. 5 KStG und indem die Organgesellschaft ihr Vortragsrecht verliert (§ 15 Satz 1 Nr. 1 KStG) zu vermeiden und ist insofern konsequent ausgestaltet.

[256] Vgl. EuGH-Urt. v. 12.12.2002, Rs. C-385/00, *De Groot*, EuGHE 2002, I-11819; v. 07.09.2004, Rs. C-319/02, *Manninen,* EWS 2004, 454 ff., Rd. 54.

[257] Zudem widerspricht sie der Diskriminierungsprüfung, denn prima facie erfordern die Grundfreiheiten eine Gleichbehandlung von grenzüberschreitendem und nationalem Sachverhalt durch jeden der beiden Hoheitsträger, C. Wimpissinger, SWI 2000, 313, 318; H.K. Medert, IStR 2004, 828, 829.

[258] Indem der Verlustabzug innerhalb eines europäischen Konzerns einmal ermöglicht wird.

nicht mehr möglich ist. Zum anderen könnte die Verlustverrechnung im Rahmen eines Nachversteuerungssystems zunächst davon abhängig gemacht werden, dass keine gegenwärtige Verlust-Berücksichtigungsmöglichkeit im Ansässigkeitsstaat der Tochtergesellschaft besteht[259]; im Weiteren könnte eine doppelte Verlustverrechnung dadurch unterbunden werden, dass die Gewinnerzielung im Ansässigkeitsstaat den Anlass für die Nachversteuerung im Sitzstaat bildet.

Der Gefahr der doppelten Verlustverrechnung kann somit auf verhältnismäßigere Weise als durch den Ausschluss ausländischer Tochtergesellschaft von der Fähigkeit, sich als Organgesellschaft zu qualifizieren, begegnet werden. Daher kann er nicht durch das Ziel der Verhinderung einer doppelten Verlustverrechnung gerechtfertigt werden.

(3) Wahrung der Kohärenz des Organschaftssystems

(a) Unmittelbarer Zusammenhang zwischen einem Steuervor- und -nachteil

Zwar rechtfertigt der Gerichtshof die Versagung einer grenzüberschreitenden Verlustverrechnung in der Rechtssache *Marks & Spencer* nicht, wie vom Generalanwalt vorgeschlagen[260], mit dem Ziel der Wahrung der Kohärenz der Steuerregelung. Dem kann jedoch nicht entnommen werden, dass diese hierfür nicht herangezogen werden kann.

Für eine Rechtfertigung müsste zunächst ein kohärentes Regelungssystem im Sinne einer zwingenden sachlichen Verbindung zwischen einer steuerlichen Vergünstigung und deren Kompensation durch eine steuerliche Belastung bestehen. Da in diesem Fall die Gewährung des steuerlichen Vorteils mit der Begründung versagt werden kann, dass die Ausgleichserhebung nicht möglich ist. Im Besteuerungsmodell der Organschaft besteht dabei ein unmittelbarer Zusammenhang zwischen der vorteilhaften Verlustverrechnung und deren Kompensation durch die sofortige steuerliche Erfassung späterer Gewinne auf Ebene des Organträgers.

In der Rechtssache *Marks & Spencer* sieht der Generalanwalt unter Rekurs auf Sinn und Zweck des *group relief* das Bestehen eines unmittelbaren Zusammenhangs zwischen der Vergünstigung bei der Konzernmutter, den Verlust der Gruppentochter mit eigenen Gewinnen verrechnen zu können, und der Belastung, dem Wegfall der Verlustverrechnung bei der Tochtergesellschaft.[261] Ein derart ausgestalteter Kohärenzzusammenhang ist dem deutschen Organschaftssystem jedoch nicht zu entnehmen. Im Rahmen des *group relief* wird jedes Unternehmen der steuerlichen Gruppe einzeln zur Körperschaftsteuer veranlagt. Allein für *steuerliche Zwecke* können Verluste eines Veranlagungszeitraumes im

---

[259] Durch Verlustrücktrag oder Einbeziehung in eine ausländische Gruppenbesteuerung.

[260] *GA Poiares Maduro*, Schlussanträge v. 07.04.2005, C- 446/03, Marks & Spencer, Rn. 71

[261] GA Maduro, Schlussanträge v. 07.04.2005, Rs. C-446/03, *Marks & Spencer*, RIW 2005, 383, Rd. 72.

Nachhinein auf gruppenzugehörige Unternehmen übertragen werden, die diese bei der Ermittlung ihres Einkommens als Betriebsausgabe abziehen können.[262] Folglich bedarf es eines Ausschlusses des Verlustvortragsrechts, um eine doppelte Verlustverrechnung zu unterbinden.

Die deutsche Organschaft stellt demgegenüber aufgrund ihrer Bindung an den gesellschaftsrechtlichen Gewinnabführungsvertrag kein steuerliches Ausgleichsinstrument dar. Vielmehr wird im Rahmen der Organschaft steuerrechtlich berücksichtigt, dass infolge der tatsächlichen Pflicht zur Gewinnabführung und Verlustübernahme die positive oder negative tatsächliche Leistungsfähigkeit von der Organgesellschaft auf den Organträger „verlagert" wird.[263] Obwohl die deutsche ebenso wie die britische Tochtergesellschaft im Folgenden nicht mehr zum Verlustvortrag berechtigt ist, kann die Organschaft nicht auf die bloße Verlustübertragung reduziert werden. Im Rahmen der Organschaft besteht vielmehr ein unmittelbarer Zusammenhang zwischen dem steuerlichen Vorteil der Verlustberücksichtigung auf Organträgerebene und dem korrelierenden Nachteil der Gewährleistung, dass auch spätere Gewinne auf Ebene des Organträgers erfasst werden können.[264]

Bezüglich ausländischer Tochtergesellschaften kann dieser Unmittelbarkeitszusammenhang nicht hergestellt werden. Würden deren Verluste auf Ebene des inländischen Mutterunternehmens berücksichtigt und somit zu einer Minderung der Steuerbemessungsgrundlage sowie zu Steuermindereinnahmen führen, könnte dieser Einnahmenverlust mangels eines deutschen Besteuerungsrechts nicht durch die Erfassung künftiger Gewinne der Tochtergesellschaft ausgeglichen werden, da im Ausland erzielte Tochtergesellschaftsgewinne ausschließlich im Ansässigkeitsstaat besteuert werden können.

Ebenso wie es in der Rechtssache *Bachmann*[265] keiner Abzugsfähigkeit der Versicherungsbeiträge bedurfte, wenn die Besteuerung der Auszahlung der Versicherungsleistungen nicht sichergestellt werden konnte, ist auch keine Berücksichtigung der von der Tochtergesellschaft erlittenen Verluste auf Ebene der Muttergesellschaft geboten, wenn eine spätere Kompensation mittels Besteue-

[262] Sog. deduction, vgl. Section 402 Abs. 1, 2 und 403 Income and Corporation Taxes Act 1988 (KStG des Vereinigten Königreichs).

[263] Indem für die fünfjährige Mindestdauer nicht nur die negativen, sondern auch die positiven Einkommen der Organgesellschaften dem Organträger zuzurechnen und auf dessen Ebene zu versteuern sind. Diesen Unterschied betonend: J. Thiel, DB 2004, 2603, 2605; F. Balmes/ M.J.J. Brück/ M. Ribbrock, BB 2005, 966, 968 ff.; R. Seer/ B. Kahler/ H. Rüping/ K. Thulfaut, EWS 2005, 289, 301.

[264] Im britischen group relief besteht kein solcher Zusammenhang: Da allein Verluste und keine Gewinne auf die Muttergesellschaft übertragen werden, wirkt sich das im Gewinnfall fehlende Besteuerungsrecht bzgl. der ausländischen Tochtergesellschaft auf Ebene der Muttergesellschaft nicht aus.

[265] EuGH-Urt. v. 28.01.1992 – Rs. C-204/90, *Bachmann*, EuGHE 1992, I-249, Rd. 21-23.

rung späterer Tochtergesellschafts-Gewinne auf der selben Ebene nicht in Betracht kommt. Andernfalls wäre die Kohärenz des nationalen Steuersystems in Frage gestellt.

Den Umstand einbeziehend, dass das Bestehen eines Kohärenzzusammenhangs keinen Ausgleich jedweder Benachteiligung durch eine Vergünstigung erfordert, ist es als unerheblich zu bewerten, dass bei isolierter Betrachtung einer Tochtergesellschaft der Versagung der Verlustverrechnung keine entsprechende Vergünstigung gegenüber steht.[266] Mithin dient der Ausschluss von Tochtergesellschaften mit ausländischem Sitz und Geschäftsleitungsort der Wahrung der Kohärenz des Organschaftsregimes.

(b) Keine Verlagerung des Kohärenzzusammenhangs auf die Ebene eines DBA

Da in keinem zwischen Deutschland und einem anderen Mitgliedstaat abgeschlossenen DBA eine Ausweitung der Organschaftsbestimmungen vorgesehen ist, wird die im nationalen Recht bestehende Wechselbeziehung zwischen Steuervor- und -nachteilen durch ein solches Abkommen nicht in Frage gestellt.[267]

(c) Identität des Steuerpflichtigen

Der EuGH hat in den Urteilen *Eurowings, Verkooijen, Baars* und *Bosal* gefordert, dass Vor- und Nachteil bei demselben Steuerpflichtigen eintreten müssen.[268] Vorliegend wird die Begünstigung in Form der Verlustverrechnung jedoch auf Ebene des Organträgers gewährt, während die korrespondierende Belastung an die doppelte Inlandsanbindung der Tochtergesellschaft anknüpft, die auch als Organgesellschaft weiterhin selbständig steuerpflichtig ist. Vor diesem Hintergrund stellt sich die Frage, ob die Kohärenz eines Steuersystems eine Zusammenschau von Gesellschafter und Gesellschaft erfordern kann.

Im Rahmen der Vergleichsprüfung wurde eine solche Gesamtbetrachtung für zulässig erklärt.[269] In Ansehung der Rechtsfolge der Organschaft, welche in der Zurechnung und Besteuerung der Einkommen der Organgesellschaften auf Ebene des Organträgers besteht, wird deutlich, dass sich letztendlich auch der Nachteil in Form der steuerlichen Erfassung der Tochtergesellschafts-Gewinne

---

[266] Vgl. 3. Teil, II. Kapitel, 1. c. aa. (1). S. 75.

[267] Noch wird die Kohärenz auf Abkommensebene begründet. Die Nichtbesteuerung der Gewinne ausländischer Tochtergesellschaften im Rahmen der deutschen Besteuerung folgt vielmehr aus Bestimmungen des deutschen EStG und KStG. Die Freistellungsverpflichtung gemäß Art 23A i.V.m. Art 7 OECD-MA wirkt sich insoweit nicht aus.

[268] EuGH-Urt. v. 26.10.1999, Rs. C-294/97, *Eurowings*, EuGHE 1999, I-7447, Rd. 42.; v. 06.06.2000, Rs. C-35/98, *Verkooijen*, EuGHE 2000, I-4071, Rd. 58; v. 13.04.2000, Rs. C-251/98, *Baars*, EuGHE 2000, I-2787, Rd. 39 f.; v. 18.09.2003, Rs. C-168/01, *Bosal*, EuGHE 2003, I-9401, Rd. 32.

[269] 3. Teil, II. Kapitel, 3. b. bb., S. 100 ff.

auf Ebene des Organträgers auswirkt. Daher ist es auch vertretbar in Bezug auf die Frage des Bestehens eines kohärenten Regelungszusammenhangs in Fällen organschaftlicher Verbundenheit eine gemeinsame Betrachtung von Gesellschaftern und Gesellschaft vorzunehmen.

Auch in der neueren Rechtsprechung des EuGH ist eine Abkehr vom bisherigen formal-technischen Verständnis der Personenidentität zu beobachten[270]: Während der Gerichtshof in früheren Entscheidungen das Bestehen einer kohärenten Regelung allein mit Hinweis auf die fehlende Personenidentität abgelehnt hat, fordert er in der Rechtssache *Manninen* – auf Anregung der Generalanwältin Kokott[271] – bezüglich des finnischen Anrechnungsverfahrens einen unmittelbaren Zusammenhang zwischen der betreffenden Steuervergünstigung und dem Ausgleich dieser Vergünstigung durch eine bestimmte Abgabe und prüft detailliert, inwieweit Vorteile bei *einem* Steuerpflichtigen bei einem *anderen* aufgewogen werden können.[272] Indem der Gerichtshof die Kohärenz des finnischen Anrechnungsverfahren *eher beiläufig* bejaht[273], allerdings dessen Verhältnismäßigkeit ablehnt, erkennt er die Möglichkeit einer Steuerart und Steuersubjekt übergreifenden Betrachtungsweise an.[274] Steht das formale Kriterium der Personenidentität aber schon einer kohärenten Regelung nicht entgegen, wenn ein Vorteil auf Gesellschafterebene durch einen Nachteil auf Gesellschaftsebene kompensiert wird, kann dies argumentum a minore ad maius nicht gegen das Bestehen eines unmittelbaren Zusammenhangs angeführt werden, wenn sich die Steuerpflichtigen zu einem Konzern zusammengeschlossen haben und nach dem jeweiligen nationalen Steuerrecht partiell wie ein einziges Steuersubjekt behandelt werden.[275] Diesen Gedanken aufgreifend, schlägt der Generalanwalt in der

---

[270] Insbesondere in den Rechtssachen *Svensson und Gustavsson, ICI, Metallgesellschaft Ltd. u.a., Hoechst* und in *Manninen,* vgl. O. Thömmes, IWB 2003 Fach 11a, S. 713, 714.

[271] Schlussanträge v. 18.03.2004, Rs. C-319/02, *Manninen,* IStR 2004, 313, Rd. 50 ff. 61., die erstmalig für eine personenübergreifende Betrachtungsweise plädiert. Um den Rechtfertigungsgrund nicht ausufern zu lassen, fordert sie, dass sich die Besteuerung auf dieselben Einkünfte oder denselben wirtschaftlichen Vorgang beziehen muss und durch die rechtliche Ausgestaltung des Systems gewährleistet ist, dass der Vorteil dem einen Steuerpflichtigen nur dann zu Gute kommt, wenn das Eintreten des Nachteils bei dem anderen Steuerpflichtigen erfolgt. Auch diese Voraussetzungen wären vorliegend erfüllt.

[272] Im Hinblick auf das mit der finnischen Steuerreglung verfolgte Ziel bleibt die Kohärenz des Steuersystems gewährleistet, soweit der Zusammenhang zwischen der *dem Aktionär* gewährten Steuervergünstigung und der (von der körperschaftsteuerpflichtigen *Gesellschaft*) geschuldeten Körperschaftsteuer aufrechterhalten wird, EuGH-Urt. v. 07.09.2004, Rs. C-319/02, *Manninen,* EWS 2004, 454, Rd. 46.

[273] J. Englisch, IStR 2004, 684, 685.

[274] Diese Ausführungen wären nach der *alten* Kohärenzformel nicht möglich gewesen, da der unmittelbarer Ausgleich nicht bei demselben Steuerpflichtigen erfolgt.

[275] Vgl. A. Rust, EWS 2004, 450, 452; GA Léger, Schlussanträge v. 14.04.2005, Rs. C-253/03, *CLT-UFA SA*, IStR 2005, 383, Rd. 93 ff.

Rechtssache *Marks & Spencer* dem Gerichtshof vor, die Kohärenz der britischen Gruppenbesteuerung nicht von dem Kriterium der Personenidentität abhängig zu machen, sondern die Kohärenz allein „in Anbetracht der Zielsetzung und der Systematik der in Rede stehenden Steuerregelung zu beurteilen“.[276]

Aus diesen Gründen steht die Personenverschiedenheit dem Kohärenzzusammenhang zwischen der Berücksichtigung der positiven und negativen Einkommen der Organgesellschaft auf Ebene des Organträgers nicht entgegen.[277]

(d) Verhältnismäßigkeit

Der Ausschluss ausländischer Tochtergesellschaften von der Organschaftsbesteuerung müsste im Hinblick auf die Zielsetzung der Organschaft zur Gewährleistung einer kohärenten Regelung geeignet, erforderlich und angemessen sein. Das Kriterium der doppelten Inlandsanbindung ist zwar geeignet, die inländische Besteuerung künftiger Gewinne der Organgesellschaft zu gewährleisten, allerdings ist die Erforderlichkeit in Frage zu stellen. Denn als weniger belastende Maßnahme kommt eine isolierte Berücksichtigung der Verluste ausländischer Tochtergesellschaften unter Nachversteuerung in Anlehnung an § 3 AIG a.F. in Betracht. Um als eine den Kohärenzzusammenhang ebenso gewährleistende Maßnahme qualifiziert werden zu können, müsste mittels der Methodik des § 3 AIG a.F. eine unmittelbare Verbindung zwischen der Abzugsmöglichkeit der Tochtergesellschaftsverluste auf Ebene der Muttergesellschaft und der späteren Erfassung der von der Tochtergesellschaft erwirtschafteten Gewinne zu erkennen sein. Dem könnte entgegenstehen, dass die sog. Nachversteuerungsmethode keinen Zugriff auf die im Ausland von der Tochtergesellschaft erzielten positiven Einkommen ermöglicht. Vielmehr wird der Verlustabzug ex nunc dadurch korrigiert, dass in Höhe des zuvor abgezogenen Verlustbetrags eine vollständige oder teilweise Hinzurechnung zum Gesamtbetrag der Einkünfte erfolgt und somit die zeitweilig steuerfrei gebliebenen inländischen Gewinne nachversteuert werden. Die im Ausland erzielten positiven Einkommen bilden jedoch sowohl den Auslöser als auch die Berechnungsgrundlage für die Höhe des hinzuzurechnenden Betrages. Daher besteht bei wirtschaftliche Betrachtung durchaus ein Zusammenhang zwischen dem Verlustabzug und der späteren Gewinnbesteuerung.

Im Rahmen der vom EuGH in der Rechtssache *Marks & Spencer* für erforderlich gehaltenen grenzüberschreitenden Verlustverrechnung könnte kein derartiger Kohärenz-Zusammenhang zwischen dem Verlustabzug und der späteren

---

[276] GA Maduro, Schlussanträge v. 07.04.2005, Rs. C-446/03, *Marks & Spencer*, RIW 2005, 383, Rd. 71.

[277] Ebenso: W. Schön DB 2001, 940, 944; ders., IStR 2004, 289 ff., 298; A. Cordewener, Europäische Grundfreiheiten und nationales Steuerrecht, 2002, S. 969; K. Eicker/ S. Müller, RIW 2001, 438, 441; R. Seer, IWB Fach 11 Gruppe 2, S. 573, 586.

Gewinnbesteuerung hergestellt werden. Denn Voraussetzung des grenzüberschreitenden Verlustausgleichs ist, dass sämtliche Verlustnutzungsmöglichkeiten durch die auslandsansässige Tochtergesellschaft ausgeschöpft sind. Dies wird regelmäßig aber nur der Fall sein, wenn eine Erwirtschaftung späterer Gewinne durch die Tochtergesellschaft und somit ein Verlustvortrag ausscheidet. Zudem ist zu beachten, dass die Organschaft auf eine Verrechnung der laufenden Verluste gerichtet ist und Liquidationsverluste der Organgesellschaften grundsätzlich keine Berücksichtigung finden. Mithin würde dem Kohärenzzusammenhang im Wege der vom EuGH in der Rechtssache *Marks & Spencer* präferierten Maßnahme keine Rechnung getragen werden.

Mit der Integration der Nachversteuerungsmethode nach dem Vorbild des § 3 AIG a.F. in das Organschaftsregime könnten sich ausländische Tochtergesellschaften ebenfalls als Organgesellschaften qualifizieren, ohne dass der Kohärenzzusammenhang in Frage gestellt würde. Der derzeit vorgesehene vollständige Ausschluss dieser Gesellschaften von der Fähigkeit, sich als Organgesellschaft zu qualifizieren ist nicht erforderlich und somit nicht durch den Grundsatz der Kohärenz gerechtfertigt.

(4) Gewinnabführungsvertrag

Eine Besteuerung im Rahmen des Organschaftsregimes setzt gemäß § 14 Abs. 1 KStG den Abschluss eines wirksamen Gewinnabführungsvertrags im Sinne des § 291 AktG voraus. Der Ausschluss ausländischer Kapitalgesellschaften könnte gerechtfertigt sein, wenn diese die Tatbestandsvoraussetzung nicht erfüllen und sich schon aus diesem Grunde nicht als Organgesellschaft qualifizieren können.

Daher ist zu prüfen, ob sich eine Tochtergesellschaft mit Sitz und Geschäftsleitung im Ausland zivilrechtlich wirksam gegenüber ihrer deutschen Muttergesellschaft zur Abführung ihres ganzen Gewinns verpflichten kann.

Die Zulässigkeit eines zwischen einer ausländischen Untergesellschaft und einer inländischen Obergesellschaft geschlossenen grenzüberschreitenden Gewinnabführungsvertrags beurteilt sich gemäß kollisionsrechtlichen Grundsätzen nach dem Recht, dem die Untergesellschaft unterliegt und somit nach ausländischem Gesellschaftsrecht.[278] Vor diesem Hintergrund stellt sich die Problematik, dass die meisten Staaten nicht nur auf das Erfordernis eines Gewinnabführungsvertrags als Tatbestandsvoraussetzung einer zusammengefassten Besteuerung von Konzerngesellschaften verzichten, sondern auch regelmäßig keine gesellschaftsrechtlichen Grundlagen für einen derartigen Vertragsschluss vorsehen.

---

[278] Vgl. 2. Teil, II. Kapitel, 4. a. aa., S. 23. Die Regel, dass das Gesellschaftsstatut der abhängigen Gesellschaft maßgebend ist, gilt als sog. allseitige Kollisionsnorm auch für im Ausland ansässige Unternehmen.

Innerhalb der EU ermöglichen neben Deutschland allein Portugal[279], Ungarn[280], Slowenien[281], Österreich[282], Großbritannien[283] und Tschechien[284] zumindest innerhalb nationaler Grenzen den Abschluss eines Gewinnabführungsvertrags. Mit einer Angleichung des Konzernrechts auf europäischer Ebene ist in absehbarer Zeit auch nicht zu rechnen.[285]

Ohne gesetzliche Grundlage wird die Unterwerfung unter einen Gewinnabführungsvertrag aus Sicht des ausländischen Rechts jedoch nicht von der Privatautonomie gedeckt sein. Dies erklärt sich schon mit Blick auf die Gewinnabführungspflicht, aufgrund welcher der eigenerwerbswirtschaftliche Zweck der beherrschten Gesellschaft durch eine am Konzerninteresse ausgerichtete Unternehmensstrategie ersetzt wird. Auch wird das Gewinnbezugsrecht der Gesellschafter ausgeschaltet und somit eine Kollision mit konzernrechtlichen Schutzvorschriften provoziert.[286] Infolge dieses Eingriffs in die innere gesellschaftsrechtliche Struktur der Untergesellschaft wird eine Gewinnabführung ohne gesellschaftsrechtliche Grundlage aus Sicht der meisten Mitgliedstaaten unzulässig sein.[287] Insoweit ergibt sich auch nicht anderes aus dem EuGH-Urteil in der Rechtssache SEVIC[288], da sich die Unwirksamkeit eines grenzüberschreitenden Gewinnabführungsvertrages mit einer in der Bundesrepublik Deutschland ansässigen Muttergesellschaft – anders als im Fall einer grenzüberschreitenden Verschmelzung – nicht aus deutschem Recht ergibt. Der ausländische Ansässigkeitsstaat der Tochtergesellschaft ist jedoch weder verpflichtet, einen nach deut-

---

279 In Portugal ist seit 1986 eine Konzernrechtskodifikation vorgesehen, die mit der deutschen vergleichbar ist, vgl. M. Lutter/ H.-P. Overrath, ZGR 1991, 394, 397.

280 H.-G. Koppensteiner, in: KölnerKomm., Vorb. § 291 Rd. 119.

281 Seit 1. Januar 2005, vgl. L. Vorlíčková/ G. Zorman, IStR 2004, Länderbericht, S. 4 f.

282 § 238 öAktG, die in Österreich an Gewinnabführungsverträge gestellten Anforderungen entsprechen jenen des deutschen Rechts. Bis VZ 2004 war er Organschaftsvoraussetzung.

283 Vgl. Companies Act 1985, Schedule 10 A, para. 4, "control contract", sec. 310.

284 Voraussetzungen und Rechtsfolgen des Gewinnabführungsvertrags entsprechen in wesentlichen Punkten den Deutschen, §§ 190a ff. TschHGB.

285 Vgl. N. Dautzenberg, Unternehmensbesteuerung im EG-Binnenmarkt, 1997, S. 384 f.; H.-G. Koppensteiner, in: KölnerKomm., Vorb. § 291 Rd. 131 ff.; P. Hommelhoff, ZGR 1992, 121, 128 f. Außerhalb der EU kennen Brasilien und Taiwan ein kodifiziertes Konzernrecht.

286 Selbst wenn alle Gesellschafter dem Abschluss zustimmen, H. J. Herrmann, AG 1969, 348, 357; W. Meilicke, in: Lüdicke (Hrsg.), Deutsches Steuerrecht im Europäischen Rahmen, 2004, S. 205, 218.

287 Vgl. H. J. Herrmann, AG 1969, 348, 352; S. Grotherr, FR 1995, 1, 12; A.A. J. Nagler/ J. Kleinert, DB 2005, 855, 856.

288 EuGH-Urt. v. 13.12.2005, C-411/03, SEVIC, IStR 2006, 32. Der EuGH hat für den Fall der einer grenzüberschreitenden Verschmelzung einer deutschen mit einer luxemburgischen Gesellschaft entschieden, dass die Weigerung der Eintragung ins Handelsregister eine nicht gerechtfertigte Verletzung der Niederlassungsfreiheit darstellt.

schem Gesellschaftsrecht abgeschlossenen Vertrag anzuerkennen, noch sich dessen Regelungen zu unterwerfen.[289]

Teilweise wird gefordert, dass der Gewinnabführungsvertrag zumindest im Hinblick auf die Verlustübernahmepflicht[290] gelebt[291] werden müsse, um eine Vergleichbarkeit des grenzüberschreitenden mit dem nationalen Konzerns zu erreichen. Diese Ansicht überzeugt jedoch schon deshalb nicht, weil die bloße Durchführung einer rechtlich unwirksamen Vereinbarung vom BFH für die Zwecke der Organschaft nicht anerkannt wird.[292] Führen Mängel beim Abschluss des Gewinnabführungsvertrages oder dessen Durchführung zu einer Unwirksamkeit der Organschaft, können im grenzüberschreitenden Sachverhalt eine Verlustübernahmevereinbarung beziehungsweise eine irgendwie erfolgte Verlustübernahme nicht ausreichen, um dem Erfordernis des Gewinnabführungsvertrages zu genügen.[293]

Sollte sich die Tochtergesellschaft demgegenüber nach ausländischem Gesellschaftsrecht wirksam zur Gewinnabführung an die deutsche Muttergesellschaft verpflichten können, stellt sich die Frage, ob ein solcher Vertrag den Anforderungen des § 14 Abs. 1 Satz 1 KStG genügen kann. Die Norm erfordert explizit den Abschluss und die tatsächliche Durchführung eines Gewinnabführungsvertrags im Sinne des § 291 Abs. 1 AktG. Der auf Grundlage des ausländischen Rechts abgeschlossene Vertrag führt jedoch nicht unbedingt zur Abführung des ganzen Gewinnes im Sinne des § 291 AktG, nach dem der nach den Vorschriften des deutschen Handelsgesetzbuches ermittelte Jahresüberschuss oder –fehlbetrag und nicht das nach ausländischen Vorschriften berechnete Ergebnis der Gesellschaft abzuführen sein sollte.[294] Auch ist nicht unbedingt eine Verlustübernahme im ausländischen Konzernrecht vorgesehen. Daher ist der Abschluss eines grenzüberschreitenden Unternehmensvertrages mit einem deutschen herrschenden Unternehmen nur unter der Voraussetzung als Gewinnabführungsvertrag im Sinne der §§ 291 ff. AktG anzuerkennen, wenn dessen wesentliche Charakteristika erfüllt sind.[295]

Aus diesen Gründen werden ausländische Tochterunternehmen zumeist gesellschaftsrechtlich nicht in der Lage sein, sich wirksam zur Abführung ihres ganzen Gewinns zu verpflichten. Mithin eignen sich ausländische Gesellschaf-

---

289 Vgl. N. Herzig/ T. Wagner, DStR 2006, 1, 9.

290 So: F. Balmes/ M.J.J. Brück/ M. Ribbrock, BB 2006, 186, 189; J. Englisch, IStR 2006, 22, 23; O. Thömmes, IWB Fach 11a Rechtsprechung, S. 933, 939, 1183, 1190.

291 J. Kleinert / J. Nagler, DB 2005, 855, 856; J. Hey, GmbHR 2006, 113, 119.

292 Vgl. 2. Teil, II. Kapitel, 3., S. 21 insbesondere Fn. 78.

293 Ebenso: M. Scheunemann, IStR 2006, 145, 147.

294 Vgl. auch N. Herzig/ T. Wagner, DB 2005, 1, 5.

295 Ausführlich, W. Bayer, Der grenzüberschreitende Beherrschungsvertrag, 1988, S. 75 ff. Diese Voraussetzung ist in Bezug auf den portugiesische Gewinnabführungsvertrag nicht erfüllt, da es an der Verlustübernahmepflicht fehlt.

ten bereits aus diesem Grunde nicht als Organgesellschaft, sodass die fehlende Möglichkeit des Abschluss eines Gewinnabführungsvertrags ihren Ausschluss von der Organschaftsbesteuerung rechtfertigen könnte.

Voraussetzung hierfür ist jedoch, dass die Tatbestandsvoraussetzung des Gewinnabführungsvertrags selbst mit den Anforderungen der Niederlassungsfreiheit in Einklang steht. Mithin ist die Gemeinschaftsrechtskonformität des Erfordernisses zu prüfen.

(a) Beeinträchtigung der Niederlassungsfreiheit

Fehlt es entweder an der Vergleichbarkeit eines nach ausländischem Recht abgeschlossenen Vertrags mit dem Gewinnabführungsvertrag gemäß § 291 AktG oder ist der Vertragsschluss nach ausländischem Gesellschaftsrecht als unzulässig zu qualifizieren, können ausländische Tochtergesellschaften diese Tatbestandsvoraussetzung aus rechtlichen oder tatsächlichen Gründen nicht erfüllen. Daher begründet neben dem Erfordernis der doppelten Inlandsanbindung auch das Instrument des Gewinnabführungsvertrags ein Hindernis für die Einbeziehung dieser Tochtergesellschaften in die Verlustverrechnung im Organkreis. Aufgrund der hiermit verbundenen steuerlichen Nachteile werden Organträger mit ausländischen Tochtergesellschaften gegenüber national tätigen Konzernen benachteiligt. In Anbetracht des Umstandes, dass es aus Sicht des inländischen Organträgers unerheblich ist, ob eine grenzüberschreitende Ergebniskonsolidierung an dem fehlenden doppelten Inlandsbezug der Tochtergesellschaft oder aus gesellschaftsrechtlichen Gründen scheitert, beeinträchtigt auch die Tatbestandsvoraussetzung des Gewinnabführungsvertrags die Niederlassungsfreiheit derartiger Trägerunternehmen.[296]

(b) Vergleichbarkeit

Organträger, die Verluste erzielende Tochtergesellschaften kontrollieren, sind unabhängig von deren Ansässigkeit im Hinblick auf System und Zielsetzung der Organschaft vergleichbar. Folglich werden Organträger mit ausländischen Tochtergesellschaften gerade aufgrund des Auslandsbezugs diskriminiert.

(c) Rechtfertigung

Die Existenz eines Gewinnabführungsvertrags wird in Deutschland nicht nur als notwendiges Tatbestandsmerkmal, sondern darüber hinaus als tragender Grund für die Zurechnung des Einkommens der Organgesellschaft zum Organträger und der gemeinsamen Besteuerung der eigenständigen Unternehmen des Organkreises qualifiziert und dient dem Allgemeininteresse an der Realisierung einer gerechten, folgerichtigen und an der Leistungsfähigkeit orientierten Besteue-

---

[296] Ebenso G. Saß, EWS 1998, 347, 349; F. Balmes/ M. J.J. Brück/ M. Ribbrock, BB 2005, 966, 969, M.P. Scheunemann, IStR 2005, 303, 310.

rung.[297] Da ausländische Tochtergesellschaften keinen Gewinnabführungsvertrag abschließen und somit die Tatbestandsvoraussetzung nicht erfüllen können, wäre deren Ausschluss von der Organschaftsbesteuerung gerechtfertigt, wenn der Gewinnabführungsvertrag auch dem Verhältnismäßigkeitsgrundsatz genügen würde.[298] Vorliegend könnte die Erforderlichkeit einer auf dem Gewinnabführungsvertrag beruhenden Rechtfertigung der Durchbrechung des Trennungsprinzips in Zweifel gezogen werden. Denn die Ausnahme von dem Grundsatz der Individualbesteuerung könnte ebenfalls in Anlehnung an § 3 AIG a.F. über das Kriterium der einheitlichen Leitung begründet werden. Diese Regelung ermöglichte eine Verlustberücksichtigung auf Ebene der Muttergesellschaft im Wege einer gewinnmindernden Rücklage, ohne dass der Abschluss eines Gewinnabführungsvertrags oder eine Gewinnzurechnung vorgesehen war. Erforderlich war lediglich, dass die Muttergesellschaft unmittelbar die Beteiligungsmehrheit am Nennkapital der ausländischen Tochtergesellschaft hielt, § 3 Abs. 1 Satz 1 AIG a.F. Würde dieses Kriterium als sachliche Voraussetzung der Organschaft ausreichen, könnten auch ausländische Tochtergesellschaften in den Organkreis einbezogen werden. Daher kommt ein Abstellen auf die Beteiligungsmehrheit als ein den grenzüberschreitenden Sachverhalt weniger beeinträchtigendes Mittel in Betracht.

Voraussetzung hierfür ist jedoch, dass dieses Kriterium eine Durchbrechung des Trennungsprinzips ebenfalls zu rechtfertigen vermag. Die durch die Beteiligungsmehrheit verkörperte Eigentümerstellung und Beherrschungsmöglichkeit müsste ebenso wie die im Rahmen eines Gewinnabführungsvertrags vorgesehenen Verpflichtungen zur Gewinnabführung beziehungsweise zur Verlustübernahme eine hinreichende Rechtfertigung für die Verlustzurechnung bilden, die mit der Zielsetzung der Organschaft in Einklang steht.[299] Die Gewinnabführung der Organgesellschaft erhöht sowohl die wirtschaftliche als auch die steuerliche Leistungsfähigkeit des Organträgers. Diesem Gedanken könnte im grenzüberschreitenden Sachverhalt analog § 3 Abs. 3 Nr. 1, Abs. 2 Nr. 2 AIG a.F. im Rahmen des Steuerrechts dadurch Rechnung getragen werden, dass im Fall der Gewinnerzielung im Ausland eine Nachversteuerung und somit auch eine höhere Besteuerung im Inland vorgesehen wird. Auf diese Weise könnte ebenfalls ein Zusammenhang zwischen der gesteigerten Leistungsfähigkeit aufgrund der ausländischen Gewinne und der daraus resultierenden erhöhten Steuerlast des Organträgers gewahrt werden.

---

[297] Vgl. 3. Teil, II. Kapitel, 1. c. cc., S. 89 f.

[298] So hat der EuGH auch in der *Safir*-Entscheidung v. 28.04.1998 (C-118/96, FR 1998, 514, Rd. 33) implizit anerkannt, dass die Nichtübertragbarkeit eines bestimmten Systems einen Grund für die Rechtfertigung einer Ungleichbehandlung darstellen kann. Gerechtfertigt ist die Ungleichbehandlung jedoch nur, wenn andere, die Grundfreiheiten weniger belastende Maßnahmen nicht in Betracht kommen.

[299] Vgl. EuGH-Urt. v. 07.09.2004, Rs. C-319/02, *Maninnen*, EWS 2004, 454, 457, Rd. 45, 46.

Konsequenz der Pflicht zur Verlustabdeckung gemäß § 302 AktG, derzufolge der Organträger Forderungen auf Verlustausgleich über die gesellschaftsrechtliche Haftungsbeschränkung hinaus zu begleichen hat, ist, dass der Organträger im wesentlichen lediglich die Verluste steuerlich verwerten kann, die er auch wirtschaftlich getragen hat. Dies trägt einerseits dem Leistungsfähigkeitsprinzip Rechnung und zum anderen werden Verlustberücksichtigungen über den eigenen Mitteleinsatz hinaus unterbunden.[300] Fraglich ist, ob es für die Zwecke der Besteuerung einer Verlustübertragung bedarf. Im Wege einer wirtschaftlichen Betrachtungsweise kann vertreten werden, dass die steuerliche Leistungsfähigkeit der unter einheitlicher Leitung stehenden multinationalen Unternehmensgruppe unabhängig davon gemindert wird, ob eine im In- oder Ausland ansässige Tochter Verluste erzielt. Eine dauerhafte Verrechnung negativer Einkommen der ausländischen Tochtergesellschaften über den eigenen Mitteleinsatz hinaus, könnte dadurch sichergestellt werden, dass die Verrechnung ausländischer Verluste allein temporär gewährt wird, wie dies auch § 3 Abs. 3 AIG vorsah. Vor diesem Hintergrund könnte auch mittels dem Kriterium der Beteiligungsmehrheit den für steuerliche Zwecke wesentlichen Charakteristika der organschaftlichen Verlustverrechnung Rechnung getragen werden. Das Erfordernis des Gewinnabführungsvertrags ist im grenzüberschreitenden Sachverhalt daher nicht erforderlich, um die Durchbrechung des Trennungsprinzips zu rechtfertigen.

Indem der deutsche Gesetzgeber innerhalb eines Zeitraums von einundzwanzig Jahren die Möglichkeit einer grenzüberschreitenden Verlustverrechnung unter Nachversteuerung gemäß § 3 AIG a.F. bei Bestehen einer bestimmten Beteiligungsquote anerkannt hat, hat er deutlich gemacht, dass er dieses Kriterium im grenzüberschreitenden Sachverhalt für ausreichend erachtet, eine Berücksichtigung der Verluste ausländischer Kapitalgesellschaften auf Ebene der inländischen Muttergesellschaft rechtfertigen zu können.[301] Vor dem Hintergrund, dass die Norm über diesen langen Zeitraum parallel zur Organschaft eine Verlustverrechnung zwischen inländischen Muttergesellschaften und im Ausland ansässigen Tochtergesellschaften ermöglichte, kann die Wiedereinführung nicht mit dem Argument verweigert werden, dass sie zu Systembrüchen führen würde.[302]

Unter Beachtung des in der Rechtssache *Marks & Spencer* gefundenen Ausgleichs zwischen den mitgliedstaatlichen Interessen und dem Liquiditätsinteresse des Steuerpflichtigen käme auch eine isolierte Berücksichtigung der Verluste von finanziell eingegliederten Tochtergesellschaften mit ausländischem Sitz und Geschäftsleitungsort in Betracht, wenn diese sämtliche Verlustverrechnungsmöglichkeiten in ihrem Ansässigkeitsstaat ausgenutzt haben. Den Abschluss ei-

---

300 Vgl. S. Grotherr, FR 1995, 1, 12.

301 Vgl. auch § 2 Abs. 1 Satz 1 DDR-InvG v. 26.02.1990.

302 So aber der Bundesrat in seinem Beschluss v. 07.06.1991 (BR-Drs. 96/91).

nes Gewinnabführungsvertrags im grenzüberschreitenden Sachverhalt zu fordern, ist als unverhältnismäßig zu qualifizieren.

(e) Zwischenergebnis

Die Tatbestandsvoraussetzung des Gewinnabführungsvertrags begründet einen selbständigen Verstoß gegen die Niederlassungsfreiheit[303] und kann daher die vollständige Nichtberücksichtigung der Verluste von Tochtergesellschaften mit Sitz und Geschäftsleitung im Ausland auf Ebene des inländischen Organträgers nicht rechtfertigen.[304]

(5) Verhinderung von Steuerfluchtgefahren

Die Gefahr einer Steuerflucht besteht nach Ansicht des EuGH, wenn es innerhalb des Konzerns möglich ist, Verluste auf jene Gesellschaften zu übertragen, die in Mitgliedstaaten mit den jeweils höchsten Steuersätzen ansässig sind und „folglich der steuerliche Wert der Verluste am höchsten ist".[305] Fraglich ist, ob es sich bei diesem Rechtfertigungsgrund um eine Variante des bereits bisher anerkannten Interesses der Mitgliedstaaten an einer Vermeidung von missbräuchlichen Steuergestaltungen handelt. Hierfür spricht der Gebrauch des Begriffs „tax avoidance" in der englischen Verfahrenssprache. Allerdings vertrat der EuGH bisher stets einen engen Missbrauchsbegriff. Er erforderte das Bestehen von rein „künstlichen Gestaltungen", wofür das Ausnutzen eines Steuergefälles zwischen den Mitgliedstaaten gerade nicht ausreichen sollte.[306] In der Rechtssache *Marks & Spencer* weicht der Gerichtshof von diesem engen Verständnis ab, indem er staatliche Maßnahmen, die sich gegen die Ausnutzung eines Steuergefälles zwischen den Mitgliedstaaten wenden, unter Gesichtspunkten der Missbrauchsvermeidung als gerechtfertigt wertet. Inwieweit diese zum *group relief* angestellten Erwägungen jedoch auf andere Sachverhalte – insbesondere die deutsche Organschaft – übertragen werden können, ist bereits deshalb fraglich, weil ein grenzüberschreitend angewendetes *group relief*-System infolge des steuerlichen Wahlrechts eine gezielte Verlustübertragung auf in Hochsteuerländer ansässige Gesellschaften erlaubt hätte. Daher scheint es durchaus möglich, dass der EuGH derartige Gefahren gerade aufgrund der Besonderheiten des britischen *group relief* gesehen und eine Ausweitung des Missbrauchsbegriff für geboten gehal-

---

[303] Vgl. M.P. Scheunemann, Grenzüberschreitende konsolidierte Konzernbesteuerung, 2005, 268; N. Herzig/ S. Wagner, DB 2005, 1, 5; G. Saß, BB 1999, 451; A.A. J. Thiel, DB 2004, 2603, 2605.

[304] Zudem begegnet das Erfordernis der grenzüberschreitenden Gewinnabführung abkommensrechtlichen Bedenken, Art 7 OECD-MA, vgl. N. Herzig/ T. Wagner, DB 2005, 1, 6.

[305] EuGH-Urt. v. 13.12.2006, Rs. C-334/03, *Marks & Spencer,* BB 2006, 23 ff. Rd. 49

[306] Vgl. EuGH-Urt. v. 16.07.1998, Rs. C-264/96, *ICI*, EuGHE 1998, I-4695, Rd. 26; v. 26.10.1999, Rs. C-294/97, *Eurowings*, EuGHE 1999, I-7447, Rd. 43 f.; v. 11.03.2004, Rs. C-9/02, *de Lasteyrie du Saillant*, EuGHE 2004, Rd. 51.

ten hat. Auch Generalanwalt Léger vertritt, dass der weite Missbrauchsbegriff der EuGH-Entscheidung *Marks & Spencer* nur auf Sachverhalte angewendet werden kann, in denen eine vergleichbare Steuerfluchtgefahr, namentlich ein durch bloße Buchungsvorgänge möglicher Verlusttransfer, in Frage steht.[307]

Könnten auch ausländische Tochtergesellschaften in die organschaftliche Verlustverrechnung einbezogen werden, bestünde ebenso wie in der Rechtssache *Marks & Spencer* die Gefahr, dass in Niedrigsteuerländern ansässige, in den nächsten fünf Veranlagungszeiträumen voraussichtlich Verluste erzielende, Tochtergesellschaften einen Organkreis mit einem im Inland ansässigen Organträger bilden, um auf diese Weise die Bemessungsgrundlage im *Hochsteuerland* Deutschland zu mindern.[308] Die Gefahr einer Steuerflucht ist der in der Rechtssache *Marks & Spencer* bestehenden Gefahr vergleichbar, zumal im grenzüberschreitenden Sachverhalt weder der Abschluss noch die tatsächliche Durchführung eines Gewinnabführungsvertrags gefordert werden können.[309] Durch den Ausschluss ausländischer Tochtergesellschaften von der Eignung als Organgesellschaften werden Gestaltungen, die durch das Bestehen deutlicher Unterschiede in den Steuersätzen veranlasst sein können, verhindert.

Allerdings würde der vollständige Ausschluss dem Verhältnismäßigkeitsgrundsatz widersprechen. Denn nach Ansicht des EuGH werden bestehende Steuerfluchtgefahren wohl auch dadurch verhindert, dass Verluste auf in Hochsteuerländer ansässige Gesellschaften nur übertragen werden, wenn diese im Ansässigkeitsstaat der Tochtergesellschaft definitiv nicht mehr nutzbar sind.[310] Zudem könnte eine Tarifklausel dergestalt eingeführt werden, dass Verluste nur nach Maßgabe des Tarifs des niedrigbesteuernden Ansässigkeitsstaates der Tochtergesellschaft berücksichtigt werden, wodurch Anreize zur Übertragung von Verlusten auf in Hochsteuerländer ansässige Gruppengesellschaften entfallen dürften.[311] In Ansehung dieser Regelungsmöglichkeiten stellt sich der Ausschluss ausländischer Tochtergesellschaft von der Verlustverrechnung im Organkreis als nicht erforderlich dar.

(6) Effektivität der steuerlichen Kontrolle

Schließlich könnte das mitgliedstaatliche Interesse an einer wirksamen Steuerkontrolle die aufgezeigte Beeinträchtigung der Niederlassungsfreiheit rechtferti-

[307] GA Léger, Schlussanträge v. 02.05.2006, Rs. C-196/04, *Cadbury Schweppes*, Rd. 93, 108. In der ihm zur Entscheidung gestellten Rechtssache fordert er das Vorliegen einer rein künstlichen Konstruktion, die auf eine Umgehung des nationalen Steuerrechts gerichtet ist.
[308] EuGH-Urt. v. 13.12.2006, Rs. C-334/03, *Marks & Spencer*, BB 2006, 23 ff. Rd. 49.
[309] Vgl. 3. Teil, II. Kapitel, 3. b. cc. (4), S. 122 f.
[310] Vgl. EuGH-Urt. v. 13.12.2006, Rs. C-334/03, *Marks & Spencer*, BB 2006, 23 ff. Rd. 55.
[311] N. Herzig / T. Wagner, DStR 2006, 1, 8.

gen.[312] Allerdings müsste der Ausschluss ausländischer Tochtergesellschaften auch erforderlich sein, um den mitgliedstaatlichen Kontrollinteressen zu genügen. Als den grenzüberschreitenden Sachverhalt weniger belastende, die steuerliche Kontrolle ebenfalls ermöglichende, Maßnahmen kommen dabei zum einen in Betracht, den inländischen Organträger selbst zum Nachweis der für ihn günstigen steuerlich relevanten Tatsachen heranzuziehen[313] und gegebenenfalls für bestimmte Steuersachverhalte mit Auslandsberührung „spezifische Verfahrensregeln" zur Informationserlangung über § 90 AO hinaus zu erlassen. Des Weiteren können Auskunftsersuchen an den anderen Mitgliedstaat über die Amtshilfe-Richtlinie gerichtet werden.[314] Wenn auch der generelle Verweis auf diese Richtlinie aufgrund ihrer in der Praxis bestehenden Anwendungsschwierigkeiten problematisch ist[315], kann mittels Kombination der vorgenannten Möglichkeiten eine wirksame Steuerkontrolle erzielt werden. Vor diesem Hintergrund stellt es sich jedoch als nicht erforderlich dar, Tochtergesellschaften mit ausländischem Sitz und Geschäftsleitungsort von der Besteuerung im Rahmen des Organkreises auszuschließen, um eine wirksame Steuerkontrolle zu gewährleisten.

dd. Ergebnis und Rechtsfolge

Es ist als Verstoß gegen die Niederlassungsfreiheit inländischer Organträger zu werten, dass diese negative Einkommen ausländischer Tochtergesellschaften nicht im Rahmen der Verlustverrechnung im Organkreis steuerlich verwerten können.[316]

Infolge des Anwendungsvorrangs des Gemeinschaftsrechts sind die Bestimmungen der Organschaft so anzuwenden, als wären die beschränkenden Tatbestandsmerkmale nicht enthalten.[317] Um eine vollständige Gleichstellung der Organträger unabhängig von der Ansässigkeit ihrer Tochtergesellschaften zu ermöglichen, wäre eine Ausdehnung des Organschaftsregimes über die Grenze erforderlich. Dem steht jedoch entgegen, dass ausländische Tochtergesellschaften regelmäßig keinen grenzüberschreitenden Gewinnabführungsvertrag abschließen können. Folglich verstößt das Erfordernis des Gewinnabführungsvertrags im grenzüberschreitenden Sachverhalt gegen die Niederlassungsfreiheit inländischer Organträger. Zudem könnte die Besteuerung der Gewinne von im Ausland ansässigen Tochtergesellschaften im Inland einen Verstoß gegen das Territorialitätsprinzip und die abkommensrechtlichen Verpflichtungen der BRD

[312] Ständ. Rspr. seit EuGH-Urt. v. 20.02.1979, Rs. C-120/78, *Cassis de Dijon*, EuGHE 1979, 649, Rd. 8.
[313] EuGH-Urt. v. 15.05.1997, Rs. C-250/95, *Futura*, EuGHE 1997, I-2471, Rd. 31.
[314] Z.B. Art 4 Abs. 1 RL 77/799/EWG v. 19.12.1977, ABl. EG v. 27.12.1977 Nr. L. 336, 15.
[315] Vgl. P. Fischer, FR 2005, 465; J. Hey, StuW 2004, 196 f.
[316] Bzgl. der EWR- und der Drittstaaten vgl. 3. Teil, II. Kapitel, 1. d., S. 92.
[317] Vgl. EuGH-Urt. v. 09.03.1978, Rs. 106/77, *Simmenthal II*, EuGHE 1978, 629, Rd. 21 bis 23; BFH-Urt. v. 21.03.1995, XI R 33/94, BFHE 177, 534; H.D. Jarass, DVBl. 1995, 954, 958.

begründen.[318] Aus diesen Gründen kann die Organschaft im grenzüberschreitenden Sachverhalt nicht vom Abschluss eines Gewinnabführungsvertrags abhängig gemacht werden.

Dies wirft die Frage auf, ob im Wege der europarechtskonformen Auslegung der Organschaftsbestimmungen auf das Erfordernis des Gewinnabführungsvertrags als Voraussetzung der Organschaft verzichtet werden kann. Angesichts des Umstandes, dass das Auslegungsergebnis noch mit den nationalen Auslegungsregeln erreichbar sein muss[319] und des in mehrerer Hinsicht entgegenstehenden Wortlauts des § 14 KStG, der neben dem doppelten Inlandsbezug auch den Abschluss eines Gewinnabführungsvertrags explizit fordert und eine Gewinn- und Verlustübernahme durch den Organträger bewirkt, ist hiervon nicht auszugehen. Zwar hat der BFH § 14 Abs. 1 Satz 1 Nr. 3 KStG a.F. nicht für anwendbar erklärt, soweit ein doppelter Inlandsbezug des Organträgers erforderlich war und damit den Wortlaut dieser Regelung durchbrochen, um das Diskriminierungsverbot zu wahren.[320] Hiermit wurden allerdings – im Gegensatz zum Verzicht auf jeglichen Inlandsbezug der Tochtergesellschaft und den Abschluss des Gewinnabführungsvertrags – weder eine grenzüberschreitende Verlustverrechnung ermöglicht noch die Rechtsfolgen der Organschaft auf eine isolierte Verlustzurechnung beschränkt. Die Einführung einer grenzüberschreitenden Organschaft würde sowohl das Ziel als auch den normativen Gehalt der bisher auf nationale Sachverhalte beschränkten Organschaft verändern. Aus diesen Gründen ist ein Einschreiten des Gesetzgebers gefordert.[321]

4. Ausschluss von Tochtergesellschaften mit ausländischem Sitz und inländischem Ort der Geschäftsleitung

a. Beeinträchtigung der Niederlassungsfreiheit

Die Eröffnung der organschaftlichen Vorteile ist an die Voraussetzung eines doppelten Inlandsbezuges, das heißt einen inländischen Sitz und Ort der Geschäftsleitung der Tochtergesellschaft geknüpft. Daher kann ein Organträger die Ergebnisse seiner Tochtergesellschaft, die ihre Geschäftsleitung in das Inland unter Aufrechterhaltung ihres ausländischen Sitzes verlegt hat, nicht in die Ergebnisverrechnung im Rahmen der Organschaft einbeziehen. Aufgrund dieses Erfordernisses wird ein Organträger, der seine Tochtergesellschaft im Ausland errichtet, allein aufgrund dieses Auslandsbezuges anders behandelt, als ein Organträger, die keinerlei Auslandsbezüge aufweisende Tochtergesellschaften

---

318 Vgl. Art 7 OECD-MA.

319 Vgl. EuGH-Urt. v. 10.04.1984, Rs. 14/83, *Colson u. Kammann*, EuGHE 1984, I-1891, Rd. 28; H.D. Jarass/ S. Beljin, JZ 2003, 768, 775; H. Hahn, DStZ 2005, 433, 434.

320 Insoweit stand eine Diskriminierung nach XXV Abs. 5 des Freundschafts-, Handels- und Schifffahrtsvertrag zwischen der BRD und den Vereinigten Staaten von Amerika in Frage, vgl. BFH-Urt. v. 29.01.2003, I R 6/99, IStR 2003, 422.

321 Vgl. J. Hey, DK 2005, 577, 586; a.A. M. Scheunemann, IStR 2005, 303, 310.

kontrolliert. Die hiermit verbundenen Zins- und Liquiditätsnachteile bewirken eine Schlechterbehandlung des grenzüberschreitenden Sachverhalts, welche die Attraktivität ausländischer Engagements vermindert und somit geeignet ist, Organträger von der Ausübung ihrer Niederlassungsfreiheit durch Gründung selbständiger Niederlassungen im Ausland abzuhalten.[322]

b. Vergleichbarkeit

Die Ungleichbehandlung ist als Diskriminierung des grenzüberschreitenden Sachverhalts zu beurteilen, wenn Organträger mit inländischen Tochtergesellschaften und Organträger, deren Tochtergesellschaften ihren Sitz im Ausland und ihre Geschäftsleitung im Inland haben, im Hinblick auf Zielsetzung und System der Organschaft vergleichbar sind.

Da das deutsche Konzept dadurch gekennzeichnet ist, dass als Organgesellschaften allein im Inland unbeschränkt steuerpflichtige Kapitalgesellschaften in Betracht kommen, ist die Vergleichbarkeit zu bejahen, wenn die im Ausland errichtete Tochterkapitalgesellschaft aufgrund des mit der Verlegung ihrer Geschäftsleitung ins Inland verbundenen Zuzugs[323] als Kapitalgesellschaft zu qualifizieren und unbeschränkt steuerpflichtig ist, vgl. §§ 1 Abs. 1 Nr. 1, 14 Abs. 1 Satz 1, 17 KStG. Aufgrund der Maßgeblichkeit der handelsrechtlichen Wertung für die steuerliche Anerkennung als Kapitalgesellschaft müsste die zugezogene Gesellschaft als selbständiger Rechtsträger anerkannt werden können.[324] Aufgrund des ausländischen Bezuges ist zunächst das anwendbare Recht zu bestimmen, nach welchem sich die Frage der Rechtsfähigkeit beantwortet. Gemäß der im Internationalen Gesellschaftsrecht herrschenden Sitztheorie verfügt die Gesellschaft aufgrund ihres inländischen Verwaltungssitzes über ein inländisches Gesellschaftsstatut.[325] Nach den maßgebenden deutschen Rechtsnormen ist die Handelsregistereintragung konstitutive Voraussetzung für die Erlangung der Rechtsfähigkeit, vgl. § 11 Abs. 1 GmbHG, § 41 Abs. 1 AktG.[326] Diese scheidet jedoch mangels inländischen Satzungssitzes aus, §§ 5 AktG, 4a GmbHG.[327] Daher wird die im Ausland errichtete Kapitalgesellschaft für den deutschen Rechtsverkehr nicht als eigenständige juristische Person anerkannt. Selbst wenn sich die Bundesrepublik Deutschland im Rahmen entsprechender Staatsverträge gegenüber die Gründungstheorie vertretenden Staaten verpflichtet hat, den rechtlichen Status dort errichteter Gesellschaften in Deutschland zu respektieren, erfordert dies nach h.M. allein eine Anerkennung als ausländisches

---

[322] Vgl. EuGH-Urt. 21.09.1999, Rs. C- 307/79, *Saint-Gobain*, EuGHE 1999, I-6161, Rd. 35.

[323] Oder ursprünglichen Geschäftsleitung im Inland.

[324] Vgl. BFH-Urt. v. 23.06.1992, IX R 182/87, DB 1992, 2067, 2068.

[325] Der Begriff des Verwaltungssitzes stimmt i.d.R. mit dem des Geschäftsleitungsortes überein.

[326] Vgl. BGH-Urt. v. 21.03.1986, V ZR 10/85, BGHZ 97, 269, 272.

[327] §§ 36 ff. AktG, 7 ff. GmbHG; C.T. Ebenroth/ T. Auer, RIW 1992, Beilage zu Heft 3, 7 f.

Rechtsgebilde, nicht jedoch als inländische Kapitalgesellschaft.[328] Das zugezogene Gebilde, welches weiterhin über Vermögen verfügt, wird überwiegend als nicht rechtsfähiger Verein[329] oder Personengesellschaft[330] eingeordnet und ist somit nicht mit einer Kapitalgesellschaft im Sinne der Organschaftsbestimmungen vergleichbar. Da sich nur Kapitalgesellschaften als Organgesellschaften qualifizieren, kommen sie folglich nicht als solche in Betracht. Allenfalls wenn eine Anpassung an deutsches Recht erfolgt sowie eine Handelsregistereintragung angestrebt wird, kann die zugezogene Gesellschaft als Vorgesellschaft in den Organkreis einbezogen werden.

Vor dem Hintergrund der EuGH-Entscheidung *Überseering* stellt sich die Frage, ob diese zur Vergleichbarkeit angestellten Erwägungen auch im Anwendungsbereich des EG-Vertrages aufrechterhalten werden können. In dieser Entscheidung hat der EuGH vertreten, dass es die Niederlassungsfreiheit erfordere, dass der Zuzugsstaat die im Gründungsstaat verliehene Rechtsfähigkeit einer Kapitalgesellschaft anerkennt; die Sitztheorie darf den Zuzug einer in einem anderen Mitgliedstaat gegründeten Kapitalgesellschaft nicht behindern.[331] Diese Aussage des EuGH betrifft jedoch allein die Konstellation, in welcher der Staat der Gesellschaftsgründung einen identitätswahrenden Wegzug zulässt. Dies ist der Fall, wenn das Internationale Gesellschaftsrecht des Wegzugsstaates der Gründungstheorie folgt.[332] Nach dieser geht die einmal durch wirksame Grün-

---

[328] Z.B. gegenüber Spanien und den USA, vgl. BFH-Urt. v. 13.11.1991, BStBl. II 1992, 263; S. Pache, GmbHR 2002, 299, 300 f.; M. Orth, IStR 2002, Beihefter zu Heft 9, 1, 8; a.A. U. Löwenstein/ J. Maier, IStR 2002, 185, 186.

[329] Im Fall einer körperschaftlichen Struktur, vgl. BFH-Urt. v. 23.06.1992, IX R 182/87, DB 1992, 2067, 2069; v. 01.07.1992, I R 6/92, BStBl. II 1993, 222. Soweit ein solcher Verein durch Teilnahme am Rechtsverkehr Rechte und Pflichten erwirbt, ist er ebenso wie eine GbR partiell rechtsfähig, H. Heinrichs, in: Palandt, BGB, § 54 Rd. 2.

[330] Mangels Registereintragung wird eine portugiesische GmbH als OHG qualifiziert: OLG Frankfurt-Beschl. v. 04.12.2001, 20 W 31/01, DB 2002, 316, vgl. C.T. Ebenroth/ T. Auer, RIW 1992, 999; S. Neumann, in: Gosch, KStG, § 14 Rd. 190. Betreibt die Gesellschaft ein vollkaufmännisches Handelsgewerbe, handelt es sich um eine OHG, andernfalls um eine Gesellschaft bürgerlichen Rechts.

[331] Er führte aus, „dass die Niederlassungsfreiheit einen Staat innerhalb der Gemeinschaft gebietet, die Verlegung des Verwaltungssitzes einer in einem anderen Mitgliedstaat (und nach dessen Rechtsordnung) wirksam gegründeten Gesellschaft zu akzeptieren und deren Rechtsfähigkeit ungeachtet der Verlegung des tatsächlichen Verwaltungssitzes anzuerkennen, wenn die Rechtsordnung des Gründungsstaates den Wegzug der Gesellschaft gestattet“, EuGH-Urt. v. 05.11.2002, Rs. C-208/00, EuGHE 2002, *Überseering*, I-9919, Rd. 95.

[332] Denn der EuGH hat in der Entscheidung *Überseering, Centros* und *Inspire Art* allein Zuzüge aus Gründungstheoriestaaten entschieden, vgl. EuGH-Urt. v. 05.11.2002, Rs. C-208/00, *Überseering*, EuGHE 2002, I-9919; der die Sitztheorie vertretende Zuzugsstaat muss die im Gründungsstaat verliehene Rechtsfähigkeit anerkennen. In *Centros* und *Inspire Art* hat der EuGH festgestellt, dass der Zuzugsstaat an die Eintragung der Gesellschaft keine zusätzlichen

dung erlangte Rechtsfähigkeit als Kapitalgesellschaft grundsätzlich nicht verloren, wenn die ausländische Gesellschaft ihren Verwaltungssitz verlegt, sodass eine identitäts- und rechtsfähigkeitswahrende Sitzverlegung aus Sicht des ausländischen Staates möglich ist.[333] Gegebenenfalls sind besondere Voraussetzungen zu erfüllen, beispielsweise musste in dem der Entscheidung *Daily Mail* zugrundeliegenden Sachverhalt die Zustimmung der britischen Finanzbehörden eingeholt werden.[334]

Findet im Kollisionsrecht des Wegzugsstaates demgegenüber die Sitztheorie Anwendung, hat der Wegzug den Verlust der Rechtsfähigkeit der juristischen Person zur Folge. Nach einem *obiter dictum* in der *Überseering*-Entscheidung kann sich der Zuzugsstaat sodann auf die weiterhin zulässige Entziehung der Rechtsfähigkeit durch den Wegzugsstaat berufen und muss die Kapitalgesellschaft nicht als solche anerkennen.[335] Gleiches gilt, wenn die Bedingungen für die Zulässigkeit der Verlegung des Verwaltungssitzes – wie im *Daily Mail*-Urteil – nicht erfüllt sind.

Mithin wird im Anwendungsbereich des EG-Vertrages die Sitztheorie insofern überlagert, als die Anerkennung der Rechtsfähigkeit nicht unter Hinweis auf diese abgelehnt werden darf.[336] De facto entscheidet sich die Frage der Rechtsfähigkeit in Zuzugsfällen nach dem Recht des Gründungsstaates und es ist danach zu differenzieren, ob der Staat der Gesellschaftsgründung eine identitätswahrende Sitzverlegung zulässt.[337] Ist dies nicht der Fall, muss das zugezo-

---

Bedingungen knüpfen darf (Urt. v. 09.03.1999, Rs. C-212/97, *Centros*, EuGHE 1999, I-1459; v. 30.09.2003, Rs. C-167/01, *Inspire Art*, EuGHE 2003, I-10155.

333 Vgl. O.H. Jacobs, Internat. Unternehmensbest., 2002, S. 1126.

334 Die Zustimmung ermöglichte es dem Fiskus auf die stillen Reserven der Gesellschaft zuzugreifen. EuGH-Urt. v. 27.09.1988, Rs. 81/87, *Daily Mail,* EuGHE 1988, I-5483, Rd. 15 ff.

335 EuGH-Urt. v. 05.11.2002, Rs. C-203/00, *Überseering*, EuGHE 2002, I-9919, Rd. 71. Im Urt. v. 27.09.1988, Rs. 81/87, *Daily Mail,* EuGHE 1988 I-5483, Rd. 15 ff., führt der EuGH aus, dass die Niederlassungsfreiheit einer Gesellschaft nicht das Recht auf Verwaltungssitzverlegung gewähre, da sie aufgrund nationaler Rechtsordnungen gegründet würde, jenseits derer sie keine Realität hätte. Vgl. J. Hey, DK 2004, 577, 579.

336 BGH-Urt. v. 29.01.2003, VIII ZR 155/02, ZIP 2003, 331. Auch das AG Hamburg-Beschl. v. 14.05.2003, 67g IN 358/02, GmbHR 2003, 957 versteht den BGH dahingehend, dass die Sitztheorie in modifizierter Form fortgelten soll. So auch die überwiegende Literatur: K.-R. Wagner, GmbHR 2003, 684, 685; M.K. Binz/ G.M. Mayer, GmbHR 2003, 249, 255 m.w.N.

337 Ob der EuGH (Urt. v. 05.11.2002, Rs. C-203/00, *Überseering*, EuGHE 2002, I-9919 ff. Rd. 71) allein die Versagung der Parteifähigkeit als Verstoß gewertet hat, oder die Rechtsfähigkeit nunmehr nach dem Recht in ihrem Gründungsstaat zu beurteilen ist, ist dem Urteil nicht klar zu entnehmen und wird in der Literatur kontrovers diskutiert. Da der EuGH ausführt, dass der Zuzugsstaat jene Rechtsfähigkeit zu *achten* hat *die diese Gesellschaft nach dem Recht ihres Gründungsstaates besitzt* (Rd. 95) und anders als durch die Anknüpfung an das Gründungsrecht die Rechts- und Parteifähigkeit nicht *geachtet* werden kann, ist das Gründungsrecht maßgebend. Vgl. u.a. K.-M. Wilke, IWB Fach 10 Gruppe 2, S. 1891, 1892; P. Behrens, IPRax 2003, 193 ff; D. Aigner/ G. Kofler/ M. Tumpel, Zuzug und Wegzug von

gene Unternehmen auch nicht als Kapitalgesellschaft im Sinne des Organschaftsregimes anerkannt werden. Wird der wegziehenden ausländischen Kapitalgesellschaft nach dem Recht ihres Gründungsstaates jedoch ein rechtspersönlichkeitswahrender Wegzug ermöglicht, erfordert die Niederlassungsfreiheit, dass diese von dem Staat, in welchen die Gesellschaft ihren Verwaltungssitz verlegt, auch anerkannt wird.[338]

Voraussetzung für die steuerliche Qualifikation ausländischer Rechtsgebilde als Kapitalgesellschaften ist zusätzlich, dass die im europäischen Ausland gegründeten Gesellschaften im Rahmen eines Typenvergleichs mit inländischen Kapitalgesellschaften vergleichbar sind.[339] Sind aus Gründungstheoriestaaten zuziehende Gesellschaften demgemäß als Kapitalgesellschaften zu qualifizieren und verfügen die über einen inländischen Ort der Geschäftsleitung, sind sie gemäß § 1 Abs. 1 Nr. 1 KStG steuerpflichtig und folglich einer Kapitalgesellschaft mit Sitz und Geschäftsleitung im Inland vergleichbar. Sie sind daher auch nach dem Zuzug als Kapitalgesellschaften im Sinne der §§ 14 und 17 KStG anzusehen.[340] Insoweit werden Organträger mit Tochtergesellschaften, die unter Beibehaltung ihres Sitzes im Ausland ihre Geschäftsleitung ins Inland verlegen, gegenüber Organträgern, die inländische Tochtergesellschaften kontrollieren, diskriminiert; deren Niederlassungsfreiheit ist beeinträchtigt.

c. Rechtfertigung

aa. Wahrung der Kohärenz des Steuersystems

Vorliegend könnte der die Niederlassungsfreiheit behindernde Ausschluss von der Eignung, sich als Organgesellschaft zu qualifizieren, durch den Kohärenzgrundsatz gerechtfertigt sein.

Da eine Berücksichtigung von Verlusten einer Tochtergesellschaft auf Ebene ihrer Muttergesellschaft nur bei Organgesellschaften möglich ist, und die Fähigkeit sich als solche zu qualifizieren von einem inländischen Satzungssitz und Geschäftsleitungsort abhängt, ist gewährleistet, dass auch spätere Gewinne der

---

Kapitalgesellschaften, 2004, S. 38 m.w.N. Auch der österreichische OGH geht in Bezug auf Eintragungen von Zweigniederlassungen von innerhalb der EU gegründeten Gesellschaften von der Gründungstheorie aus, öOGH-Beschl. v. 15.07.1999- 6 Ob 124/99z, AG 2000, 333 ff.

[338] Im Anschluss an die Überseering-Entscheidung hat folglich auch der VII. Zivilsenat des BGH die nach dem Recht des Satzungssitzes der Überseering BV begründete Rechtsfähigkeit anerkannt, vgl. BGH-Urt. v. 13.03.2003, VII ZR 370/98, DStR 2003, 947 ff.

[339] Vgl. 2. Teil, II. Kapitel, 1., S. 10. Denn der Typenvergleich dient letztendlich nur dazu, die Vergleichbarkeit der ausländischen Gesellschaftsform mit inländischen Körperschaftsteuersubjekten sicherzustellen und folglich der Gleichbehandlung von wesentlich Gleichem, vgl. U. Forsthoff, DB 2002, 2471, 2474 f. A.A. R. Deininger, IStR 2003, 214, 215: der EuGH zwinge die Mitgliedstaaten zur Anerkennung der Rechtsform.

[340] FG Saarland-Urt. v. 03.12.2003, 1 K 200/00, EFG 2004, 430 zur Körperschaftsteuerpflicht einer liechtensteinischen AG nach § 1 Abs. 1 Nr. 1 KStG.

Tochter auf Ebene der Muttergesellschaft besteuert werden können. Daher könnte ein systemimmanenter Zusammenhang zwischen dem Vorteil, der Verlustberücksichtigung auf Ebene der Muttergesellschaft, und dem Nachteil, der steuerlichen Erfassung späterer Gewinne auf selber Ebene im Organschaftssystem bestehen.

Hiergegen könnte allenfalls die Erwägung angeführt werden, dass im Zeitpunkt der Verlustberücksichtigung ungewiss ist, ob in späteren Jahren überhaupt Gewinne erzielt werden können beziehungsweise, dass sich Verluste und Gewinne der Tochtergesellschaften über die Totalperiode ausgleichen.[341] Den Umstand einbeziehend, dass im Zeitpunkt der Begründung eines Organschaftsverhältnisses ebenfalls unbekannt ist, ob, in welchem Umfang und über welchen Zeitraum überhaupt negative Einkommen erzielt werden, kommt es im Rahmen des Regimes nicht auf einen betragsmäßigen Gewinn- und Verlustausgleich an. Dem Systemzusammenhang der Organschaft ist daher die Bedingung zu entnehmen, dass es entscheidend darauf ankommt, dass die Einkommen der Organgesellschaften dem Organträger zugerechnet und von ihm besteuert werden können. Mithin besteht im Besteuerungsmodell der Organschaft ein unmittelbarer Zusammenhang zwischen der vorteilhaften Verlustverrechnung und deren Kompensation durch die sofortige steuerliche Erfassung späterer Gewinne auf Ebene des Organträgers.

Voraussetzung für eine auf dem Kohärenzgrundsatz beruhende Rechtfertigung des Ausschlusses von Tochtergesellschaften mit Geschäftsleitung im Inland und Sitz im Ausland ist folglich, dass dieser Zusammenhang überhaupt gefährdet ist. Tochter-Kapitalgesellschaften mit inländischem Ort der Geschäftsleitung sind jedoch gemäß § 1 Abs. 1 Nr. 1 KStG im Inland unbeschränkt steuerpflichtig. Auch abkommensrechtlich wird der deutsche Besteuerungsanspruch aufgrund des inländischen Ortes der Geschäftsleitung nicht beschränkt.[342] In Bezug auf die der deutschen Besteuerung unterliegenden Einkünfte unterscheidet sich die Situation einer im Ausland errichteten Kapitalgesellschaft mit inländischem Ort der Geschäftsleitung nicht von der einer Organgesellschaft mit doppelten Inlandsbezug; in beiden Fällen erstreckt sich die Organschaft nur auf das der inländischen Besteuerung unterliegende Einkommen.[343]

Da die Kohärenz der Organschaftsregelung auch bei Einbeziehung von Tochtergesellschaften mit einem ausländischen Sitz und einem inländischen Ge-

[341] Aus diesem Grunde einen unmittelbaren Zusammenhang verneinend: R. Paetsch, Grenzüberschreitende Verlustberücksichtigung im europäischen Binnenmarkt, 2004, S. 103, 78 f.

[342] Vgl. Art 4 Abs. 3 OECD-MA.

[343] Vgl. O. Thömmes, in: Herzig (Hrsg.), Organschaft, 2003, S. 525, 533.

schäftsleitungsort gewahrt ist, kann diese den Ausschluss von der Eignung als Organgesellschaft nicht rechtfertigen.[344]

bb. Gewinnabführungsvertrag

Könnten die Tochtergesellschaften die weitere Tatbestandsvoraussetzung des Abschlusses eines wirksamen Gewinnabführungsvertrags nicht erfüllen und sich schon aus diesem Grunde nicht als Organgesellschaft qualifizieren, könnte deren Ausschluss gerechtfertigt sein.

Da die beherrschte doppelt ansässige Kapitalgesellschaft ihr Gesellschaftsstatut nach der Sitztheorie im Inland hat, richtet sich die Zulässigkeit des Gewinnabführungsvertrags nach inländischem Recht.[345] Die doppelt ansässige Kapitalgesellschaft müsste sich in einem alle formellen und materiellen gesellschaftsrechtlichen Voraussetzungen erfüllenden Gewinnabführungsvertrag gegenüber der deutschen Muttergesellschaft zur Abführung ihres ganzen Gewinns verpflichten und diese Verpflichtung auch vollziehen können.[346]

Für die zugezogene Gesellschaft ergibt sich jedoch das Problem, dass nach § 291 Abs. 1 Satz 1 AktG als abhängige Unternehmen nur eine AG oder eine KGaA in Betracht kommen, wobei die Rechtsprechung über den Wortlaut hinaus auch Unternehmen in der Rechtsform der GmbH als Partner eines Gewinnabführungsvertrags zulässt.[347]

Die Niederlassungsfreiheit erfordert jedoch, infolge der durch den EuGH konkretisierten Auslegung in den Rechtssachen *Centros, Überseering* sowie *Inspire Art*, dass, wenn die Rechtsordnung des Gründungsstaates den identitätswahrenden Wegzug der Gesellschaft gestattet, die vom Gründungsstaat verliehene Rechtsfähigkeit als juristische Person seitens des (deutschen) Zuzugsstaates anzuerkennen ist.[348] Mithin kann die zugezogene, wie eine deutsche Kapitalgesellschaften strukturierte Gesellschaft, ebenso wie eine GmbH über den

---

[344] Mit Hinweis auf die Vergleichbarkeit ebenso: G. Saß, BB 1999, 447, 451; W. Schön, IStR 2004, 289, 298; A. Rust, IStR 2003, 658 ff.

[345] Die Sitztheorie wird nach h.M. nur bzgl. der Anerkennung der ausländischen Gesellschaftsform überlagert, das ausländische Konzernrecht findet keine Anwendung: a.A. P. Bauschatz, DK 2003, 805, 809.

[346] Vgl. BFH-Urt. v. 26.08.1987, I R 28/84, BStBl. 1988 II, S. 76.

[347] Zwar wird die GmbH im Aktiengesetz nicht aufgeführt, gleichwohl gehen Rspr. (BGH-Urt. v. 24.10.1988, II ZB 7/88, BGHZ 105, S. 324; v. 30.01.1992, II ZB 15/91, GmbHR 1992, 253), das Schrifttum (vgl. O. Thömmes, in: Herzig (Hrsg.), Organschaft, 2003, S. 535) und der Steuergesetzgeber in § 17 KStG davon aus, dass auch eine GmbH einen Gewinnabführungsvertrag wirksam abschließen kann.

[348] Vgl. EuGH-Urt. v. 05.11.2002, Rs. C-208/00, EuGHE 2002, *Überseering*, I-9919, Rd. 95.

Wortlaut der Norm hinaus einen Gewinnabführungsvertrag abschließen.[349] Auch deren Rechtsfähigkeit ist anzuerkennen.[350]

Da die Gesellschaft aufgrund ihres inländischen Verwaltungssitzes deutschem Recht untersteht, können auch die Schutzbestimmungen der §§ 291 ff. AktG greifen.[351] § 291 AktG ist daher europarechtskonform dahingehend auszulegen, dass eine in einem der Gründungstheorie folgenden Mitgliedstaat der EU ordnungsgemäß gegründete, nach Deutschland zugezogene und wie eine deutsche Kapitalgesellschaft strukturierte Gesellschaft sowohl mit zivilrechtlicher als auch mit steuerrechtlicher Wirksamkeit einen Gewinnabführungsvertrag abschließen kann.[352]

Dass Erfordernis des Gewinnabführungsvertrags rechtfertigt keine Ungleichbehandlung zu Kapitalgesellschaften mit Sitz und Geschäftsleitung im Inland.

cc. Gewährleistung einer effektiven steuerlichen Kontrolle

Nach der Gesetzesbegründung soll das Erfordernis der doppelten Inlandsanbindung einer besseren Nachprüfbarkeit der Organschaftsvoraussetzungen im Inland dienen[353] und somit auch der Gewährleistung einer effektiven steuerlichen Kontrolle, die nach Ansicht des EuGH Beeinträchtigungen der Niederlassungsfreiheit rechtfertigen kann.[354]

Infolge der Abschaffung der wirtschaftlichen und organisatorischen Eingliederung, deren Überprüfung der Steuerverwaltung innerhalb des deutschen Hoheitsbereiches möglich sein musste[355], erfordert dieses Kontrollinteresse jedoch keinen Ausschluss von Auslandsbezüge aufweisenden Tochtergesellschaften von der Verlustverrechnung im Organkreis. Denn die Beantwortung der Frage, ob die Tatbestandsvoraussetzungen der finanziellen Eingliederung sowie des Gewinnabführungsvertrags erfüllt sind, bereitet regelmäßig schon deshalb keine größeren Schwierigkeiten, da die Tochtergesellschaft für das Vorliegen beider Voraussetzungen beweispflichtig ist.[356] Zudem können über §§ 90 Abs. 2, 138 AO Belege angefordert werden, welche die erforderlichen Überprüfungen er-

---

[349] Vgl. O. Thömmes, in: Herzig (Hrsg.), Organschaft 2003, S. 525, 535.

[350] Der Vertragsschluss erfordert die Rechtsfähigkeit der Parteien. Vgl. 2. Teil, II. Kapitel, 4. b., S. 26.

[351] Vgl. S. Neumann, in: Gosch, KStG, § 14 Rd. 189.

[352] Der Gesetzgeber hat in Bezug auf die Rechtsfähigkeit eines im EU-Ausland gegründeten Organ*trägers* mit Ort der Geschäftsleitung im Inland ausdrücklich auf die Rechtsentwicklung auf europäischer Ebene hingewiesen. Für Organgesellschaften kann jedoch nichts anderes gelten, T. Rödder/ A. Schumacher, DStR 2001, 1687.

[353] Vgl. L. Schmidt/ T. Müller/ E.E.Stöcker, Die Organschaft, 2003, Rd. 47, S. 53.

[354] Vgl. EuGH-Urt. v. 20.02.1979, Rs. C-120/78, *Cassis de Dijon*, EuGHE 1979, 649, Rd. 8.

[355] Vgl. L. Hübl, DStZ A 1972, 81, 82.

[356] Der Abschluss eines Gewinnabführungsvertrags kann durch einen Handelsregisterauszug nachgewiesen werden. Vgl. H.W. Kruse, in: Tipke/ Kruse, § 10 AO Rd. 1; BFH-Urt. v. 07.12.1994, I K 1/93, BStBl. II 1995, 175, 178.

möglichen und schließlich besteht die Möglichkeit auf Grundlage der Amtshilfe-Richtlinie die zuständigen Behörden des anderen Mitgliedstaates zu ersuchen, ihnen alle Angaben zu liefern, welche eine Kontrolle der im Ausland erzielten Ergebnisse ermöglichen.[357]

Da sich diese Maßnahmen als mildere, ebenso effektive Mittel erweisen, ist das Erfordernis des doppelten Inlandsbezuges nicht erforderlich, um eine effektive Steuerkontrolle zu ermöglichen. Folglich kann der Ausschluss von Auslandsbezüge aufweisenden Tochtergesellschaften auch nicht auf diesem Wege gerechtfertigt werden.

d. Ergebnis und Rechtsfolge

Es begründet einen Verstoß gegen die Niederlassungsfreiheit, dass ein Organträger die Ergebnisse seiner Tochtergesellschaft, die eine inländische Geschäftsleitung und einen ausländischen Sitz hat, nicht in die Ergebnisverrechnung im Rahmen der Organschaft einbeziehen kann.[358]

Konsequenz dieses Verstoßes ist, dass § 14 Abs. 1 Satz 1 KStG europarechtskonform auszulegen ist, das heißt das beschränkende Tatbestandsmerkmal des inländischen Sitzes ist im Geltungsbereich der Niederlassungsfreiheit unangewendet zu lassen.[359] Somit kann eine Kapitalgesellschaft mit Geschäftsleitung im Inland und Sitz in einem der Gründungstheorie folgenden Mitgliedstaat[360] als Organgesellschaft in den Organkreis aufgenommen werden.[361] Aus Gründen des *effet utile* ist der Gesetzeswortlaut seitens des Gesetzgebers dementsprechend anzupassen.

5. Ausschluss von Tochtergesellschaften mit einem inländischen Sitz und einem ausländischen Ort der Geschäftsleitung

a. Beeinträchtigung der Niederlassungsfreiheit

Eine im Inland errichtete Tochter-Kapitalgesellschaft, deren Geschäftsleitung ins Ausland verlegt wird, kommt mangels doppelter Inlandsanbindung nicht als Organgesellschaft in Betracht. Indem ein Organträger das negative Einkommen

---

[357] Vgl. Art 4 Abs. 1 RL 77/799/EWG v. 19.12.1977, ABl. EG v. 27.12.1977 Nr. L. 336 S. 15.

[358] Ebenso: G. Saß, BB 1999, 447, 451; O. Thömmes, in: Herzig (Hrsg.), Organschaft, 2003, S. 525, 536; G. Frotscher, DK 2003, 98, 100; U. Löwenstein/ J. Maier, IStR 2002, 185, 193; W. Meilicke, DB 2002, 911, 912; S. Pache, GmbHR 2002, 299, 304.

[359] Vgl. 3. Teil, II. Kapitel, 1. d., S. 91 f.

[360] Bzgl. der EWR- und der Drittstaaten vgl. 3. Teil, II. Kapitel, 1. d., S. 92.

[361] Vgl. BFH-Urt. v. 29.01.2003, I R 6/99, IStR 2003, 422, wo der BFH, um einen Verstoß gegen das Diskriminierungsverbot des DBA-USA zu vermeiden, § 14 Nr. 3 KStG a.F. für nicht anwendbar erklärt hat, soweit ein doppelter Inlandsbezug des Organträgers gefordert wurde. Für eine Einbeziehung spricht auch, dass vor der gesetzlichen Verankerung des Instituts der körperschaftsteuerlichen Organschaft kein doppelter Inlandsbezug verlangt wurde, vgl. W. Jurkat, Die Organschaft im Körperschaftsteuerrecht, 1975, Rd. 240.

dieser Tochtergesellschaft nicht im Rahmen der Verlustverrechnung im Organkreis einkommensmindernd nutzen kann, dies jedoch möglich wäre, wenn die Tochtergesellschaft ihre Geschäftsleitung nicht ins Ausland verlegt und von ihrem Recht auf Niederlassungsfreiheit Gebrauch gemacht hätte, wird ein Organträger mit Auslandsbezüge aufweisenden Tochtergesellschaften benachteiligt. Die hiermit verbundenen finanziellen Einbußen sind geeignet, ihn von der Ausübung der Grundfreiheit abzuhalten; eine Beeinträchtigung seiner Niederlassungsfreiheit durch den deutschen Herkunftsstaat ist festzustellen.

b. Vergleichbarkeit

Eine Diskriminierung ist zu konstatieren, wenn Organträger mit inländischen Tochtergesellschaften und Organträger, die Tochtergesellschaften mit inländischem Sitz und ausländischer Geschäftsleitung kontrollieren, vergleichbar sind.

Unter Beachtung des Umstandes, dass sich lediglich Kapitalgesellschaften als Organgesellschaften qualifizieren können[362], ist eine Vergleichbarkeit gegeben, wenn die Tochter-Kapitalgesellschaft, die ihre Geschäftsleitung in einen Mitgliedstaat der EU verlegt, weiterhin als solche anzusehen ist. Für die steuerrechtliche Qualifikation ist die gesellschaftsrechtliche Einordnung maßgebend, wonach es entscheidend auf die Rechtsfähigkeit der Gesellschaft ankommt. Aufgrund ihres ausländischen Gesellschaftsstatuts ist das ausländische Recht maßgebend. Mithin hängt die Qualifikation als juristische Person entscheidend davon ab, ob der Zuzugsstaat der Sitz- oder der Gründungstheorie folgt.

Ein identitätswahrender Wegzug in einen Staat, welcher der Gründungstheorie folgt, ist möglich. Folgt der Zuzugsstaat jedoch ebenfalls der Sitztheorie, nimmt das ausländische Internationale Privatrecht den Verweis an und erachtet das ausländische Recht für maßgebend, sodass ein Wechsel des Gesellschaftsstatuts die Folge ist. Dies wiederum bewirkt, dass der Verlegungsbeschluss im Inland als Auflösungsbeschluss gewertet wird, die wegziehende Gesellschaft als Kapitalgesellschaft untergeht[363] und somit nicht mehr als Organgesellschaft in Betracht kommt, da sich hierfür nur Kapitalgesellschaften qualifizieren.

Diese Regelung könnte sich jedoch ebenfalls als europarechtswidrig darstellen. Allerdings hat der EuGH bisher noch nicht entschieden, ob die Versagung eines identitätswahrenden Wegzugs aufgrund der Sitztheorie als gemeinschaftsrechtskonform zu werten ist. Vielmehr differenziert der Gerichtshof in mehreren Entscheidungen zwischen Zu- und Wegzugsfällen. Er gewährt – unter Bezug auf die *Daily Mail*-Entscheidung – den Mitgliedstaaten das Recht, die Voraussetzungen sowohl für eine Verleihung der Rechtspersönlichkeit als auch für die Beibehaltung beziehungsweise Entziehung der Rechtspersönlichkeit bezüglich

---

[362] § 14 Abs. 1 Satz 1 und § 17 KStG.

[363] Vgl. T. Kaligin, DB 1985, 1449, 1455; B. Großfeld, in: Staudinger, IntGesR, Rd. 610, 631.

unter seiner Hoheit errichteten Gesellschaften zu definieren.[364] Daraus lässt sich ableiten, dass die Sitztheorie für den Fall des Wegzugs einer im Inland errichteten Gesellschaft weiterhin Geltung beansprucht.[365] Dem steht auch das Urteil *de Lasteyrie du Saillant*[366] nicht entgegen, in welchem der EuGH die französische Wegzugsbesteuerung für unvereinbar mit der Niederlassungsfreiheit natürlicher Personen erklärt hat. Denn in dieser Entscheidung setzt sich der Gerichtshof weder mit dem Urteil *Daily Mail* noch der dort vorgenommenen Differenzierung zwischen natürlichen und juristischen Personen auseinander, sodass die dort getroffene Unterscheidung weiterhin Bestand hat.[367] Dementsprechend folgert auch die deutsche Rechtsprechung, dass juristische im Gegensatz zu natürlichen Personen in ihrer Existenz vom Heimatrecht abhängig sind[368] und ein identitätswahrender Umzug von einem Sitztheorie- in einen anderen der Sitztheorie folgenden Staat auch in Anbetracht des Europarechts nicht möglich ist.

Allerdings ist höchst fraglich, ob der EuGH, sollte ihm aktuell ein Wegzugsfall vorgelegt werden, diesen anderes entscheiden würde als den Zuzugsfall. Denn das in den Art 43, 48 EGV auch Gesellschaften bewilligte Recht der primären Niederlassungsfreiheit läuft leer, wenn der Wegzugsstaat der Gesellschaft bei einem Grenzüberztritt aufgrund der Sitztheorie die Rechtsfähigkeit und damit ihre Existenz entzieht; de facto führt dies zu einem Wegzugsverbot.[369] Daher wird gefordert, für steuerrechtliche Zwecke auf die Gründungstheorie abzustellen. Auf deren Grundlage wäre eine Verlegung des Verwaltungssitzes ins Ausland unter Beibehaltung des inländischen Satzungssitzes ohne Verlust der Rechtsfähigkeit sowohl aus Sicht des Internationalen Privatrechts als auch aus der des deutschen Sachrechts möglich.[370] Dies überzeugt, denn angesichts der fortbestehenden unbeschränkten Steuerpflicht aufgrund des inländischen Satzungssitzes hat die Verlegung der Geschäftsleitung keinen Einfluss auf die steu-

---

364 Vgl. EuGH-Urt. v. 05.11.2002, Rs. C-208/00, *Überseering*, EuGHE 2002, I-9919, Rd. 62; v. 30.09.2003, Rs. C-167/01, *Inspire Art*, EuGHE I-2003, 10155. Der EuGH entschied in *Daily Mail*, (v. 27.09.1988, Rs. 81/87, EuGHE 1988 I-5483, Rd. 15 ff.) dass die Niederlassungsfreiheit Gesellschaften nicht das Recht auf primäre Niederlassungsfreiheit durch Verwaltungssitzverlegung gewähre, da sie aufgrund nationaler Rechtsordnungen gegründet würden, jenseits derer sie keine Realität hätten.

365 T. Rödder/ A. Schumacher, DStR 2001, 1687; D. Zimmer, NJW 2003, 3585, 3592; S. Lieble/ J. Hoffmann, RIW 2002, 925, 932.

366 EuGH v. 11.03.2004, Rs. C-9/02, *de Lasteyrie du Saillant*, GmbHR 2004, 504.

367 H. Eidenmüller/ G. Rehm, ZGR 2004, 159, 178; A. Engert, DStR 2004, 664, 668.

368 Vgl. OLG Brandenburg-Beschl. v. 10.11.2004, 6 Wx 4/04, GmbHR 2005, 484 f.

369 Vgl. B. Knobbe-Keuk, ZHR 1990, 325 f.

370 B. Großfeld, in: Staudinger, IntGesR, Rd. 608; H. Debatin, GmbHR 1991, 164, 167. Eine solche Verlegung ist aber nicht eintragungsfähig. Eine Verlegung des Satzungssitzes würde wohl auch auf der Grundlage der Gründungstheorie eine Auflösung der Gesellschaft bewirken, vgl. zu den Einzelheiten: S. Pache, GmbHR 2002, 299.

erliche Identität der Gesellschaft.[371] Zudem könnten unter Geltung der Gründungstheorie Zu- und Wegzugsfälle einheitlich behandelt und Wertungswidersprüche vermieden werden.[372] Mithin ist für die steuerrechtliche Qualifikation sowohl bei Weg- als auch bei Zuzügen innerhalb der EU einheitlich auf die Gründungstheorie abzustellen. Die Kapitalgesellschaft ist auch nach Verlegung ihrer Geschäftsleitung aufgrund ihres fortbestehenden Satzungssitzes als Kapitalgesellschaft im Sinne der §§ 1 Abs. 1 Nr. 1, 14, 17 KStG anzuerkennen.

Aufgrund ihres inländischen Sitzes ist die Kapitalgesellschaft auch nach Verlegung ihrer Geschäftsleitung gemäß § 1 Abs. 1 Nr. 1 KStG körperschaftsteuerpflichtig. Mithin sind Organträger mit inländischen Tochtergesellschaften und Organträger, deren Tochtergesellschaften einen Sitz im Inland und einem Ort der Geschäftsleitung in einem europäischen Staat haben, als vergleichbar zu werten.

c. *Rechtfertigung*

Der Ausschluss von Tochtergesellschaften mit Sitz im Inland und dem Ort der Geschäftsleitung im EU-Ausland könnte durch die Wahrung des im Rahmen der Organschaft bestehenden Kohärenzzusammenhangs gerechtfertigt sein. Dann müsste dieser im vorliegenden Sachverhalt überhaupt gefährdet sein.

Gemäß § 1 Abs. 1 Nr. 1 KStG ist die inlandsansässige Kapitalgesellschaft mit ihrem Welteinkommen unbeschränkt steuerpflichtig. Aufgrund des ausländischen Ortes der Geschäftsleitung ist sie in der Regel auch im Ausland unbeschränkt steuerpflichtig. Die Bundesrepublik hat sich gegenüber allen Mitgliedstaaten der EU in Anlehnung an Art 4 Abs. 3 OECD-MA abkommensrechtlich dazu verpflichtet, diesen Besteuerungskonflikt durch Freistellung der Gewinne der Tochtergesellschaft von der deutschen Besteuerung zu lösen. Mithin ist die Herstellung des unmittelbaren Zusammenhangs zwischen der Möglichkeit der Verlustverrechnung und dessen Kompensation durch die steuerliche Erfassung späterer Gewinne der Tochtergesellschaft auf Ebene des Organträgers abkommensrechtlich in Frage gestellt.

Betreibt die doppelt ansässige Tochtergesellschaft jedoch an dem Ort ihres Satzungssitzes eine Betriebstätte, ist das deutsche Besteuerungsrecht bezüglich der dort erwirtschafteten Gewinne nicht gefährdet. Daher ist zu prüfen, ob als milderes, den Kohärenzzusammenhang gleichwohl aufrechterhaltendes Mittel dem inländischen Organträger das in der Betriebstätte erwirtschaftete Einkom-

---

[371] Aufgrund des fortbestehenden Besteuerungsrechts kann nicht auf das EuGH-Urt. v. 27.09.1988, Rs. 81/87, *Daily Mail*, EuGHE 1988, I-5483 verweisen werden, wo eine dem Schutz des Besteuerungsrechts des Wegzugsstaates dienende Beschränkung als europarechtskonform gewertet wurde.

[372] Vgl. U. Forsthoff, DB 2002, 2471, 2476; S. Pache, IStR 2003, 808, 812. Ebenso der österreichische OGH bzgl. in der EU gegründeten Gesellschaften Beschl. v. 15.07.1999- 6 Ob 124/99z, AG 2000, 333 ff.

men und somit auch die in der Betriebstätte erzielten Verluste analog § 18 KStG zugerechnet werden könnten.

Nach § 18 KStG ist das Einkommen der Organgesellschaft den beschränkt steuerpflichtigen Einkünften des *Organträgers* aus der inländischen Zweigniederlassung zuzurechnen, wenn die Organgesellschaft mit dem ausländischen Organ*träger* unter der Firma seiner inländischen Zweigniederlassung einen Gewinnabführungsvertrag abschließt. Für eine analoge Anwendung müsste die doppelt ansässige Kapitalgesellschaft ihre am Satzungssitz unterhaltene Zweigniederlassung in das Handelsregister eintragen und den Vertrag unter deren Firma abschließen können.

Für die Frage, ob auch eine doppelt ansässige Kapitalgesellschaft einen Gewinnabführungsvertrag im Sinne des § 291 AktG abschließen kann, ist zunächst zu klären, ob die §§ 291 ff. AktG überhaupt anwendbar sind. Wird die Geschäftsleitung und somit auch der Verwaltungssitz, nicht jedoch der statutarische Sitz in einen Staat verlegt, dessen Internationales Gesellschaftsrecht die Gründungstheorie vertritt, erfolgt ein renvoi auf deutsches Sachrecht (sog. Sachverweisung), sodass die wegziehende Gesellschaft ein deutsches Gesellschaftsstatut behält und die deutschen Rechtsnormen Anwendung finden.[373] Im Geltungsbereich der Niederlassungsfreiheit wird die Sitz- durch die Gründungstheorie nach zuvor vertretener Ansicht überlagert[374], sodass auch insoweit von einem fortbestehenden inländischen Gesellschaftsstatut auszugehen ist. Die §§ 291 ff. AktG finden mithin Anwendung und können auch ihre Schutzfunktionen wahrnehmen.[375] Da die doppelt ansässige Gesellschaft weiterhin als Kapitalgesellschaft rechtsfähig ist, kann sie einem Gewinnabführungsvertrag abschließen.

Verpflichtet sie sich gegenüber ihrer inländischen Muttergesellschaft zur Abführung des in der Betriebstätte erwirtschafteten Teil-Gewinns, ist fraglich, ob diese Abrede als Gewinnabführungsvertrag anerkannt werden kann. § 14 Abs. 1 Satz 1 Nr. 3 AktG verwendet den Begriff des Gewinnabführungsvertrags, der in § 291 AktG als Vereinbarung legal definiert wird, durch die sich eine Gesellschaft verpflichtet, ihren ganzen Gewinn an ein anderes Unternehmen abzuführen. Soll nur ein Teil des Gewinns abgeführt werden, ist die Vereinbarung als Teilgewinnabführungs- und folglich als ein anderer Unternehmensvertrag im Sinne des § 292 Abs. 1 Nr. 2 AktG zu qualifizieren, welcher den Anforderungen der steuerlichen Organschaft grundsätzlich nicht genügt.[376] Im Anwendungsbereich der Niederlassungsfreiheit muss jedoch etwas anderes gelten. Um keine zusätzlichen Verwerfungen zwischen den Tatbestandsvoraussetzungen und den

---

[373] 3. Teil, II. Kapitel, 1. b., S. 77.

[374] Vgl. 3. Teil, II. Kapitel, 4. b., S. 141 f.

[375] Vgl. S. Neumann, in: Gosch, KStG, § 14 Rd. 189.

[376] BMF, Bericht der Bundesregierung zur Fortentwicklung des Unternehmenssteuerrechts, Beilage zu FR 11/2001, S. 1, 20 f.

Rechtsfolgen der Organschaft zu bewirken[377], die entstünden, wenn der gesamte handelsrechtliche Gewinn abzuführen wäre, für steuerliche Zwecke allerdings nur der in der Betriebstätte erwirtschaftete Gewinn zugerechnet werden sollte, ist in Bezug auf doppelt ansässige Tochtergesellschaften auf eine Abführung des ganzen Gewinns zu verzichten. Auf diese Weise ist es der Gesellschaft ebenfalls verwehrt, mit mehreren Unternehmen Gewinnabführungsverträge bezüglich der in der Betriebstätte erzielten Gewinne abzuschließen.[378] Daher wird im vorliegenden Fall ein derart begrenzter Teilgewinnabführungsvertrag steuerlich anzuerkennen sein.[379]

Mithin stellt es sich als milderes Mittel dar, einem inländischen Organträger mit Tochtergesellschaften, die ihre Geschäftsleitung im Ausland und eine Betriebstätte an ihrem inländischen Satzungssitz unterhalten, das Einkommen aus der inländischen Betriebstätte analog § 18 KStG zuzurechnen. Voraussetzung hierfür ist, dass sich die Tochtergesellschaft unter der Firma ihrer inländischen Zweigniederlassung zur Abführung ihres gesamten dort erwirtschafteten Gewinns gegenüber dem inländischen Organträger verpflichtet. Wird auf diesem Wege ein Verlustausgleich in Bezug auf die der deutschen Steuerhoheit unterliegenden Einkunftsquellen ermöglicht, ist die Kohärenz der Steuerregelung nicht gefährdet. Eine Rechtfertigung scheidet aus.[380]

d. Ergebnis und Rechtsfolge

Mangels Rechtfertigungsgrund verstößt es gegen die Niederlassungsfreiheit eines Organträgers, dass er Verluste von Tochtergesellschaften mit Sitz im Inland und Geschäftsleitung im Ausland nicht einkommensmindernd berücksichtigen kann. § 18 KStG ist europarechtskonform dahingehend auszulegen, dass Tochter-Kapitalgesellschaften, die an ihrem inländischen Sitz eine Betriebstätte unterhalten und einen Gewinnabführungsvertrag unter deren Firma abschließen, als Organgesellschaften in Betracht kommen.[381]

---

377 Und die durch organschaftliche Ausgleichsposten aufgefangen werden müssten, sowie nicht gegen den Grundsatz der Verhältnismäßigkeit zu verstoßen.

378 Vgl. G. Frotscher, in: Ders./ Maas, KStG, § 14 Rd. 162a.

379 Korrespondierend muss der Organträger gemäß § 302 AktG auch nur die in der Betriebstätte erzielten Verluste übernehmen.

380 Betreibt die doppelt ansässige Tochtergesellschaft im Inland keine Betriebstätte, könnte sich die isolierte Verlustberücksichtigung unter Nachversteuerung analog § 3 AIG a.F. als eine die grenzüberschreitende Betätigung weniger belastende Maßnahme darstellen, vgl. 3. Teil, II. Kapitel, 3. b. cc. (b), S. 111.

381 Bzgl. der EWR- und der Drittstaaten, vgl. 3. Teil, II. Kapitel, 1. d., S. 92.

6. Ausschluss inländischer Betriebstätten von ausländischen Tochtergesellschaften

a. Beeinträchtigung der Niederlassungsfreiheit

Unter dem derzeit geltenden Organschaftsregime können inländische Betriebstätten von Tochtergesellschaften mit Sitz und Geschäftsleitung in einem ausländischen Staat nicht in die Ergebnisverrechnung im Rahmen der Organschaft einbezogen werden. Demgegenüber qualifiziert sich eine inländische Tochtergesellschaft als Organgesellschaft, sodass deren Verluste dem Organträger zugerechnet und auf diese Weise die Steuerbelastung des Konzerns gesenkt werden kann. Im Vergleich hierzu stellt sich die Errichtung einer inländischen Betriebstätte über eine EU-ausländische Tochtergesellschaft für den Organträger als weniger attraktiv dar. Diese Ungleichbehandlung inländischer Betriebstätten gegenüber inländischen Tochtergesellschaften ist geeignet, den Organträger von der Ausübung seiner Niederlassungsfreiheit abzuhalten, diese wird mithin seitens des Herkunftsstaates beeinträchtigt.

b. Vergleichbarkeit

Die Ungleichbehandlung bezüglich der Eignung als Organgesellschaft begründet einen Diskriminierungsvorwurf, wenn ausländische Tochter-Kapitalgesellschaften bezüglich ihrer inländischen Betriebstätteneinkünfte mit inländischen Tochtergesellschaften vergleichbar sind. Der Gerichtshof geht in Bezug auf die Unternehmensbesteuerung von einer Vergleichbarkeit beschränkt und unbeschränkt Steuerpflichtiger aus.[382] Dies ist vor dem Hintergrund zu sehen, dass ausländische Tochtergesellschaften mit ihren im Inland erzielten Betriebstättengewinnen nach dem Territorialitäts- beziehungsweise Quellenprinzip gemäß §§ 2 Nr. 1, 8 KStG i.V.m. 49 Abs. 1 Nr. 2a, Abs. 2 EStG ebenso der deutschen Besteuerung unterliegen wie inländische Tochtergesellschaften, § 1 Abs. 1 Nr. 1 KStG. Der deutsche Fiskus wendet bezüglich des im Inland erzielten Betriebstätteneinkommens eine im Vergleich zu inländischen Tochtergesellschaften identische Besteuerungsgrundlage an. Durch diese steuerliche Gleichbehandlung erkennt er an, dass beide Sachverhalte miteinander vergleichbar sind (sog. Anerkennungsgrundsatz, der auch als europarechtliches Verbot des venire contra factum proprium bezeichnet wird).[383] Diese ungleiche Behandlung im Rahmen des Organschaftsregimes ist als Diskriminierung des grenzüberschreitenden Sachverhalts zu qualifizieren.[384]

---

[382] Vgl. EuGH-Urt. v. 28.01.1986, Rs. C-270/83, *avoir fiscal*, EuGHE 1986, 285, Rd. 19 f.; v. 29.04.1999, Rs. C-311/97, *Royal Bank of Scotland*, EuGHE 1999, I-2651, Rd. 29; v. 21.09.1999, Rs. C-307/97, *Saint-Gobain*, EuGHE 1999, I-6161, Rd. 46 ff. Die Buchführungspflicht folgt aus §§ 13, 13 e, f, g HGB.

[383] Vgl. I. Dörr, DK 2004, 15, 18; P. Wattel, EC Tax Review 2003, 194, 197.

[384] Vgl. EuGH-Urt. v. 23.02.2006, Rs. C-253/03, *CLT-UFA SA*, Rd.19 ff.

c. Rechtfertigung

aa. Wahrung der Kohärenz des Steuersystems

Aufgrund des Betriebstättenprinzips, welches in Anlehnung an Art 7 OECD-MA in den von der Bundesrepublik abgeschlossenen DBA regelmäßig vereinbart ist, wird das Besteuerungsrecht bezüglich der in der inländischen Betriebstätte erwirtschafteten Einkünfte Deutschland zugeteilt. Der Vorteil der Verlustverrechnung kann durch die spätere Gewinnerfassung kompensiert werden, sodass die Kohärenz der Steuerreglung gewahrt ist.

bb. Gewinnabführungsvertrag

Könnten ausländische Tochtergesellschaften keinen zivilrechtlich wirksamen Gewinnabführungsvertrag im Sinne des § 291 AktG abschließen, würde deren Eignung als Organgesellschaft schon aus diesem Grunde ausscheiden, sodass deren Ausschluss vom Anwendungsbereich des Organschaftsregimes gerechtfertigt wäre.

Nach § 18 KStG können ausländische Organ*träger* unter der Firma ihrer inländischen Zweigniederlassung einen Gewinnabführungsvertrag abschießen, sodass zu erwägen ist, ob ausländische Tochtergesellschaften nicht gemäß § 18 KStG analog ebenfalls einen Gewinnabführungsvertrag unter der Firma ihrer im Inland errichteten Zweigniederlassung abschließen können. Allerdings stellt § 291 Abs. 1 Satz 1 AktG an abhängige Organ-Unternehmen in zweifacher Hinsicht höhere Anforderungen als an den herrschenden Organträger. Während das herrschende Unternehmen in jeder Rechtsform geführt werden kann, kommen als abhängige Unternehmen nur Kapitalgesellschaften in Betracht. Angesichts der *Überseering*-Entscheidung ist die Norm jedoch europarechtskonform dahingehend auszulegen, dass auch ausländische Kapitalgesellschaften, die wie deutsche Kapitalgesellschaften strukturiert sind, als abhängige Unternehmen in Betracht kommen müssen.[385]

Als Weitere an abhängige Unternehmen gestellte Voraussetzung ist ein inländischer Verwaltungssitz aufzuführen, da die §§ 291 ff. AktG ihre Schutzfunktionen nur gegenüber dem deutschen Recht unterstellten Gesellschaften ausüben können.[386] Kollisionsrechtlich verfügt die Tochtergesellschaft jedoch über ein ausländisches Gesellschaftsstatut. Somit sind die konzernrechtlichen Normen des Auslands zur Anwendung berufen.[387] Angesichts der fehlenden Anwendbarkeit deutschen Rechts auf ausländische Tochtergesellschaften stellt sich die Fra-

---

[385] 3. Teil, II. Kapitel, 4. b., S. 133.

[386] Bei herrschenden Gesellschaften besteht kein solcher Schutzbedarf, sodass sie auch im Ausland ansässig sein können, vgl. S. Neumann, in: Gosch, KStG, § 14 Rd. 189.

[387] Es kann auch nicht Aufgabe des deutschen Gesellschaftsrechts sein, ausländische abhängige Tochtergesellschaften zu schützen, vgl. V. Emmerich, in: Emmerich/ Habersack, Aktien- und GmbH-Konzernrecht, § 291 Rd. 293 Rd. 5; H.-G. Koppensteiner, in: KölnerKomm., Vorb. § 291 Rd. 182.

ge, ob diesen die Fähigkeit abgesprochen werden kann, unter ihrer inländischen Zweigniederlassung einen Gewinnabführungsvertrag abzuschließen. Als milderes Mittel könnte erwogen werden, die für abhängige Kapitalgesellschaften geltenden Schutznormen insoweit auf die dem deutschen Recht unterstellte Betriebstätte der ausländischen Gesellschaft anzuwenden, als diese des Schutzes im Sinne der einschlägigen Normen bedarf. Dies wäre beispielsweise bezüglich der Verlustübernahmepflicht nach § 302 AktG der Fall.[388] Verpflichtet sich daher eine ausländische abhängige Gesellschaft zur Abführung des gesamten in der Betriebstätte erwirtschafteten Gewinns an ein inländisches herrschendes Unternehmen und übernimmt dieses eine Pflicht zur Übernahme eventuell anfallender Betriebstättenverluste, genügt diese Vereinbarung den wesentlichen Charakteristika eines Gewinnabführungsvertrags. Ausländischen Tochtergesellschaften in diesem Fall gänzlich die Fähigkeit abzusprechen, unter ihrer inländischen Zweigniederlassung einen Gewinnabführungsvertrag abschließen zu können, würde sich als unverhältnismäßig darstellen.

Problematisch ist drittens, dass die Anerkennung eines Gewinnabführungsvertrags im Sinne des § 291 Abs. 1 Satz 1 Nr. 2 AktG eine Verpflichtung zur Abführung des ganzen Gewinnes und nicht nur des in der inländischen Betriebstätte erzielten Teilgewinns erfordert.[389] Vor dem Hintergrund, dass sich ein auf dieser Argumentation beruhender Ausschluss von der Eignung als Organgesellschaft als unverhältnismäßig darstellen würde[390], ist § 291 AktG europarechtskonform auszulegen, sodass ein Organträger einen Gewinnabführungsvertrag mit einem ausländischen Stammhausunternehmen in Bezug auf den inländischen Betriebstättengewinn abschließen kann.

Könnten Betriebstätten von Tochtergesellschaften mit Sitz und Geschäftsleitung im Ausland unter diesen Voraussetzungen in den Organkreis einbezogen werden, würde dies ein milderes Mittel darstellen. Mithin ist deren Ausschluss nicht durch das Erfordernis des Gewinnabführungsvertrags gerechtfertigt.

d. Ergebnis und Rechtsfolge

Die Organschaftsregelungen verstoßen auch insoweit gegen die Niederlassungsfreiheit, als inländische Organträger Verluste, die ihre ausländische Tochterge-

---

388 In das Gewinnbezugsrecht der Gesellschaft wird eingegriffen. Zudem dient die Betriebstätte nicht mehr dem ausländischen Unternehmen, sondern ordnet sich dem Interesse des inländischen Organträgers unter. Vgl. BGH-Beschl. v. 16.02.1981, II ZB 8/80, WM 1981, 375, 376 zur analogen Anwendung der Formvorschriften auf eine GmbH.

389 Vgl. BMF, Bericht der Bundesregierung zur Fortentwicklung des Unternehmenssteuerrechts, Beilage zu FR 11/2001, 1, 20 f., und § 292 Abs. 1 Nr. 2 AktG.

390 Zumal sich ausländische Kapitalgesellschaften nach ausländischem Gesellschaftsrecht nicht in zulässiger Weise zur Abführung ihres ganzen Gewinns an die deutsche Muttergesellschaft verpflichten können.

sellschaft in einer inländischen Betriebstätte erzielt, nicht in die Ergebnisverrechnung im Rahmen der Organschaft einbeziehen können.[391]

§ 18 KStG ist europarechtskonform dahingehend auszulegen, dass auch Kapitalgesellschaften mit Sitz und Geschäftsleitung im Ausland, die unter der Firma ihrer inländischen, im Handelsregister eingetragenen Zweigniederlassung einen Gewinnabführungsvertrag abschließen, als Organgesellschaften in Betracht kommen.

7. Ausschluss der Verlustverrechnung gemäß § 14 Abs. 1 Satz 1 Nr. 5 KStG

a. Beeinträchtigung der Niederlassungsfreiheit

Nach § 14 Abs. 1 Satz 1 Nr. 5 KStG bleibt ein negatives Einkommen des Organträgers bei der inländischen Besteuerung unberücksichtigt, „soweit es in einem ausländischen Staat im Rahmen einer der deutschen Besteuerung des Organträgers entsprechenden Besteuerung berücksichtigt wird". Konsequenz dieser Verlustverrechnungsbeschränkung ist, dass eigene Verluste erzielende Organträger diese nicht mit Gewinnen der Organgesellschaften im Rahmen der organschaftlichen Ergebnisverrechnung ausgleichen können, wenn das negative Einkommen in dem entsprechenden Veranlagungszeitraum ebenfalls im Ausland aufgrund einer Einbindung in ein Gruppenbesteuerungssystem steuerlich verwertbar ist. Den Umstand einbeziehend, dass derartige Beschränkungen im national strukturieren Konzern nicht vorgesehen sind, werden multinational aufgestellte Unternehmen diesem gegenüber benachteiligt. Infolge der Gefahr des Untergangs der Verrechnungsmöglichkeiten im Inland und der hiermit verbundenen Nachteile könnte dies Muttergesellschaften von der Verlegung ihrer Geschäftsleitung und mithin von der Ausübung ihrer Niederlassungsfreiheit abhalten, sodass diese beeinträchtigt ist.

b. Vergleichbarkeit

Eine Unvergleichbarkeit zwischen doppelt ansässigen und inländischen Organträgern im Hinblick auf das Organschaftsregime wird teilweise damit begründet, dass erstere ihre Verluste nicht nur einer Verrechnung im Inland im Rahmen der Organschaft, sondern zusätzlich im Ausland, infolge der Einbindung in ein dortiges Gruppenbesteuerungssystem zuführen können.[392] Die Systematik des Gleichheitssatzes beachtend, wonach sich eine Gleichbehandlung lediglich in Bezug auf denselben Mitgliedstaat stellen kann, da diesem lediglich seine eigenen Regelungsentscheidungen vorgehalten werden können[393], kann die Vergleichbarkeit zweier Sachverhalte allein in Bezug auf eine Rechtsordnung geprüft werden. Mit Blick auf das System und die Zielsetzung der Organschaft

[391] Bzgl. der EWR- und der Drittstaaten vgl. 3. Teil, II. Kapitel, 1. d., S. 92.
[392] So: S. v. Thiel/ C. Achilles, IStR 2003, 553, 555.
[393] Vgl. W. Kaefer/ W. Tillmann, IWB 22/1997 Fach 11a S. 238, 239.

sind Organträger mit ausländischem Sitz und inländischem Ort der Geschäftsleitung und inländische Organträger jedoch vergleichbar.

c. Rechtfertigung

Die Diskriminierung doppelt ansässiger Organträger könnte durch die gesetzgeberische Motivation gerechtfertigt sein, bei doppelt ansässigen Gesellschaften zu verhindern, dass „Verluste im In- und Ausland doppelt ... berücksichtigt werden“.[394]

Wird die Verlustverrechnung im Inland unter die Bedingung gestellt, dass dieselben negativen Ergebnisse noch nicht im Ausland steuerlich verwertet wurden, gerät die Verlustnutzung im Inland in *zufällige* Abhängigkeiten von Regelungsentscheidungen anderer Mitgliedstaaten und ist folglich weder in sachlicher noch in zeitlicher Hinsicht konkret fixierbar, sondern unterliegt ständigen Schwankungen.[395] Andererseits dient eine derartige staatenübergreifenden Gesamtschau gerade dem Ziel der Realisierung einer gerechten Besteuerung nach der wirtschaftlichen Leistungsfähigkeit der Unternehmensverbindung, denn eine doppelte Verlustverrechnung wird zu einer niedrigeren und somit zu einer nicht dem tatsächlichen Leistungsvermögen entsprechenden Steuerbelastung führen. Grenzüberschreitend aufgestellte Konzerne sollen jedoch auch keine *Besserstellung* erfahren.[396] Um dies zu verhindern, ist im Rahmen der Rechtfertigung eine Gesamtbetrachtung für zulässig zu erklären.[397]

§ 14 Abs. 1 Satz 1 Nr. 5 KStG müsste das Ziel der Verhinderung der doppelten Verlustverrechnung auf geeignete, erforderliche und angemessene Weise realisieren. Bei doppelt ansässigen Organträgern ist die inländische Verrechnung eigener Organträger-Verluste nach der hier vertretenen Auslegung nur insoweit ausgeschlossen, als die Verluste im selben Veranlagungszeitraum infolge der Einbindung in ein Gruppenbesteuerungssystem entweder bei dem Organträger selbst oder einem anderen Steuerpflichtigen mit Gewinnen anderer Konzerngesellschaften tatsächlich ausgeglichen werden und zu einer Steuerminderung führen.[398] Daher schließt die Norm lediglich die bei grenzüberschreitender Betätigung gegenüber dem Inlandsfall bestehenden Vorteile einer doppelten Verlustverrechnung aus und bewirkt im Ergebnis somit eine Gleich- statt eine Schlechterstellung des grenzüberschreitenden gegenüber dem Binnensachverhalt. Die Regelung verhindert in geeigneter und erforderlicher Weise ansonsten bestehen-

---

[394] Vgl. Bundesregierung, Regierungsentwurf des UntStFG, BT-Drs. 14/6882, S. 37.

[395] Vgl. W. Kaefer/ W. Tillmann, IWB Fach 11a S. 238, 239.

[396] Das Argument, die doppelte Verlustverwertung sei logische Konsequenz der doppelten Gewinnbesteuerung, überzeugt nicht, da auch diese den Zielen des Binnenmarktes widerspricht (Art 293 EGV), vgl. W. Schön, IStR 2004, 289, 294.

[397] Vgl. zu Finanzierungsaufwendungen zu denen eine klare Parallele besteht, EuGH-Urt. v. 18.09.2003, Rs. C-168/01, *Bosal*, EuGHE 2003, I-9401.

[398] 2. Teil, V. Kapitel, 1. a. ff., S. 49 f.

de Möglichkeiten einer mehrfachen Verlustnutzung. Die Angemessenheit des Verrechnungsverbotes wird dadurch gewährleistet, als Veränderungen in der Berücksichtigung der Verluste im Ausland durch § 175 AO Rechnung zu tragen ist.

Mithin ist die von § 14 Abs. 1 Satz 1 Nr. 5 KStG ausgehende Diskriminierung durch das Ziel der Verhinderung einer doppelten Verlustnutzung gerechtfertigt.

d. Ergebnis

§ 14 Abs. 1 Satz 1 Nr. 5 verstößt nicht gegen die Niederlassungsfreiheit.

8. Nichtberücksichtigung von Betriebstättenverlusten bei Abschluss eines DBA

a. Beeinträchtigung der Niederlassungsfreiheit

Nach ständiger BFH-Rechtsprechung werden unter Geltung der abkommensrechtlichen Freistellungsmethode sowohl in ausländischen Betriebstätten erzielte Gewinne als auch Verluste bei der Ermittlung des Einkommens des inländischen Stammhauses nicht berücksichtigt.[399] Konsequenz dieser Auslegung ist, dass Organgesellschaften sowie Organträger in der Rechtsform einer Kapitalgesellschaft ausländische Betriebstättenverluste im Inland steuerlich überhaupt nicht berücksichtigen können.[400] Bei einkommensteuerpflichtigen Organträgern können Verluste aus einer aktiven Betriebstättentätigkeit im Sinne des § 2a Abs. 2 EStG über den negativen Progressionsvorbehalt zu einer Senkung des inländischen Steuertarifs führen.[401] Demgegenüber werden negative Einkommen, die Organgesellschaften in ihren inländischen Betriebstätten erzielen, ihnen unmittelbar zugerechnet und mit ihren Einkommen verrechnet, bevor dieses auf Ebene des Organträgers saldiert wird.[402] Auf diese Weise kann bei Gewinnerzielung durch ein anderes Organmitglied die Bemessungsgrundlage des Organkreises im Inland phasengleich vermindert werden.

Im Vergleich zu dem im Inlandsfall möglichen sofortigen Verlustausgleich erleiden Mitglieder des Organkreises, die in ihren ausländischen Betriebstätten Verluste erleiden, Zins- und Liquiditätsnachteile beziehungsweise endgültige Nachteile, sollte es zu einem Totalverlust der Verrechnungsfähigkeit des steuerlichen Fehlbetrags kommen. Indem sowohl Anlaufverluste aus einer neuen Niederlassung als auch das Risiko des endgültigen Scheiterns vollständig aus bereits versteuerten Gewinnen vorfinanziert und gegebenenfalls abgedeckt werden

---

[399] BFH-Urt. v.12.01.1983, I R 90/79, BStBl. II 1983, 382; v. 18.07.2001, I R 70/00, DB 2001, 2696.

[400] Allenfalls ist im Ausland ein Verlustvortrag vorgesehen. Vgl. § 50 Abs. 1 EStG, O.H. Jacobs, Internat. Unternehmensbest., 2002, S. 408.

[401] Vgl. Art 23 A Abs. 3 OECD-MA i.V.m. § 32b EStG. Vgl. 2. Teil, IV. Kapitel, 3. b. S. 53 f.

[402] Entsprechendes gilt für den Organträger.

muss, ist der mit einer höheren Besteuerung im Inland verbundene Ausschluss der grenzüberschreitenden Verlustverrechnung geeignet, entsprechende Organmitglieder von der Gründung einer Niederlassung im Ausland abzuhalten, und stellt mithin eine Beeinträchtigung deren Niederlassungsfreiheit dar.[403]

Auch die Verlustberücksichtigung im Rahmen des Steuersatzes weist für die betreffenden Unternehmen regelmäßig ein geringeres, auf den Veranlagungszeitraum ihrer Entstehung beschränktes, Steuerermäßigungspotential auf. In Anbetracht des Umstandes, dass der Gerichtshof keine de minimis-Regel anerkennt[404] ist diese Schlechterstellung ebenfalls als Benachteiligung des grenzüberschreitenden Sachverhalts zu qualifizieren.[405]

b. Vergleichbarkeit

Die Auslegung der Freistellungsmethode in dem Sinne, dass Verluste aus Betriebstätten in DBA-Staaten, deren Gewinne von der deutschen Steuer freigestellt sind, bei der Besteuerung des inländischen Stammhauses nicht zum Abzug gelangen dürfen, begründet eine Diskriminierung, wenn sich dieses Stammhaus-Unternehmen in einer vergleichbaren steuerlichen Ausgangslage mit solchen Unternehmen befinden, die in ihren inländischen Betriebstätten Verluste erleiden.

Aufgrund der rechtlichen Unselbständigkeit von Betriebstätten bilden diese eine steuerliche Einheit mit dem Stammhaus. Für unbeschränkt steuerpflichtige inländische, in einen Organkreis einbezogene Stammhäuser gilt das Welteinkommensprinzip. Ihnen werden daher sämtliche Einkünfte und Verluste der Betriebstätte unabhängig davon zugerechnet, ob die Betriebstättentätigkeit im In- oder Ausland ausgeübt wird, § 2 Abs. 1 EStG beziehungsweise § 1 Abs. 2 KStG. Gegen eine Vergleichbarkeit könnte jedoch angeführt werden, dass das Welteinkommensprinzip infolge der abkommensrechtlich vereinbarten Freistellungsmethode für Betriebstätteneinkünfte in der Weise suspendiert worden sei, dass nunmehr das gegenständlich beschränkte territoriale Besteuerungskonzept den *verdeckten* materiellen Grundsatz der Besteuerung gewerblicher Be-

---

403 Seit dem *AMID*-Urteil ist geklärt, dass Beschränkungen der Niederlassungsfreiheit angenommen werden können, wenn die Steuerregelung für Gesellschaften mit Betriebstätten im Ausland zu meist günstiger ist, denn sie birgt immer dann, wenn sie sich für die Gesellschaften nachteilig auswirkt, eine Ungleichbehandlung gegenüber den Gesellschaften mit sich, die keine Betriebstätte außerhalb Deutschlands haben, vgl. EuGH-Urt. v. 14.12.2000, Rs. C-141/99, *AMID*, EuGHE 2000, I-11619, Rd. 27.

404 Und Schlechterstellungen *von nur geringem Umfang* ausreichen, EuGH-Urt. v. 28.01.1986, Rs. C-270/83, *avoir fiscal*, EuGHE 1986, 273, Rd. 21; v. 11.03.2004, C-9/02, *de Lasteyrie du Saillant*, IStR 2004, 239, Rd. 43, 47.

405 A. Cordewener, DStR 2004, 1634, 1637; W. Joecks/ B. Kaminski, IStR 2004, 65, 70; BFH v. 25.01.2006, I R 84/04; a.A. Bundesregierung, RegEntw. eines StEntlG 1999/2000/2002, BT-Drs. 14/265, S. 126, 168.

triebstätten bilde.[406] Im Rahmen der Freistellungsmethode nimmt die Bundesrepublik ausländische Betriebstättenergebnisse von der Besteuerung aus und beschränkt die Steuerhoheit auf im deutschen Territorium erwirtschaftete Unternehmensgewinne. Damit diese in Bezug auf die beschränkte Steuerpflicht vertretenen Grundsätze auf den Fall der auf das deutsche Territorium beschränkten Besteuerung der Betriebstätteneinkünfte im Rahmen der Freistellungsmethode übertragen werden können, müsste diese Begrenzung der deutschen Besteuerung konsequent verwirklicht werden. Indem die Gewinne bei einkommensteuerpflichtigen Organträgern im Zuge der Berechnung des Steuersatzes berücksichtigt werden und sie im Falle von Rückfall- und Aktivitätsklauseln[407] sowie der Qualifikation als Zwischeneinkünfte[408] in die inländische Bemessungsgrundlage einfließen, ist im Hinblick auf Betriebstättenergebnisse nicht von einer konsequent verwirklichten partiellen Abkehr vom Grundsatz des Welteinkommensprinzips zu sprechen.[409] Mithin lässt sich mit Hilfe des Territorialitätsprinzips keine Unvergleichbarkeit in steuerlicher Hinsicht begründen.

Da weder im Fall einer verlusterleidenden Inlandsbetriebstätte noch einer negative Einkünfte erzielenden Auslandsbetriebstätte deutsche Besteuerungsansprüche entstehen, kann die Tatsache, dass bei Gewinnen letztbenannter Betriebstätten in Anlehnung an die Art 7 OECD-MA dem ausländischen Staat das Besteuerungsrecht zugewiesen wird, keine Unvergleichbarkeit im Hinblick auf den hier zu betrachtenden Fall der Verlusterzielung begründen.[410]

Zudem mindern die negativen Einkünfte die Leistungsfähigkeit des Stammhauses unabhängig davon, ob diese im In- oder Ausland erlittenen werden. Daher ist eine Vergleichbarkeit und somit auch eine Diskriminierung des grenzüberschreitenden Sachverhalts zu konstatieren.[411]

c. Rechtfertigung

aa. Wahrung einer ausgewogenen Aufteilung der Besteuerungsbefugnis

In Anlehnung an die Rechtssache *Marks & Spencer* könnte die Beeinträchtigung der Niederlassungsfreiheit ebenfalls mit dem mitgliedstaatlichen Interesse an einer Wahrung der ausgewogenen Aufteilung der Besteuerungsbefugnis gerechtfertigt werden. Die diesbezüglich angestellten tragenden Erwägungen des EuGH im Verhältnis der britischen Muttergesellschaft zu den ausländischen Tochtergesellschaften sind auf die vorliegende Konstellation ei-

[406] In Anlehnung an die Ausführungen von G. Burmester, JZ 1993, 698, 702.

[407] Sind die Voraussetzungen für einen DBA-Aktivitätsvorbehalt nicht erfüllt, erfolgt ein Übergang von der Freistellungs- zur Anrechnungsmethode.

[408] § 20 Abs. 2 AStG für Einkünfte mit Kapitalanlagecharakter.

[409] Auch das mit der Freistellungsmethode verbundene Ziel der kapitalimportneutralen Besteuerung wird nicht konsequent verwirklicht und kann daher nicht zur Rechtfertigung angeführt werden.

[410] Vgl. 3. Teil, II. Kapitel, 3. b., S. 102 f.

[411] Ebenso: FG Düsseldorf-Urt. v. 14.09.2004, 6 K 3796/01, (Rev. I R 116/04).

nes inländischen Organmitglieds übertragbar, welches in seiner ausländischen unselbständigen Betriebstätte Verluste erwirtschaftet.[412] Denn im Falle einer optional gewährten Berücksichtigung ausländischer Betriebstättenverluste im Rahmen der Besteuerung des inländischen Stammhauses, könnte dessen Besteuerungsgrundlage – ebenso wie bei selbständigen Tochtergesellschaften – um die in der ausländischen Betriebstätte erlittenen Verluste gemindert werden. Die Ermöglichung einer grenzüberschreitenden Verrechnung von ausländischen Betriebstättenverlusten würde die ausgewogene Aufteilung der Besteuerungsbefugnis zwischen den Mitglied-staaten mithin ebenfalls beeinträchtigen.[413]

Die Verweigerung des grenzüberschreitenden Verlustausgleichs ist allerdings nur gerechtfertigt, wenn sie auch dem Verhältnismäßigkeitsgrundsatz genügt. Ein gegenüber der Nichtberücksichtigung ausländischer Betriebstättenverluste milderes Mittel ist das Abhängigmachen der Verlustberücksichtigung von einem Untergang jedweder Verlustnutzungsmöglichkeiten im Betriebstättenstaat. Dies wäre der Fall, wenn das inländische Stammhaus nachweisen kann, dass die Betriebstättenaktivitäten unter Auflösung der Betriebstätte eingestellt worden sind. Aus der Entscheidung in der Rechtssache *Marks & Spencer* lässt sich folglich der Schluss ziehen, dass die ausländischen Betriebsstättenverluste in jeden Falle auf Ebene des deutschen Stammhauses zu berücksichtigen sind, wenn im Ausland keine vergleichbare Möglichkeit zur Verlustnutzung besteht.[414]

Zudem könnte die bis einschließlich Veranlagungszeitraum 1998 in § 2a Abs. 3 EStG a.F. vorgesehene Methode der Verlustverrechnung unter Nachversteuerung als die Niederlassungsfreiheit des inländischen Stammhauses weniger belastende Maßnahme in Betracht kommen.[415] § 2a Abs. 3 EStG a.F. sah eine Verrechnung ausländischer Betriebstättenverluste mit inländischen Stammhausgewinnen vor. Dabei war eine Nachversteuerung durch ex nunc erfolgende Korrektur des vorherigen Verlustabzugs für den Fall geregelt, dass in den Folgeperioden in der ausländischen Betriebstätte Gewinne erzielt werden.[416] Die Regelung diente gerade dem Ziel, Benachteiligungen von Betriebstätten zu vermeiden, die in Staaten belegen sind, mit denen in dem jeweiligen DBA die Freistellungsmethode vereinbart war und somit nach der BFH-Rechtsprechung auch entsprechende Verluste nicht berücksichtigt wurden.[417]

---

[412] Vgl. BFH-Gerichtsbescheid v. 25.01.2006, I R 84/04, S. 6 f.; J. Englisch, IStR 2006, 22.
[413] Im Ergebnis auch: BFH-Gerichtsbescheid v. 25.01.2006, I R 84/04, S. 6;
[414] Vgl. T. Sanna/ S. Kaufer, ELR 2006, 30, 40; F. Balmes/ R. Grammel/ J. Sedemund, BB 2006, 1474, 1477.
[415] Durch das Steuerentlastungsgesetz 1999/2000/2002 vom 24. März 1999 (BStBl. I 1999, 304) wurde jedoch § 2a Abs. 3 Satz 1 EStG mit Wirkung zum 1. Januar 1999 ersatzlos aufgehoben, § 52 Abs. 3 Satz 2 EStG.
[416] Die Betriebstättengewinne bilden den Anknüpfungspunkt für die Höhe des Hinzurechnungsbetrags Vgl. H. Krabbe, RIW 1983, 42 ff.; M. Sauren/ M. Schulze, RIW 1989, 553 ff.
[417] Vgl. Bundesregierung, BT-Drs. V/4287 S. 6.

Der Geeignetheit der Nachversteuerungsmethode zur Wahrung der ausgewogenen Aufteilung der Besteuerungsrechte steht auch nicht entgegen, dass die Aufhebung von § 2a Abs. 3 EStG a.F. mit der Missbrauchsanfälligkeit und verwaltungstechnischen Schwierigkeiten begründet wurde und somit durch die Gewährleistung einer wirksamen Steuerkontrolle motiviert war.[418] Unter Beachtung des Umstandes, dass bei der Anwendung der Befreiungsmethode die ausländischen Betriebstättenverluste natürlicher Personen zwecks Ermittlung des Steuersatzes ohnehin zu bestimmen sind, muss dies grundsätzlich auch im Rahmen eines Verlustabzugs unter Geltung eines DBA möglich sein. Zudem kann der Steuerpflichtige zur Berechnung der ausländischen Verluste nach deutschen Normen und deren Nachweis verpflichtet werden, deren Richtigkeit auf der Grundlage der Amtshilferichtlinie überprüft werden kann.

Mit dieser Methode kann auch der Gefahr einer doppelten Verlustverrechnung begegnet werden, die im Falle der Berücksichtigung der Verluste im Ansässigkeitsstaat des Stammhausunternehmens und im Betriebstättenstaat droht, wenn in späteren Veranlagungszeiträumen Gewinne erzielt und im Wege des Verlustvortrages gemindert werden können. Im Fall der Verlustverrechnung im Ausland werden die inländischen Gewinne des Stammhausunternehmens nachversteuert und eine gleichzeitige Berücksichtigung der ausländischen Betriebstättenverluste im Inland und im Betriebstättenstaat ist ausgeschlossen.[419] Somit würde sich auch die jahrzehntelang gemäß § 2a Abs. 3, 4 EStG praktizierte Verlustverrechnung unter Nachversteuerung als eine gleich geeignete, den grenzüberschreitenden Sachverhalt weniger belastende Maßnahme darstellen.

Wird die *Marks & Spencer*-Entscheidung in dem Sinne verstanden, dass die Liquiditätsinteressen inländischer Stammhäuser hinter dem Interesse an einer ausgewogenen Aufteilung der Besteuerungsrechte zurücktreten müssen, bedürfte es einer grenzüberschreitenden Verlustverrechnung nur unter der Voraussetzung der Ausschöpfung sämtlicher Möglichkeiten der Verlustnutzung im Betriebstättenstaat. Da im Hinblick auf eine Übertragbarkeit der Aussagen in der Rechtssache *Marks & Spencer* auf den zu begutachtenden Sachverhalt auch keine Bedenken im Hinblick auf die Qualität der Maßnahme als milderes Mittel bestehen[420], wäre die Wiedereinführung der Verlustverrechnung unter Nachversteuerung aus Gründen der Verhältnismäßigkeit nicht erforderlich.

---

[418] Die nach Ansicht des EuGH als zwingender Grund des Allgemeininteresses zur Rechtfertigung einer Nichtabziehbarkeit ausländischer Betriebstättenverluste angeführt werden kann.

[419] Auch die Verhinderung einer im selben Veranlagungszeitraum drohenden mehrfachen Verlustnutzung kann auf verhältnismäßigere Weise bewerkstelligt werden, indem die Einbeziehung von dem Nachweis abhängig gemacht wird, dass keine phasengleiche Verrechnung im Betriebstättenstaat möglich ist.

[420] Anders als bei Liquiditätsverlusten ausländischer Tochtergesellschaften, vgl. 3. Teil, II. Kapitel, 3. b. cc. (1), S. 111 f.

In Ansehung dieser den grenzüberschreitenden Sachverhalt weniger belastenden Maßnahmen stellt sich der vollständige Ausschluss ausländischer Betriebstättenverluste von der Berücksichtigung im Rahmen der Bemessungsgrundlage des inländischen Stammhauses als unverhältnismäßig und somit als nicht gerechtfertigt dar.

bb. Folge der Aufteilung der Besteuerungsrechte mittels DBA

Zur Rechtfertigung der Nichtberücksichtigung der in ausländischen Betriebstätten erzielten Verluste im Rahmen der Ermittlung der Bemessungsgrundlage des Mutterunternehmens könnte angeführt werden, dass die Freistellung der Verluste konsequente Folge der in den DBA vorgenommenen Aufteilung der Besteuerungsrechte unter den Mitgliedstaaten ist, bezüglich derer der Gerichtshof festgestellt hat, dass sie eine unterschiedliche steuerliche Behandlung rechtfertigen können[421]. Ebenso wie in DBA keine Vereinbarung darüber getroffen wurde, welcher Staat für die Berücksichtigung der von ausländischen Tochtergesellschaften erzielten Verluste zuständig ist, enthalten sie auch keine Entscheidung darüber, ob im Ausland erlittene Betriebstättenverluste im Inland trotz der Freistellung entsprechender Gewinne zu berücksichtigen sind. Zudem ist der Ausschluss der Berücksichtigung ausländischer Betriebstättenverluste gerade keine Frage der DBA-Verteilungsnormen, sondern erfolgt erst aufgrund des DBA-Methodenartikels und ist somit Konsequenz des deutschen Verständnisses des Einkünftebegriffs der DBA. Denn dieser wird im Sinne eines Nettobetrages ausgelegt, welcher neben positiven Einkünften auch Verluste erfasst.[422] Allerdings kann aus der europarechtlichen Beurteilung des Verteilungs- beziehungsweise Zuteilungsartikels des Art 7 OECD-MA nicht auf die Zulässigkeit des Methodenartikels in gemeinschaftsrechtlicher Hinsicht geschlossen werden.[423]

Des Weiteren ist zu beachten, dass ein solches Verständnis dem Wortlaut der Freistellungsvorschrift nicht zwingend zu entnehmen ist. Dies bezeugen die Rechtsauffassungen des englischen Privy Council, des niederländischen Hoge

---

421 EuGH-Urt. v. 12.05.1998, Rs. C-336/96, *Gilly,* EuGHE 1998, I-2793, Rd. 30.

422 Da die DBA im Grundsatz keine Vorschriften über die Einkünfteermittlung enthalten, knüpft der Einkünftebegriff der Art 7, 23 A OECD-MA an die nach innerstaatlichem Recht ermittelte Bemessungsgrundlage an, vgl. grundlegend RFH-Urt. v. 25.01.1933, VI A 199/32, RStBl. 1933, 478 bzw. BFH-Beschl. v. 11.03.1970, I B 50/68, I B 3/69, BStBl. II 1970, 569, 571 f. Nach F. Wassermeyer, in: Debatin/ Wassermeyer, MA, Art 23 A Rd. 57 ist zwischen dem Einkünftebegriff und der Rechtsfolge - der Freistellung - zu differenzieren.

423 Auch der EuGH hat in der Rs. *Gilly* den DBA-Vereilungsartikel getrennt vom DBA-Methodenartikel einer europarechtlichen Beurteilung unterzogen, vgl. EuGH-Urt. v. 12.05.1998, Rs. C-336/96, *Gilly,* EuGHE 1998, I-2793, 2833, Rd. 40.

Raad[424], des österreichischen Verwaltungsgerichtshofs[425], des französischen Conseil d'Etat[426], des luxemburgischen tribunal administratif[427] und die Rechtslage in Finnland, der Schweiz sowie Belgien[428], all denen zufolge die Freistellung der Gewinne die Berücksichtigung entsprechender Verluste nicht ausschließt. Der in Deutschland vertretene Rückschluss, dass die abkommensrechtlich vereinbarte Freistellungsmethode auch für Verluste gelte, beruht daher weder auf Bestimmungen der DBA noch ist er konsequente Folge der auf diese Weise vorgenommenen Aufteilung der Besteuerungsrechte. Darüber hinaus widerspricht diese Auslegung dem Telos der DBA, da eine Doppelbesteuerung im Falle von Verlusten nicht droht[429], sodass eine dahingehende Rechtfertigung ausscheidet.

cc. Wahrung der Kohärenz der Steuerregelung

Infolge der DBA-Freistellung kann der in der Gegenwart gewährte Steuervorteil in Form der Verlustverrechnung auf Ebene des Stammhauses nicht durch die spätere Besteuerung der Betriebstättengewinne kompensiert werden, so dass die Nichtberücksichtigung ausländischer Betriebstättenverluste durch den Kohärenzgrundsatz gerechtfertigt sein könnte.[430]

Vorliegend ist die Nichtberücksichtigung der Gewinne jedoch Folge abkommensrechtlicher Bestimmungen, vgl. Art 7 OECD-MA. Somit wurde der Kohärenzzusammenhang auf Abkommensebene mit der Konsequenz verlagert, dass der Grundsatz nach der Rechtsprechung des EuGH nicht zur Rechtfertigung angeführt werden kann.[431] Doch selbst wenn die Tatsache, dass sich der Zusammenhang zwischen steuerlichen Vor- und Nachteilen aus derartigen zwischenstaatlichen Vereinbarungen ergibt, einer Berufung auf den Kohärenzgrundsatz nicht entgegenstehen sollte, würde eine Rechtfertigung vorliegend ausscheiden.

---

424 Privvy Council v. 31.01.1979, Weekly Law Reports 1979 II 788; Hoge Raad-Urteil v. 05.09.1979, Beslissingen nederlands Belastingrecht 1979, 307, beide zitiert nach K. Vogel, StuW 1982, 66.

425 Vgl. 4. Teil, IV. Kapitel, 2. S. 204 f.

426 Der oberste Gerichtshof in Frankreich ermöglicht französischen Gesellschaften eine Berücksichtigung ausländischer Betriebstättenverluste trotz Geltung des Territorialitätsprinzips, wenn die Betriebstätte z.B. den wirtschaftlichen oder finanziellen Interessen der französischen Mutter diene, vgl. Conseil d'Etat, 16.05.2003, No. 222956, Revue de Jurisprudence fiscale (RJF) 7/03, 823, vgl. ET 2003, 383, 385.

427 Urt. v. 10.08.2005 No. 17.820, vgl. S. Winandy, IStR 2005, 594.

428 Vgl. K. Vogel, StuW 1982, 66 ff. m.w.N.

429 Vgl. 2. Teil, V. Kapitel, 3. b., S. 56.

430 Demgegenüber kommt es nicht darauf an, dass der Nachteil der Nichtberücksichtigung irgendwie kompensiert wird. Vgl. 3. Teil, II. Kapitel, 1. c. (1), S. 82 f. So aber G. Saß, FR 2001, 1040, 1043; W. Kessler/ C:P: Schmitt/ G. Janson, IStR 2001, 729, 736; N. Dautzenberg, FR 2001, 809, 813

431 3. Teil, II. Kapitel, 1. c. (3), S. 86 f.

Denn der Ausschluss stellt sich in Anbetracht der vorstehend aufgeführten, die Niederlassungsfreiheit weniger beeinträchtigenden, Maßnahmen als nicht erforderlich dar.[432]

d. Ergebnis und Rechtsfolge

Die von der herrschenden Meinung vertretene Auslegung, die in einem DBA vorgesehene Freistellung ausländischer Einkünfte erstrecke sich auch auf Verluste, und die insofern konsequente Nichtberücksichtigung der in ausländischen Betriebstätten erzielten negativen Einkünfte im Rahmen der Besteuerung des inländischen in einen Organkreis einbezogenen Stammhauses verstößt gegen dessen Niederlassungsfreiheit.[433] Auch das Finanzgericht Düsseldorf hat entschieden, dass die Versagung des Abzugs von ausländischen Betriebstättenverlusten aus Beteiligungen einer inländischen Kapitalgesellschaft an US-amerikanischen Personengesellschaften auf einer unzutreffenden Auslegung der Freistellungsklausel des DBA beruhe und nahm grundsätzlich einen Verstoß gegen die Kapitalverkehrsfreiheit an.[434]

Das frühere Richterrecht, welches infolge der Einführung des § 2 AIG a.F., der unverändert in § 2a Abs. 3 EstG a.F. übernommen wurde, implizit Gesetzesrang erlangt hat[435], ist europarechtskonform dahingehend auszulegen, dass ausländische Betriebstättenverluste im Rahmen der Bemessungsgrundlage des inländischen Stammhauses zumindest dann Berücksichtigung finden müssen, wenn Verlustnutzungsmöglichkeiten im Belegenheitsstaat der Betriebstätte ausgeschlossen sind.[436]

---

432 Vgl. 3 Teil, II. Kapitel, 8. c. aa., S. 152 ff.

433 Ebenso: K. Vogel, IStR 2002, 91 ff.; F. Wassermeyer, IStR 2001, 755 ff.; H. Loukota, SWI 2001, 466 ff.; S. v. Thiel/ C. Achilles, IStR 2003, 553 ff.; A. Cordewener, IStR 2003, 413 ff.; W. Kessler/ C.P. Schmitt/ G. Janson, IStR 2001, 729 ff; N. Dautzenberg, FR 2001, 809 ff.; G. Saß, FR 2001, 1040 ff. A.A FG Baden-Würtemberg-Urt. v. 30.06.2004, 1 K 312/03, DStRE 2004, 958: Die Berücksichtigung über den negativen Progressionsvorbehalt reiche aus. Bzgl. der EWR-und der Drittstaaten vgl. 3. Teil, II. Kapitel, 1. d., S. 92.

434 Urt. v. 14.09.2004, 6 K 3796/01, der durch die *Stand-still-Klausel* des Art 57 EGV gedeckt sei, da das auf das DBA gestützte Abzugsverbot bereits vor dem 31.12.1993 in Kraft war.

435 F. Wassermeyer, IStR 2001, 755 f.; vgl. BFH-Urt. v. 11.03.1970, I B 50/68, I B 3/69, BStBl. 1970, 569, 571, Bericht des Finanzausschuss zu Art 2 des Entw. eines StÄndG 1969, zu BT-Drs. V/4287, S. 6; welcher auch nach Aufhebung der Vorschrift noch gilt; a.A. K. Vogel, IStR 2002, 91, 92.

436 Eine Nachversteuerung wäre mangels Rechtsgrundlage aktuell nicht möglich. Da § 2a Abs. 3 EStG a.F. die Rechtgrundlage für die Nachversteuerung der abgezogenen Verluste im Falle künftiger Betriebstättengewinne bildete, ist in der BRD, anders als in Österreich und den Niederlanden, wo eine Nachversteuerung auch ohne gesetzliche Grundlage für zulässig erachtet wird, deren Kodifikation erforderlich, vgl. F. Wassermeyer, IStR 2001, 755 ff. m.w.N.

9. Einschränkung der Betriebstätten-Verlustberücksichtigung durch § 2a EStG

a. Beeinträchtigung der Niederlassungsfreiheit

Gemäß § 2a EStG können ausländische, aus passiven Tätigkeiten stammende Betriebstättenverluste nicht sofort steuermindernd mit inländischen Gewinnen des Organmitglieds, sondern nur mit späteren in der Betriebstätte erzielten positiven Einkünften verrechnet werden. Auswirkungen entfaltet die Verlustverrechnungsbeschränkung sowohl unter abkommensrechtlicher Geltung der Freistellungsmethode im Rahmen des negativen Progressionsvorbehalts[437] als auch in Fällen, in denen ausländische Betriebstättenverluste grundsätzlich[438] oder infolge der oben präferierten europarechtskonformen Auslegung der DBA-Freistellungsmethode im Inland berücksichtigt werden können. In Ansehung des alleinigen Eingreifens von § 2a EStG bei negativen Einkünften mit Auslandsberührung, kommt es im Fall typischer Anlaufverluste oder vorrübergehend verlustbringender Geschäftsrückgänge lediglich aufgrund des grenzüberschreitenden Bezuges zu Zins- und Liquiditätseinbußen gegenüber entsprechenden inländischen Engagements. Die Errichtung einer Auslandsbetriebstätte ist folglich für das Organmitglied mit höheren Risiken verbunden, sodass dessen Niederlassungsfreiheit beeinträchtigt wird.

b. Vergleichbarkeit

Aufgrund des Welteinkommensprinzips unterliegen Auslandseinkünfte nach den exakt gleichen, auch für Inlandseinkünfte geltenden Regeln, der inländischen Besteuerung, sodass die Schlechterbehandlung des Auslandsfalles eine Diskriminierung durch den Herkunftsstaat bewirkt.[439]

c. Rechtfertigung

aa. Verhinderung eines Steuermissbrauchs

Der Gesetzgeber vorfolgt mit der Regelung das Ziel, volkswirtschaftlich nicht sinnvolle, allein zum Zwecke der Steuerersparnis getätigte Investitionen nicht zu Lasten des deutschen Steueraufkommens und somit auf Kosten der Allgemeinheit anerkennen zu müssen.[440] Die Verhinderung missbräuchlicher Steuergestaltungen ist ein im allgemeinen Interesse liegender Zweck, den auch der EuGH als Rechtfertigungsgrund anerkennt.[441]

---

[437] Bei Organträgern in der Rechtsform einer natürlichen Personen oder Personengesellschaften mit natürlichen Personen als Gesellschaftern.

[438] Vgl. 2. Teil, V. Kapital, 3., S. 53 f.

[439] Vgl. den Anerkennungsgrundsatz 3. Teil, II. Kapitel, 8. b., S. 145.

[440] Vgl. Bundesregierung, BT-Drs. 9/2074 v. 04.11.1982, S. 62. Zustimmend: BFH-Urt. v. 26.03.1991, IX R 162/85, BStBl. II 1991, 704, 708 f.

[441] Vgl. z.B. EuGH-Urt. v. 16.07.1998, Rs. C-264/96, *ICI*, EuGHE 1998, I-4695, Rd. 26, v. 12.12.2002, Rs. C-324/00, *Lankhorst-Hohorst*, EuGHE 2002, I-11779, Rd. 37.

Voraussetzung einer dahingehenden Rechtfertigung ist, dass die Verrechnungsbeschränkung in Bezug auf ausländische passive Betriebstättenverluste dem angestrebten Ziel auf verhältnismäßige Weise dient.[442] Vorliegend steht allerdings bereits die Geeignetheit des § 2a EStG zur Missbrauchsverhinderung in Frage, da gegen derartige Steuergestaltungen nur dann wirksam angegangen werden kann, wenn sie nicht nur im Falle eines Auslandsbezuges bekämpft werden. § 2a EStG duldet jedoch die von entsprechenden Inlandsfällen ausgehende Gefahr.[443] Zweifeln begegnet die in Rede stehende Rechtsvorschrift auch im Hinblick auf ihre Erforderlichkeit zur Missbrauchsverhinderung. Künstlichen Steuergestaltungen, die lediglich zu dem Zweck der Umgehung des nationalen Steuerrechts gewählt wurden, kann auch durch nicht diskriminierende Regelungen wie §§ 15 Abs. 2 Satz 1, 15b EStG, § 42 AO begegnet werden, sodass diese als mildere Mittel in Betracht kommen.[444] Indem sich § 2a EStG nicht gezielt gegen missbräuchliche Strukturen richtet, sondern pauschal jeglichen Ausgleich von Auslandsverlusten mit inländischen Einkünften im Fall von passiven Betriebstättentätigkeiten untersagt, geht die Norm auch nach der zustimmungswürdigen Ansicht des BFH über das im Einzelfall erforderliche Maß hinaus.[445] Die gesetzgeberische Motivation der Verhinderung eines Steuermissbrauchs vermag die Diskriminierung des transnationalen Sachverhalts nicht zu rechtfertigen.

bb. Wahrung der Kohärenz des nationalen Steuerrechts

Eine Rechtfertigung aufgrund des Kohärenz-Grundsatzes scheidet schon aus dem Grunde aus, als vorliegend die kohärente Anwendung des Steuersystems nicht gefährdet ist. Die in der ausländischen Betriebstätte erzielten Gewinne unterliegen der inländischen Besteuerung. Somit ist die steuerliche Belastung sichergestellt, gleichwohl wird der Vorteil der Verlustverrechnung nicht gewährt. Insoweit stellt sich die Nichtberücksichtigung der Verluste als unsystematisch da.

d. Ergebnis und Rechtsfolge

Der Ausschluss ausländischer Betriebstättenverluste aus passiven Tätigkeiten im Sinne des § 2a EStG von der Verlustberücksichtigung im Inland begründet einen Verstoß gegen die Niederlassungsfreiheit.[446] Auch nach Ansicht des BFH sowie

---

[442] EuGH-Urt. v. 16.07.1998, Rs. C-246/96, *ICI*, EuGHE 1998, I-4695, Rd. 26.

[443] Vgl. EuGH-Urt. v. 14.10.1999, Rs. C-439/97, *Sandoz*, EuGHE 1999, I-7041, Rd. 38; GA Poiares Maduro, Schlussanträge v. 31.05.2006, Rs. C-347/04, *Rewe Zentralfinanz*, Rd. 42.

[444] Vgl. BFH-Urt. v. 25.06.1984, GrS 4/82, BStBl. II 751, 765.

[445] BFH-Urt. v. 17.10.1990, I R 182/87, BStBl. II 1991, 139; G. Saß, EWS 1998, 344, 348.

[446] Bzgl. der EWR- und der Drittstaaten vgl. 3. Teil, II. Kapitel, 1. d., S. 92.

des EuGH in der Rechtssache *Ritter-Coulais*[447] und des Finanzgerichts Köln sowie des Generalanwalts in der Rechtssache *Rewe Zentralfinanz*[448] ist eine Diskriminierung darin zu sehen, dass eine Tätigkeit mit Auslandsbezug gegenüber einer entsprechenden Inlandstätigkeit benachteiligt wird. Die Norm ist aufgrund des Anwendungsvorrangs des Gemeinschaftsrechts im europäischen Sachverhalt unangewendet zu lassen.

10. Zusammenfassung

Folglich erfordert die Niederlassungsfreiheit in Bezug auf die Organträger-Eignung, dass Muttergesellschaften, deren Geschäftsleitung im Ausland und deren Sitz im Inland verortet sind, mit einer am Unternehmenssitz bestehenden inländischen Betriebstätte als Organträger in Betracht kommen.[449]

Aufgrund des gemeinschaftsrechtlichen Niederlassungs-Diskriminierungsverbots kann die doppelte Inlandsanbindung als Voraussetzung für die Qualifikation als Organgesellschaft nicht aufrechterhalten werden. Vielmehr sind zum einen Kapitalgesellschaften mit ausländischem Sitz und inländischer Geschäftsleitung in den Organkreis einzubeziehen. Des weiteren müssen sich Kapitalgesellschaften, die ihre Geschäftsleitung im Ausland und den Sitz im Inland haben, mit einer am Unternehmenssitz bestehenden inländischen Zweigniederlassung als Organgesellschaft qualifizieren können. Gleiches gilt für ausländische Kapitalgesellschaften bezüglich einer im Inland unterhaltenen Betriebstätte. Zudem erfordert die Niederlassungsfreiheit eine einkommensmindernde Berücksichtigung der Verluste ausländischer Tochtergesellschaften, wenn im Ansässigkeitsstaat sämtliche Möglichkeiten der Verlustnutzung ausgeschöpft sind.

Im Hinblick auf Betriebstättenverluste erfordert die Niederlassungsfreiheit, dass sowohl Verluste aus in EU-Staaten belegenen Betriebstätten, mit denen ein DBA mit Freistellungsmethode abgeschlossen wurde, als auch bei passiver Tätigkeit der ausländischen Betriebstätte im Rahmen der Bemessungsgrundlage des inländischen Stammhauses zu berücksichtigen sind, wenn im Ansässigkeitsstaat sämtliche Möglichkeiten der Verlustnutzung ausgeschöpft wurden.

Zusammenfassend sind unter europarechtlichen Gesichtspunkten zwei Forderungen zu erheben: zunächst sind sämtliche inländische Einkunftsquellen, deren Besteuerung auch unter Berücksichtigung der abkommensrechtlichen Bestimmungen im Inland gegeben ist, zum Gegenstand einer organschaftlichen Ein-

---

[447] BFH-Beschl. v. 13.11.2002, I R 13/02, BStBl. 2003, 795; EuGH-Urt. v. 21.02.2006, Rs. C-152/03, *Ritter-Coulais*, EWS 2006, 121. Die Versagung des negativen Progressionsvorbehalts wurde bei Geltung des positiven Progressionsvorbehalts als europarechtswidrig eingestuft.

[448] FG Köln-Beschl. v. 15.07.2004, 13 K 1908/00, FR 2004, 1118; GA Poiares Maduro, Schlussanträge v. 31.05.2006, Rs. C-347/04, *Rewe Zentralfinanz*, Rd. 68: Zu nach § 2a Abs. 1 Nr. 3a ausgeschlossen Teilwertabschreibungen auf Beteiligungen im EG-Ausland.

[449] Ausländische Muttergesellschaften können sich demgegenüber lediglich mit einer inländischen Zweigniederlassung als Organträger qualifizieren, vgl. 3. Teil, II. Kapitel, 2 b. S. 93 f.

kommenszurechnung zu machen. Zum anderen sind die vom Organkreis im Ausland – entweder im Rahmen einer Betätigung über eine finanziell eingegliederte ausländische Tochtergesellschaft oder einer ausländischen Betriebstätte – erlittenen Verluste, bei denen im Gewinnfall kein deutsches Besteuerungsrecht besteht, zumindest dann zu berücksichtigen wenn eine Verlustberücksichtigung im Ausland definitiv ausscheidet. Mithin erfordert das Gemeinschaftsrecht die Ergänzung des Organschaftsregimes um Regelungen zur grenzüberschreitenden Verlustverrechnung.

III. Reaktionsmöglichkeiten des deutschen Gesetzgebers

Im Rahmen der Prüfung des Organschaftsregimes konnten diverse Verstöße gegen die europäischen Grundfreiheiten identifiziert werden. Daher trifft den deutschen Gesetzgeber auch im Hinblick auf Art 10 EGV die Aufgabe, das nationale Steuerrecht an die gemeinschaftsrechtlichen Vorgaben anzupassen. Um eine Konformität zu erreichen, stehen ihm im Grundsatz zwei Handlungsalternativen zur Verfügung: Entweder er schafft die Organschaft auch für Inlandsfälle ab und behandelt auf diesem Wege national und grenzüberschreitend strukturierte Konzerne „gleich ungünstig", oder er passt das Regime an die gemeinschaftsrechtlichen Vorgaben an und entwickelt es zu einer grenzüberschreitenden Organschaft fort.[450]

In diesem Zusammenhang ist zu berücksichtigen, dass der deutsche Steuergesetzgeber bei der Entscheidungsfindung nicht nur an rechtliche Vorgaben gebunden ist, sondern auch den Anforderungen der Sachgerechtigkeit der jeweils zu regelnden Materie genügen muss. Diese im Fortgang der Prüfung immer wieder relevant werdenden Entscheidungsparameter sind im folgenden aufzuführen.

1. Europa- und verfassungsrechtliche Grenzen der Steuergesetzgebung

Zunächst hat die nationale Gesetzgebung bei der Ausübung ihrer Regelungsbefugnis auf dem Gebiet der direkten Steuern die Grundfreiheiten des EG-Vertrages zu respektieren, die durch entsprechende Diskriminierungsverbote flankiert werden.[451]

Des Weiteren enthalten die rechtsstaatlichen Prinzipien des Grundgesetzes Vorgaben für die Verlustberücksichtigung im Steuerrecht. Zu unterscheiden ist zwischen Prinzipien formaler und materieller Rechtsstaatlichkeit.

Primärprinzip formaler Rechtsstaatlichkeit ist die Gesetzmäßigkeit der Besteuerung – nullum tributum sine lege; no taxation without representation. Dies erfordert, dass sowohl der Tatbestand als auch die Rechtsfolge im Gesetz fest-

---

[450] Vgl. J. Hey, StuW 2004, 193, 196; N. Herzig/ T. Wagner, DB 2005, 1, 7.
[451] Vgl. C.D. Classen, EWS 1995, 97; vgl. 3. Teil, I. Kapitel, S. 61 ff.

gelegt sind.[452] Das Prinzip der Gesetzmäßigkeit der Besteuerung wird ergänzt durch den Grundsatz der Gesetzesbestimmtheit. Der Steuergesetzgeber soll sich um möglichst klare, bestimmte, in sich schlüssige, verständliche und exakt formulierte Normen bemühen.[453] Zudem folgt aus dem Rechtsstaatsprinzip, dass belastende Steuerrechtsnormen nicht zurückwirken dürfen.

Gemäß Art 1 Abs. 3, 20 Abs. 3 GG ist die Legislative des Weiteren an die Grundrechte gebunden. Diese bilden das wesentliche materielle Fundament des Rechtsstaates, sie binden den Steuergesetzgeber an einen zu erfüllenden freiheitsrechtlichen Mindeststandard und verpflichten ihn zur Herstellung von Steuergerechtigkeit.[454] Diese erfordert eine gerechte Verteilung der Gesamtsteuerlast auf die einzelnen Bürger und Unternehmen. Da Gerechtigkeit vorrangig durch Gleichbehandlung verbürgt wird, kommt dem allgemeinen Gleichheitssatz des Art 3 Abs. 1 GG herausragende Bedeutung zu.[455]

Unter Beachtung des Umstandes, dass Gleichheit immer relativ ist, bedarf es der Bestimmung eines sachgerechten Vergleichsmaßstabes für die Gewährleistung einer gleichmäßigen Besteuerung. Als solcher ist das sog. Leistungsfähigkeitsprinzip allgemein anerkannt.[456] Es hat dabei nicht nur in Deutschland, sondern auch international den Rang eines obersten, rechtsgebietsprägenden Grundsatzes.[457] Demgemäß orientiert sich die Prüfung der Gleichbelastung an der Fähigkeit zur Steuerleistung aus dem disponiblen Einkommen beziehungsweise bei Unternehmen dem Gewinn, der sich als das Ergebnis wirtschaftlicher Ertragserzielung und neutraler Mehrung der Zahlungsfähigkeit darstellt.[458] Konkretisiert wird das Leistungsfähigkeitsprinzip insbesondere durch das für die Verlustverrechnung relevante objektive Nettoprinzip, welches gebietet, dass sich Verluste im Indikator der individuellen Leistungsfähigkeit – dem Einkommen – niederschlagen.[459] Zuordnungssubjekte steuerlicher Leistungsfähigkeit sind natürliche und juristische Personen als Grundrechtsträger. Maßgeblich ist deren individuelle Ist-Leistungsfähigkeit oder Zahlungsfähigkeit.[460] Dabei stellt sich

---

[452] Vgl. zur Herleitung: K. Tipke, Die Steuerrechtsordnung, Bd. I, 2000, S. 105 ff.

[453] Das BVerfG hat jedoch noch nie ein Gesetz wegen Unbestimmtheit für nichtig erklärt.

[454] K. Tipke, Die Steuerrechtsordnung, Bd. I, 2000, S. 105 ff., 248 ff.

[455] Er wird daher auch als die „Magna Charta des Steuerrechts" qualifiziert. Vgl. R. Herzog zitiert nach K. Tipke, Die Steuerrechtsordnung, Bd. I, S. 307, 309. Die Gleichbehandlung wird zudem um die Komponente der sozialen Gerechtigkeit ergänzt.

[456] Vgl. P. Kirchhof, StuW 1984, 297 f. Die Bestimmung des Maßstabes hängt dabei vom grundsätzlichen Verständnis des Rechtsverhältnisses zwischen Staat und Bürger ab. Jedes steuerliche Gleichmaß ist deshalb im Staatsverständnis angelegt. In Übereinstimmung hiermit ist auch der Steuerbegriff des § 3 AO ein auf die Leistungsfähigkeit bezogener Begriff, K. Tipke, Die Steuerrechtsordnung, Bd. III, 2000, S. 1063 f.

[457] Vgl. z.B. die EU-Verfassungen, K. Tipke, Die Steuerrechtsordnung, Bd. I, 2000, S. 485 ff.

[458] Vgl. M. Jachmann, in: Pelka (Hrsg.) DStJG Bd. 23, 9, 16 ff.

[459] J. Schuch, in: Lehner, Verluste im nationalen und internationalen Steuerrecht, 2004, S. 63.

[460] K. Tipke, Die Steuerrechtsordnung, Bd. I, 2000, S. 497.

die Gleichheit im Unternehmensteuerrecht vor allem als Wettbewerbsneutralität dar.

Der Maßstab der *Gleichheits-Gerechtigkeit* muss in der Steuerbemessungsgrundlage konsequent ausgedrückt sein, das heißt, folgerichtig und widerspruchsfrei ausgeführt werden. Daher erfordern Durchbrechungen des Gleichheitssatzes eine Rechtfertigung durch Allgemeinwohlbelange, die dem Interesse an einer steuerlichen Gleichbehandlung gegenüber ebenbürtig sind.

Des Weiteren sind die Einheit der Gesamtrechtsordnung und der Steuerrechtsordnung zu wahren. Dementsprechend sind im Rahmen der Ermittlung der Leistungsfähigkeit verfassungsrechtliche Wertungen wie beispielsweise das Sozialstaatsprinzip, das Rechtsstaatsprinzip (Art 20 Abs. 3 GG) und das sich hieraus ergebende Übermaßverbot, die institutionellen Garantien des privatnützigen Eigentums (Art 14 GG) sowie die Berufsfreiheit (Art 12 Abs. 1 GG) zu berücksichtigen.[461] Das Leistungsfähigkeitsprinzip findet auf alle Fiskalzwecknormen Anwendung, das heißt auf Regelungen, die dazu dienen, durch Verteilung der Gesamtsteuerlast auf die einzelnen Steuerpflichtigen den Finanzbedarf des Gemeinwesens zu decken.[462]

Zudem müssen die Steuerregelungen praktikabel sein, um eine gerechte Besteuerung verwirklichen zu können. Die Steuerverwaltung kann ihre Aufgabe der gleichmäßigen Festsetzung und Erhebung der Steuern (vgl. § 85 AO) mit verhältnismäßigem Aufwand nur bewältigen, wenn die Steuergesetze praktisch durchführbar sind.[463]

Neben dem Gleichheitssatz des Art 3 GG setzen die Freiheitsgrundrechte der Art 2, 12 Abs. 1, 14 Abs. 1 GG dem gesetzgeberischen Entscheidungsspielraum Grenzen.[464] Steuergesetze dürfen daher weder die freie Wahl eines Berufs und dessen freie Ausübung verletzten, Art 12 Abs. 1 GG. Wird ein Steuersatz festgelegt, der die wirtschaftliche Betätigung unmöglich macht und dem somit erdrosselnde Wirkung zukommt, steht deshalb eine Verletzung der Berufsfreiheit nach Art 12 GG in Frage.[465] Gleiches gilt, wenn steuerrechtliche Normen infolge

---

461 Vgl. P. Kirchhof, StuW 1984, 297, 301.

462 Vgl. K. Tipke, Die Steuerrechtsordnung, Bd. I, 2000, S. 77. Hierneben verfolgt der Steuergesetzgeber auch Zwecke der Lenkung der Steuerpflichtigen zu einem bestimmten Verhalten, die für die vorliegende Arbeit jedoch vernachlässig werden können.

463 Der Gesetzgeber muss gleichmäßig zurückstecken, wenn die Durchführung des Leistungsfähigkeitsprinzips verwaltungstechnisch unmöglich oder mit unverhältnismäßigem Besteuerungsaufwand verbunden wäre. K. Tipke, Die Steuerrechtsordnung, Bd. I, 2000, S. 73.

464 Diese finden über Art 19 Abs. 3 GG auch auf inländische juristische Personen sowie auf deutsche Tochterunternehmen ausländischer Konzerne Anwendung. Über Art 23 Abs. 1 GG sind letzteren die innerhalb der EU ansässigen juristischen Personen, die in Deutschland Betriebstätten unterhalten, gleichzustellen.

465 BVerfG-Urt. v. 01.04.1971, 1 BvL 22/67, BVerfGE 31, S. 8, 23. Ein Verstoß eines Steuergesetzes gegen Art 12 Abs. 1 GG wurde daher vom Bundesverfassungsgericht bisher noch nicht bejaht, K. Tipke, Die Steuerrechtsordnung, Bd. I, 2000, S. 433 Fn. 66.

ihrer tatbestandlichen Gestaltung in engem Zusammenhang mit der Ausübung eines Berufs stehen und eine objektiv berufsregelnde Tendenz erkennen lassen.[466] Der Schutzumfang hat sich dabei an der materiellen Betroffenheit des Grundrechtsträgers zu orientieren. Derartige Berufsausübungsregelungen sind zulässig, wenn der Eingriff Gemeinwohlinteressen dient und diese auf geeignete, erforderliche und angemessene Weise umsetzt werden.[467]

Auch die Gewährleistung des Eigentums darf durch eine übermäßige Besteuerung nicht in Frage gestellt werden.[468] Allerdings schützt Art 14 Abs. 1 GG grundsätzlich nicht gegen die Auferlegung von Geldleistungspflichten, insbesondere nicht gegen die Verpflichtung zur Zahlung von Einkommen- und Körperschaftsteuer, es sei denn, sie belastet den Betroffenen übermäßig und beeinträchtigt ihn grundlegend in seinen Vermögensverhältnissen. Daher unterfallen steuerrechtliche Normen regelmäßig allein dem Schutzbereich der allgemeinen Handlungsfreiheit, Art 2 Abs. 1 GG.

Die Besteuerung begründet einen Eingriff in die ökonomische Handlungsfreiheit als Ausfluss der freien Entfaltung der Persönlichkeit, Art 2 Abs. 1 GG.[469] Er ist im Rahmen der verfassungsgemäßen Ordnung, mithin aufgrund verfassungsmäßiger Gesetze, gerechtfertigt, wenn er auf sachgerechten Erwägungen beruht und diese auf verhältnismäßige Weise umsetzt.[470]

In Ansehung der aufgeführten Anforderungen ist zu konstatieren, dass dem Steuergesetzgeber von Verfassung wegen ein weiter Beurteilungsspielraum eröffnet ist. Bei dessen Ausfüllung hat er jedoch den Anforderungen der Sachgerechtigkeit zu genügen. Denn rechtliche Lösungen, als Antwort auf ganz bestimmte Sachfragen der staatlichen, gesellschaftlichen und wirtschaftlichen Ordnung, sind durch diese Ordnung weitgehend vorbestimmt und müssen den dort geltenden Zusammenhängen in sachgerechter Weise Rechnung tragen.[471] Demgemäß hat der Steuergesetzgeber Erwägungen finanzpolitischer, wirtschaftspolitischer, sozialpolitischer sowie steuertechnischer Art anzustellen.

---

[466] BVerfG-Urt. v. 29.11.1989, 1 BvR 1402 1528/87, BVerfGE 81, S. 108, 121. Darüber hinaus wird seitens der Literatur zu Recht darauf hingewiesen, dass auch exzessive allgemeine Unternehmenssteuern, welche geeignet sind, die unternehmerische Leistungsfähigkeit „zu untergraben", als Eingriff in die Berufsfreiheit zu werten sind. So zutreffend: K. Tipke, Die Steuerrechtsordnung, Bd. I, 2000, S. 434.

[467] Vgl. BVerfG-Urt. v. 11.06.1958, 596/56, BVerfGE 7, 377.

[468] Dabei ist umstritten, ob Art 14 Abs. 2 GG mit dem II. Senat des BVerfG ein *Halbteilungsgrundsatz* zu entnehmen ist oder ob die Grenze der Besteuerung lediglich deutlich vor der Konfiskation verlaufen muss. Vgl. K. Tipke, Die Steuerrechtsordnung, Bd. I, 2000, S. 439 ff.

[469] Vgl. BVerfG-Urt. v. 16.01.1957, 1 BvR 253/56, BVerfGE 6, S. 32, 36, sog. Elfes-Urteil.

[470] Vgl. M. Sachs, Verfassungsrecht II Grundrechte, 2002, 1. Teil A 10 V., S.147 ff.

[471] Vgl. K. Tipke, Die Steuerrechtsordnung, Bd. I, 2000, S. 546.

2. Rechtliche Zulässigkeit der Abschaffung des Organschaftsregimes

Um eine grenzüberschreitende Verlustverrechnung nicht zulassen zu müssen, könnte die Außerkraftsetzung des Besteuerungsmodells der Organschaft drohen. Im folgenden ist daher die Zulässigkeit der Streichung der Organschaftsbestimmungen anhand der aufgeführten europa- und verfassungsrechtlichen Anforderungen zu prüfen.

Die Frage, ob mittels Abschaffung der Organschaft tatsächlich der Vorwurf der Europarechtswidrigkeit entkräftet werden kann, stellt sich vor dem Hintergrund der oben getroffenen Feststellung, dass die Niederlassungsfreiheit die Einbeziehung der Verluste EU-ausländischer Betriebstätten in die inländische Bemessungsgrundlage zumindest dann erfordert, wenn die Verlustnutzungsmöglichkeiten im Belegenheitsstaat der Betriebstätte ausgeschlossen sind. Sollte der bisherigen Rechtsprechung des EuGH ein Gebot der Rechtsformenwahlfreiheit zu entnehmen sein, könnte die Nichtberücksichtigung der Verluste ausländischer Tochtergesellschaften de lege lata einen Verstoß gegen Europarecht begründen. Daher ist im folgenden zu prüfen, ob die Niederlassungsfreiheit eine Gleichbehandlung von ausländischen Tochtergesellschaften und Betriebstätten im Hinblick auf die Verlustverrechnungsmöglichkeiten gebietet.[472]

a. Verstoß gegen die Niederlassungsfreiheit infolge einer Ungleichbehandlung der Niederlassungsformen

aa. Beeinträchtigung der Niederlassungsfreiheit

Damit die Ungleichbehandlung von Betriebstätten und Tochtergesellschaften eine Beeinträchtigung des Schutzbereichs der Niederlassungsfreiheit begründen kann, müsste Art 43 EGV überhaupt ein Gebot zur Gewährleistung einer freien Wahl der Organisationsform für die grenzüberschreitende Niederlassung zu entnehmen sein.

Der Wortlaut des Art 43 Abs. 1 Satz 2 EGV spricht für eine solche Wahlfreiheit, indem er „Beschränkungen der Gründung von Agenturen, Zweigniederlassungen oder Tochtergesellschaften" für verboten erklärt und hierdurch deutlich macht, dass die sog. sekundäre Niederlassungsfreiheit sowohl die Möglichkeit der grenzüberschreitenden Betätigung über rechtlich unselbständige als auch über rechtlich selbständige Niederlassungen eines Unternehmens eröffnet. Des Weiteren erfordert die Zielsetzung des EG-Vertrages – durch die Errichtung eines Binnenmarktes einen „effizienten Einsatz der Ressourcen" (Art 89 EGV) zu bewirken – eine Wahlfreiheit zwischen den verschiedenen Organisationsstrukturen. Denn lediglich hierdurch wird es dem Grundfreiheitsträger ermöglicht, die für sein Unternehmen jeweils günstigere Organisationsform zu wählen, die

[472] Zumal eine Abschaffung der Verlustverrechnung zwischen Stammhaus und Betriebstätte im nationalen Sachverhalt im derzeit geltenden Steuersystem unmöglich ist, vgl. I. Dörr, IStR 2004, 265, 271.

ihrerseits zu einem optimalen Angebot der Waren und Dienstleitungen im Binnenmarkt beitragen kann.[473] Dementsprechend betont auch der EuGH „die freie Wahl der für die Ausübung einer Tätigkeit in einem anderen Mitgliedstaat geeigneten Rechtsform, die“ nunmehr Art 43 Abs. 2 Satz 1 EGV „den Wirtschaftsteilnehmern ausdrücklich einräumt“.[474]

Mithin ist Art 43 EGV ein Gebot der Rechtsformenwahlfreiheit zu entnehmen.[475] Die freie Wahl zwischen den verschiedenen Rechtsformen der sekundären Niederlassungen, namentlich der unselbständigen Zweigniederlassung und der selbständigen Tochtergesellschaft, wird dadurch beeinträchtigt, dass letztere gegenüber Zweigniederlassungen in Bezug auf die Verrechnungsmöglichkeiten der im Ausland erzielen Verluste schlechter behandelt werden.

bb. Vergleichbarkeit

Die Benachteiligung kann jedoch lediglich im Falle der Vergleichbarkeit der verschiedenen Niederlassungsformen einen Diskriminierungsvorwurf begründen. Demgemäß hat der EuGH in den Rechtssachen *avoir fiscal*[476], *Royal Bank of Scotland*[477] und *Saint-Gobain*[478] nur deshalb eine Gleichbehandlung von Tochtergesellschaften und Zweigniederlassungen gefordert, weil die in Rede stehenden nationalen Regelungen beide Niederlassungsformen steuerlich auf eine Stufe stellten.

Daher ist zu prüfen, ob in Bezug auf die spezifischen Regelungen des nationalen Steuerrechts eine Vergleichbarkeit von Betriebstätten und Tochtergesellschaften angenommen werden kann. Systemprägendes Prinzip der Einkommen- und Körperschaftsteuer sind das Leistungsfähigkeits- und das Individualprinzip, vgl. §§ 1 Abs. 1 Satz 1 EStG, 1 Abs. 1 KStG. Wird objektive wirtschaftliche Leistungsfähigkeit im Rahmen eines Unternehmens erzielt, ist Zuordnungs- und

---

[473] Vgl. W. Schön, EWS 2000, 281, 283, 290.

[474] EuGH-Urt. v. 21. 09.1999, Rs. C-307/97, *Saint-Gobain*, EuGHE 1999 I-6161, Rd. 43; vgl. auch EuGH-Urt. v. 28.01.1986, Rs. C-270/83, *avoir fiscal*, EuGHE 1986, 273, Rd. 7 .

[475] Ebenso W. Schön, EWS 2000, 281, 290.

[476] Da die französischen Gewinnbesteuerungsregeln Zweigniederlassungen ausländischer Gesellschaften und französischer Gesellschaften gleich behandeln, muss dies auch für die Gewährung des Steuerkredits *avoir fiscal* gelten, EuGH-Urt. v. 28.01.1986, Rs. C-270/83, *avoir fiscal*, EuGHE 1986, 273, Rd. 7.

[477] Da die Bestimmungen der Besteuerungsgrundlage für griechische Gesellschaften und Zweigniederlassungen ausländischer Gesellschaften vergleichbar sind, sind auch dieselben Steuersätze anzuwenden, EuGH-Urt. v. 29.04.1999, Rs. C-311/97, *Royal Bank of Scotland*, EuGHE 1999, I-2651, Rd. 29, 30.

[478] Der EuGH (Urt. v. 21.09.1999, Rs. C-307/97, *Saint-Gobain*, EuGHE 1999, I-6161 Rd. 44, 48.) hat eine Ausdehnung des DBA-Schachtelprivilegs und der indirekten Körperschaftsteueranrechnung (bis VZ 2000 vorgesehen) auf Betriebstätten ausländischer Kapitalgesellschaften vertreten, da diese sich in Bezug auf die Besteuerung in einer vergleichbaren Lage mit Tochtergesellschaften befänden.

Steuerobjekt der Träger des Unternehmens.[479] Während Betriebstätten mit ihrem Stammhaus steuerlich eine Einheit bilden und folglich eine Konsolidierung der Ergebnisse erfolgt, sind die sich zu einer organisatorischen Betriebseinheit verselbständigenden Tochtergesellschaften sowohl in zivil- als auch in steuerrechtlicher Hinsicht unabhängig von der Muttergesellschaft und werden daher auch getrennt der Besteuerung unterworfen (Trennungsprinzip). Angesichts des Grundsatzes der Individualbesteuerung unterscheiden sich Tochtergesellschaften von Zweigniederlassungen, da allein erstere Zuordnungssubjekt steuerlichen Einkommens sind und somit über eine individuelle Leistungsfähigkeit zur Steuerzahlung verfügen.

Eine Vergleichbarkeit könnte jedoch unter Anwendung der wirtschaftlichen Betrachtungsweise bejaht werden. In deren Lichte kann eine von zivil- und gesellschaftsrechtlichen Bindungen lösgelöste eigenständige „steuerjuristische" Bewertung eines Sachverhalts vorgenommen werden.[480] Wird der Blickwinkel auf die objektive Leistungsfähigkeit der unter einheitlicher Leitung stehenden Unternehmensgruppe gerichtet und deren gemeinsamer Erfolg gemessen, könnte eine Vergleichbarkeit zu einem Unternehmen vertreten werden, welches über unselbständige Zweigniederlassungen strukturiert ist und somit als einheitliches Unternehmen qualifiziert wird.

In diesem Kontext ist jedoch zu beachten, dass selbst im Rahmen des derzeit geltenden Organschaftsregimes weder der Grundsatz der Individualbesteuerung noch das Trennungsprinzip zwischen selbständigen juristischen Personen in Frage gestellt werden. Denn sowohl der Organträger als auch die Organgesellschaften bleiben, gleichwohl sie in den Organkreis eingebunden sind, in zivil- und steuerrechtlicher Hinsicht selbständige Rechtsträger und ermitteln ihre Ergebnisse nach Fremdvergleichsgrundsätzen zunächst getrennt voneinander.[481] Beide Prinzipien werden lediglich punktuell durchbrochen, indem allein für Zwecke der Ermittlung der Bemessungsgrundlage die getrennt bestimmten Einkommen auf Ebene des Organträgers saldiert werden, um der wirtschaftlichen Verbindung Rechnung zu tragen. Selbst im Anwendungsbereich des Organschaftsregimes wird keine vollständige Angleichung der steuerlichen Situation von Tochtergesellschaften mit derjenigen von Zweigniederlassungen angestrebt. Dem ist zu entnehmen, dass das deutsche Steuerrecht auch im Falle der Bildung

[479] Vgl. M. Jachmann, in: Pelka (Hrsg.) DStJG Bd. 23, S. 9, 16.

[480] Vgl. P. Kirchhof, in: Seeger (Hrsg.) DStJG Bd. 25, S. 9, 28. Denn Steuergesetze zielen auf eine tatbestandliche Erfassung der wirklichen Vorgänge und Zustände, entscheidend ist die wirtschaftliche Leistungsfähigkeit, während das Zivilrecht eine Abgrenzung von Rechtspositionen anstrebt, vgl. M. Eibelshäuser, DStR 2002, 1426, 1430.

[481] D.h. der Vermögens- und Leistungsverkehr zwischen dem Organträger und den Organgesellschaften wird anerkannt und wie ein Rechtsgeschäft zwischen unverbundenen Gesellschaften besteuert.

eines Organkreises keine Vergleichbarkeit zwischen Betriebstätten und Organgesellschaften annimmt.[482]

Ein weiterer bedeutender Unterschied in struktureller Hinsicht ist darin zu sehen, dass Mutterunternehmen grundsätzlich für die Verluste ihrer Zweigniederlassung einzustehen haben, während sie für die ihrer Tochtergesellschaften grundsätzlich nicht haften.[483] Die generell bestehende Unvergleichbarkeit wird auch nicht dadurch aufgehoben, dass die Haftungsbegrenzung im Konzern faktisch infolge von Schuldübernahmeverpflichtungen, wie harten Patronatserklärungen und verbindlichen Liquiditätszusagen, aufgeweicht sein kann.[484] Dass es steuerlich generell für die Möglichkeit der Verlustverrechnung einen beträchtlichen Unterschied darstellt, ob das Mutterunternehmen für die Schulden der Niederlassung unbeschränkt haftet oder eine Haftungsbegrenzung erfolgt, lässt sich auch der Kopplung der organschaftlichen Verlustverrechnung an den mit einer Verlustausgleichspflicht verbundenen Gewinnabführungsvertrag entnehmen.[485]

Dem steht auch nicht entgegen, dass der EuGH in der Rechtssache *CLT-UFA* für die Frage des Steuersatzes eine Vergleichbarkeit von inländischen Betriebstättengewinnen einer ausländischen Gesellschaft und einer inländischen Tochtergesellschaft, die ihre Gewinne voll an die auslandsansässige Muttergesellschaft ausschüttet, angenommen hat.[486] Denn aus den Ausführungen des EuGH lässt sich nicht der Rückschluss ziehen, dass von Tochtergesellschaften erlittene Verluste und Betriebstättenverluste gleich zu behandeln sind.

cc. Ergebnis

Die unterschiedliche steuerliche Behandlung beruht mithin auf rechtlichen und strukturellen Unterschieden zwischen Betriebstätten und Tochtergesellschaften. Da die Niederlassungsfreiheit einer Ungleichbehandlung ungleicher Sachverhalte nicht entgegen steht, lässt sich ihr weder eine Pflicht zur vollständigen Vereinheitlichung der Regelungen für die verschiedenen Organisationsformen entnehmen noch ein zwingendes Gebot zur Gleichbehandlung von Verlusten aus verschiedenen Niederlassungsformen.[487] Diese Differenzen in haftungs-, gesell-

---

[482] K. Hirschler/ C.P. Schindler, IStR 2004, 505, 506; a.A., die Vergleichbarkeit aufgrund der Organschaft bejahend: I. Dörr, DK 2003, 612, m.w.N. in Fn. 35.

[483] Vgl. W. Schön, EWS 2000, 281, 290; ders., IStR 2004, 289, 300; P.J. Wattel, EC-Tax Review 2003, 194, 197.

[484] A.A. M.P. Scheunemann, Grenzüberschreitende konsolidierte Konzernbesteuerung, 2005, S. 273 f.; P.J. Wattel, EC Tax Review 2003, 194, 198 fordert eine Gleichbehandlung infolge der Gleichbehandlung im Rahmen der Hinzurechnungsbesteuerung.

[485] Vgl. §§ 14 Abs. 1 Satz 1, 17 KStG, §§ 291, 302 AktG.

[486] Vgl. EuGH-Urt. v. 23.02.2006, C-253/03, *CLT-UFA*.

[487] Ebenso: GA Maduro, Schlussanträge v. 07.04.2005, Rs. C-446/03, *Marks & Spencer*, RIW 2005, 383, Rd. 48 f. (während sich der EuGH in der Rechtssache *Marks & Spencer* zu der Problematik nicht geäußert hat); J. Englisch, StuW 2003, 88, 94; A. Cordewener, Europäische

schafts- und steuerrechtlicher Hinsicht werden vielmehr Kriterium für die Entscheidung sein, die Auslandinvestition in der jeweiligen Organisationsform auszuüben.[488]

Können infolge einer europarechtskonformen Auslegung der Freistellungsmethode Verluste EU-ausländischer Betriebstätten die Bemessungsgrundlage des inländischen Stammhauses mindern, während Verluste ausländischer Tochtergesellschaften bei dem inländischen Mutterunternehmen steuerlich unberücksichtigt bleiben, begründet diese Benachteiligung keinen Verstoß gegen die Niederlassungsfreiheit entsprechender Mutterunternehmen. Daher könnte mittels Abschaffung des Regimes der Vorwurf der Europarechtswidrigkeit entkräftet werden. Aus diesen Gründen kann der deutsche Gesetzgeber die national ausgerichteten Organschaftsbestimmungen streichen, um der europarechtswidrigen Ungleichbehandlung zwischen in- und ausländischen Tochtergesellschaften entgegenzutreten.

Fraglich ist indes, ob die Außerkraftsetzung des Besteuerungsmodells der Organschaft auf Hindernisse verfassungsrechtlicher Art stößt. Das Organschaftsregime ermöglicht eine Einkommen- und somit auch eine Verlustverrechnung zwischen unter einheitlicher Leitung stehenden Gesellschaften die einen Gewinnabführungsvertrag abgeschlossenen haben, indem mit Hilfe einer wirtschaftlichen Betrachtungsweise die Konzerngruppe für steuerliche Zwecke als ein einheitliches Unternehmen angesehen wird. Auf diese Weise dient das Institut der Organschaft der Gewährleistung einer Besteuerung, die nicht an der gewählten Rechtsform des unternehmerischen Engagements, sondern der wirtschaftlichen Leistungsfähigkeit der in einem Konzern verbundenen Unternehmen orientiert ist und das Ergebnis des Organkreises sachgerecht ausweist.[489] Daher könnte eine Abschaffung dieses Regime unter dem Aspekt der Rechtsformenwahlfreiheit als Verstoß gegen den durch das Leistungsfähigkeitsprinzip konkretisierten Gleichheitsgrundsatz gemäß Art 3 Abs. 1 GG zu werten sein.

Grundfreiheiten und nationales Steuerrecht, 2002, S. 401 ff.; A. Schnitger, ET 2004, 522, 526 f.; A.A. I. Dörr, DK 2003, 604, 611; D. Gutmann, EC Tax Review 2003, 154 ff.

[488] Denn von einer Wahlfreiheit kann sinnvollerweise nur dann gesprochen werden, wenn eine Wahl zwischen zwei unterschiedlichen Dingen getroffen werden kann, die eben nicht in allen Aspekten gleich sind. Vgl. P. J. Wattel, EC Tax Review 2003, 194, 197.

[489] Vgl. 2. Teil, I. Kapitel, S. 7 f.

b. Verstoß gegen das Gebot der Rechtsformenwahlfreiheit

aa. Ungleichbehandlung

Nach dem Leistungsfähigkeitsprinzip als spezifisch steuerrechtlicher Ausprägung des allgemeinen Gleichheitssatzes gemäß Art 3 Abs. 1 GG sind gleiche wirtschaftliche Vorgänge möglichst gleich zu belasten.[490] Die Besteuerung einer wirtschaftlichen Betätigung hat daher von Verfassung wegen unabhängig davon zu erfolgen, welche rechtliche Form sie bekleidet. Hieraus wird gefolgert, dass alle Rechtsformen, in denen der Ertragsbesteuerung unterworfene Unternehmen betrieben werden, gleich zu behandeln sind, sog. Postulat der Rechtsformenneutralität.[491]

Folge eines Verzichts auf das Organschaftssystem wäre, dass sämtliche konzernzugehörige Gesellschaften gemäß dem Grundsatz der Individualbesteuerung selbständig der Besteuerung unterworfen würden und eine intersubjektive Ergebnisverrechnung unmöglich wäre. Würde das unternehmerische Engagement demgegenüber im Rahmen einer einheitsunternehmerischen Struktur durch Errichtung unselbständiger Zweigniederlassungen anstelle von selbständigen Tochtergesellschaften ausgeübt, könnten die Verluste eines derartigen Unternehmensteils mit Gewinnen des Stammhauses verrechnet werden. Aufgrund dieser Ungleichbehandlung von Zweigniederlassungen und Tochtergesellschaften würde die Entscheidung für eine konzernmäßig gegliederte „Mehrheit rechtlicher Einheiten“[492] oder eine einheitsunternehmerische Struktur in hohem Maße von steuerlichen Erwägungen beeinflusst. Ein Verstoß gegen die Rechtsformenwahlfreiheit wäre mithin die Folge.

bb. Vergleichbarkeit

In Frage steht jedoch wiederum die Vergleichbarkeit der Sachverhalte. Denn das Gebot der freien Wahl zwischen den Organisationsstrukturen erfordert keine vollständige Gleichbehandlung aller Rechtsformen. Es ist vielmehr im Sinne einer Rechtsformgerechtigkeit zu verstehen. Beruht die auf die Rechtsform bezogene Ungleichbehandlung auf für die Rechtsform typischen wirtschaftlichen Gründen, die Ausdruck einer unterschiedlichen Leistungsfähigkeit sind, ist keine Diskriminierung festzustellen.[493]

Wie bereits aufgeführt, unterscheidet sich ein die Voraussetzungen der Organschaft erfüllender Unternehmensverbund von einem Unternehmen, welches über unselbständige Zweigniederlassungen und somit über eine einheitsunter-

---

[490] Vgl. K. Tipke, Die Steuerrechtsordnung, Bd. I, 2000, S. 478 ff.

[491] Vgl. R. Wendt, StuW 1992, 66, 75. Das Gebot der Rechtsformneutralität deckt sich folglich mit dem Gebot der Besteuerung nach der objektiven Leistungsfähigkeit, vgl. J. Hey, in: Seeger, (Hrsg.), DStJG Bd. 25, 2002, S. 155, 161 ff.

[492] Vgl. H.-H. Krebühl, DB 1995, 734.

[493] J. Hey, in: Seeger (Hrsg.), DStJG Bd. 25, 2002, S. 155, 221.

nehmerische Struktur verfügt in Bezug auf das Leistungsfähigkeitsprinzip, da allein selbständig steuerpflichtige Tochtergesellschaften Zuordnungssubjekt steuerlichen Einkommens sind und somit über eine individuelle Leistungsfähigkeit zur Steuerzahlung verfügen.[494] Eine Vergleichbarkeit ist zu verneinen.

Das Prinzip der Besteuerung nach der wirtschaftlichen Leistungsfähigkeit steht der Abschaffung des Organschaftsregimes folglich nicht entgegen.[495] Daher ist die im Rahmen der Organschaftskonzeption erfolgende Durchbrechung des Grundsatzes der Individualbesteuerung unter Leistungsfähigkeitsgesichtspunkten zwar gerechtfertigt; der Gesetzgeber ist jedoch nicht von Verfassung wegen zur Aufrechterhaltung des Organschaftssystems gezwungen.[496]

Der Streichung des Regimes kommt zudem keine die Berufsfreiheit des Art 12 Abs. 1 GG beschränkende Wirkung zu, auch wäre diese keine Ursache unverhältnismäßiger Belastungen der Vermögensverhältnisse im Sinne des Art 14 Abs. 1 GG.

cc. Ergebnis

Folglich stehen der Abschaffung der Organschaftsbestimmungen keine verfassungsrechtlichen Hindernisse entgegen. Der Verzicht auf ein nationales System der Konzernbesteuerung stellt mithin eine rechtlich zulässige Lösung dar, um verbundene Unternehmen europarechtskonform zu besteuern.

Gegen eine solche gesetzgeberische Entscheidung lassen sich jedoch erhebliche Bedenken steuer- und wirtschaftspolitischer Art anführen.

3. Steuer- und wirtschaftspolitische Argumente gegen eine Abschaffung der Organschaft

Die wirtschaftspolitische Bedeutung der Organschaft als „Konzernsteuerrecht" wird deutlich, wenn man sich vor Augen führt, dass von den rund 3,31 Millionen Unternehmen in Deutschland rund 1,35 Millionen Tochtergesellschaften sind, von denen circa 900.000 mehrheitlich von einem Anteilseigner kontrolliert werden[497], und der Konzern als wirtschaftliche Einheit rechtlich selbständiger

[494] 3. Teil, III. Kapitel, 2. a. bb., S. 167.

[495] A.A: I. Dörr, IStR 2004, 265, 270-272; T. Rödder, DStR 2004, 1629, 1633; F. Balmes/ M.J.J. Brück/ M. Ribbrock, BB 2005, 966, 970.

[496] Würde der Gesetzgeber die aus der Abschaffung des Organschaftssystems folgende Ungleichbehandlung mit der Erwägung begründen, dass dem Prinzip der Individualbesteuerung künftig Vorrang vor einer wirtschaftlichen Betrachtungsweise eingeräumt werden soll, wird diese Entscheidung als innerhalb des dem Gesetzgeber zustehenden Wertungsspielraumes liegend zu bewerten sein.

[497] Insgesamt bestehen in Deutschland rund 137.000 Unternehmensgruppen, 14. Hauptgutachten der Monopolkommission v. Juli 2002, BT-Drs. 14/9903 v. 28.08.2003: Stand 2001; vgl. H.-M. Eckstein, in: IFA, Cahiers de Droit Fiscal International, Volume 89b, Gruppenbesteuerung, 2004, Deutschland, S. 293, 294.

Unternehmen seit Jahren die bedeutendste Organisationsform mittelständischer und größerer Unternehmen darstellt.[498]

Vor dem Hintergrund des europäischen Binnenmarktes und der Globalisierung ist zu beachten, dass deutsche Unternehmensgruppen gegenüber der ausländischen Konkurrenz im europäischen und weltweiten Wettbewerb bestehen müssen. Die Abschaffung der Organschaft wäre jedoch mit einer starken Beeinträchtigung der Entwicklungsmöglichkeiten inländischer Unternehmen verbunden.[499] Zudem würden diese im Vergleich mit Gesellschaften mit Sitz in Ländern, die einen grenzüberschreitenden Verlustausgleich vorsehen, einen Wettbewerbsnachteil erleiden.[500]

Ein Verzicht auf das Organschaftsregime hätte zudem eine Minderung der Standortattraktivität zur Folge.[501] Im Zuge des mit der Errichtung des Binnenmarktes einhergehenden Abbaus der Binnenzölle und der nichttarifären Handelshemmnisse finden Unternehmen zunehmend harmonisierte Rahmenbedingungen vor, sodass die Unterschiede in den Steuersystemen immer weiter in den Mittelpunkt unternehmerischer Entscheidungen vorrücken und Anreize für die Standortwahl multinational aufgestellter Gesellschaftsgruppen begründen. Folglich treten die Regelungen der nationalen Steuerrechtsordnungen angesichts der weiter zunehmenden Internationalisierung und Globalisierung der Unternehmenstätigkeit immer weiter in Konkurrenz zueinander.[502] Dabei stellt die Ausgestaltung der Besteuerung wirtschaftlich verbundener Unternehmen einen zentralen Standortfaktor der betrieblichen Standortwahl dar.[503] Dies resultiert aus dem Umstand, dass der Erfolg einer unternehmerischen Betätigung am Gewinn nach Steuern gemessen wird, sodass Unternehmen in hohem Maße an einer Senkung ihrer Konzernsteuerquote[504] interessiert sind und diese wird durch die

---

[498] Vgl. M. R. Theisen, Der Konzern im Umbruch, 1998, S. 21.

[499] So: Die Abteilungsleiter Steuern von Bund und Ländern, in: F.A.Z., v. 07.04.2005 Nr. 80, Seite 12. „Die Finanzminister erwarten sorgenvoll den Antrag des Generalanwalts".

[500] Europäische Kommission, Studie v. 23.10.2001, SEC(2001) 1681, Teil II Ziff. 4.2.1. Dies begründet sich dadurch, dass Verluste eines Unternehmens relativ schnell und steuereffizient mit Gewinnen dieses Unternehmens verrechnet und somit Liquiditäts- und Zinsvorteile erzielt werden können. Zudem werden etwaige verbleibende Verlustvorträge beim Organträger akkumuliert und sind vor einem reorganisationsbedingten Untergang weitgehend geschützt.

[501] So: die Abteilungsleiter Steuern von Bund und Ländern, in: F.A.Z., v. 07.04.2005 Nr. 80, Seite 12. „Die Finanzminister erwarten sorgenvoll den Antrag des Generalanwalts".

[502] Der Zusammenhang zwischen der Steuerbelastung und der Standortentscheidungen eines Unternehmens wurde bereits in empirischen Studien nachgewiesen, vgl. Benassy-Quere/ Fontagne/ Lahreche-Revil, 2001, Foreign Direct Investment and Company Taxation in Europe, ENEPRI Working Paper No. 4; M. Devereux/ R. Griffith, Taxes and the Location of Produktion: eveidence from a panel of US multinationales, Journal of Public Economics 1998, S. 335-367.

[503] Vgl. N. Herzig/ T. Wagner, DB 2005, 1, 7; H. Jochum, FR 2005, 577, 577.

[504] Quotient aus ausgewiesener Ertragsteuerbelastung und dem Jahresergebnis vor Steuern.

Möglichkeit eines Verlustausgleichs innerhalb der Unternehmensgruppe positiv beeinflusst.[505] Die Bedeutung eines Gruppenbesteuerungssystems für die unternehmerische Standortentscheidung erkennend haben Italien, Japan und Singapur erst kürzlich eine Gruppenbesteuerung eingeführt[506], sodass mittlerweile alle größeren Industriestaaten über derartige Systeme verfügen[507]. Angesichts der weltweiten Bemühungen um eine Erhöhung der nationalen Steuerstandortattraktivität und der derzeitigen wirtschaftlichen Situation, die durch Abwanderung in andere Staaten vor allem auch aus steuerlichen Gründen gekennzeichnet ist, dürfte es sich die Bundesrepublik nicht leisten können, den Standort Deutschland im internationalen Steuerwettbewerb durch Abschaffung der Organschaft zurückzuwerfen.

Die Abschaffung der Organschaftsbestimmungen stellt folglich aus steuer- und wirtschaftspolitischen Gründen keine gangbare Alternative dar.

Unter Beachtung des Umstandes, dass Gesellschaften mit Sitz in Ländern, die einen grenzüberschreitenden Verlustausgleich vorsehen, einen Wettbewerbsvorteil gegenüber ihren Konkurrenten in anderen Ländern erzielen[508], und somit die Nichtberücksichtigung ausländischer Verluste die Konkurrenzfähigkeit deutscher Unternehmen auf dem Auslandsmarkt behindert, ist die Organschaft im Ergebnis grenzüberschreitend auszuweiten. Dies steht auch mit der Zielsetzung des Konzepts in Einklang, da sich die Leistungsfähigkeit der Unternehmensgruppe in gleicher Weise mindert, wenn konzernzugehörige ausländische Gesellschaften Verluste erleiden. Mit der Einführung einer gemeinschaftsrechtskonformen, grenzüberschreitenden Verlustverrechnung im Rahmen der Organschaft wird Unternehmensgruppen mit einem inländischen Unternehmensträger eine Organisationsstruktur zur Verfügung gestellt, die ihre Position im europäischen Wettbewerb stärkt und Entwicklungsmöglichkeiten, insbesondere infolge der Berücksichtigung von Auslandsverlusten, fördert. Dies kann auch einen wesentlichen Beitrag zur Standortsicherung leisten.

Aus diesen steuerpolitischen und wirtschaftlichen Gründen sollte sich der Gesetzgeber für die Alternative der Fortentwicklung des Regimes zu einer grenzüberschreitenden Organschaft entscheiden.

---

[505] Vgl. U. Prinz, in: Herzig (Hrsg.), Organschaft, 2003, 562, 564.

[506] Japan seit April 2003, Singapur seit 2003 und Italien seit 2004. Vgl. die Länderberichte in: IFA, Cahiers de droit fiscal, Volume 89b, Group Taxation, 2004.

[507] Australien, Dänemark, Großbritannien, Finnland, Frankreich, Deutschland, Italien, Irland, Island, Japan, Litauen, Luxemburg, Malta, Mazedonien, Mexiko, die Niederlande, Neuseeland, Norwegen, Österreich, Polen, Portugal, Singapur, Spanien, Schweden, Slowenien, die USA, Zypern. Kein Gruppenbesteuerungssystem haben Argentinien, Belgien, Griechenland, Kanada, Tschechische Republik, Ungarn, Indien, Korea, Peru, Südafrika, Schweiz, Uruguay.

[508] Europäische Kommission, Studie v. 23.10.2001, SEC(2001) 1681, II. Teil, Ziff. 4.2.1.

IV. Resümee

Das deutsche Organschaftsregime verstößt in mehrfacher Hinsicht gegen die Anforderungen der Niederlassungsfreiheit, sodass ein gesetzgeberischer Handlungsbedarf zu verzeichnen ist.

Vor dem Hintergrund, dass sowohl die Abschaffung des Systems als auch die Einführung einer grenzüberschreitenden Organschaft rechtlich zulässige, europarechtskonforme Entscheidungsalternativen darstellen, sprechen wirtschafts- und steuerpolitische Gründe für die zweite Möglichkeit der Fortentwicklung des Organschaftsregimes.

Angesichts der Tatsache, dass sich der Österreichische Gesetzgeber einer vergleichbaren Entscheidung gegenübersah und die Alternative der Reform des österreichischen Organschaftsregimes gewählt hat, ist zu prüfen, ob das neue österreichische Konzept für eine deutsche Reform der Organschaft eine Vorreiterrolle übernehmen kann.[509]

---

[509] Österreich wird auch als Vorbild vorgeschlagen von N. Herzig / T. Wagner, DB 2005, 1, 7 und W. Gassner, DB 2004, 841. Daher ist mit Herrn D. Endres (WGg-Sonderheft 2003, 35, 37) im Sinne des chinesischen Philosophen Konfuzius: Der Mensch hat dreierlei Wege klug zu handeln: erstens durch Nachdenken, das ist der edelste; zweitens durch Nachahmen, das ist der leichteste; drittens durch Erfahrung, das ist der bitterste[509] zunächst der leichteste Weg einzuschlagen.

4. Teil: Übernimmt die österreichische Gruppenbesteuerung für eine deutsche Reform eine Vorreiterrolle ?

I. Einleitung

1. Relevanz der österreichischen Reform für die deutsche Organschaft

Ein Blick nach Österreich bietet sich dabei aus mehreren Gründen an: Zunächst wurde das ehemalige, dem deutschen entsprechende Organschaftsregime zum 01. Januar 2005[1] durch ein neues System der Besteuerung verbundener Unternehmen – sog. Gruppenbesteuerung – ersetzt, welches sowohl auf das Erfordernis des Gewinnabführungsvertrages verzichtet, als auch die Einbeziehung ausländischer Tochtergesellschaften und hiermit einen grenzüberschreitenden Verlustausgleich ermöglicht. Des Weiteren sind die Prinzipien und die Grundstruktur der Steuersysteme der Nachbarländer Österreich und Deutschland auch im Übrigen identisch oder zumindest vergleichbar. Denn 1938 wurde im Zuge der deutschen Besetzung Österreichs das dortige Steuersystem durch das deutsche ersetzt und nach dem Ende des zweiten Weltkrieges beibehalten.[2] Daher finden sich gemeinsame Wurzeln der Organschaftssysteme im deutschen Recht vor 1945.[3]

Auch der Anlass der Reformbestrebungen stimmt überein: Österreich hat einerseits auf die mögliche Europarechtswidrigkeit seines auf nationale Sachverhalte beschränkten Organschaftsregimes reagiert. Zu anderen sollte in Anbetracht des sich verstärkenden Steuerwettbewerbs, insbesondere seit der Erweiterung der EU auf 25 Mitgliedstaaten, die Standortattraktivität Österreichs erhöht werden, indem das auf das 19. Jahrhundert zurückgehende Besteuerungsmodell der Organschaft durch eine *moderne, international attraktive Gruppenbesteuerung* ersetzt wird.[4]

Schließlich folgt die Attraktivität einer Untersuchung der neuen österreichischen Regelung daraus, dass unter Rückgriff auf wissenschaftliche Rechtsvergleichung und Untersuchungen versucht wurde, die Elemente internationaler Gruppenbesteuerungsmodelle bestmöglich zusammenzuführen.[5] Von diesem Resultat könnte im Rahmen einer deutschen Reform profitiert werden.

---

[1] Nach § 26c Z 3 öKStG gilt die neue Gruppenbesteuerung erstmals für den VZ 2005.

[2] G. Ruppe/ A. Rainer, IBFD, Bulletin der IFA, Volume 58 No. 8/9, 2004, S. 345.

[3] Vgl. 2. Teil, I. Kapitel, S., 7. Die Organschaft wurde 1972 im öKStG normiert. 1966 wurde § 8 Abs. 4 öKStG neugefasst und 1988 in § 9 öKStG nahezu unverändert übernommen.

[4] Mittels des neuen Besteuerungskonzepts verbundener Unternehmensgruppen werden Investitionsanreize gesetzt, um Konzernleitungen mit ihren Forschungseinrichtungen in Österreich zu gründen oder hierher zu verlegen bzw. die Verlagerung von Investitionen allein aus steuerlichen Gründen nach Osteuropa zu verhindern, vgl. F. Heitzinger, IStR 2005, 118 ff., 122.

[5] Für die Verlustverrechnung über die Grenze war Dänemark Vorbild und für die Beteiligungsgemeinschaft Großbritannien. Dem Gesetzesentwurf ging ein 17 Jahre währender Dis-

2. Bisherige Rechtslage in Österreich

Grundsätzlich betrachtet das österreichische ebenso wie das deutsche Steuerrecht jede Kapitalgesellschaft als eigenständiges Steuersubjekt. Die bislang in § 9 öKStG geregelte Organschaft durchbricht – ebenso wie die neue Gruppenbesteuerung – diesen Grundsatz der Individualbesteuerung. Allerdings sehen weder die deutsche noch die österreichische Organschaft oder die neue Gruppenbesteuerung eine Ergebniskonsolidierung vor, vielmehr findet jeweils der Fremdvergleichgrundsatz Anwendung.

Voraussetzungen für die österreichische Organschaft waren neben einem Ergebnisabführungsvertrag, der dem deutschen Gewinnabführungsvertrag[6] entsprach, die finanzielle, organisatorische und wirtschaftliche Eingliederung der Organgesellschaft in den Organträger. Sowohl der Organträger als auch die Organgesellschaft mussten in Österreich unbeschränkt steuerpflichtig sein. Gemäß § 1 Abs. 2 öKStG setzt die unbeschränkte Steuerpflicht einen Sitz und/oder Ort der Geschäftsleitung in Österreich voraus. Gleichwohl verlangte die Finanzverwaltung, dass sich *sowohl* der Sitz als auch der Ort der Geschäftsleitung im Inland befinden.[7] Dieses Erfordernis wurde für im EWR-Gebiet ansässige Gesellschaften dahingehend eingeschränkt, dass sie mit im Inland belegenen Betriebstätten Organträger beziehungsweise Organgesellschaft sein konnten, wenn die Beteiligung dieser zuzurechnen war. Beschränkt steuerpflichtige Gesellschaften kamen weder als Organträger noch als Organgesellschaft in Betracht.

Eine Organschaft über die Grenze war ausgeschlossen. Eine Berücksichtigung der Verluste ausländischer Tochtergesellschaften war nur mittelbar im Wege einer auf sieben Jahre zu verteilenden Teilwertabschreibung zulässig.[8]

3. Die Gruppenbesteuerung

Am 06. Mai 2004 hat der österreichische Nationalrat das Steuerreformgesetz 2005[9] beschlossen, dessen wesentlicher Eckpunkt neben der Senkung des Körperschaftsteuersatzes[10] die Einführung der sog. Gruppenbesteuerung war.

Kernelemente der neuen Gruppenbesteuerung sind der deutlich erweiterte Anwendungsbereich gegenüber der ehemaligen Organschaft und die Berücksichtigung von Verlusten ausländischer Tochtergesellschaften. Zudem ist nunmehr eine Zusammenfassung der steuerlichen Ergebnisse finanziell verbundener Körperschaften ohne die Erfordernisse eines Ergebnisabführungsvertrages und

---

kussionsprozess um die Reform der Konzernbesteuerung in Österreich voraus, vgl. W. Gassner, FR 2004, 517, 518.

[6] Er ist ein Unterfall des österreichischen Gewinnabführungsvertrages nach § 238 öAktG, H.-G. Kroppensteiner, RdW 1985, 170.

[7] Vgl. Rd. 375 und 383 öKStR 2001; vgl. auch K. Hirschler/ C.P. Schindler, IStR 2005, 505 f.

[8] Vgl. R. Kohlhauser, SWK 2004, 1277.

[9] Vgl. öBGBl. I Nr. 57/2004.

[10] Von 34 auf 25%, vgl. § 22 Abs. 1 öKStG.

einer wirtschaftlichen oder organisatorischen Über- beziehungsweise Unterordnung vorgesehen. Um die Gruppenbildung zu fördern, ist eine obligatorische Firmenwertabschreibung über eine Dauer von 15 Jahren möglich, wenn eine inländische Beteiligung im Zusammenhang mit der Gruppenbildung erworben wird.[11] Zudem sind infolge des Steuerreformgesetzes 2005 Finanzierungsaufwendungen generell steuerlich abzugsfähig.

Eine neue Terminologie wurde gewählt, um auf die bestehenden Unterschiede der Neuregelung im Tatbestands- und Rechtsfolgenbereich gegenüber dem bisherigen Organschaftskonzept und den Differenzen zu der umsatzsteuerlichen Organschaft hinzuweisen.[12]

Im Folgenden sind zunächst die Voraussetzungen (II), die Rechtsfolgen (III) und die Unterschiede der Gruppenbesteuerung zur deutschen Organschaft aufzuzeigen. Des Weiteren wird das Konzept des grenzüberschreitenden Verlustausgleichs dargestellt und bewertet (IV). Im sich anschließenden fünften Kapitel ist sodann der Fragestellung nachzugehen, ob die Regelungen der österreichischen Gruppenbesteuerung zur grenzüberschreitenden Verlustverrechnung in das deutsche Organschaftssystem integriert werden können und die österreichische Reform mithin für eine deutsche Reform eine Vorreiterrolle übernehmen kann. Bejahendenfalls sind die Konsequenzen für die derzeit geltende deutsche Organschaftsregelung zu diskutieren.

II. Voraussetzungen der Österreichischen Gruppenbesteuerung

Anwendungsvoraussetzungen sind, neben den Anforderungen an die Rechtsform der beteiligten Gesellschaften, eine finanzielle Verbindung zwischen der Mutter- und der Tochtergesellschaft und die Beantragung der Gruppenbesteuerung.

Unter einem Gruppenträger ist die Körperschaft zu verstehen, die an der Spitze der Unternehmensgruppe steht. Gruppenmitglieder sind die unter dem Gruppenträger vereinigten Körperschaften. Ist das Gruppenmitglied bei mehrstöckigen Unternehmensgruppen seinerseits Muttergesellschaft einer finanziell verbundenen Tochtergesellschaft, wird es als beteiligte Körperschaft bezeichnet; Beteiligungskörperschaft ist das Gruppenmitglied in seiner Funktion als Tochtergesellschaft, vgl. § 9 Abs. 2 öKStG.

1. Gruppenträger

Nach der Neukonzeption kann der Kreis der in Betracht kommenden Gesellschaften in fünf Gruppen untergliedert werden: Zunächst qualifizieren sich in

[11] Für Erwerbe nach dem 31.12.2004, vgl. K. Mitterlehner, SWK 2004, 699, 701.

[12] Die umsatzsteuerliche Organschaft erfordert nach wie vor die finanzielle, wirtschaftliche und organisatorische Eingliederung, § 2 Abs. 2 öUStG. Vgl. W. Gassner, in: Ders. u.a. (Hrsg.), Besteuerung von Unternehmensgruppen, 1998, S. 16, 23.

Österreich unbeschränkt steuerpflichtige Kapitalgesellschaften[13] sowie Erwerbs- und Wirtschaftsgenossenschaften als Gruppenträger. Die unbeschränkte Steuerpflicht einer Körperschaft ist bei einer Geschäftsleitung und/oder eines Sitzes im Inland gegeben, § 1 Abs. 2 öKStG. Der Ort der Geschäftsleitung ist dabei derjenige, an dem sich der Mittelpunkt der geschäftlichen Oberleitung befindet, vgl. § 26 Abs. 1 öBAO. Als Sitz ist der Ort anzusehen, der durch Vertrag oder die Satzung bestimmt ist, § 27 Abs. 1 öBAO.

Des Weiteren können unbeschränkt steuerpflichtige Versicherungsvereine auf Gegenseitigkeit im Sinne des Versicherungsaufsichtsgesetzes und Kreditinstitute im Sinne des Bankwesengesetzes als Gruppenträger fungieren, wenn sie Körperschaften sind. Hieraus folgt, dass eine Körperschaft, die nach § 5 öKStG oder einem anderen Bundesgesetz persönlich von der Körperschaftsteuer befreit ist, als beschränkt steuerpflichtig im Sinne des § 1 Abs. 3 Z 3 öKStG von der Gruppenträgereignung ausgeschlossen ist. Liegt eine Teilbefreiung vor und ist die finanzielle Verbindung zu den Gruppenmitgliedern dem unbeschränkt steuerpflichtigen Bereich zuzurechnen, kommt die Körperschaft als Gruppenträger in Betracht.[14]

Drittens sind unbeschränkt steuerpflichtige Körperschaften, die auch in einem anderen Staat unbeschränkt steuerpflichtig sind, gruppenträgerfähig. Dies ist beispielsweise bei Gesellschaften der Fall, die entweder einen ausländischen Sitz und eine inländische Geschäftsleitung oder einen Sitz im Inland und eine Geschäftsleitung im Ausland haben, und somit doppelt ansässig sind. Voraussetzung ist, dass diese Gesellschaften im Rahmen eines Typenvergleichs als einer inländischen Körperschaft vergleichbar qualifiziert werden.[15] Außerdem ist gemäß § 9 Abs. 3 öKStG erforderlich, dass die Beteiligung an den Gruppenmitgliedern einer im Firmenbuch eingetragenen österreichischen Zweigniederlassung zuzurechnen ist.[16] Letztbenanntes Erfordernis dient der systemkonformen Gleichbehandlung mit beschränkt Steuerpflichtigen und somit ebenfalls im Ausland unbeschränkt steuerpflichtigen Gruppenträgern.[17]

Auch beschränkt steuerpflichtige Gesellschaften können Gruppenträger sein, wenn sie entweder EU-Körperschaften[18] oder Kapitalgesellschaften mit Sitz und Geschäftsleitung im EWR-Raum sind. Das Erfordernis der beschränkten Steuerpflicht ist erfüllt, wenn sie weder einen inländischen Sitz noch Geschäftslei-

---

[13] Auch Vorgesellschaften. Die bescheidsmäßige Anerkennung der beantragten Unternehmensgruppe erfolgt jedoch erst nach der Eintragung, vgl. Rd. 120, 122 öKStR 2001.

[14] Vgl. W. Wiesner/ G. Mayr, RdW 2004, 629.

[15] § 7 Abs. 3 öKStG. Der Vergleich erfolgt durch einen Typenvergleich ebenso wie in Deutschland, vgl. 2. Teil, II. Kapitel, 1. a. S. 10, Fn. 19.

[16] Vgl. § 13 öHGB bzw. § 254 öAktG.

[17] Vgl. M. C. Stefaner/ P. Weninger, ecolex 2004, 887, 888; W. Wiesner/ G. Mayr, RdW 2004, 629.

[18] Laut Anlage 2 zum Einkommensteuergesetz in der jeweils geltenden Fassung.

tungsort haben und lediglich mit in § 21 öEStG aufgeführten Einkünften steuerpflichtig sind, § 1 Abs. 3 öKStG. Zudem müssen sie mit einer Zweigniederlassung im österreichischen Firmenbuch eingetragen und die Beteiligungen an den Gruppenmitgliedern muss dem notwendigen oder gewillkürten Betriebsvermögen der Zweigniederlassung zuzurechnen sein. Insoweit gleicht die Regelung dem deutschen § 18 KStG. Nach den Gesetzesmaterialien[19] und der Auffassung der Finanzverwaltung[20] erfasst der Begriff der Zweigniederlassung auch Beteiligungen an inländischen Personengesellschaften, sobald die ausländische Körperschaft zu mehr als 50% beteiligt ist, die Personengesellschaft operativ tätig wird und die Beteiligung zum Betriebsvermögen gehört.[21] Daher kommt auch eine GmbH & Co. KG als Zweigniederlassung in Frage.[22]

Fünftens können sich nach § 9 Abs. 3 TS 6 öKStG gruppenträgerfähige Körperschaften zu einer Beteiligungsgemeinschaft, beispielsweise in Form einer Personengesellschaft, zusammenschließen und als Gruppenträger fungieren, sog. Mehrmüttergruppe. Dabei muss mindestens ein Mitbeteiligter zu 40% beteiligt sein, wobei auch ein Beteiligungsgleichstand von 50 zu 50% und somit die Gruppenträgerfähigkeit von Joint Ventures vorgesehen ist.[23] Auch gruppenträgerfähige ausländische Gesellschaften können an einer Beteiligungsgemeinschaft teilnehmen. Abgesehen hiervon können sich Personengesellschaften nicht als Gruppenträger qualifizieren.[24]

Da es auf die seitens des Gruppenträgers ausübte Tätigkeit nicht ankommt, können auch geschäftsleitende Holdinggesellschaften sowie vermögensverwaltende Körperschaften Gruppenträger sein.[25]

2. Gruppenmitglieder

Als Gruppenmitglieder können sich unbeschränkt steuerpflichtige Kapitalgesellschaften – AG und GmbH – sowie Erwerbs- und Wirtschaftsgenossenschaften

---

[19] Vgl. RV. Erl. zu Abs. 3, ÖStZ 2004, 133, 142 f.

[20] ÖBMF-Schr. v. 23.02.2005, 010216/0031, IV/6/2005, Anm. 3.3.

[21] Vgl. öBMF-Schr. v. 23.02.2005, 010216/0031, IV/6/2005, Anm. 3.3.

[22] Daher qualifizieren sich z.B. Genossenschaften und Versicherungsvereine auf Gegenseitigkeit, die keine Kapitalgesellschaften sind, nur als Gruppenträger, wenn sie unbeschränkt steuerpflichtig sind und zudem werden Gesellschaften aus Drittstaaten vom Anwendungsbereich der Gruppenbesteuerung ausgeschlossen, was gegen Art 56 EGV verstoßen wird, vgl. M.C. Stefaner/ P. Weninger, SWI 2004, 441, 445.

[23] Dies stellt der gesetzliche Verweis auf die Fusionskontrollverordnung klar, vgl. § 9 Abs. 3 TS 6 öKStG.

[24] Privatstiftungen, Vereine, Betriebe gewerblicher Art von Körperschaften des öffentlichen Rechts, nichtrechtsfähige Personenvereinigungen, Anstalten, Stiftungen und andere Zweckvermögen kommen nicht als Gruppenträger in Betracht, vgl. öBMF-Schr. v. 23.02.2005, 010216/0031, IV/6/2005, Anm. 3.2.

[25] Da die organisatorische und wirtschaftliche Eingliederung keine Tatbestandsvoraussetzungen mehr sind, vgl. RV. Erl. zu Abs. 2, ÖStZ 2004, 133.

qualifizieren, § 9 Abs. 2 1 TS öKStG. Im Unterschied zur bisherigen Organschaft kommen auch mit einer inländischen Kapitalgesellschaft oder Erwerbs- und Wirtschaftsgenossenschaft vergleichbare ausländische Körperschaften als Gruppenmitglieder in Betracht, § 9 Abs. 2 TS 2 öKStG. Unter einer *ausländischen* Körperschaft in diesem Sinne wird eine solche verstanden, die keinen Sitz in Österreich hat.[26] Auf den Ort der Geschäftsleitung kommt es folglich nicht an.

Nunmehr können sich auch doppelt ansässige Gesellschaften als Gruppenmitglieder qualifizieren.[27] Sie müssen hierfür - anders als für die Gruppenträgereignung - auch keine zusätzlichen Voraussetzungen erfüllen.[28]

3. Finanzielle Verbindung

Im Gegensatz zum bisherigen Organschaftskonzept sieht das neue Regime als sachliches Kriterium einer Gruppe nur noch die finanzielle Verbindung zwischen den Gruppenpartnern vor. Eine organisatorische und wirtschaftliche Eingliederung und ein Ergebnisabführungsvertrag ist nicht mehr erforderlich.

Für die Herstellung der finanziellen Verbindung muss die beteiligte Körperschaft eine Beteiligung von mehr als 50% am Grund-, Stamm- oder Genossenschaftskapital bei gleichzeitiger Stimmrechtsmehrheit an der Beteiligungskörperschaft halten, § 9 Abs. 5 öKStG.[29] Der Anteilsbesitz erfordert grundsätzlich wirtschaftliches Eigentum am Grund-, Stamm- oder Genossenschaftskapital und kann über eine Treuhandschaft nur hergestellt werden, wenn diese gegenüber der Abgabenbehörde offengelegt wurde.[30]

Die erforderliche Stimmrechtsmehrheit ist nach dem insoweit eindeutigen Gesetzeswortlaut eine rein *quantitative* von mehr als 50%; es kommt nicht darauf an, ob und für welche Beschlüsse im Gesellschaftsvertrag qualifizierte Mehrheitsverhältnisse vorgesehen sind, sondern darauf, dass andere Beteiligte nicht mittels Stimmrechtsmehrheit Beschlüsse durchzusetzen vermögen.[31] Die Wirkungen der Gruppenbildung treten gemäß § 9 Abs. 5 öKStG allerdings nur ein, wenn die finanzielle Verbindung bereits seit Beginn des Wirtschaftsjahres des jeweils einzubeziehenden Gruppenmitglieds besteht. Dabei sind steuerliche

---

[26] Vgl. öBMF-Schr. v. 23.02.2005, 010216/0031, IV/6/2005, Anm. 2.6.1. Für die vorhergehende Prüfung wird in Anlehnung an § 18 KStG unter einer ausländischen Gesellschaft eine mit Sitz und Geschäftsleitung im Ausland verstanden, vgl. 2. Teil, II. Kapitel, 4. a. S. 22.

[27] ÖBMF-Schr. v. 23.02.2005, 010216/0031, IV/6/2005, Anm. 2.5; a.A. V. Trenkwalder, SWK-Sonderheft 2004, S. 5, 8.

[28] Vgl. W. Wiesner/ G. Mayr, RdW 2004, 629.

[29] Durch die kapitalmäßige Beschränkung auf das gesellschaftsrechtliche Nennkapital kann Surrogatkapital (Partizipations- und Substanzgenusskapital) ebenso wenig wie eine Darlehensgewährung die finanzielle Verbindung vermitteln. Für die finanzielle Eingliederung waren eine 75%-ige Beteiligung und eine qualifizierte Stimmenmehrheit notwenig.

[30] Vgl. § 24 BAO, öBMF-Schr. v. 23.02.2005, 010216/0031, IV/6/2005, Anm. 4.1

[31] Vgl. ausführlich hierzu R. Kohlhauser/ P.Wette, SWK 2004, 830, 832.

Rückwirkungsfiktionen, beispielsweise von Beteiligungsübertragungen aufgrund des Umgründungsteuergesetzes, auch für die Gruppenbesteuerung maßgebend. Vermögensübertragungen innerhalb der Gruppe gelten nicht als Änderung ihrer Voraussetzungen, sofern die Unternehmensgruppe weiterhin finanziell verbunden bleibt, § 9 Abs. 9 TS 3 öKStG.[32]

a. Möglichkeiten der Herstellung einer finanziellen Verbindung

Während im Rahmen der bisherigen Organschaft nur unmittelbare Beteiligungen an der Organgesellschaft die finanzielle Eingliederung begründen konnten, werden für die Herstellung der finanziellen Verbindung nunmehr auch mittelbare Beteiligungen berücksichtigt.

Die finanzielle Verbindung kann dabei auf fünffache Weise begründet werden: Zunächst, indem die beteiligte Körperschaft unmittelbar mehr als 50% des Grund-, Stamm- oder Genossenschaftskapitals sowie der Stimmrechte der Beteiligungskörperschaft inne hat. Zweitens mittelbar über eine Personengesellschaft, drittens durch Kombination von unmittelbarer und mittelbarer Beteiligung über eine andere Mitgliedskörperschaft oder Personengesellschaft, viertens über mehrere mittelbare Beteiligungen und fünftens über eine Beteiligungsgemeinschaft, bei der ein (Kern-)Beteiligter zumindest über 40% und jeder weitere Gesellschafter über mindestens 15% der Anteile an Kapital- und Stimmrechten verfügen muss.[33]

Das Beteiligungserfordernis bei mittelbarer Beteiligung über eine Personengesellschaft[34] ist erfüllt, wenn die beteiligte Körperschaft unter Berücksichtigung der an der Personengesellschaft bestehenden Beteiligungsquote mehr als 50% des Grund-, Stamm- oder Genossenschaftskapitals und der Stimmrechte der Beteiligungskörperschaft besitzt. Die relevante Kapital- und Stimmrechtsmehrheit der mittelbar beteiligten Körperschaft ist dabei durchzurechnen, das heißt durch Multiplikation zu ermitteln. Zudem muss die Personengesellschaft beherrscht werden, um die Stimmrechtsmehrheit an der Beteiligungskörperschaft zu erreichen.[35] Die vermittelnde Personengesellschaft kann sowohl im Inland als auch im Ausland ansässig sein.

Beispiel 1: Ist ein Gruppenträger zu 75% Mitunternehmer einer Personengesellschaft, die ihrerseits 70% an der B-GmbH hält, beträgt die Beteiligung des Gruppenträgers (über die Personengesellschaft) an der B-GmbH (75 x 70) 52,5%.

---

[32] Vgl. öBMF-Schr. v. 23.02.2005, 010216/0031, IV/6/2005, Anm. 5.4. und 14.2.

[33] Eine Beteiligungsgemeinschaft kann daher maximal fünf Mitbeteiligte umfassen.

[34] Personengesellschaften sind die des Zivilrechts (z.B. die OHG, KG) und die stille Mitunternehmerschaft, ausführlich: W. Wiesner/ G. Mayr, RdW 2004, 491, 494 f.

[35] Dies ist i.d.R. bei einer über 50%-igen Beteiligung der Fall, es sei denn der Gesellschaftsvertrag sieht eine abweichende Stimmrechtsverteilung vor, vgl. W. Wiesner/ G. Mayr, RdW 2004, 629, 630.

Ist der Gruppenträger allerdings nur zu 50% an der Personengesellschaft beteiligt, die 90% der Anteile der Zielkörperschaft B-GmbH hält, scheitert die Zugehörigkeit zur Gruppe an der fehlenden Beherrschung der Personengesellschaft.

Beträgt die Beteiligung an der Personengesellschaft 60% und ist diese wiederum nur zu 60% an der B-GmbH beteiligt, ist der Gruppenträger nur zu (60 x 60) 36% an der B-GmbH beteiligt, sodass keine ausreichende finanzielle Verbindung besteht.[36]

Bei einer mittelbaren Beteiligung über eine Kapitalgesellschaft ist zu beachten, dass diese nicht selbst die Stimmrechts- und Beteiligungsmehrheit halten darf, § 9 Abs. 4 TS 3 öKStG. Andernfalls würde die finanzielle Verbindung zu dieser Kapitalgesellschaft bestehen. Die Beteiligungsquote wird ebenfalls im Wege der Multiplikation der Beteiligungen ermittelt.[37] Nach § 9 Abs. 4 TS 3 öKStG kann die finanzielle Verbindung auch durch Addition mehrerer mittelbarer Beteiligungen, beispielsweise über eine Personengesellschaft sowie über eine Mitgliedskörperschaft oder im Wege der Zusammenrechnung mittelbarer und unmittelbarer Beteiligungen, begründet werden.

Beispiel 2:
So kann das gesamte Ergebnis der B-GmbH dem Gruppenträger zugerechnet werden, wenn der Gruppenträger zu 25% direkt an der B-GmbH beteiligt ist und 75% an der A-GmbH hält, welche ihrerseits zu 40% an der B-GmbH beteiligt ist; der Gruppenträger ist zu 55% an der B-GmbH beteiligt (75 x 40 + 25). Weiterhin kann eine Gruppe mit der A-GmbH gebildet werden.[38]

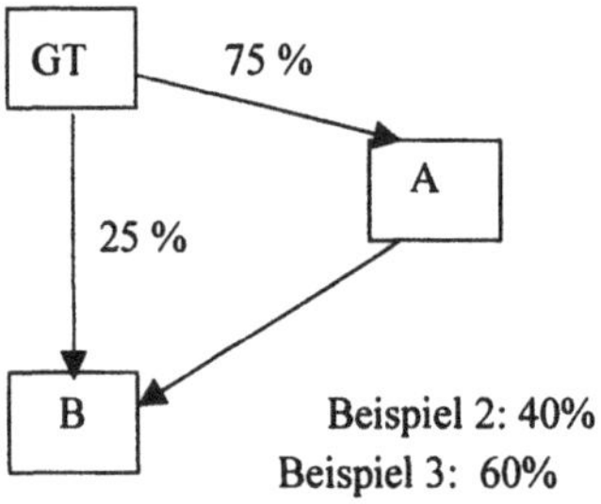

[36] Vgl. RV. Erl. zu Art 4, ÖStZ 2004, 133, 143.

[37] Vgl. RV. Erl. zu Art 4, ÖStZ 2004, 133, 143 f. Systematisch korrekt wäre im Falle einer Kapital- und Stimmrechtsmehrheit eine Durchrechnung ohne Multiplikation vorzunehmen, wie es die h.M. in Deutschland vertritt. Denn bei Einbeziehung einer Tochterkapitalgesellschaft in die Gruppenbesteuerung greift das Transparenzprinzip nicht ein, da gruppenfremden Minderheitsgesellschaftern kein Teil des Ergebnisses zugerechnet wird. Vgl. M.C. Stefaner/ P. Weninger, RWZ 2004, 296, 299.

[38] Vgl. W. Wiesner/ G. Mayr, RdW 2004, 629, 630; dies. RdW 2004, 491, 495.

Beispiel 3:
Ist die A-GmbH demgegenüber zu 60% an der B-GmbH beteiligt, besteht keine mittelbare Beteiligung des Gruppenträgers an der B-GmbH, da die A-GmbH selbst mit der B-GmbH finanziell verbunden ist. Es kann aber eine mehrstufige Gruppe gebildet werden, zunächst zwischen dem Gruppenträger und der A-GmbH als Beteiligungskörperschaft und des Weiteren zwischen der A-GmbH und der B-GmbH, bei der die A-GmbH als beteiligte Körperschaft zu qualifizieren ist.[39]

b. Finanzielle Beteiligung an einem ausländischen Gruppenmitglied

Im Gegensatz zur deutschen Organschaft kann eine Unternehmensgruppe auch ausländische Gruppenmitglieder umfassen. Voraussetzungen hierfür ist, dass die ausländische Gesellschaft mit einer inländischen Kapitalgesellschaft beziehungsweise Erwerbs- oder Wirtschaftsgenossenschaft vergleichbar und ausschließlich mit unbeschränkt steuerpflichtigen Gruppenmitgliedern oder dem Gruppenträger finanziell verbunden ist, § 9 Abs. 2 TS 2 öKStG.

Im Zusammenhang mit der Formulierung „ausschließlich ... finanziell verbunden“ stellt sich die Frage, ob die finanzielle Verbindung von mehr als 50% an einer ausländischen Körperschaft mittelbar über ein ausländisches Gruppenmitglied hergestellt werden kann. Zum einen könnte der Gesetzeswortlaut so zu verstehen sein, dass die finanzielle Verbindung eine ausschließliche, 100%-ige Beteiligung der inländischen Muttergesellschaft an der ausländischen Körperschaft erfordere. Eine andere Interpretationsmöglichkeit bestünde darin, dass nur unmittelbar gehaltene Beteiligungen an einer ausländischen Körperschaft zur Gruppenmitgliedschaft berechtigen, sodass die finanzielle Verbindung nicht mittelbar über ein ausländisches Gruppenmitglied hergestellt werden kann.[40] Drittens könnte sich das *ausschließlich* des § 9 Abs. 2 TS 2 öKStG aber auch auf das Erfordernis der finanziellen Verbindung des Abs. 4 in dem Sinne beziehen, dass die mehr als 50%-ige Beteiligung ausschließlich zu unbeschränkt steuerpflichtigen Gruppenmitgliedern oder dem Gruppenträger bestehen muss.[41] Demzufolge wäre das ausländische Gruppenmitglied erst bei einer mehr als 50%-igen Beteiligung eines ausländischen Gruppenmitglieds nicht ausschließlich mit einem unbeschränkt steuerpflichtigen Gruppenmitglied oder dem Gruppenträger finanziell verbunden.

Gegen die zuerst angeführte Auslegung, dass an dem Gruppenmitglied eine 100%-ige inländische Beteiligung bestehen muss, spricht, dass in § 9 Abs. 2 TS 2 öKStG von einer ausschließlich finanziellen Verbindung im Sinne des Abs. 4 die Rede ist. Dieser Verweis lässt sich für die dritte Auslegungsvariante anführen, nach welcher eine mehr als 50%-ige Beteiligung ausschließlich zu unbe-

[39] Vgl. zu Beispiel 2 und 3: RV. Erl. zu Art 4, ÖStZ 2004, 133, 144.
[40] Vgl. G. Mayr, RdW 2004, 246; K. Hirschler/ C. P. Schindler, IStR 2004, 505, 508.
[41] Vgl. R. Pernegger, ÖStZ 2005, 82, 83.

schränkt steuerpflichtigen Gruppenmitgliedern oder dem Gruppenträger bestehen muss. Daher ist es entgegen des Wortverständnisses *ausschließlich* nicht erforderlich, dass die betreffende ausländische Mitgliedskörperschaft zu 100% im Eigentum eines inländischen Gruppenmitglieds steht.

Auch die im Wege der zweiten Interpretationsmöglichkeit vorgenommene Gleichsetzung des Erfordernisses der *Ausschließlichkeit* mit einer *unmittelbaren* Verbindung vermag nicht zu überzeugen, da sie sowohl dem Gesetzeswortlaut als auch dem systematischen Zusammenhang mit dem Abs. 4 widerspräche, nach dem eine finanzielle Verbindung auch über mittelbare Beteiligungen hergestellt werden kann. Mithin ist die dritte Auslegungsvariante vorzuziehen.[42] Die finanzielle Verbindung muss mithin ausschließlich zu unbeschränkt steuerpflichtigen Gruppenmitgliedern oder dem Gruppenträger bestehen, um ausländische Tochtergesellschaften in die Gruppenbesteuerung einbeziehen zu können. Diese Auslegung entspricht auch der Gesetzesbegründung und der Ansicht der Finanzverwaltung.[43]

Folglich können sich ausländische Tochtergesellschaften, die mit einer ausländischen Körperschaft finanziell verbunden sind, nicht als Gruppenmitglied qualifizieren. Als übergeordnete Gruppenmitglieder kommen daher lediglich unbeschränkt steuerpflichtige Körperschaften in Betracht.[44] Da eine finanzielle Verbindung allerdings erst bei einer mehr als 50%-igen Beteiligung vorliegt, steht eine unterhalb dieser Schwelle liegende Beteiligung der ausschließlichen finanziellen Verbindung mit unbeschränkt steuerpflichtigen Gruppenmitgliedern oder dem Gruppenträger nicht entgegen, vielmehr können sie die finanzielle Verbindung zu ausländischen Beteiligungskörperschaften vermitteln.

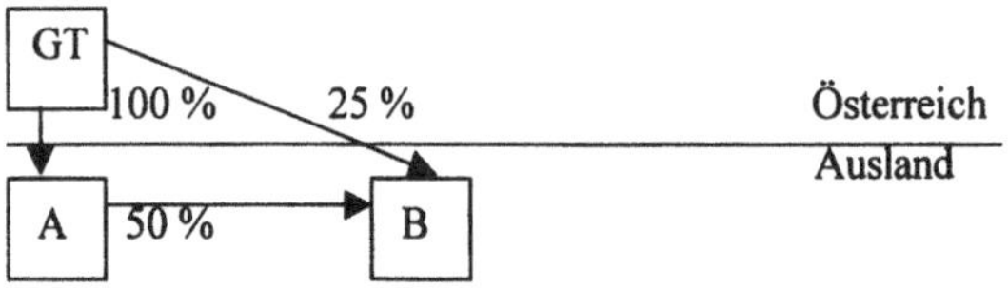

Ist der Gruppenträger zu 25% unmittelbar an der B-GmbH sowie zu 100% an der A-GmbH beteiligt und hält die A-GmbH höchstens 50% an Kapital und Stimmrechten der ausländischen B-GmbH, ist deren Einbeziehung möglich. In diesem Fall kann die A-GmbH dem inländischen Gruppenträger die Beteiligung an der B-GmbH vermitteln, sodass der Gruppenträger zu (25 + 50 x 100) 75% an der B-GmbH beteiligt ist. Wäre die A-GmbH zu mehr als 50% an der B-GmbH beteiligt, wäre die B-GmbH mit der A-GmbH finanziell verbunden und somit

[42] Vgl. R. Pernegger, ÖStZ 2005, 82, 83.

[43] Vgl. RV. Erl. zu Abs. 2, ÖStZ 2004, 133, 142; öBMF-Schr. v. 23.02.2005, 010216/0031, IV/6/2005, Anm. 2.6.2 und 4.3.10.

[44] Dies führt nicht unbedingt dazu, dass die Gruppenbildung im Ausland auf eine Ebene begrenzt ist, vgl. M.C. Stefaner/ P.J. Weninger, SWI 2005, 133, 137 ff.

nicht *ausschließlich mit unbeschränkt steuerpflichtigen Gruppenmitgliedern oder dem Gruppenträger.*[45]

Infolge der hier präferierten Auslegung kommt es auch für die Frage der Einbeziehung inländischer Enkelgesellschaften ausländischer Gruppenmitglieder in die Gruppenbesteuerung mit einem Gruppenträger darauf an, ob die ausländische Muttergesellschaft eine Mehrheitsbeteiligung an der inländischen Enkelgesellschaft hält. Ist das ausländische Gruppenmitglied zu maximal 50% an der inländischen Enkelgesellschaft beteiligt, steht diese Beteiligung einer Einbeziehung der inländischen Enkelin nicht entgegen, sondern kann dem inländischen Gruppenträger die notwendige finanzielle Verbindung an der inländischen Enkelgesellschaft vermitteln, § 9 Abs. 4 TS 3 öKStG.[46] Ist die ausländische Muttergesellschaft zu mehr als 50% an der inländischen Enkelgesellschaft beteiligt, wird die finanzielle Verbindung zur Großmuttergesellschaft unterbrochen, übergeordnetes Gruppenmitglied ist in diesem Fall eine ausländische Körperschaft. Da ausländische Gruppenmitglieder gemäß § 9 Abs. 2 öKStG nicht als beteiligte Körperschaften in Betracht kommen, kann eine mehrstöckige Gruppe nicht gebildet werden.

Mithin lässt sich konstatieren, dass wenn eine ausländische Muttergesellschaft die Kapital- und Stimmrechtsmehrheit an einer Enkelgesellschaft hält, diese ungeachtet dessen von der Unternehmensgruppe ausgeschlossen ist, sie im In- oder Ausland ansässig ist.[47]

Der österreichische Gruppenträger ist zu 100% an der ausländischen A-GmbH beteiligt. Diese wiederum ist zu 100% an der österreichischen C-GmbH und an der ausländischen B-GmbH beteiligt.

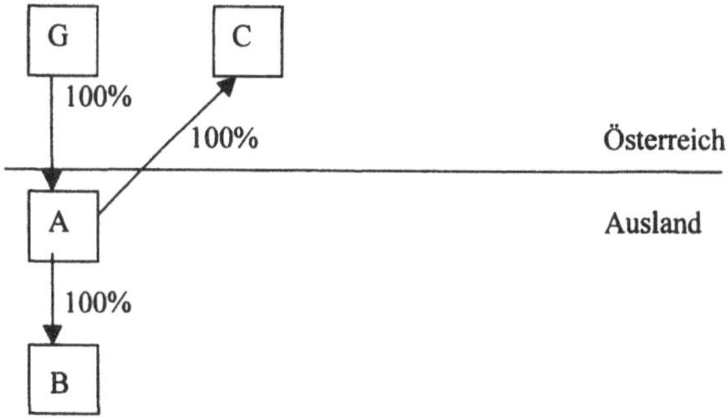

[45] ÖBMF-Schr. v. 23.02.2005, 010216/0031, IV/6/2005, Anm. 4.3.10; R. Pernegger, ÖStZ 2005, 82, 85.
[46] Vgl. W. Wiesner/ G. Mayr, RdW 2004, 491, 493; R Pernegger, ÖStZ 2005, 82, 84.
[47] ÖBMF-Schr. v. 23.02.2005, 010216/0031, IV/6/2005, Anm. 2.6.2. Anders noch RV. Erl. zu Abs. 4, ÖStZ 2004, 133, 144.

Eine Einbeziehung der C-GmbH in eine mehrstöckige Gruppe ist nicht möglich, da die A-GmbH über 50% an der C-GmbH hält, aber gemäß § 9 Abs. 2 öKStG nicht als beteiligte Körperschaft in Betracht kommt. Gleiches gilt in Bezug auf die B-GmbH. Die Bildung einer Gruppe zwischen dem Gruppenträger und der C-GmbH kommt nicht in Frage, da infolge der mehrheitsbeteiligten A-GmbH eine finanziellen Verbindung im Sinne des § 9 Abs. 4 KStG ausgeschlossen wird. Daher kann der Gruppenträger allein mit der A-GmbH eine Gruppe bilden.

Im rein nationalen Sachverhalt ist demgegenüber die Bildung einer mehrstöckigen Gruppe möglich: Ein finanziell mit dem Gruppenträger verbundenes Gruppenmitglied kann als sog. beteiligte inländische Körperschaft seinerseits zugleich Muttergesellschaft eines finanziell verbundenen weiteren Gruppenmitglieds, sog. Beteiligungskörperschaft, sein. Dies ist im Hinblick auf die Niederlassungsfreiheit als bedenklich zu werten.[48]

Bei doppelt ansässigen Gruppenmitgliedern ist bezüglich der Einbeziehung ausländischer Tochtergesellschaften zu differenzieren: Kapitalgesellschaften mit Sitz im Inland und Geschäftsleitung im Ausland können als unbeschränkt steuerpflichtige inländische Körperschaften im Sinne des § 9 Abs. 2 TS 1 öKStG Tochtergesellschaften mit Sitz und Geschäftsleitung im Ausland einbeziehen. Demgegenüber sind Kapitalgesellschaften mit Sitz im Ausland und Geschäftsleitung im Inland als ausländische unbeschränkt steuerpflichtige Körperschaften zu qualifizieren, sodass sie nicht als beteiligte Körperschaften in Betracht kommen und somit keine ausländischen Tochtergesellschaften in die Gruppe einbeziehen können, § 9 Abs. 2 öKStG.[49]

4. Gruppenantrag

Sind die persönlichen und sachlichen Voraussetzungen der Gruppenbesteuerung erfüllt, besteht ein Wahlrecht zur Gruppenbesteuerung, welches für jede Tochtergesellschaft getrennt mittels eines schriftlichen Gruppenantrags ausgeübt werden kann, § 9 Abs. 8 öKStG. Der Gruppenantrag ist von den gesetzlichen Vertretern des Gruppenträgers und der inländischen Gruppenmitglieder[50], bei Mehrmüttergruppen von allen Mitgliedern der Beteiligungsgemeinschaft[51] und den übrigen inländischen Gruppenmitgliedern zu unterzeichnen und muss nachweislich[52] vor dem Ende des Wirtschaftsjahres der Tochtergesellschaft für drei Wirtschaftsjahre abgeschlossen werden. Der Antrag muss durch den Gruppenträger innerhalb eines Kalendermonats nach Unterzeichnung durch den letzten

---

[48] Vgl. 4. Teil, IV. Kapitel, 3. b., S. 209 ff.

[49] Vgl. öBMF-Schr. v. 23.02.2005, 010216/0031, IV/6/2005, Anm. 2.5.

[50] Vgl. zur Genehmigungspflicht: V. Trenkwalder, SWK Sonderheft 2004, S. 3.

[51] Vgl. ausführlich: öBMF-Schr. v. 23.02.2005, 010216/0031, IV/6/2005, Anm. 8.2.2.

[52] Nachweislich bedeutet mit Beweis, vgl. §§ 166 ff öBAO.

gesetzlichen Vertreter bei seinem Körperschaftsteuer-Finanzamt gestellt werden.[53] Für Organschaften nach dem ehemaligen Regime sind Übergangslösungen vorgesehen.[54]

Der Antrag hat folgende Angaben zu enthalten: Eine Erklärung über die Gruppenbildung aller teilnehmenden Körperschaften, deren Beteiligungs- und Stimmrechtsverhältnisse sowie Wirtschaftsjahre und, dass eine Vereinbarung über einen Steuerausgleich getroffen wurde.

5. Vergleich zur deutschen Organschaft

Der Kreis der möglichen Organträger variiert in beiden Systemen insofern, als in Deutschland natürliche Personen und Personengesellschaften mit natürlichen Personen als Gesellschaftern einbezogen werden können, während in Österreich allein Körperschaften als Gruppenträger in Betracht kommen. Letztbenannte können jedoch eine Beteiligungsgemeinschaft in der Form einer Personengesellschaft bilden.[55]

Im Hinblick auf die Fähigkeit, sich als Gruppenmitglied beziehungsweise Organgesellschaft zu qualifizieren, sind zwei Unterschiede zwischen den Besteuerungsmodellen für die vorliegende Untersuchung von entscheidender Bedeutung: erstens, dass im Rahmen des österreichischen Konzepts auch ausländische Kapitalgesellschaften als Gruppenmitglieder in Betracht kommen, und zweitens, dass es keines Ergebnisabführungsvertrages mehr bedarf. Indem nunmehr lediglich eine körperschaftliche Rechtsform, eine finanzielle Verbindung sowie ein Antrag erforderlich sind, um eine Gruppe bilden zu können, erfolgt eine weitgehende Lösung vom Gesellschaftsrecht. Hierdurch wird auch Konzernen, die

---

[53] Die einzelnen Gruppenmitglieder haben ihrem Finanzamt die Gruppenbesteuerung lediglich mitzuteilen, § 9 Abs. 8 TS 5 öKStG. Nach Prüfung der Voraussetzungen erlässt das Finanzamt des Gruppenträgers einen Feststellungsbescheid gegenüber allen Körperschaften, die den Antrag unterschrieben haben. § 92 öBAO. Bei Nichtvorliegen der Voraussetzungen hat ein *Nichtfeststellungsbescheid* zu ergehen, bei teilweisen Vorliegen eine *Teilanerkennung.* Vgl. hierzu und bzgl. nachträglicher Änderungen in den Beteiligungsverhältnissen, des Eintritts oder des Ausscheidens W. Wiesner/ G. Mayr, RdW 2004, 491, 501.

[54] § 26c Z 3 öKStG ermöglicht einen nahtlosen Übergang in die Unternehmensgruppe, wenn der Antrag des Organträgers bis zum 31.12.2005 dem zuständigen Finanzamt übermittelt wird; unterbleibt die Antragstellung, erlischt die Organschaft. Ausführlich W. Wiesner/ G. Mayr, RdW 2004, 491, 501.

[55] Durch die Möglichkeit der Bildung einer Beteiligungsgemeinschaft können sich mehrere Unternehmen zur gemeinsamen Durchführung von Projekten zusammenschließen, wodurch auch Unternehmenskooperationen als Gruppenträger in Betracht kommen. Dies ist vor allem für die mittelständige Wirtschaft sehr bedeutend und ist daher als wirtschaftspolitisch vorteilhaft zu werten. Aus diesem Grunde wurde die Abschaffung der Mehrmütterorganschaft in Deutschland kritisiert, vgl. 2. Teil, I. Kapitel, 1. e., S. 15.

über keinen zentralistischen Aufbau verfügen, der Zugang zur Gruppenbesteuerung eröffnet.[56]

Demgegenüber sind im deutschen Organschaftsregime sowohl für die Erfüllung der Voraussetzungen als auch für die Durchführung des Gewinnabführungsvertrages in Bezug auf die Verlustübernahmepflicht sowie für die Ausgleichszahlungen an Minderheitsaktionäre und die Sicherheitsleistungen gesellschaftsrechtliche Vorschriften maßgebend. Die Gruppenbesteuerung ermöglicht daher im Vergleich mit dem deutschen Organschaftskonzept eine rein steuerliche, vom Gesellschaftsrecht gelöste und flexiblere Gestaltung der Konzernorganisation.

III. Rechtsfolge der Ergebniszurechnung

1. Methodik der Verlustverrechnung

Sind die Tatbestandsvoraussetzungen erfüllt, wird das steuerlich maßgebende Einkommen des jeweiligen Gruppenmitglieds dem Gruppenträger zugerechnet, § 9 Abs. 1 öKStG. Im Gegensatz zur handelsrechtlichen Ergebnisübernahme im Rahmen der deutschen und ehemaligen österreichischen Organschaft erfolgt bei der Gruppenbesteuerung lediglich eine Zurechnung der steuerlichen Einkommen zum Gruppenträger. Die handelsrechtlichen Ergebnisse der Mitglieder der Unternehmensgruppe bleiben – abgesehen vom Steuerausgleich – von der Gruppenbesteuerung unberührt. Daher sind offene und verdeckte Ausschüttungen an die Gesellschafter ebenso möglich wie Gesellschaftereinlagen.[57]

Technisch erfolgt eine zweistufige Gewinnermittlung: Zunächst hat jedes inländische Gruppenmitglied und der Gruppenträger das eigene Einkommen zu ermitteln und in einem zweiten Schritt ist dieses dem Gruppenträger zuzurechnen, § 9 Abs. 1 und Abs. 6 Z 2 öKStG. Dieser saldiert das ihm zugerechnete Einkommen aller Gruppenmitglieder mit dem eigenen Einkommen. Auf diese Weise wird auf Ebene des Gruppenträgers ein phasengleicher vertikaler sowie horizontaler Gewinn- und Verlustausgleich realisiert.

Im Rahmen der Ermittlung des Einkommen der Gruppenmitglieder im Sinne des § 7 Abs. 2 öKStG sind positive und negative gewerbliche Einkünfte innerhalb eines Kalenderjahres zu saldieren sowie Sonderausgaben und die Verlustausgleichsbeschränkungen, beispielsweise des § 2 öEStG, zu berücksichtigen. Demgemäß können negative Einkünfte aus sog. Verlustbeteiligungsmodellen oder aus Leasinggesellschaften, deren Unternehmensschwerpunkt im Verwalten unkörperlicher Wirtschaftsgüter oder in der gewerblichen Vermietung von Wirtschaftsgütern liegt, nur mit zukünftigen positiven Einkünften aus dieser

---

[56] Vgl. K.E. Bruckner, ÖStZ 2005, 227.

[57] Um Doppelbelastungen zu vermeiden, können Ausgleichsposten gebildet werden. Vollständige Gewinnausschüttungen oder die Übernahme von Verlusten sind im Gegensatz zum deutschen System nicht mehr nötig, vgl. 2. Teil, III. Kapitel, 4., S. 19 ff.

Betätigung oder diesem Betrieb verrechnet werden, § 2 Abs. 2a öEStG. Greifen diese Beschränkungen nicht ein, können betriebliche Verluste innerhalb derselben Einkunftsart ausgeglichen werden, sog. horizontaler Verlustausgleich.[58]

Des Weiteren sind die Regelungen über Auslandsverluste zu beachten. Wurde in einem DBA die Freistellungsmethode vereinbart, sind die Gewinnanteile, die abkommensgemäß keiner inländischen Besteuerung unterliegen, im Gegensatz zum deutschen § 15 KStG bereits bei der Einkommensermittlung des Gruppenmitglieds auszuscheiden.[59]

Das von jedem Gruppenmitglied ermittelte Einkommen, welches in der jeweils abzugebenden Körperschaftsteuererklärung ausgewiesen wird, ist allerdings nur für die behördliche Überprüfung bedeutsam. Auch der Gruppenträger hat sein Einkommen gemäß § 9 Abs. 6 Z 2 öKStG zunächst unabhängig mit der Maßgabe zu ermitteln, dass Sonderausgaben, insbesondere vortragsfähige Verluste, erst vom zusammengefassten Ergebnis abzuziehen sind. Dabei ist zu berücksichtigen, dass Abschreibungen auf den niedrigeren Teilwert von Beteiligungen an Gruppenmitgliedern nicht abzugsfähig sind, § 9 Abs. 7 Z 1 öKStG. Da die wertmindernden Verluste des Gruppenmitglieds an den Gruppenträger weitergeleitet und somit bereits auf diesem Wege steuerlich verwertet werden könnten, wird eine nochmalige Verlustberücksichtigung durch eine Teilwertabschreibung für nicht erforderlich gehalten.[60]

In einem zweiten Schritt ist das auf diese Weise ermittelte Einkommen dem Gruppenträger zuzurechnen, § 9 Abs. 6 Z 2 öKStG. Bei mehrstöckigen Gruppen wird das Einkommen des Gruppenmitglieds der finanziell beteiligten Körperschaft zugerechnet, welche das zugerechnete Einkommen mit dem zuvor individuell ermittelten eigenen Einkommen saldiert und wiederum dem finanziell verbundenen Gruppenmitglied beziehungsweise dem Gruppenträger – also der nächsten Ebene – zurechnet. Aufgrund dieses *Schneeballsystems* wird das Ergebnis der gesamten Gruppe letztendlich beim Gruppenträger erfasst.[61]

Unabhängig von der Beteiligungshöhe der Muttergesellschaft ist grundsätzlich das gesamte Einkommen zuzurechnen, § 9 Abs. 1 öKStG. Auch im Falle

---

[58] Bei Buchführungsverpflichteten kommt nur ein horizontaler Verlustausgleich in Betracht.

[59] Dieser Unterschied (Bruttomethode) erklärt sich daraus, dass sich in Deutschland auch natürliche Personen und Personengesellschaften mit natürlichen Personen als Gesellschaftern als Organträger qualifizieren können. Im Fall der Anrechnungsmethode erfolgt die Anrechnung beim Gruppenträger, da dieser das Gruppeneinkommen versteuert, vgl. ÖBMF-Schr. v. 23.02.2005, 010216/0031, IV/6/2005, Anm. 6.4.

[60] Vgl. öBMF-Schr. v. 23.02.2005, 010216/0031, IV/6/2005, Anm. 7.1.

[61] RV. Erl. zu Abs. 6, ÖStZ 2004, 133, 145. Da die Zurechnung zur jeweils beteiligten Körperschaft in dem Wirtschaftsjahr erfolgt, in welches der Bilanzstichtag der Beteiligungskörperschaft fällt, kann die endgültige Zurechnung zum Gruppenträger durch Planung erheblich verzögert werden, Z.B. bei abweichenden Wirtschaftsjahren, vgl. F. Althuber/ M. Mang, IWB Fach 5 Österreich Gruppe 2, S. 607, 612.

einer mittelbaren Beteiligung über eine Personengesellschaft beziehungsweise über mehrere Beteiligungskörperschaften erfolgt eine hundertprozentige Zurechnung des Einkommens des Gruppenmitglieds – beispielsweise zu der finanziell verbundenen beteiligten Körperschaft –, auch wenn es an einer unmittelbaren Beteiligung fehlt.[62] Von dieser Regel sind zwei Ausnahmen vorgesehen: Eine anteilige Zurechnung erfolgt in Bezug auf ausländische Gruppenmitglieder.[63] Gleiches gilt bei Vorliegen einer Beteiligungsgemeinschaft, in deren Rahmen das gesamte steuerliche Ergebnis des Gruppenmitglieds zunächst der Beteiligungsgemeinschaft zuzurechnen und sodann im Verhältnis der bestehenden Beteiligungen aufzuteilen ist.[64]

Die Summe aus den zugerechneten steuerlichen Ergebnissen der Gruppenmitglieder und dem Ergebnis des Gruppenträgers ist in der Folge beim Gruppenträger der Besteuerung zuzuführen.[65] Dabei wird die subjektive Steuerpflicht der in einer Unternehmensgruppe vereinigten Mitgliedskörperschaften nicht berührt. Objektiv sind sie jedoch infolge der steuerlichen Ergebniszurechnung, abgesehen von der Mindestkörperschaftsteuer, nicht mehr steuerpflichtig. Eine derartige Steuer ist für sämtliche Gruppenmitglieder vom Gruppenträger zu entrichten, wenn das Gesamteinkommen der Unternehmensgruppe – das heißt inklusive nicht mindestkörperschaftsteuerpflichtiger Unternehmen, wie Genossenschaften – unter dem Betrag liegt, der sich für alle mindestkörperschaftsteuerpflichtigen Gruppenmitglieder beziehungsweise den -träger nach § 24 Abs. 4 Z 1 bis 3 öKStG ergibt.[66]

2. Beschränkungen des Verlustvortrags

Ergibt die Saldierung der Einkommen einen Gesamtverlust, so kann dieser seitens des Gruppenträgers zeitlich unbegrenzt vorgetragen und unter Beachtung der Vorlustvortrags- beziehungsweise Verrechnungsbeschränkungen in späteren Veranlagungszeiträumen das Einkommen des Gruppenträgers nach Zurechnung der Einkommen der Gruppenmitglieder und deren Zusammenrechnung im Rahmen der Sonderausgaben mindern, §§ 9 Abs. 6 Z 2 öKStG, 8 Abs. 4 Z 1 öKStG, 18 Abs. 1 Z 1, 6, 7 öEStG. Ein Verlustrücktrag ist nicht vorgesehen.

---

[62] Vgl. Ist der Gruppenträger an vier Gruppenmitgliedern der A-,B-,C-,D-GmbH zu je 100% beteiligt und sind die vier Gruppenmitglieder ihrerseits zu 25% am Gruppenmitglied E-GmbH beteiligt, ist der Gruppenträger mit der E-GmbH finanziell verbunden, sodass ihm das Einkommen zu 100% zugerechnet wird.

[63] Vgl. 4. Teil, IV. Kapitel, 1. a., S. 198 ff.

[64] W. Gassner, SWK 2004, 476 f.

[65] Vgl. M. Tissot, SWK 2004, 412, 413.

[66] I.V.m. §§ 7 öAktG, 6 öGmbHG, vgl. W. Wiesner/ G. Mayr, RdW 2004, 629, 634.

a. Verlustvortragsgrenze

Der sich nach Zusammenrechnung der Einkommen des Gruppenträgers und der Gruppenmitglieder ergebende Betrag kann lediglich bis zu 75% um die vorgetragenen Verluste gekürzt werden, § 7 Abs. 2 öKStG i.V.m. § 2 Abs. 2b öEStG.[67] Die Verrechnungsgrenze kommt daher nur dann zur Wirkung, wenn der verrechenbare Verlust mehr als die Verrechnungsgrenze von grundsätzlich 75% der positiven Einkünfte ausmacht.[68] Die Verrechnungsbegrenzung ist allerdings insoweit nicht anzuwenden, als im Einkommen Sanierungs-, Veräußerungs- oder Aufgabegewinne enthalten sind.[69]

b. Vorgruppen- und Außergruppenverluste

Für die Behandlung sog. Vorgruppenverluste, also vortragsfähiger Verluste aus Zeiträumen vor Wirksamwerden der Unternehmensgruppe, kommt es darauf an, ob die Verluste bei den Gruppenmitgliedern oder dem Gruppenträger angefallen sind.

Bringt der Gruppenträger Verluste in die Gruppe ein, unterliegt deren Nutzung nur den oben aufgeführten Beschränkungen, sodass der Gruppenträger – ebenso wie im Rahmen der Organschaft – seine Vor- und Außergruppenverluste auch mit dem Gruppenergebnis verrechnen kann.

Vorgruppenverluste der Gruppenmitglieder können demgegenüber nur bis zur Höhe des eigenen Gewinns des jeweiligen Gruppenmitglieds verrechnet werden, bevor das steuerliche Ergebnis dem unmittelbar oder mittelbar beteiligten Gruppenmitglied beziehungsweise dem Gruppenträger zugerechnet wird, § 9 Abs. 6 Z 4 öKStG.[70] Mit dieser Regelung soll der Gefahr begegnet werden, dass verlusttragende Gesellschaften allein zum Zweck einer steuermindernden Verlustnutzung in die Gruppe einbezogen werden.[71]

In diesem Zusammenhang stellt sich die Frage, ob die Verlustvortragsgrenze des § 2 Abs. 2b öEStG auch auf die Vorgruppenverluste der Gruppenmitglieder Anwendung findet. Da § 9 Abs. 6 Z 4 öKStG von einer Verrechenbarkeit „bis zur Höhe des eigenen Gewinnes" im Sinne von nicht mehr als der eigene Gewinn spricht und auch die Gesetzesbegründung[72] von einer Verrechnung „in

---

[67] In Österreich ist mithin sowohl eine Mindeststeuer in dem Sinne vorgesehen, dass auch bei Verlusten Steuern zu zahlen sind, als auch eine der deutschen Regelung vergleichbare betragsmäßige Begrenzung, die zu einer zeitlichen Streckung von Verlustvorträgen führt.

[68] Beträgt der Verlustvortrag beispielsweise 5 Mio. € und die positiven Einkünfte der Gruppe im Veranlagungsjahr 10 Mio. €, liegt die Verrechnungsgrenze bei 7,5 Mio. € und der Verlustvortrag kann in voller Höhe verrechnet werden, vgl. Rd. 157a öKStR 2001.

[69] Hierneben sind die § 8 Abs. 4 öKStG und § 4 UmgrStG zu beachten.

[70] Vgl. RV. Erl. zu Abs. 6, ÖStZ 2004, 133, 146.

[71] Diese Gefahr besteht beim Gruppenträger nicht, da dieser nur *schwer austauschbar* ist.

[72] RV. Erl. zu Abs. 6, ÖStZ 2004, 133, 146; öBMF-Schr. v. 23.02.2005, 6.3.1

vollem Ausmaß" ausgeht, ist die Verlustvortragsgrenze auf Vorgruppenverluste im Gegensatz zur ehemaligen Organschaftsregelung nicht anwendbar.[73]

Auch Außergruppenverluste – das heißt vortragsfähige Verluste die umgründungsbedingt auf das Gruppenmitglied übergehen – dürfen nur von der aufnehmenden Gesellschaft mit zukünftigen Gewinnen ausgeglichen werden, § 9 Abs. 6 Z 4 öKStG.[74]

3. Mindestdauer und Ausscheiden

Die Unternehmensgruppe muss für einen Zeitraum von mindestens drei Jahren bestehen, das heißt ab Zustellung des Feststellungsbescheids muss das maßgebende Ergebnis von mindestens drei Wirtschaftsjahren, die jeweils 12 Monate umfassen, zugerechnet werden. Die Mindestdauer dient insbesondere dazu, unerwünschte Gestaltungen, wie den Kauf von Beteiligungen an insolvenzgefährdeten Unternehmen zur Verlustverwertung, zu unterbinden. Nach § 9 Abs. 9 öKStG hat jedes Gruppenmitglied und der Gruppenträger[75] das Recht zur Beendigung seiner Gruppenzugehörigkeit und kann dem Finanzamt gegenüber sein Ausscheiden erklären.[76]

Scheidet ein Gruppenmitglied während der Mindestdauer aus der Unternehmensgruppe aus, sind die steuerlich maßgebenden Verhältnisse herzustellen, die sich ohne Gruppenzugehörigkeit ergeben hätten, § 9 Abs. 10 öKStG[77]; die in den Vorjahren vorgenommene Einkommenszurechnung ist rückabzuwickeln. Verlässt ein inländisches Gruppenmitglied nach Ablauf der Dreijahresfrist die Unternehmensgruppe, berührt dies die Einkommenszurechnung während der Zeit der Gruppenzugehörigkeit nicht. Wird die Verlustgesellschaft beispielswei-

---

[73] Daher ermöglicht die Aufnahme einer über vortragsfähige Verluste verfügenden Körperschaft in die Gruppe eine 100%-ige Verrechnung der bestehenden Verlustvorträge unter Umgehung der 75%-Grenze.

[74] Keine Außergruppenverluste stellen vortragsfähige Verluste dar, die innerhalb der Unternehmensgruppe entstanden sind und umgründungsbedingt auf ein anderes Mitglied übergehen; für sie gelten die für Verlustvorträge geltenden Verrechnungsbeschränkungen, § 9 Abs. 6 Z 4 öKStG. Etwas anderes gilt für umgründungsbedingte Verlustübertragungen durch den Gruppenträger, diese können im Folgeveranlagungszeitraum bei der Einkommensermittlung wie laufende Verluste angesetzt werden, vgl. W. Wiesner/ G. Mayr, RdW 2004, 629, 631; W. Wiesner, RWZ 2005, 97.

[75] Das Ausscheiden des Gruppenträgers löst das Ende der Gruppe aus. Die Entscheidung, ob und inwieweit die Gruppenmitglieder eine oder mehrere neue Gruppen bilden, bleibt ihnen überlassen.

[76] Um ein einseitiges Vorgehen zu unterbinden, kann von dieser Regelung vertraglich abgewichen werden. Ist dieses Gruppenmitglied beteiligte Körperschaft und daher nicht auf unterster Ebene der Unternehmensgruppe, sind vom Ausscheiden auch die unter der ausscheidenden Körperschaft befindlichen Beteiligungskörperschaften betroffen, öBMF-Schr. v. 23.02.2005, 010216/0031, IV/6/2005, Anm. 9.2.

[77] Vgl. R. Kohlhauser, SWK 2004, 1277, 1280.

se veräußert, scheidet sie rückwirkend mit dem Beginn ihres Wirtschaftsjahres, in dem der Verkauf stattfindet, aus der Gruppenbesteuerung aus. Die Gesellschaft verliert damit ihre Verlustvorträge und muss hierfür eine Abgeltung in Form eines Steuerausgleichs erhalten.

4. Steuerausgleich

§ 9 Abs. 8 öKStG sieht als materielle Voraussetzung für die Anwendung der Gruppenbesteuerung die vertragliche Vereinbarung einer Steuerausgleichsregelung zwischen den finanziell verbundenen inländischen Körperschaften vor.

Zweck einer derartigen Vereinbarung, die auch als Steuerumlage bezeichnet wird[78], ist die verursachungsgerechte Aufteilung der beim Gruppenträger anfallenden Körperschaftsteuerbelastung für den gesamten Konzern.[79] Charakteristikum der Gruppenbesteuerung ist, dass die einzelnen Gruppenmitglieder zwar selbständig steuerpflichtig bleiben, der Gruppenträger aber das gesamte ihm zugerechnete Gruppenergebnis zu versteuern hat. Der Konzernsteueraufwand schlägt sich daher – auch soweit er auf Gewinne einzelner Tochtergesellschaften zurückzuführen ist – allein auf den Einzelabschluss des Gruppenträgers nieder. Umgekehrt mindern Verluste eines Tochterunternehmens die Steuerlast des Gruppenträgers und stehen auf Ebene des Gruppenmitglieds nicht mehr für einen Verlustabzug zur Verfügung. Um diese, dem allgemeinen Steuerrecht widersprechende, Verschiebung der Steuerlast auszugleichen, ist eine dahingehende vertragliche Regelung obligatorisch zu treffen. Im Antrag auf Gruppenbesteuerung ist zu erklären, dass eine Ausgleichsregelung vereinbart wurde.[80]

Die konkret erforderlichen Regelungsinhalte eines Steuerausgleichs werden jedoch weder gesetzlich bestimmt, noch müssen sie im Gruppenantrag angegeben werden. In Ansehung von § 9 Abs. 6 Z 5 öKStG, nach dem Steuerumlagen steuerneutral, das heißt beim Gläubiger nicht steuerpflichtig und beim Schuldner nicht abzugsfähig sind, richtet sich die Höhe des Steuerausgleich allein nach gesellschaftsrechtlichen Zulässigkeitskriterien.[81] Als Methodik, die Steuerbelastung sachgerecht auf die einzelnen Gruppenmitglieder und den Gruppenträger umzulegen, werden in Anlehnung an die deutsche *gewerbesteuerliche* Organschaft früherer Fassung die Belastungs- und die Verteilungsmethode sowie Kombinationsmöglichkeiten diskutiert.[82] (Dem Steuerausgleich kommt im

[78] § 9 Abs. 6 Z 5 öKStG.
[79] Vgl. z.B. F.J. Marx, DB 1996, 950, 951 ff.
[80] Deren Nichtbestehen wird mit der Aufhebung des Anerkennungsbescheids sanktioniert, sollte dies später erkannt werden. H. Zöchling/ F. Fraberger, SWK 2004, 703 ff.
[81] H. Zöchling/ F. Fragberger, SWK 2004, 703, 711.
[82] Bis VZ 2001 stellt sich in Deutschland die gleiche Problematik, da bei der gewerbesteuerlichen Organschaft kein Gewinnabführungsvertrag vorgesehen war.

Rahmen der deutschen körperschaftsteuerlichen Organschaft aufgrund des Gewinnabführungsvertrages lediglich geringe Bedeutung zu.[83])

Die Belastungsmethode fingiert die steuerliche Selbständigkeit der einzelnen Gruppenmitglieder, weswegen sich die Höhe einer Steuerumlage danach richtet, welchen Körperschaftsteuerbetrag das Gruppenmitglied zu zahlen gehabt hätte, wäre das Einkommen nicht dem Gruppenträger zugerechnet worden.[84]

Im Rahmen des Verteilungsverfahrens wird die tatsächlich angefallene Steuer qua Verteilungsschlüssel auf die Gruppenmitglieder umgelegt.[85] Verluste eines Gruppenmitglieds kommen auf diese Weise allen Gruppenmitgliedern zu Gute. Da allerdings lediglich eine Aufteilung der Körperschaftsteuer vorgesehen ist, erhält das seinen Verlustvortrag einbüßende Gruppenmitglied keine Ausgleichszahlungen. Aus diesem Grunde wird die Verteilungsmethode als unbillig empfunden und die Berechnung des Steuerumlagebetrags nach der Belastungsmethode zu Recht favorisiert.[86]

Im Hinblick auf letztbenanntes Verfahren ist aufgrund der Rechtsprechung des deutschen BGH[87] das Verbot der Einlagenrückgewähr zu beachten. Zwar ist nicht zweifelsfrei geklärt, ob diese Grundsätze in Österreich in gleicher Weise gelten. Mangels einschlägiger Rechtsprechung des österreichischen OGH wird hierauf jedoch Bezug genommen.[88] Nach Ansicht des deutschen BGH dürfen die Untergesellschaften nicht mit mehr Steuern belastet werden als die Obergesellschaft in der Summe zu entrichten hatte, sodass für den Fall des Ausscheidens der Untergesellschaft die Obergesellschaft die Differenz zu der tatsächlich gezahlten Steuer zu erstatten hat.[89] Im Lichte dieser Rechtsprechung ist auch während des Bestehens einer österreichischen Gruppe eine Ermittlung des Steuerumlagebetrages nach der Belastungsmethode zu präferieren. Verlässt ein Mitglied jedoch die Unternehmensgruppe, muss sichergestellt sein, dass allein

---

[83] Aufgrund des Gewinnabführungsvertrags bewirken Körperschaftsteuerumlagen nur eine Aufteilung des handelsrechtlichen Ergebnisses in eine Steuerumlage und das abzuführende Ergebnis, sodass die Summe des an den Organträger abzuführenden Betrags unverändert bleibt und die Umlage lediglich den Charakter einer vorweggenommenen Gewinnabführung hat, vgl. C. Bucek, GeS 2004, 323.

[84] Sog. *Stand-alone*-Methode, vgl. D. Kast/ A.F. Peter, DStZ 2003, 271 ff.

[85] Z.B. mittels der anteiligen Lohnsummen oder des Umsatzes.

[86] Vgl. das Beispiel von H.-H. Krebühl, DStR 2001, 1730, 1737.

[87] Vgl. BGH-Urt. v. 01.03.1999, II ZR 312/97, BGHZ 141, 79, 85 ff.

[88] Vgl. H. Zöchling/ F. Fraberger, SWK 2004, 703, 712 ff.; M. Sedlaczek/ M. Tissot, ÖStZ 2004, 536, 537 ff.; F. Althuber/ M. Mang, IWB Fach 5 Österreich Gruppe 2, S. 607, 614.

[89] Vgl. BGH-Urt. v. 01.03.1999, II ZR 312/97, BGHZ 141, 79, 85 ff. In diesem hat der BFH ausgeführt, dass eine Steuerumlage mit der eine Organgesellschaft von einem Organträger in einer isolierten Gewerbesteuerorganschaft (ohne Ergebnisabführungs- oder Beherrschungsvertrag) belastet wird, eine Zufügung eines Nachteils im qualifiziert faktischen Konzern darstellt, §§ 331, 317 AktG, wenn der Umlage kein tatsächlicher Steueraufwand gegenübersteht.

die tatsächlich vom Trägerunternehmen gezahlte Steuer umgelegt und ein eventueller Differenzbetrag erstattet wird.[90]

In bestimmten Konstellationen wird auch ein „gesellschaftsrechtlich begründeter Verzicht“ auf einen Steuerausgleich für zulässig gehalten, wenn dieser steuerlich dokumentiert ist.[91] Auch weitergeltende Ergebnisabführungsverträge stellen – ebenso wie neu abgeschlossene – eine taugliche Steuerumlagenvereinbarung dar.[92]

5. Vergleich zur deutschen Organschaft

Kerngedanke der Gruppenbesteuerung ist, dass die steuerlichen Ergebnisse finanziell verbundener Körperschaften zusammen besteuert werden, wodurch die Verrechnung der Gewinne und Verluste der einzelnen Gruppenmitglieder möglich ist. Dabei beruht das österreichische System – ebenso wie die deutsche und ehemalige österreichische Organschaft – auf der Zurechnungstheorie, das heißt die positiven und negativen Einkommen der Gruppengesellschaften sind dem Gruppenträger zuzurechnen und auf dessen Ebene zu saldieren sowie zu besteuern. Allerdings müssen die Gewinne des Gruppenmitglieds nicht mehr vom Gruppenträger übernommen und dessen Verluste nicht mehr abgedeckt werden, vielmehr sind die Einkommen der beteiligten Körperschaft allein buchmäßig zuzurechnen. Auf diese Weise trägt die Gruppenbesteuerung der Leistungsfähigkeit der finanziell verbundenen Unternehmen allein für die Zwecke des Steuerrechts Rechnung.

Aus Unternehmenssicht weist das österreichische System im Vergleich zur deutschen Organschaft einen weiteren Vorteil dadurch auf, dass Gruppenmitglieder Vorgruppenverluste mit eigenen Gewinnen verrechnen können und diese nicht wie in Deutschland für die Dauer der Organschaft *eingefroren* werden.[93]

Dabei beschränkt sich die neue österreichische Regelung – ebenso wie die deutsche Organschaft – auf den vertikalen Verlustausgleich von einem unteren Konzernmitglied zur Konzernspitze. In die umgekehrte Richtung ist ein Ausgleich nicht vorgesehen, genauso wenig wie zwischen Schwestergesellschaften.

Zusammenfassend kann die Gruppenbesteuerung aus Sicht der Anwendungsvoraussetzungen sowie der Rechtsfolgen als flexibles, den Anforderungen mo-

---

[90] Um eine Qualifikation als verdeckte Gewinnausschüttung wegen Unangemessenheit zu vermeiden. Vgl. BMF-Schr. v. 12.09.2002, IV A 2 – S 2742 – 58/02, DB 2002, 2571. Der BFH (Urt. v. 07.11.2001, I R 57/00, BStBl. II 2002, 369 f.) sieht bis zum Ergehen einer ausdrücklichen zivilrechtlichen Judikatur in der Wahl dieser Methode keine verdeckte Gewinnausschüttung. Ebenso: FG Köln-Urt. v. 11.04.2000, 13 K 2707/96, EFG 2000, 809; S. Simon, DStR 2000, 537; D. Kast/ A.F. Peter, DStZ 2003, 271, 273.

[91] ÖBMF-Schr. v. 23.02.2005, 010216/0031, IV/6/2005, Anm. 8.3.2, entgegen RV. Erl. zu Abs. 8, ÖStZ 2004, 133, 149.

[92] Vgl. öBMF-Schr. v. 23.02.2005, 010216/0031, IV/6/2005, Anm. 6.5.

[93] Vgl. 2. Teil, IV. Kapitel, 2. b., S. 38.

derner Konzernstrukturen weitgehend entsprechendes Besteuerungskonzept eingestuft werden, dem, insbesondere da nunmehr auch ausländische Verluste durch den inländischen Gruppenträger verwertet werden können, ein Vorbildcharakter für eine deutsche Reform zukommen sollte.

Die Regelungen der grenzüberschreitenden Verlustverrechnung sind im folgenden darzustellen.

IV. Grenzüberschreitende Verlustberücksichtigung

Aus gemeinschaftsrechtlicher Sicht waren die Hauptkritikpunkte an der österreichischen Organschaft deren Beschränkung auf in Österreich ansässige Gesellschaften und das Erfordernis des Ergebnisabführungsvertrages, welches Gesellschaften anderer Mitgliedstaaten, deren Gesellschaftsrecht keinen solchen Vertrag vorsah, faktisch von der Organschaft ausschloss.[94] Mit der Einbeziehung ausländischer Tochtergesellschaften, der Abschaffung des Ergebnisabführungsvertrages und der hierdurch möglichen grenzüberschreitenden Verlustverrechnung wurde im Rahmen der Gestaltung der neuen Gruppenbesteuerung auf diese Kritikpunkte reagiert. Zudem wurde die Berücksichtigung von Verlusten ausländischer Betriebstätten kodifiziert.

Daher sind im folgenden die Regelungen der österreichischen Gruppenbesteuerung zur grenzüberschreitenden Verlustverrechnung in Bezug auf ausländische Gruppenmitglieder (1) und ausländische Betriebstätten darzustellen (2), auf ihre Gemeinschaftsrechtskonformität hin zu überprüfen (3) und sodann zu bewerten (4). Inwieweit die übrigen Regelungen der Gruppenbesteuerung auf europarechtliche Bedenken stoßen, mag für die vorliegende Arbeit dahinstehen.[95]

1. Ausländische Gruppenmitglieder

a. Einführung einer grenzüberschreitenden Verlustverrechnung im Rahmen der Gruppenbesteuerung

Ziel der Einbeziehung ausländischer Gruppenmitglieder ist die Ermöglichung einer grenzüberschreitenden Verlustverrechnung, da eine Gewinnzurechnung schon aufgrund des fehlenden Besteuerungsrechts Österreichs ausgeschlossen ist. Um eine gewisse Gleichstellung von Auslandstochtergesellschaften und ausländischen Betriebstätten eines Steuerinländers zu bewirken, orientiert sich die Verlustzurechnung ausländischer Beteiligungsgesellschaften an der neu geschaffenen Regelung des § 2 Abs. 8 öEStG.[96]

---

[94] Vgl. M. Lang, ÖStZ 2003, 254, 256; M. C. Stefaner/ P.J. Weninger, SWI 2004, 441, 444.

[95] Z.B. die Beschränkung der Firmenwertabschreibung auf nationale Sachverhalte und dass bestimmte Rechtsträger nur bei unbeschränkter Steuerpflicht organträgerfähig sind, M. Lang, ÖStZ 2003, 254, 256.

[96] Diese geht auf die Rechtsprechung des Verwaltungsgerichtshofs zurück, vgl. unter (2.). Aufgrund des Verweises in § 7 Abs. 2 öKStG gilt die Norm auch für das öKStG.

Dabei sind die Verluste der ausländischen Gruppenmitglieder nach Maßgabe des österreichischen Rechnungslegungs- und Steuerrechts zu ermitteln. Vor dem Hintergrund, dass ausländische Körperschaften sowohl nach ausländischem als auch nach österreichischem Recht zur Ermittlung ihrer Ergebnisse verpflichtet sind, könnte sich diese Regelung in gemeinschaftsrechtlicher Hinsicht als problematisch erweisen.[97]

Im Rahmen der Berechnung der Verlusthöhe ist die Gewinnermittlungsart einschlägig, die für eine vergleichbare Körperschaft im Inland maßgebend wäre. Die Ermittlung erfolgt durch Umrechnung des handelsrechtlich ordnungsmäßig – beispielsweise nach IFRS oder US-GAAP – ermittelten Ergebnisses des ausländischen Gruppenmitglieds zum Umrechnungskurs am Bilanzstichtag in ein nach inländischem Steuerrecht ermitteltes Ergebnis, § 9 Abs. 6 Z 6 öKStG. Liegen keine nach vergleichbaren handelsrechtlichen Vorschriften ermittelten Ergebnisse vor, trifft das ausländische Gruppenmitglied die Pflicht, die Glaubwürdigkeit der ausländischen Abschlüsse als Grundlage für die Umrechnung zu dokumentieren und den Umfang der verrechenbaren Auslandsverluste nachzuweisen. Bei der Ergebnisumrechnung in innerstaatliches Recht ist das Maßgeblichkeitsprinzip zu beachten und ausländische handelsrechtliche Wahlrechte, die österreichischen entsprechen, sind auch für die steuerliche Gewinnermittlung nach österreichischem Recht bindend.[98] Zudem sind die Regelungen, wie beispielsweise die Steuerfreiheit von Beteiligungserträgen oder Schachtelerträgen nach § 10 öKStG anzuwenden.[99] Bestehen Beziehungen zu verbundenen Unternehmen, sind die OECD-Verrechnungspreisgrundsätze anzuwenden. Das Ergebnis des Auslandsmitglieds ist folglich in gleicher Weise wie das einer inländischen Kapitalgesellschaft oder Genossenschaft zu ermitteln.[100] Es ist durch die inländische Abgabenbehörde zu kontrollieren.

Ergibt sich nach den einschlägigen österreichischen Gewinnermittlungsvorschriften ein Gewinn, beispielsweise wenn der ausländische Verlust allein auf einer im Ausland bestehenden Investitionsförderung beruht, ist eine Berücksichtigung des nach ausländischem Recht ermittelten Verlusts im Rahmen der Gruppenbesteuerung nicht möglich.[101] Ergibt die Umrechnung hingegen nach einschlägigen österreichischen Vorschriften einen Verlust, ist dieser bei der Mitgliedskörperschaft unabhängig davon anzusetzen, ob nach ausländischen Vorschriften ein Gewinn ermittelt wurde.

---

[97] 4. Teil, IV. Kapitel, 3. c., S. 211 f.

[98] Vgl. öBMF-Schr. v. 23.02.2005, 010216/0031, IV/6/2005, Anm. 6.3.1.

[99] W. Wiesner/ G. Mayr, RdW 2004, 629, 631; vor dem AbgÄG: dies., RdW 2004, 491, 496.

[100] Vgl. R. Pernegger, ÖStZ 2005, 82, 85.

[101] Vgl. Erl. zur RV Art II Abs. 6, ÖStZ 2004, 133, 146.

b. Umfang der Verlustberücksichtigung

Ausländische Verluste sind im Gegensatz zu den Ergebnissen inländischer Gruppenmitglieder nicht zu 100%, sondern nur anteilig – im Ausmaß der Beteiligung – dem inländischen Gruppenträger zuzurechnen. Diese Differenzierung könnte einen Verstoß gegen die Niederlassungsfreiheit nach Art 43, 48 EGV begründen.[102]

Fraglich ist, ob im Rahmen der Ermittlung der Höhe der zuzurechnenden Verluste der ausländischen Körperschaft neben unmittelbaren Beteiligungen auch mittelbare Beteiligungen über ausländische Gruppenmitglieder eingerechnet werden können. Der Wortlaut des § 9 Abs. 6 Z 6 öKStG, der eine Zurechnung „im Ausmaß der Beteiligungen aller beteiligten Gruppenmitglieder einschließlich des beteiligten Gruppenträgers" vorsieht und keine Einschränkung auf inländische Körperschaften vornimmt, spricht für deren Berücksichtigung. Auch aus systematischen Gründen sind vermittelnde Beteiligungen über ausländische Gruppenmitglieder für die Zwecke der Verlustzurechnung ebenso zu behandeln, wie im Rahmen der Frage, ob eine finanzielle Verbindung besteht. Sie sind folglich zu berücksichtigen. Für die Berechnung der Höhe des über mittelbare Beteiligungen zuzurechnenden Verlusts ist der Umfang der Beteiligung der vermittelnden Gesellschaft maßgebend.[103] Folglich sind Abweichungen zwischen den zuzurechnenden negativen Einkünften und dem für die finanzielle Verbindung erforderlichen durchgerechneten Beteiligungsausmaß möglich, die anhand des folgenden Beispiels illustriert werden sollen:

Beispiel:
Ein Gruppenträger ist an einer ausländischen Beteiligungsgesellschaft (C-GmbH) wie folgt beteiligt: Zunächst hält er 10% der Anteile unmittelbar. Darüber hinaus ist er zu 100% an der A-GmbH beteiligt, die wiederum zu 40% an der ausländischen Beteiligungsgesellschaft (C-GmbH) beteiligt ist. Des Weiteren hält der Gruppenträger 60% der B-GmbH, die ihrerseits 25% an der C-GmbH hält. Folglich ist der Gruppenträger zu 65% beteiligt (10% unmittelbar, 40% und 15% (60x25) mittelbar).

Da für die Ermittlung der Höhe des über mittelbare Beteiligungen zuzurechnenden Verlusts die vermittelte Beteiligungshöhe, also die 25%-ige Beteiligung der B-GmbH, maßgebend ist, ergibt sich eine Verlustberücksichtigung beim Gruppenträger i.H.v. 75% (10 + 40 + 25). Erleidet die C-GmbH einen Verlust i.H.v. € 1.000 sind dem Gruppenträger € 750 zuzurechnen.[104]

---

[102] 4. Teil, IV. Kapitel, 3. a., S. 207.
[103] Vgl. R. Pernegger, ÖStZ 2005, 82, 86; M. Tissot, SWK 2004, 412, 414, 415.
[104] RV. Erl. zu Abs. 6, ÖStZ 2004, 133, 147.

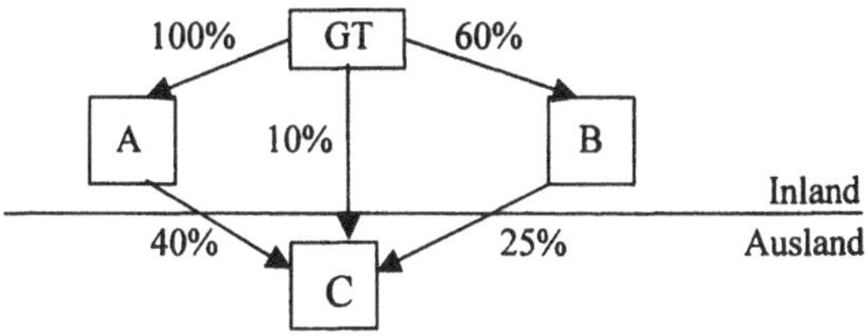

Erzielt die ausländische Körperschaft neben ihren ausländischen auch inländische Betriebstätteneinkünfte, unterbleibt nach den Gesetzeserläuterungen und der Ansicht der Finanzverwaltung eine Zusammenrechnung, sog. Isolationstheorie.[105] Vielmehr sind inländische Betriebstättenergebnisse in die Gruppenbesteuerung einzubeziehen, inländische außerbetriebliche Einkünfte bleiben außer Ansatz und werden im Rahmen der beschränkten Steuerpflicht und der Verlustermittlung des ausländischen Gruppenmitglieds nach § 2 Abs. 8 öEStG erfasst.[106]

Die Zurechnung inländischer Betriebstättenergebnisse zur beteiligten Körperschaft unabhängig von dem Ergebnis des ausländischen Gruppenmitglieds ist aus Gründen der Niederlassungsfreiheit geboten.[107] Fraglich ist jedoch, ob eine dahingehende Regelung in den Gesetzeserläuterungen den gemeinschaftsrechtlichen Anforderungen genügt.[108] In Ansehung des Wortlauts bei nicht unbeschränkt steuerpflichtigen ausländischen Gruppenmitgliedern sind nur die Verluste zuzurechnen, der die Regelungen der Isolationstheorie nicht trägt, und unter Berücksichtigung des Umstandes, dass der EuGH bezüglich potenziell gegen Gemeinschaftsrecht verstoßender Regelungen fordert, dass diese durch gesetzliche Regelungen desselben Ranges geändert werden müssen[109], ist eine Verankerung der Isolationstheorie allein in den Gesetzeserläuterungen als unzureichend zu qualifizieren. Folglich bedarf die Bestimmung der Zurechnung inländischer Betriebstättenergebnisse zum inländischen beteiligten Gruppenmitglied beziehungsweise dem Gruppenträger, unabhängig vom Ergebnis des ausländischen Gruppenmitglieds, einer Kodifizierung.

c. Ausschluss der Verlustverrechnung

Wird nach ausländischem Abgabenrecht ebenfalls ein Verlust ermittelt und kann dieser bereits im betreffenden Jahr verrechnet werden, scheidet eine Berücksichtigung im Inland aus, da Verlustzurechnung und Nachversteuerung zusam-

---

[105] RV. Erl. zu Abs. 6, ÖStZ 2004, 133, 146; öBMF-Schr. v. 23.02.2005, 010216/0031, IV/6/2005, Anm. 6.6.1.

[106] Vgl. öBMF-Schr. v. 23.02.2005, 010216/0031, IV/6/2005, Anm. 6.6.1.

[107] 3. Teil, II. Kapitel, 6., S. 145 ff.

[108] Dies offenlassend: M.C. Stefaner/ P.J. Weninger, SWI 2004, 441, 445 f.

[109] EuGH-Urt. v. 26.10.1995, Rs. C-151/94, *Biehl II*, EuGHE 1995, I-3685.

menfallen.[110] Eine solche Verrechnung ist bei Bestehen eines ausländischen Verlustrücktrags oder bei Umgründungen denkbar.

Steht ein ausländisches Gruppenmitglied seinerseits an der Spitze einer ausländischen Gruppe, ist zunächst fraglich, ob der Verlust des ausländischen Gruppenmitglieds oder der Verlust der gesamten ausländischen Gruppe zuzurechnen ist und zweitens, wie sich eine Verlustverrechnung im Ausland auf das Inland auswirkt. Nach dem Wortlaut des § 9 Abs. 2 öKStG kommt es für die Einbeziehung in die österreichische Gruppenbesteuerung auf die Vergleichbarkeit mit einer inländischen Kapitalgesellschaft sowie Erwerbs- oder Wirtschaftsgenossenschaft an. Vergleichbar ist aber nur die Körperschaft als solche. Eine ausländische Gruppe kann daher nicht mit einer inländischen Gesellschaft verglichen werden. Folglich ist nur der eigene Verlust des ausländischen Gruppenmitglieds zuzurechnen.[111] Eine sofortige Verlustverrechnung im Ausland mit Gewinnen der Gruppenmitglieder infolge einer Einbindung in ein Gruppenbesteuerungssystem ist als Verrechnungsmöglichkeit im Sinne des Nachversteuerungstatbestandes gemäß § 9 Abs. 6 Z 6 öKStG zu qualifizieren, sodass Verlustverrechnung und Nachversteuerung zusammenfallen und sich gegenseitig aufheben.[112]

d. Nachversteuerung

aa. Voraussetzungen der Nachversteuerung

Erwirtschaftet das ausländische Gruppenmitglied in späteren Veranlagungszeiträumen Gewinne und können diese im Ausland mit vorgetragenen Verlusten verrechnet werden, kommt es im Ausland zu einer Verlustverwertung beziehungsweise es entsteht eine Verrechnungsmöglichkeit. Um eine doppelte Verlustberücksichtigung – im Wirtschaftsjahr ihrer Entstehung bei der finanziell verbundenen beteiligten Körperschaft oder dem Gruppenträger und im Zeitpunkt des Verlustabzugs von späteren Gewinnen im Ausland – zu verhindern, ist gemäß § 9 Abs. 6 Z 6 öKStG eine Nachversteuerung vorgesehen. Diese erfolgt durch Hinzurechnung der im Ausland verrechneten Gewinne bei der beteiligten Körperschaft beziehungsweise dem Gruppenträger, bei dem die unmittelbare Verlustverrechnung erfolgt ist. Ist das Gruppenmitglied bereits ausgeschieden, erfolgt eine Zurechnung beim Gruppenträger.[113]

Neben der Gewinnverrechnung im Ausland ist als weiterer Nachversteuerungstatbestand das Ausscheiden der ausländischen Verlustgesellschaft aus der Unternehmensgruppe vor vollständiger Gegenverrechnung der Verluste vorge-

---

[110] Vgl. öBMF-Schr. v. 23.02.2005, 010216/0031, IV/6/2005, Anm. 6.6.4.

[111] Ausländische Gruppen können folglich nicht der österreichischen Unternehmensgruppe angeschlossen werden. Dazu W. Wiesner/ G. Mayr, RdW 2004, 491, 493.

[112] Vgl. W. Wiesner/ G. Mayr, RdW 2004, 629, 632.

[113] Vgl. RV. Erl. Abs. 6, ÖStZ 2004, 133, 147.

sehen, § 9 Abs. 6 Z 6 öKStG. In dem jeweiligen Wirtschaftsjahr sind daher sämtliche noch nicht verrechnete Verluste gewinnerhöhend anzusetzen.[114] Eine betragsmäßige Begrenzung der Nachversteuerung in Höhe der im Ausland tatsächlich verwerteten Verluste ist im Gegensatz zum Gewinnverrechnungstatbestand nicht vorgesehen. Zu einer Nachverrechnung infolge des Ausscheidens kommt es jedoch nur bei Ablauf der dreijährigen Mindestdauer der Gruppenzugehörigkeit; innerhalb der drei Jahresfrist ist die Berücksichtigung der ausländischen Verluste im Wege der Veranlagung oder der Wiederaufnahme des Verfahrens rückgängig zu machen, § 9 Abs. 10 öKStG.[115]

Ein Ausscheiden ist infolge einer Veräußerung der Beteiligung oder einem Absinken der Beteiligungsschwelle von mehr als 50% möglich.[116] In Anbetracht des Umstandes, dass das Verlassen der Unternehmensgruppe durch inländische Gruppenmitglieder keine sofortige Nachversteuerung auslöst, begegnen dieser Regelung Bedenken in europarechtlicher Hinsicht.[117]

Geht das ausländische Gruppenmitglied umgründungsbedingt, das heißt durch Verschmelzung, Umwandlung oder Aufspaltung unter, ist zu unterscheiden: Ist der ausländische Rechtsnachfolger ein Mitglied der Gruppe und kann bei ihm im Falle späterer Gewinne eine Nachversteuerung vorgenommen werden, ist kein Ausscheiden im Sinne des § 9 Abs. 6 Z. 6 öKStG anzunehmen. Bei grenzüberschreitenden Umgründungen auf inländische Angehörige der Unternehmensgruppe und in den übrigen Fällen ist keine durch spätere Gewinne veranlasste Nachversteuerung möglich. Mithin scheidet die ausländische Körperschaft aus der steuerlichen Gruppe aus und eine sofortige Nachversteuerung ist vorzunehmen.[118]

bb. Umfang der Nachversteuerung

Die Höhe des nachzuversteuernden Betrages ist in dreifacher Hinsicht beschränkt: Zunächst auf den im Inland angesetzten Verlust, zweitens auf die Höhe, in welcher es im Ausland zu einer Verrechnung mit Gewinnen gekommen ist

---

[114] Das Gesetz bestimmt nicht, bei welcher Gesellschaft die Gewinnzurechnung zu erfolgen hat. Aufgrund des systematischen Zusammenhangs ist dies die Gesellschaft, der in früheren Jahren der Verlust zugerechnet wurde, K. Hirschler/ C.P. Schindler, IStR 2004, 505, 511.

[115] Vgl. R. Pernegger, ÖStZ 2005, 82, 87

[116] Im Falle einer teilweisen Beteiligungsveräußerung ist nach dem Wortlaut des § 9 Abs. 6 Z 6 öKStG zwar solange keine Nachversteuerung vorgesehen, wie die finanzielle Beteiligung erhalten bleibt. Sinn und Zweck der Norm, eine quotale Zurechnung der ausländischen Verluste zu ermöglichen, erfordern jedoch die Verminderung der Beteiligungsquote als Teilausscheiden zu werten und eine aliquotale Nachversteuerung vorzunehmen; wäre das Beteiligungsausmaß schon zu Beginn niedriger gewesen, wären auch nur die niedrigeren – aliquoten – Verluste zugerechnet worden. Im Ergebnis ebenso: öBMF-Schr. v. 23.02.2005, 010216/0031, IV/6/2005, Anm. 6.6.4.2; W. Wiesner/ G. Mayr, RdW 2004, 455, 497.

[117] 4. Teil, IV. Kapitel, 3. d., S. 212.

[118] Vgl. W. Wiesner/ G. Mayr, RdW 2004, 629, 632.

und drittens durch das Beteiligungsausmaß des finanziell verbundenen Gruppenträgers.[119]

Indem die Nachversteuerung in Österreich durch die nach ausländischem Recht bemessene und zulässige Verlustberücksichtigung begrenzt ist, richtet sie sich nach formalem ausländischen Steuerbilanz- und Verlustvortragsrecht. Wurde im Ausland aufgrund abweichender Gewinnermittlungsvorschriften statt des Verlusts ein Gewinn ermittelt oder sollte das ausländische Steuerrecht keinen Verlustvortrag vorsehen, unterbleibt eine Nachversteuerung in Österreich. Gleiches gilt für den Fall, dass die Verlustverwertungsmöglichkeit im Ausland beispielsweise wegen Ablaufs der Verlustvortragsfrist entfällt.[120] Divergenzen zwischen dem nach österreichischem und ausländischem Steuerrecht ermittelten Verlustbetrag, die in Österreich zu einer im Vergleich zum Ausland höheren Verlustverrechnung führen – beispielsweise aufgrund von strengeren Gesellschafterfremdfinanzierungsregeln – lösen insoweit keine Nachversteuerung in Österreich aus.[121]

Beispiel:
Der in Österreich unbeschränkt steuerpflichtige Gruppenträger erzielt in Österreich in den VZ 01 und 02 Inlandseinkünfte in Höhe von jeweils 100 Mio. €. Das mit ihm finanziell verbundene ausländische Gruppenmitglied A-GmbH erleidet im VZ 01 einen Verlust in Höhe von 20 Mio. €, der nach österreichischem Recht 50 Mio. € beträgt, und im VZ 02 einen Gewinn von 50 Mio. €.

Im VZ 01 beträgt die inländische Summe der Einkünfte 50 Mio. € (100 – 50). Aufgrund des Verlustvortrags im Ausland erfolgt im VZ 02 eine Verlustverrechnung i.H.v. von 20 Mio. € (50 - 20). Daher kann es im Inland auch nur zu einer Nachversteuerung i.H.v. 20 Mio. €, also zu einer Summe der Einkünfte i.H.v. 120 Mio. €, kommen. Dieses Beispiel zeigt, dass der durch die Bemessungsgrundlagendifferenz im VZ 01 verursachte geringere ausländische Verlustvortrag die Nachversteuerung in Österreich begrenzt.

Im Falle des Untergangs des ausländischen Gruppenmitglieds infolge von Insolvenz oder Liquidation ist der Nachversteuerungsbetrag unter der Voraussetzung zu kürzen, dass es zu einem „tatsächlichen und endgültigen Vermögensverlust"

---

[119] ÖBMF-Schr. v. 23.02.2005, 010216/0031, IV/6/2005, Anm. 6.6.2. Verfügt ein ausländisches Gruppenmitglied über Verlustvorträge sowohl aus der Vorgruppenzeit als auch aus der Gruppenzeit und sieht das ausländische Recht eine vorrangige Verrechnung laufender Gewinne mit Verlustvorträgen aus der Vorgruppenzeit vor, ist eine Nachversteuerung im Inland erst möglich, wenn die Vorgruppenverluste *aufgebraucht* sind und die aus der Gruppenzeit stammenden Verluste im Ausland verrechnet wurden.

[120] Vgl. G. Gahleitner/ G. Furherr, DK 2005, 129, 133.

[121] Da hinsichtlich dieser Differenz zwischen den im Inland angesetzten höheren Verlusten keine Verlustdoppelverwertung erfolgt. Vgl. RV. Erl. zu § 2 Abs. 2c EStG, StRefG 2005.

gekommen ist, § 9 Abs. 6 Z 6 öKStG. Diese Regelung soll eine Umgehung der Nachversteuerung durch eine gezielte Liquidation ausländischer Gruppenmitglieder ohne Vermögensverlust verhindern.[122] Die Kürzung des Nachversteuerungsbetrages ist in Höhe der „während der Gruppenzugehörigkeit nicht steuerwirksamen Teilwertabschreibung" vorzunehmen. Die Regelung lässt sich systematisch wie folgt begründen: Nach Maßgabe des § 9 Abs. 7 öKStG sind Teilwertabschreibungen auf Gruppenbeteiligungen nicht abzugsfähig[123], da die Verlustzuweisung an die Stelle der Teilwertabschreibung tritt. Bei ausländischen Gruppenmitgliedern ist im Gegensatz zum Inlandsfall nur eine vorläufige – unter dem Vorbehalt der Erfüllung des Nachversteuerungstatbestandes stehende – Verlustverrechnung vorgesehen. Wird die Steuerwirkung vorangegangener Verlustzuweisungen im Zeitpunkt des Ausscheidens durch die Nachversteuerung wieder neutralisiert, ist es sachgerecht, die Zuschreibungsbeträge bei Auslandsbeteiligungen um eine ansonsten mögliche Teilwertabschreibung zu kürzen.[124] Dabei kann der bei einem Ausscheiden von ausländischen Gruppenmitgliedern zuzurechnende Betrag höchstens bis auf Null gekürzt werden.

e. Gruppenantrag und Verlusterklärung

Die steuerliche Situation, insbesondere das Verlustvortragsrecht ausländischer Gruppenmitglieder in ihrem Ansässigkeitsstaat, wird infolge ihrer Einbeziehung in die österreichische Unternehmensgruppe nicht tangiert. Da sich mithin keine steuerlichen Auswirkungen ergeben, ist weder eine Unterschrift des Gruppenantrags erforderlich noch bedarf es einer Regelung über den Steuerausgleich. Ausländische Gruppenmitglieder sind im Gruppenantrag nur zu benennen. Unterhalten diese jedoch eine inländische Betriebstätte, deren Ergebnisse getrennt von der Erfassung der ausländischen Verluste der beteiligten inländischen Körperschaft beziehungsweise dem Gruppenträger zuzurechnen sind, erscheint sowohl eine Unterschrift des ausländischen Gruppenmitglieds als auch die Vereinbarung eines Steuerausgleichs erforderlich.[125]

Die Erklärung des Vorliegens eines zurechenbaren Verlusts sowie dessen Nachweis anhand des ausländischen Bilanzergebnisses und den Grundlagen für die Umrechnung auf einen nach innerstaatlichem Recht ermittelten Einkünftebetrag obliegt der inländischen beteiligten Körperschaft beziehungsweise dem

[122] Die ursprünglichen Fassung verzichtete noch auf eine Nachversteuerung im Falle des Untergangs, vgl. RV. Erl. zu § 9 Abs. 6, AbgÄG 2004, ÖStZ 2004, 515.

[123] Dies gilt unabhängig von der Option zur Steuerwirksamkeit nach § 10 Abs. 3 öKStG. Denn für Auslandsbeteiligungen besteht die Wahlmöglichkeit die Beteiligung entweder steuerverhangen oder steuerneutral zu behandeln, vgl. § 10 Abs. 3 öKStG; R. Kohlhauser, SWK 2004, 1277, 1281.

[124] Vgl. K. Hirschler/ C.P. Schindler, IStR 2004, 505, 511.

[125] Vgl. öBMF-Schr. v. 23.02.2005, 010216/0031, IV/6/2005, Anm. 8.1.

Gruppenträger im Rahmen der erhöhten Mitwirkungspflicht bei Auslandsbeteiligungen.[126]

2. Ausländische Betriebstätten

a. Grenzüberschreitende Verlustverrechnung

Im Rahmen des Steuerreformgesetzes 2005 ist die vom österreichischen Verwaltungsgerichtshof (öVwGH) in seinem grundlegenden Erkenntnis vom 25. September 2001[127] für Recht erkannte Berücksichtigung ausländischer Betriebstättenverluste in § 2 Abs. 8 öEStG gesetzlich verankert worden.[128] Dieser hatte seine bis dahin langjährig – und von der deutschen Judikatur und Finanzverwaltung noch immer – vertretene Rechtsauffassung aufgegeben, wonach im Ausland erwirtschaftete Verluste bei Vorliegen eines DBA mit Freistellungsmethode im Rahmen der Ermittlung des österreichischen Einkommens nicht zu berücksichtigen sind, sondern nur im Wege des negativen Progressionsvorbehalts in die Berechnung der österreichischen Einkommen- und Körperschaftsteuer einbezogen werden können. Der öVwGH begründet seine neue Rechtsprechung mit der Überlegung, dass DBA eine Schrankenwirkung insofern enthalten, als sie eine sich aus dem innerstaatlichen Steuerrecht ergebende Steuerpflicht begrenzen. Daher sei zunächst stets nach nationalen Vorschriften zu beurteilen, ob eine Steuerpflicht besteht.

Nach originärem österreichischem Recht sind bei der Ermittlung des zu veranlagenden Gesamteinkommens ausländische Betriebstättenverluste zu berücksichtigen. Nach Ansicht des Gerichts könne erst in einem zweiten Schritt geprüft werden, ob das österreichische Besteuerungsrecht Einschränkungen infolge DBA-rechtlicher Bestimmungen unterliege.[129] Nach Ansicht des öVwGH haben DBA jedoch – wie sich aus Art 1 Abs. 1 DBA-Deutschland ergebe – ausschließlich die Vermeidung einer Doppelbesteuerung zum Gegenstand. Da diese im Falle der Verlusterzielung nicht hervorgerufen werden könnte, sei das DBA auf Verluste auch nicht anwendbar.[130]

Diese Ansicht überzeugt mit Blick auf den Telos der Abkommen. Folglich vermag ein DBA den sich aus innerstaatlichen Rechtsvorschriften ergebenden Besteuerungsanspruch einzuschränken, nicht jedoch im nationalen Steuerrecht gar nicht vorgesehene Besteuerungsansprüche zu begründen, sog. negative Wirkung der DBA. Daher kann der nach nationalem Recht vorzunehmende Ausgleich mit negativen ausländischen Einkünften nicht durch die Anwendung eines DBA mit Befreiungsmethode beschränkt werden.

---

[126] Vgl. W. Wiesner/ G. Mayr, RdW 2004, 491, 497.

[127] Vgl. öVwGH-Urteil v. 25.09.2001, 99/14/0217 E, IStR 2001, 754, 755.

[128] Der über § 7 Abs. 2 Satz 3 KStG auch für Körperschaftsteuerpflichtige gilt.

[129] ÖVwGH-Erkenntnis v. 25.09.2001, 99/14/0217 E, IStR 2001, 754, 755.

[130] Vgl. öVwGH-Erkenntnis v. 25.09.2001, 99/14/0217 E, IStR 2001, 754, 755.

Die Auffassung wurde nunmehr in § 2 Abs. 8 Z 3 öEStG kodifiziert und um die Voraussetzung ergänzt, dass die Verluste im Ausland noch nicht – beispielsweise im Wege eines Verlustrücktrags – mit Gewinnen vorangegangener Veranlagungszeiträume verrechnet und somit berücksichtigt werden konnten. Scheidet dies aus, können ausländische Betriebstättenverluste mit Gewinnen des österreichischen Stammhauses verrechnet werden.

Dabei sind die ausländischen Einkünfte nach den österreichischen Gewinnermittlungsvorschriften zu ermitteln, § 2 Abs. 8 Z 1 und 2 öEStG.[131] Aus der Maßgeblichkeit des österreichischen Rechts folgt, dass Auslandsverluste, die unter eine österreichische spezielle Verlustsaldierungsbeschränkung fallen, nicht ausgleichsfähig sind.[132] Beweislasttechnisch trifft den Steuerpflichtigen die Nachweispflicht bezüglich der im Ausland erlittenen Verluste und deren Umrechnung anhand entsprechender Unterlagen; die bloße Vorlage ausländischer Steuerbescheide genügt nicht.

Kann die Berücksichtigung der Auslandsverluste zu einer Nachversteuerung führen, räumte die Finanzverwaltung dem Steuerpflichtigen bisher ein Wahlrecht ein, den ausländischen Verlust bei der inländischen Bemessungsgrundlage unberücksichtigt zu lassen und somit den mit der Verlustermittlung nach österreichischem Recht und der Nachversteuerung verbundenen Verwaltungsaufwand zu reduzieren.[133] Aufgrund des Wortlauts von § 7 Abs. 2 öKStG, demgemäß die Regelungen des österreichischen Einkommensteuergesetzes anzuwenden *sind,* und des § 2 Abs. 8 Z 1 öEStG, wonach im Ausland nicht berücksichtigte Verluste ausländischer Betriebstätten im Rahmen der inländischen Besteuerung des Gewerbebetriebs anzusetzen *sind,* ist nach der Kodifizierung nicht mehr von einem solchen Wahlrecht auszugehen.[134] Teilweise wird dem Steuerpflichtigen jedoch im Einklang mit der bisherigen Verwaltungspraxis zugestanden, auf eine Verlustverwertung bei der Ermittlung der inländischen Bemessungsgrundlage im Verlustentstehungsjahr durch Nichtoffenlegung der Verluste gegenüber den Finanzbehörden faktisch verzichten.[135]

b. Nachversteuerung

§ 2 Abs. 8 Z 3 öEStG sieht für den Fall, dass die in Österreich verrechneten Betriebstätten Verluste im ausländischen Staat ganz oder teilweise berücksichtigt werden beziehungsweise verrechnet werden könnten, eine Nachversteuerung vor. Eine derartige Verlustverwertung erfolgt bei Bestehen einer Verlustvor-

---

[131] Wobei die Gewinnermittlungsart des inländischen Betriebsinhabers auch für die Umrechnung der Ergebnisse seiner Auslandsbetriebstätten gilt.
[132] Vgl. § 2 Abs. 2a öEStG.
[133] Rn 7611 öEStR 2001.
[134] Ebenso M. Göttsche/ I. Stangl, IWB Fach 5 Österreich Gruppe 2, 625, 629; M. Mang, SWI 2004, 486.
[135] Vgl. M. Göttsche/ I. Stangl, IWB Fach 5 Österreich Gruppe 2, S. 625, 629.

tragsmöglichkeit im Ausland und einer Verrechnung der negativen Einkünfte mit künftigen Gewinnen oder bei einer Veräußerung oder Umwandlung der Betriebstätte in eine Kapitalgesellschaft, welche den Verlustvortrag nutzen kann.[136] Dabei soll es auch dann zu einer Nachversteuerung kommen, wenn die Auslandsverlustverwertung antragsgebunden ist und ein solcher Antrag seitens des Steuerpflichtigen nicht gestellt wird.[137]

Umgesetzt wird die Nachversteuerung mittels Hinzurechnung des im Ausland verrechneten Verlustbetrags zur österreichischen Bemessungsgrundlage.[138] Da die für Betriebstätten normierte Nachversteuerungsmethode des § 2 Abs. 8 Z 3 öEStG Vorbild der Nachversteuerung von Verlusten ausländischer Gruppenmitglieder ist, kann auf die obigen Ausführungen verweisen werden.[139] Insoweit sind allein zwei Unterschiede auszumachen: in Bezug auf Verluste ausländischer Gruppenmitglieder ist die Verlustzurechnung auf das Ausmaß der Beteiligungen begrenzt und zum anderen sind im Fall des Ausscheidens ausländischer Tochtergesellschaften sämtliche noch nicht verrechnete Verluste gewinnerhöhend anzusetzen, da die negativen Einkünfte selbständiger ausländischer Gesellschaften die Bemessungsgrundlage der Unternehmensgruppe nicht endgültig belasten sollen. Bei einer Beendigung der Betriebstättentätigkeit werden die ausländischen Betriebstättenverluste hingegen definitiv.[140]

3. Gemeinschaftsrechtskonformität der österreichischen Regelungen über die grenzüberschreitende Verlustverrechnung

Zu prüfen ist, ob das Ziel der europarechtskonformen Ausgestaltung der Gruppenbesteuerung erreicht wurde.

Im Vergleich mit der *Marks & Spencer*-Entscheidung sind die österreichischen Regelungen in Bezug auf die grenzüberschreitende Verlustverrechnung insoweit großzügiger als europarechtlich erforderlich ausgefallen, als Verluste ausländischer Tochtergesellschaften bereits im Verlustentstehungsjahr von den Gewinnen der österreichischen Muttergesellschaft abgezogen werden können und nicht erst nach Ausschöpfung der im Ansässigkeitsstaat der Tochtergesellschaft bestehenden Möglichkeiten der gegenwärtigen und zukünftigen Verlustnutzung.[141] Weniger großzügig ist das österreichische Konzept in Bezug auf Verluste infolge von Insolvenz oder Liquidation des ausländischen Gruppenmit-

---

[136] RV. Erl. zu Z 2, ÖStZ 2004, 133. M. Göttsche/ I. Stangl, IWB Fach 5 Österreich Gruppe 2, S. 625, 631.

[137] RV. Erl. zu Z 2, ÖStZ 2004, 133.

[138] Hiermit entfällt die Berücksichtigung des diesbezüglichen ausländischen Gewinns im Rahmen des positiven Progressionsvorbehalts. RV. Erl. zu Z 2, ÖStZ 2004, 133, 134.

[139] Vgl. 4. Teil, IV. Kapitel, 1. b. und c., S. 200 ff.

[140] Vgl. öBMF-Schr. v. 23.02.2005, 010216/0031, IV/6/2005, Anm. 6.6.4.2; M. Göttsche/ I. Stangl, IWB Fach 5 Österreich Gruppe 2, S. 625, 630, 631.

[141] E. Dötsch/ A. Pung, DK 2006, 130, 132.

glieds, denn diese werden nur in Höhe einer während der Gruppenzugehörigkeit nicht steuerwirksamen Teilwertabschreibung berücksichtigt; im Übrigen ist eine Nachversteuerung vorgesehen, vgl. § 9 Abs. 6 Z 6 öKStG. Zu prüfen ist daher, ob diese Regelung europarechtskonform ist (d).

Im Rahmen der vorangehenden Darstellung der neuen Konzeption wurde es im Hinblick auf die Niederlassungsfreiheit als problematisch gewertet, dass Verluste ausländischer Gruppenmitglieder nur quotal in die Verlustverrechnung im Inland einbezogen werden können, während Verluste von im Inland ansässiger Gruppenmitglieder in voller Höhe berücksichtigt werden (a). Auf gemeinschaftsrechtliche Bedenken stößt des Weiteren, dass Enkelgesellschaften ausländischer Gruppenmitglieder von der Gruppenbesteuerung ausgeschlossen werden (b) und dass eine Gewinnermittlung nach österreichischen und ausländischen Rechtsvorschriften vorgesehen ist (c).

a. Quotale Zurechnung der Verluste ausländischer Gruppenmitglieder

aa. Beschränkung der Niederlassungsfreiheit

Indem die Verluste ausländischer Gruppengesellschaften nur in Höhe der Beteiligungsquote des Gruppenträgers in die Verlustberechnung einbezogen werden, wohingegen die Verluste inländischer Gruppenmitglieder unabhängig von der Beteiligungshöhe zu hundert Prozent die Bemessungsgrundlage der Unternehmensgruppe mindern können, werden multinational aufgestellte Unternehmensgruppen aufgrund ihres Auslandsbezugs schlechter behandelt als inländische. Die hiermit verbundenen Liquiditäts- und Zinsnachteile können einen Gruppenträger von dem Erwerb einer Kapital- und Stimmrechtsmehrheit an ausländischen Tochtergesellschaften abhalten und beeinträchtigen daher dessen Niederlassungsfreiheit.

bb. Vergleichbarkeit

Indem der österreichische Gesetzgeber sowohl die Einbeziehung inländischer als auch ausländischer Gruppenmitglieder in die Gruppenbesteuerung ermöglicht, erkennt er deren Vergleichbarkeit im Hinblick auf das System der Gruppenbesteuerung an.

Dabei kann der Aspekt, dass bei inländischen Tochtergesellschaften eine endgültige Integration der Ergebnisse und bei ausländischen Gruppenmitgliedern infolge der Verlustverrechnung unter Nachversteuerung nur eine temporäre Berücksichtigung etwaiger negativer Ergebnisse vorgesehen ist, keine Unvergleichbarkeit begründen, da im Zeitpunkt der Verlusterzielung unklar ist, ob überhaupt in späteren Veranlagungszeiträumen Gewinne erwirtschaftet werden können. Mithin ist eine Ungleichbehandlung vergleichbarer Sachverhalte und folglich eine rechtfertigungsbedürftige Diskriminierung zu konstatieren.

cc. Rechtfertigung

Würden andere Mitgliedstaaten die Möglichkeit eines grenzüberschreitenden Verlustausgleichs bei einem geringeren Beteiligungsumfang zulassen, könnte eine ungerechtfertigte Doppelberücksichtigung wirksam dadurch ausgeschlossen werden, dass alle Mitgliedstaaten allein eine quotale Verlustverrechnung ermöglichten.[142] Daher könnte eine derartige Regelung durch das legitime Ziel der Verhinderung einer mehrfachen Verlustverrechnung gerechtfertigt werden.

In Frage stünde jedoch die Verhältnismäßigkeit einer solchen Maßnahme. Vor dem Hintergrund, dass gemäß § 9 Abs. 6 Z 6 öKStG die Verlustberücksichtigung im Inland ausgeschlossen ist, wenn die Verluste bereits im Ausland einer Verrechnung zugeführt werden konnten, stellt es ein milderes Mittel dar, das ausländische Verluste erklärende inländische Gruppenmitglied zu dem Nachweis zu verpflichten, dass die Verluste noch nicht steuerlich genutzt werden konnten beziehungsweise beabsichtigt ist, diese anderweitig zu nutzen. Dies ist ebenso geeignet, der Gefahr der doppelten Verlustverrechnung zu begegnen. Folglich würde sich die bloß anteilige Verlustverrechnung als unverhältnismäßig darstellen.[143]

Bezüglich des französischen régime du bénéfice consolidé[144] wird vertreten, dass es sich aufgrund der lediglich proportional vorgenommenen Konsolidierung neutral gegenüber Minderheitsgesellschaftern verhalte und daher deren Interessen nicht beeinträchtigen würde.[145] Allerdings gilt hier das Prinzip der proportionalen Berücksichtigung gleichermaßen für französische als auch ausländische Untergesellschaften.[146] Da dies auf das österreichische System nicht zutrifft, kommt eine Rechtfertigung aus Gründen des Minderheitenschutzes mithin nicht in Betracht.[147]

dd. Ergebnis

Die lediglich quotale Verlustberücksichtigung des § 9 Abs. 6 öKStG begründet einen Verstoß gegen die Niederlassungsfreiheit.

---

[142] Auch Art 9 Abs. 2 Satz 2 der Verlustrichtlinie der EU v. 28.11.1990; KOM(90), 595 endg. ABl. EG Nr. C 53 v. 28.02.1991 sah eine anteilsmäßige Verlustverrechnung vor.

[143] Auch die Systematik erfordert keine quotale Berücksichtigung ausländischer Verluste, da auch spätere Gewinne in voller Höhe zugerechnet werden können.

[144] Näher zu diesem System, M.P. Scheunemann, Grenzüberschreitende konsolidierte Konzernbesteuerung, 2005, S. 277 ff.

[145] Vgl. A. Chambault, R.D.A.I 1986, 13, 31; R. Duccini, Fiscalité des contracts internationaux, 1991, Rd. 37, S. 25.

[146] Vgl. Art 116-1 c Annexe II, 116-1 d Annexe II Code Générale des impôts.

[147] Inwieweit die nur quotale Verlustberücksichtigung durch die Wahrung der Kohärenz der Steuerregelung gerechtfertigt werden sollte, ist nicht ersichtlich, da die später verrechneten Gewinne ebenfalls in voller Höhe hinzugerechnet werden können, sodass dieser Rechtfertigungsgrund evident ausscheidet.

b. Ausschluss von Enkelgesellschaften ausländischer Gruppenmitglieder

aa. Beeinträchtigung der Niederlassungsfreiheit

Indem sich ausländische Gruppenmitglieder nicht als beteiligte Körperschaften qualifizieren können, werden sowohl inländische als auch ausländische Enkelgesellschaften, die finanziell mit einer gruppenzugehörigen ausländischen Muttergesellschaft verbunden sind, von der Teilnahme an einer Unternehmensgruppe mit einer inländischen Großmuttergesellschaft ausgeschlossen. Demgegenüber können inländische Gruppenmitglieder als beteilige Körperschaften fungieren, sodass sich im innerstaatlichen Bereich mehrstöckige Gruppen gemeinsam besteuern lassen können.[148] Da bei solchen mehrstufigen vertikalen Gruppen eine stufenweise Zurechnung der Einkommen bis auf den Gruppenträger stattfindet und damit eine Berücksichtigung der Verluste der Enkelgesellschaft auf dessen Ebene möglich ist, erleiden mehrstöckige Gruppen die über ein ausländisches Gruppenmitglied gebildet werden, gegenüber entsprechenden Gruppen ohne Auslandsbezug Nachteile in finanzieller Hinsicht. Diese sind geeignet, einen Gruppenträger von der wirtschaftlichen Betätigung über ausländische Gruppenmitglieder und somit von der Ausübung seiner Niederlassungsfreiheit abzuhalten, sodass diese beeinträchtigt ist.[149]

bb. Vergleichbarkeit

In Bezug auf die Vergleichbarkeit ist zwischen in- und ausländischen Enkelgesellschaften zu differenzieren.

Gegen eine Vergleichbarkeit von *ausländischen* Enkelgesellschaften gruppenzugehöriger ausländischer Körperschaften mit inländischen Enkelgesellschaften gruppenzugehöriger inländischer Körperschaften im Hinblick auf das System der Gruppenbesteuerung spricht, dass § 9 Abs. 2 Z 2 öKStG explizit eine ausschließliche finanzielle Verbindung mit unbeschränkt steuerpflichtigen Gruppenmitgliedern oder dem Gruppenträger fordert. Dieser Anforderung ist zu entnehmen, dass das Besteuerungsmodell eine Einbeziehung ausländischer Gesellschaften nur für geboten erachtet, wenn dieser qualifizierte Inlandsbezug erfüllt wird. Den Umstand berücksichtigend, dass in Sachverhalten, in denen eine ausländische Enkelgesellschaft mit einer ausländischen Tochtergesellschaft finanziell verbunden ist, aus österreichischer Sicht zwischen beiden Gesellschaften eine *Gruppe* gebildet werden könnte, kann der Ausschluss von der österreichischen Gruppenbesteuerung in dieser Fallkonstellation dahin ausgelegt werden, dass für die Verlustverrechnung zwischen beiden Gesellschaften das ausländische System für zuständig erklärt wird.

Vor diesem Hintergrund stellt es ein Charakteristikum der Neuregelung dar, dass eine Vergleichbarkeit von im In- und Ausland ansässigen Körperschaften

---

[148] RV. Erl. zu Abs. 2, ÖStZ 2004, 133, 145; M. Tissot, SWK 2004, 412, 413.

[149] Ebenso: W. Gassner/ W. Haidenthaler, SWK 2004, 434, 440.

nur bei qualifiziertem Inlandsbezug, namentlich der finanziellen Verbindung mit einem inländischen Gruppenmitglied oder dem Gruppenträger, besteht. In Anbetracht dieser an die finanzielle Verbundenheit gestellten Voraussetzung sind ausländische Enkelgesellschaften gruppenzugehöriger ausländischer Körperschaften mit Enkelgesellschaften gruppenzugehöriger inländischer Körperschaften nicht vergleichbar. Eine Diskriminierung ist nicht festzustellen.[150]

Auch *inländische* Enkelgesellschaften gruppenzugehöriger ausländischer Körperschaften sind nicht mit inländischen Enkelgesellschaften gruppenzugehöriger inländischer Körperschaften im Hinblick auf das System der Gruppenbesteuerung vergleichbar: Das Konzept der Gruppenbesteuerung basiert auf der Zurechnungstheorie – das Einkommen des Gruppenmitglieds ist jeweils der an ihm finanziell beteiligten Körperschaft oder dem Gruppenträger zuzurechnen, § 9 Abs. 1, Abs. 6 Z 2 öKStG. Als beteiligte Körperschaft qualifizieren sich jedoch nur inländische und somit unbeschränkt steuerpflichtige Körperschaften, als Gruppenträger hingegen lediglich unbeschränkt und beschränkt Steuerpflichtige, wobei bei beschränkt steuerpflichtigen Gruppenträger und doppelt ansässige Körperschaften die Beteiligung an der Beteiligungskörperschaft einer österreichischen Zweigniederlassung zugerechnet werden muss, § 9 Abs. 2 öKStG. In Anbetracht dieser Bestimmungen zeichnet sich das österreichische Regime dadurch aus, dass das österreichische Besteuerungsrecht in Bezug auf das zugerechnete Einkommen auf der nächsten Ebene sichergestellt ist. Würde sich nun ein ausländisches Gruppenmitglied als beteiligte Körperschaft qualifizieren, wäre das Einkommen der Beteiligungskörperschaft der österreichischen Steuerpflicht entzogen.[151] Mithin begründet sich die Unvergleichbarkeit auch diesbezüglich im Hinblick auf das Regime der Gruppenbesteuerung, sodass keine Diskriminierung festzustellen ist.

Unterhält die ausländische Tochtergesellschaft jedoch eine im österreichischen Firmenbuch eingetragene Zweigniederlassung, welcher die finanzielle Verbindung vermittelnde Beteiligung an dem Gruppenmitglied zuzurechnen ist, könnte das Einkommen der inländischen Enkelgesellschaft dem beschränkt steuerpflichtigen Einkommen der ausländischen Tochtergesellschaft aus der Zweigniederlassung zugerechnet werden. Es wäre nach einer Saldierung mit den beschränkt steuerpflichtigen Betriebstätteneinkünften der ausländischen Tochtergesellschaft – isoliert von den im Ausland erzielten Verlusten – dem Gruppenträger zuzurechnen und würde auf dessen Ebene besteuert. Unter dieser Vor-

---

[150] A.A. M.C. Stefaner/ P.J. Weninger, SWI 2005, 133, 134 f., 140.

[151] Eine Zurechnung zur inländischen Großmutter scheidet aus, weil es an der finanziellen Verbindung zwischen der inländischen Enkelgesellschaft und der inländischen Großmuttermutter fehlt, denn eine mittelbare finanzielle Verbindung gemäß § 9 Abs. 4 TS 3 öKStG wird immer dann unterbrochen, wenn die vermittelnde Körperschaft ihrerseits mit der Beteiligungskörperschaft finanziell verbunden ist.

aussetzung ist im Hinblick auf das Regime der Gruppenbesteuerung eine Vergleichbarkeit mit einem mehrstöckigen inländischen Konzern zu bejahen.[152] Um einen Verstoß gegen die Niederlassungsfreiheit zu vermeiden, müssen sich ausländische Tochtergesellschaften, die eine im österreichischen Firmenbuch eingetragene Zweigniederlassung unterhalten, welcher die die finanzielle Verbindung an dem Gruppenmitglied vermittelnde Beteiligung zuzurechnen ist, als beteiligte Körperschaft qualifizieren.[153]

cc. Ergebnis

Es begründet daher keinen Verstoß gegen die Niederlassungsfreiheit, dass inländische Gruppenträger ausländische finanziell mit einem ausländischen Gruppenmitglied verbundene Enkelgesellschaften nicht in die Gruppenbesteuerung einbeziehen können.

Gleichfalls verstößt es nicht gegen die Niederlassungsfreiheit inländischer Gruppenträger, dass sie mit inländischen Enkelgesellschaften, die finanziell mit einem ausländischen Gruppenmitglied verbundenen sind, keine steuerliche Gruppe bilden können.

Der Ausschluss inländischer Enkelgesellschaften verstößt lediglich unter der Voraussetzung gegen die Niederlassungsfreiheit, als die die finanzielle Verbindung vermittelnde Beteiligung an der Enkelgesellschaft einer im Firmenbuch eingetragenen inländischen Zweigniederlassung der ausländischen Tochtergesellschaft zuzurechnen ist.

c. Verlustermittlung nach österreichischen und ausländischen Gewinnermittlungsvorschriften

aa. Beeinträchtigung der Niederlassungsfreiheit

Die nach ausländischen Rechtsvorschriften ermittelten Verluste der ausländischen Gruppenmitglieder müssen in nach österreichischem Recht ermittelte Ergebnisse umgerechnet werden, § 9 Abs. 6 Z 6 öKStG. Infolge dieser Verpflichtung ergeben sich im Vergleich zu lediglich in Österreich agierenden Unternehmensgruppen, die ihr Ergebnis allein nach österreichischem Recht berechnen

[152] Bzgl. ausländischer Enkelgesellschaften gilt dies nicht, da diesbezüglich allein eine Verlustzurechnung möglich wäre und diese nur für geboten erachtet wird, wenn ein qualifizierter Inlandsbezug besteht.

[153] In EuGH-Urt. v. 16.07.1998, Rs. C-264/96, *ICI*, EuGHE 1998, I-4695, 4723, wurde in der Versagung der Verlustverrechnung zwischen zwei in Großbritannien ansässigen Gesellschaften aufgrund des Auslandsbezugs der Muttergesellschaft ein Verstoß gegen die Niederlassungsfreiheit gesehen. Auch das schwedische Recht wurde als europarechtswidrig gewertet, insoweit die Anerkennung des Konzernbeitrags (als Mechanismus des innerkonzernlichen Verlustausgleichs) zwischen zwei in Schweden ansässigen Gesellschaften infolge des Auslandsbezugs der zwischengeschalteten Gesellschaft verweigert wurde, vgl. EuGH v. 18.11.1999, *X AB, Y-AB*, EuGHE 1999, I-8261.

müssen, höhere Befolgungskosten und somit eine im Vergleich zum nationalen Sachverhalt verhältnismäßig schwerere Belastung. Auch diese vermag nach Ansicht des EuGH eine Schlechterstellung des grenzüberschreitenden Sachverhalts und somit eine Beeinträchtigung der Niederlassungsfreiheit zu begründen.[154]

bb. Vergleichbarkeit

Mangels Harmonisierung der Gewinnermittlungsvorschriften fehlt es jedoch bereits an der Vergleichbarkeit der nach den jeweiligen nationalen Rechtsvorschriften ermittelten Ergebnisse. Dies gilt umso mehr als insbesondere die neuen Mitgliedstaaten der EU diverse Abschreibungsmöglichkeiten vorsehen, um Investitionsanreize zu setzen und seitens des Sitzstaates nicht verlangt werden kann, dass er auch nur vorrübergehend derartige Steuervergünstigungen trägt. Es kann daher keinem Mitgliedstaat zugemutet werden, sich der Gewinnermittlung nach den Vorschriften eines anderen Staates zu unterwerfen.[155]

Diese grundsätzliche Unvergleichbarkeit wird im Rahmen des Gruppenbesteuerungsregimes auch nicht dadurch aufgehoben, dass der Umfang der im Inland vorzunehmenden Nachversteuerung nach § 9 Abs. 6 Z 6 öKStG und § 2 Abs. 8 Z 3 öEStG von der Verlustverrechnung im Ausland abhängig ist und sich Österreich hiermit freiwillig dem ausländischen Steuerrecht unterwirft; eine grundsätzliche Anerkennung ausländischer Vorschriften kann dem nicht entnommen werden.[156] Vielmehr wird auf diese Weise auch der Umfang des Nachversteuerungsbetrages konsequent an der Leistungsfähigkeit des Steuerpflichtigen ausgerichtet. Erlässt der österreichische Fiskus dem Steuerpflichtigen aber schon einen Teil der Steuerlast, kann dieser Nachlass auch an die Verpflichtung dessen Ermittlung nach österreichischen Regelungen geknüpft werden.

cc. Ergebnis

Die Verpflichtung zur Umrechnung der nach ausländischen Rechtsvorschriften ermittelten Ergebnisse dient der Herstellung einer Vergleichbarkeit in- und ausländischer Verluste; eine Diskriminierung geht von der Norm nicht aus.

d. Nachversteuerung bei ausländischen Gruppenmitgliedern

aa. Beeinträchtigung der Niederlassungsfreiheit

Dass im nationalen Bereich eine endgültige Verrechnung der Verluste von Tochtergesellschaften vorgesehen ist, während diese im grenzüberschreitenden Sachverhalt aufgrund der Nachversteuerungsmethode nur vorrübergehend er-

---

[154] Bzgl. des luxemburgischen Erfordernisses, auch für ausländisch beherrschte Betriebstätten eine Buchhaltung nach luxemburgischem Recht zu führen, vgl. EuGH-Urt. v. 15.05.1997, Rs. C-250/95, *Futura*, EuGHE 1997, I-2471.

[155] Vgl. M.C. Stefaner, SWI 2004, 343; M.C. Stefaner/ P.J. Weninger, SWI 2004, 441, 448.

[156] Vgl. M.C. Stefaner/ P.J. Weninger, SWI 2004, 441, 448.

folgt, stellt eine im Vergleich zum nationalen Sachverhalt verhältnismäßig schwerere Belastung dar, die als Beeinträchtigung der Niederlassungsfreiheit inländischer Muttergesellschaften zu werten ist.

bb. Vergleichbarkeit

Die Anordnung der automatischen Nachversteuerung im Falle der Gewinnerzielung beziehungsweise des Untergangs der ausländischen Tochtergesellschaft besitzt nur dann diskriminierenden Charakter, wenn Gruppenträger mit inländischen Gruppenmitgliedern einerseits und mit ausländischen Gruppenmitgliedern andererseits im Hinblick auf Zielsetzung und System der Gruppenbesteuerung vergleichbar sind. Grundsätzlich erkennt der österreichische Gesetzgeber deren Vergleichbarkeit an, da sowohl die Verluste ausländischer als auch inländischer Gruppenmitglieder die Bemessungsgrundlage des inländischen Gruppenträgers mindern können.

cc. Rechtfertigung

Das Auslösen einer Nachversteuerung im Inland durch eine Gewinnverrechnung im Ausland kann durch das Ziel der Verhinderung einer doppelten Verlustverrechnung gerechtfertigt werden. Ausländische Tochtergesellschaften verlieren im Gegensatz zu inländischen Gruppenmitgliedern nicht ihr Verlustvortragsrecht. Somit könnten sie, wenn es nicht zur Nachversteuerung käme, die Verluste doppelt verwerten. Mithin bewirkt die Nachversteuerungsmethode insoweit als sie an eine Gewinnverrechnung im Ausland anknüpft keine Schlechter-, sondern eine „Gleichbehandlung“.

Fraglich ist, ob auch die Nachversteuerung im Falle des Ausscheiden der ausländischen Verlustgesellschaft aus der Unternehmensgruppe vor vollständiger Gegenverrechnung der Verluste (§ 9 Abs. 6 Z 6 öKStG) gerechtfertigt werden kann. Sinn und Zweck der Einführung dieses Nachversteuerungstatbestandes ist die Verhinderung einer Umgehung der Nachversteuerung durch eine gezielte Liquidation ausländischer Gruppenmitglieder ohne Vermögensverlust. Daher ist zu prüfen, ob eine Rechtfertigung durch das legitime Ziel der Verhinderung missbräuchlicher Steuergestaltungen möglich ist.

Wäre keine Nachversteuerung in derartigen Konstellationen vorgesehen, könnten innerhalb einer Gruppe Verluste von Gruppenmitgliedern, die in Staaten mit niedrigen Steuersätzen ansässig sind, von den Gewinnen des Gruppenträgers abgezogen werden, der einem höheren Steuersatz unterliegt.[157] Zwar werden von dieser Regelung nicht nur rein künstliche Gestaltungen betroffen. Allerdings ist zu sehen, dass es im grenzüberschreitenden Sachverhalt keiner Zahlung einer Steuerumlage bedarf. Denn die Ausgleichszahlungen sollen beispielsweise dem Umstand Rechnung tragen, dass die Verluste eines Tochterun-

---

[157] EuGH-Urt. v. 13.12.2006, Rs. C-334/03, *Marks & Spencer*, BB 2006, 23 ff. Rd. 49

ternehmens die Steuerlast des Gruppenträgers mindern und auf Ebene des Gruppenmitglieds nicht mehr für einen Verlustabzug zur Verfügung stehen. Da ein ausländisches Gruppenmitglied trotz Einbeziehung in die Gruppenbesteuerung sein Verlustvortragsrecht behält, bedarf es folglich keiner Ausgleichszahlungen. Daher wird ein grenzüberschreitender Verlustausgleich bereits bei Vorliegen der finanziellen Eingliederung sowie eines Antrags gewährt, sodass sich die Gefahr einer Steuerflucht in der gleichen Weise wie in der Rechtssache *Marks & Spencer* bereits aus den Besonderheiten des Systems ergibt.

Des Weiteren wäre die ausgewogene Aufteilung der Besteuerungsbefugnis zwischen den Mitgliedstaaten gefährdet, wenn keine Nachversteuerung erfolgen würde. Denn auslandsansässige Gruppenmitglieder hätten die Option, ihre Verluste entweder selbst im Ausland zu nutzen oder dem in Österreich ansässigen Gruppenträger dauerhaft zuzurechnen.

d. Verhältnismäßigkeit

Die Anordnung einer sofortigen Nachversteuerung der noch nicht nachversteuerten Verluste bei ausscheidenden ausländischen Gruppengesellschaften könnte sich jedoch vor dem Hintergrund der Rechtsprechung des EuGH in der Rechtssache *Marks & Spencer* als unverhältnismäßig darstellen.[158] Denn im Hinblick auf den britischen *group relief* ist nach Ansicht des EuGH eine grenzüberschreitende Verlustverrechnung gerade dann erforderlich, wenn eine Verrechnungsmöglichkeit der Tochtergesellschaftsverluste im Ausland ausscheidet. Demgegenüber können infolge von Insolvenz oder Liquidation des ausländischen Gruppenmitglieds definitiv gewordene Verluste, also in Sachverhalten, in denen der EuGH eine grenzüberschreitende Verlustverrechnung für erforderlich hält, im österreichischen Modell nur in Höhe einer während der Gruppenzugehörigkeit nicht steuerwirksamen Teilwertabschreibung berücksichtigt werden; im Übrigen ist eine Nachversteuerung vorgesehen, vgl. § 9 Abs. 6 Z 6 öKStG.

Allerdings enthält das österreichische Gruppenbesteuerungsmodell im Gegensatz zu dem britischen *group relief* Regelungen zur verpflichtenden Vereinbarung eines Steuerausgleichs und sieht eine grenzüberschreitende phasengleiche Verlustverrechnung vor, die auch das Entstehen von Zins- und Liquiditätsnachteilen im grenzüberschreitenden Sachverhalt vermeidet. Aufgrund der bestehenden Unterschiede kann das österreichische Modell im Hinblick auf die vorgesehene Nachversteuerung nicht pauschal unter Hinweis auf die Ausführungen des Gerichtshofs in der Rechtssache *Marks & Spencer* für unverhältnismäßig erklärt werden. Auch lässt sich der Rechtsprechung des EuGH nicht entnehmen, dass in jedem Gruppenbesteuerungssystem innerhalb der EU Zins- und Liquiditätsnachteile hinter den mitgliedstaatlichen Interessen an einer ausgewogenen Aufteilung der Besteuerungsrechte zwischen den Mitgliedstaaten zurücktreten müs-

[158] EuGH-Urt. v. 13.12.2006, Rs. C-334/03, *Marks & Spencer*, BB 2006, 23 ff.

sen[159], jedoch im Ausland definitiv nicht mehr verrechenbare Verluste auslandsansässiger Tochtergesellschaften auf Ebene der inländischen Muttergesellschaft zwingend zu berücksichtigen sind, um den Anforderungen der Niederlassungsfreiheit zu entsprechen. Vielmehr sind die Regelungen der mitgliedstaatlichen Gruppenbesteuerungskonzepte im jeweiligen Systemzusammenhang auf ihre Europarechtskonformität zu überprüfen.

Der Vergleich des nationalen mit dem grenzüberschreitenden Sachverhalt ergibt, dass lediglich im erstbenannten die Vereinbarung von Steuerumlagen vorgeschrieben ist. Bereits um eine Besserstellung grenzüberschreitender Sachverhalte zu vermeiden, stellt sich der im österreichischen System gefundene Ausgleich als verhältnismäßig dar, zumal der Nachversteuerungsbetrag bei Insolvenz oder Liquidation des ausländischen Gruppenmitglieds zu kürzen ist, wenn es zu einem „tatsächlichen und endgültigen Vermögensverlust“ kommt, § 9 Abs. 6 Z 6 öKStG.

Insoweit lässt sich die Ungleichbehandlung von inländischen und ausländischen Gruppenmitgliedern mit Blick auf die Nachversteuerungsregelung im österreichischen Gruppenbesteuerungsregime aus Gründen der Wahrung einer ausgewogenen Aufteilung der Besteuerungsbefugnis, der Verhinderung einer doppelten Verlustberücksichtigung sowie einer Steuerflucht rechtfertigen. Ein Verstoß gegen die Niederlassungsfreiheit ist nicht zu konstatieren.[160]

e. Zusammenfassung

Die gemeinschaftsrechtlichen Bedenken betreffend die Regelungen der grenzüberschreitenden Verlustverrechnung im Rahmen der neuen Gruppenbesteuerung haben sich in zweifacher Hinsicht erhärtet: Einerseits dahingehend als dass Verluste ausländischer Gruppenmitglieder nur quotal im Rahmen der Verlustverrechnung im Inland berücksichtigt werden und zum anderen insoweit, als sich ausländische Gruppenmitglieder selbst mit ihrer inländischen Zweigniederlassung nicht als beteiligte Körperschaften qualifizieren können.

§ 9 Abs. 2 öKStG ist folglich europarechtskonform auszulegen, so dass auch ausländische Tochtergesellschaften mit ihrer inländischen Zweigniederlassung als beteiligte Körperschaften in Betracht kommen. De lege ferenda sollte dies ausdrücklich normiert werden. Auch in Bezug auf den Umfang der Verlustzurechnung bedarf es angesichts des entgegenstehenden Wortlauts einer gesetzge-

[159] Indem er bei Bestehen eines Verlustvortragsrechts der Tochtergesellschaft im Ansässigkeitsstaat keine grenzüberschreitende Verlustverrechnung für erforderlich hält.

[160] Im Fall eines Ausscheidens vor Ablauf der dreijährigen Mindestdauer sind die Rechtsfolgen der Gruppenbesteuerung sowohl bzgl. in- als auch ausländischer Tochtergesellschaften zur Gänze rückabzuwickeln.

berischen Regelung, die eine Berücksichtigung von Verlusten im Ausland ansässiger Gruppenmitglieder in voller Höhe vorsieht.[161]

4. Bewertung der grenzüberschreitenden Verlustverrechnung

Die Möglichkeit der Einbeziehung ausländischer Tochterkapitalgesellschaften in die Gruppenbesteuerung ermöglicht eine Verrechnung ausländischer Verluste auf der Ebene des inländischen Gruppenträgers. Zudem wurde im Rahmen des Steuerreformgesetzes 2005 die Verlustverrechnung ausländischer Betriebstättenverluste kodifiziert, sodass grenzüberschreitend tätige Unternehmensgruppen im Ausland erlittene Verluste nunmehr umfassend steuerlich nutzen können.

Beide Regelungen beruhen auf der Nachversteuerungsmethode, welche eine Rückgängigmachung des zuvor abgezogenen Verlustbetrags vorsieht, wenn im ausländischen Abgabenrecht eine Verlustvortragsmöglichkeit besteht und das ausländische Betriebsergebnis in den Folgejahren nach diesen Normen mit Gewinnen verrechnet werden kann beziehungsweise könnte. Dabei ist die Nachversteuerung auf die Höhe des angesetzten Verlustes, des im Ausland verrechneten Betrags und des Beteiligungsumfangs beschränkt.

In diesem Zusammenhang stellt sich in verfassungsrechtlicher und rechtspolitischer Hinsicht als problematisch und zudem als wenig praktikabel dar, dass im österreichischen Recht nicht allein die Vornahme, sondern auch die Höhe des im Inland nachzuversteuernden Betrages in Anlehnung an das Urteil des öVwGH von der nach ausländischem Steuerrecht erfolgenden Verlustverrechnung abhängig sind.[162] Verfassungsrechtlichen Bedenken begegnen dieser Unterwerfung unter ausländische Gewinnermittlungsvorschriften im Hinblick auf das Gleichbehandlungsgebot: Angesichts der unterschiedlichen Vorschriften zur Ermittlung der Bemessungsgrundlage besteht zwischen der Verlustberücksichtigung im Ausland und der Nachversteuerung in Österreich kein sachgerechter Zusammenhang. Folglich wird Ungleiches gleich behandelt. Problematisch ist zudem, dass in Nullsteuerländern, wie Bermuda, erlittene Verluste nicht nachversteuert werden können. Im Verlustentstehungsjahr sind diese im Inland voll zu berücksichtigen, da jedoch im Ausland selbst bei späterer Gewinnerzielung keine Verlustverrechnung erfolgt, ist auch in Österreich keine Nachversteuerung möglich.[163] Zu einer Nachversteuerung kommt es ebenfalls nicht, wenn die Verlustverwertungsmöglichkeit im Ausland zur Gänze entfällt, beispielsweise wegen Ablaufs der Verlustvortragsfrist. Auf diese Weise können strengere ausländische Gewinnermittlungsvorschriften beziehungsweise Verlustvortragsbe-

---

[161] Des Weiteren sollte die Isolationstheorie kodifiziert werden, um den Anforderungen der Niederlassungsfreiheit zu genügen. Vgl. 4. Teil, IV. Kapitel, 4. 1. b., S. 199.

[162] Vgl. öVwGH-Urteil v. 25.09.2001, 99/14/0217 E, IStR 2001, 754, 755, § 9 Abs. 6 Z 6 öKStG, § 2 Abs. 8 Z 3 EStG.

[163] Vgl. W. Gassner, SWK 2004, 473, 478.

grenzungen im Rahmen der österreichischen Gruppenbesteuerung steuerwirksam *umgangen* werden.[164] Im Hinblick auf die Praktikabilität der Regelung wird deutlich, dass infolge der Verknüpfung ausländischer Verlustsaldierungsregeln mit der Gewinnermittlung nach österreichischem Recht die Finanzverwaltung gezwungen ist, sich zur Wahrnehmung ihrer Kontrollfunktionen mit den häufig komplexen ausländischen Verlustsaldierungsbeschränkungen auseinander zu setzen. Dies dürfte zu nicht unerheblichen Schwierigkeiten führen.[165] Probleme bereiten im Rahmen dieser Regelung auch Sachverhalte, in denen die Einkünfte im Ausland nur in pauschaler Form durch Besteuerung fiktiver Einnahmen und Ausgaben der Besteuerung unterworfen werden.[166] Aus diesen Gründen überzeugt es nicht, den Umfang der im Inland vorzunehmenden Nachversteuerung von dem im Ausland verrechneten Betrag abhängig zu machen.

Vorteil dieser auf der Nachversteuerungsmethode beruhenden grenzüberschreitenden Verlustverrechnung ist, dass eine der wirtschaftlichen Leistungsfähigkeit einer grenzüberschreitend tätigen Unternehmensgruppe gemäße Besteuerung realisiert werden kann, indem die von ausländischen Tochtergesellschaften und Betriebstätten erlittenen Verluste im Zeitpunkt ihrer Entstehung im Inland körperschaftsteuermindernd genutzt werden können, wobei die absolute Höhe der Verlustzurechnung nicht beschränkt und daher auch insoweit wirksam ist, als der Betrag die Anschaffungskosten der Beteiligung übersteigt. Werden im Ausland Gewinne erwirtschaftet, wird der hierdurch erhöhten Leistungsfähigkeit im Rahmen der Nachversteuerung Rechnung getragen.

Aus Sicht einer multinational aufgestellten Unternehmensgruppe ist die grenzüberschreitende Verlustverrechnung daher mit einem steuerlichen Vorteil verbunden, wenn in Österreich entsprechende steuerpflichtige Gewinne zur Verrechnung zur Verfügung stehen[167] oder im Ausland keine Verlustverrechnungsmechanismen vorgesehen sind. Wenig ratsam ist die Option zur Gruppenbesteuerung bei riskanten Übernahmen von ausländischen Unternehmen mit Abgeltung hoher Firmenwerte im Kaufpreis; insofern kann sich eine Teilwertabschreibung als vorzugswürdig erweisen.[168] Sollte die Auslandsaktivität eingestellt werden, ohne dass Gewinne erzielt werden konnten, wird in der Regel eine Abwicklung der Gesellschaft ohne Nachversteuerung möglich sein, da die Vermögensverluste am Beteiligungsstamm mit den ausscheidungsbedingt nachzuversteuernden Verlusten zu saldieren sind.[169]

---

[164] Vgl. G. Gahleitner/ G. Furherr, DK 2005, 129, 133.

[165] Vgl. M. Göttsche/ I. Stangl, IWB Fach 5 Österreich Gruppe 2, S. 625, 630, 631.

[166] Vgl. ausführlich M. Göttsche/ I. Stangl, IWB Fach 5 Österreich Gruppe 2, S. 625, 631.

[167] Bei Verlusten drohen angesichts der Verlustvortragsgrenze Nachteile, vgl. E. Pummerer, ÖStZ 2004, 456, 458.

[168] Diese ist im Rahmen der Gruppenbesteuerung ausgeschlossen, vgl. G. Zöchling, SWK 2004, 952, 952.

[169] Vgl. R. Pernegger, ÖStZ 2005, 82, 87.

Dabei kann die Regelung insoweit kritisiert werden, als die Berücksichtigung der Verluste ausländischer Tochtergesellschaften nur Körperschaften ermöglicht wird, da nur diese als Gruppenträger beziehungsweise -mitglieder in Betracht kommen.[170]

Als Nachteil ist zudem das Entstehen von Befolgungskosten sowohl für die Unternehmen angesichts der Umrechnungs- und der Nachweispflichten als auch für den Fiskus aufgrund deren Nachprüfung zu werten. Des Weiteren wird die Gruppenbesteuerung zu Minderungen des österreichischen Steueraufkommens führen. Infolge der vorgesehenen Nachversteuerung ist die Verwertung von Auslandsverlusten durch die Gruppenbesteuerung im Falle späterer Gewinne beziehungsweise des Ausscheidens ausländischer Gruppenmitglieder nur vorläufiger Natur. Somit wird das österreichische Steueraufkommen zwar zunächst geringer ausfallen, die Mindereinnahmen müssten sich jedoch im Zeitablauf zumindest im Verhältnis zu den Mitgliedstaaten der EU im In- als auch im Auslandsfall in Liquiditäts- und Zinsnachteilen erschöpfen, da diese Staaten Verlustvortragsmöglichkeiten vorsehen. Endgültige Aufkommensverluste drohen allerdings bei einem Untergang der ausländischen Tochtergesellschaft, diese sind jedoch wiederum der Höhe nach auf die Vermögensverluste am Beteiligungsstamm beschränkt, sodass sich die zu erwartenden Steueraufkommenseinbußen in einem verhältnismäßigen Rahmen halten dürften.

Zusammenfassend ist die österreichische Gruppenbesteuerung nicht nur bezüglich ihres Anwendungsbereichs sowie der vorgesehenen Rechtfolgen, sondern auch im Hinblick auf die Regelungen zur grenzüberschreitenden Verlustverrechnung als ein Besteuerungskonzept zu werten, welches dem Leistungsfähigkeitsprinzip grenzüberschreitend tätiger Unternehmensgruppen konsequent unter verhältnismäßigem Verwaltungsaufwand Rechnung trägt, ohne den Staatshaushalt über Gebühr zu belasten. Zwar stellen sich die österreichischen Regelungen in Bezug auf die grenzüberschreitende Verlustverrechnung im nachträglichen Vergleich mit der *Marks & Spencer*-Entscheidung großzügiger als europarechtlich erforderlich dar. Allerdings fehlen Ausführungen des EuGH insbesondere zum Zeitpunkt sowie zum Umfang der grenzüberschreitenden Verlustberücksichtigung der im Ausland definitiv gewordenen Verluste und es stellt sich die Frage der Übertragbarkeit auf andere Gruppenbesteuerungsregime.

Aus diesen Gründen bietet sich die Übertragung der Anwendungsvoraussetzungen beziehungsweise der im Rahmen der Gruppenbesteuerung vorgesehenen Regelungen hinsichtlich der grenzüberschreitenden Verlustverrechnung an, um auch deutschen grenzüberschreitend tätigen Unternehmensgruppen ein den Anforderungen moderner Unternehmensstrukturen entsprechendes Besteuerungs-

[170] Vgl. W. Gassner, Stellungnahme zum Begutachtungsentwurf, S. 35; ders., SWK 2004, 473, 477 f.

konzept zur Verfügung zu stellen. Gleiches gilt für die Verlustverrechnungsmöglichkeiten ausländischer Betriebstättenverluste.

Der österreichischen Gruppenbesteuerung ist mithin ein Vorbildcharakter zu attestieren.

V. Übernimmt Österreich für Deutschland eine Vorreiterrolle ?

Zu prüfen ist im Folgenden, ob die als vorbildhaft gewerteten Regelungen der österreichischen Gruppenbesteuerung zur grenzüberschreitenden Verlustverrechnung in das deutsche Organschaftssystem integriert werden können und die österreichische Konzeption auf diesem Wege für eine deutsche Reform eine Vorreiterrolle übernehmen kann.

Kerngedanke beider Systeme ist eine Zusammenfassung der steuerlichen Ergebnisse finanziell verbundener Körperschaften mit dem Ziel der Verrechnung von Gewinnen und Verlusten des Unternehmensverbundes. Technisch geschieht dies jeweils auf der Grundlage der Zurechnungstheorie, allerdings mit dem Unterschied, dass Gewinne des Gruppenmitglieds nach österreichischem Recht im Gegensatz zum deutschen Organschaftsmodell nicht vom Gruppenträger übernommen und Verluste nicht mehr abgedeckt, sondern allein buchmäßig der beteiligten Körperschaft zugerechnet werden, da der Gewinnabführungsvertrag keine Voraussetzung der Gruppenbesteuerung ist. Zudem sehen beide Systeme die Zusammenrechnung der Ergebnisse der einzelnen Einheiten der steuerlichen Gruppe ohne Eliminierung der Zwischenergebnisse vor. Aufgrund dieser Gemeinsamkeiten dürfte eine Integration der Bestimmungen über die grenzüberschreitende Verlustverrechnung in das deutsche Organschaftsrecht möglich sein. Voraussetzung ist jedoch, dass auch im deutschen System auf die Tatbestandsvoraussetzung des Gewinnabführungsvertrages – zumindest im grenzüberschreitenden Sachverhalt – verzichtet werden könnte.

1. Entbehrlichkeit des Gewinnabführungsvertrages im grenzüberschreitenden Sachverhalt

Die Kombination aus der finanziellen Eingliederung der Organgesellschaft in das Unternehmen des Organträgers und des Gewinnabführungsvertrags dient der Rechtfertigung der durch die körperschaftsteuerliche Zurechnung des Besteuerungssubstrats der Gruppenmitglieder zum Organträger bewirkten Durchbrechung des Grundsatzes der Individualbesteuerung.[171] Die Zuordnung des Einkommens zu dem Rechtssubjekt, welches das Einkommen bezogen hat, und dessen individuelle Besteuerung stellt dabei ein prägendes Merkmal des deutschen Steuerrechts dar.[172] Infolge der Rechtsfähigkeit der Kapitalgesellschaften[173] ist

[171] Vgl. 3. Teil, II. Kapitel, 1. b. cc. (4), S. 126 ff.
[172] Vgl. §§ 1 Abs. 1, 2 Abs. 1 EStG, §§ 1 Abs. 1 KStG.
[173] §§ 21 ff. BGB, § 1 AktG, § 13 GmbHG.

auch ihr Vermögen gegenüber dem ihrer Gesellschafter verselbständigt, sog. Trennungsprinzip. Da das Steuerrecht an diesen zivilrechtlichen Vorgang anknüpft, hat das Prinzip zur Folge, dass rechtlich selbständige Gesellschaften und ihre Anteilseigner, auch wenn sie in einem Konzern zusammengeschlossen sind, grundsätzlich getrennt besteuert werden. Verluste können daher prinzipiell nur mit Gewinnen desselben Unternehmens aus anderen Veranlagungszeiträumen im Wege des interperiodischen Verlustabzugs berücksichtigt werden. Die im Rahmen der Organschaft mögliche Verlustverrechnung konzipiert hierzu eine Ausnahme die – insbesondere da sie optional, als Rechtsfolgenwahlrecht, ausgestaltet ist – der sachlichen Rechtfertigung bedarf.[174] Vor diesem Hintergrund ist ein Verzicht auf den Gewinnabführungsvertrag allein unter der Voraussetzung möglich, dass die Einkommenszurechnung auf eine andere Weise gerechtfertigt werden kann.

Den Umstand einbeziehend, dass das österreichische Einkommen- und Körperschaftsteuerrecht ebenfalls auf dem Grundsatz der Individualbesteuerung beruht[175] und nunmehr dennoch den Abschluss eines Ergebnisabführungsvertrages als Voraussetzung der Gruppenbesteuerung für entbehrlich erachtet, gilt es zu prüfen, wie die Durchbrechung dieses Grundsatzes im österreichischen Gruppenbesteuerungssystem gerechtfertigt werden kann (a). Zudem ist zu analysieren, ob und inwieweit den Zielen des Gewinnabführungsvertrages im Rahmen der Gruppenbesteuerung weiterhin Rechnung getragen wird (b) und ob diese Erwägungen auch im deutschen Steuerrecht angestellt werden können (c).

a. Steuersystematische Rechtfertigung der österreichischen Gruppenbesteuerung

In den Gesetzesmotiven zur österreichischen Gruppenbesteuerung wird der Ersatz der Organschaft durch pragmatische Überlegungen begründet[176]: Mit der Einführung eines attraktiven und modernen Modells der Gruppenbesteuerung soll den Entwicklungen im Gesellschafts- und Konzernrecht Rechnung getragen und die Attraktivität des Unternehmensstandorts Österreich verbessert werden. Die Gruppenbesteuerung ermöglicht die Zusammenfassung der steuerlichen Ergebnisse finanziell verbundener Körperschaften beim Gruppenträger ohne die organschaftlichen Hindernisse einer wirtschaftlichen und organisatorischen Eingliederung und ungeachtet des Abschlusses eines Ergebnisabführungsvertrages.[177] Die gesetzgeberischen Motive enthalten somit rechtspolitische, aber kei-

[174] Denn Rechtsfolgenwahlrechte widersprechen grundsätzlich dem Leistungsfähigkeitsprinzip, vgl. M. Orth, DK 2005, 79, 97; K. Tipke, Die Steuerrechtsordnung, Bd. I, 2000, 515 ff.
[175] Vgl. § 7 Abs. 1 öKStG.
[176] Vgl. W. Gassner, Stellungnahme zum Begutachtungsentwurf, S. 24 f.
[177] Erl. RV. zu Z 3, ÖStZ 2004, 133, 140.

ne systematischen Rechtfertigungsansätze. Mithin sind diese im Wege der systematischen Auslegung zu ermitteln.

Die durch das Tatbestandsmerkmal der finanziellen Verbindung zum Ausdruck kommende Beherrschungsmöglichkeit und das Erfordernis der Stimmrechtsmehrheit des Gruppenträgers begründet die Annahme der Ausübung einheitlicher Leitung im Konzern[178], welche mit Blick auf das Leistungsfähigkeitsprinzip die gemeinsame Besteuerung der verbundenen Unternehmen rechtfertigen könnte. Da Besteuerungsregelungen den Zweck der Erzielung eines bestimmten Steueraufkommens unter Beachtung der Grundprinzipien der Gleichmäßigkeit der Besteuerung und der Besteuerung nach der wirtschaftlichen Leistungsfähigkeit zu erfüllen haben, soll jedes Steuersubjekt entsprechend seiner finanziellen Leistungsfähigkeit gleichmäßig[179] zur Finanzierung der allgemeinen Staatsaufgaben herangezogen werden.[180]

Im Rahmen der Bemessung der Leistungsfähigkeit könnte dem Konzernsachverhalt Rechnung getragen werden. Vor dem Hintergrund, dass Muttergesellschaften aufgrund ihrer Stimmrechtsmehrheit einerseits die Leitungsmacht über die Tochtergesellschaften ausüben können und sie daher für deren Ergebnisse und somit für das gesamte im Rahmen der Gruppe erwirtschaftete Einkommen eine Mitverantwortung trifft, scheint es gerechtfertigt, die verbundenen Unternehmen als eine wirtschaftliche Einheit zu betrachten. Hierfür spricht auch, dass Muttergesellschaften infolge ihrer Kapitalmehrheit die unternehmerische Chance ebenso wie das unternehmerische Risiko mittragen.

Steuerrechtlich kann die Berücksichtigung der wirtschaftlichen Einheit des Unternehmensverbundes auf adäquate Weise mittels der im Gruppenbesteuerungssystem verankerten Zurechnungstheorie erreicht werden, da nach dieser Gruppenträger und -mitglieder als zivil- und steuerrechtlich selbständige Rechts- und Steuersubjekte ihr jeweiliges Einkommen weiterhin selbständig ermitteln und dieses dem Gruppenträger allein steuerlich zugerechnet wird.[181] Im österreichischen Steuerrecht bedarf es folglich keines Gewinnabführungsvertrages, um die aufgrund der Einkommenszurechnung und Zusammenfassung erfolgende Durchbrechung des Trennungsprinzips zu rechtfertigen.

---

[178] A.A. W. Bachem, Neuregelung der Besteuerung im Konzern, 1996, S. 69, der fordert, dass die Leitung auch tatsächlich ausgeübt wird.

[179] Sog. Fiskalzweck der Besteuerung, vgl. 3. Teil, III. Kapitel, 1., S. 161 ff.

[180] BVerfG-Beschl. v. 22.06.1995, 2 BvL 37/91, BVerfGE 93, 121, 134, f.

[181] Vgl. z.B. BFH-Urt. v. 09.09.1986, VIII R 20/85, BFH/NV 1987, 442, 444; M. Orth, DK 2005, 79, 80. Die Theorie beschreibt zwar lediglich die Konsequenzen und begründet weder die steuerliche Zusammenfassung noch deren dogmatische Idee, (S. Neumann, in: Gosch, KStG, § 14 Rd. 3) diese liefert jedoch das gesetzgeberische Ziel der Berücksichtigung der wirtschaftlichen Einheit des Unternehmensverbundes.

Bevor die Frage beantwortet werden kann, ob eine auf der finanziellen Eingliederung beruhende Rechtfertigung im deutschen Steuerrecht ebenfalls vertretbar wäre und somit das Tatbestandsmerkmal des Gewinnabführungsvertrages gestrichen werden kann, ist zu klären, ob die mit dem Gewinnabführungsvertrag verbundenen Pflichten gesellschaftsrechtlicher Art für steuerliche Zwecke ebenfalls verzichtbar sind. Denn der deutsche Gewinnabführungsvertrag dient nicht nur Rechtfertigungszwecken, sondern ändert als gesellschaftsrechtlicher Organisationsvertrag auch den rechtlichen Status der beherrschten Gesellschaft und ist mit weitreichenden gesellschaftsrechtlichen Konsequenzen verbunden.[182] Daher ist zu prüfen, ob die aus dem Vertragsschluss resultierenden konzernrechtlichen Folgen für die Zwecke der steuerlichen Organschaft entscheidend sind und bejahendenfalls, wie diesen alternativ Rechnung getragen werden könnte. Im Rahmen dieser Untersuchung kann wiederum Rekurs auf die Regelungen der österreichischen Gruppenbesteuerung genommen werden, da sich im Zuge der österreichischen Reform identische Problemstellungen ergeben haben.

b. Wird den Regelungen des deutschen Gewinnabführungsvertrages im Rahmen der österreichischen Gruppenbesteuerung Rechnung getragen?

Durch einen Gewinnabführungsvertrag verpflichtet sich die Organgesellschaft ihren ganzen Gewinn an den Organträger abzuführen (aa). Gesetzliche Konsequenz ist die Pflicht des Organträgers zur Verlustübernahme (bb), zur Zahlung einer Mindestdividende oder Barabfindung an außenstehende Anteilseigner (cc) und zur Sicherheitsleistung gegenüber Gläubigern der Organgesellschaft (dd).

Den Fragen, ob und gegebenenfalls wie diese Regelungen innerhalb des österreichischen Regimes umgesetzt werden beziehungsweise ob eine derartige Regelung auch im deutschen Steuerrecht vertretbar wäre, ist im Folgenden nachzugehen.

aa. Gewinnabführung

Durch den Abschluss eines Gewinnabführungsvertrages verpflichtet sich die Organgesellschaft zur Abführung ihres handelsrechtlichen Ergebnisses an den Organträger. Voraussetzung der Organschaft ist mithin der handelsrechtliche Ausgleich von Gewinnen und Verlusten. Rechtsfolge ist demgegenüber die Zurechnung des nach steuerlichen Vorschriften ermittelten Einkommens der Organgesellschaft; steuerrechtlich wird der handelsrechtliche Ausgleich von Gewinnen und Verlusten auf der zweiten Stufe der Gewinnermittlung durch die Zurechnung des nach steuerlichen Vorschriften ermittelten Einkommens der Organgesellschaft ersetzt. Dementsprechend ist für die Zwecke der Besteuerung

[182] Der faktische Konzern wird zum Vertragskonzern, V. Emmerich/ J. Sonnenschein, Konzernrecht, 1997, S. 150.

allein das zuzurechnende Einkommen relevant und der Gewinnabführungsvertrag daher verzichtbar.[183]

Vor diesem Hintergrund konnte im Rahmen der österreichischen Neuregelung auf eine handelsrechtliche Gewinnabführung verzichtet werden.

Angesichts dieser *Dissonanz* von Tatbestand und Rechtsfolge[184] der Organschaft bedarf es für die steuerlichen Rechtswirkungen keines Gewinnabführungsvertrages; die handelsrechtliche Gewinnabführung ist auf steuerrechtlicher Ebene verzichtbar. Zu beachten ist jedoch, dass der dem Organträger zugerechnete, thesaurierte Gewinn der Organgesellschaften im Fall einer späteren Gewinnausschüttung keine nochmalige Steuerpflicht auslösen darf. Die mehrfache Besteuerung des Einkommens der Organgesellschaften auf Ebene des Organträgers kann ebenso wie im derzeitigen System mit der Bildung von organschaftlichen Ausgleichsposten weitgehend vermieden werden.[185]

bb. Pflicht zur Verlustübernahme

(1) Regelungsinhalt

Nach § 302 AktG ist der Organträger während der Vertragsdauer eines Gewinnabführungsvertrages verpflichtet, einen entstehenden Jahresfehlbetrag auszugleichen.[186] Da die Verluste durch einen Zuschuss abgedeckt werden müssen, werden sie gewissermaßen durch den Organträger *gekauft*.[187]

Die Verlustübernahmeverpflichtung wird damit begründet, dass die klassischen Sicherungen zur Erhaltung des Nennkapitals, die Kapitalschutzvorschriften der §§ 57, 58, 60 AktG gemäß § 291 Abs. 3 AktG außer Kraft gesetzt sind; die Pflicht sei die konzernspezifische Ausprägung des Grundsatzes der Kapitalerhaltung.[188] Dies überzeugt jedoch nicht, da der nach § 302 AktG bewirkte Schutz allein am handelsbilanziellen Eigenkapital der abhängigen Gesellschaft zu Vertrags*beginn* ansetzt.[189] Die Reichweite der §§ 57, 58, 60 AktG und des Ausgleichs der Verringerungen des Eigenkapitals nach § 302 AktG sind ihrem Sinn und ihrer Funktion nach nicht annähernd vergleichbar.[190] Somit kann die Verlustausgleichspflicht nicht als Kompensation für deren fehlende Anwendbarkeit im Falle eines Gewinnabführungsvertrages angesehen werden.

---

[183] Vgl. S. Grotherr, StuW 1995, 124, 141 m.w.N.

[184] M. Müller, Reform der Konzernbesteuerung in Österreich, 1991, S. 23.

[185] Vgl. H.-H. Krebühl, DB 1995, 743, 745, der eine Reform anmahnt. Vgl. M. Gottsche/ I. Stangl, IWB Fach 5 Österreich Gruppe 2, 603, 604.

[186] Sofern während der Vertragsdauer gebildete Gewinnrücklagen bei der Organgesellschaft nicht zum Ausgleich herangezogen werden können.

[187] Vgl. S. Grotherr, FR 1995, 1, 2.

[188] So BGH-Urt. v. 14.12.1987, II ZR 170/87, BGHZ 103, 1, 10; P. Ulmer AG 1986, 126.

[189] Vgl. OLG Düsseldorf-Beschl. v. 07.06.1990, 19 W 13/86, ZIP 1990, 1333, 1338 f.

[190] Vgl. A. Cahn/ S. Simon, DK 2003, 1, 13; H.-G. Koppensteiner, in: KölnerKomm., AktG, § 302 Rd. 4; H. Altmeppen, in: MüKo, AktG, § 203 Rd. 9; P. Ulmer, AG 1986, 123, 126

Die mit dem Abschluss eines Gewinnabführungsvertrages einhergehende Pflicht zur Verlustübernahme ist historisch zu erklären: Vor Kodifizierung der Organschaft anerkannte der BFH in Ermangelung einer gesetzlichen Grundlage die vertragliche Vereinbarung eines Gewinnabführungsvertrages allein als ausreichende Rechtsgrundlage und somit als rechtstheoretische Begründung für die mit der Organschaft einhergehenden Einkommensverlagerungen des Steuerobjekts von einem Steuerpflichtigen zu einem anderen.[191] Die Verlustübernahmepflicht hat mithin steuerliche Wurzeln.[192]

Nachdem die Durchbrechung des Grundsatzes der Individualbesteuerung infolge der Kodifizierung der Organschaft im Jahre 1969 auf eine gesetzliche Grundlage gestellt wurde[193], wird vertreten, dass der Gewinnabführungsvertrag diese Rechtfertigungsfunktion verloren habe und daher steuerrechtlich verzichtbar sei.[194] Fraglich ist jedoch, ob dies zugleich für die Verlustübernahmepflicht als gesetzliche Konsequenz des Gewinnabführungsvertrages gelten kann. Die Gesetzesbegründung enthält weder im Hinblick auf die Verlustübernahmepflicht noch das Erfordernis des Gewinnabführungsvertrages weitere Ausführungen, sondern verweist allein darauf, dass die vorangegangene Rechtsprechung aus Gründen der Rechtssicherheit kodifiziert werden soll.[195]

Gegen eine Verzichtbarkeit der Verlustübernahmepflicht lässt sich anführen, dass sie letztlich eine Besteuerung des Organkreises nach dessen Leistungsfähigkeit sicherstellt, denn der Organträger muss die während des Bestehens der Organschaft begründeten Forderungen auf Verlustausgleich über die gesellschaftsrechtliche Haftungsbeschränkung hinaus entweder durch einen Zuschuss ausgleichen oder Sicherheiten leisten, sodass seine Leistungsfähigkeit vermindert ist. Folglich würden die Verlustübernahmepflicht und die abgabenrechtliche Verlustverwertungsmöglichkeit zwei Seiten derselben Medaille bilden. Aus diesem Grunde wird vertreten, dass die Möglichkeit einer Verlustverrechnung erst dann gerechtfertigt sei, wenn die Obergesellschaft zivilrechtlich zum Verlustausgleich verpflichtet ist und hierdurch die Haftungsbeschränkung der einzelnen Konzerngesellschaften – als ein elementares gesellschaftsrechtliches und betriebswirtschaftliches Charakteristikum der Konzernbildung – wieder aufgehoben wird. Der steuerliche Verlustausgleich müsse sich als Gegenleistung und

---

191 Vgl. W. Flume, DB 1956, 455, 457.

192 Und wurde infolge der Verabschiedung des Aktiengesetz 1965 auf eine gesellschaftsrechtliche Grundlage gestellt, vgl. S. Grotherr, FR 1995, 1, 3.

193 Gesetz zur Änderung des KStG und anderer Gesetze v. 15.08.1969, BGBl. I 1969, S. 1182.

194 So z.B. S. Grotherr, StuW 1995, 124, 139; C. Watrin/ E. Sievert/ C. Strohm, FR 2004, 1, 10; N. Herzig/ T. Wagner, DB 2005, 1, 6; P. Fußbroich, Verlustverrechnung und Verlustverwertung in der Konzernunternehmung, 2001, S. 227; A. Cahn/ S. Simon, DK 2003, 1, 13;.

195 Vgl. Bundesregierung, BT-Drs. V/3017 v. 17.06.1968, S. 8.

Preis für das Recht auf Gewinnzurechnung darstellen.[196] Andere heben hervor, dass die Verlustausgleichspflicht letztendlich eine Begrenzung des konzerninternen Verlustverrechnungspotentials auf den eigenen Mitteleinsatz bewirkt.[197]

Beide Ansichten überzeugen. Sollte de lege ferenda auf den Abschluss eines Gewinnabführungsvertrages als Tatbestandsmerkmal der Konzernbesteuerung verzichtet werden, wäre eine zivilrechtliche Abdeckung des Verlustes der Untergesellschaft nicht erforderlich und somit eine Verrechnung über den eigenen Mitteleinsatz des Organträgers hinaus möglich. Dies widerspräche jedoch dem Leistungsfähigkeitsprinzip.[198] Indem sich auch den übrigen Bestimmungen des deutschen Steuerrechts – wie § 15a EStG und den Regelungen über die Teilwertabschreibung – eine Begrenzung der Verlustverrechnung auf die tatsächlich getragenen Verluste und somit den eigenen Mitteleinsatz entnehmen lässt, spricht auch der systematische Zusammenhang dafür, eine solche Verrechnungsbegrenzung als steuersystematisch unverzichtbar zu werten.[199]

Zu untersuchen ist, ob diesen Erwägungen auch im Rahmen der österreichischen Gruppenbesteuerung Rechnung getragen wird. Bejahendenfalls ist deren Übertragbarkeit in deutsches Recht zu überprüfen.

(2) Begrenzung der Verlustverrechnung im österreichischen Regime

Für die Beantwortung dieser Frage ist zwischen unbeschränkt steuerpflichtigen inländischen und nicht im Inland steuerpflichtigen, ausländischen Gruppenmitgliedern zu differenzieren:

Im Hinblick auf unbeschränkt steuerpflichtige inländische Gruppenmitglieder ist während des Bestehens einer Gruppe eine Zurechnung der gesamten positiven und negativen Einkommen der Gruppenmitglieder zum Gruppenträger vorgesehen. Erzielt der Gruppenträger infolge der Verrechnung zugerechneter Verluste eines Gruppenmitglieds steuerliche Vorteile, wird er diese in Form einer Steuerumlage spätestens im Zeitpunkt des Ausscheidens des Gruppenmit-

[196] So hat schon der 49. Juristentag im Jahr 1972 einen Haftungsverbund als Voraussetzung für eine Einheitsbesteuerung im Konzern verlangt, vgl. Sitzungsbericht Q zum 49. Deutschen Juristentag, 1972, S. Q 85, zitiert nach S. Grotherr, FR 1995, S. 1, vgl. H.-M. Eckstein, in: IFA, Cahiers de Droit Fiscal International, Volume 89b, 2004, Deutschland, S. 293, 304.

[197] Vgl. S. Grotherr, StuW 1995, 141; BMF, Bericht der Bundesregierung zur Fortentwicklung des Unternehmenssteuerrechts, Beilage zu FR 11/2001, 1, 17; G. Müller-Gatermann, in: FS für W. Ritter, 1997, S. 457, 464.

[198] BMF, Bericht der Bundesregierung zur Fortentwicklung des Unternehmenssteuerrechts, Beilage zu FR 11/2001, 1, 17; G. Müller-Gatermann in: FS für W. Ritter, 1997, S. 457, 464.

[199] So: S. Grotherr, RIW 1994, 1017, 1031 unter Verweis auf die negativen Erfahrungen mit Abschreibungs- bzw. Verlustzuweisungsgesellschaften vor Einführung des § 15a EStG.

glieds zu vergüten haben.[200] Denn wenn ein inländisches Gruppenmitglied die Unternehmensgruppe verlässt, verliert dieses sein Verlustvortragsrecht, da die Verlustverwertung allein durch den Gruppenträger erfolgt. Infolge des gemäß § 9 Abs. 8 öKStG obligatorisch zu vereinbarenden Steuerausgleichs erfolgt zwar keine finanzielle Abdeckung des Verlustes in voller Höhe, sondern regelmäßig nur eine Ausgleichszahlung im Umfang der entgangenen, zukünftigen Steuerermäßigung, aber auch diese stellt sich als Gegenleistung und Preis für die Verlustverrechnung dar und begründet einen Zusammenhang zwischen dem steuerlichen Vorteil und dem eigenen Mitteleinsatz des Gruppenträgers.

Die Verluste ausländischer Gruppenmitglieder können gemäß § 9 Abs. 6 Z 6 öKStG lediglich im Ausmaß der Beteiligung der beteiligten Körperschaft zugerechnet werden. Der Höhe nach ist die Zurechnung allerdings nicht begrenzt. Ein Zusammenhang zwischen dem Umfang der Verlustverrechnung und dem eigenen Mitteleinsatz wird jedoch ebenfalls im Zeitpunkt des Ausscheidens aus der Unternehmensgruppe sichergestellt. Dies geschieht dadurch, dass sämtliche Verluste, die dem beteiligten inländischen Gruppenmitglied oder dem Gruppenträger zugerechnet wurden, aber noch nicht wieder im Wege der Nachversteuerung vollständig gegenverrechnet werden konnten, im Wirtschaftjahr des Ausscheidens gewinnerhöhend anzusetzen sind, § 9 Abs. 6 Z 6 öKStG. Denn der Nachversteuerungsbetrag kann allenfalls in der Höhe gemindert werden, in welcher aufgrund eines tatsächlichen und endgültigen Vermögensverlusts eine Teilwertabschreibung möglich wäre. Die Abschreibung auf den niedrigeren Teilwert wiederum ist regelmäßig auf die Höhe der Anschaffungskosten und somit den Mitteleinsatz des Gruppenträgers beschränkt. Diesen Zusammenhang berücksichtigend wird auch mittels der Nachversteuerungsmethode eine Begrenzung der Verlustverrechnung bewirkt.

(3) Übertragbarkeit in deutsches Recht

Da das österreichische Gruppenbesteuerungsrecht zwischen den Verlusten differenziert, die dem Gruppenträger von unbeschränkt und nicht im Inland steuerpflichtigen Gruppenmitgliedern zugerechnet werden, ist auch für die folgende Prüfung hiernach zu unterscheiden:

Um im Fall unbeschränkt steuerpflichtiger Gruppenmitglieder einen Zusammenhang zwischen dem eigenen Mitteleinsatz des Gruppenträgers und dem steuerlichen Vorteil infolge der Verlustverrechnungsmöglichkeit zu begründen, sieht die österreichische Regelung die verpflichtende Vereinbarung eines Steuerausgleichs vor, § 9 Abs. 8 öKStG. Da die Verluste eines Gruppenmitglieds allein die Steuerlast des Gruppenträgers mindern und auf Ebene der Tochter nicht mehr für einen Verlustabzug zur Verfügung stehen, ist die steuerliche

[200] Bei einem Ausscheiden innerhalb der Mindestdauer kommt es in beiden Fällen zur Rückgängigmachung der Effekte der Gruppenbesteuerung.

Entlastung in Form einer negative Steuerumlage durch den Gruppenträger zu vergüten.[201] Auf diese Weise werden die Verluste ebenso wie im Rahmen der Verlustübernahmepflicht gemäß § 302 AktG erworben. Allerdings beschränkt sich die Vergütung auf die Höhe der steuerlichen Vorteile, eine Ausgleichszahlung im Umfang des Verlustbetrages wird regelmäßig nicht vereinbart werden.

Diese Regelung überzeugt, da der wirtschaftlichen Einheit der Unternehmensgruppe konsequent mittels der Zurechnungstheorie Rechnung getragen wird sowie ein flexibler und gerechter Ausgleich des steuerlichen Vorteils durch Entschädigung der Untergesellschaft in Höhe des auf die Obergesellschaft übergeleiteten Steuervorteils erfolgt. Durch eine solche Regelung stünde sich die Untergesellschaft in Bezug auf die Substanzerhaltung sogar besser als infolge der Verlustausgleichspflicht nach § 302 AktG.

Alternativ könnte die Möglichkeit einer Ergebnisverrechnung von dem Bestehen einer harten Patronatserklärung abhängig gemacht werden, da die Muttergesellschaft auch in diesen Fällen zivilrechtlich für die Tochtergesellschaft einstehen müsste. Eine solche Regelung hätte allerdings zur Folge, dass das Besteuerungsverfahren mit der Aufklärung der zivilrechtlichen Vorfrage belastet wäre, ob sich im Einzelfall eine Verlustübernahmeverpflichtung aus anderweitigen Anspruchsgrundlagen ergibt.[202] Demgegenüber ist die österreichische Regelung, welche den Nachweis des Abschlusses einer Steuerumlagevereinbarung im Antrag zur Gruppenbesteuerung erfordert, verwaltungstechnisch ungleich einfacher umsetzbar. Überzeugend ist des Weiteren, dass allein ein Ausgleich der steuerrechtlichen Vorteile vorgesehen ist. Mithin ist die verpflichtende Vereinbarung einer Steuerumlagevereinbarung als vorzugswürdig zu werten.

Von Seiten der Literatur wird zudem vorgeschlagen, die Verlustverrechnung entweder auf den Wert des Betriebsvermögens der Tochtergesellschaft[203] oder auf den steuerlichen Buchwert der Beteiligung an der Tochtergesellschaft und somit auf den eigenen Mitteleinsatz des Mutterunternehmens in Form der ursprünglichen Anschaffungskosten zu begrenzen.[204] Weitgehend übereinstimmend mit dem letztbenannten Vorschlag sollen neben dem Buchwert der Beteiligung auch thesaurierte Gewinne der Tochtergesellschaft für die Bestimmung der Verlustverrechnungsgrenze berücksichtigt werden, da der Organträger auch bezüglich dieser eigene Mittel aufgewendet habe.[205] Derartige Verlustverrech-

---

201 Vgl. F. Althuber/ M. Mang, IWB Fach 5 Österreich Gruppe 2, S. 607, 617.

202 BMF, Bericht der Bundesregierung zur Fortentwicklung des Unternehmenssteuerrechts, Beilage zu FR 11/2001, 1, 16 f.

203 Vgl. W. Gassner, in: Ders. u.a. (Hrsg.), Besteuerung von Unternehmensgruppen, 1998, S. 287, 293.

204 S. Grotherr, FR 1995, 1, 5 f.

205 Vgl. P. Fußbroich, Verlustverrechnung und Verlustverwertung in der Konzernunternehmung, 2001, S. 233.

nungsbeschränkungen würden jedoch zu erheblichen Komplizierungen führen, wie die Erfahrung mit der Regelung des § 15a EStG zeigen.[206]

Daher ist die österreichische Lösung zu favorisieren und der Zusammenhang zwischen dem eigenen Mitteleinsatz und dem steuerlichen Vorteil ist über den verpflichtenden Abschluss eines Steuerumlagevertrages herzustellen.

Zu prüfen ist jedoch, ob es hierüber hinaus einer zusätzlichen Aufweichung der Haftung bedarf. Wurde zwischen einer Ober- und Untergesellschaft kein Gewinnabführungsvertrag abgeschlossen, haften das faktisch herrschende Unternehmen – ein herrschendes Unternehmen wird bei einer Kapital- und Stimmrechtsmehrheit an der Untergesellschaft nach den §§ 17 Abs. 2, 16 Abs. 1 AktG vermutet – und dessen gesetzliche Vertreter sowie der Vorstand der beherrschten Gesellschaft gesamtschuldnerisch unter den Voraussetzungen der §§ 317, 318 AktG für vom herrschenden Unternehmen veranlasste Nachteile.[207] Bei der GmbH sind dem herrschenden Gesellschafter Schädigungen der Gesellschaft aufgrund der mitgliedschaftlichen Treuepflicht untersagt.[208] Daher wird dem Gedanken des Haftungsverbundes durch die Haftung im faktischen Konzern Rechnung getragen. Aus steuerrechtlicher Sicht ist ein weitergehender Verlustausgleich als derjenige, den fallbezogen das Gesellschaftsrecht bietet, nicht notwendig.[209] Mithin besteht kein Erfordernis, Steuerrecht und Konzernrecht über den Gewinnabführungsvertrag zwingend miteinander zu verknüpfen.

Auch in anderen dem Prinzip der subjektbezogenen Besteuerung folgenden Staaten ist ebenso wie in Österreich die Vereinbarung von Ausgleichszahlungen vorgesehen. In Schweden, Norwegen und Finnland ist eine Verlustübertragung von einer Konzerngesellschaft auf eine andere im Fall einer Ausgleichzahlung – sog. group contribution beziehungsweise Konzernbeitrag – auch zwischen Schwestergesellschaften möglich.[210] Im Rahmen des group relief erfolgt die Verlustübertragung innerhalb einer qualifizierten Unternehmensgruppe regelmäßig unter Entrichtung einer Ausgleichszahlung, die allerdings nicht verpflichtend ist.[211]

---

[206] BMF, Bericht der Bundesregierung zur Fortentwicklung des Unternehmenssteuerrechts, Beilage zu FR 11/2001, 1, 16 f.

[207] Vgl. H.-H. Krebühl, Hefte zur Internationalen Besteuerung, Heft Nr. 135, 2001, S. 8 f. Auch besteht überwiegend die Auffassung, dass im qualifiziert faktischen Konzern die §§ 302 ff. AktG eingreifen.

[208] Vgl. BGH-Urt. v. 05.06.1975, II ZR 23/74, BGHZ 65, 15.

[209] Vgl. J. Borggräfe, WPg 1995, 129, 137.

[210] Die Ausgleichszahlung führt bei der empfangenden Gesellschaft zu Betriebseinnahmen und bei der zahlenden Gesellschaft zu abziehbaren Betriebsausgaben. Vgl. D. Endres, in: Herzig (Hrsg.), Organschaft, 2003, S. 461, 473.

[211] Er ist in Großbritannien, Singapur, Irland, Litauen, Malta und auf Zypern vorgesehen. Im Interesse von Minderheitsgesellschaftern und Gläubigern wird der Ausgleich regelmäßig ver-

De lege ferenda könnte daher die gesellschaftsrechtliche Verlustübernahmepflicht auch in Deutschland durch einen Steuerausgleich ersetzt werden.

Im grenzüberschreitenden Sachverhalt bedarf es keiner Steuerumlagenvereinbarung, da die ausländische Tochtergesellschaft ihren Verlustvortrag nicht verliert und mithin keine Vermögenseinbußen erleidet. Die Begrenzung der Verlustverrechnung auf den eigenen Mitteleinsatz wird im österreichischen System im Rahmen der Nachversteuerungsmethode realisiert.

Für deren Übertragbarkeit in deutsches Recht spricht, dass mittels dieser Regelung im Zeitpunkt der Verlusterzielung aufgrund der Verlustzurechnung der Leistungsfähigkeit der Unternehmensgruppe Rechnung getragen wird. Aufgrund der im Falle eines Ausscheidens ausländischer Gruppenmitglieder aus der Unternehmensgruppe eingreifenden Nachversteuerung ist gewährleistet, dass der Gruppenträger im Ergebnis, insbesondere bei Insolvenz, die Verluste nur in Höhe des eigenen Mitteleinsatzes in Form der ursprünglichen Anschaffungskosten verwerten kann.[212] Mit Hilfe einer derart ausgestalteten Nachversteuerungslösung kann ein angemessener Ausgleich zwischen der Berücksichtigung der steuerlichen Leistungsfähigkeit einer grenzüberschreitend tätigen Unternehmensgruppe und den fiskalischen Interessen des deutschen Staates erzielt werden, der im Ausland erlittene Unternehmensverluste schlussendlich nur in Höhe des eigenen Mitteleinsatzes des Konzerns tragen muss.

(4) Ergebnis

Die Pflicht zur Verlustübernahme kann im Rahmen einer Organschaft de lege ferenda ebenso wie de lege lata in Österreich im innerstaatlichen Sachverhalt durch Zahlung einer Steuerumlage und im grenzüberschreitenden Sachverhalt durch die Nachversteuerungsmethode ersetzt werden. Mithin ist das Erfordernis des Gewinnabführungsvertrages für steuerliche Zwecke verzichtbar.

cc. Minderheitenschutz

Infolge des Gewinnabführungsvertrages ist die Organgesellschaft zur Abführung ihres ganzen Gewinns an den Organträger verpflichtet, sodass die Minderheitsaktionäre der beherrschten Gesellschaft als Ersatz für die infolge der Gewinnabführung entfallende Dividende gegen die herrschende Gesellschaft entweder einen Anspruch auf eine ergebnisunabhängige Ausgleichszahlung erhalten, um ihnen den Verbleib in der Gesellschaft zu ermöglichen (§ 304 AktG), oder einen

---

einbart, da das Verlustvortragsrecht der übertragenden Gesellschaft untergeht, vgl. M. Scheuchzer, RIW 1995, 35, 41.

212 Angesichts der – auch im Wege der Gestaltung kreierbaren – Möglichkeit, dass ausländische Töchter allein Verluste erzielen, um die deutsche Steuerbelastung der Unternehmensgruppe zu senken, besteht auch im grenzüberschreitenden Sachverhalt ein Bedürfnis den Verlustausgleich zu beschränken.

Abfindungsanspruch erwerben, sollten sie aus der Gesellschaft ausscheiden, § 305 AktG.[213]

Minderheitsgesellschafter der herrschenden Gesellschaft werden durch den Abschluss des Gewinnabführungsvertrags insoweit geschützt, als die herrschende Gesellschaft infolge des abgeführten Gewinns über ausreichend Liquidität zur Steuerzahlung und zur Ausschüttung von Dividenden verfügen wird.

Wird de lege ferenda auf die Tatbestandsvoraussetzung des Gewinnabführungsvertrages verzichtet, stellt sich zunächst die Frage, ob es überhaupt zweckmäßig ist, die steuerliche Ergebnisverrechnung mit gesellschaftsrechtlichen Schutzfunktionen, insbesondere dem vermögensrechtlichen Schutz von Minderheitsgesellschaftern, zu verbinden.[214] In Anbetracht des Fiskalzweckes der Besteuerung muss gesellschaftsrechtlichen Schutzfunktionen im Rahmen des Steuerrechts lediglich insoweit Rechnung getragen werden, als diese aufgrund des Grundsatzes der Einheitlichkeit der Rechtsordnung nicht konterkariert werden dürfen.[215] Allerdings könnte vorliegend in steuerrechtlicher Hinsicht ein Schutzbedürfnis anzuerkennen sein. Dies wäre der Fall, wenn die Minderheitsgesellschafter durch die Steuerkonsolidierung vermögensrechtliche Nachteile erleiden können.[216] Erzielt die Organgesellschaft Verluste und werden diese dem Organträger endgültig zur Verrechnung mit Gewinnen des Organkreises zugerechnet, stehen sie der Organgesellschaft folglich nicht mehr zu einem interperiodischen Verlustabzug zur Verfügung, sodass das mit den Verlusten einhergehende Steuerminderungspotential für die Minderheitsgesellschafter endgültig verloren geht. Da sich Minderheitsgesellschafter gegen die Errichtung einer Organschaft aufgrund der hierfür nötigen Stimmrechts- und Kapitalbeteiligung nicht wehren können, ist ihnen steuerrechtlich Schutz zu gewähren.[217]

Desgleichen bedürfen an dem Organträger beteiligte außenstehende Anteilseigner des Schutzes. Aufgrund der juristischen Selbständigkeit bleibt die Organgesellschaft persönlich steuerpflichtig, den Organträger trifft allerdings die materielle Steuerpflicht.[218] Übernimmt der Organträger die komplette Steuerleistung für die Organgesellschaft und somit auch jenen Teil, der rechnerisch auf die Anteile der Minderheitsgesellschafter der Untergesellschaft entfällt, erleiden die Minderheitsaktionäre des Organträgers einen Nachteil, denn das Ausschüttungspotential des Organträgers mindert sich infolge der Steuerzahlung, da es

[213] Vgl. A. Cahn/ S. Simon, DK 2003, 1, 5.
[214] Vgl. S. Grotherr, FR 1995, 1, 8.
[215] Vgl. 3. Teil, III. Kapitel, 1., S. 161 ff.
[216] Vgl. S. Grotherr, FR 1995, 1, 8.
[217] Vgl. C. Bucek, GeS 2004, 323
[218] Vgl. J. Borggräfe, WPg 1995, 129, 134.

auf Grundlage des Einzelabschlusses des Organträgers bemessen wird.[219] Diesbezüglich sind auch sie vor entsprechenden Gewinneinbußen zu schützen.

Im Rahmen der österreichischen Gruppenbesteuerung werden diese steuerdeterminierten Schutzfunktionen mittels der verpflichtenden Vereinbarung einer Konzernsteuerumlage gewährleistet.

Daher sollte der Abschluss eines Steuerumlagenvertrages zum Schutz von Minderheitsaktionären auch Voraussetzung einer Organschaft de lege ferenda sein. Auch wenn es sich letztendlich um ein gesellschaftsrechtliches Problem handelt, ist dieses doch mit steuerrechtlichen Konsequenzen verbunden, denen somit auch in diesem Rahmen Rechnung zu tragen ist. Das derzeitige Organschaftsregime geht jedoch deutlich über das aus steuerrechtlicher Sicht berechtigte Schutzinteresse hinaus.[220]

In diesem Zusammenhang stellt sich die Frage, ob es einer gesetzlichen Bestimmung der Methode der verpflichtend zu vereinbarenden Steuerumlage bedarf. In Anbetracht der Tatsache, dass die durch das BGH-Urteil vom 1. März 1999[221] verursachte Rechtsunsicherheit in Bezug auf die Anerkennung der Belastungsmethode nicht mehr besteht, scheint eine derart weitgehende Einschränkung der Privatautonomie im Rahmen einer Organschaft de lege ferenda nicht erforderlich.[222]

dd. Gläubigerschutz

Im geltenden deutschen Organschaftsregime werden die Interessen der Gläubiger der abhängigen Gesellschaft durch die Verlustübernahmeverpflichtung geschützt.[223] Da diese Pflicht jedoch mit dem Ende des Gewinnabführungsvertrages ausläuft, bestimmt § 303 AktG, dass der Organträger den Gläubigern der Organgesellschaft, deren Forderungen während der Vertragsdauer begründet worden sind, Sicherheiten zu leisten hat oder er sich für die Forderungen verbürgen kann.

In Anbetracht des Umstandes, dass die Interessen der Gläubiger in steuerrechtlicher Hinsicht, ebenso wie die der Minderheitsaktionäre, durch die Ergebniszurechnung allein tangiert werden, wenn die Organgesellschaft durch die endgültige Verlustzurechnung auf einen potenziellen Steuerminderungsanspruch verzichtet, stellt sich der derzeit gewährte Schutz, welcher für den Organträger

---

219 Und in dem Konzernsteueraufwand sind auch die Zahlungen enthalten, die auf Gewinne der Tochtergesellschaften zurückzuführen sind.

220 Vgl. S. Grotherr, FR 1995, 1, 9.

221 BGH-Urt. v. 01.03.1999, II ZR 312/97, BGHZ 141, 79.

222 A.A. E. Dötsch, DK 2003, 21, 37.

223 Die Verlustübernahme erfolgt durch Ausweis einer Verbindlichkeit in der Handelsbilanz des ausgleichspflichtigen Organträgerunternehmens und einer entsprechenden Forderung in der Handelsbilanz der ausgleichsberechtigten Organgesellschaft. Vgl. W. Winter in: H/H/R, KStG, § 14 Anm. 32.

zu einer zivilrechtlichen Haftungserweiterung führen kann, als zu weitreichend dar.

Im österreichischen Gruppenbesteuerungsregime wird den vermögensrechtlichen Interessen der Gläubiger eines Gruppenmitglieds durch die obligatorisch zu vereinbarende Steuerumlage Rechnung getragen, indem der Gruppenträger für die Verlustübertragung eine entsprechende Ausgleichszahlung an das Gruppenmitglied zu entrichten hat.[224]

Ein weitergehender Schutz als über Steuerausgleichszahlungen scheint auch im Rahmen der deutschen Organschaft nicht erforderlich.

ee. Wahlrecht

In der Bundesrepublik Deutschland ist die körperschaftsteuerliche Organschaft insofern optional ausgestaltet, als dass die Organschaftsvoraussetzung des Gewinnabführungsvertrages dispositiv ist.[225] Der Abschluss eines derartigen Vertrages kommt mithin einem Wahlrecht gleich.[226]

In Österreich erfolgt die Gruppenbesteuerung auf Antrag.

Eine optionale Ausgestaltung der Organschaft kann in Deutschland de lege ferenda ebenfalls durch Umstellung auf ein Antragsrecht erreicht werden.

c. Zusammenfassung

Als Fazit der Prüfung ist festzustellen, dass es unter einem steuerrechtlichen Blickwinkel weder des Abschlusses eines Gewinnabführungsvertrages bedarf noch der über ihn begründeten Verbindung mit dem Konzernrecht.

Allerdings treffen einige gesellschaftsrechtliche Bestimmungen auch in steuerrechtlicher Hinsicht relevante Regelungen. Diesen kann jedoch auf eine spezifisch steuerrechtliche Weise Rechnung getragen werden. Im einzelnen ist zu konstatieren, dass sich die Übernahme des handelsrechtlichen Ergebnisses für die Zwecke des Steuerrechts als verzichtbar darstellt. Der Herstellung eines Zusammenhangs zwischen den steuerlichen Vorteilen infolge der Verlustverrechnungsmöglichkeit und dem eigenen Mitteleinsatz des Organträgers kommt demgegenüber auch in steuerrechtlicher Hinsicht Bedeutung zu. Eine derartige Verbindung kann de lege ferenda jedoch auch durch die Zahlung einer Steuerumlage beziehungsweise mittels der Nachversteuerungsmethode begründet werden. Die Interessen von Minderheitsgesellschaftern und Gläubigern können ebenfalls im Wege der Vereinbarung von Steuerausgleichszahlungen Berücksichtigung

---

[224] Mittels einer Steuerumlage werden gleichfalls die vermögensrechtlichen Interessen der Gläubiger des Organträgers geschützt, da hierdurch gewährleistet sein wird, dass der Organträger genügend Mittel zur Verfügung hat, um die auf das Organeinkommen entfallende Steuerschuld entrichten zu können. Vgl. S. Grotherr, FR 1995, 1, 9.

[225] Vgl. L. Schmidt/ T. Müller/ E.E. Stöcker, Die Organschaft, 2003, S. 74.

[226] Vgl. S. Grotherr, WPg 1995, 81, 87 f.; J. Borggräfe, WPg 1995, 129, 136 f.

finden. Und schließlich ist eine optionale Ausgestaltung des Regimes über ein Antragsrecht realisierbar. Mithin ist der Abschluss eines Gewinnabführungsvertrages für die Zwecke des deutschen Steuerrechts verzichtbar.[227]

Dies folgt auch aus dem systematischen Zusammenhang mit den weiteren Normen des deutschen Steuerrechts, die ebenfalls eine Durchbrechung des Trennungsprinzips ermöglichen, ohne eines Gewinnabführungsvertrages zu bedürfen. Zu nennen sind insoweit die Hinzurechnungsbesteuerung[228], die Mantelkaufregelung des § 8 Abs. 4 KStG und die vormals vorgesehene Verlustverrechnungsmöglichkeit gemäß § 3 AIG a.F.[229]

Folglich kann die Durchbrechung des Trennungsprinzips und die Besteuerung nach Maßgabe einer konzernbezogenen wirtschaftlichen Leistungsfähigkeit ebenso wie in Österreich mit der Erwägung gerechtfertigt werden, dass die in einen Unternehmensträger finanziell eingegliederten Unternehmen unter einheitlicher Leitung stehen und diese Ausdruck einer Kombination aus Beherrschungsmöglichkeit sowie Kapitaleinsatz ist, was einerseits die wirtschaftliche Abhängigkeit der Tochtergesellschaften indiziert und andererseits veranschaulicht, dass der Unternehmensträger die unternehmerische Chance wie auch das unternehmerische Risiko trägt und die Unternehmensverbindung somit eine wirtschaftliche Einheit bildet.[230]

d. Ergebnis

Aus den dargelegten Gründen kann die österreichische Gruppenbesteuerung für eine Reform der deutschen Organschaft eine Vorreiterrolle übernehmen.

Die österreichischen Vorschriften können folglich mit dem Ziel der Einführung Demgegenüber können infolge von Insolvenz oder Liquidation des ausländischen Gruppenmitglieds definitiv gewordene Verluste, also in Sachverhalten, in denen der EuGH eine grenzüberschreitende Verlustverrechnung für erforderlich hält, im österreichischen Modell nur in Höhe einer während der Gruppenzugehörigkeit nicht steuerwirksamen Teilwertabschreibung berücksichtigt werden; im Übrigen ist eine Nachversteuerung vorgesehen, vgl. § 9 Abs. 6 Z 6 öKStG. Organschaft in deutsches Recht übertragen werden, wobei insoweit Modifikationen vorzunehmen sind, als eine lediglich quotale Verlustverrechnung vorge-

---

227 Der Frage, ob dies mit K. Schmidt (18.05.2004, 55. Steuerrechtliche Jahresarbeitstagung Unternehmen 2004 in Wiesbaden) eine *Demontage* des gesamten deutschen Konzernrechts bewirkt, kann im Rahmen der vorliegenden Arbeit nicht nachgegangen werden.

228 Vgl. §§ 7 bis 14 AStG.

229 Daher kann auch die systematische Auslegung für die grundsätzliche Verzichtbarkeit des Abschlusses eines Gewinnabführungsvertrages angeführt werden. Vgl. auch: § 2 DDR-IG.

230 Auch im Handels- und Gesellschaftsrecht wird eine Unternehmensgruppe als wirtschaftliche Einheit anerkannt, wenn die Unternehmen unter einheitlicher Leitung stehen, vgl. § 17 Abs. 2, § 18 AktG. Im handelsrechtlichen Konzernabschlusses findet ebenfalls der Einheitsgrundsatz Anwendung, § 280 HGB; vgl. K. Küting, DB 1990, 489.

sehen und die Höhe der Nachversteuerung an den nach ausländischen Vorschriften ermittelten Verrechnungsbetrag gebunden ist.

Konsequenz dessen wäre es, dass im grenzüberschreitenden Sachverhalt auf das Tatbestandsmerkmal des Gewinnabführungsvertrages verzichtet würde. Zu prüfen sind daher die Auswirkungen auf nationale Sachverhalte.

2. Konsequenzen der Abschaffung des Gewinnabführungsvertrages im grenzüberschreitenden Sachverhalt für die nationale Organschaft

Fraglich ist, ob es rechtlich zulässig ist, lediglich im grenzüberschreitenden Sachverhalt auf das Erfordernis des Gewinnabführungsvertrages zu verzichten, die Tatbestandsvoraussetzung im Fall inländischer Organgesellschaften jedoch beizubehalten und den internen Sachverhalt folglich zu benachteiligen. Eine sog. Inländerdiskriminierung unterfällt dabei nicht dem Schutzbereich der Grundfreiheiten. Denn diese finden nur im sachlichen Geltungsbereich des EG-Vertrages und somit auf grenzüberschreitende Sachverhalte Anwendung.[231] Die Ungleichbehandlung von nationalen und grenzüberschreitenden Unternehmensgruppen könnte jedoch einen Verstoß gegen den Gleichheitssatz des Art 3 Abs. 1 GG begründen. Angesichts des Umstandes, dass sich die in Frage stehende Regelung letztlich aus den nationalen Bestimmungen einer Organschaft de lege ferenda ergeben würde, ist der Gleichheitssatz auf das Verhältnis von inländischen zu multinational aufgestellten Unternehmensgruppen auch anwendbar.

a. Verstoß gegen Art 3 Abs. 1 GG

In der Bundesrepublik Deutschland bildet der allgemeine Gleichheitssatz des Art 3 Abs. 1 GG den zentralen verfassungsrechtlichen Prüfungsmaßstab für Steuergesetze.[232] Er verlangt für das Steuerrecht, dass die Steuerpflichtigen rechtlich und tatsächlich gleichmäßig belastet werden, das heißt dass jeder entsprechend seiner finanziellen Leistungsfähigkeit gleichmäßig zur Finanzierung der allgemeinen Staatsaufgaben herangezogen wird.[233] Hiernach ist ein Verstoß gegen Art 3 Abs. 1 GG zu konstatieren, wenn vergleichbare (wirtschaftliche) Sachverhalte ohne rechtfertigenden sachlichen Grund ungleich belastet werden.

---

[231] EuGH-Urt. v. 26.01.1993, Rs. C-112/91, *Werner*, EuGHE 1991, I-429. Vgl. Art 12 EGV, R. Streinz, Europarecht, 2003, Rd. 685, S. 294. Formulierungen des Inhalts, dass eine umgekehrte Diskriminierung erlaubt sei, sind demgegenüber unpräzise, da der EGV nicht anwendbar ist. Auch das Beihilfenverbot des Art 87 EGV wird vorliegend nicht einschlägig sein, da es an einer gezielten Bevorzugung ausländischer Investoren und einem besonderen Bezug zu einzelnen Unternehmen oder spezifischen Branchen fehlt.

[232] P. Kirchhof, StuW 1984, 297 ff.; H. Schaumburg, Internationales Steuerrecht, 1998, Rd. 4.7. S. 78.

[233] BVerfG-Beschl. v. 22.06.1995, 2 BvL 37/91, BVerfGE 93, 121, 134, f.

aa. Ungleichbehandlung

Können inländische Organträger nach Antragstellung die Verluste finanziell eingegliederter ausländischer Tochtergesellschaften in Anlehnung an die österreichischen Regelungen mit den Gewinnen des Organkreises verrechnen, die Verluste finanziell eingegliederter inländischer Tochtergesellschaften jedoch nur unter der Voraussetzung des Abschlusses eines Gewinnabführungsvertrages und der handelsrechtlichen Verlustübernahme, werden Organträger in Abhängigkeit von der Ansässigkeit der beherrschten Gesellschaft ungleich behandelt. Da die regelmäßig mit Steuerminderungen einhergehende Verlustverrechnung im grenzüberschreitenden Sachverhalt unter geringeren Voraussetzungen gewährt würde als im nationalen Sachverhalt, hätte diese Ungleichbehandlung auch eine ungleiche steuerliche Belastung zur Folge.

Dies kann jedoch nur dann einen Verstoß gegen Art 3 Abs. 1 GG begründen, wenn die beiden Sachverhalte auch vergleichbar wären.

bb. Vergleichbarkeit

Da der Gleichheitssatz eine rechtlich und tatsächlich gleich hohe steuerliche Belastung aller vergleichbaren Steuerpflichtigen erfordert, ist die Vergleichbarkeit an der wirtschaftlichen Leistungsfähigkeit des Steuerschuldners auszurichten, also der Fähigkeit, Steuerleistungen erbringen zu können.[234]

Die wirtschaftliche Leistungsfähigkeit der verbundenen Unternehmen ist jedoch unabhängig davon gemindert, ob in- oder ausländische finanziell eingegliederte Tochterkapitalgesellschaften Verluste erleiden.

Eine Unvergleichbarkeit von Organträgern mit inländischen Tochtergesellschaften zu solchen, die ausländische Tochtergesellschaften kontrollieren, könnte jedoch im Hinblick auf die Systematik der Organschaft festzustellen sein.

Würde in Anlehnung an die österreichische Gruppenbesteuerung im grenzüberschreitenden Sachverhalt die Nachversteuerungsmethode Anwendung finden, könnten Verluste ausländischer Tochtergesellschaften im Zeitpunkt ihrer Erzielung dem Organträger zugerechnet und mit den Gewinnen des Organkreises saldiert werden. Im Falle späterer Gewinne und einer Verlustvortragsmöglichkeit im Ausland wäre die Verlustberücksichtigung im Inland nur *vorläufiger* Natur, das heißt die zuvor nicht versteuerten Gewinne des Organkreises wären in Höhe des Nachversteuerungsbetrages nachzuversteuern. Der Organkreis erhielte auf diese Weise eine Steuerstundung für seine inländischen Gewinne. Durch diese Technik würde, wirtschaftlich betrachtet, die interperiodische Ver-

---

[234] Vgl. BVerfG-Beschl. v. 22.06.1995, 2 BvL 37/91, BVerfGE 93, 121, 134; J. Lang, in: Tipke/ Lang, Steuerrecht, 2002, § 4 Rn. 81 m.w.N.; H. Schaumburg, Internationales Steuerrecht, 1998, Rd. 4.11, S. 82.

lustverrechnung auf Ebene der Organgesellschaft durch eine innerperiodische Verlustverrechnung auf Ebene des Organträgers ersetzt.

Würde für national strukturierte Konzerne an dem bisherigen Organschaftsmodell festgehalten, wäre anstelle einer bloßen Verlustverrechnung eine vollständige Ergebniszurechnung vorgesehen. Im Zeitpunkt der Verlusterzielung minderten die Verluste inländischer Organgesellschaften die Bemessungsgrundlage des Organkreises, wobei den Organträger zusätzlich gemäß § 302 AktG eine Pflicht zur handelsrechtlichen Übernahme der Verluste träfe. Würde die Organgesellschaft in späteren Veranlagungszeiträumen Gewinne erzielen, würden diese dem Organträger zugerechnet und von ihm besteuert. Zusätzlich wären die Gewinne auch handelsrechtlich abzuführen, sodass das vom Organ erwirtschaftete Ergebnis rechtlich unmittelbar Bestandteil des Einkommens des Organträgers würde. Somit wäre die Verlustverrechnung auf Ebene des Organträgers *endgültiger* Natur. Infolge der Zurechnung späterer Gewinne der Organgesellschaften und deren Versteuerung auf Ebene des Organträgers würde die Verlustverrechnung letztendlich allerdings ebenfalls nur zu einer Steuerstundung auf Ebene des Organträgers führen.[235] Auch durch diese Methode würde somit, wirtschaftlich betrachtet, die interperiodische Verlustverrechnung auf Ebene der Organgesellschaft durch die innerperiodische organschaftliche Verlustverrechnung ersetzt.

Fraglich ist, ob sich aus den verschiedenen Methoden der Verlustverrechnung eine Unvergleichbarkeit von Organträgern mit inländischen Tochtergesellschaften und solchen mit ausländischen Tochtergesellschaften in systematischer Hinsicht ableiten ließe. Für eine Vergleichbarkeit wäre anzuführen, dass im Zeitpunkt der Verlusterzielung die negativen Einkommen national und grenzüberschreitend tätiger Unternehmensgruppen jeweils die Bemessungsgrundlage im Inland mindern würden. Zu diesem Zeitpunkt würden sich mithin die jeweils vorgesehenen Verlustverrechnungssysteme nicht maßgeblich voneinander unterscheiden. Daher wäre eine systematische Vergleichbarkeit beider Fallgruppen im Hinblick auf die Leistungsfähigkeit im Zeitpunkt der Verlustentstehung anzunehmen.[236]

Für deren Vergleichbarkeit in systematischer Hinsicht spricht des Weiteren, dass im Fall einer späteren Gewinnerzielung durch die Tochtergesellschaft nach beiden Methoden auf Ebene des Organträgers eine Erhöhung der Bemessungsgrundlage vorgesehen wäre[237] und jeweils der Verlustvortrag durch die organschaftliche Verlustverrechnung substituiert würde. Daher vermögen die unterschiedlichen Ansätze keine grundsätzliche Unvergleichbarkeit zwischen Organ-

---

[235] S. Grotherr, RIW 1994, 1017, 1030 f.; C.T. Ebenroth/ A. Willburger, EWS 1993, 45, 47.

[236] Insbesondere angesichts der Unsicherheit, ob in späteren Veranlagungszeiträumen überhaupt Gewinne erzielt werden können.

[237] Auch wenn sich der Betrag der Erhöhung nach jeweils anderen Methoden bestimmt.

trägern mit in- beziehungsweise ausländischen Tochtergesellschaften im Hinblick auf die Systematik der Organschaft zu begründen.

Als zusätzliches Argument zugunsten der Vergleichbarkeit ist anzuführen, dass auch im Rahmen der Verhandlungen über einen Richtlinienvorschlag einer sog. Verlustrichtlinie davon ausgegangen wurde, dass im grenzüberschreitenden Sachverhalt keine geringeren Anforderungen gestellt werden dürften als im nationalen Organkreis.[238]

Würde lediglich im grenzüberschreitenden Sachverhalt auf den Abschluss des Gewinnabführungsvertrages verzichtet, würden vergleichbare Sachverhalte folglich ungleich belastet.

cc. Rechtfertigung

Die Diskriminierung des nationalen Sachverhalts könnte durch sachliche, namentlich finanz-, sozial-, steuerpolitische oder volkswirtschaftliche, Erwägungen gerechtfertigt sein und würde somit nicht willkürlich erfolgen.[239] Des Weiteren müsste die in Rede stehende gesetzgeberische Entscheidung zur Erreichung des angestrebten Ziels geeignet, erforderlich und angemessen, das heißt verhältnismäßig im engeren Sinne sein, um den Gleichheitssatz nicht zu verletzen.

Ein sachgerechter Grund liegt jedoch nicht schon darin, dass Unternehmensgruppen mit Tochtergesellschaften im europäischen Ausland supranationalem Recht, die betroffenen Inländer hingegen nationalem Recht unterworfen sind. Ein derartiges Argument würde letztlich nur auf die oben abgelehnte Unanwendbarkeit des Gleichheitssatzes im hier erörterten Bereich der Inländerdiskriminierung zielen.[240]

In diesem Zusammenhang ist zu erwägen, ob die Benachteiligung innerhalb Deutschlands agierender Unternehmensgruppen gegenüber solchen, die Tochtergesellschaften im Ausland gründen, dadurch gerechtfertigt werden könnte, dass die Bevorzugung letztbenannter europarechtlich geboten sei, ein genereller Verzicht auf den Abschluss eines Ergebnisabführungsvertrages jedoch aus finanziellen Gründen ausscheide. Denn die Abschaffung der Tatbestandsvoraussetzung des Gewinnabführungsvertrages könnte eine verstärkte Anwendung des Organschaftsregimes und somit nicht unerhebliche Steuermindereinnahmen zur Folge haben. Die Sicherung des Steueraufkommens wäre als zulässiger sachgerechter Grund zu qualifizieren, in Frage steht jedoch die Verhältnismäßigkeit

---

[238] Da im innerstaatlichen Sachverhalt ein Gewinnabführungsvertrag Voraussetzung der Verlustverrechnung ist, sollten an den grenzüberschreitenden Verlustausgleich keine geringeren Anforderungen gestellt werden, so die Stellungsnahme des Deutschen Bundesrates zur Verlustrichtlinie v. 07.06.1991, BR-Drs. 96/91 S. 2, zustimmend: D. Carl, EuZW 1991, 369, 371; ablehnend C.T. Ebenroth/ A. Willburger, EWS 1993, 47.

[239] Vgl. z.B. BVerfG-Urt. v. 29.11.1989, 1 BvR 1402, 1528/87, BVerfGE 81, 108, 117.

[240] 4. Teil, III. Kapitel, 2. a., S. 234.

einer derart begründeten Inländerdiskriminierung.[241] In Bezug auf die generelle Geeignetheit der Stellung erhöhter Anforderungen im nationalen Sachverhalt zur Sicherung des Steueraufkommens ist zu beachten, dass dieser Zweck aufgrund der Sonderstellung grenzüberschreitend tätiger Unternehmensgruppen nicht lückenhaft verwirklicht werden kann, sodass die gesetzgeberische Begründung Glaubwürdigkeitsdefiziten ausgesetzt wäre.[242] Ein milderes Mittel, welches den angestrebten Zweck ebenso gut erreichen könnte, ist nicht ersichtlich.

In Zweifel zu ziehen wäre jedoch die Angemessenheit einer dahingehenden gesetzgeberischen Entscheidung, für welche die widerstreitenden Interessen der Sicherung des Steueraufkommens und das Interesse im Inland tätiger Unternehmensgruppen an einer Gleichbehandlung in Ausgleich zu bringen sind. Des Weiteren müsste sich die Regelung widerspruchsfrei in die Steuerrechtsordnung einfügen. Trifft der Gesetzgeber eine grundsätzliche Entscheidung zugunsten der Einführung einer grenzüberschreitenden Verlustverrechnung im Rahmen der Organschaft, um die Attraktivität des deutschen Standortes zu steigern und Wettbewerbsnachteile deutscher grenzüberschreitend tätiger Unternehmensgruppen zu verhindern, entspräche es den Geboten der Folgerichtigkeit und Widerspruchsfreiheit, diese Ziele konsequent umzusetzen und den nationalen nicht gegenüber dem grenzüberschreitenden Sachverhalt zu benachteiligen. Die Verschlechterung der Wettbewerbsfähigkeit von Unternehmensgruppen mit innerhalb Deutschlands ansässigen Tochtergesellschaften gegenüber ihren Konkurrenten mit ausländischen Töchtern würde zudem dem Gebot der Herstellung von Wettbewerbsneutralität[243] widersprechen. Unter Beachtung dieser Argumente stellt sich die Diskriminierung nationaler Organkreise als unangemessen dar.

Weitere sachgerechte Gründe, welche zur Rechtfertigung der Benachteiligung von national gegenüber multinational aufgestellten Unternehmensgruppen angeführt werden könnten, sind nicht ersichtlich[244], zumal die gesetzgeberische Zweckbestimmung als solche im Hinblick auf ihre Gemeinwohltauglichkeit zu überprüfen ist.[245] Die Schlechterstellung könnte nicht gerechtfertigt werden.

[241] Vgl. M. P. Guthke, Ökonomische Gesichtspunkte im Rahmen der Herstellung der Verhältnismäßigkeit staatlichen Handelns im multipolaren Verhältnis, 2003, S. 24 ff.

[242] Dabei stellt das BVerfG die Geeignetheit einer Regelung selten in Frage.

[243] Vgl. 3. Teil, III. Kapitel, 1., S. 161 f.

[244] Vor dem Hintergrund, dass § 3 AIG 1969 zur Steigerung von Direktinvestitionen im Ausland eingeführt wurde (Begründung des Entwurfs eines StRefG 1990, BT-Drs. 11/2157, S. 184) ist die Regelung im Gegensatz zur Organschaft als Lenkungsnorm zu qualifizieren, die durch das Ziel der Investitionsförderung im Ausland gerechtfertigt werden konnte. Lenkungsnormen unterliegen jedoch anderen Rechtfertigungsanforderungen als die vorliegende Fiskalzwecknorm, vgl. K. Tipke, Die Steuerrechtsordnung, Bd. I, 2000, S. 77 ff.

[245] Vgl. I. v. Münch, in: v. Münch/ Kunig, GG, Vorb. Art 1-19, Rd. 55.

dd. Ergebnis

Bedürfte es allein im nationalen Sachverhalt des Abschlusses eines Gewinnabführungsvertrages, um einen Organkreis bilden zu können, hätte diese Schlechterstellung von Organträgern mit inländischen Organgesellschaften im Vergleich zu Organträgern mit Tochtergesellschaften mit Geschäftsleitung im Ausland einen Verstoß gegen das Gleichbehandlungsgebot des Art 3 Abs. 1 GG zur Folge. Mithin würde die Einführung einer grenzüberschreitenden Verlustverrechnung im Rahmen der Organschaft gemäß Art 3 Abs. 1 GG eine Gleichbehandlung von transnationalen und innerstaatlichen Organkreisen und folglich auch einen Verzicht auf das Tatbestandsmerkmal des Gewinnabführungsvertrages für die nationale Organschaftsbesteuerung erfordern.

b. Weitere Argumente gegen die Tatbestandsvoraussetzung des Gewinnabführungsvertrages

Neben diesen rechtlichen, aus dem Gleichheitssatz des Art 3 Abs. 1 GG herrührenden Gründen, ist eine generelle Abschaffung der Tatbestandsvoraussetzung des Gewinnabführungsvertrages auch aufgrund folgender Zweckmäßigkeiterwägungen geboten.

Angesichts der Diskrepanz zwischen der Voraussetzung des handelsrechtlichen Ausgleichs von Gewinnen und Verlusten und der Rechtsfolge der Zurechnung des nach steuerlichen Vorschriften zu ermittelnden Einkommens der Organgesellschaften ist eine durchgängige systematische und teleologische Begründung für das Erfordernis eines Gewinnabführungsvertrages nicht zu erkennen.[246] Wenig systematisch ist zudem, dass das Erfordernis der finanziellen Eingliederung, für die bereits eine Mehrheitsbeteiligung ausreicht, durch das Erfordernis des Gewinnabführungsvertrag *ausgehöhlt* wird, da dessen Abschluss eine Dreiviertel-Mehrheit des bei der Hauptversammlung vertretenen Kapitals erfordert, § 293 Abs. 1 Satz 2 AktG. Daher sollte schon aus Gründen der Systematik auf das Erfordernis des Gewinnabführungsvertrages verzichtet werden.

Zudem ist der Vertragsschluss mit erheblichen zivilrechtlichen und betriebswirtschaftlichen Nachteilen verbunden: Zuförderst ist die Pflicht des Organträgers zur Verlustübernahme zu nennen, welcher sich dieser selbst bei Gefährdung der eigenen Existenz nicht durch Kündigung des Gewinnabführungsvertrages entziehen kann, da sie für den Organträger faktisch eine Aufhebung der Haftungsbegrenzung auf das Eigenkapital der Organgesellschaft bewirkt, vgl. § 303 AktG. Die Ergebnisübernahmepflicht begründet betriebswirtschaftlich den Nachteil, dass sie den finanziellen und bilanziellen Spielraum und somit die Ausschüttungsfähigkeit des Organträgers einschränkt. Denn der Ausgleich von Verlusten schmälert die Dividendenfähigkeit des Organträgers, während die

[246] Vgl. M. R. Theisen, DBW 1988, S. 279, 287 f.; S. Grotherr, FR 1995, 1, 10.

Übernahme von Gewinnen Ausschüttungszwänge auslösen kann.[247] Diese Nachteile begründen in der Unternehmenspraxis häufig die Ursache für den Nichtabschluss eines derartigen Unternehmensvertrages.[248] Zudem ist der Organgesellschaft ein Gang an die Börse verschlossen.[249] Des Weiteren bewirkt der Gewinnabführungsvertrag eine Verknüpfung der Konzernbesteuerung mit dem aktienrechtlichen Minderheiten- und Gläubigerschutz, welcher über das für steuerliche Zwecke erforderliche Maß hinausgeht. Die Beurteilung der Angemessenheit der an Minderheitsaktionäre zu entrichtenden Ausgleichszahlungen ist nicht selten Gegenstand langwieriger rechtlicher Auseinandersetzungen, die den Abschluss des Vertrages auch ganz vereiteln können.[250]

Schließlich errichtet der Gewinnabführungsvertrag eine Hürde für Fortschritte in der EG-Steuerharmonisierung. Denn der Rechtsvergleich mit ausländischen Besteuerungsmodellen verbundener Unternehmen zeigt, dass abgesehen von Slowenien alle übrigen Rechtssysteme das Problem der Verlustverrechnung im Konzern aus einer vom Gesellschaftsrecht gelösten Perspektive betrachten und für die Berücksichtigung von Konzernsachverhalten allein Mindestbeteiligungshöhen definieren, ab denen die Sonderregeln für die Besteuerung von Konzernen optional gelten.

Angesichts der Tatsache, dass den für die steuerliche Verlustverrechnung relevanten Regelungen des Gewinnabführungsvertrages auf andere Weise Rechnung getragen werden kann, überzeugt es nicht, an einem steuerrechtlich entbehrlichen Tatbestandsmerkmal festzuhalten, welches mit derart weitreichenden außersteuerlichen Folgen verbunden ist.[251] Zudem kann es nicht Ziel der Einführung einer grenzüberschreitenden Verlustverrechnung im Rahmen der Organschaft sein, die inländische Geschäftsaktivität gegenüber der ausländischen steuerlich zu benachteiligen. Schon aus Gründen der Wettbewerbsneutralität zwischen in- und ausländischen Unternehmensgruppen ist eine Abschaffung des Tatbestandsmerkmals auch für den Verlustausgleich im nationalen Organkreis geboten.

---

[247] Durch Abschaffung des Gewinnabführungsvertrages müsste nicht jeder Verlust innerhalb des Konzerns, der aus operativer Sicht keinen Liquiditätsausgleich erfordert, handelsbilanziell vom Organträger in dessen Einzelabschluss aufgefangen werden, vgl. J. Borggräfe, WPg 1995, 129, 137.

[248] Vgl. zu weiteren Nachteilen: U. Prinz, in: Herzig (Hrsg.), Organschaft, 2003, S. 545, 553; K. Olbing, in: Streck, KStG, § 14 Anm.1.; H.-H. Krebühl, DB 1995, 743, 744.

[249] M. R. Theisen, Konzern, 2000, S. 576.

[250] Z.B. durch Anfechtungsklagen oder langjährige Spruchverfahren, vgl. U. Prinz, in: Herzig (Hrsg.), Organschaft, 2003, S. 545, 553; H.-H. Krebühl, DStR 2002, 243.

[251] Vgl. M. J. Müller, in: Gassner u.a. (Hrsg.), Besteuerung von Unternehmensgruppen, 1998, S. 29, 41.

Aus diesen Gründen ist im Rahmen der Organschaft generell auf das Tatbestandsmerkmal des Gewinnabführungsvertrages zu verzichten.[252]

VI. Resümee

Die Untersuchung des neuen österreichischen Konzepts der Besteuerung von Unternehmensverbindungen, der sog. Gruppenbesteuerung, hat ergeben, dass die zu Beginn aufgeworfene Frage, ob die österreichische Reform für eine deutsche Reform eine Vorreiterrolle übernehmen kann, positiv zu beantworten ist.

Aufgrund des weiten Anwendungsbereichs, insbesondere der Einbeziehungsmöglichkeit finanziell verbundener ausländischer Tochtergesellschaft und des Verzichtes auf den Abschluss eines Gewinnabführungsvertrages sowie der auf der Zurechnungstheorie basierenden rein steuerlichen Ergebnisverrechnung, stellt die österreichische Gruppenbesteuerung aus Sicht national und grenzüberschreitend tätiger Unternehmensgruppen ein attraktives, zum Vorbild geeignetes Besteuerungskonzept dar. Vor dem Hintergrund, dass die grenzüberschreitende Verlustverrechnung unter dem Vorbehalt der Nachversteuerung erfolgt, wird ebenfalls den fiskalischen Interessen Rechnung getragen.

Um den Anforderungen des Europarechts zu genügen, könnte die Organschaft um eine grenzüberschreitende Verlustverrechnung durch weitgehende Übernahme der entsprechenden österreichischen Normen erweitert werden. Dem steht auch das Kriterium des Gewinnabführungsvertrages nicht entgegen, welches im deutschen System zur Rechtfertigung der Verlustverrechnung zwischen den selbständigen Gesellschaften angeführt wird. Denn die Verlustverrechnung lässt sich ebenfalls durch den Gedanken rechtfertigen, dass der wirtschaftlichen Einheit der verbundenen Unternehmen Rechnung zu tragen ist.

Im Rahmen der Reformüberlegungen der deutschen Organschaft ist dabei nicht nur bestehendem Europarecht und dessen Anwendung in der Rechtsprechung des EuGH Rechnung zu tragen, vielmehr sind im Sinne einer langfristigen Planung der Steuerrechtsentwicklung auch die Überlegungen der Europäischen Kommission auf dem Gebiet der Unternehmensbesteuerung zu berücksichtigen. Mithin sind die vorgeschlagenen Modelle einer europaweiten Gruppenbesteuerung daraufhin zu untersuchen, ob künftige Entwicklungen des Gemeinschaftsrechts bereits absehbar sind, die im Rahmen der Reformüberlegungen zur deutschen Organschaft umgesetzt werden könnten.

---

[252] Im Ergebnis ebenso: z.B. W. Ritter, StuW 1989, 319, 325; H.- H. Krebühl, DB 1995, 743, 745; S. Grotherr, FR 1995, 1, 13; J. Borggräfe, WPg 1995, 129, 136 f.; H.-J. Krebs, BB 2001, 2029, 2030 f.; C. Watrin/ E. Sievert/ C. Strohm, FR 2004, 1, 11; N. Herzig/ T. Wagner, DB 2005, 1, 5 f.

5. Teil: Reformen der Konzernbesteuerung in Europa

I. Reformvorschläge der Europäischen Kommission

1. Bisherige und zukünftige Initiativen

Bereits zu Beginn der Errichtung der Europäischen Gemeinschaft wurde die Bedeutung des grenzüberschreitenden Verlustausgleichs für die europaweite Unternehmensbetätigung erkannt und die fehlende Möglichkeit, Verluste ausländischer Betriebstätten und Tochtergesellschaften einkommensmindernd berücksichtigen zu können, als ein gravierendes Hindernis für Investitionen im Ausland und damit für die Verwirklichung eines Gemeinsamen Marktes angesehen.[1] Dementsprechend ist die Diskussion über die Ermöglichung eines grenzüberschreitenden Verlustausgleichs fast ebenso alt wie die Europäische Gemeinschaft selbst.

Schon Art 7 des Erstentwurfs zur sog. Mutter-Tochter-Richtlinie[2] der Europäischen Kommission aus dem Jahre 1969 sah einen grenzüberschreitenden Verlustausgleich in der Weise vor, dass der Muttergesellschaft auf Antrag die Gewinne und Verluste ihrer mindestens 50%-igen EU-ausländischen Tochtergesellschaften für einen Zeitraum von mindestens fünf Jahren in Höhe ihrer Beteiligung (unter Anrechnung der ausländischen Steuern) zugerechnet werden sollten. Insbesondere von deutscher Seite und in den Fachausschüssen des Europäischen Parlaments wurde jedoch die Einführung eines solchen Steuersystems des konsolidierten Gewinns abgelehnt, sodass der Vorschlag im nächsten Jahr bereits wieder zurückgezogen wurde.[3] In der im Jahre 1990 verabschiedeten Fassung der Mutter-Tochter-Richtlinie, die im übrigen noch auf dem vorangehenden Richtlinienvorschlag beruht, sind die Bestimmungen zur grenzüberschreitenden Verlustverrechnung nicht mehr enthalten.[4]

Auch der Verordnungsvorschlag aus dem Jahre 1970 über das Statut der Europäischen Aktiengesellschaft regelte eine grenzüberschreitende Verrechnung von Verlusten ausländischer Betriebstätten und mindestens 50%-iger Tochterge-

---

[1] Dabei standen die Harmonisierung der steuerrechtlichen Normen im Vordergrund der Bemühungen. Beispiele sind der Neumark-Bericht (1962), der Tempel-Bericht (1970), der Bericht des Ruding-Ausschusses (1992), das Diskussionspapier der Kommission Steuern in der Europäischen Union (1996); sowie die Studie Unternehmensbesteuerung im Binnenmarkt (2001).

[2] Vorschlag einer Richtlinie des Rates über das gemeinsame Steuersystem für Mutter- und Tochtergesellschaften verschiedner Mitgliedstaaten v. 16.01.1969, KOM (69) 6 endg., ABl. 1969, EG Nr. C 39/7 v. 22.03.1969.

[3] Vgl. BR-Drs. 55/1/69, v. 11.12.1969, S. 4 f.; G. Saß, ADW/RIW 1970, 533, 537.

[4] Stattdessen wird in Art 4 Abs. 3 darauf hingewiesen, dass das in der Richtlinie etablierte System nur bis zum Zeitpunkt der tatsächlichen Anwendung des gemeinsamen Körperschaftsteuersystems gilt.

sellschaften einer Europa-AG.[5] Dabei sollte im Fall späterer Gewinne eine Nachversteuerung erfolgen. Jedoch fanden diese Bestimmungen wiederum keinen Eingang in die letztlich verabschiedete Fassung.[6]

Ebenfalls nicht umgesetzt wurde der Vorschlag einer Richtlinie zur Harmonisierung der steuerlichen Rechtsvorschriften der Mitgliedstaaten zur Übertragung von Unternehmensverlusten aus dem Jahre 1984[7], welcher einen zweijährigen Rück- und einen unbegrenzten Vortrag von Unternehmensverlusten vorsah. In Anbetracht der Tatsache, dass die Verlustübertragung die Investitionskapazität der Unternehmen und ihre Wettbewerbsfähigkeit maßgeblich beeinflusst, sollte durch die Vereinheitlichung der Bestimmungen über den Verlustabzug die Lage der Unternehmen der Europäischen Gemeinschaft verbessert werden. Diesen Zusammenhang erkennend gehen immer mehr Mitgliedstaaten dazu über, zeitliche Begrenzungen des Verlustvortrags aufzuheben.[8]

Im Jahre 1990 unterbreitete die Europäische Kommission die sog. Verlustrichtlinie[9], welche in ihrer ursprünglichen Fassung die Einführung einer rechtsformunabhängig zu gewährenden einkommensmindernden Berücksichtigung ausländischer Betriebstätten- und Tochtergesellschaftsverluste unter Nachversteuerung vorsah.

Obwohl die Investitionshindernisse, die von dem Fehlen eines grenzüberschreitenden Verlustausgleichs ausgehen, seitens eines unabhängigen Sachverständigenausschusses in dem sog. Ruding-Bericht noch einmal betont und eine Annahme der Verlustrichtlinie empfohlen wurde[10], konnte zwischen den Mitgliedstaaten keine Einigung erzielt werden und der Vorschlag scheiterte gleichermaßen.[11] Abgesehen von der Befürchtung der Erzielung erheblicher Steuerausfälle, wurde von deutscher Seite die Vereinbarkeit mit dem national bestehenden Besteuerungsmodell der Organschaft als problematisch gewertet und darauf hingewirkt, dass die Richtlinie auf die grenzüberschreitende Verlustbe-

---

[5] Vgl. Art 278, 281 des Vorschlags für eine Verordnung des Rates über das Statut für europäische Aktiengesellschaften v. 30.06.1970, KOM (70) 150 endg., ABl. EG C 124/1 v. 10.10.1970.

[6] VO (EG) Nr. 2157/2001 des Rates über das Statut der Europäischen Gesellschaft (SE) v. 08.10.2001, ABl. EG Nr. L 294/1 v. 10.11.2001.

[7] Vom 11.09.1984, KOM (84) 404 endg., ABl. EG C 253/5 v. 20.09.1984, und ABl. EG Nr. C 170/3 v. 09.07.1985; dazu O.H. Jacobs, Internat. Unternehmensbest., 2002, S. 165.

[8] Vgl. 3. Teil, II. Kapitel, 3. b. cc. (4). S. 107, Fn. 225.

[9] Vorschlag für eine Richtlinie des Rates über eine Regelung für Unternehmen zur Berücksichtigung der Verluste ihrer in anderen Mitgliedstaaten belegenen Betriebstätten und Tochtergesellschaften, KOM(90) 595 endg. v. 06.12.1990, ABl. EG Nr. C 53/30 v. 28.02.1991.

[10] Report of the Commitee of Independent Experts on Company Taxation, 1992, DB 1992, Beilage Nr. 5.

[11] Europäische Kommission, Mitteilung v. 11.12.2001, KOM(2001), 763 endg.

rücksichtigung bei ausländischen Betriebstätten beschränkt wird.[12] Die Ursache des Scheiterns dieses geänderten Entwurfs wird insbesondere in der Bestimmung gesehen, derzufolge die nach ausländischen Vorschriften ermittelten Betriebstättenverluste im Inland anerkannt werden sollten, wodurch der Stammhausstaat die Folgen der Maßnahmen tragen müsste, die andere Mitgliedstaaten zwecks Ansiedlung von Betriebstätten treffen.[13]

Da die Europäische Kommission das Fehlen einer gemeinschaftsweiten Regelung über den grenzübergreifenden Verlustausgleich nach wie vor als ein „grundlegendes Hindernis für das ordnungsgemäße Funktionieren des Binnenmarktes im Steuerbereich bewertet",[14] hat sie erneut mit Vorarbeiten für einen weiteren Richtlinienvorschlag zur grenzüberschreitenden Verlustberücksichtigung von Betriebstätten und Tochtergesellschaften begonnen, der im Laufe des Jahres 2006 unterbreitet werden soll.[15]

Um die steuerlichen Hindernisse einer grenzüberschreitenden Unternehmenstätigkeit im Binnenmarkt systematisch zu überwinden und einen vollständigen, gemeinschaftsweiten Verlustausgleich innerhalb von Unternehmensgruppen zu ermöglichen, strebt die Europäische Kommission langfristig die Etablierung einer einheitlichen Körperschaftsteuer-Bemessungsgrundlage in der EU an, mit der eine Konsolidierung des Konzernergebnisses auf europäischer Ebene erreicht werden soll.[16]

Parallel prüft die Kommission, inwieweit eine umfassende Anwendung des Anrechnungsmechanismus als EU-weites Konsolidierungssystem in Form eines European Tax Allocation System (ETAS) möglich ist.[17]

Daher sind sowohl die vier von der Kommission vorgeschlagenen Konzepte (2) als auch das ETAS (3) darzustellen und zu kommentieren. Anschließend

---

[12] Vor dem Hintergrund, das im innerstaatlichen Sachverhalt ein Gewinnabführungsvertrag Voraussetzung der Verlustverrechnung ist, sollten an den grenzüberschreitenden Verlustausgleich keine geringeren Anforderungen gestellt werden. Da ein solcher Vertrag aufgrund der fehlenden gesellschaftsrechtlichen Grundlagen in nahezu allen anderen EU-Mitgliedstaaten nicht abgeschlossen werden konnte, sollte die Richtlinie auf Betriebstättenverluste beschränkt werden, Stellungnahme des Deutschen Bundesrates zur Verlustrichtlinie v. 07.06.1991, BR-Drs. 96/91, S. 2.

[13] Vgl. Stellungnahme des Wirtschafts- und Sozialausschusses v. 20.03.1991, ABl. EG Nr. C 120/12, S. 41, 42.

[14] Europäische Kommission, Mitteilung v. 24.11.2003, KOM(2003)726 endg. S. 10, und v. 23.10.2001 KOM(2001)582 endg. S. 11 f., 14 f., 43 ff.

[15] Vgl. FAZ v. 14.12.2005, Nr. 291 S.11.

[16] Europäische Kommission, Mitteilung v. 23.10.2001, KOM(2001)582 endg. S. 15.

[17] Vgl. J. Hernler, DB 2003, 60 ff. Auch das dänische System der gemeinsamen Besteuerung wird geprüft, vgl. Europäische Kommission, Mitteilung v. 24.11.2003, KOM(2003)726 endg. S. 10 f. und v. 23.10.2001 KOM(2001)582 endg. S. 15. Auf dessen Darstellung wird verzichtet, zumal gravierende Änderungen beabsichtigt sind, welche die Attraktivität des Systems in Frage stellen, vgl. I. Schulze/ N. Wiebe, IWB Fach 5 Dänemark Gruppe 2, S. 163 f.

werden die Konsequenzen dieser Reformbemühungen für die Einführung einer grenzüberschreitenden Verlustverrechnung im Rahmen der Organschaft de lege ferenda untersucht (4).

2. *Vorschläge einer konsolidierten einheitlichen Steuerbemessungsgrundlage*

Auf der Basis einer umfassenden Studie zur Unternehmensbesteuerung im Binnenmarkt[18] hat die Kommission 2001 ein Strategiedokument entwickelt, welches die Schaffung einer konsolidierten einheitlichen Körperschaftsteuerbemessungsgrundlage anstrebt.[19] Unter einer einheitlichen Bemessungsgrundlage ist die Anwendung eines einzigen Steuerreglements für die Einkommensermittlung der einzelnen Gesellschaften eines europaweit tätigen Konzerns zu verstehen. Konsolidierung bedeutet, dass Besteuerungsgrundlage der steuerliche Konzernabschluss bei der Obergesellschaft sein soll.

Das Konzept legt vier Optionen dar, die jeweils unterschiedliche Methoden zur Ermittlung der konsolidierten Bemessungsgrundlage vorsehen:

a. Sitzlandbesteuerung – Home State Taxation

Das Konzept der Sitzlandbesteuerung[20] bietet Unternehmen, die in mehr als einem Mitgliedstaat tätig sind, die Option, die Steuerbemessungsgrundlage der Unternehmensgruppe nach den Vorschriften des Sitzstaates der Obergesellschaft zu ermitteln. Das Ergebnis wird daraufhin nach einem Verteilungsschlüssel auf die Staaten der Tochter- und Enkelgesellschaften beziehungsweise Betriebstätten aufgeteilt und den dort geltenden Steuersätzen unterworfen.

Umgesetzt werden könnte das System beispielsweise im Rahmen der verstärkten Zusammenarbeit[21], indem die Mitgliedstaaten, deren relevante Besteuerungsnormen eine gewisse Konvergenz aufweisen, das nach fremden Vorschriften ermittelte Ergebnis gegenseitig anerkennen. Die Sitzlandbesteuerung kann optional und somit alternativ zum Regelwerk des Sitzstaates eingeräumt werden. Voraussetzung einer grenzüberschreitenden Konsolidierung ist, dass die steuerlichen Vorschriften des Sitzstaates überhaupt eine Gruppenbesteuerung vorsehen[22] und diese grundsätzlich auch auf ausländische Gesellschaften angewandt werden können. Dies ist jedenfalls in Dänemark, Frankreich, Italien und

---

[18] Europäische Kommission, Studie v. 23.10.2001, SEK(2001) 1681.

[19] Europäische Kommission, Mitteilung v. 23.10.2001, KOM (2001) 582 endg., S. 9 bis 11.

[20] Der Vorschlag geht zurück auf die Untersuchung der sog. Stockholm Group unter der Leitung von S.-O Lodin und M. Gammie, vgl. dies., ET 1999, 268 ff.; M. Gammie, EC Tax Review 1998, 159 ff.

[21] Vgl. Europäische Kommission, Mitteilung v. 24.11.2003, KOM(2003)726 endg. S. 48.

[22] Vgl. W. Schön, in: Herzig (Hrsg.), Organschaft, 2003, S. 612, 617. Dies ist in Belgien, Estland, Griechenland, Litauen der Slowakei, Tschechien und Ungarn nicht der Fall.

Österreich[23] zweifelsfrei sichergestellt, dürfte aber im Falle der deutschen Organschaft aufgrund des Erfordernisses des Gewinnabführungsvertrages regelmäßig ausscheiden.[24]

Dabei prüft die Kommission die Anwendung dieses Konzepts im Hinblick auf die Besteuerung der Europäischen Aktiengesellschaft und schlägt die Einführung der Sitzlandbesteuerung für kleine und mittlere Unternehmen (KMU) im Rahmen eines Pilotprojekts vor.[25] KMU wurden insbesondere aufgrund ihrer großen volkswirtschaftlichen Bedeutung bei der Schaffung von Arbeitsplätzen, bei Innovationen, der Entwicklung neuer Techniken und der Förderung des Wettbewerbs ausgewählt, zumal gerade sie sich aufgrund der unterschiedlichen Rechts- und Steuersysteme innerhalb der EU hohen Barrieren einer europaweiten Tätigkeit ausgesetzt sehen.[26]

b. Einheitliche konsolidierte Bemessungsgrundlage – Common-Consolidated-Base-Taxation

Hiernach sollen für internationale Konzerne europaweit einheitliche Regeln zur Bestimmung der körperschaftsteuerlichen Bemessungsgrundlage eingeführt werden. Dieses Konzept unterscheidet sich daher von der Sitzlandbesteuerung allein darin, dass ein noch zu schaffendes, einheitliches und harmonisiertes Regelwerk für die Gewinnermittlung vorgesehen ist. Die hiernach ermittelten Ergebnisse sollen ebenfalls anhand eines Schlüssels auf die Mitgliedstaaten verteilt und den Steuersätzen der betreffenden Staaten unterworfen werden. Auch diese Möglichkeit soll optional eingeräumt werden. Dabei wertet die Kommission die International Financial Reporting Standards – IFRS[27]– als neutralen Ausgangspunkt für die Kreation einer einheitlichen Steuerbemessungsgrundlage.[28] Die

---

[23] In Frankreich ist eine ministerielle Genehmigung nötig, die an 12 Unternehmensgruppen erteilt wurde.

[24] 3. Teil, II. Kapitel, 3. b. cc. (4), S. 122 ff.

[25] Vgl. Europäische Kommission, Mitteilung v. 09.07.1994, C 187/04, ABl. EG Nr. C 187/5. Als KMU gelten Unternehmen, die weniger als 250 Personen beschäftigen und einen Jahresumsatz von höchstens 50 Millionen € erzielen, vgl. Art 2 des Anhangs der Empfehlung Abl. Nr. L 124 v. 20.5.2003, S. 39.

[26] KMU sind im Vergleich mit größeren Unternehmen durch Steuer- und Rechnungslegungsvorschriften stärker belastet, vgl. Studie zur Untersuchung der Bürokratiekosten von KMU, 2003, ZfKE, 52 (2004), S. 304 f. In der EU beschäftigen KMU 60-70% aller Arbeitnehmer bilden 80% aller Auszubildenden aus, repräsentieren 40% der Bruttoinvestitionen und 49% der Umsätze. Vgl. Europäische Kommission, Mitteilung v. 09.07.1994, C 187/04, ABl. EG Nr. C 187/5; W. F. Ebke, RIW 2004, 241, 241 f.

[27] Früher: International Accounting Standards (IAS). Diese sind ab 2005 für konsolidierte Abschlüsse obligatorisch zu verwenden, vgl. IFRS-Verordnung (EG) Nr. 1606/2002, ABl. L 243 v. 11.09.2002.

[28] Europäische Kommission, Mitteilung v. 23.10.2001, KOM (2001) 582 endg. S. 20, 21 und v. 24.11.2003, KOM (2003) 726 endg. S. 22.

Orientierung der steuerlichen Gewinnermittlung an den IFRS wird überwiegend begrüßt, deren pauschale Übernahme aufgrund der unterschiedlichen Zielsetzungen der Konzernrechnungslegung und des Steuerrechts jedoch abgelehnt.[29]

Auf ihrer Sitzung im Jahre 2004 haben sich die EU-Finanzminister auf die Ausarbeitung eines gemeinsamen Systems für eine einheitliche Bemessungsgrundlage auf der Grundlage dieses Konzepts geeinigt.[30]

c. Europäische Körperschaftsteuer – European-Corporate-Income-Tax

Das dritte Konzept sieht die Schaffung einer europäischen Körperschaftsteuer vor, die ganz oder teilweise in den Haushalt der EU fließt und anschließend aufgeteilt werden könnte. Dabei sollen die europaweit harmonisierten Regeln einer konsolidierten Bemessungsgrundlage auf Unternehmen bestimmter Rechtsformen, beispielsweise die Europäische Aktiengesellschaft und börsennotierte Kapitalgesellschaften, obligatorisch anwendbar sein. Im Übrigen gilt das Körperschaftsteuersystem der Mitgliedstaaten fort.

Dieses Konzept schränkt infolge der Steuersatzfestlegung und der Vereinnahmung durch die EU die Souveränität der Mitgliedstaaten erheblich ein und hat wegen des zu erwartenden politischen Widerstands wenig Aussicht auf Erfolg.[31] Dementsprechend fehlt dieser Ansatz auch in der Mitteilung der Europäischen Kommission vom November 2003, woraus geschlussfolgert werden kann, dass dieses Konzept nicht weiter verfolgt wird.[32]

d. Harmonisierte Steuerbemessungsgrundlage – Compulsory-Harmonisation-of-existing-tax-bases

Schließlich wird vorgeschlagen, die bestehenden nationalen Gewinnermittlungsvorschriften der Einzelstaaten mit dem Ziel zu harmonisieren, eine einzige Steuerbemessungsgrundlage und ein einziges Steuersystem auf EU-Ebene zu entwickeln, welches die nationalen Vorschriften ersetzt. Die Europäische Kommission räumt diesem Vorschlag aufgrund des hiermit verbundenen mitglied-

---

[29] Vgl. grundlegend das im Auftrag des BMF von N. Herzig erstattete Gutachten, IAS/IFRS und steuerliche Gewinnermittlung S. 1 ff., vgl. auch C. Spengel, in: Lüdicke (Hrsg.), Deutsches Steuerrecht im europäischen Rahmen, 2004, S. 109, 143 ff., 147.

[30] Vgl. Europäische Kommission, Commission Non-Paper to informal Ecofin Council v. 07.07.2004, S. 1 bis 5. Frankreich und Deutschland haben die EU- Kommission aufgefordert, eine einheitliche Bemessungsgrundlage für die Unternehmensbesteuerung festzulegen, vgl. Handelsblatt v. 13.05.2004, S. 7. Der EU-Steuerkommissar László Kovács hat mittlerweile vorgeschlagen bis 2008 ein einheitliches Modell für die Bemessungsgrundlage zu erarbeiten, vgl. FAZ v. 08.04.2006, Nr. 84, Steinbrück gegen Grasser.

[31] Vgl. zu dieser Einschätzung auch W. Schön, ET 2002, 276, 279.

[32] Vgl. Europäische Kommission, Mitteilung v. 24.11.2003, KOM(2003) 726 endg. S. 12.

staatlichen Steuersouveränitätsverlusts ähnlich geringe Realisierungschancen wie dem vorbenannten Modell ein.[33]

Sämtliche Modelansätze der Besteuerung auf der Basis einer konsolidierten Bemessungsgrundlage betrachten eine Gruppe verbundener Gesellschaften als wirtschaftliche Einheit, die aus formellen, mit dem Konzernaufbau verbundenen Gründen, in rechtlich selbständige Wirtschaftseinheiten aufgeteilt sind.[34] Unabhängig von dem konkreten Konzept vollzieht sich die Gewinnermittlung dabei in drei Schritten: Zunächst ermitteln die Konzerngesellschaften ihren Gewinn separat anhand eines einzigen Regelwerks. Die Einzelgewinne werden daraufhin zum konsolidierten Ergebnis zusammengefasst. Durch die Konsolidierung der europaweit erzielten Gewinne und Verluste ist ein vollständiger, gemeinschaftsweiter Verlustausgleich innerhalb von Unternehmensgruppen möglich. In einem dritten Schritt wird der Gesamterfolg mittels Schlüsselgrößen auf die Konzerngesellschaften in den einzelnen Mitgliedstaaten verteilt und diese können den jeweils geltenden Steuersatz auf das zugeteilte Ergebnis anwenden.

Hierbei ist die verursachungsgerechte Aufteilung des Konzernergebnisses auf die partizipierenden Staaten als Hauptproblem der vier Modelle zu qualifizieren. Diskutiert werden eine Aufteilung anhand der Lohnsumme, der Beschäftigungszahl oder einer Kombination aus den Faktoren Lohnsumme, Umsatz und Vermögen.[35] Allerdings kann auf diese Weise einzelnen Gesellschaften kein Verlust zugeordnet werden, wenn der Gesamtkonzern einen Gewinn ausweist. Dies setzt Anreize offensichtlich verlustbringende Unternehmen in Niedrigsteuerländern zu gründen, um den Gesamtgewinn des Konzerns zu reduzieren.[36] Des weiteren stellen sich die Gewinnerzielungsfaktoren in der Praxis als sehr komplex und interdependent dar, sodass sie sich mittels einer festen Aufteilungsrelation nicht zutreffend abbilden lassen, zumal ein Kausalzusammenhang zwischen den Größen Wert des Anlagevermögens, Lohnsumme und Umsatz und dem Beitrag der Konzerngesellschaft zum Konzernergebnis, also zur Wertschöpfung in den einzelnen Territorien, nicht zu erkennen ist.[37]

Als weiterer Nachteil lässt sich anführen, dass im Falle einer Aufteilung des steuerlichen Ergebnisses anhand der oben genannten Schlüsselgrößen zusätzliche Investitionen oder Anstellungen neuer Arbeitnehmer beziehungsweise Lohnerhöhungen in einem Mitgliedstaat zu einer höheren Zuteilung und somit zu einer steigenden Steuerbelastung in dem entsprechenden Staat führen werden.

---

[33] In Übereinstimmung hiermit ist auch diese Methode nicht mehr in der Mitteilung v. 24.11.2003 enthalten, KOM(2003) 726 endg., S. 12.

[34] Vgl. A. Oestreicher, StuW 2004, 342, 348.

[35] Vgl. Europäische Kommission, Mitteilung v. 24.11.2003, KOM(2003)726 endg. S. 16.

[36] Vgl. D. Wellisch, StuW 2004, 267, 274.

[37] M. Scheuchzer, Konzernbesteuerung in der Europäischen Union, 1993, S. 222; K.W. Menck/ L. Muten, Europäische Steuerpolitik für mehr Wachstumseffizienz, 2003, S. 66.

Folglich setzt ein solches Aufteilungssystem den Anreiz, die Aufteilungsbasis in Länder mit niedrigen Steuersätzen zu verlagern, sodass Investitionen und Arbeitsplätze in Hochsteuerländern benachteiligt werden.[38] Demgemäß kann als Nachteil des Konzepts analysiert werden, dass von den Unterschieden in den Steuersätzen weiterhin nicht unerhebliche Einflüsse auf wirtschaftliche Entscheidungen ausgehen werden. Um ein in dieser Hinsicht neutral wirkendes Steuersystem[39] zu etablieren, bedürfte es jedoch neben der einheitlichen Bemessungsgrundlage auch einer weitgehenden Steuersatzharmonisierung.[40]

Würde sich die Gewinnaufteilung anstelle von Schlüsselgrößen an der Wertschöpfung orientieren, können die Verrechnungspreisprobleme nicht beseitigt werden, da diese für die Höhe der intern festgelegten Entgelte entscheidend sind.[41]

Problematisch stellt sich des Weiteren die Behandlung der in die Bemessungsgrundlage einfließenden Bestandteile dar, die in Staaten außerhalb der EU erwirtschaftet worden sind, sog. Drittstaateneinkünfte.[42]

Vergleicht man die Methoden zur Ermittlung der konsolidierten Bemessungsgrundlage miteinander, bietet das Modell der Sitzlandbesteuerung, das heißt die Ausweitung des Anwendungsbereichs der nationalen Vorschriften des Sitzstaates der Muttergesellschaft über die Landesgrenzen hinaus, den Vorteil, dass sich die 25 Mitgliedstaaten der EU, nicht, wie im Rahmen der übrigen drei Konzepte, auf neu erarbeitete Gewinnermittlungsvorschriften einigen müssten. Da der Lösungsansatz auf dem Prinzip der gegenseitigen Anerkennung der Vorschriften der partizipierenden Staaten basiert, bedarf es weder einer Harmonisierung der Bemessungsgrundlagen noch der Konsolidierungsmethoden sowie der Kriterien zur Abgrenzung des Konsolidierungskreises. Mithin ließe sich dieses Konzept kurzfristig umsetzen.

Dem steht jedoch der Nachteil gegenüber, dass das Problem der grenzüberschreitenden Verlustverrechnung für Konzerne, die ihren Sitz in Mitgliedstaaten haben, deren Steuerrecht kein Besteuerungsregime für Unternehmensgruppen vorsieht, nicht gelöst werden kann. In diesem Zusammenhang ist allerdings zu

[38] Vgl. die Ausführungen von A. Oestreicher, StuW 2004, 342, 353 ff.

[39] Dies stellt das Hauptanliegen der Europäischen Kommission dar, vgl. Europäische Kommission, Studie v. 23.10.2001, SEK(2001) 1681, Teil IV, Ziff. 19.2.

[40] Diese könnte gegen die Haushaltsverantwortlichkeit verstoßen, Art 104 EGV; J. Hey, StuW 2004, 193, 206; D. Wellisch, StuW 2004, 267, 274; U. Schreiber, StuW 2004, 212, 222, 226.

[41] Zudem ist das bestehende Umsatzsteuersystem in der EU nach dem Bestimmungslandprinzip konstruiert, während hier eine Produktorientierung geboten wäre.

[42] Näher hierzu: K.W. Menck/ L. Muten, Europäische Steuerpolitik für mehr Wachstumseffizienz, 2003, S. 68. Zudem sind der Anwendungsbereich noch zu bestimmen und die Probleme des Ein- und Ausstieg sowie der Sicherung der Besteuerung der unter der jeweiligen Steuerhoheit eines Staates erwirtschafteten stillen Reserven zu lösen.

beachten, dass die Steuersysteme zueinander in Wettbewerb treten würden, sodass die Mitgliedstaaten auf diesem Wege[43] ebenfalls dazu veranlasst werden könnten, ein Gruppenbesteuerungsmodell einzuführen.[44]

Des weiteren weisen die erstgenannten drei Modellansätze den Nachteil auf, dass im selben Staat ansässige Unternehmen in Abhängigkeit von der Ansässigkeit der Konzernobergesellschaft beziehungsweise der Rechtsform oder der internationalen Tätigkeit der Unternehmensgruppe jeweils einem unterschiedlichen Regelungsregime zur Bestimmung der Bemessungsgrundlage unterworfen werden. Den Umstand einbeziehend, dass beträchtliche Differenzen zwischen den internen Regelungen der Mitgliedstaaten bestehen, sind Wettbewerbsverzerrungen zu erwarten, was sich im Lichte des Gleichheitssatzes als verfassungsrechtlich bedenklich darstellt. Allein das Konzept der Harmonisierten Steuerbemessungsgrundlage vermeidet derartige Ungleichbehandlungen. Werden zudem die Steuersätze auf EU-Ebene festgelegt, gelingt es, ein neutral auf wirtschaftliche Entscheidungsprozesse wirkendes Steuersystem zu errichten, sodass der Vorschlag viele Vorteile aufweist. Aufgrund des hiermit verbundenen mitgliedstaatlichen Kompetenzverlustes dürfte sich dieses Modell jedoch als politisch nicht durchsetzbar erweisen.

e. Stellungnahme

Im Hinblick auf das Problem des grenzübergreifenden Verlustausgleichs bieten die Vorschläge zur konsolidierten Körperschaftsteuerbemessungsgrundlage eine systematische, ambitionierte und im Ganzen positiv zu bewertende Lösung, die eine der wirtschaftlichen Leistungsfähigkeit entsprechende Besteuerung innerhalb der EU tätiger Unternehmensgruppen gewährleistet. Die Einführung einer konsolidierten Bemessungsgrundlage ermöglicht zudem sowohl eine Senkung der Befolgungskosten der Unternehmen, die derzeit mit 25 unterschiedlichen Rechts- und Steuersystemen operieren müssen, als auch eine Reduktion der Erhebungskosten der Finanzverwaltungen.[45]

Dem steht allerdings die Problematik der Gewinnaufteilung gegenüber, welche als größtes noch zu lösendes Problem anzusehen ist. Abgesehen von diesen technischen Schwierigkeiten ist die politische Dimension des Themas nicht zu unterschätzen. Folge der Entwicklung einer konsolidierten Bemessungsgrundlage wäre ein Zurückdrängen der nationalen Organschafts- und Gruppenbesteue-

---

[43] Welcher ihre mitgliedstaatliche Souveränität so weit wie möglich achten würde, vgl. das in Art 5 EGV verankerte Subsidiaritätsprinzip.

[44] Auf einen ruinösen Steuerwettbewerb könnte durch die Einführung einer Änderungssperre reagiert werden, vgl. W. Schön, ET 2002, 284 f.

[45] Die steuerlichen Befolgungskosten belaufen sich nach einer empirischen Studie der EU-Kommission aus dem Jahr 2004 bei multinationalen Unternehmen auf 1,9% und bei mittelständischen Unternehmen auf 30,9% der Steuerschuld, vgl. European Commission, European Tax Survey, SEC (2004) 1128, S. 22.

rungskonzepte. Nach der Einführung der einheitlichen Währung und der weitgehenden Vereinheitlichung der indirekten Steuern stellen die direkten Steuern eine der letzten Möglichkeiten dar, auf nationaler Ebene Fiskalpolitik zu betreiben.[46] Diese Souveränität, mittels der Bemessungsgrundlage auf den privaten Sektor einzuwirken, werden die Mitgliedstaaten nicht bereit sein aufzugeben und zwar unabhängig von dem möglichen Nutzen für den Gemeinsamen Markt. Mit Blick auf das bestehende Einstimmigkeitsprinzip muss daher in Zweifel gezogen werden, dass sich ein Vorschlag auf EU-Ebene durchsetzen könnte. So veranschaulichen beispielsweise die Verhandlungen über die erst kürzlich verabschiedete Zins- und Lizenzrichtlinie, wie die Mitgliedstaaten das Einstimmigkeitsprinzip zur Durchsetzung ihrer eigenen Interessen nutzen.[47] Zudem stehen Mitgliedstaaten, die keine Gewinn- und Verlustverrechnung im Konzernverbund vorsehen, wie Belgien, Estland, Griechenland, die Slowakei, Tschechien und Ungarn[48], einem solchen Vorhaben regelmäßig kritisch gegenüber.

Da angesichts der zu überwindenden Hürden mit einer Einigung der 25 EU-Mitgliedstaaten über die Umsetzung eines der vorstehenden Konzepte in absehbarer Zeit nicht zu rechnen ist, prüft die Kommission das ETAS als „Zwischenlösung“:

3. European Tax Allocation System – ETAS

a. Darstellung des Konzepts

Ausgangspunkt des Besteuerungsmodells[49] ist die Nutzung der aktuell geltenden Rechtsvorschriften unter Beibehaltung der Steuersatzautonomie der Mitgliedstaaten. Ziel ist es, eine an der wirtschaftlichen Leistungsfähigkeit orientierte Besteuerung europaweit tätiger Unternehmensgruppen mittels eines Tax Credit Mechanismus zu erreichen. Als Methode wird die umfassende Anwendung des Anrechnungsmechanismus gewählt.

Die ETAS-Gruppe besteht aus einer Obergesellschaft, die ihren Sitz und Ort der Geschäftsleitung in einem Mitgliedstaat der EU hat und zu mindestens 50% an Tochterkapitalgesellschaften mit Sitz und Ort der Geschäftsleitung in einem EU-Mitgliedstaat beteiligt ist. Die Obergesellschaft kann für diese Tochterge-

---

[46] Da mit den Steuersystemen neben dem schlichten Erzielen von Steuereinnahmen und dem Umverteilungsmechanismus vielfältige Ziele verbunden sind, wie z.B. das Setzen von Investitionsanreizen und die Förderung der Eigenkapitalbildung, sind die direkten Steuern ein wichtiges Instrument durch welches Regierungen andere Politikbereich gestalten können.

[47] So haben Spanien, Griechenland und Portugal Sonderregelungen ausgehandelt.

[48] Vgl. P. Jalsovszky/ M. Tarpai, in: IFA, Cahiers de droit fiscal international, Volume 89b, 2004, S. 325, 329; L. Vorlicková, in: IFA a.a.O. S. 223, 225; P. Kalamäe/ A. Veide, RIW 2004, Beilage 4 S. 5; D. Kischel, IWB Fach 5 Tschechien Gruppe 2, S. 45, 52; J. Kleybold/ E. Fricova, RIW 2004, Beilage 4 S. 11.

[49] Von J. Hernler, DB 2003, 60 ff.

sellschaften eine fünf Jahre bindende Einbeziehung in die ETAS-Gruppe wählen und diese Entscheidung der Finanzbehörde ihres Sitzstaates mitteilen.

Das Konzept sieht vor, dass jede ETAS-Tochtergesellschaft ihr steuerpflichtiges Einkommen (Local Tax Base) nach den Vorschriften des Mitgliedstaats ihrer Ansässigkeit ermittelt und die hieraus entstehende Steuerschuld an den Ansässigkeitsstaat abführt. Die Obergesellschaft ermittelt sowohl ihr eigenes steuerpflichtiges Einkommen als auch das der einzelnen ETAS-Tochtergesellschaften nach den Vorschriften des Mitgliedstaats ihrer Ansässigkeit – und somit auf Grundlage einer einheitlichen Steuerbemessungsgrundlage (EU Home Base). Auf diese wird der Steuersatz des Ansässigkeitsstaats angewandt. Auf die Steuer ist die von den ETAS-Tochtergesellschaften gezahlte Körperschaftsteuer als EU-Tax Credit anzurechnen. Verbleibt hiernach ein Überhang, ist dieser als Steuerschuld an den Ansässigkeitsstaat abzuführen. Übersteigt der Tax Credit die ermittelte Steuerschuld, fällt keine Home Base Tax an. Der Überhang ist innerhalb der ETAS-Gruppe als EU-Tax-Kredit vortragsfähig und in den Folgejahren nach freier Entscheidung und Zuordnung innerhalb der Steuergruppe verrechenbar.

b. Bewertung

Positiv zu bewerten ist, dass der Vorschlag infolge der Ermittlung der einheitlichen Steuerbemessungsgrundlage (EU Home Base) automatisch einen grenzüberschreitenden Verlustausgleich ermöglicht und hierdurch zu einer leistungsgerechten Besteuerung einer innerhalb der EU tätigen Unternehmensgruppe führt. Zudem ist das Konzept kurzfristig umsetzbar, da es auf geltenden Rechtsvorschriften basiert und aufgrund des weiten Anwendungsbereichs eine flexible Handhabung bietet.

Wird die Einführung des ETAS allerdings nicht mit einer Angleichung der nominalen Steuersätze verbunden, besteht ein deutlicher Anreiz zur Verlegung des Sitzes der Obergesellschaft in ein Niedrigsteuerland, da auf diese Weise hohe EU-Tax-Credits erworben werden können, die in den Folgejahren einer in einem Hochsteuerland ansässigen Gewinne erzielenden Tochtergesellschaft zugeordnet und zur Senkung ihrer Steuerbelastung eingesetzt werden können.[50] Da den Ansässigkeitsstaaten solcher Tochtergesellschaften auf diese Weise Steuersubstrat entzogen werden kann, wird dieser Vorschlag nicht auf deren Zustimmung treffen und sich daher innerhalb der EU kaum durchsetzen können.

---

[50] Bei Ansässigkeit der Obergesellschaft in einem Hochsteuerland werden keine oder nur geringe EU-Tax-Credits erzielt. Darüber hinaus kann es zu *Hochschleusungseffekten* und zum Verlust der seitens der Domizilstaaten gewährten Steuerermäßigungen kommen.

II. Konsequenzen für eine deutsche Reform

Auch wenn mit der Umsetzung eines der von der Europäischen Kommission präferierten Modelle einer einheitlichen konsolidierten Bemessungsgrundlage in absehbarer Zeit nicht zu rechnen ist, ist im Sinne einer langfristigen Planung zu untersuchen, ob sich hieraus nicht doch bereits Auswirkungen für eine deutsche Reform ergeben beziehungsweise wie sich die Einführung eines der Modelle zur Ermittlung einer konsolidierten Bemessungsgrundlage auf eine grenzüberschreitende Verlustverrechnung de lege ferenda auswirken könnte.

Würde das Modell der europäischen Körperschaftsteuer[51] umgesetzt, müssten neue europaweit anwendbare Regelungen entwickelt werden. Ein konsensfähiger Vorschlag ist bisher noch nicht absehbar, sodass sich diesem Vorschlag keine zu beachtenden Kriterien für eine deutsche Reform entnehmen lassen. Bei Einführung einer europäischen Körperschaftsteuer können sich nur noch Unternehmen der Rechtsformen, die nicht von dem Regime erfasst werden, im Rahmen einer Organschaft besteuern lassen. Demgegenüber würde die Organschaft bei Einführung einer Harmonisierten Europäischen Körperschaftsteuerbemessungsgrundlage nicht mehr zur Anwendung gelangen.[52] Auch in Bezug auf den Vorschlag der Ermittlung einer einheitlichen konsolidierten Bemessungsgrundlage[53] für multinationale Unternehmensgruppen bedarf es einer Einigung auf ein harmonisiertes Regelwerk. Diesbezüglich bilden die IFRS nur den Ausgangspunkt für entsprechende Verhandlungen; für eine deutsche Organschaftsreform konkret zu berücksichtigende Kriterien sind daher ebenfalls nicht zu erkennen. Wird die Anwendung dieses Konzepts optional ausgestaltet, bestünde alternativ die Möglichkeit einer Besteuerung im Organschaftsregime. Unter Geltung der Sitzlandbesteuerung[54] wäre es für den Steuerstandort Bundesrepublik Deutschland von Vorteil, ein attraktives Organschaftsmodell anbieten zu können, um im internationalen Wettbewerb bestehen zu können.[55]

Aus den Vorschlägen ergeben sich mithin keine konkrete Schlussfolgerungen für die Fortentwicklung der Unternehmensbesteuerung in Deutschland.[56] Im

---

[51] 5. Teil, I. Kapitel, 2. c. S. 248 f.

[52] 5. Teil, I. Kapitel, 2. d. S. 248.

[53] 5. Teil, I. Kapitel, 2. b. S. 247 f.

[54] 5. Teil, I. Kapitel, 2. a. S. 246 f.

[55] Für das ETAS würde sich die BRD aufgrund der vergleichsweise hohen Steuersätze nicht als EU Home Base anbieten.

[56] Die von der Europäischen Kommission generell verfolgten Ziele der deutlichen Reduzierung der Befolgungskosten, der Lösung des Verrechnungspreisproblems, die Zwischengewinneliminierung und die Erhöhung der Effizienz, Wirksamkeit, Einfachheit und Transparenz der Unternehmensteuersysteme, (vgl. Mitteilung v. 23.10.2001, KOM (2001)582 endg., S. 18) können entweder auf nationaler Ebene schwerlich umgesetzt werden oder deren Realisierung ist auf deutscher nationaler Ebene bereits oder nicht angestrebt. Beispielsweise soll die Einführung einer Zwischenerfolgseliminierung innerhalb des Konzernverbundes gegen Grundsätze des deutschen Steuerrechts, insb. den Grundsatz der Gleichmäßigkeit der Besteuerung,

Rahmen der Reform der Organschaft kann den Vorschlägen der Kommission im Sinne einer vorausschauenden Regelung allenfalls durch die Einführung eines auch auf europäischer Ebene harmonisierungsfähigen Besteuerungsmodells Rechnung getragen werden, welches einen Beitrag zur Diskussion um die Ermöglichung einer grenzüberschreitenden Konzernbesteuerung innerhalb der EU beziehungsweise eines grenzüberschreitenden Verlustausgleichs im Wege einer Verlustrichtlinie leistet.

III. Resümee

In Anbetracht der aktuellen Besteuerungssituation internationaler Konzerne, die dadurch gekennzeichnet ist, dass der wirtschaftlichen Verbundenheit lediglich im Rahmen der beträchtliche Unterschiede aufweisenden nationalen Gruppenbesteuerungssysteme der jeweiligen Mitgliedstaaten Rechnung getragen wird, ist der Europäischen Kommission darin zuzustimmen, dass die Schaffung einer einheitlichen konsolidierten Bemessungsgrundlage ein Weg ist, im Körperschaftsteuerbereich Binnenmarktverhältnisse herzustellen.[57] Durch eine EU-weite einheitliche konsolidierte Bemessungsgrundlage würde ein grenzüberschreitender Verlustausgleich ermöglicht und es würden somit bedeutende Hindernisse grenzüberschreitender Direktinvestitionen beseitigt. Zudem könnten die Befolgungskosten gesenkt werden.

Auch wenn die französische und deutsche Regierung dieses Projekt unterstützen und eine gemeinsame Initiative angekündigt haben[58], wird eine Einigung der 25 EU-Mitgliedstaaten über eines der vorstehenden Konzepte angesichts der zu lösenden Probleme rechtlicher, technischer und politischer Art allein auf mittel- bis langfristige Sicht möglich sein.

Deshalb aber ist es kurz- und mittelfristig um so dringender geboten, das Problem der grenzüberschreitenden Verlustberücksichtigung auf nationaler Ebene zu lösen.

Daher ist im folgenden sechsten Teil der Bearbeitung eine nationale Konzeption der Besteuerung verbundener Unternehmen zu entwickeln, die einen grenzübergreifenden Verlustausgleich ermöglicht.

---

verstoßen, vgl. BMF, Bericht zur Fortentwicklung des Unternehmensteuerrechts, FR 2001, Beilage zu Heft 11, S. 46 f.; G. Müller-Gatermann, FS für W. Ritter, 1997, S. 457, 460.

[57] Vgl. Europäische Kommission, Mitteilung v. 24.11.2003, KOM(2003)726 endg., S. 4.

[58] Frankreich und Deutschland haben die EU-Kommission aufgefordert, einen einheitliche Bemessungsgrundlage für die Unternehmensbesteuerung festzulegen, vgl. o.V., EU Paris und Berlin starten Steuerinitiative – EU Kommission soll Unternehmenssteuern harmonisieren und Mindestsätze festlegen, Handelsblatt v. 13.05.2004, S. 7; Babara Hendricks, Parlamentarische Staatssekretärin beim Bundesamt für Finanzen, Europa-Richter gefährden nationale Haushalte, FAZ vom 15.2.2004, S. 10.

Gemeinschaftsrechtlich ist es geboten, sowohl sämtliche inländischen Einkunftsquellen, deren Besteuerung auch unter Berücksichtigung der DBA im Inland gegeben ist, zum Gegenstand einer organschaftlichen Einkommenszurechnung zu machen als auch die vom Organkreis im Ausland im Rahmen einer Betätigung über eine Tochtergesellschaft oder Betriebstätte erlittenen Verluste in die Verlustverrechnung einzubeziehen.[1] Da es an einer entsprechenden europarechtskonformen Regelung in Deutschland fehlt, ist ein Gesetzesvorschlag für eine grenzüberschreitende Verlustverrechnung im Rahmen der Organschaft de lege ferenda zu entwickeln.

Dabei hat die im vierten Teil erfolgte Prüfung ergeben, dass die österreichischen Regelungen – insbesondere zur grenzüberschreitenden Verlustverrechnung – mit einigen Modifikationen in das deutsche Organschaftsregime übernommen werden können, um ein den Anforderungen der Niederlassungsfreiheit genügendes Konzept zu entwickeln. Um die Frage beantworten zu können, inwieweit den österreichischen Bestimmungen letztendlich eine Vorbildfunktion für die deutsche Organschaft de lege ferenda zukommen sollte, ist zunächst generell zu klären, ob es nicht vielmehr einer konzeptionellen Fortentwicklung des bestehenden deutschen Systems bedarf (I) beziehungsweise welche Methode die Basis einer grenzüberschreitenden Verlustverrechnung bilden sollte (II).

I. Konzeptioneller Ansatz einer Organschaft de lege ferenda

Ob an der Zurechnungskonzeption des derzeit geltenden Regimes festgehalten werden sollte oder de lege ferenda eine alternative Methode vorzuziehen wäre, ist im Wege des wertenden Vergleichs der im Ausland vertretenen konzeptionellen Ansätze zu ermitteln. Im Rahmen einer Untersuchung der ausländischen Gruppenbesteuerungsregime kristallisieren sich dabei folgende Techniken heraus, wie der wirtschaftlichen Einheit der Unternehmensgruppe Rechnung getragen werden kann: Die Bandbreite reicht von Konsolidierungssystemen bis hin zur Ergebniszurechnung, wie sie die Organschaftsregelung vorsieht, oder der Möglichkeit der steuerlichen Übertragung von Verlusten innerhalb der Gruppe.

Konsolidierungssysteme, wie das niederländische Gruppenbesteuerungsmodell der *Fiscale Eenheid*[2] und das australische Vollkonsolidierungssystem[3], sehen nicht nur eine Zusammenrechnung aller Gewinne und Verluste im Konsolidierungskreis, sondern auch eine Zwischengewinneliminierung vor und tragen folglich dem Gedanken der Behandlung der Gruppe als *Einheit* und der Ausrichtung der Besteuerung an der Leistungsfähigkeit dieser Einheit am konse-

---

[1] 3. Teil, II. Kapitel, 10., S. 160.
[2] Vgl. T. Kollruss, IStR 2004, 5 ff.
[3] D. Endres, in: Herzig (Hrsg.), Organschaft, 2003, S. 461 ff.

quentesten Rechnung. Sie weisen jedoch im Fall von gruppeninternen Umstrukturierungen sowie dem Ein- und Austritt aus der Gruppe in technischer Hinsicht eine hohe Komplexität auf. Aufgrund der schwierigen Handhabbarkeit einer derartigen Lösung ist sie als Basis einer deutschen Reform abzulehnen.

Im Rahmen des group relief findet demgegenüber keine Zusammenrechnung aller Einkommen einer steuerlichen Gruppe statt. Vielmehr wird jedes gruppenzugehörige Unternehmen einzeln zur Körperschaftsteuer veranlagt.[4] Dafür sind gruppenspezifische steuerliche Erleichterung vorgesehenen, insbesondere können Verluste einer Gruppengesellschaft beliebig aufgesplittet und auf verschiedene andere partizipierende Unternehmen übertragen werden, die diese bei der Ermittlung ihres Einkommens als Betriebsausgabe abziehen können.[5]

Die mit dem group relief einhergehende Möglichkeit des horizontalen Verlustausgleichs in der Weise, dass die Verluste einer beliebigen konzernzugehörigen Schwestergesellschaft zugerechnet werden können, eignet sich jedoch nicht für eine Ausdehnung auf grenzüberschreitende Sachverhalte, da Konsequenz dessen höchstwahrscheinlich eine Verlustübertragung auf in Hochsteuerländer ansässige gruppenzugehörige Gesellschaften wäre, um deren Bemessungsgrundlage zu mindern. Dies würde jedoch die internationalen Bemühungen um eine sachgerechte, zwischenstaatliche Erfolgsabgrenzung und vor allem die Verhinderung von Gewinnverlagerungen mittels der verpflichtenden Vereinbarung angemessener Verrechnungspreise zwischen wirtschaftlich verbundenen Konzerngesellschaften konterkarieren. Zudem drohen Doppelberücksichtigungen, wenn es an eindeutigen Zuordnungskriterien fehlt. Daher erscheint eine Umstellung auf das Konzept der steuerlichen Übertragungsmöglichkeit von Verlusten innerhalb eines Unternehmensverbundes nicht vorteilhaft.

Nach der Zurechnungskonzeption ist eine mehrstufige Ermittlung des Organkreiseinkommens vorgesehen. Zunächst sind die steuerlichen Einzelergebnisse der Tochtergesellschaften und des Gruppenträgers getrennt voneinander zu ermitteln. Im Weiteren werden diese auf Ebene des jeweiligen Konzernträgers saldiert und in dessen Steuerveranlagung einbezogen. Im Vergleich zu dem Konsolidierungskonzept kann – aufgrund der selbständigen Einkommensermittlung – Änderungen innerhalb der Unternehmensverbindung einfacher Rechnung getragen werden als innerhalb von Konsolidierungssystemen. Im Rahmen des französischen, auf der Zurechnungstheorie basierenden, Systems ist noch ein dritter Schritt vorgesehen, in welchem die Summe der Einzelergebnisse der gruppenzugehörigen Gesellschaften außerbilanziell zu korrigieren ist, um beispielsweise Zwischenerfolge aus der internen Übertragung von Wirtschaftsgü-

---

[4] Einen group relief kennen Großbritannien, Singapur, Irland, Litauen, Malta und Zypern, vgl. D. Endres, in: Herzig (Hrsg.), Organschaft, 2003, S. 461, 466 f.

[5] Sog. deduction, vgl. Z.B. Section 402 Abs. 1, 2 und 403 Income and Corporation Taxes Act 1988 (KStG in Großbritannien).

tern des Anlagevermögens zu eliminieren.[6] Eine Bereinigung gruppeninterner Vorgänge ist jedoch mit einem erheblichen Verwaltungsaufwand verbunden und daher auch zukünftig nicht vorzusehen.

Weiterer Vorteil der Zurechnungstheorie ist, dass mittels dieser Technik ein grenzüberschreitender Verlustausgleich ermöglicht werden kann, sodass im Wege einer Zurechnung der Einkommen der Tochtergesellschaften zur Muttergesellschaft dem Konzernsachverhalt auch grenzüberschreitend auf sachgerechte Weise Rechnung getragen wird. Im Vergleich mit den ausländischen Gruppenbesteuerungskonzepten zugrundeliegenden Techniken erweist sich die weltweit verbreitete[7] Zurechnungstheorie daher als vorzugswürdig, sodass es keiner konzeptionellen Fortentwicklung des Organschaftsregimes bedarf.

Zu überlegen ist jedoch, ob an dem Konzept der vertikalen Verlustverrechnung festzuhalten ist, das heißt, dass eine Ergebniszurechnung ausschließlich von der Tochter- auf die Muttergesellschaft erfolgt, oder ob auch eine Zurechnung umgekehrt vertikal von der Mutter- auf die Tochtergesellschaft eingeführt werden sollte. So könnte das Organschaftssystem derart ergänzt werden, dass Verluste, die auf Ebene der Muttergesellschaft nicht mit Gewinnen verrechnet werden konnten, gewinnerzielenden Tochtergesellschaften zugerechnet werden können.[8] Allerdings würde sich eine solche Regelung als höchst komplex sowie schwer kontrollierbar erweisen und würde den Steuerpflichtigen einen hohen Gestaltungsspielraum eröffnen.[9] Vor dem Hintergrund, dass eine umgekehrt vertikale Ergebniszurechnung mit steuerlichen Auswirkungen auf die im Ausland ansässigen Tochtergesellschaften verbunden wäre, würde sie zudem die deutsche Regelungskompetenz überschreiten.[10] Daher ist an dem bisherigen Zurechnungssystem festzuhalten, wonach der Organträger den zentralen Bezugspunkt für die Einkommenszurechnung und die steuerliche Veranlagung bildet und eine vertikale Verlustzurechnung allein von der Organgesellschaft zum Organträger erfolgt.[11] Auch im Interesse einer baldigen Verabschiedung eines Re-

---

[6] Vgl. O.H. Jacobs/ C. Spengel, IStR 1994, 146 ff.

[7] Eine Ergebniszurechnung erfolgt in Dänemark, Luxemburg, Österreich, Frankreich, Italien, Island, Japan, Luxemburg, Mazedonien, Mexiko, Polen, Portugal, Slowenien, Spanien, USA.

[8] In Rahmen eines solchen Systems könnte eine Nachversteuerung in der Weise erfolgen, dass spätere, seitens der Muttergesellschaft verrechnete Gewinne, verhältnismäßig auf die zuvor den Tochtergesellschaften zugerechneten Verlusten aufgeteilt würden. M. Scheuchzer, Konzernbesteuerung in der Europäischen Union, 1993, S. 228.

[9] Um zu verhindern, dass bei europaweiter Geltung Verlustzurechnungen allein an in Hochsteuerländer ansässige Töchter erfolgen, könnte das negative Ergebnis zunächst den Tochtergesellschaften zuzurechnen sein, an denen die höchsten Beteiligungsquoten bestehen, M. Scheuchzer, Konzernbesteuerung in der Europäischen Union, 1993, S. 267

[10] Sie könnte allenfalls auch europäischer Ebene eingeführt werden.

[11] Auch in Frankreich, Italien sowie im Rahmen der in der Verlustrichtlinie vorgesehenen Nachversteuerungsmethode nach den Art 7, 9 ist keine Verlustverrechnung von der Obereinheit auf die Untereinheit vorgesehen, vgl. S. Grotherr, RIW 1994, 1017, 1031.

formvorschlages, ist zu prüfen, wie die derzeit geltenden Bestimmungen der Organschaft europarechtskonform ausgestaltet werden können.

Im Folgenden ist daher zu diskutieren, auf welcher Methode die einzuführende grenzüberschreitende Verlustverrechnung basieren sollte.

II. Methode der grenzüberschreitenden Verlustverrechnung

Um Verluste ausländischer Tochterkapitalgesellschaften im Inland zu berücksichtigen, kommen sowohl die Vornahme einer Teilwertabschreibung (1) als auch die Verlustverrechnung unter Anrechnung ausländischer Steuern, sog. Anrechnungsmethode (2), beziehungsweise unter dem Vorbehalt der Nachversteuerung in Betracht (3). Des Weiteren wäre zu erwägen, ein System des zwischenstaatlichen Ausgleichs auf europäischer Ebene zu errichten (4). Schließlich ist ein Verfahren des grenzüberschreitenden Verlustausgleichs in Bezug auf ausländische Betriebstätten festzulegen (5).

Die aufgeführten Methoden der grenzüberschreitenden Verlustverrechnung sind jeweils daraufhin zu untersuchen, inwieweit sie eine mehrfache Nutzung negativer Einkünfte verhindern und sich als Basis einer europäischen Lösung des Verrechnungsproblems eignen.

1. Teilwertabschreibung

Grundsätzlich kann über die Vornahme einer Abschreibung der Beteiligung an der ausländischen Tochtergesellschaft auf ihren niedrigeren Teilwert die Wirkung eines Verlustausgleichs erzielt werden, wenn sie in Höhe der akkumulierten Verluste der Auslandstochter erfolgt.[12] Aufgrund des Wertaufholungsgebots im Falle einer späteren Gewinnerzielung seitens der ausländischen Tochtergesellschaft wird im Rahmen der Teilwertabschreibung sichergestellt, dass die Berücksichtigung der Verluste auf Ebene der Muttergesellschaft lediglich so lange währt, wie die Tochtergesellschaft keinen Verlustausgleich durch in späteren Veranlagungszeiträumen erzielte Gewinne vornehmen kann, und es kommt in keinem Zeitpunkt zu einer doppelten Verlustberücksichtigung.[13]

Gegen die Teilwertabschreibung als Methode zur Umsetzung einer grenzüberschreitenden Verlustverrechnung im Organkreis spricht jedoch, dass eine steuerwirksame Abschreibung auf den niedrigeren Teilwert bei Kapitalgesellschaften gemäß § 8b Abs. 3 KStG ausgeschlossen ist und für Anlaufverluste ohnehin nicht in Betracht kommt, sodass insoweit die Diskriminierung des grenz-

---

[12] Vgl. 2. Teil, V. Kapitel, 2., S. 55 f.

[13] Ausführlich: S. Zoll, Grenzüberschreitende Verlustberücksichtigung bei gewerblichen Betriebstätten und Tochtergesellschaften, Nationale und internationale Besteuerungsprinzipien, 2001, S. 264 f.

überschreitenden Sachverhalts nicht beseitigt werden könnte.[14] Zudem erfolgt die Gewinnermittlung nicht in allen Mitgliedstaaten nach den Regeln der handelsrechtlichen Rechnungslegung, sodass sich dieses Modell auch nicht in eine Verlustrichtlinie auf europäischer Ebene integrieren ließe.[15] Aus diesen Gründen ist eine auf der Teilwertabschreibung basierende grenzüberschreitende Verlustverrechnung abzulehnen.

2. Anrechnungsmethode

Die Berücksichtigung ausländischer Ergebnisse könnte im Wege einer Verlustverrechnung unter Anrechnung ausländischer Steuern realisiert werden, wie es derzeit in Frankreich[16], Dänemark[17] und im ETAS-Modell[18] vorgesehen ist. Hiernach gehen sowohl die ausländischen positiven als auch negativen Einkommen in die inländische Bemessungsgrundlage ein, sodass ausländische Verluste automatisch vom inländischen Einkommen abgezogen werden. Im Fall positiver Einkommen werden ausländische Steuern auf die inländischen angerechnet.[19]

Eine doppelte Verlustberücksichtigung wird systemimmanent verhindert, indem etwaige in späteren Veranlagungszeiträumen erzielte Gewinne der Tochtergesellschaft im Inland erfasst werden und eine Anrechnung ausländischer Steuern regelmäßig entfällt. Unter der Voraussetzung, dass der Ansässigkeitsstaat der Tochtergesellschaft einen Verlustvortrag vorsieht, können die von der ausländischen Tochtergesellschaft in den nächsten Jahren erzielten Gewinne mit Verlustvorträgen verrechnet werden, sodass keine ausländische Steuer anfällt, die im Inland anzurechnen wäre. Über diesen Anrechnungsmechanismus wird die inländische Steuer automatisch zu einer „Nachsteuer".

Vorteil der Anrechnungsmethode ist, dass nicht nur Verluste, sondern auch die Gewinne ausländischer Tochtergesellschaften in die Bemessungsgrundlage des Mutterunternehmens einbezogen werden und auf diese Weise ein symmetrischer Ausgleich zwischen der Berücksichtigung ausländischer Verluste und späterer Gewinne ermöglicht wird. Indem die Steuer auf der Basis des Welteinkommens des Steuerpflichtigen, also einschließlich des auch negativen Auslandseinkommens, berechnet und die im Ausland gezahlte Steuer zum Abzug

---

[14] Würde eine Teilwertabschreibung für Anlaufverluste im grenzüberschreitenden Sachverhalt auch bei Kapitalgesellschaften zugelassen, käme es angesichts des Gleichheitsgrundsatzes zu verfassungsrechtlichen Problemen.

[15] Vgl. R. Esser, EWS 1991, 17, 20.

[16] Vgl. Art. 123-1 und 2 Annexe II Code Générale des impôts sowie M.P. Scheunemann, Grenzüberschreitende konsolidierte Konzernbesteuerung, 2005, S. 499 ff.

[17] § 33 Ligningsloven, § 33 E (dänisches EStG), vgl. W. Kessler, IStR 1993, 303, 308.

[18] Vgl. 5. Teil, I. Kapitel, 3., S. 252 ff.

[19] Vgl. §§ 26 KStG, 34c, d EStG.

zugelassen wird, kann eine gerechte an der weltweiten Leistungsfähigkeit der Unternehmensgruppe ausgerichtete Besteuerung realisiert werden.[20]

Infolge der Anrechnung ausländischer Steuern kommt unabhängig von der Herkunft der Einkünfte das inländische Steuerniveau zur Anwendung, sodass Investitionen in Niedrigsteuerländern mit inländischen Engagements gleich behandelt werden, was fiskalisch zu begrüßen ist. Volkswirtschaftlich betrachtet und unter dem Aspekt der Errichtung eines einheitlichen Wirtschaftsraumes innerhalb der EU stellt sich die Gewährleistung von Standortneutralität ebenfalls als sinnvoll dar. Denn der Organträger wird in dem Staat investieren, wo die höchsten Bruttogewinne zu erwarten sind und seine Entscheidung weniger von steuerlichen Kriterien abhängig machen, wodurch eine effektive weltweite Kapitalallokation gefördert wird.[21] Mittels der Anrechnungsmethode kann ein symmetrischer sowie systematisch überzeugender grenzüberschreitender Verlustausgleich ermöglicht werden.

In diesem Kontext ist jedoch zu berücksichtigen, dass die mit der Anrechnungsmethode verbundenen Hochschleusungseffekte angesichts der hohen deutschen Steuerbelastung bei Investition in einem Staat mit geringerer Steuerbelastung aus Unternehmenssicht geeignet sind, die Option zur Einbeziehung ausländischer Tochtergesellschaften nur auszuüben, wenn diese wahrscheinlich nachhaltig Verluste erleiden werden.

Als Nachteil einer auf der Anrechnungsmethode basierenden grenzüberschreitenden Organschaft ist jedoch zu werten, dass die Bundesrepublik Deutschland mit der automatischen Berücksichtigung von Gewinnen, die Tochtergesellschaften im Ausland erzielt haben, gegen ihre abkommensrechtlich übernommenen Freistellungsverpflichtungen verstoßen könnte.[22] Denn in der überwiegenden Zahl der deutschen Abkommen hat sich die BRD in Art 7 OECD-MA entsprechenden Bestimmungen dazu verpflichtet, die Unterneh-

---

[20] Vgl. zur Anrechnungsmethode vgl. W. Schön, IStR 2004, 289, 292.

[21] Vgl. O.H. Jacobs, Internat. Unternehmensbest., 2002, S. 34; C. Spengel, Internationale Unternehmensbesteuerung in der EU, 2003, S. 259; J. Hey, StuW 2004, 193, 202.

[22] Vgl. die Erl. RV. zu § 9 Abs. 6, ÖStZ 2004, S. 133, 146, in denen ausgeführt wird: „Gewinne der ausländischen Beteiligungskörperschaft sind mangels Besteuerungsrecht der Republik Österreich unbeachtlich, Verluste sind hingegen .... anzusetzen". M. P. Scheunemann, Grenzüberschreitende konsolidierte Konzernbesteuerung, 2005, S. 506 ff. vertritt dies bzgl. des französischen régime du bénéfice consolidé. Teilweise wird jedoch in Bezug auf Regelungen zur Hinzurechnungsbesteuerung vertreten, dass Art 7 Abs. 1 OECD-MA nicht einschlägig sei, da die nicht ausgeschütteten Gewinne der ausländischer Tochtergesellschaften bei der inländischen Muttergesellschaft erfasst würden und nicht bei der Tochtergesellschaft selbst. Vgl. Kluge, Außensteuergesetz und Doppelbesteuerungsabkommen, RIW/ AWD 1972, S. 411, 415. Im Hinblick auf die Hinzurechnungsbesteuerung sehen F. Wassermeyer (in: FS für W. Flume, 1978, Bd. II 323, 334) und W. Hemmelrath (in: Vogel/ Lehner, DBA, Art 7 Rd. 21) einen Verstoß gegen die jeweiligen Doppelbesteuerungsabkommen. A.A. V. Kluge, AWD 1972, 411, 415.

mensgewinne der ausländischen Tochtergesellschaften in Deutschland freizustellen. Im Rahmen des Organschaftssystems ist jede Organgesellschaft jedoch subjektiv steuerpflichtig. Daher würde auch bezüglich ausländischer Gesellschaften eine derartige Steuerpflicht begründet, wobei deren Gewinne auf Ebene des Organträgers erfasst und der Besteuerung unterworfen würden.[23] Unter Beachtung des Umstandes, dass die Abkommensbestimmungen nicht zur Disposition der Steuerpflichtigen stehen[24], müssten die DBA allesamt in der Weise nachverhandelt werden, dass dem Regime der Organschaft Vorrang vor Art 7 OECD-MA entsprechenden Bestimmungen eingeräumt würde.[25] Zudem widerspräche es völkerrechtlichen Grundsätzen, eine persönliche und materielle unbeschränkte Steuerpflicht einer ausländischern Konzerngesellschaft im Inland zu begründen, insoweit fehlt es an einer hinreichenden Inlandsanbindung zum besteuernden Staat.[26] Eine Besteuerung thesaurierter Gewinne ausländischer Tochtergesellschaften auf Ebene des inländischen Mutterunternehmens würde zudem einen Verstoß gegen Art 10 Abs. 5 Alt. 2 OECD-MA begründen.[27]

Des Weiteren kann sich die Anrechnungsmethode aus fiskalischer Sicht als nachteilig darstellen, was sich dadurch begründet, dass im Anwendungsbereich der Grundfreiheiten kein Anrechnungshöchstbetrag bis zur Höhe der im jeweiligen Mitgliedstaat auf die ausländischen Einkünfte entfallenden Steuer[28] bestimmt werden darf, da sich ein solcher als europarechtswidrig darstellen würde und daher die im Ausland gezahlte Steuer in voller Höhe anzurechnen wäre, auch wenn dies zu einem Überhang führen sollte.[29]

Zudem wäre ein erheblicher administrativer Mehraufwand die Folge. Denn die weltweit erzielten Einkünfte wären nach deutschen Vorschriften zu ermitteln und zu kontrollieren, wobei aufgrund der Hochschleusungseffekte eine nicht zu unterschätzende Missbrauchsgefahr bestünde.[30] Da auch im Rahmen der Erar-

---

23 Daher würde auch das Argument, welches bzgl. der Vereinbarkeit der Hinzurechnungsbesteuerung mit den DBA vertreten wird, dass Art 7 Abs. 1 OECD-MA nicht einschlägig sei, da die nicht ausgeschütteten Gewinne der ausländischen Tochtergesellschaften bei der inländischen Muttergesellschaft erfasst würden und nicht bei der Tochtergesellschaft selbst (V. Kluge, RIW/ AWD 1972, S. 411, 415), nicht greifen).

24 Daher kann nicht entgegnet werden, dass sich der Steuerpflichtige durch Optionsausübung dem System freiwillig unterwerfe.

25 Vgl. Art 20 Abs. 2 b DBA Deutschland/ Frankreich bzgl. des régime du bénéfice consolidé.

26 O.H. Jacobs, Internat. Unternehmensbest., 2002, S. 6; J. Borggräfe, WPg 1995, 129, 138.

27 Vgl. S. Grotherr, StuW 1995, S. 124, 150; D. Carl, EuZW 1991, 369, 371. Hiergegen wird jedoch teilweise eingewandt, dass bei der Besteuerung nichtausgeschütteter Gewinne einer ausländischen Kapitalgesellschaft kein solcher Fall vorliege, da das Einkommen der Tochtergesellschaft dem inländischen Gesellschafter zur Besteuerung zugewiesen wird und damit zwei unterschiedliche Steuersubjekte vorliegen.

28 Vgl. § 34c Abs. 1 Satz 1 EStG.

29 EuGH-Urt. v. 07.09.2004, Rs. C-319/02, *Manninen*, EWS 2004, 454 ff.

30 Vgl. allgemein O.H. Jacobs, Internat. Unternehmensbest, 2002, S. 309.

beitung einer Verlustrichtlinie die Vornahme einer grenzüberschreitenden Ergebniskonsolidierung im Rahmen der Anrechnungsmethode als technisch schwer durchführbar gewertet wurde, sah der Vorschlag allein die Nachversteuerungslösung in Bezug auf ausländische Tochtergesellschaften vor.[31]

Aus diesen Gründen ist die Anrechnungsmethode – trotz ihrer Vorteile – abzulehnen.

3. Nachversteuerungsmethode

Die Methode der Verlustverrechnung unter Nachversteuerung sieht eine isolierte Berücksichtigung der Verluste von Tochterkapitalgesellschaften mit Geschäftsleitung im Ausland im Veranlagungszeitraum ihrer Entstehung auf Ebene der Muttergesellschaft vor und im Falle späterer Auslandsgewinne bilden diese den Anlass einer Bemessungsgrundlagenerhöhung, wodurch der Verlustabzug neutralisiert wird. Hierdurch werden die inländischen Gewinne, die im Vorjahr aufgrund der ausländischen Verluste nicht besteuert wurden, im Inland quasi nachversteuert. Indem eine Verlustverwertungsmöglichkeit im Ausland den Anlass für die Nachversteuerung bildet, wird zudem eine mehrfache Verlustverrechnung vermieden.

Die Nachversteuerungsmethode unterscheidet sich von dem Anrechnungsverfahren, in dessen Rahmen neben Verlusten auch Gewinne ausländischer Tochtergesellschaften bei der Besteuerung des Mutterunternehmens berücksichtigt werden, im Wesentlichen dadurch, dass lediglich eine Besteuerung der zuvor abgezogenen inländischen Gewinne vorgesehen ist. Daher sind die im Ausland erzielten positiven Unternehmenseinkünfte in Übereinstimmung mit Art 7 OECD-MA allein im ausländischen Geschäftsleitungsstaat der Tochtergesellschaft zu besteuern. Somit steht die Methode auch mit den abkommensrechtlichen Freistellungsverpflichtungen der Bundesrepublik in Einklang und beeinträchtigt weder das Besteuerungsrecht noch die Steuerhoheit des Tätigkeitsstaats der Tochtergesellschaft.

Weiterer Vorteil der Nachversteuerungsmethode ist, dass sie nicht nur dem österreichischen Steuerrecht bekannt ist, sondern auch in der Bundesrepublik Deutschland für die Verrechnung von Verlusten ausländischer Tochtergesellschaften vorgesehen war[32], und darüber hinaus auf europäischer Ebene eine lange Tradition hat, auch wenn sie nicht in einer Richtlinie umgesetzt werden konnte. Erstmals enthalten war sie in dem Verordnungsvorschlag von 1970 über das Statut der Europäischen Aktiengesellschaft als Verrechnungsmethode für Verluste ausländischer Betriebstätten und Tochtergesellschaften[33] und fand

---

[31] Vgl. Stellungnahme des Deutschen Bundesrates zur Verlustrichtlinie v. 07.06.1991, BR-Drs. 96/91, S. 8 f.

[32] Vgl. § 3 AIG a.F., § 2a Abs. 3 und 4 EStG.

[33] Vgl. 5. Teil, I. Kapitel, I., S. 243 f.

schließlich im Jahre 1990 Eingang in den Vorschlag zur sog. Verlustrichtlinie.[34] Im Hinblick hierauf stellt sich ein auf diesem Konzept beruhender Verlustausgleich als grundsätzlich harmonisierungsfähig dar. Eine Verrechnung ausländischer Verluste unter dem Vorbehalt der Nachversteuerung bringt dabei die Wertung zum Ausdruck, dass letztendlich der ausländische Sitzstaat für zuständig erklärt wird, den mit der Verlustverrechnung verbundenen Aufkommensverzicht dauerhaft zu tragen.[35] Eine derartige Aufteilung der Verantwortlichkeit wird auch vom EuGH in Ansehung des Umstandes als sachgerecht gewertet, das die Verluste in dem Sitzstaat der Tochtergesellschaft verursacht wurden und dieser künftig eventuell erwirtschaftete Gewinne besteuern darf.[36]

Im Vergleich mit der *Marks & Spencer*-Entscheidung ist zwar zu bezweifeln, ob die Niederlassungsfreiheit gebietet, dass die Verluste ausländischer Tochtergesellschaften bereits im Verlustentstehungsjahr von den Gewinnen des deutschen Organträgers abgezogen werden müssen. Denn der EuGH erachtet im Hinblick auf den britischen *group relief* einen grenzüberschreitenden Verlustausgleich erst nach Ausschöpfung der im Ansässigkeitsstaat der Tochtergesellschaft bestehenden Möglichkeiten der gegenwärtigen und zukünftigen Verlustnutzung für erforderlich. Es ist jedoch ungewiss, inwieweit diese Erwägungen auf die deutsche Organschaft übertragen werden können. Das deutsche Organschaftsregime ist durch eine Verrechnung der laufenden positiven und negativen Einkommen des Organkreises gekennzeichnet, in die Liquidationsgewinne und –verluste nicht einbezogen werden können. Vor diesem Hintergrund könnte allenfalls erwogen werden, eine Regelung einzuführen, dergemäß definitiv gewordene Verluste ausländischer Tochtergesellschaften rückwirkend im Veranlagungszeitraum der Verlusterzielung auf Ebene der inländischen Muttergesellschaft zu berücksichtigen sind. Dies könnte von dem Nachweis abhängig gemacht werden, dass der im Veranlagungszeitraum der Verlustentstehung beantragte Verrechnungsbetrag nicht mit späteren Gewinnen im Ansässigkeitsstaat der Tochtergesellschaft ausgeglichen werden konnte und sowohl dem Grunde als auch der Höhe nach definitiv geworden ist.[37] Vor dem Hintergrund, dass sich der EuGH in der *Marks & Spencer*-Entscheidung nicht bezüglich der Frage geäußert hat, ob die Verluste im Jahr des Verlustuntergangs oder in den jeweiligen Jahren der Verlustentstehung zu berücksichtigen sind, könnte sich auch eine solche Regelung als in europarechtlicher Hinsicht nicht erforderlich darstellen. In

---

[34] Vgl. 5. Teil, I. Kapitel, I., S. 244.

[35] Dies veranschaulicht die Regelung, dass die Minderung des steuerlichen Ergebnisses des inländischen Gruppenträgers und folglich des inländischen Steueraufkommens wieder rückgängig gemacht wird, wenn die ausländische Tochtergesellschaft in späteren Veranlagungszeiträumen Gewinne erzielt und diese mit den früheren Verlusten im Wege eines Verlustvortrages verrechnet kann.

[36] EuGH-Urt. v. 13.12.2005, Rs. C-446/03, Marks & Spencer, BB 2006, 23 Rd. 45.

[37] Bzgl. des Untergang des Verlustvortrags fehlt es an der Vergleichbarkeit des „Verlusts".

Ansehung der bestehenden Unsicherheiten sowie des erheblichen Verwaltungsaufwands, den eine rückwirkende Änderung der Veranlagung im Verlustentstehungsjahr zur Folge hätte und vor dem Hintergrund, dass mittels der Nachversteuerungsmethode ein europarechtskonformes System des grenzüberschreitenden Verlustausgleichs in das Organschaftsregime integriert werden könnte, welches dem organschaftlichen Kohärenzzusammenhang Rechnung trägt, ist dieser Methode der Vorzug zu geben.

4. Verlustausgleich auf zwischenstaatlicher Ebene

a. Darstellung des Konzepts

Hintergrund des Ausgleichssystems ist folgende Überlegung: Wird der Staat, welchem das Gewinnbesteuerungsrecht in Bezug auf die in seinem Hoheitsgebiet ansässigen Unternehmen zusteht, für zuständig erklärt, die Steuermindereinnahmen im Falle einer Verlusterzielung zu tragen, soll jedoch ebenfalls der infolge der Verluste geminderten Leistungsfähigkeit multinational verbundener Unternehmen Rechnung getragen werden, kann dies im Zeitpunkt der Verlustentstehung allein durch eine Zurechnung der Verluste zur Muttergesellschaft realisiert werden. Um den ausländische Verluste anerkennenden Sitzstaat der Muttergesellschaft nicht zu einem dauerhaften Aufkommensverzicht zu verpflichten, könnte auch auf zwischenstaatlicher Ebene ein Ausgleich gesucht werden. Dem hier zu entwickelnden Vorschlag liegt daher der Gedanke der Verlagerung der Problematik des Verlustausgleichs von der Unternehmensebene auf eine zwischenstaatliche Ebene zu Grunde.

Im Rahmen der auf nationale Sachverhalte beschränkten Organschaft verliert die einzelne Organgesellschaft ihr Verlustvortragsrecht und die Verlustverwertung erfolgt allein auf Ebene des Organträgers. Den Verlustvortrag durch die Einkommenszurechnung zum Organträger auch im grenzüberschreitenden Sachverhalt zu ersetzen, hätte zur Konsequenz, dass die Verluste der Tochtergesellschaften im Sitzstaat des Organträgers den Gewinn und damit auch die Steuerbelastung dauerhaft mindern würden, obwohl sie im Sitzstaat der Tochtergesellschaft verursacht wurden. Erzielt die Tochtergesellschaft in den folgenden Veranlagungszeiträumen Gewinne, können diese seitens des Sitzstaates unmittelbar besteuert werden, da ein Verlustvortrag nicht gewährt werden braucht. Folglich wäre der Gewinn im Sitzstaat der Muttergesellschaft zu gering und im Ansässigkeitsstaat des Tochterunternehmens zu hoch ausgewiesen.

Dem könnte mit der Etablierung eines zwischenstaatlichen Ausgleichssystems begegnet werden, indem der Sitzstaat der Tochtergesellschaft zu einer Ausgleichszahlung an den Ansässigkeitsstaat des Mutterunternehmens verpflichtet wird, welcher der Tochtergesellschaft eine Verlustverwertung ermöglichte. Die Zahlung hätte in der Höhe zu erfolgen, in welcher der Tochtergesellschaft ohne das Ausgleichssystem ein Verlustabzug gewährt würde. Im Gegenzug könnte die Muttergesellschaft die Berücksichtigung der Verluste der ausländischen Tochtergesellschaft beantragen, wobei die ausländische Tochtergesellschaft diesem Antrag zustimmen müsste. Sodann würde die Finanzverwaltung des Sitzstaates der Muttergesellschaft gegenüber dem Ansässigkeitsstaat des Tochterunternehmens eine Ausgleichzahlung geltend machen und der Tochtergesellschaft würde ihr Verlustvortragsrecht gestrichen. Dabei wird der Sitzstaat der Muttergesellschaft verpflichtet, ausländische Verluste nur in Höhe des nach seinen Gewinnermittlungsvorschriften bestimmten Betrags zur Verrechnung zuzulassen, und der Ansässigkeitsstaat der Tochtergesellschaft hat in Höhe des von ihm andernfalls gewährten Verlustvortragsrecht einen Ausgleich zu leisten.

Erforderlich wäre daher ein Registrierungssystem, in welchem die Sitzstaaten der Muttergesellschaften europaweit – beziehungsweise auf einzelne Mitgliedstaaten beschränkt – die im Inland verrechneten, von im Ausland ansässigen Tochtergesellschaften erlittenen Verluste länderweise erfassen. Zu bestimmten Zeitpunkten könnten die gegenseitigen Ausgleichszahlungen zwischen den Ländern verrechnet werden.

Voraussetzungen eines solchen Ausgleichssystems sind, dass die partizipierenden Staaten sowohl eine grenzüberschreitende Verlustverrechnung als auch einen Verlustvortrag vorsehen. Das Konzept soll im Folgenden anhand eines Beispiels erläutert werden:

Der Organkreis 1 setzt sich aus einem österreichischen Gruppenträger und einem finanziell verbundenen dänischen Gruppenmitglied (GM A) zusammen, dessen Einbeziehung in die steuerliche Gruppe beantragt wurde. Die Gruppe erzielt folgende in Euro umgerechnete Ergebnisse:

Gruppenträger	+ 500	
TG A	- 90 / - 100	nach österreichischen Vorschriften

In Österreich können ausländische Verluste i.H.v. 100 € verrechnet werden. Dänemark muss den Verlustvortrag i.H.v. 90 € nicht mehr gewähren und in entsprechender Höhe einen Ausgleich zahlen; Österreich erleidet i.H.v. 10 € einen Nachteil, dem ein Vorteil i.H.v. 10 € der steuerlichen Gruppe als den Verlustbetrag verrechnenden Unternehmen gegenübersteht.

Der Organkreis 2 besteht aus einer dänischen Organträgerin, die eine 100%-ige Beteiligung an der Tochtergesellschaft (TG A) in Österreich hält. Sie beantragt, diese in die dänische gemeinschaftliche Besteuerung einzubeziehen. Es werden folgende Ergebnisse erzielt:

Organträger	+ 500	
TG A	- 40/ - 60	nach dänischen Vorschriften

In Dänemark wurden 60 € verrechnet. Österreich muss einen Ausgleich i.H.v. 40 € zahlen, da in dieser Höhe kein Verlustvortrag gewährt zu werden braucht. Da das dänische Recht aber einen Abzug i.H.v. 60 € zulässt, erleidet der dänische Staat insoweit einen Nachteil.

Im Zeitpunkt des gegenseitigen Ausgleichs werden folgende Beträge fällig:
Dänemark an Österreich: 90 sowie Österreich an Dänemark: 40
Ausgleichszahlung von Dänemark an Österreich: 50

Aus dem Beispiel lässt sich ersehen, dass Voraussetzung für ein Funktionieren des Systems ein weitgehender Ausgleich der jeweils fällig werdenden Zahlungen ist. Zudem bedarf es im Wesentlichen übereinstimmender Gewinnermittlungsvorschriften, da andernfalls der im Inland verrechnete Betrag nicht mit dem der Ausgleichszahlung übereinstimmen und der hohe Ausgleichszahlungen erbringende Mitgliedstaat – im Beispielsfall Dänemark – Liquiditätsnachteile erleiden wird, was dazu führen kann, dass es sich der Staat nicht dauerhaft wird leisten können, an dem Verrechnungssystem teilzunehmen.

Aus diesen beiden Gründen wird sich ein solches Ausgleichssystem höchstwahrscheinlich nicht im Verhältnis zu den neuen Mitgliedstaaten etablieren lassen, da mit (Anlauf-)Verlusten verbundene Investitionen primär in diesen Länder getätigt werden und es an entsprechenden gegenseitigen unternehmerischen Engagements seitens dieser Mitgliedstaaten fehlen wird. Zudem unterscheiden sich die Gewinnermittlungsvorschriften erheblich voneinander, sodass schon insoweit Verwerfungen zu erwarten wären. Dem könnte zwar dadurch begegnet werden, dass in Höhe des auf zwischenstaatlicher Ebene nicht ausgeglichenen Verlusts die Nachversteuerungsmethode in der Weise angewandt wird, dass die jeweilige Tochtergesellschaft insoweit ihr Verlustvortragsrecht behält und im Falle künftiger Gewinne den verrechneten Verlustbetrag nachversteuern muss. Eine solche Kombination aus zwischenstaatlichem Ausgleich und der Nachversteuerungsmethode auf Unternehmensebene würde jedoch einen enormen Verwaltungsaufwand verursachen.

b. Bewertung des Verlustausgleichssystems

Als Hauptvorteil des vorgeschlagenen Konzepts ist aus Unternehmenssicht zu werten, dass eine sofortige Verlustverrechnung ermöglicht wird. Zudem ist das Ergebnis der Tochtergesellschaften nur einmal in ein mit den Gewinnermittlungsvorschriften der Muttergesellschaft konformes Ergebnis umzurechnen. Demgemäß kann auch der Aufwand der Finanzverwaltung gemindert werden, denn das in inländische Gewinnermittlungsvorschriften umgerechnete Ergebnis muss nur einmal kontrolliert werden, sodass die Kosten, die mit der fortlaufenden Gewinnermittlung nach in- und ausländischen Vorschriften im Rahmen der Nachversteuerungsmethode notwendig sind, auf Unternehmens- und Verwaltungsseite vermieden werden können. Allerdings steht dem die Errichtung und dauerhafte Unterhaltung eines Systems des zwischenstaatlichen Ausgleichs gegenüber. Diesbezüglich müsste jeder Staat die im Inland verrechneten *ausländischen* Verluste länderweise registrieren, was mit entsprechenden Kosten verbunden ist.

Im Vergleich zur Nachversteuerungsmethode könnte sich das System als weniger belastend für den deutschen Staatshaushalt darstellen, da der ausländische Verluste zur Verrechnung zulassende Sitzstaat der Muttergesellschaft sofort *entschädigt* wird. Dieser Ausgleichsanspruch wird zwar in Höhe der im Ausland zum Abzug zugelassenen in Deutschland erlittenen Verluste minimiert. Angesichts der Exportorientierung der deutschen Unternehmen dürfte sich jedoch ein Überhang zu Gunsten des deutschen Steueraufkommens ergeben.

Im Vergleich zum Status quo stehen den grenzüberschreitend tätigen Unternehmensgruppen gewährte Zins- und Liquiditätsvorteile Steueraufkommenseinbußen der beteiligten Staatshaushalte gegenüber. Denn das Verlustausgleichssystem sieht einen sofortigen Verlustausgleich vor, dessen Kosten letztlich von dem Mitgliedstaat zu tragen sind, in welchem der Verlust erwirtschaftet wurde. Ist ein Mitgliedstaat zu Ausgleichszahlungen verpflichtet, realisiert er unmittelbar entsprechende finanzielle Einbußen. Demgegenüber müsste er ohne dieses Ausgleichsystem erst in künftigen Veranlagungszeiträumen infolge einer Verlustverrechnung auf Steuereinnahmen verzichten. Als weitere Konsequenz des Ausgleichssystems ist die Verlagerung des Risikos eines endgültigen Vermögensverlustes vom Steuerpflichtigen auf den Fiskus des Sitzstaats der Tochtergesellschaft zu nennen. Denn dieser hat die Ausgleichszahlungen geleistet, hätte aber mangels späterer Gewinnerzielung ohne ein derartiges Ausgleichssystem überhaupt nicht auf Steuereinnahmen verzichten müssen, da der Verlustvortrag nicht genutzt, sondern untergegangen wäre. Vor dem Hintergrund, dass innerhalb der EU der Trend zu verzeichnen ist, durch die Einführung von Verlustvortragsgrenzen[38] die Verwertung vorgetragener negativer Einkünfte im Zeitablauf zu strecken, wird sich dieses System politisch nicht durchsetzen können. Zudem erweist sich das Ausgleichssystem für den Sitzstaat der Tochtergesellschaft als nachteilig, wenn es an der Gegenseitigkeit der Verlustentstehung fehlt.[39]

Aufgrund der fehlenden Konformität der Gewinnermittlungsvorschriften als auch der mangelnden gegenseitigen Verlusterzielung und der hiermit verbundenen finanziellen Belastungen, dürfte sich ein Verlustausgleichssystem auf zwischenstaatlicher Ebene folglich nicht umsetzen lassen.[40]

In Anlehnung an die österreichische Gruppenbesteuerung ist daher auf der Grundlage der Nachversteuerungsmethode im Rahmen des Organschaftsregims eine grenzüberschreitende Verlustverrechnung zu entwickeln.

---

[38] § 10d Abs. 2 EStG; § 2 Abs. 2b öEStG.

[39] Vgl. den Beispielsfall, 6. Teil, II. Kapitel, 4., S. 267 f.

[40] Daher ließe sich das Konzept allenfalls im Rahmen einer verstärkten Zusammenarbeit zwischen Mitgliedstaaten umsetzen, in deren Verhältnis diese Prämissen erfüllt sind.

5. Betriebstättenverluste

Ausländische Betriebstättenverluste können bereits im Rahmen der Welteinkommensbesteuerung aufgrund einer europarechtskonformen Auslegung der Freistellungsmethode auf Ebene des inländischen Stammhauses berücksichtigt werden.[41] Aus Gründen der Rechtssicherheit sollte dies jedoch normiert werden.

Vor dem Hintergrund der *Marks & Spencer*-Entscheidung erscheint auch die Ermöglichung einer grenzüberschreitenden Verrechnung von Verlusten aus in EU-Mitgliedstaaten belegenen Betriebstätten lediglich dann gemeinschaftsrechtlich erforderlich zu sein, wenn im Ausland keine vergleichbare Möglichkeit zur Verlustnutzung besteht. Wird jedoch eine auf der Nachversteuerungsmethode basierende grenzüberschreitende Verlustverrechnung bezüglich ausländischer Tochtergesellschaften eingeführt, sollte im Sinne einer Gleichbehandlung von im Ausland belegenen Betriebstätten und Tochtergesellschaften ebenfalls eine Verlustverrechnung unter Nachversteuerung vorgesehen werden.[42]

Auch in Übereinstimmung mit dem Gedanken, dass letztlich der Staat, in dem die Verluste wirtschaftlich verursacht wurden und dem nach Art 7 OECD-MA das Gewinnbesteuerungsrecht zugeteilt wird, die hieraus resultierenden Steueraufkommenseinbußen zu tragen hat, bietet sich die Einführung einer Verlustverrechnung unter Nachversteuerung an.

Umgesetzt werden könnte dies durch Wiedereinführung des in § 2a Abs. 3 und 4 EStG a.F. vorgesehenen Verrechnungssystems. Hiernach konnte ein in Deutschland unbeschränkt Steuerpflichtiger bis zum Veranlagungszeitraum 1999[43] die in seinen ausländischen Betriebstätten erlittenen Verluste auf Antrag von seinen Einkünften abziehen, um Benachteiligungen von Betriebstätten zu vermeiden, die in Staaten belegen waren, mit denen in dem jeweiligen DBA die Freistellungsmethode vereinbart wurde. Nicht ausgeglichene Verluste konnten vor- oder zurückgetragen werden und die in den folgenden Jahren erzielten Gewinne wurden zum Anlass einer Nachversteuerung genommen, § 2a Abs. 3 EStG a.F. Allerdings ist die Vorschrift insoweit zu modifizieren, als sich die Notwendigkeit der Berücksichtigung von Verlusten ausländischer Betriebstätten

---

[41] Vgl. 3. Teil, II. Kapitel, 8. d., S. 157.

[42] Im Hinblick auf die *CLT-UFA*-Entscheidung des EuGH sind Unterschiede im Hinblick auf die Niederlassungsformen, die eine Schlechterbehandlung von in ausländischen Betriebstätten erlittenen Verlusten gegenüber solchen von auslandsansässigen Tochtergesellschaften rechtfertigen würden, nicht ersichtlich, vgl. EuGH-Urt. v. 23.02.2006, C-253/03, *CLT-UFA*.

[43] Durch das Steuerentlastungsgesetz 1999/2000/2002 wurde § 2a Abs. 3, 4 EStG nach § 52 Abs. 2b Satz 1 EStG mit Wirkung ab dem VZ 1999 abgeschafft, siehe BR-Drs. 129/99 und BGBl. I 1999, 402.

nunmehr bereits aus einer europarechtskonformen Auslegung der Freistellungsmethode ergibt.[44]

Neben Österreich können in den Niederlanden[45], Dänemark und Belgien bei Vereinbarung der Freistellungsmethode ausländische Betriebstättenverluste unter dem Vorbehalt der Nachversteuerung Berücksichtigung finden, wobei ein dem § 2a Abs. 3 EStG a.F. ähnelndes Verfahren vorgesehen ist.[46] Mithin erweist sich eine derartige Regelung auch auf europäischer Ebene als grundsätzlich harmonisierungsfähig.

III. Anforderungen an den zu entwickelnden Reformentwurf

Auf der Basis der im Rahmen der Untersuchung herausgearbeiteten Anforderungen sind Leitlinien für eine Organschaft de lege ferenda zu entwickeln:

1. Einbeziehung von Tochtergesellschaften mit Geschäftsleitung im Ausland in den Organkreis

Um zu verhindern, dass Verluste von Tochtergesellschaften mit Geschäftsleitung im Ausland in der Periode ihrer Entstehung steuerlich keine Berücksichtigung finden und somit eine multinationale Unternehmensgruppe im Inland entgegen ihrer wirtschaftlichen Leistungsfähigkeit Einkünfte zu versteuern hat, die bei einer Gesamtbetrachtung des Organkreis-Einkommens überhaupt nicht erzielt wurden, sind auch Tochtergesellschaften mit Geschäftsleitung im Ausland in den Organkreis einzubeziehen.

Dabei sind die Regelungen zum grenzüberschreitenden Verlustausgleich in Bezug auf ausländische Tochtergesellschaften in das bestehende deutsche Organschaftssystem zu integrieren. Eine hiervon getrennte Kodifikation, wie sie unter dem Regime des § 3 AIG a.F. vorgesehen war, ist bereits aus systematischen Gründen abzulehnen, da auch im Hinblick auf nationale Unternehmensgruppen lediglich im Rahmen des Organschaftsregimes eine Durchbrechung des Trennungsprinzips vorgesehen ist. Zum anderen erfordert die Niederlassungsfreiheit gerade die europarechtskonforme Ausgestaltung der Organschaft. De lege ferenda müssen sich daher auch Tochtergesellschaften mit ausländischem Sitz und/oder Ort der Geschäftsleitung beziehungsweise mit inländischem Sitz und ausländischer Geschäftsleitung als Organgesellschaften qualifizieren.

Zur Herstellung eines qualifizierten Inlandsbezugs kann die Einbeziehung ausländischer Tochtergesellschaften in ähnlicher Weise wie im Rahmen der

---

[44] Daher ist die Wendung soweit der Verlust „vom Steuerpflichtigen ausgeglichen oder abgezogen werden könnte, wenn die Einkünfte nicht von der Einkommensteuer zu befreien wären" zu streichen.

[45] Vgl. M. Mulders, EC Tax Review 1996, 123, 124.

[46] Vgl. W. Kessler/ C.P. Schmitt/ G. Janson, IStR 2001, 729, Fn. 51; V. Trenkwalder/ R. Firlinger, ÖStZ 2001, 1036, Fn 8.

österreichischen Gruppenbesteuerung beschränkt werden, indem die Stimmrechtsmehrheit nur aus Anteilen ergeben kann, die ausschließlich von einem Organträger mit Geschäftsleitung im Inland gehalten werden.[47]

2. Isolierte Verlustzurechnung im grenzüberschreitenden Sachverhalt

Im grenzüberschreitenden Sachverhalt ist die Zurechnung auf negative Einkommen der ausländischen Tochtergesellschaften zu beschränken, da für ausländische Gewinne kein deutsches Besteuerungsrecht besteht. Da eine *grenzüberschreitende Organschaft* voraussetzen würde, dass bei der Besteuerung der Muttergesellschaft sämtliche positiven und negativen Ergebnisse des grenzüberschreitenden Organkreises berücksichtigt werden, ist die deutsche Organschaft lediglich um eine grenzüberschreitende Verlustverrechnung zu erweitern.

Unter Leistungsfähigkeitsgesichtspunkten ist eine einkommensmindernde Berücksichtigung ausländischer Tochtergesellschaftsverluste bei der inländischen Muttergesellschaft jedoch lediglich dann geboten, wenn die Tochtergesellschaft ihre Verluste im Verlustentstehungsjahr im ausländischen Staat steuerlich nicht nutzen kann. Ist dort indes ein Verlustrücktrag möglich oder erfolgt eine Verrechnung infolge von Umgründungen oder der Einbindung in ein ausländisches Gruppenbesteuerungssystem, bedarf es keiner Verlustverrechnung im Inland. Eine derart bedingte Berücksichtigung ausländischer Verluste stellt sich mit Blick auf die Entscheidungen des EuGH in den Rechtssachen *de Groot, Manninen* und *Marks & Spencer* auch als konform mit den Anforderungen der Niederlassungsfreiheit dar.[48]

Demgegenüber ist die Verlustverrechnung nicht – wie in der Rechtssache *Marks & Spencer* vom EuGH für erforderlich gehalten – von der Voraussetzung abhängig zu machen, dass der inländische Organträger nachweist, dass die auslandsansässige Tochtergesellschaft sämtliche in ihrem Sitzstaat bestehenden Verlustnutzungsmöglichkeiten ausgeschöpft hat. Die Einführung einer solchen Voraussetzung in das deutsche Organschaftsregime ist bereits deshalb zweifelhaft, als jedenfalls im Falle der Liquidation der ausländischen Tochtergesellschaft keine Verrechnungsmöglichkeiten mehr bestehen, aber Liquidationsverluste von Organgesellschaften im Rahmen des deutschen Systems nicht berücksichtigt werden.

[47] Vgl. § 9 Abs. 2 öKStG.

[48] Vgl. EuGH-Urt. v. 12.12.2002, Rs. C-385/00, *De Groot*, EuGHE 2002, I-11819, Rd. 100; v. 07.09.2004, Rs. C-319/02, *Manninen*, DB 2004, 2023, Rd. 34; v. 13.12.2005, Rs. C-446/03, *Marks & Spencer*, BB 2006, 23 Rd. 55.

In Ansehung des Umstandes, dass die Organschaft auf eine Verrechnung der laufenden Einkommen gerichtet ist, überzeugt es unter den Gesichtspunkten der steuerlichen Leistungsfähigkeit und der Systematik des Organschaftsregimes, die Verrechnung ausländischer Verluste auf Ebene der inländischen Muttergesellschaft allein für die Sachverhalte auszuschließen, in denen bereits eine steuerliche Nutzung im ausländischen Ansässigkeitsstaat möglich war.

3. Keine vorrangige nationale Ergebniskonsolidierung

Zur Wahrung der fiskalischen Interessen des Sitzstaates der Muttergesellschaft bestünde die Möglichkeit, die grenzüberschreitende Ergebniskonsolidierung erst nach einer nationalen Ergebniskonsolidierung von Konzerngesellschaften beziehungsweise Konzernuntereinheiten oder Betriebstätten zuzulassen, die im gleichen Niederlassungsstaat belegen sind. Auf diese Weise würde der Verlust weitestgehend in dem Staat mit steuerlicher Wirkung verrechnet, in welchem er wirtschaftlich verursacht wurde.[49] Vor dem Hintergrund, dass mittels entsprechender innerkonzernlicher Vertragsgestaltung Verluste bei bestimmten Tochtergesellschaften zunächst angehäuft werden als auch die spätere Gewinnerzielung vermieden wird und somit die Nachversteuerung umgangen werden kann, scheint eine derartige Regelung sinnvoll. Mit aus diesem Grunde sah auch § 2a Abs. 3 Satz 1 EStG bezüglich im Ausland erlittener Betriebstättenverluste ein hierarchisches Stufenkonzept in der Weise vor, dass die Verluste vorrangig um Auslandsgewinne aus allen anderen steuerfreien gewerblichen Betriebstätten in diesem ausländischen Staat zu kürzen waren.[50] Auch Art 7 des Vorschlags der Verlustrichtlinie bestimmte bei mehreren in einem Mitgliedsstaat belegenen Betriebstätten, dass deren Ergebnisse zunächst zusammenzurechnen waren, bevor ein Negativsaldo auf das Stammhaus übertragen werden konnte.

In Anbetracht derartiger Steuergestaltungsmöglichkeiten sieht das französische, ebenfalls einen grenzüberschreitenden Verlustausgleich ermöglichende, Gruppenbesteuerungssystem allein eine universelle Einbeziehung ausländischer Niederlassungen vor. Somit werden grundsätzlich sämtliche Ergebnisse der Obergesellschaft sowie der in- und ausländischen unselbständigen und selbständigen Niederlassungen in die Verlustverrechnung in Frankreich einbezogen. In gleicher Weise regelt das italienische System, dass im Falle der Option zur Berücksichtigung ausländischer Tochtergesellschaften im Rahmen der italienischen Gruppenbesteuerung die Verluste sämtlicher ausländischer Gesellschaften einbezogen werden müssen, um zu verhindern, dass allein ausländische defizitäre

---

[49] Vgl. G. Saß, BB 1991, 1161, 1162.

[50] Auch aus unproduktiven Tätigkeiten, vgl. W. Heinicke in: Schmidt, EStG, § 2a Rn. 75.

Niederlassungen von der Einbeziehungsmöglichkeit Gebrauch machen.[51] Auch der Änderungsentwurf der dänischen Gemeinschaftlichen Besteuerung sieht eine derartige Entweder-Oder-Lösung vor.[52]

Würde das Erfordernis aufgestellt, dass vor der Verlustberücksichtigung in Deutschland die Verluste mit Gewinnen anderer Tochter- sowie Enkelgesellschaften und Betriebstätten im selben Staat verrechnet werden müssen, könnten entsprechende Steuergestaltungen erschwert werden. Denn Auslandsverluste würden lediglich in Höhe ihres Nettoergebnisses auf Ebene des inländischen Organträgers berücksichtigt.

Dem steht, vor allem angesichts des umfänglichen Auslandsengagements deutscher Unternehmen, ein erheblicher Anstieg des Verwaltungsaufwands der die Ergebnisse ausländischer Tochtergesellschaften kontrollierenden Finanzverwaltung gegenüber. Gleichfalls stünde der gleichmäßige Vollzug einer derartigen Regelung angesichts der im Ausland lediglich beschränkten Kontrollmöglichkeiten der Finanzverwaltung in Frage. Denn diese wäre auf umfassende Angaben der Steuerpflichtigen angewiesen, die nachweisen müssten, dass der Saldo des in einem Staat ausgeübten Engagements negativ ist. Überprüfen könnte sie diese Daten im Wege von Auskunftsersuchen auf der Grundlage der Amtshilferichtlinie und der DBA. Vor dem Hintergrund, dass die Steuerverwaltung ihre Aufgabe der gleichmäßigen Festsetzung und Erhebung der Steuern (vgl. § 85 AO) nur mit deutlich erhöhtem Verwaltungsaufwand und im Verhältnis zu den Mitgliedstaaten der EU beziehungsweise den DBA-Vertragspartnern ausüben könnte, würde sich eine derartige Regelung als unpraktikabel und daher in verfassungsrechtlicher Hinsicht als bedenklich darstellen.[53]

Zudem wäre ein erheblicher Anstieg der unternehmerischen Befolgungskosten die Folge, denn sämtliche Ergebnisse der Niederlassungen eines Staates wären zu saldieren und nachzuweisen. Um ein attraktives mit noch zu bewältigendem Verwaltungsaufwand verbundenes System der Konzernbesteuerung

---

[51] M. P. Scheunemann, Grenzüberschreitende konsolidierte Konzernbesteuerung, 2005, S. 383, Ausnahmen S. 385; S. Mayr/ R. Frei, IWB Fach 5 Italien Gruppe 2, S. 533 ff; J. Lüdicke/ S. Rödel, IStR 2004, 549, 553.

[52] Vgl. I. Schulze/ N. Wiebe, IWB Fach 5 Dänemark Gruppe 2 S. 163 f. Im Fall der Option werden sämtliche auch über- oder gleichgeordnete Konzerngesellschaften und Betriebstätten einbezogen.

[53] Vgl. 3. Teil, III. Kapitel, 1., S. 162 ff. und das Urteil des BVerfG (v. 09.03.2004, 2 BvL 17/02) in welchem § 23 Abs. 1 Satz 1 Nr.1 b EStG betreffend die VZ 1997 und 1998 für verfassungswidrig erklärt wurde, da die gleichheitsgerechte Durchsetzung des Steueranspruchs an strukturellen Erhebungsmängeln scheitern würde. Daher sei eine gleiche Steuerbelastung durch einen gleichen Gesetzesvollzug nicht gewährleistet. Ein gleichheitsgerechter Vollzug der Steuernorm sollte jedoch ohne unverhältnismäßige Mitwirkungsbeiträge der Steuerpflichtigen oder übermäßigen Ermittlungsaufwand der Finanzbehörden möglich sein.

einzuführen, ist im Rahmen der deutschen Organschaft auf eine staatenweise Ergebnisverrechnung vor Geltendmachung der Verluste im Inland zu verzichten.

Als alternative Möglichkeit der Verhinderung von Steuergestaltungen, die auf eine Verlustkumulation sowie das Aufrechterhalten der ausländischen Tochtergesellschaft als bloßer Verlustmantel gerichtet sind, könnte die Einführung einer automatischen Nachversteuerung nach Ablauf eines bestimmten Zeitraums in Anlehnung an § 3 Abs. 3 AIG erwogen werden. Würden die vormals abgezogenen Verluste nach Ablauf einer festgelegten Periode lediglich in grenzüberschreitenden Sachverhalten automatisch wieder hinzugerechnet, auch wenn die ausländische Tochtergesellschaft keinen Gewinn erwirtschaftet, hätte dies einen Verstoß gegen die Niederlassungsfreiheit zur Folge, da der EuGH pauschale Missbrauchsvermutungen nicht anerkennt und weitergehende Rechtfertigungsgründe nicht ersichtlich sind.

Derartigen Steuerplanungstechniken kann daher lediglich im Wege des § 15 Abs. 2 EStG durch Glaubhaftmachung einer auf eine Gewinnerzielung gerichtete Tätigkeit und die allgemeinen Missbrauchsmechanismen der § 42 AO und § 15b EStG begegnet werden.

4. Verzicht auf den Abschluss eines Gewinnabführungsvertrags

Unter Beachtung des Umstandes, dass die meisten europäischen Staaten ihren Gesellschaften rechtlich keine Möglichkeit eröffnen, einen Gewinnabführungsvertrag abzuschießen, würde ein Festalten an dieser Tatbestandsvoraussetzung ausländische Tochtergesellschaften in europarechtswidriger Weise von der Organschaftsbesteuerung ausschließen. Vor diesem Hintergrund kann die Berücksichtigung der Verluste ausländischer finanziell eingegliederter Tochtergesellschaften nicht von dem Abschluss eines Gewinnabführungsvertrags abhängig gemacht werden.[54]

Aus Gründen der Gleichbehandlung nationaler und internationaler Unternehmensgruppen ist auch im nationalen Sachverhalt und somit generell auf den Gewinnabführungsvertrag als Tatbestandsvoraussetzung einer Organschaft de lege ferenda zu verzichten. Die infolge der gemeinsamen Besteuerung vorgesehene Durchbrechung des Trennungsprinzips kann steuerlich auch mit der Erwägung gerechtfertigt werden, dass die in einen gemeinsamen Unternehmensträger finanziell eingegliederten Unternehmen unter einheitlicher Leitung stehen und ob ihrer rechtlichen Vielheit eine wirtschaftliche Einheit bilden, der auch im Rahmen des Steuerrechts Rechnung zu tragen ist. Ein Zusammenhang zwischen den steuerlichen Vorteilen infolge der Verlustverrechnung und dem eigenen Mitteleinsatz des Organträgers ist innerhalb eines nationalen Organkreises über die verpflichtende Vereinbarung einer Steuerumlage und im grenzüberschrei-

---

[54] 3. Teil, II. Kapitel, 3 b. cc. (4) (e), S. 128.

tenden Sachverhalt im Wege der Nachversteuerungsmethode herzustellen.[55] Mittels eines obligatorischen Steuerausgleichs wird zugleich eventuellen Minderheitsgesellschaftern beziehungsweise -aktionären sowie den Gläubigern in steuerrechtlich angemessener Weise Schutz gewährt.

Da ausländische Tochtergesellschaften weder ihr Verlustvortragsrecht verlieren, noch eine Vermögensübertragung erfolgt, muss das deutsche Steuerrecht auch nicht auf die vermögensrechtlichen Interessen der Minderheitsaktionäre und Gläubiger einer solchen Gesellschaft Bedacht nehmen. Demgemäß bedarf es im grenzüberschreitenden Sachverhalt keiner Steuerumlagenvereinbarung.

5. Weltweite Verlustverrechnung

Die österreichische Gruppenbesteuerung differenziert in räumlicher Hinsicht grundsätzlich nicht nach bestimmten Staaten. Dem ist im Rahmen einer Organschaft de lege ferenda zu folgen, da sich eine Beschränkung auf den europäischen Binnenmarkt als unvereinbar mit der Kapitalverkehrsfreiheit gemäß Art 56 EGV darstellen würde. Denn diese verbietet auch Beschränkungen des Kapitalverkehrs zwischen den Mitgliedstaaten der EU und dritten Ländern, wobei sowohl die Gründung von als auch der Beteiligungserwerb an Tochtergesellschaften in Drittstaaten in ihren Schutzbereich fällt.[56]

Ein vollständiger Ausschluss von Tochtergesellschaften mit Geschäftsleitung in Drittstaaten und dort belegenen Betriebstätten könnte daher eine nichtgerechtfertigte Diskriminierung darstellen.[57] Mithin ist die grenzüberschreitende Verlustverrechnung nicht auf den Bereich des Binnenmarktes zu begrenzen.

6. Selektive Einbeziehung

Fraglich ist, ob die Einbeziehung in Bezug auf in- und ausländische kontrollierte Tochtergesellschaften in das Organschaftsregime de lege ferenda optional ausgestaltet werden sollte.

Gegen die Einräumung eines Wahlrechts lassen sich Argumente der Systematik anführen, da derartige sog. Rechtsfolgenwahlrechte die Steuerlast bei gleicher juristisch- ökonomischer Leistungsfähigkeit gestaltbar machen, womit sie grundsätzlich dem Leistungsfähigkeitsprinzip widersprechen.[58]

Allerdings würde die obligatorische organschaftliche Besteuerung sämtlicher inländischer und gegebenenfalls auch ausländischer Tochtergesellschaften, an

---

[55] Dabei sind fortbestehende Gewinnabführungsverträge als solche anzuerkennen, gleiches müsste für die aktienrechtliche Eingliederung gelten.

[56] Dem EuGH liegen bereits mehrere Verfahren zur Kapitalverkehrsfreiheit im Verhältnis zu Drittstaaten zur Vorabentscheidung vor, vgl. 3. Teil, II. Kapitel, 1. d., S. 92 Fn. 175.

[57] Vgl. FG Düsseldorf-Urt. v. 14.09.2004, 6 K 3796/01, 3. Teil, II. Kapitel, 8. d., S. 157. Auch wenn im Drittstaatenfall kein Binnenmarkt realisiert werden soll, vgl. W. Schön in: FS für F. Wassermeyer, 2005, S. 503 ff.

[58] Vgl. M. Orth, DK 2005, 79, 97; K. Tipke, Die Steuerrechtsordnung, Bd. I, 2000, 515 ff.

denen eine Stimmrechtsmehrheit gehalten wird, den Verwaltungsaufwand erheblich erhöhen. Des Weiteren wären betriebswirtschaftliche Umstrukturierungen mit dem Ziel der Vermeidung einer Einbeziehung in den Organkreis die Folge, wenn der Steuerpflichtige die Ergebniszurechnung nicht für opportun erachtet. Eine derartige Beeinflussung betriebswirtschaftlicher Entscheidungen durch den Steuergesetzgeber ist aus rechtspolitischer Sicht abzulehnen. Zudem kann bei Einführung einer Entweder-Oder-Lösung in der Weise, dass entweder sämtliche oder keine der Tochtergesellschaften gemeinsam mit ihrer Muttergesellschaft besteuert werden, damit gerechnet werden, dass insbesondere Konzerne mit vielen Tochtergesellschaften gänzlich von der Option zur Organschaft Abstand nehmen werden beziehungsweise eine umfangreiche Prüfung ihrer Vorteilhaftigkeit erforderlich wird.[59]

Daher ist, ebenso wie in Österreich[60], in Bezug auf jede in- und ausländische kontrollierte Tochtergesellschaft ein Wahlrecht zur Organschaft zu gewähren, welches durch einen gemeinsamen Antrag vom Organträger und der jeweiligen Organgesellschaft ausübt werden kann.[61]

Da diese Erwägungen auch in Bezug auf im EU-Ausland belegene Betriebstätten angestellt werden können, ist auch diesbezüglich eine selektive Einbeziehung vorzusehen.

7. Maßgeblichkeit des inländischen Bilanzsteuerrechts

Das ausländische Einkommen ist sowohl bezüglich der Verlust- als auch der späteren Gewinnermittlung im Rahmen der Nachversteuerungsmethode nach deutschen Regelungen zu bestimmen. Daher ist abweichend zur österreichischen Gruppenbesteuerung vorzusehen, dass die ausländischen Gewinne nach Anpassung an die deutschen Gewinnermittlungsvorschriften gemäß deutschen steuerrechtlichen Normen mit den zuvor abgezogenen Verlusten zu verrechnen sind und in Höhe dieses Verrechnungsbetrages eine Gewinnzurechnung vorzunehmen ist.

Wären ausländische Gewinnermittlungsvorschriften maßgebend, müsste der deutsche Fiskus die Folgen günstiger Vorschriften über die Steuerbemessungsgrundlage tragen, die in anderen Staaten zwecks Ansiedlung von Tochtergesellschaften erlassen werden. Angesichts der insbesondere in den neuen Mitglied-

[59] Beispielsweise hat der Automobilhersteller Renault vor der Beantragung des französischen Systems der konsolidierten Besteuerung, welches lediglich eine universelle Einbeziehung ausländischer Niederlassungen vorsieht, über einen circa zweijährigen Zeitraum untersucht, ob sich die Optionsausübung als steuerlich vorteilhaft erweist. Vgl. M.P. Scheunemann, Grenzüberschreitende konsolidierte Konzernbesteuerung, 2005, S. 516.

[60] Vgl. § 9 Abs. 8 öKStG.

[61] Dabei ist ebenso wie in Österreich eine Zustimmung der ausländischen Tochtergesellschaft verzichtbar, wenn diese über kein inländisches Engagement verfügt.

staaten vorgesehenen erhöhten Abschreibungsmöglichkeiten kämen auf das deutsche Steueraufkommen Verluste in nicht absehbarer Höhe zu.

Zudem hätte die unterschiedliche Ermittlung des Gewinns von national und transnational tätigen Unternehmensgruppen Wettbewerbsverfälschungen beziehungsweise Besserstellungen im Ausland investierender Unternehmen zur Folge. Vor diesem Hintergrund widerspräche es den fiskalischen und steuerpolitischen Interessen der Bundesrepublik Steuervergünstigungen anderer Staaten zusätzlich durch eigene Besteuerungsverzichte zu fördern. Mit aus diesem Grunde konnte sich der Vorschlag einer Verlustrichtlinie, der eine solche Anerkennung der nach ausländischen Vorschriften ermittelten Ergebnisse voraussetzte, nicht durchsetzen.[62]

8. Endgültige Verlustverrechnung im nationalen Sachverhalt

Den Umstand einbeziehend, dass der Fiskus infolge eines organschaftlichen Verlustausgleichs zwischen im Inland ansässigen Konzerngesellschaften regelmäßig nur temporär auf Steuereinnahmen verzichtet, da der interperiodische Verlustabzug auf Ebene der Organgesellschaft regelmäßig durch den innerperiodischen Verlustausgleich innerhalb desselben Konzerns ersetzt wird, erscheint es aus Sicht der deutschen Steuerrechtsordnung vertretbar, diesen mit dauerhaftem Charakter zu versehen. Daher ist bei späteren Gewinnen der verlusterleidenden Gesellschaft von einer Wiederhinzurechnung der konzernintern ausgeglichenen Verluste abzusehen.

Die Ersetzung des interperiodischen Verlustausgleichs durch die organschaftliche Einkommenszurechnung könnte im grenzüberschreitenden Sachverhalt durch ein zwischenstaatliches oder multilaterales Ausgleichssystems auf Ebene der EU realisiert werden.[63] Voraussetzung eines ordnungsgemäßen Funktionierens eines solchen Systems wäre jedoch eine gewisse Gegenseitigkeit in der Weise, dass die in den partizipierenden Staaten ansässigen Unternehmen im jeweils anderen Mitgliedstaat investieren beziehungsweise Verluste erleiden und die nationalen Gewinnermittlungsvorschriften weitgehend zur Ermittlung gleich hoher Verlustbeträge führen. Da diese Voraussetzungen innerhalb der EU jedoch nicht erfüllt sind, und in Ansehung des Umstandes, dass ein derartiges System mit Steueraufkommenseinbußen verbunden ist, wird sich ein solches Modell nicht etablieren lassen.

9. Nachversteuerung im grenzüberschreitenden Sachverhalt

In Anlehnung an die österreichische Gruppenbesteuerung sowie die vormals in § 3 AIG a.F. und § 2a Abs. 3, 4 EStG a.F. geregelten Verfahren ist sowohl bezüglich ausländischer finanziell eingegliederter Tochtergesellschaften als auch

---

[62] 5. Teil, I. Kapitel, 1., S. 244.
[63] 6. Teil, I. Kapitel, 4., S. 266.

ausländischer Betriebstätten eine Verlustverrechnung unter Nachversteuerung vorzusehen. Des Weiteren sollte – ebenso wie in Österreich – eine der Höhe nach begrenzte Nachversteuerung[64] im Falle eines Ausscheidens aus dem Organkreis durch die ausländische Verlustgesellschaft vorgesehen werden.

Dabei hat die Zurechnung der von ausländischen Organgesellschaften erlittenen Verluste in voller Höhe zu erfolgen, da sich eine lediglich quotale Verlustberücksichtigung als europarechtswidrig erweisen würde.

10. Sicherung des Steueraufkommens

Unter Beachtung des Umstandes, dass die vorliegenden Normen der Organschaft als Fiskalzwecknormen auf die Beschaffung von Finanzmitteln zur Deckung des öffentliche Bedarfs gerichtet sind, ist auf die fiskalischen Interessen und Vorbehalte gegenüber einem grenzübergreifenden Verlustausgleich Bedacht zu nehmen. Des Weiteren ist den budgetären Möglichkeiten im Rahmen der derzeit schwierigen Haushaltslage Rechnung zu tragen.

Um der deutschen Finanzverwaltung eine Möglichkeit der Überprüfung der ausländischen Besteuerungsgrundlagen einzuräumen, müssen die Steuerpflichtigen dazu verpflichtet werden, den im Inland geltend gemachten Verlust und dessen Umrechnung nach deutschen Gewinnermittlungsvorschriften nachzuweisen. Gleiches gilt für spätere Gewinne beziehungsweise den Nachweis, dass im Ausland bisher noch keine Verlustverrechnungsmöglichkeit bestand. Die Gewährleistung einer wirksamen Steuerkontrolle ist daher vor allem durch erhöhte Mitwirkungsanforderungen an die Steuerpflichtigen umzusetzen.

11. Keine terminologische Änderung

Eine neue Terminologie, um auf die bestehenden Unterschiede des Gesetzesentwurfs auf Tatbestands- und Rechtsfolgenseite im Vergleich zum bisherigen körperschaftsteuerlichen Organschaftskonzept hinzuweisen, ist nicht erforderlich. Unter einer Organschaft ist auch gemäß dem zu unterbreitenden Gesetzesvorschlag eine gemeinsame Besteuerung von selbständigen Gesellschaften zu verstehen.[65]

---

[64] § 9 Abs. 6 öKStG.

[65] Einer terminologischen Änderung, um die unterschiedlichen Tatbestandvoraussetzungen zur gewerbe- und umsatzsteuerlichen Organschaft hervorzuheben, bedarf es ebenfalls nicht, da das jeweilige Organschaftskonzept dem Konzernsachverhalt, wenn auch mit unterschiedlichen Zielsetzungen, Rechnung trägt. Vielmehr sollte im Rahmen einer Gewerbesteuerfinanzreform geprüft werden, ob nicht für die Begründung einer gewerbesteuerlichen Organschaft – wie vor dem VZ 2001 – auf den Gewinnabführungsvertrag verzichtet werden sollte.

7. Teil: Thesenförmige Zusammenfassung

Die Untersuchung hat zu folgenden Ergebnissen geführt:

1. Das derzeitige deutsche Organschaftsregime trägt der Leistungsfähigkeit multinational aufgestellten Unternehmensverbindungen lediglich ansatzweise Rechnung. Eine grenzüberschreitende Verlustverrechnung in der Weise, dass Verluste ausländischer Tochtergesellschaften im Rahmen der Besteuerung des Organkreises Berücksichtigung finden, ist nicht vorgesehen.
2. Im Hinblick auf das Ziel der EU, einen Raum ohne Binnengrenzen zu schaffen, in dem der freie Verkehr von Waren, Personen, Dienstleistungen und Kapital gewährleistet ist, dürfen Unternehmen, die innerhalb der Gemeinschaft grenzübergreifend – durch Gründung von Betriebstätten und Tochtergesellschaften im Ausland – tätig werden, nicht durch die Versagung eines steuerlich wirksamen Ausgleichs der negativen im Ausland erzielten Ergebnisse gegenüber allein national tätigen Unternehmensverbindungen benachteiligt werden.
3. Vor diesem Hintergrund verstoßen die Tatbestandsvoraussetzungen der deutschen Organschaft, insbesondere der erforderliche doppelte Inlandsbezug einer Organgesellschaft sowie der Abschluss eines Gewinnabführungsvertrags, gegen die Niederlassungsfreiheit. Denn beide Kriterien begründen den Ausschluss von Tochtergesellschaften mit Sitz und Geschäftsleitung im Ausland von der Verlustverrechnung im Rahmen der Organschaft. Diese können sich wegen der grundsätzlichen gesellschaftsrechtlichen Unzulässigkeit grenzüberschreitender Gewinnabführungsverträge und mangels eines inländischen Sitzes sowie Geschäftsleitungsortes nicht als Organgesellschaften qualifizieren.
4. Die Abschaffung des deutschen Organschaftsregimes stellt aus steuer- und wirtschaftspolitischen Gründen keine gesetzgeberische Handlungsalternative dar. De lege ferenda ist das deutsche Konzept daher um eine grenzüberschreitende Verlustverrechnung zu erweitern.
5. Die zum 01. Januar 2005 in Österreich eingeführte Gruppenbesteuerung vermag vor allen im Hinblick auf den vorgesehenen grenzüberschreitenden Verlustausgleich eine Vorreiterstellung für eine deutsche Reform zu übernehmen.
6. Von den Überlegungen der Europäischen Kommission zur Einführung einer einheitlichen konsolidierten Bemessungsgrundlage auf europäischer Ebene gehen noch keine konkreten Anforderungen aus, denen im Rahmen einer deutschen Reform Rechnung zu tragen wäre.

7. De lege ferenda wird vorgeschlagen, auf den doppelten Inlandsbezug für die Eignung als Organgesellschaft zu verzichten. Zudem sollte eine Abkoppelung vom Gesellschaftsrecht durch den Verzicht auf das Tatbestandsmerkmal des Gewinnabführungsvertrags erfolgen. Den hiermit verbundenen steuerrechtlich relevanten Konsequenzen wäre insbesondere mittels der obligatorischen Vereinbarung einer Steuerumlage Rechnung zu tragen. Somit würden sich auch Tochtergesellschaften mit Sitz und Geschäftsleitung im Ausland als Organgesellschaften qualifizieren. Diesbezüglich ist jedoch lediglich eine isolierte Verlustzurechnung unter dem Vorbehalt der Nachversteuerung vorzusehen.
Des Weiteren wird angeregt, sowohl doppelt ansässigen Tochtergesellschaften als auch inländischen Betriebstätten finanziell eingegliederter ausländischer Kapitalgesellschaften den Zugang zum Organkreis zu eröffnen.

Vor dem Hintergrund, dass die Auslegung der DBA-Freistellungsmethode in dem Sinne, dass sowohl Gewinne als auch Verluste ausländischer Betriebstätten von der inländischen Stammhausbesteuerung auszunehmen sind, einen Verstoß gegen die Niederlassungsfreiheit begründet, wird vorgeschlagen, in Anlehnung an den vormals geltenden § 2a Abs. 3 und 4 EStG a.F. die Einführung einer Verlustverrechnung unter Nachversteuerung vorzusehen. Schließlich wird angeregt, die Verrechnungsbeschränkungen in Bezug auf Verluste aus passiven Auslandstätigkeiten gemäß § 2a Abs. 1 und 2 EStG aufgrund deren Europarechtswidrigkeit außer Kraft zu setzen.

Auf diese Weise kann kurzfristig ein europarechtskonform ausgestaltetes Konzept des grenzüberschreitenden Verlustausgleichs im Konzern etabliert werden.

Österreichischer Gesetzestext: Unternehmensgruppen

§ 9 öKStG (1) Abweichend von § 7 können finanziell verbundene Körperschaften (Abs. 2 bis 5) nach Maßgabe des Abs. 8 eine Unternehmensgruppe bilden. Dabei wird das steuerlich maßgebende Ergebnis des jeweiligen Gruppenmitglieds (Abs. 6 und Abs. 7) dem steuerlich maßgebenden Ergebnis des beteiligten Gruppenmitglieds bzw. Gruppenträgers jenes Wirtschaftsjahres zugerechnet, in das der Bilanzstichtag des Wirtschaftsjahres des Gruppenmitgliedes fällt.

(2) Gruppenmitglieder (als Beteiligungskörperschaften oder als beteiligte inländische Körperschaften) können sein:

- unbeschränkt steuerpflichtige Kapitalgesellschaften und Erwerbs- und Wirtschaftsgenossenschaften
- nicht unbeschränkt steuerpflichtige ausländische Körperschaften, die mit einer inländischen Kapitalgesellschaft oder Erwerbs- und Wirtschaftsgenossenschaft vergleichbar sind und ausschließlich mit unbeschränkt steuerpflichtigen Gruppenmitgliedern oder dem Gruppenträger finanziell verbunden sind (Abs. 4).

Inländische unbeschränkt steuerpflichtige Gruppenmitglieder können auch Mitbeteiligte einer Beteiligungsgemeinschaft nach Maßgabe des Abs. 3 und 4 sein.

(3) Gruppenträger können sein

- unbeschränkt steuerpflichtige Kapitalgesellschaften,
- unbeschränkt steuerpflichtige Erwerbs- und Wirtschaftsgenossenschaften,
- unbeschränkt steuerpflichtige Versicherungsvereine auf Gegenseitigkeit im Sinne des Versicherungsaufsichtsgesetzes,
- unbeschränkt steuerpflichtige Kreditinstitute im Sinne des Bankwesengesetzes,
- beschränkt steuerpflichtige in der Anlage 2 zum Einkommensteuergesetz 1988 in der jeweils geltenden Fassung genannte Gesellschaften und den Kapitalgesellschaften vergleichbare Gesellschaften, die den Ort der Geschäftsleitung und den Sitz in einem Mitgliedstaat des Europäischen Wirtschaftsraumes haben, wenn sie mit einer Zweigniederlassung im Firmenbuch eingetragen sind und die Beteiligung an den Gruppenmitgliedern (Abs. 2) der Zweigniederlassung zuzurechnen ist, und
- Beteiligungsgemeinschaften (als Personengesellschaft, Beteiligungssyndikat oder im Wege gemeinsamer Kontrolle), wenn sie ausschließlich aus den in den Vorpunkten genannten Steuerpflichtigen gebildet werden, nach Maßgabe des Abs. 4. Als Beteiligungsgemeinschaft gelten jedenfalls Personen, die die Beteiligungskörperschaft gemeinsam im Sinne des Art. 3 der Fusionskontrollverordnung, (EWG) Nr. 139/2004 in der jeweils geltenden Fassung, kontrollieren oder an der gemeinsamen Kontrolle mit-

wirken. Ein Mitbeteiligter einer Beteiligungsgemeinschaft kann gleichzeitig Gruppenträger oder Gruppenmitglied einer anderen Unternehmensgruppe sein.

Ist eine Körperschaft in mehreren Staaten unbeschränkt steuerpflichtig, kann sie nur dann Gruppenträger sein, wenn sie im Inland mit einer Zweigniederlassung im Firmenbuch eingetragen ist und die Beteiligung an Gruppenmitgliedern der Zweigniederlassung zuzurechnen ist.

(4) Als finanziell verbundene Körperschaften gelten solche, bei denen

- die beteiligte Körperschaft unmittelbar mehr als 50% des Grund-, Stamm- oder Genossenschaftskapitals und der Stimmrechte der Beteiligungskörperschaft besitzt,
- die beteiligte Körperschaft mittelbar über eine Personengesellschaft oder zusammen mit einer unmittelbar gehaltenen Beteiligung in einem Ausmaß beteiligt ist, dass sie unter Berücksichtigung der an der Personengesellschaft bestehenden Beteiligungsquote mehr als 50% des Grund-, Stamm- oder Genossenschaftskapitals und der Stimmrechte der Beteiligungskörperschaft besitzt,
- die beteiligte Körperschaft mittelbar über eine oder mehrere unmittelbar gehaltene Beteiligung(en) an Gruppenmitgliedern, die für sich nicht im Sinne des ersten Teilstriches an der Beteiligungskörperschaft beteiligt sind, allein oder zusammen mit einer unmittelbar gehaltenen Beteiligung insgesamt eine Beteiligung von mehr als 50% des Grund-, Stamm- oder Genossenschaftskapitals und der Stimmrechte der Beteiligungskörperschaft besitzt,
- die Beteiligungsgemeinschaft insgesamt unmittelbar oder mittelbar über eine Personengesellschaft mehr als 50% des Grund-, Stamm- oder Genossenschaftskapitals und der Stimmrechte an einer Beteiligungskörperschaft besitzt und zumindest ein Mitbeteiligter der Gemeinschaft eine Beteiligung am Grund-, Stamm- oder Genossenschaftskapital und an den Stimmrechten von mindestens 40% der Beteiligungskörperschaft und jeder weitere Mitbeteiligte eine solche von mindestens 15% besitzt.

(5) Die finanzielle Verbindung im Sinne des Abs. 4 muss während des gesamten Wirtschaftsjahres des jeweiligen Gruppenmitgliedes vorliegen. Erfüllen im Falle einer Beteiligungsgemeinschaft die Mitbeteiligten die Voraussetzungen des Abs. 4 zu Beginn des Wirtschaftsjahres des jeweiligen Gruppenmitglieds, kann die Beteiligungsgemeinschaft bis zum Gruppenantrag gebildet werden. Steuerlich wirksame rückwirkende Anteilserwerbe und Anteilsübertragungen im Sinne der Abgabenvorschriften sind auch für die Frage der finanziellen Verbindung maßgebend. Vermögensübertragungen innerhalb der Unternehmensgruppe gelten nicht als Änderung der Voraussetzungen für Gruppenverhältnisse, sofern die Unternehmensgruppe weiterhin finanziell verbunden bleibt.

(6) Bei Ermittlung des zuzurechnenden steuerlich maßgebenden Ergebnisses ist Folgendes zu beachten:

1. Als Ergebnis eines unbeschränkt steuerpflichtigen Gruppenmitglieds gilt das Einkommen unter Berücksichtigung der Z 4.
2. Das Einkommen im Sinne der Z 1 ist dem am Gruppenmitglied nach Abs. 4 entsprechend unmittelbar oder mittelbar beteiligten Gruppenmitglied bzw. Gruppenträger zuzurechnen. Als Ergebnis des Gruppenträgers gilt das Einkommen mit der Maßgabe, dass Sonderausgaben vom zusammengefassten Ergebnis abzuziehen sind.
3. Bei Beteiligungsgemeinschaften ist das Einkommen des Gruppenmitglieds im Sinne der Z 1 und 2, an dem die Beteiligung besteht, den Mitbeteiligten im Ausmaß ihrer Beteiligung an der Beteiligungsgemeinschaft zuzurechnen.
4. Vortragsfähige Verluste (§ 8 Abs. 4 Z 2) des unbeschränkt steuerpflichtigen Gruppenmitglieds aus Zeiträumen vor dem Wirksamwerden der Unternehmensgruppe (Vorgruppenverluste) oder aus einer umgründungsbedingten Übernahme durch ein Gruppenmitglied (Außergruppenverluste) können bis zur Höhe des eigenen Gewinnes des jeweiligen Gruppenmitglieds verrechnet werden. Außergruppenverluste liegen nicht vor, wenn vortragsfähige Verluste innerhalb der Gruppe entstanden sind und umgründungsbedingt auf ein anderes Gruppenmitglied übergehen.
5. Steuerumlagen zum Zwecke des Ausgleichs der steuerlichen Wirkungen, die sich aus der Zurechnung der Einkommen der Gruppenmitglieder zum Gruppenträger ergeben, sind steuerneutral.
6. Bei nicht unbeschränkt steuerpflichtigen ausländischen Gruppenmitgliedern sind nur die nach § 5 Abs. 1 und den übrigen Vorschriften des Einkommensteuergesetzes 1988 und dieses Bundesgesetzes ermittelten Verluste aus Einkunftsquellen des jeweiligen Wirtschaftsjahres dem unmittelbar beteiligten Gruppenmitglied bzw. Gruppenträger im Ausmaß der Beteiligungen aller beteiligter Gruppenmitglieder einschließlich eines beteiligten Gruppenträgers zuzurechnen. In Jahren, in denen der ausländische Verlust mit einem ausländischen Gewinn verrechnet wird oder verrechnet werden könnte, ist ein Betrag in diesem Ausmaß beim beteiligten inländischen Gruppenmitglied bzw. Gruppenträger, dem der Verlust zugerechnet wurde, als Gewinn zuzurechnen. Scheidet das nicht unbeschränkt steuerpflichtige ausländische Gruppenmitglied aus der Unternehmensgruppe aus, ist im Jahr des Ausscheidens ein Betrag im Ausmaß aller zugerechneten im Ausland nicht verrechneten Verluste beim Gruppenmitglied bzw. beim Gruppenträger als Gewinn zuzurechnen. Im Falle des Untergangs (Liquidation oder Insolvenz) des ausländischen Gruppenmitglieds ist bei tatsächlichem und endgültigem Vermögensverlust der zuzurechnende Betrag um die während der

Gruppenzugehörigkeit nicht steuerwirksamen Teilwertabschreibungen zu kürzen.

(7) Bei der Gewinnermittlung sind Abschreibungen auf den niedrigeren Teilwert (§ 6 Z 2 lit. a des Einkommensteuergesetzes 1988) und Veräußerungsverluste hinsichtlich von Beteiligungen an Gruppenmitgliedern nicht abzugsfähig. Im Falle der Anschaffung einer Beteiligung (Abs. 4) durch ein Gruppenmitglied bzw. den Gruppenträger oder eine für eine Gruppenbildung geeignete Körperschaft an einer betriebsführenden unbeschränkt steuerpflichtigen Beteiligungskörperschaft (Abs. 2), ausgenommen unmittelbar oder mittelbar von einem konzernzugehörigen Unternehmen bzw. unmittelbar oder mittelbar von einem einen beherrschenden Einfluss ausübenden Gesellschafter, ist ab Zugehörigkeit dieser Körperschaft zur Unternehmensgruppe beim unmittelbar beteiligten Gruppenmitglied bzw. Gruppenträger eine Firmenwertabschreibung in folgender Weise vorzunehmen:

- Als Firmenwert gilt der dem Beteiligungsausmaß entsprechende Unterschiedsbetrag zwischen dem handelsrechtlichen Eigenkapital der Beteiligungskörperschaft zuzüglich stiller Reserven im nicht abnutzbaren Anlagevermögen und den steuerlich maßgebenden Anschaffungskosten, höchstens aber 50% dieser Anschaffungskosten. Der abzugsfähige Firmenwert ist gleichmäßig auf 15 Jahre verteilt abzusetzen.
- Insoweit von den Anschaffungskosten einer Beteiligung steuerwirksame Abschreibungen auf den niedrigeren Teilwert (§ 6 Z 2 lit. a des Einkommensteuergesetzes 1988) vorgenommen worden sind, ist der Firmenwert im ersten Jahr der Zugehörigkeit zur Unternehmensgruppe um den vollen Betrag der Teilwertabschreibung, saldiert mit erfolgten Zuschreibungen, zu kürzen. Offene Teilbeträge der Teilwertabschreibung sind unabhängig davon gem. § 12 Abs. 3 Z 2 weiter zu berücksichtigen.
- Findet die Gruppenbildung erst nach dem Anschaffungsjahr statt, können jene Fünfzehntel abgesetzt werden, die ab dem Jahr des Wirksamwerdens der Unternehmensgruppe offen sind. Die Firmenwertabschreibung ist auf die Dauer der Zugehörigkeit der beteiligten Körperschaft und der Zugehörigkeit des Betriebes oder der Teilbetriebe der Beteiligungskörperschaft zur Unternehmensgruppe beschränkt.
- Ergibt sich auf Grund der Anschaffung der Beteiligung ein negativer Firmenwert, ist dieser im Sinne der vorstehenden Sätze gewinnerhöhend anzusetzen.
- Die steuerlich berücksichtigten Fünfzehntelbeträge vermindern oder erhöhen den steuerlich maßgeblichen Buchwert.

(8) Die Gruppenbesteuerung erstreckt sich auf den Gruppenträger und die Gruppenmitglieder, die in einem schriftlichen Gruppenantrag genannt sind. Dabei gilt Folgendes:

- Der Gruppenantrag ist von den gesetzlichen Vertretern des Gruppenträgers und aller einzubeziehenden inländischen Körperschaften zu unterfertigen.
- Der Gruppenantrag muss nachweislich vor dem Ablauf jenes Wirtschaftsjahres jeder einzubeziehenden inländischen Körperschaft unterfertigt werden, für das die Zurechnung des steuerlich maßgebenden Ergebnisses erstmalig wirksam sein soll.
- Im Gruppenantrag ist zu erklären, dass zwischen den finanziell verbundenen inländischen Körperschaften jeweils eine Regelung über den Steuerausgleich vereinbart worden ist.
- Im Gruppenantrag sind Beteiligungs- und Stimmrechtsverhältnisse sowie die Wirtschaftsjahre aller einzubeziehenden Körperschaften anzugeben.
- Der Gruppenantrag ist vom Gruppenträger, bei Vorliegen einer Beteiligungsgemeinschaft vom Hauptbeteiligten oder im Zweifel von einem von dieser bestimmten Mitbeteiligten bei dem für den Antragsteller für die Erhebung der Körperschaftsteuer zuständigen Finanzamt innerhalb eines Kalendermonats nach der Unterfertigung des letzten gesetzlichen Vertreters zu stellen. Alle übrigen einzubeziehenden inländischen Körperschaften haben dem jeweils für jede Körperschaft zuständigen Finanzamt die Tatsache einer Antragstellung anzuzeigen.
- Das für die Erhebung der Körperschaftsteuer des Antragstellers zuständige Finanzamt hat das Vorliegen der Voraussetzungen für das Bestehen der Unternehmensgruppe gegenüber allen den Antrag unterfertigten Körperschaften bescheidmäßig festzustellen.

(9) Für Änderungen einer bestehenden Unternehmensgruppe gilt Folgendes:

- Jede Änderung ist vom betroffenen Gruppenmitglied bzw. vom betroffenen Gruppenträger dem für die Erhebung der Körperschaftsteuer des Antragstellers zuständigen Finanzamt (Abs. 8) innerhalb eines Monats anzuzeigen.
- Jedes Gruppenmitglied kann dem für den Antragsteller zuständigen Finanzamt (Abs. 8) gegenüber sein Ausscheiden aus der Unternehmensgruppe erklären. Erklärt der Gruppenträger sein Ausscheiden aus der Unternehmensgruppe, ist die Unternehmensgruppe beendet.
- Im Falle des nachträglichen Eintritts einer Körperschaft (Abs. 2) gilt Abs. 8 für den Gruppenträger und die eintretende Körperschaft sinngemäß.
- Der Feststellungsbescheid (Abs. 8) ist in allen Fällen der Änderung gegenüber dem Gruppenträger und allen Gruppenmitgliedern der Unternehmensgruppe abzuändern.

(10) Die Unternehmensgruppe muss für einen Zeitraum von mindestens drei Jahren bestehen. Dabei gilt Folgendes:

- Die Mindestdauer ist nur erfüllt, wenn das steuerlich maßgebende Ergebnis von drei jeweils zwölf Monate umfassenden Wirtschaftsjahren in Sinne des Abs. 6 zugerechnet wird.
- Die Regelung über die Mindestdauer gilt im Falle des nachträglichen Eintritts einer weiteren Körperschaft (Abs. 2) in eine bestehende Unternehmensgruppe für die eintretende Körperschaft.
- Scheidet eine Körperschaft innerhalb von drei Jahren nach dem Eintritt aus der Unternehmensgruppe aus, sind insoweit im Wege der Veranlagung oder der Wiederaufnahme des Verfahrens jene steuerlich maßgebenden Verhältnisse herzustellen, die sich ohne Gruppenzugehörigkeit ergeben hätten.

Ahmann, Katrin-Renate, Das Ertragsteuerrecht unter dem Diktat des Europäischen Gerichtshofs? Können wir uns wehren ?, DStZ 2005, S. 75-80

Aigner, Dietmar / Kofler, Georg, Ertragsteuerliche Konsequenzen aus Überseering, ecolex 2003, S. 81-86

Aigner, Dietmar J. / Kofler, Georg W. / Tumpel, Michael, Zuzug und Wegzug von Kapitalgesellschaften, Wien 2004

Alber, Siegbert, Gesellschafts- und Steuerrecht in der Rechtsprechung des Europäischen Gerichtshofs, in: Lüdicke, Jürgen (Hrsg.), Deutsches Steuerrecht im europäischen Rahmen, Köln 2004, S. 1-54

Althuber, Franz / Mang, Martin, Ausgewählte Fragen zur neuen Gruppenbesteuerung in Österreich, IWB Fach 5 Österreich Gruppe 2, S. 607-620

Anmeldung, Ulrich / Pletschacher, Stefan / Jarathe, Heinz, Die Teilwertabschreibung auf GmbH-Beteiligungen, GmbHR 1997, 97-112

Arai, Yumiko / Senft, Rüdiger, Die neuen japanischen Organschaftsregeln, IStR 2003, S. 263-266

Arndt, Hans Wolfgang, Entwicklungstendenzen der beschränkten Steuerpflicht im deutschen und amerikanischen Einkommensteuerrecht, StuW 1990, 364-371

Bachem, Wilfried, Neuregelung der Besteuerung im Konzern, IFST-Schrift Nr. 350, Bonn 1996

Bachl, Robert / Schima, Manfred, Verlustverwertung bei Auslandstochtergesellschaften, SWI 2002, 113-120

Balmes, Frank / Brück, Michael J.J. / Ribbrock, Martin, Der EuGH-Fall Marks & Spencer: Rückschlüsse für die deutsche Organschaftsbesteuerung, BB 2005, S. 966-970

Balmes, Frank / Brück, Michael J.J. / Ribbrock, Martin, Das EuGH-Urteil Marks & Spencer: Grenzüberschreitende Verlustnutzung kommt voran!, BB 2006, 186-189

Balmes, Frank / Grammel, Ralf / Sedemund, Jan, Berücksichtigung von Betriebstättenverlusten trotz Freistellungsmethode, BB 2006, 1474-1480

Bauschatz, Peter, Internationale Beherrschungs- und Gewinnabführungsverträge, DK 2003, S. 805-809

Bauschatz, Peter, Steuerlicher Gestaltungsmissbrauch und Europarecht (Teil I), IStR 2002, S. 291-298

Bayer, Walter, Der grenzüberschreitende Beherrschungsvertrag, Dissertation, Heidelberg 1988

Behrens, Peter, Die Konvergenz der wirtschaftlichen Freiheiten im europäischen Gemeinschaftsrecht, EuR 1992, S. 145 ff.

Behrens, Peter, Das Internationale Gesellschaftsrecht nach dem Überseering-Urteil des EuGH und den Schlussanträgen zu Inspire Art, IPRax 2003, 193-207
Beiser, Reinhold, Das Territorialitätsprinzip im Lichte des Leistungsfähigkeitsprinzips, SWI 2000, S. 392-396
Beiser, Reinhold / Pützel, Peter, Harmonisierung der direkten Steuern in der EU – Rechtsgrundlagen, Stand und Perspektiven, SWI 2004, S. 596-611
Benassy-Quere/ Fontagne / Lahreche-Revil, 2001, Foreign Direct Investment and Company Taxation in Europe, ENEPRI Working Paper No. 4
Beneke, Andreas / Schnitger, Arne, Anwendung des § 8a KStG, IStR 2004, S. 44-48
Binz, Mark, K. / Mayer, Gerd, M., Die ausländische Kapitalgesellschaft & Co. KG im Aufwind. Konsequenzen aus dem Überseering-Urteil des EuGH v. 5.11.2002, Rs. C-208/00, GmbHR 2002, 1137, GmbHR 2003, S. 249-257
Birk, Dieter, Zuzug und Wegzug von Kapitalgesellschaften – Zu den körperschaftsteuerlichen Folgen der Überseeringentscheidung des EuGH, IStR 2003, S. 469-473
Blumers, Wolfgang, Gewerblichkeit von Organträger-Personengesellschaften, BB 2003, S. 2203-2207
Blümlich, EStG, KStG, GewStG, Kommentar zum Einkommensteuergesetz, Körperschaftsteuergesetz und Gewerbesteuergesetz (Loseblatt), München 2004
Böhmer, Michael, Die deutsche Besteuerung grenzüberschreitender Unternehmensverträge – Dargestellt an dem Vertrag über eine Gewinngemeinschaft, dem Teilgewinnabführungsvertrag, dem Beherrschungsvertrag, dem Gewinnabführungsvertrag und dem Betriebspachtvertrag gemäß § 291 und § 292 AktG, Dissertation, Baden-Baden 1991
Bolkestein, Frits, EU corporate tax reform: progress and new challeges, opening address at the European Comission Conference on Company Taxation,
Borggräfe, Joachim, Chancen und Risiken einer Konzernbesteuerung, WPg 1995, S. 129-140EC Tax Review 2004, S. 5-6
Borsell, Thomas, Konzernvertragspolitik und grenzübergreifende Steuerplanungsbereiche im Konzern, in: Grotherr, Siegfried, (Hrsg.), Handbuch der internationalen Steuerplanung, 2. Auflage, 2003, S. 323-343
Breuninger, Gottfried E. / Heimann, Jens, Steuerfragen bei der Begründung einer sog. Dual-Resident-Struktur, GmbHR 2000, S. 1037-1039
Bruckner, Karl E., Gruppenbesteuerung – Top oder Flop? Möglichkeiten der Verlustverwertung im Rahmen der neuen Gruppenbesteuerung, ÖStZ 2005, S. 227-231
Bucek, Christian, Steuerumlagen im Rahmen der Gruppenbesteuerung, GeS 2004, S. 323-327

Bundesministerium der Finanzen, Bericht der Bundesregierung zur Fortentwicklung des Unternehmenssteuerrechts, Beilage zu FR 11/2001, S. 1-38
Burmester, Gabriele, Probleme der Gewinn- und Verlustrealisierung: insbesondere bei grenzüberschreitenden Transaktionen zwischen inländischem Stammhaus und ausländischer Betriebstätte, 1. Auflage, Baden-Baden 1986
Burmester, Gabriele, Die Besteuerung ausländischer Betriebstätten – künftig ohne Auslandsinvestitionsgesetz? Grundsätzliche Überlegungen zur geplanten Abschaffung des AIG, RIW 1988, 294-297
Burmester, Gabriele, Zur Jurisdiktionshoheit der Staaten im Steuerrecht, JZ 1993, S. 698-703

Cahn, Andreas / Simon, Stefan, Isolierte Gewinnabführungsverträge, DK 2003, S. 1-20
Carl, Dieter, Neue Vorschläge der Kommission zur Unternehmensbesteuerung, EuZW 1991, S. 369-372
Chambault, André, Le régime français de consolidation fiscale, RD aff. Int. 1986, S. 13-43
Classen, Claus, D., Auf dem Weg zu einer einheitlichen Dogmatik der Grundfreiheiten, EWS 1995, S. 97-106
Cordewener, Axel, Europäische Grundfreiheiten und nationales Steuerrecht, „Konvergenz" des Gemeinschaftsrechts und „Kohärenz" der direkten Steuern in der Rechtsprechung des EuGH, Dissertation, Köln 2002
Cordewener, Axel, Auslandsverluste und EG-Grundfreiheiten: Kurskorrektur am falschen Fall? – Kritische Anmerkungen zum Vorlagebeschluss des BFH vom 13.11.2002 –, IStR 2003, S. 413-418
Cordewener, Axel, DBA-Freistellung von Auslandsverlusten und EG-Grundfreiheiten: Klärung aufgeschoben, aber (hoffentlich) nicht aufgehoben!, DStR 2004, S. 1634-1638
Cordewener, Axel, Deutsche Unternehmensbesteuerung und europäische Grundfreiheiten – Grundzüge des materiellen und formellen Rechtsschutzsystems der EG, DStR 2004, S. 6-15
Cordewener, Axel / Dahlberg, Mattias / Pistone, Pasquale / Reimer, Ekkehart / Romano, Carlo, The Tax Treatment of Foreign Losses: Ritter, M & S, and the Way Ahead (Part One), ET 2004, S. 135-142 und (Part Two) S. 218-223

Dautzenberg, Norbert, Unternehmensbesteuerung im EG-Binnenmarkt, Problembereiche und Perspektiven, Dissertation, Lohmar/Köln 1997
Debatin, Helmut, Die steuerliche Gewandung der EWG, DB 1973, S. 683-690
Debatin, Helmut, Das Betriebstättenprinzip der deutschen Doppelbesteuerungsabkommen (Teil I), DB 1989, S. 1692-1697

Debatin, Helmut, Die grenzüberschreitende Sitzverlegung von Kapitalgesellschaften, GmbHR 1991, S. 164-170
Debatin, Helmut / Wassermeyer, Franz, Doppelbesteuerung, Kommentar (Loseblatt), Bd. I, München 2004
Debatin, Helmut / Wassermeyer, Franz, Doppelbesteuerung, Kommentar (Loseblatt), Bd. II, München 2004
Deininger, Rainer, Körperschaftsteuerliche Auswirkungen der Überseering-Entscheidung des EuGH, IStR 2003, S. 214-216
Devereux, Michael, P. / Griffith, Rachel, Taxes and the location of production: evidence from a panel of US multinationals, Journal of public economics, S. 335-367
Diemer, Rolf, Regelungsbedarf einer Besteuerung der Europäischen Aktiengesellschaft (SE), in: Herzig, Norbert (Hrsg.), Besteuerung der europäischen Aktiengesellschaft, Köln 2004, S. 35-63
Dinkhoff, Holger, Internationale Sitzverlegung von Kapitalgesellschaften unter besonderer Berücksichtigung des Internationalen Gesellschaftsrechts und des Steuerrechts, Dissertation, Frankfurt a.M. 2001
Dörr, Ingmar, Vorlage an den EuGH im Fall Marks and Spencer – der europaweiten Verlustberücksichtigung im Konzern einen Schritt näher?!, DK 2003, S. 15-19
Dörr, Ingmar, Der Fall Marks and Spencer – europaweite Verlustberücksichtigung im Konzern?!, DK 2003, S. 604-614
Dörr, Ingmar, Abschaffung oder Erweiterung der Organschaft?! Zu den möglichen Konsequenzen der Rechtssache „Marks & Spencer plc“, IStR 2004, S. 265-272
Dörr, Ingmar, A Step Forward in the Field of European Corporate Taxation and Cross-border Loss Relief: Some Comments on the Marks and Spencer Case, Intertax 2004, S. 180-186
Dötsch, Ewald, Körperschaftsteuerliche Behandlung der Verlegung des Sitzes bzw. der Geschäftsleitung einer Kapitalgesellschaft über die Grenze, DB 1989, S. 2296-2303
Dötsch, Ewald, Aktuelle Entwicklungen bei der ertragsteuerlichen Organschaft: insbes. Gesetzesänderungen, Rechtsprechung, BMF-Einführungsschreiben, DK 2003, S. 21-38
Dötsch, Ewald, Gewinnabführungsvertrag, in: Herzig, Norbert (Hrsg.), Organschaft, Stuttgart 2003, S. 98-118
Dötsch, Ewald / Pung Alexandra, Organschaftsbesteuerung: Das Einführungsschreiben des BMF vom 26.8.2003 und weitere aktuelle Entwicklungen, DB 2003, S. 1970-1986

Dötsch, Ewald / Pung Alexandra, Mehrabführungen in organschaftlicher Zeit mit vorvertraglicher Verursachung: Der BFH lehnt die Verwaltungsauffassung ab, DK 2003, S. 278-283

Dötsch, Ewald, Aktuelles zur Verlustnutzung bei der Körperschaftsteuer und Gewerbesteuer, DK 2004, S. 11-15

Dötsch, Ewald / Pung Alexandra, Die Neuerungen bei der Körperschaftsteuer und bei der Gewerbesteuer durch das Steuergesetzgebungspaket vom Dezember 2003, DB 2004, S. 91-100 und S. 151-156

Dötsch, Ewald / Eversberg, Horst / Jost, Werner F./ Witt, Georg, Die Körperschaftsteuer, Kommentar zum Körperschaftsteuergesetz, zum Umwandlungssteuergesetz und zu den einkommensteuerrechtlichen Vorschriften der Anteilseignerbesteuerung (Loseblatt), Stuttgart 2004

Dötsch, Ewald / Pung Alexandra, Organschaftliche Mehr- bzw. Minderabführungen mit vorvertraglicher Veranlassung: Die Übernahme der früheren Richtlinienregelung in das Gesetz, DK 2005, S. 37-42

Dötsch, Ewald, Ausgewählte Einzelfragen zur körperschaft- und gewerbesteuerlichen Organschaft, DK 2004, S. 531-534

Duccini, Roger, Fiscalité des contracts internationaux, Paris 1991

Ebenroth, Carsten Thomas / Eyles, Uwe, Die innereuropäische Verlegung des Gesellschaftssitzes als Ausfluss der Niederlassungsfreiheit? (Teil I), DB 1989, S. 363-369

Ebenroth, Carsten Thomas / Neiß, Ellen, Voraussetzungen der steuerlichen Abschirmwirkung für Finanzierungsgesellschaften in den Niederlanden, BB 1990, S. 145-151

Ebenroth, Thomas / Auer, Thomas, Grenzüberschreitende Verlagerung von unternehmerischen Leitungsfunktionen im Zivil- und Steuerrecht, RIW 1992, Beilage 1 S. 1-30

Ebenroth, Carsten Thomas / Willburger, Andreas, Verlustberücksichtigung bei grenzüberschreitenden Unternehmen, § 2a Abs. 1 und 2 EStG vor dem Hintergrund des Entwurfs einer Verlustrichtlinie, EWS 1993, S. 45- 49

Ebenroth, Carsten Thomas / Willburger, Andreas, Die Organträgerfähigkeit US-amerikanischer Kapitalgesellschaften im deutschen Körperschaftsteuerrecht, RIW 1995, Beilage 3 zu Heft 8, S. 1-12

Ebke, Werner F., Going International von kleinen und mittleren Unternehmen, RIW 2004, S. 241-249

Ebling, Klaus, Der Teilwert von Beteiligungen an ausländischen Kapitalgesellschaften im Anlagevermögen, DStR 1990, S. 327-331

Eckstein, Hans-Martin, Group taxation, Germany, in IFA, Cahiers de droit fiscal international, Volume 89b, Amersfoort 2004, S. 293-323

Eckhoff, Rolf, Niederlassungsfreiheit, in: Birk, Dieter (Hrsg.), Handbuch des Europäischen Steuer- und Abgabenrechts, Herne/Berlin 1995, S. 543
Eibelshäuser, Manfred, Wirtschaftliche Betrachtungsweise im Steuerrecht – Herkunft und Bedeutung, DStR 2002, 1426-1432
Eicker, Klaus, EC Commission finally publishes Study on Company Taxation in the Internal Market, Intertax 2002, S. 89-90
Eicker, Klaus / Müller, Stefan, Entscheidung des EuGH in Sachen Hoechst / Metallgesellschaft: Erwartungen nicht erfüllt, RIW 2001, S. 438-441
Eidenmüller, Horst / Rehm, Gebhard, Niederlassungsfreiheit versus Schutz des inländischen Rechtsverkehrs: Konturen des europäischen internationalen Gesellschaftsrechts, ZGR 2004, S. 159-188
Eilers, Stefan / Wienands, Hans-Gerd, Neue steuerliche und gesellschaftsrechtliche Aspekte der Doppelansässigkeit von Kapitalgesellschaften nach der EuGH-Entscheidung v. 09.03.1999, IStR 1999, S. 289-296
Einsele, Dorothee, Kollisionsrechtliche Behandlung des Rechts verbundener Unternehmen, ZGR 1996, S. 40-54
Elicker, Michael, Die „steuerrechtliche Kohärenz" in der Rechtsprechung des Europäischen Gerichtshofes – Zugleich Einordnung der Entscheidung vom 11.03.2004 „de Lasteyrie"-, IStR 2005, S. 89-92
Emmerich, Volker / Sonnenschein, Jürgen, Konzernrecht, 6. Auflage, München 1997
Emmerich, Volker / Habersack, Mathias, Aktien- und GmbH-Konzernrecht, 4. Auflage, München 2005
Endres, Dieter / Thies, Angelika, Bekämpfung doppelter Verlustnutzung im UntStFG – Oder: Wer danebenschießt, muss eine Strafrunde laufen, RIW 2002, S. 275-280
Endres, Dieter, Internationaler Vergleich von Konsolidierungs- und Organschaftsvorschriften, WP-Sonderheft 2003, S. 35-40
Endres, Dieter, Konzernbesteuerung in den wichtigsten Industriestaaten, in: Herzig, Norbert (Hrsg.), Organschaft, Stuttgart 2003, S. 461-482
Endres, Dieter, The Concept of Group Taxation: A Global Overview, Intertax 2003, S. 349-352
Engert, Andreas, Umstrukturierungen unter Beteiligung von EU-Auslandsgesellschaften im deutschen Steuerrecht, DStR 2004, S. 664-672
Englisch, Joachim, Rechtsformneutralität der Unternehmensbesteuerung bei Ertragsteuern, DStZ 1997, 778-787
Englisch, Joachim, Die Besteuerung grenzüberschreitender Kapitalgesellschaften in neuem Licht: EuGH „Manninen", GmbHR 2004, S. R 421-422
Englisch, Joachim, Anmerkung, IStR 2004, S. 684-686
Englisch, Joachim, Anmerkung, IStR 2006, S. 22-23

Esser, Rainer, Beseitigung der Doppelbesteuerung von Kapitalgesellschaften, EWS 1991, S. 17-22

Europäische Kommission, Mitteilung der Kommission an den Rat, das Europäische Parlament und den Europäischen Wirtschafts- und Sozialausschuss – Ein Binnenmarkt ohne steuerliche Hindernisse – Strategie zur Schaffung einer konsolidierten Körperschaftsteuer-Bemessungsgrundlage für die grenzüberschreitende Unternehmenstätigkeit in der EU, vom 23.10.2001, KOM(2001)582 endg.

Europäische Kommission, Mitteilung der Kommission an den Rat, das Europäische Parlament und den Europäischen Wirtschafts- und Sozialausschuss – Ein Binnenmarkt ohne unternehmenssteuerliche Hindernisse – Ergebnisse, Initiativen, Herausforderungen, vom 24.11.2003, KOM(2003)726 endg.

Europäische Kommission, Home State Taxation for small and medium sized entreprises, Commission Non-Paper to informal Ecofin Council, veröffentlicht am 07.07.2004, S. 1-4

Europäische Kommission, A Common Consolidated EU Corporate Tax Base, Commission Non-Paper to informal Ecofin Council v. 07.07.2004, S. 1-5.

Europäischer Gerichtshof, Report for the hearing in the case C-446/03 (Marks & Spencer plc) v. 01.02.2005

Everling, Ulrich, Das Niederlassungsrecht in der EG als Beschränkungsverbot, in: Schön, Wolfgang / Flume, Werner / Jakobs, Horst Heinrich (Hrsg.), Gedächtnisschrift für Brigitte Knobbe-Keuk, Köln 1997, S. 607-625

Eversberg, Horst, Kapitalgesellschaft als Organgesellschaft, in: Herzig, Norbert (Hrsg.), Stuttgart 2003, S. 75-82

Farmer, Paul , Alice through the looking glass: some reflections, EC Tax Review 1997, S. 56 ff.

Farmer, Paul / Lyal, Richard, EC Tax Law, Oxford 1994

Fatouros, Nikos, Körperschaftsteuerliche Änderungen nach dem StVergAbG, DStZ 2003, 179-185

Fischer, Peter, Europa macht mobil – bleibt der Verfassungsstaat auf der Strekke?, FR 2005, S. 457-468

Flume, Werner, Die Organschaft im Körperschaftsteuerrecht – Zivilrechtlichhandelsrechtliche und steuerrechtliche Betrachtung zur Rechtsprechung des Bundesfinanzhofs, DB 1956, S. 455-464

Flume, Werner, Das Gutachten des BFH zur Besteuerung der Dividendengarantie bei Organschaftsverhältnissen, DB 1957, S. 439-441

Förster, Guido, Die Änderungen durch das Steuervergünstigungsabbaugesetz bei der Einkommensteuer und der Körperschaftsteuer, DB 2003, 899-905

Förster, Christian, Mittelstandsförderung auf Europäisch – Neue Definition der kleinen und mittleren Unternehmen (KMU) zum 1.1.2005, EWS 2005, S. 4-8

Förster, Guido / Lange, Carsten, Grenzüberschreitende Sitzverlegung der Europäischen Aktiengesellschaft aus ertragsteuerlicher Sicht, RIW 2002, S. 585-590

Forsthoff, Ulrich, Abschied von der Sitztheorie, Anmerkung zu den Schlussanträgen des GA Ruiz-Jarabo Colomer in der Rs. Überseering, BB 2002, S. 318-326

Forsthoff, Ulrich, EuGH fördert Vielfalt im Gesellschaftsrecht – Traditionelle deutsche Sitztheorie verstößt gegen Niederlassungsfreiheit –, DB 2002, S. 2471-2476

Forsthoff, Ulrich, Internationales Gesellschaftsrecht im Umbruch – Zugleich Anmerkung zu BGH-Urteil v. 13.03.2003, DB 2003, S. 986, DB 2003, S. 979-981

Freudling, Fritz, Zum Ausgleich mit ausländischen Verlusten im Recht der Doppelbesteuerung, AWD 1972, 287-289

Frotscher, Gerrit / Maas, Ernst, KStG, Kommentar zum Körperschaftsteuergesetz und Umwandlungsteuergesetz (Loseblatt), Freiburg im Breisgau 2004

Frotscher, Gerrit, Die grenzüberschreitende Organschaft, DK 2003, 98-104

Frotscher, Gerrit, Die KGaA als Organgesellschaft, DK 2005, S. 139-144

Frotscher, Gerrit, Die rechtlichen Wirkungen des § 8a KStG n.F., DStR 2004, S. 377-386

Füger, Rolf, Steuerplanerische Überlegungen nach den Änderungen bei der ertragsteuerlichen Organschaft, BB 2003, S. 1755-1760

Fußbroich, Pinkas, Verlustverrechnung und Verlustverwertung in der Konzernunternehmung, Dissertation, Lohmar/Köln 2001

Fußbroich, Pinkas, Verlustverrechnung und Verlustverwertung im nationalen Kapitalgesellschaftskonzern, DStR 2002, S. 697-705

Gahleitner, Gerald / Furherr, Gebhard, Die österreichische Gruppenbesteuerung und Einsatzmöglichkeiten zur Senkung der Konzernsteuerquote, DK 2005, S. 129-139

Gassner, Wolfgang, Grundzüge einer Reform, in: ders. / Lang, Michael / Wiesner, Werner (Hrsg.), Besteuerung von Unternehmensgruppen, Bestandsaufnahme und Vorschläge zur Reform der Organschaft im Körperschaftsteuerrecht, Wien 1998, S. 287-299

Gassner, Wolfgang, Stellungnahme zum Begutachtungsentwurf des SteuerreformG 2005 v. 10.03.2004, Institut für österreichisches und Internationales Steuerrecht, S. 1-45

Gassner, Wolfgang, Die neue Gruppenbesteuerung – Stärke und Schwächen des Begutachtungsentwurfs, SWK 2004, S. 347-353

Gassner, Wolfgang, Die neue Gruppenbesteuerung, Stärken und Schwächen des Begutachtungsentwurfs, SWK 2004, S. 473-479

Gassner, Wolfgang, Die neue Gruppenbesteuerung, Eine Alternative zum Begutachtungsentwurf, SWK 2004, S. 510-514

Gassner, Wolfgang, Europarechtswidrigkeit der Organschaftsbesteuerung, DB 2004, S. 841-843

Gassner, Wolfgang, Reform der Konzernbesteuerung in Deutschland und Europa – Österreich ersetzt Organschaft durch Gruppenbesteuerung, FR 2004, S. 517-520

Gassner, Wolfgang / Lang, Michael / Lechner, Eduard, Doppelbesteuerungsabkommen und EU-Recht, Wien 1996

Gassner, Wolfgang / Haidenthaler, Werner, Group Taxation in Austria, Gruppenbesteuerung in Österreich, SWI 2004, S. 434-440

Geiger, Rudolf, in: Tilch, Horst / Arloth, Frank (Hrsg.), Deutsches Rechtslexikon, 3. Auflage Bd. 2, 2001

Gosch, Dietmar, Anrechnung ausländischer Steuern nach dem EuGH-Urteil in der Rechtssache „Manninen" trotz Bestandkraft, DStZ 2004, 1988, 1992

Gosch, Dietmar, Körperschaftsteuergesetz, Kommentar, München 2005

Göttsche, Max, Das Centros-Urteil des EuGH und seine Auswirkungen – Eine Bestandsaufnahme aus gesellschafts-, handels- und steuerrechtlicher Sicht, DStR 1999, S. 1403-1407

Göttsche, Max / Stangl, Ingo, Geplante Gruppenbesteuerung in Österreich, IWB Fach 5 Österreich Gruppe 2, S. 603-606

Göttsche, Max / Stangl, Ingo, Steuerliche Verwertung ausländischer Betriebstättenverluste in Österreich, IWB Fach 5 Österreich, Gruppe 2, S. 625-632

Graf Kerssenbrock, Otto-Ferdinand, Organschaft ab 2002: Wichtiger gewordenes Instrument steuerlicher Gestaltung für Konzerne und internationale Investoren, RIW 2002, S. 889-902

Groeben von der, Hans / Thiesing, Jochen / Ehlermann, Claus-Dieter (Hrsg.), Kommentar zum Vertrag über die Europäische Union und zur Gründung der Europäischen Gemeinschaft 6. Auflage, Baden-Baden 2003

Groh, Manfred, Teilwertabschreibung auf Auslandsbeteiligungen, in: Piltz, Detlef J. / Schaumburg, Harald (Hrsg.), Aufwand und Verluste bei internationalen Steuersachverhalten, Köln 1999, S. 87-99

Großfeld, Bernhard, Aktiengesellschaft, Unternehmenskonzentration und Kleinaktionär, Tübingen 1968

Grotherr, Siegfried, Zur gegenwärtigen Bedeutung der Organschaft in der Konzernbesteuerung, BB 1993, S. 1986-2001

Grotherr, Siegfried, Zur Einführung einer EG-weiten grenzüberschreitenden Verlustberücksichtigung ausländischer Tochtergesellschaften, RIW 1994, S. 1017-1033

Grotherr, Siegfried, Der Abschluss eines Gewinnabführungsvertrages als (un-) verzichtbares Tatbestandsmerkmal der körperschaftsteuerlichen Organschaft, FR 1995, S. 1-14

Grotherr, Siegfried, Kritische Bestandsaufnahme der steuersystematischen und betriebswirtschaftlichen Unzulänglichkeiten des gegenwärtigen Organschaftskonzepts. Die Organschaft als lex imperfecta zur steuerlichen Erfassung der wirtschaftlichen Einheit „Konzern", StuW 1995, S. 124-150

Grotherr, Siegfried, Die unterschiedlichen Konzernbesteuerungssysteme in den Mitgliedstaaten der Europäischen Union, Eine steuersystematische Analyse im Hinblick auf reformüberlegungen beim steuerlichen Organschaftskonzept, StuW 1996, S. 356-378

Grotherr, Siegfried, Organschaftsfragen bei Auslandsbeziehungen, in: Klein, Franz / Stihl, Hans Peter / Wassermeyer, Franz (Hrsg.), Festschrift für Hans Flick zum 70. Geburtstag, Köln 1997, S. 757-779

Grotherr, Siegfried, Die Reformdiskussion über das steuerliche Organschaftskonzept in der Bundesrepublik Deutschland, in: Gassner, Wolfgang / Lang, Michael / Wiesner, Werner (Hrsg.), Besteuerung von Unternehmensgruppen, Bestandsaufnahme und Vorschläge zur Reform der Organschaft im Körperschaftsteuerrecht, Wien 1998, S. 233-268

Grützner, Dieter, Berücksichtigung der Ergebnisse ausländischer Betriebstätten in Organschaftsfällen im Sinne der §§ 14, 17 KStG, GmbHR 1995, S. 502-506

Guthke, Michael P, Ökonomische Gesichtspunkte im Rahmen der Herstellung der Verhältnismäßigkeit staatlichen Handelns im multipolaren Verhältnis, Berlin 2003

Gutmann, Daniel, The Marks & Spencer case: proposals for an alternative way of reasonning, EC Tax Review 2003, S. 154-158

Haarmann, Wilhelm, Grenzüberschreitende Gruppenbesteuerung und Verlustnutzung in der EU, in: Lüdicke, Jürgen (Hrsg.), Deutsches Steuerrecht im europäischen Rahmen, Köln 2004, S. 169-189

Haase, Florian, F., Personengesellschaften als Organträger – Zweifelsfragen bei der Auslegung des § 14 Abs. 1 Nr. 2 KStG n.F., DB 2004, S. 1580-1584

Hahn, Hartmut, Die Vereinbarkeit von Normen des deutschen internationalen Steuerrechts mit EG-Recht, Schriftenreihe des Instituts „Finanzen und Steuern", Heft 378, Bonn 1999

Hahn, Hartmut, Grenzüberschreitende Berücksichtigung von Betriebstättenverlusten?, IStR 2002, S. 681-687

Hahn, Hartmut, Nochmals: Betriebstättenverluste, Verfassungs- und Europarecht – Eine Erwiderung auf Kessler/Schmidt/Janson, (IStR 2003, 307), IStR 2003, S. 734-736

Hahn, Hartmut, Gemeinschaftsrecht und Recht der direkten Steuern – Teil I, DStZ 2005, S. 433-442, (Teil II) DStZ 2005, S. 469-477, (Teil III) DStZ 2005, S. 507-515

Hahn, Volker, Grenzüberschreitende Gewinnabführungs- und Beherrschungsverträge, IPRax 2002, S. 107-112

Haun, Jürgen / Golücke, Martin / Franz, Mathias, Ausgewählte Fragestellungen und Gestaltungsempfehlungen bei der Organschaftsbesteuerung im Zusammenhang mit der Neufassung des § 15 Nr. 2 KStG, GmbHR 2002, S. 1002-1008

Herlinghaus, Andreas, StSenkG: Änderung der Eingliederungsvoraussetzungen bei Organschaften (§14 KStG und § 2 Abs. 2 S. 2 GewStG), FR 2000, S. 1105-1114

Herlinghaus, Andreas, Weitere „Renovierung" der steuerlichen Organschaftsbestimmungen. Geplante Änderungen durch den Entwurf eines Gesetzes zur Fortentwicklung des Unternehmensteuerrechts, GmbHR 2001, 956-965

Herlinghaus, Andreas, Einkommensermittlung und Einkommenszurechnung, in: Herzig, Norbert, Organschaft, Stuttgart 2003, S. 119-142

Hernler, Jörg, ETAS- European Tax Allocation System, ein Lösungsvorschlag für eine einheitliche Ertragsbesteuerung Europäischer Unternehmen, DB 2003, S. 60-65

Herrmann, Carl / Heuer, Gerhard / Raupach, Arndt, Einkommensteuer- und Körperschaftsteuergesetz, Kommentar, Jahresband 2002, Köln 2002

Herrmann, Carl / Heuer, Gerhard / Raupach, Arndt, Einkommensteuer- und Körperschaftsteuergesetz, Kommentar, Steuerreformkommentierung, Köln 2001

Herrmann, Carl / Heuer, Gerhard / Raupach, Arndt, Einkommensteuer- und Körperschaftsteuergesetz, Kommentar (Loseblatt), Köln 2004

Herrmann, Hans Joachim, Rechtsformen der grenzüberschreitenden Konzerntration im gemeinsamen Markt, AG 1969, S. 348-357

Herzig, Norbert, Nationale und internationale Aspekte einer Reform der Körperschaftsteuer, StuW 1990, S. 22-39

Herzig, Norbert, Organschaft, Stuttgart 2003

Herzig, Norbert, Einschränkung der Verlustnutzung bei Kapitalgesellschaften, in: Lehner, Moris (Hrsg.), Verluste im nationalen und Internationalen Steuerrecht, München 2004, S. 37-51

Herzig, Norbert / Dautzenberg, Norbert, Die Einwirkungen des EG-Rechts auf das deutsche Unternehmensteuerrecht, DB 1997, S. 8-17

Herzig, Norbert / Dautzenberg, Norbert, Die deutsche Steuerreform ab 1999 und ihre Aspekte für das deutsche Außensteuerrecht und das internationale Steuerrecht, DB 2000, S. 12-20

Herzig, Norbert / Wagner, Thomas, Einschränkung der Verlustberücksichtigung bei Kapitalgesellschaften, DStR 2003, S. 225-233
Herzig, Norbert / Wagner, Thomas, Zukunft der Organschaft im EG-Binnenmarkt, DB 2005, S. 1-9
Herzig, Norbert / Wagner, Thomas, Finnische Gruppenbesteuerung vor dem EuGH – Mögliche Folgen für die Organschaft, DB 2005, S. 2374-2381
Herzig, Norbert / Wagner, Thomas, EuGH-Urteil „Marks & Spencer – Begrenzter Zwang zur Öffnung nationaler Gruppenbesteuerungssysteme für grenzüberschreitende Sachverhalte, DStR 2006, S. 1-12
Heuerung, Rainer / Klübenspies, Marco, Ertragsteuerliche Organschaften im Lichte des BMF-Schreibens v. 26.08.2003, BB 2003, S. 2483-2495
Heurung, Rainer / Möbus, Susanne, Einkommensermittlung bei Organschaften: Gestaltungsmöglichkeiten bei Umwandlungen und grenzüberschreitenden Sachverhalten im Kontext der neueren Entwicklungen im Unternehmensteuerrecht, BB 2003, S. 766-774
Hey, Friedrich E. F., Organschaft und Verlustberücksichtigung im Ausland – Adressatenkreis von § 14 Abs. 1 Nr. 5 KStG n.F., BB 2002, S. 915-916
Hey, Johanna, Verfassungswidrigkeit des Ausschlusses von Lebens- und Krankenversicherungsunternehmen von der körper- und gewerbesteuerlichen Organschaft, FR 2001, S. 1279-1283
Hey, Johanna, Besteuerung von Unternehmen und Rechtsformneutralität, in: Seeger, Siegbert, F. (Hrsg.) Perspektiven der Unternehmensbesteuerung, DStJG Bd. 25, 2002, S. 155- 223.
Hey, Johanna, Ausschluss der Lebens- und Krankenversicherungsunternehmen, in: Herzig, Norbert (Hrsg.), Organschaft, Stuttgart 2003, S. 507-524
Hey, Johanna, Perspektiven der Unternehmensbesteuerung in Europa, StuW 2004, S. 193-211
Hey, Johanna, Personalstatut und Steuerrecht, DK 2004, S. 577-586
Hey, Johanna, Das Territorialitätsprinzip als theoretische Grundlage der beschränken Steuerpflicht, IWB Fach 3 Deutschland, Gruppe 1, S. 2003-2016
Hey, Johanna, Die EuGH-Entscheidung in der Rechtssache Marks & Spencer und die Zukunft der deutschen Organschaft / Haben die Mitgliedstaaten den EuGH domestiziert?, GmbHR 2006, 113-123.
Hinnekens, Luc / Schelpe, D., Anmerkung zu den EuGH-Urteilen vom 28.1.1992 Rs. C-204/90 („Bachmann") und Rs. C-300/90 („Kommission/Belgien"), EC Tax Review 1992, S. 58 ff.
Hinnekens, Luc, The Marks and Spencer Case: UK Special Commissioners Find UK Group Relief Rules Compatible with Freedom of Establishment, ET 2003, S. 175-182
Hirschler, Klaus, Die neue Gruppenbesteuerung – Ein Kurzüberblick, GeS 2004, S. 320-322

Hirschler, Klaus / Konezny, Gerd / Urtz, Christoph, Group taxation, Austria, in: IFA, Cahiers de droit fiscal international, Volume 89b, Amersfoort 2004, S. 149-176

Hirschler, Klaus / Schindler, Clemens Philipp, Die österreichische Gruppenbesteuerung als Vorbild für Europa?, IStR 2004, S. 505-512

Hoffmann, Bernd von / Thorn, Karsten, Internationales Privatrecht, 8. Auflage, München 2005

Hohenwarter, Daniela, Vorlagebeschluss des VwGH zur Kapitalverkehrsfreiheit im Verhältnis zu Drittstaaten, SWI 2005, S. 225-232

Hommelhoff, Peter, Zum Konzernrecht in der Europäischen Aktiengesellschaft, AG 2003, S. 179-184

Hübl, Leo, Gedanken zum neuen Organschaftserlass – Voraussetzungen der Organschaft, DStZ/A 1972, S. 81-95

Hüffer, Uwe, Aktiengesetz, Kommentar, 6. Auflage, München 2004

Hügel, Hans, F., Steuerrechtliche Hindernisse bei der internationalen Sitzverlegung, ZGR 1999, S. 71-108

IFA, Cahiers de droit fiscal international, Volume LXXXIIIa, Steuerliche Behandlung von Verlusten bei Körperschaften, Den Haag/London/Boston 1998

IFA, Cahiers de droit fiscal international, Volume 89b, Gruppenbesteuerung, Amersfoort 2004

Inzelmann, Rainer / Mutscher, Axel, Vermeidung der Hinzurechnung von gemäß § 2a Abs. 3 Satz 1 im Inland abgezogenen Betriebstättenverlusten, IStR 1999, S. 40-43

Jachmann, Monika, Besteuerung von Unternehmen als Gleichheitsproblem, in: Pelka, Jürgen (Hrsg.), Europa- und Verfassungsrechtliche Grenzen der Unternehmensbesteuerung, DStGJ Band 23, Köln 2000, S. 9-65

Jacobs, Otto H., Internationale Unternehmensbesteuerung, Deutsche Investitionen im Ausland und ausländische Investitionen im Inland, 5. Auflage, München 2002

Jacobs, Otto H., Körperschaftsteuersysteme in der EU – Eine Analyse der Wettbewerbswirkungen und Reformvorschläge, in: Kleineidam, Hans Jochen (Hrsg.), Unternehmenspolitik und Internationale Besteuerung – Festschrift für Lutz Fischer zum 60. Geburtstag, Berlin 1999, S. 85 ff.

Jacobs, Otto H. / Spengel, Christoph, Besteuerung und Finanzierung verbundener Unternehmen in Deutschland, Frankreich und Großbritannien, IStR 1992, S. 84-88 u. S. 125-131

Jacobs, Otto H. / Spengel, Christoph, Ertragsbesteuerung von Konzernen in Deutschland und Frankreich – Eine vergleichende Analyse unter besonderer

Berücksichtigung der Behandlung konzerninterner Transaktionen (Teil II), IStR 1994, S. 146-151

Jacobs, Otto H. / Spengel, Christoph, Die Besteuerung in- und ausländischer Beteiligungserträge von Kapitalgesellschaften in Deutschland, Frankreich und Großbritannien, Festschrift für Wolfgang Ritter zum 70. Geburtstag, Köln 1997, S. 115-145

Jalsovszky, Pàl / Tarpai, Marianna, Group Taxation, Hungary, in: IFA, Cahiers de droit discal international Volume 89b, Amserfoort 2004, S. 325-340

Jarass, Hans D., Elemente einer Dogmatik der Grundfreiheiten II, EuR 2000, S. 705-723

Jarass, Hans D., Konflikte zwischen EG-Recht und nationalem Recht vor den Gerichten der Mitgliedstaaten, DVBl. 1995, S. 954-962

Jarass, Hans D. / Beljin, Sasa, Unmittelbare Anwendung des EG-Rechts und EG-rechtskonforme Auslegung, JZ 2003, S. 768-777

Jochum, Heike, Organschaft versus Gruppenbesteuerung: Ist der Ergebnisabführungsvertrag als Organschaftsvoraussetzung bei der Körperschaftsteuer verzichtbar?, FR 2005, S. 577-585

Joecks, Wolfgang / Kaminski, Bert, Dokumentations- und Sanktionsvorschriften für Verrechnungspreise in Deutschland, IStR 2004, S. 65-72

Jonas, Bernd, Abschaffung der Mehrmütterorganschaft und Ersatzlösungen, in: Herzig, Norbert (Hrsg.), Stuttgart 2003, S. 306-320

Jurkat, Werner, Die Organschaft im Körperschaftsteuerrecht, Heidelberg 1975

Kaefer, Wolfgang / Tillmann, Winfried, Anmerkung, IWB Fach 11a S. 238, 239

Kalamäe, Peep/ Veide, Ain, Estland: Gewinne von Körperschaften werden erst bei Ausschüttung besteuert, RIW 2004, Beilage 4 S. 5-6

Kaligin, Thomas, Das internationale Gesellschaftsrecht der BRD, DB 1985, S. 1449-1456

Kallmeyer, Harald, Tragweite des Überseering-Urteils des EuGH vom 5.11.2002 zur grenzüberschreitenden Sitzverlegung, DB 2002, S. 2521-2522

Kast, Daniel / Peter, Alexander F., Zulässigkeit einer Gewerbesteuerumlage zugleich Anmerkung zum Urteil des BFH vom 7.11.2001 und zum BMF-Schr. v. 12.09.2002, DStZ 2003, S. 271-273

Kellersmann, Dietrich / Treisch, Corinna, Europäische Unternehmensbesteuerung, Wiesbaden 2002

Kessler, Wolfgang, Internationale Organschaft in Dänemark, IStR 1993, S. 303-310

Kessler, Wolfgang, Ausländische Betriebstättenverluste, in: Lehner, Moris (Hrsg.), Verluste im nationalen und Internationalen Steuerrecht, München 2004, S. 83-114

Kessler, Wolfgang, Weiterentwicklung des Deutschen und Internationalen Steuerrechts – Teil II, IStR 2004, S. 841-846
Kessler, Wolfgang / Kröner, Michael / Köhler, Stefan, Konzernsteuerrecht, München 2004
Kessler, Wolfgang / Schmitt, Claudio Philipp / Janson, Gunnar, Berücksichtigungsverbot abkommensrechtlich „befreiter" Betriebstättenverluste? IStR 2001, S. 729-737
Kessler, Wolfgang / Schmitt, Claudio Philipp / Janson, Gunnar, Nochmals: Berücksichtigungsverbot abkommensrechtlich „befreiter" Betriebstättenverluste? IStR 2003, S. 307-309
Kessler, Wolfang / Spengel, Christoph, Direct Tax Provisions Potentially Incompatible with EC Law – A Checklist for Practitioners, ET 2003, S. 355-366
Kesti, Juhani, European Tax Handbook, IBFD, Amsterdam 2003
Kestler, Matthias / Weger, Martin, Doppelte Verlustnutzung bei grenzüberschreitender (ertragsteuerlicher) Organschaft? Zum eingeschränkten Anwendungsbereich des § 14 Abs. 1 Nr. 5 i.d.F. des UntStFG, GmbHR 2003, S. 156-162
Kingreen, Thorsten / Störmer, Rainer, Die subjektiven Rechte des primären Gemeinschaftsrechts, EuR 1998, S. 263- 290
Kirchhof, Paul, Steuergleichheit, StuW 1984, 297-313
Kirchhof, Paul, Verfassungsrechtliche und steuersystematische Grundlagen der Einkommensteuer, in: Seeger, Siegbert, F. (Hrsg.) Perspektiven der Unternehmensbesteuerung, DStJG Bd. 25, Köln 2002, S. 9-28
Kirchhof, Paul / Raupach, Arndt, Die Unzulässigkeit einer rückwirkenden gesetzlichen Änderung der Mehrmütterorganschaft, DB 2001, Beilage 3.
Kirchof, Paul / Söhn, Hartmut, Einkommensteuergesetz, Kommentar (Loseblatt), Heidelberg 2004
Kischel, Dieter, Übersicht über das Steuerrecht der Tschechischen Republik, IWB Fach 5 Tschechien Gruppe 2, S. 45-54
Kleybold, Juliane / Fricova, Eva, Slowakei: Steuersystem mit einer „Flatrate" – 19% Steuersatz für Körperschaft-, Einkommen- und Umsatzsteuer, RIW 2004, Beilage 4, S. 11-12
Kluge, Volker, Außersteuergesetz und Doppelbesteuerungsabkommen, AWD 1972, S. 411-416
Kluge, Volker, Internationales Steuerrecht, 4. Auflage, München 2000
Knobbe-Keuk, Brigitte, Umzug von Gesellschaften in Europa, ZHR 154 (1990), 325 ff.
Knobbe-Keuk, Brigitte, Restrictions on the Fundamental Freedoms Enshrined in the EC Treaty by Discriminatory Tax Provisions – Ban and Justification, EC Tax Review 1994, 74 ff.

Kohlhauser, Richard / Wette, Paul, Was bringt die neue Firmenwertabschreibung im Rahmen der Gruppenbesteuerung? Die Auswirkungen der Neueinführung einer Firmenwertabschreibung auf share deals, SWK 2004, S. 830-839

Kohlhauser, Richard, Steuerfalle Gruppenbesteuerung?, SWK 2004, S. 1277-1282

Kollruss, Thomas, Die neuen Organschaftsregeln in den Niederlanden und Double-Dip-Strukturen für deutsche Outbound-Investitionen, IStR 2004, S. 5-10

Kollrus, Thomas, Die hybride Kapitalgesellschaft – Gesellschaften zur doppelten Verlustverrechnung (Double-Dipping) im Verhältnis Deutschland – USA, IStR 2004, S. 735-741

Kölner Kommentar, AktG, Bd. 1, 2. Auflage, 1988, Wolfgang Zöllner (Hrsg.)

Körner, Andreas, Das „Bosal"-Urteil des EuGH – Vorgaben für die Abzugsfähigkeit der Finanzierungsaufwendungen des Beteiligungserwerbs, BB 2003, S. 2436-2442

Körner, Andreas, Reference to the ECJ by the German Federal Fiscal Court for a Preliminary Ruling: Does European Law Require Cross-Border Loss Relief? Intertax 2003, S. 489-495

Körner, Andreas, Europarecht und CFC-Regelungen – Anrufung des EuGH im Verfahren Cadbury Schweppes, IStR 2004, S. 697-706

Körner, Andreas, § 8a KStG n.F. –Darstellung, Gestaltungsmöglichkeiten, Europarechtsinkonformität, Teil II, IStR 2004, 253-259

Koths, Daniel, Qualifizierung als Organträger, in: Herzig, Norbert (Hrsg.), Organschaft, Stuttgart 2003, S. 61-74

Krabbe, Helmut, Aktuelle Fragen zum Auslandsinvestitionsgesetz, RIW/AWD 1978, S. 240-246

Krabbe, Helmut, Steuerliche Behandlung ausländischer Verluste nach § 2a EStG, RIW 1983, S. 42-46

Krebs, Hans-Joachim, Die ertragsteuerliche Organschaft – Überlegungen vor dem Hintergrund des Berichts der Bundesregierung zur Fortentwicklung des Unternehmensteuerrechts, BB 2001, S. 2029-2036

Krebs, Hans-Joachim / Blumenberg, Jens, Zum Abzug von Finanzierungskosten für eine Organbeteiligung, BB 2002, S. 1721-1723

Krebühl, Hans-Herbert, Reform der körperschaftsteuerlichen und gewerbesteuerlichen Organschaft, DB 1995, S. 743-748

Krebühl, Hans-Herbert, Zur Reform und Reformnotwendigkeit der deutschen Konzernbesteuerung, DStR 2001, S. 1730-1741

Krebühl, Hans-Herbert, Zur Reform und Reformnotwendigkeit der deutschen Konzernbesteuerung, Hefte zur Internationalen Besteuerung, Heft 135, Hamburg, 2001

Krebühl, Hans-Herbert, Besteuerung der Organschaft im neuen Unternehmenssteuerrecht, DStR 2002, S. 1241-1250

Krebühl, Hans-Herbert, Konzernbesteuerung de lege ferenda, in: Herzig, Norbert (Hrsg.), Organschaft, Stuttgart 2003, S. 595-611

Kröner, Michael, Organschaft und Konzernsteuerquote, in: Herzig, Norbert (Hrsg.), Organschaft, Stuttgart 2003, S. 562-569

Küting, Karlheiz, Ein erneutes Plädoyer für eine Einheitsbesteuerung, DB 1990, S. 489-497

Lang, Joachim, Besteuerung in Europa zwischen Harmonisierung und Differenzierung, in: Klein, Franz / Stihl, Hans Peter / Wassermeyer, Franz / Piltz, Detlef J./ Schaumburg, Harald (Hrsg.), Unternehmen Steuern, Festschrift für Hans Flick zum 70. Geburtstag, Köln 1997, S. 873-894

Lang, Joachim / Englisch, Joachim, Zur Verfassungswidrigkeit der neuen Mindestbesteuerung, StuW 2005, S. 3-24

Lang, Michael, Abkommens- und gemeinschaftsrechtliche Anforderungen an die Organschaft, ÖStZ 2003, S. 254-261

Laule, Gerhard, Auswirkungen der EuGH-Rechtsprechung auf deutsche Steuervorschriften, in: IFST-Schrift Nr. 407, Bonn 2003

Laule, Gerhard, Grenzen internationaler Steuergestaltung im Lichte der Rechtsprechung des EuGH, IStR 2003, S. 217-222

Lausterer, Martin, Der Binnenmarkt hat keine Steuergrenzen – Anmerkung zu dem EuGH-Urt. v. 18.09.2003, C-168/01, Bosal, IStR 2003, 666, IStR 2003, S. 705-707

Lechner, Eduard, Die Auswirkungen des EU-Rechts auf die „Befreiung" von Verlusten nach den Doppelbesteuerungsabkommen, in: Gassner, Wolfgang / Lang, Michael / Lechner, Eduard (Hrsg.), Doppelbesteuerungsabkommen und EU-Recht, Wien 1996, S. 85-98

Lehner, Moris, Begrenzung der nationalen Besteuerungsgewalt durch die Grundfreiheiten und Diskriminierungsverbote des EG-Vertrages, in: Pelka, Jürgen (Hrsg.), Europa- und Verfassungsrechtliche Grenzen der Unternehmensbesteuerung, DStGJ Band 23, Köln 2000, S. 263- 285

Lehner, Moris, Verfassungsrechtliche Vorgaben für die Verlustberücksichtigung, in: ders. (Hrsg.), Verluste im nationalen und Internationalem Steuerrecht, München 2004, S. 1-22

Lehner, Moris, Das Territorialitätsprinzip im Lichte des Europarechts, in: Gokke, Rudolf (Hrsg.), Körperschaftsteuer, Internationales Steuerrecht, Doppelbesteuerung: Festschrift für Franz Wassermeyer zum 65 Geburtstag, München 2005, S. 241-261

Leible, Stefan / Hoffmann, Jochen, „Überseering" und das (vermeintliche) Ende der Sitztheorie, RIW 2002, S. 925-936

Ley, Ursula / Strahl, Martin, Steuerlicher Handlungsbedarf zum Jahreswechsel 2002/2003 (Teil I), DStR 2002, S. 2057-2065

Lodin, Sven-Olaf / Gammie, Malcolm, The Taxation of the European Company, ET 1999, S. 286-294

Loukota, Helmut, Sensationelle Neuerungen bei DBA-Auslandsverlusten, SWI 2001, S. 466-472

Loukota, Helmut, Seminar B: Der Geschäftsleitungsort im DBA-Recht, IStR 2004, S. 558-564

Loukota, Helmut, Das DBA-Diskriminierungsverbot – Eine Bestandsaufnahme der Verwaltungspraxis, SWI 2005, S. 56-65

Löwenstein, Ulrich / Maier, Jochen, Organschaft und eingeschränkte Verlustnutzung bei doppelt ansässigen Organträgern, Mitwirkung von Dr. Jekyll und Mr. Hyde bei der Neuregelung des UntStFG?, IStR 2002, S. 185-193

Lüdicke, Jürgen, Abzug von Aufwendungen für eine Organbeteiligung, BB 2002, S. 1251-1253

Lüdicke, Jürgen, Organschaft und Verlustberücksichtigung im Ausland („double dip"), in *Herzig, Norbert* (Hrsg.), Organschaft, Stuttgart 2003, S. 436-460

Lutter, Marcus / Hommelhoff, Peter, GmbH-Gesetz, Kommentar, 16. Auflage, Köln 2004

Lutter, Marcus / Overrath, Hans-Peter, Das portugiesische Konzernrecht von 1986, ZGR 1991, S. 394-411

Mang, Martin, Verwertung von Auslandsverlusten nach dem Steuerreformgesetz 2005 – Pflicht oder Wahlrecht?, SWI 2004, S. 486-491

Manke, Klaus, Teilwertabschreibung auf Beteiligungen an ausländischen kapitalgesellschaften, DStZ 1990, S. 4-10

Marx, Franz Jürgen, Rechtfertigung, Bemessung und Abbildung von Steuerumlagen, DB 1996, S. 950-959

Masui, Yoshihiro, Group taxation, General Report, in: IFA, Cahiers de droit fidcal international, Volume 89b, Amersfoort 2004, S. 23-67

Mayr, Gunter, Die Neue Gruppenbesteuerung Konzept und Grundlagen, RdW 2004, S. 246-248

Mayr, Siegfried, Die neue Gruppenbesteuerung, RdW 2004, S. 246-248

Mayr, Siegfried / Frei, Robert, Reform der Unternehmensbesteuerung in Italien (II), IWB Fach 5 Italien Gruppe 2, S. 533-538

Medert, Heiko Klaus, Anmerkungen zur Körperschaftsteuer-Gutschrift nach dem EuGH-Urteil C-319/02 vom 7.9.2004 (Manninen), IStR 2004, S. 828-830

Meilicke, Wienand, Auswirkungen der „Centros-Entscheidung" auf die 14. EU-Sitzverlegungs-Richtlinie, GmbHR 1999, S. 896-897

Meilicke, Wienand, Diskriminierung beschränkt steuerpflichtiger EG-Ausländer und Niederlassungsfreiheit Art 52, 58 EWG-Vertrag, RIW 1989, S. 640-643
Meilicke, Wienand, EuGH kippt Sitztheorie: Zulässige Errichtung der Zweigniederlassung einer Gesellschaft, die in einem anderen EU-Mitgliedstaat ihren Satzungssitz hat, dort aber keine Geschäftstätigkeit entfaltet (Anmerkung), DB 1999, S. 625-628
Meilicke, Wienand, Die Neuregelung der ertragsteuerlichen Organschaft über die Grenze, DB 2002, S. 911-917
Meilicke, Wienand, Verlegung des steuerlichen Wohnsitzes in einen anderen Mitgliedstaat, GmbHR 2004, S. 511-512
Menck, Karl Wolfgang / Mutén, Leif, Europäische Steuerpolitik für mehr Wachstumseffizienz, IFSt-Schrift Nr. 404, Bonn 2003
Meussen, Gerhard, The Marks & Spencer case: reaching the bounderies of the EC Treaty, EC Tax Review 2003, S. 144-148
Meussen, Gerhard, Bosal Holding Case and the Freedom of Establishment: A Dutch Perspective, ET 2004, S. 59-64
Michelsen, Aage, Steuerliche Behandlung von Verlusten von Körperschaften, Generalbericht in IFA, Cahiers de droit fiscal international, Volume LXXXIIIa, Den Haag/London/Boston 1998, S. 127-182
Micker, Lars, Europarechtswidrigkeit der Organschaftsbesteuerung im Körperschaft- und Gewerbesteuerrecht?, DB 2003, S. 2734-2738
Mitterlehner, Karl, Firmenwertabschreibung und Gruppenbesteuerung, SWK 2004, S. 699-702
Mösbauer, Heinz, Haftung bei körperschaftsteuerlicher Organschaft, FR 1989, S. 473
Mössner, Jörg, Manfred, Selbständigkeit juristischer Personen und Kapitalgesellschaften im internationalen Steuerrecht, RIW 1986, S. 208-213
Mulders, Maurice, Compensation of losses within the EC, EC Tax Review 1996, S. 123-133
Müller, Michael, Reform der Konzernbesteuerung in Österreich, Eine zusammengefasste Besteuerung von Unternehmensgruppen, Wien 1991
Müller, Michael J., Voraussetzungen einer Gruppenbildung, in: Gassner, Wolfgang / Lang, Michael / Wiesner, Werner (Hrsg.), Besteuerung von Unternehmensgruppen, Bestandsaufnahme und Vorschläge zur Reform der Organschaft im Körperschaftsteuerrecht, Wien 1998, S. 29-49
Müller-Gatermann, Gert, Überlegungen zur Änderung der Organschaftsbesteuerung, in: Kley, Max Dietrich / Sünner, Eckart / Willemsen, Arnold (Hrsg.), Festschrift für Wolfgang Ritter zum 70. Geburtstag, Köln 1997, S. 457-473
Müller-Gatermann, Gert, Aktuelles zum Unternehmensteuerrecht, WPg 2004, S. 467-476

Münch, Ingo von / Kunig, Phillip (Hrsg.), Kommentar zum Grundgesetz, Bd. 1, München, 4. Auflage, 1999

Münchener Kommentar, Kommentar zum Bürgerlichen Gesetzbuch, Band 11 (Internationales Handels- und Gesellschaftsrecht, 3. Auflage, München 1999

Münchener Kommentar, Kommentar zum Aktiengesetz, Band 8 (§§ 278-328), 2. Auflage, München 2000

Nagler, Jürgen / Kleinert, Jens, Das EuGH-Verfahren Marks & Spencer – Konsequenzen des Schlussantrags des Generalanwalts, DB 2005, S. 855-857

Neu, Norbert / Lühn, Andreas, Aktuelles Beratungs-Knowhow Personengesellschaftsbesteuerung, DStR 2003, S. 61-67

Oesterle, Berthold/ Gauß, Herbert, Betriebswirtschaftliche Überlegungen zur Teilwertabschreibung auf Beteiligungen an Kapitalgesellschaften in der Rechtsprechung des BFH, WPg 1991, S. 317-327

Oestreicher, Andreas, Konzernbesteuerung in Europa. Zum Vorschlag einer konsolidierten körperschaftsteuerlichen Bemessungsgrundlage für die grenzüberschreitende Unternehmenstätigkeit in der EU, StuW 2002, S. 342-356

Ohler, Christoph, Mehr Mut zur Steuerpolitik in Europa. Möglichkeiten und Grenzen der Harmonisierung direkter Steuern, EuZW 1997, S. 370-373

Oppermann, Robert, Steuerrechtliche Folgen der Verlagerung des Sitzes und des Orts der Geschäftsleitung von ausländischen Kapitalgesellschaften in das Inland, DB 1988, S. 1469- 1472

Orth, Manfred, Elemente einer grenzüberschreitenden Organschaft im deutschen Steuerrecht, GmbHR 1996, S. 33-40

Orth, Manfred, Steuerliche Behandlung von Verlusten von Körperschaften, Länderbericht Deutschland in: IFA, Cahiers de droit fiscal international, Volume LXXXIIIa, Den Haag/London/Boston 1998, S. 475-501

Orth, Manfred, Die Organschaftsbesteuerung nach der 2. Reformstufe, DB 2002, S. 811-814

Orth, Manfred, Schritte in Richtung einer „Grenzüberschreitenden Organschaft", IStR 2002, Beihefter zu Heft 9, S. 1-19

Orth, Manfred, Verlustnutzung bei Organschaft, WP-Sonderheft 2003, S. 13-35

Orth, Manfred, § 8 Abs. 4 KStG: Verlust der wirtschaftlichen Identität verbundener Unternehmen, (Teil I) DK 2003, 378-393, (Teil II) DK 2003, S. 441-457

Orth, Manfred, Verlustnutzung bei Organschaft, in: Herzig, Norbert (Hrsg.), Organschaft, Stuttgart 2003, S. 167-192

Orth, Manfred, Geschäftsleitende Holding-Personengesellschaft als Organträger, DB 2005, S. 741-743

Orth, Manfred, Zurechnungsfragen bei Organschaft, DK 2005, 79 -97

Ott, Hans, Die Änderungen des Körperschaftsteuerrechts durch das Steuervergünstigungsabbaugesetz, INF 2003, S. 376-381

Pache, Eckard / Schorkopf, Frank, Der Vertrag von Nizza – Institutionelle Reform zur Vorbereitung der Erweiterung, NJW 2001, S. 1377-1386

Pache, Sven, Die Auswirkungen der Neuregelung der körperschaftsteuerlichen und gewerbesteuerlichen Organschaft im Rahmen des Gesetzesentwurfs eines „StSenkG", GmbHR 2000, S. 317-321

Pache, Sven, Folgen der Aufgabe des doppelten Inlandsbezugs für Organgesellschaften gemäß § 14 Abs. 1 S. 1 KStG i.d.F. des UntStFG, GmbHR 2002, S. 299-304

Pache, Sven, Die Urteile des BFH und des BGH v. 29.01.2003 als erste Reaktion auf die Überseering-Entscheidung des EuGH, IStR 2003, S. 808-812

Paetsch, Ralf, Grenzüberschreitende Verlustberücksichtigung im Europäischen Binnenmarkt, Köln 2004

Palandt, Otto, Bürgerliches Gesetzbuch, Kommentar, 63. Auflage, München 2005

Pawlowski, Hans-Martin, Die Justiz als Verfassungsgerichtsbarkeit? – Entscheidungsbesprechung, JZ 2004, S. 719-723

Pelka, Jürgen, Europa- und Verfassungsrechtliche Grenzen der Unternehmensbesteuerung, DStGJ Band 23 (2000), Köln 2000

Pernegger, Robert, Die Zwischenholding als Steuersparmodell, Neue Möglichkeiten der Steueroptimierung im Rahmen der Steuerreform 2005, SWK 2004, S. 1195-1197

Pernegger, Robert, Die Einbeziehung ausländischer Körperschaften im Rahmen der Gruppenbesteuerung, Die multinationale Gruppe, ÖStZ 2005, S. 82-87

Piltz, Detlev Jürgen, Besteuerung der Europäischen Aktiengesellschaft, in: Herzig, Norbert (Hrsg.), Besteuerung der Europäischen Aktiengesellschaft, Köln 2004, S. 81-86

Pistone, Pasquale, Tax treatment of foreign losses: an urgent issue for the European Court of Justice, EC Tax Review 2003, S. 149-154

Priester, Hans-Joachim, Gesellschaftsrechtliche Grundlagen der Organschaft, in: Herzig, Norbert, (Hrsg.), Organschaft, Stuttgart 2003, S. 37-59

Prinz, Ulrich, Aktuelle Entwicklung und Beratungsfragen im steuerlichen Organschaftsrecht, FR 1993, S. 725-735

Prinz, Ulrich, Unternehmensteuerreform: Auch die Organschaft gehört auf den Prüfstand!, FR 1999, S. 646-650

Prinz, Ulrich, Unternehmensteuerreform 2001: Organschaftsbesteuerung im Wandel, FR 2000, S. 1255-1262

Prinz, Ulrich, „Fortentwicklung" des Organschaftsrechts: Neue Irrungen und Wirrungen, FR 2002, S. 66-75

Prinz, Ulrich / Simon, Stefan, Ausschluss der doppelten Verlustnutzung in Organschaftsfällen nach § 14 Abs. 1 Nr. 5 KStG, DK 2003, S. 104-112
Prinz, Ulrich, Wirtschaftliche Konsequenzen der Organschaft, in: Herzig, Norbert (Hrsg.), Organschaft, Stuttgart 2003, S. 545-561
Prinz, Ulrich, Neue österreichische Gruppenbesteuerung – Steuersystematische und steuerplanerische Erwägungen aus deutscher Sicht, GmbHR 2005, S. 917-920
Pummerer, Erich, Gruppenbesteuerung aus Sicht der Betriebswirtschaftlichen Steuerlehre, ÖStZ 2004, S. 456-459
Pyszka, Tillmann, Gestaltungsüberlegungen zum grenzüberschreitenden Ausgleich von Betriebstättenverlusten bei DBA mit Aktivitätsklausel, IStR 2002, S. 342-346

Raupach, Arndt, Mindestbesteuerung im Einkommen- und Körperschaftsteuerrecht, in: Lehner, Moris (Hrsg.), Verluste im nationalen und Internationalen Steuerrecht, München 2004, S. 53-62
Rautenstrauch, Gabriele / Adrian, Gerrit, Anmerkungen zum Entwurf des BMF-Schreibens zu Änderungen der ertragsteuerlichen Organschaft durch das StVergAbG, DB 2005, S. 1018-1021
Rehm, Helmut / Nagler, Jürgen, Ist § 8a KStG a.F. weltweit nicht mehr anwendbar?, IStR 2005, S. 261-267
Richter, Lutz, Die Auswirkungen des Steuervergünstigungsabbaugesetzes (StVergAbG) auf das Rechtsinstitut der Organschaft. Eine kritische Analyse ausgewählter verabschiedeter Regelungen, StuW 2004, S. 51-61
Ritter, Wolfgang, Reform der Unternehmensbesteuerung aus Sicht der Wirtschaft, StuW 1989, S. 319-327
Rödder, Thomas, Grundfragen der Besteuerung der Europäischen Aktiengesellschaft (SE), DK 2003, S. 522-528
Rödder, Thomas, Steuerbefreite Beteiligungserträge der Organgesellschaft, in: Herzig, Norbert (Hrsg.), Organschaft, Stuttgart 2003, S. 143-152
Rödder, Thomas, Steuerliche Behandlung von Beteiligungsaufwendungen, in: Herzig, Norbert (Hrsg.), Organschaft, Stuttgart 2003, S. 153-166
Rödder, Thomas / Schumacher, Andreas, Unternehmensteuerfortentwicklungsgesetz: Wesentliche Änderungen des verkündeten Gesetzes gegenüber dem Regierungsentwurf, DStR 2002, S. 105-113
Rödder, Thomas / Schumacher, Andreas, Keine Anwendung des § 3c Abs. 1 EStG bei Organschaft, DStR 2002, S. 1163-1165
Rödder, Thomas, Aktuelles Beratungs-Know-how Konzernsteuerrecht, DStR 2002, S. 1800-1804
Rödder, Thomas / Schumacher, Andreas, Das Steuervergünstigungsabbaugesetz, DStR 2003, S. 805-819

Rödder, Thomas / Schumacher, Andreas, Erster Überblick über die geplanten Steuerverschärfungen und –entlastungen für Unternehmen zum Jahreswechsel 2003/2004, DStR 2003, S. 1725-1736

Rödder, Thomas, Deutsche Unternehmensbesteuerung im Visier des EuGH, DStR 2004, S. 1626-1634

Rödder, Thomas, Vororganschaftlich verursachte Mehrabführung i. S. des § 14 Abs. 3 KStG n.F., DStR 2005, S. 217-223

Röhrbein, Jens / Eicker, Klaus, Verlustberücksichtigung über die Grenze – Aktuelle Rechtslage, BB 2005, S. 465-478

Roth, Wulf-Henning, Grundlagen des gemeinsamen europäischen Versicherungsmarktes, RabelsZ 54 (1990), S. 63-138

Roth, Wulf-Henning, „Centros"; Viel Lärm um Nichts? Besprechung der Entscheidung EuGH EuZW 1999, 216, ZGR 2000, S. 311-338

Ruppe, Hans Georg / Rainer, Anton, Overview of Austria's Tax System, in: Soos, P.E., International Buro of Fiscal Documentation, Bulletin, Volume 58 No. 8/9, Amsterdam 2004, S. 345-352

Rust, Alexander, Ermöglichen Diskriminierungsverbote eine Organschaft über die Grenze?, IStR 2003, S. 658-661

Rust, Alexander, Ranaissance der Kohärenz, EWS 2004, S. 450-454

Sack, Rolf, Staatliche Regelungen sogenannter "Verkaufsmodalitäten" und Art 30 EG-Vertrag, EWS 1994, S. 37-47

Saß, Gert, Zu den steuerlichen EWG-Richtlinienentwürfen für Mutter-Tochtergesellschaften und für internationale Fusionen im Gemeinsamen Markt, AWD 1970, S. 533-539

Saß, Gert, Gleichbehandlung von beschränkt mit unbeschränkt Steuerpflichtigen aufgrund der Rechtsprechung des Europäischen Gerichtshofs, StuW 1988, S. 362-365

Saß, Gert, Zum EG-Richtlinienvorschlag vom 28. 11. 1990 über den Abzug von Verlusten ausländischer Betriebstätten und Tochtergesellschaften, BB 1991, S. 1161-1165

Saß, Gert, Zur Rechtsprechung des EuGH und einige Folgerungen für das deutsche Steuerrecht, FR 1998, S. 1-9

Saß, Gert, Abzugsverweigerung für Verluste einer inländischen Tochtergesellschaft wegen der Beteiligung an weiteren Tochtergesellschaften in der EU, EWS 1998, S. 344-349

Saß, Gert, Überblick über die steuerlichen Maßnahmen in der EU angesichts der Währungsunion, FR 1999, S. 77-83

Saß, Gert, Einfluss des Europarechts auf die deutschen Ertragsteuern in der Währungsunion, StuW 1999, S. 164-174

Saß, Gert, Zur Berücksichtigung der Verluste ausländischer Tochtergesellschaften bei der inländischen Muttergesellschaft in der EU, BB 1999, S. 447-451

Saß, Gert, Verbotene Steuerdiskriminierung inländischer Betriebstätten aufgrund der Niederlassungsfreiheit in der EU - Anmerkungen zum „St. Gobain"-Urteil des EuGH vom 21.9.1999 Rs. 307/97 -, DB 1999, S. 2381-2383

Saß, Gert, Verbotene Steuerdiskriminierung wesentlicher Beteiligungen in der EU – Anmerkungen zum EuGH-Urteil vom 13.4.2000 Rs. C 251/98, Baars -, DB 2000, S. 1252-1253

Saß, Gert, Zur Verlustberücksichtigung bei grenzüberschreitender Unternehmenstätigkeit in der EU - Anmerkungen zum EuGH-Urteil vom 14.12.2000, Rs. C-141/99, AMID -, DB 2001, S. 508-510

Saß, Gert, Nochmals: Zur Berücksichtigung von Verlusten ausländischer Tochtergesellschaften in der EU, DB 2006, S. 123-127.

Sauren, Marcel M. / Schulze, Monika, Der Konflikt zwischen § 2a EStG und den Doppelbesteuerungsabkommen, RIW 1989, S. 553

Sauter, Thomas / Heurung, Rainer / Klüpenspies, Marco, Das Entwurfschreiben des Bundesfinanzministerium zu ertragsteuerlichen Organschaften unter der Ägide des StVergAbG, BB 2005, S. 1304-1310

Schaumburg, Harald, Das Leistungsfähigkeitsprinzip im internationalen Steuerrecht, in: Joachim Lang (Hrsg.), Die Steuerrechtsordnung in der Diskussion: Festschrift für Klaus Tipke zum 70 Geburtstag, Köln 1995, S. 125-151

Schaumburg, Harald, Internationales Steuerrecht: Außensteuerrecht, Doppelbesteuerungsrecht, 2. Auflage, Köln 1998

Schaumburg, Harald, Internationale Organschaft, in: Herzig, Norbert (Hrsg.), Organschaft, Stuttgart 2003, S. 419-435

Scheuchzer, Marco, Konzernbesteuerung in der Europäischen Union, Dissertation, Bielefeld 1994

Scheuchzer, Marco, Zur Notwendigkeit der Europäisierung der Organschaft, RIW 1995, S. 35-48

Scheunemann, Marc, Europaweite Verlustberücksichtigung im Konzern: Steine statt Brot durch die Schlussanträge des Generalanwalts Maduro vom 7.4.2005 im Fall Marks & Spencer?, IStR 2005, S. 303-311

Scheunemann, Marc, P., Grenzüberschreitende konsolidierte Konzernbesteuerung, Köln 2005

Scheunemann, Marc, Praktische Anforderungen einer grenzüberschreitenden Verlustberücksichtigung im Konzern in Inbound- und Outboundfällen nach der Entscheidung Marks & Spencer, IStR 2006, 145-154

Schilling, Theodor, Rechtsfragen zu Art 30 EGV- Zugleich eine Anmerkung zum EuGH-Urteil vom 24.11.1993 in den verbundenen Rechtssachen C-267-268/91, EuR 1994, S. 50 ff.

Schindler, Clemens Phillip, Hughes de Lasteyrie du Saillant als Ende der (deutschen) Wegzugsbesteuerung?, IStR 2004, S. 300-310

Schmidt, Karsten, „Company Residence" nach britischem Steuerrecht: Regelungen zur Doppelansässigkeit, RIW 1987, S. 35-37

Schmidt, Karsten, Gesellschaftsrecht, 4. Auflage, Köln/Berlin/Bonn/München 2002

Schmidt, Karsten, Handelsrecht, 5. Auflage, Köln 1999

Schmidt, Ludwig / Müller, Thomas / Stöcker, Ernst, E., Die Organschaft im Körperschaftsteuer-, Gewerbesteuer- und Umsatzsteuerrecht, 6. Auflage, Herne/Berlin 2003

Schmidt, Ludwig, Einkommensteuergesetz, 23. Auflage, München 2004

Schnitger, Arne, Internationale Aspekte des Entwurfs eines Gesetzes zum Abbau von Steuervergünstigungen und Ausnahmeregelungen (Steuervergünstigungsabbaugesetz – StVergAbG), IStR 2003, S. 73-78

Schnitger, Arne, The CLT-UFA Case and the "Principle of Neutrality of Legal Form", ET 2004, S. 522-527

Schnittker, Helder / Schmitz-Herscheidt, Fabian, Abziehbarkeit von Finanzierungskosten einer Organbeteiligung, FR 2002, S. 1163-1171

Schön, Wolfgang, Gemeinschaftskonforme Auslegung und Fortbildung des nationalen Steuerrechts – unter Einschluss des Vorlageverfahrens nach Art 177 EGV –, in: Steuerrecht im europäischen Binnenmarkt, DStJG Band 19, Köln 1996, S. 167-200

Schön, Wolfgang, Europäische Kapitalverkehrsfreiheit und nationales Steuerrecht, in: ders. / Flume, Werner / Jakobs, Horst Heinrich (Hrsg.), Gedächtnisschrift für Brigitte Knobbe-Keuk, Köln 1997, S. 743-777

Schön, Wolfgang, Die Niederlassungsfreiheit von Kapitalgesellschaften im System der Grundfreiheiten, in: Schneider u.a. (Hrsg.), Festschrift für Marcus Lutter zum 70. Geburtstag, Köln 2000, S. 685-706

Schön, Wolfgang, Freie Wahl zwischen Zweigniederlassung und Tochtergesellschaft – ein Grundsatz des Europäischen Unternehmensteuerrechts, EWS 2000, S. 281-291

Schön, Wolfgang, The European Commission's Report on Company Taxation: A Magic Formula for European Taxation?, ET 2002, S. 276-286

Schön, Wolfgang, Die Zukunft der Organschaft in der Europäischen Gemeinschaft, in: Herzig, Norbert (Hrsg.), Organschaft, Stuttgart 2003, S. 612-621

Schön, Wolfgang, International Accounting Standards – A "Starting Point" for a Common European Tax Base?, ET 2004, S. 426-440

Schön, Wolfgang, Besteuerung im Binnenmarkt – die Rechtsprechung des EuGH zu den direkten Steuern, IStR 2004, S. 289-300

Schön, Wolfgang, Der Kapitalverkehr mit Drittstaaten und das internationale Steuerrecht, in: Gocke, Rudolf / Gosch, Dietmar / Lang, Joachim (Hrsg.), Körperschaftsteuer, Internationales Steuerrecht, Doppelbesteuerungsabkommen in: Festschrift für Franz Wassermeyer zum 65. Geburtstag, 2005, S. 489-521

Schöneberger, P., Haftung des Organträgers nach Beendigung des Gewinnabführungsvertrages, BB 1978, S. 1646-1651

Schreiber, Christoph / Meiisel, Patrik, Auswirkungen des § 14 Abs. 1 Nr. 5 KStG auf die Nutzung von Organträgerverlusten, IStR 2002, S. 581-586

Schreiber, Ulrich, Gewinnermittlung und Besteuerung der Einkommen, StuW 2002, S. 105-115

Schreiber, Ulrich, Unternehmensbesteuerung im Binnenmarkt. Angleichung der Gewinnermittlung und des Satzes der Körperschaftsteuer?, StuW 2004, S. 212-226

Schuch, Josef, Europarechtliche und abkommensrechtliche Vorgaben für die Verlustbehandlung, in: Lehner, Moris (Hrsg.), Verluste im nationalen und Internationalen Steuerrecht, München 2004, S. 63-82

Schuch, Josef, Verluste im Recht der Doppelbesteuerungsabkommen, Wien 1998

Schulze zur Wiesche, Dieter, Das Steuervergünstigungsabbaugesetz, WPg 2003, S. 586-593

Schumacher, Andreas, Ausgleichszahlungen an außenstehende Anteilseigner, in: Herzig, Norbert (Hrsg.), Organschaft, Stuttgart 2003, S. 193-207

Schweitzer, Michael / Hummer, Waldemar, Europarecht, Das Recht der Europäischen Union – Das Recht der Europäischen Gemeinschaften (EGKS, EG, EAG) mit Schwerpunkt EG, 5. Auflage, Neuwied / Kriftel / Berlin 1996

Sanna, Thomas / Kaufer, Svenja, Grenzüberschreitende konzerninterne Verlustberücksichtigung – Das Urteil Marks & Spencer, European Law Report (ELR) 2006, S. 30-43

Sedemund, Jan / Sterner, Ingo, Welche Folgen hat das Urteil „Marks & Spencer" für das deutsche internationale Steuerrecht?, DStZ 2006, S. 29-35.

Sedlacek, Michael / Tissot, Michael, Der Gruppenantrag, Mindestinhalt – Vertragscharakter – Genehmigungspflicht – Steuerausgleich – Teil I –, ÖStZ 2004, S. 483-485, (Teil II) ÖStZ 2004, S. 536-540

Seer, Roman / Kahler, Björn / Rüping, Heike, Die Rechtsprechung des EuGH auf dem Gebiet der direkten Besteuerung in den Jahren 2003 und 2004, EWS 2005, S. 289-303

Seiler, Christian, Das Steuerrecht unter dem Einfluss der Marktfreiheiten, StuW 2005, S. 25-36

Selzner, Harald / Sustmann, Marco, Der grenzüberschreitende Beherrschungsvertrag, DK 2003, S. 85-98

Siegel, Theodor / Bareis, Peter / Herzig, Norbert / Schneider, Dieter / Wagner, Franz W. / Wenger, Ekkehard, Verteidigt das Anrechnungsverfahren gegen unbedachte Reformen BB 2000, S. 1269-1270

Simon, Stefan, Zur Ausgestaltung von Gewerbesteuerumlagen, DStR 2000, S. 537-544

Spengel, Christoph, Internationale Unternehmensbesteuerung in der Europäischen Union, Düsseldorf 2003

Spengel, Christoph, Unternehmensbesteuerung in den Beitrittsstaaten der EU – Steuerliche Aspekte für Investoren, IStR 2004, S. 615-624

Spengel, Christoph, Unternehmensbesteuerung in der EU – quo vadis?, in: Lüdicke, Jürgen (Hrsg.), Deutsches Steuerrecht im europäischen Rahmen, Köln 2004, S. 109-155

Stapperfend, Thomas, Der Einfluss der Grundfreiheiten und der Diskriminierungsverbote des EG-Vertrags auf die inländische Besteuerung, FR 2003, S. 165-174

Staringer, Claus, Besteuerung doppelt ansässiger Kapitalgesellschaften, Wien 1999

Staudinger, Julius von, Kommentar zum Bürgerlichen Gesetzbuch mit Einführungsgesetz und Nebengesetzen, Internationales Gesellschaftsrecht, 13. Auflage, Berlin 1998

Stefaner, Markus Christoph, Die neue Gruppenbesteuerung in Österreich als Kernstück der Steuerreform, SWK 2004, S. 418-419

Stefaner, Markus C. / Weninger, Patrick J., Gruppenbesteuerung: Vor- und Außergruppenverluste, RdW 2004, S. 564-565

Stefaner, Markus Christoph / Weninger, Patrick, Gruppenbesteuerung: Mehr Gestaltungsspielraum bei der Konzernstrukturplanung, RWZ 2004, S. 296-300

Stefaner, Markus Christoph / Weninger, Patrick, Gruppenbesteuerung und Gemeinschaftsrecht, SWI 2004, S. 441-449

Stefaner, Markus Christoph / Weninger, Patrick, Geplante Änderungen im österreichischen Gruppenbesteuerungsregime, ecolex 2004, S. 887-890

Stefaner, Markus Christoph / Weninger, Patrick, Mittelbare Beteiligung über eine Kapital- oder Personengesellschaft, SWK 2004, S. 1034-1037

Stefaner, Markus C. / Weninger, Patrick J., Gruppenbesteuerung: Unbeschränkte Verwertung ausländischer Verluste durch Cross-Over-Kaskaden, SWI 2005, S. 133-141

Steichen, Alain, Der Gleichheitssatz im Europäischen Steuerrecht, in: Burmester, Gabriele / Endres, Dieter (Hrsg.), Außensteuerrecht, Doppelbesteuerungsabkommen und EU-Recht im Spannungsfeld, Festschrift für Helmut Debatin, München 1997, S. 417-451

Stieb, Stefan, Keine Eintragung der Verlegung des Satzungssitzes einer GmbH in das EU-Ausland in das deutsche Handelsregister, GmbHR 2004, S. 492-494

Streck, Michael, Körperschaftsteuergesetz mit Nebengesetzen, Kommentar, 6. Auflage, München 2003

Streinz, Rudolf, Europarecht, 6. Auflage, Heidelberg 2003

Streinz, Rudolf, EUV/EGV, Kommentar zum EU-Vertrag und zum EG-Vertrag, München 2003

Strunk, Günther, Grenzüberschreitende Verlustberücksichtigung: Die Schlussanträge des Generalanwalts Maduro in der Rechtssache Marks & Spencer, Stbg 2005, 197-203

Theisen, Manuel René, Vorüberlegungen zu einer Konzernunternehmungslehre, DBW 1988, S. 279-290

Theisen, Manuel René, Der Konzern im Umbruch, Stuttgart 1998

Theisen, Manuel René / Wenz, Martin, Die Europäische Aktiengesellschaft. Recht, Steuern und Betriebswirtschaft der Societas Europaea (SE), Stuttgart 2002

Thiel, Jochen, Abzugsverbot für Finanzierungskosten einer Organbeteiligung, DB 2002, S. 1340-1342

Thiel, Jochen, Der fortschreitende Einfluss des EuGH auf die Ertragsbesteuerung der Unternehmen – Aktuelle Urteile und anhängige Verfahren, DB 2004, S. 2603-2609

Thiel, Servaas van / Achilles, Charlotte, Die Beseitigung ertragsteuerlicher Hindernisse im Binnenmarkt: Eine Darstellung der Einflüsse der Rechtsprechung des EuGH auf die Ertragbesteuerung in der Europäischen Union (Teil I), IStR 2003, S. 530-534 u. (Teil II) S. 553-558

Thömmes, Otmar, Neue steuerliche Maßnahmen zur Förderung der grenzüberschreitenden Unternehmenskooperationen in der EG, WPg 1990, S. 473-482

Thömmes, Otmar, Beschränkung der Niederlassungsfreiheit, IWB Fach 11a, S. 631-632

Thömmes, Otmar, Vereinbarkeit der Organschaftsregeln mit dem EG-Recht, in: Herzig, Norbert (Hrsg.), Organschaft, Stuttgart 2003, S. 525-541

Thömmes, Otmar, Berücksichtigung von Verlusten ausländischer Tochtergesellschaften, Anmerkung, IWB Fach 11a Rechtsprechung, S. 933-940, 1183, 1190

Tipke, Klaus, Die Steuerrechtsordnung, , Wissenschaftsorganisatorische, systematische und grundrechtlich-rechtsstaatliche Grundlagen der Steuerrechtsordnung, Bd. I, 2. Auflage, Köln 2000

Tipke, Klaus / Lang, Joachim, Steuerrecht, 17. Auflage, Köln 2002
Tipke, Klaus / Kruse, Heinrich Wilhelm, Kommentar zur Abgabenordnung 1977 und Finanzgerichtsordnung ohne Steuerstrafrecht, Loseblatt, Köln
Tissot, Michael, Die geplante Gruppenbesteuerung – Ein erster Überblick, Verwertung von Auslandsverlusten – Firmenwertabschreibung – Bildung von Beteiligungsgemeinschaften, SWK 2004,. S. 412-417
Töben, Thomas / Schulte-Rummel, Björn, Doppelte Verlustberücksichtigung in Organschaftsfällen mit Auslandsberührung. Eingeschränkter Anwendungsbereich des § 14 Abs. 1 Nr. 5 KStG idF UntStFG, FR 2002, S. 425-437
Toifl, Gerald, Die EG-Grundfreiheiten und die Diskriminierungsverbote der Doppelbesteuerungsabkommen, in: Gassner, Wolfgang / Lang, Michael / Lechner, Eduard (Hrsg.), Doppelbesteuerungsabkommen und EU-Recht, Wien 1996, S. 139-180
Toifl, Gerald, Gemeinschaftsrechtskonforme Interpretation der DBA-rechtlichen Diskriminierungsverbote, SWI 2004, S. 325-332
Trenkwalder, Verena / Firlinger, Robert, Berücksichtigung ausländischer Betriebsstättenverluste im Lichte des VwGH-Erkenntnisses v. 25.09.2001, ÖStZ 2001, S. 550-553
Trenkwalder, Verena, Überblick über die Gruppenbesteuerung, in: Die neue Gruppenbesteuerung, SWK-Sonderheft 2004, S. 5-22
Tumpel, Michael, Anregungen aus der Reformdiskussion in Deutschland für Österreich, in: Gassner, Wolfgang / Lang, Michael / Wiesner, Werner (Hrsg.), Besteuerung von Unternehmensgruppen, Bestandsaufnahme und Vorschläge zur Reform der Organschaft im Körperschaftsteuerrecht, Wien 1998, S. 269-285
Tumpel, Michael, EG-Richtlinienvorschlag zur Berücksichtigung von Auslandsverlusten, SWI 1991, S. 75-79
Tumpel, Michael, Regierungsvorlage zum Steuerreformgesetz 2005 – Die wichtigsten Änderungen gegenüber dem Begutachtungsentwurf, SWK 2004, S. T 65-73

Ulmer, Peter, Verlustübernahmepflicht des herrschenden Unternehmens als konzernspezifischer Kapitalerhaltungsschutz, AG 1986, S. 123-130
Ulrich, Stefan, Gewinnabführungsverträge im GmbH-Konzern, GmbHR 2004, S. 1000-1005

Vanistendael, Frans, Fiscal support measures and harmful tax competition, EC Tax Review 2000, S. 152-161
Vanistendael, Frans, Tax Revolution in Europe: The Impact of Non-Discrimination, ET 2000, S. 3 ff.
Vanistendael, Frans, Bosal?!, EC Tax Review 2003, S. 192-193

Vogel, Klaus, Ausländische Gerichtsentscheidungen als Anregung für den deutschen Steuerrechtler, StuW 1982, S. 66-70.

Vogel, Klaus, Das oberste österreichische Steuergericht erklärt Verluste bei DBA-Freistellung für abzugsfähig, IStR 2002, S. 91-93

Vogel, Klaus, Harmonisierung des Internationalen Steuerrechts in Europa als Alternative zur Harmonisierung des materiellen Körperschaftsteuerrechts, StuW 1993, S. 380-388

Vorlícková, Lucie, Group taxation, Czeck Republic, in: IFA, Cahiers de droit fiscal international, Volume 89b, Amersfoort 2004, S. 223-232

Wachter, Thomas, Auswirkungen der EuGH-Urteils in Sachen Inspire Art. Ltd. auf die Beratungspraxis und Gesetzgebung, GmbHR 2004, S. 88-105

Wachter, Thomas, Ende der Wegzugsbeschränkungen in Europa, GmbHR 2004, S. R 161-162

Wagner, Klaus-R., „Überseering" und Folgen für das Steuerrecht, GmbHR 2003, S. 684-693

Wagner, Siegfried, Das „Bosal"-Urteil des EuGH und die Abzugsfähigkeit von Finanzierungskosten bei grenzüberschreitenden Konzernstrukturen, DStZ 2004, S. 185-189

Waldens, Stefan / Foddanu, Frauke, M., Gruppenbesteuerung in Österreich: Gestaltungschancen für internationale Konzerne, Praxis Internationale Steuerberatung 2004 S. 194-200

Walter, Wolfgang, Organschaft und Mindestlaufzeit des Ergebnisabführungsvertrages, GmbHR 1995, S. 649-650

Walter, Thomas, Verluste ausländischer Gruppenmitglieder, in: Die neue Gruppenbesteuerung, SWK-Sonderheft 2004, S. 42-60

Wassermeyer, Franz, Die Vereinbarkeit der Hinzurechnungsbesteuerung nach dem Außensteuergesetz mit dem grundgesetz und den Vorschriften der Doppelbesteuerungsabkommen (OECD-Musterabkommen), in Jakobs, Horst Heinrich / Knobbe-Keuk, Brigitte / Picker, Eduard / Wilhelm, Jan (Hrsg.), Festschrift für Werner Flume zum 70. Geburtstag, Köln 1978, Band II, S. 323-335

Wassermeyer, Franz, Kann eine ausländische Kapitalgesellschaft im Inland unbeschränkt steuerpflichtig sein?, DB 1990, S. 244-245

Wassermeyer, Franz, Die Vermeidung der Doppelbesteuerung im Europäischen Binnenmarkt, in: Lehner, Moris (Hrsg.), Steuerrecht im europäischen Binnenmarkt, DStJG Band 19, Köln 1996, S. 151-165

Wassermeyer, Franz, Anmerkung zur Erkenntnis des Österreichischen VwGH v. 25.09.2001, IStR 2001, S. 755-756

Wassermeyer, Franz, Das Veranlassungsprinzip als Maßstab zur innerstaatlichen Betriebstättengewinnermittlung, IStR 2003, 84-88

Wassermeyer, Franz, Können organschaftliche Mehrabführungen Gewinnausschüttungen sein, GmbHR 2003, S. 313-321
Wassermeyer, Franz, Widersprüchlichkeiten bei der Organschaft, DStR 2004, S. 214-216
Wathelet, Melchior, Direct taxation and EU law: integration or disintegration?, EC Tax Review 2004, S. 2-4
Watrin, Christoph / Sievert, Elke / Strohm, Christiane, Reform der Konzernbesteuerung in Deutschland und Europa, FR 2004, S. 1-11
Wattel, Peter J., Corporate tax jurisdiction in the EU with respect to branches and subsidiaries; dislocation distinguished from discrimination and disparity; a plea for territoriality, EC Tax Review 2003, S. 194-202
Wehrheim, Michael / Marquardt, Anja, Die Vorschläge der Europäischen Kommission zur Unternehmensbesteuerung im Binnenmarkt – Ein Überblick, IStR 2003, S. 14-19
Wellisch, Dietmar, Maßstäbe zur indirekten Gewinnaufteilung im Rahmen einer neuen Konzernbesteuerung in der EU: Möglichkeiten und Grenzen, StuW 2004, S. 267-274
Wendt, Rudolf, Reform der Unternehmensbesteuerung aus europäischer Sicht, StuW 1992, S. 66-75
Wernicke, Thomas, Rechtsfähigkeit niederländischer Gesellschaft in Deutschland, EuZW 2002, S. 758-761
Wiesner, Werner, Entwurf eines Steuerreformgesetzes 2005 – Die Auswirkungen auf Körperschaften, RWZ 2004, S. 33-38
Wiesner, Werner / Mayr, Gunter, Zweifelsfragen zur Gruppenbesteuerung, RdW 2004, S. 491-501
Wiesner, Werner / Mayr, Gunter, Neues zur Gruppenbesteuerung, RdW 2004, S. 629-637
Wiesner, Werner / Mayr, Gunter, Highlights aus dem Gruppenbesteuerungserlass, RWZ 2005, S. 97-100
Wilke, Kay-Michael, Die Gründungstheorie in der Rechtsprechung der obersten Gerichte in Deutschland, der Schweiz und Österreich, IWB Fach 10 Gruppe 2 S. 1891-1896
Williams, David W., EC Tax Law, London / New York 1998
Williams, David, „Asscher: the European Court and the power to destroy“, EC Tax Review 1997, S. 4 ff.
Wilmowsky, Peter von, EG-Freiheiten und Vertragsrecht, JZ 1996, S. 590 ff.
Wunderlich, Nina / Albath, Lars, Der Europäische Gerichtshof und die direkten Steuern, DStZ 2005, S. 547-552

Zimmer, Daniel, Nach „Insprire Art“: Grenzenlose Gestaltungsfreiheit für deutsche Unternehmen, NJW 2003, S. 3585-3592

Zöchling, Hans, Gruppenbesteuerung und Auslandsverluste: Achtung Steuerfallen, SWK 2004, S. 1442-1445

Zöchling, Hans / Fraberger, Friedrich, Steuerumlagen aus Gesellschafts-, bilanz- und steuerrechtlicher Sicht, SWK 2004 S. 703-524

Zoll, Stefan, Grenzüberschreitende Verlustberücksichtigung bei gewerblichen Betriebstätten und Tochtergesellschaften, Nationale und internationale Besteuerungsprinzipien, Dissertation, Köln 2001

Zorn, Nikolaus, Rechtsangleichungskompetenzen des Rates der Europäischen Gemeinschaften für die Besteuerung von Unternehmen, in: Pelka, Jürgen (Hrsg.), Europa- und Verfassungsrechtliche Grenzen der Unternehmensbesteuerung, DStGJ Band 23, Köln 2000, S. 227-262

Zorn, Nikolas, Verwertung von Auslandsverlusten bei DBA mit Befreiungsmethode, SWI 2001, S. 456-465

Zuleeg, Manfred, in: Betrachtungen zum Gleichheitssatz im europäischen Gemeinschaftsrecht, Europarecht, Energierecht, Wirtschaftsrecht in: Bauer, Jürgen, F. / Müller-Graff / Peter-Christian / ders. (Hrsg.), Staat und Wirtschaft der EG, Festschrift für Bodo Börner zum 70. Geburtstag, 1992

Trierer Studien zum Internationalen Steuerrecht

Herausgegeben von Gabriele Burmester

Band 1 Steffen Alexander Lindenthal: Mitwirkungspflichten des Steuerpflichtigen und Folgen ihrer Verletzung. Unter besonderer Berücksichtigung der Dokumentationspflichten bei Verrechnungspreisen. 2006.

Band 2 Svenja Kaufer: Grenzüberschreitende Organschaft kraft Gemeinschaftsrecht. Übernimmt Österreich für Deutschland eine Vorreiterrolle? 2006.

www.peterlang.de